▶▶▶ L'hébreu
Collection Sans Peine

**par Shifra Jacquet-Svironi
et Roger Jacquet**

Illustrations de J.-L. Goussé

B.P. 25
94431 Chennevières-sur-Marne Cedex
FRANCE

© ASSIMIL 2007
ISBN 978-2-7005-0812-3

Nos méthodes

sont accompagnées d'enregistrements sur CD audio, CD mp3 ou clé USB, et existent désormais en version numérique*.

*e-méthode disponible sur le site www.assimil.com, Google Play et App Store

Sans Peine

L'allemand
L'anglais
L'anglais d'Amérique
L'arabe
Le bulgare
Le chinois
L'écriture chinoise
Le coréen
Le croate
L'égyptien hiéroglyphique
L'espagnol
Le finnois
Le grec
Le grec ancien
L'hébreu
Le hindi
Le hongrois
L'indonésien
L'italien
Le japonais
Le japonais l'écriture kanji
Le khmer
Le latin
Le malgache
Le néerlandais
Le norvégien
Le persan
Le polonais
Le portugais
Le portugais du brésil
Le roumain
Le russe
Le sanskrit
Le suédois
Le swahili
Le thaï
Le turc
L'ukrainien
Le vietnamien

Perfectionnement

Allemand
Anglais
Espagnol
Italien
Russe

Affaires

L'anglais des affaires

Langues régionales

Le breton
Le catalan
Le corse
L'occitan

Objectif Langues

Apprendre l'allemand
Apprendre l'anglais
Apprendre l'arabe
Apprendre le chinois
Apprendre le créole guadeloupéen
Apprendre l'espagnol
Apprendre l'islandais
Apprendre l'italien
Apprendre le japonais
Apprendre le néerlandais
Apprendre le wolof
Learn French

Sommaire

Introduction VII
L'alphabet hébreu XIV

Leçons 1 à 85			Pages
1	בּוֹקֶר	Matin	01
2	שָׁלוֹם	Bonjour	07
3	כָּכָה, כָּכָה	Comme-ci, comme-ça	11
4	תּוֹדָה	Merci	15
5	עִבְרִית	Hébreu	19
6	בְּסֵדֶר	D'accord	23
7	חֲזָרָה	Révision	29
8	דְּבוּרִים	Paroles	33
9	מַחְשְׁבִים	Ordinateurs	39
10	בְּבֵית קָפֶה	Au café	45
11	בַּקָּפֶטֶרְיָה	À la cafétéria	51
12	קְנִיּוֹת	Courses	55
13	פִּטְפּוּט, פִּטְפּוּטִים	Papotage, papotages	61
14	חֲזָרָה	Révision	65
15	בַּיָּם	À la mer	71
16	בַּר מִצְוָה	Bar-mitsvah	77
17	הַבַּלְגָּנִיסְט	Le désordonné	83
18	חֲתוּנַת פִּיגָרוֹ	Le mariage de Figaro	87
19	מִשְׁפָּחָה סְפּוֹרְטִיבִית	Une famille sportive	93
20	סוֹף שָׁבוּעַ	Week-end	99
21	חֲזָרָה	Révision	105

22	דּוֹאַר אֶלֶקְטְרוֹנִי	Courrier électronique	111
23	שְׂדֵה תְעוּפָה	Aéroport	117
24	הַזְמָנָה	Une invitation	121
25	בַּחֲנוּת צִילוּם	Au magasin de photo	125
26	הַתַּרְמִילַאי	Le routard	131
27	מִכְתָּב מֵאֵילַת	Lettre d'Eilat	137
28	חֲזָרָה	Révision	143
29	הַנּוּדְנִיק	Le casse-pieds	151
30	סַבָּא צָעִיר	Un jeune grand-père	155
31	בַּקּוֹלְנוֹעַ	Au cinéma	161
32	מַתָּנָה	Un cadeau	167
33	שְׁבִיתָה	Une grève	171
34	יוֹבֵל	Jubilé	177
35	חֲזָרָה	Révision	181
36	חָם, חָמוֹת	Beau-père, belle-mère	189
37	דִּירָה חֲדָשָׁה	Un nouvel appartement	193
38	רָהִיטִים חֲדִישִׁים	Meubles "dernier cri" !	199
39	דִּירַת נוֹפֶשׁ	Un appartement de vacances	203
40	בַּשָּׁנָה הַבָּאָה	L'année prochaine	209
41	הַמְּעִיל	Le manteau	213
42	חֲזָרָה	Révision	219
43	פִיסִיקָה	Physique	225
44	בְּדִיחָה אַרְכֵיאוֹלוֹגִית	Une blague archéologique	229
45	בַּחַמָּם	Au hammam	235
46	הָרַב וְהַנֶּהָג	Le rabbin et le chauffeur	241
47	הָאִשָּׁה הַיְחִידָה בָּעוֹלָם	L'unique femme au monde	245
48	הָעֲנִיבָה	La cravate	249

49	חֲזָרָה	Révision	253
50	מַה קָרָה לְמֹשֶׁה?	Qu'est-ce qui est arrivé à Moïse ?	259
51	הַכַּרְמֶל	Le Carmel	265
52	עִתּוֹן מַשְׁמִין	Un journal fait grossir	279
53	כְּדַאי לִרְזוֹת	C'est rentable de maigrir !	285
54	הֲכָנוֹת	Préparatifs	289
55	טְחִינָה יִשְׂרְאֵלִית	Thinah israélienne	293
56	חֲזָרָה	Révision	301
57	מִכְתָּב	Une lettre	307
58	מִגְדָּל בָּבֶל	La tour de Babel (1ʳᵉ partie)	313
59	מִגְדָּל בָּבֶל	La tour de Babel (2ᵉ partie)	310
60	וְכוּלָם בְּיַחַד	Et tous ensemble !	319
61	שֵׁם	Un nom	323
62	פְּנַאי	Temps libre	329
63	חֲזָרָה	Révision	335
64	צְבָעִים וּבְגָדִים בַּחֲרוּזִים	Couleurs et vêtements en rimes	341
65	הַקִּרְקָס	Le cirque	347
66	מִשְׂחַק קְלָפִים	Le jeu de cartes	353
67	אֵיךְ לוֹמְדִים תַּלְמוּד?	Comment étudie-t-on le Talmud ?	359
68	מִסְעָדָה מְמוּזֶּגֶת	Restaurant climatisé	636
69	חֵלֶק הָאֲרִי	La part du lion	369
70	חֲזָרָה	Révision	375
71	מִיתוֹלוֹגְיָה וְעִבְרִית	Mythologie et hébreu	381
72	הֵיכַל הַסֵּפֶר בִּירוּשָׁלַיִם	Le Palais du livre à Jérusalem	389
73	כַּדּוּרֶגֶל	Football	395

• V

74	אִמָּא יְקָרָה לִי	Maman chérie...	405
75	רְאָיוֹן בָּרַדְיוֹ	Interview à la radio	411
76	סָלָט יְרָקוֹת	Salade de légumes	419
77	חֲזָרָה	Révision	425
78	אִם לֹא יוֹעִיל, לֹא יַזִּיק!	Si ce n'est pas utile, ce n'est pas nuisible !	435
79	עוּגַת גְּבִינָה	Gâteau au fromage	443
80	פִּתְגָּמִים	Proverbes	451
81	הָאֶנְצִיקְלוֹפֶּדְיָה הָעִבְרִית	L'Encyclopédie hébraïque	457
82	בְּחִירוֹת	Élections	463
83	אֲרוּחַ כַּפְרִי	Hébergement au village	471
84	חֲזָרָה	Révision	479
85	פְּרֵדָה	Séparation	487

Appendice grammatical 498
Index grammatical 528
Bibliographie 535

Lexiques
Lexique Transcription - Hébreu - Français 537
Lexique Français - Transcription - Hébreu 566
Lexique Hébreu - Transcription - Français 594

Nous remercions Mikhal Svironi et Neta Landau, les deux lectrices, Arièl Yariv et Yonathan Levin, les deux lecteurs, qui, précis dans la diction et vifs dans l'action, nous ont prêté leur voix lors de l'enregistrement sonore de nos dialogues. Sans timidité, vous ajouterez la vôtre à la leur.

Introduction

Chère, Cher Assimiliste,

Nous sommes heureux de vous accueillir dans le monde de l'hébreu. Apprenant cette langue vous allez (dans votre fauteuil) atterrir en Israël. Vous découvrirez un pays moderne, en proie aux vicissitudes politiques et pourtant animé d'une rare vitalité. Par le moyen de la langue, vous sonderez aussi des sédiments que l'histoire et la réflexion y ont formés, si épais que leur exploration vous semblera sans fin.

Vous ne vous embarquez pas cependant pour de l'archéologie. Ce sont environ sept millions d'Israéliens qui parlent hébreu, et comment ! Un blagueur l'assure : douze Israéliens sur dix sont "scotchés" à leur *péléfon* (téléphone portable). Beaucoup d'autres personnes de par le monde – juives ou non – apprennent l'hébreu dans les synagogues ou dans les universités, dans toutes sortes de cercles que la passion organise.

L'Hébreu vous offre un vocabulaire actuel, pratique, voire de l'argot, mais il n'ignore pas pour autant le substrat biblique, car la conversation, inopinément, s'ouvre parfois à ces profondeurs. Une fois sur place, pour vous sentir plus en harmonie, il faudra être sensible à cette dimension.

Une longue histoire

L'hébreu ne s'est jamais éteint, si faible que fût son souffle à certains moments. La Bible ne permet pas de préciser une date d'apparition à la langue qu'elle emploie. Les points de repère qu'on croit y trouver ne sont pas fiables, car il est impossible de les situer dans le temps avec certitude : ils relèvent autant de l'époque du rédacteur que du personnage mis en scène par ses soins et qui appartient à une autre.

L'archéologie, elle, propose de voir dans les archives diplomatiques des pharaons Aménophis III et IV, datées des XVe et XIVe siècle av. J.-C., un affleurement de la langue : sur les tablettes d'argile découvertes à Tell-el-Amarna, on lit des traductions de mots acadiens (Mésopotamie inférieure) en une langue proche d'un état archaïque de l'hébreu. Cette langue aurait été alors parlée en Canaan, c'est-à-dire sur les bords orientaux de la Méditerranée et dans leur arrière-pays.

Telle que nous la possédons aujourd'hui, la Bible, intégrant des textes plus anciens, aurait été composée, pour le principal, au retour de l'exil, au VIe siècle avant J.-C. Elle témoigne d'une évolution de la langue sur sept à huit siècles.

Les Talmuds de Babylone et de Jérusalem réunissent aux environs de l'an 200 de notre ère un vaste ensemble de commentaires tournant autour de la loi orale. Écrits en hébreu, ils offrent un état de la langue capital pour la formation de l'hébreu postérieur.

C'est appuyé sur ces assises que se développe l'hébreu au moyen âge et à l'époque contemporaine jusqu'à la naissance de l'État israélien. Des textes en hébreu voient le jour dans la diaspora européenne, en Espagne (Maïmonide), Italie, Provence, Champagne (le grand exégète Rashi qui vivait à Troyes au XIe siècle) et dans les pays d'Europe orientale au temps des "Lumières". Il faut noter aussi que tout au long du deuxième millénaire une multitude d'hébraïsants chrétiens se sont montrés actifs en cette étude.

Les nombreux mouvements d'immigration en "Palestine", sous l'empire ottoman comme sous le mandat britannique, suscitent la question : sur quelle langue établir une pareille société, issue de groupes aux traditions multiples ? La réponse décisive vient de l'extérieur : Eliezer Perlman, lituanien d'origine, étudiant la médecine à Paris, impressionné par les réveils nationaux de peuples opprimés, entreprend avec un ami, dans un café du boulevard Montmartre, une conversation en hébreu. C'était en 1878. Trois ans après, "monté" à Jérusalem, il exige de sa jeune femme et plus tard de son fils que leurs échanges ne se fassent qu'en hébreu : "**Raq ivrit, raq ivrit**" ("rien qu'en hébreu"). Devenu journaliste, il édite un quotidien de style moderne dans un hébreu revivifié par ses travaux. Les oppositions ne manquent pas : la langue unifiante de ces populations diverses sera le yiddish, réclament certains, d'autres privilégient l'allemand. Les milieux religieux déplorent ce qu'ils estiment être une déchéance du sacré au profane. Cela n'empêche pas que dès les premières années du XXe siècle, nombre d'écoliers s'expriment couramment en hébreu. Victoire de Ben Yéhouda (il a hébraïsé son nom). Mais malheur à l'homme seul : il juge plus efficace de créer en 1880 un Comité de la langue qui l'appuiera dans ses efforts, bientôt relayé par l'Association des professeurs et plus tard par l'Académie de la langue hébraïque fondée en 1953 par le parlement israélien.

Une vraie littérature hébraïque moderne éclot au milieu d'une guerre des mots : pour rejoindre la culture contemporaine, faut-il accepter tant de néologismes ? Lesquels ? D'où les tirer ? De la Bible, du Talmud, de l'arabe, des langues européennes ?

L'ONU reconnaît l'État d'Israël en 1948, et près de 20 ans plus tard Agnon reçoit le prix Nobel de littérature. Ces événements ainsi que des épreuves politiques répétées vécues comme des échos de la Shoa renforcent l'identité du peuple israélien : sa langue devient sa patrie mentale.

Écriture et symbolique des lettres

L'Orient connaît d'abord les pictogrammes : "chameau" se rend par une silhouette de chameau ; certains se plaisent, de nos jours, à voir des traces de cette pratique dans des lettres de l'écriture carrée hébraïque ; le א, **alèf**, par exemple, symboliserait les cornes du *bovidé* qui se dit *alouf*. Il connaît encore le cunéiforme, traces marquées sur l'argile en forme de coin ou plutôt de clous, comme le montre la plus ancienne tablette de cette sorte datée de 3300 avant J.-C. On peut imaginer que l'écriture hébraïque doit sa forme carrée à ce style d'écriture. Mais le grand progrès est l'écriture alphabétique qui serait née au début du deuxième millénaire avant J.-C. et que les Phéniciens auraient établie en système cohérent et complet vers la fin du XIIe siècle avant notre ère. On n'a pas fait mieux. C'est elle qui est en train de se répandre sur la planète entière.

Dans notre ouvrage, au fur et à mesure de votre apprentissage de l'écriture, nous vous indiquerons la symbolique de chacune des lettres dont vous ferez la connaissance leçon après leçon. C'est là un point important pour comprendre l'âme de la langue hébraïque. Lorsqu'on parle de lettres hébraïques, c'est leur forme carrée qui se présente à l'imagination. Mais il existe une autre écriture dite cursive parce qu'elle semble *courir* sous la main du scripteur. Pourtant, pas plus que la carrée, elle ne lie un signe à l'autre comme nous le faisons dans nos écritures manuscrites latines. Rassurez-vous : vous apprendrez à les tracer *sans peine* pourvu que vous adoptiez un rythme régulier et que vous suiviez le sens indiqué par les flèches au cours de l'apprentissage.

Vous prendrez rang alors dans la suite de ces techniciens hébreux de la fin du VIIIe siècle avant J.-C. qui après avoir percé l'aqueduc souterrain de Siloé à Jérusalem inscrivent sur la roche : " ...le jour de la percée, les mineurs frappèrent l'un à la rencontre de l'autre, pic contre pic, alors les eaux coulèrent...". Les eaux de l'hébreu couleront pour vous aussi, limpides et douces !

Morphologie et syntaxe

Comparée à la grammaire française, la grammaire hébraïque est plus "structurée" et plus simple.

Les mots hébreux reposent pour la plupart sur une racine de trois consonnes, car la prédominance des consonnes sur les voyelles est une caractéristique des langues sémitiques. Plusieurs de ces consonnes se prononcent en arrière de la gorge, autre marque des langues sémitiques. Vous aurez sur ce point à éveiller votre oreille : comme vous pouvez distinguer un Marseillais d'un Québécois, vous apprendrez à distinguer un Israélien d'origine orientale et un autre d'origine européenne qui a perdu l'art de jouer du gosier !

Cette organisation lexicale sur les consonnes est prolifique puisqu'elle ouvre à la création de mots nouveaux, liés cependant à leur ascendant par une généalogie clairement discernable. Elle offre également à la pensée (et aux discours pédagogiques) des rapprochements curieux ou féconds.

Une bonne nouvelle : l'accent tonique, c'est-à-dire le son qui dans un mot est mis plus en relief que les autres, se place le plus souvent sur la dernière syllabe, comme en français.

Pour calmer encore vos appréhensions, observez ceci à titre d'exemple : le français possède cinq temps du passé et deux temps du futur, l'hébreu n'en connaît qu'un pour le passé et un pour le futur. Le français, sensible d'abord à la position d'un fait dans le temps, le situe hier (ou avant-hier), aujourd'hui, demain, (ou après-demain) : imparfait, passé simple, passé composé, plus que parfait, passé antérieur, futur, futur antérieur. L'hébreu se préoccupe de savoir seulement si le fait est ou non accompli ; si oui, il s'agit du passé, si non c'est du futur qu'il s'agit. Quant au présent, il le note par une forme assimilable à un adjectif qualificatif variable en genre et en nombre ; ce qui est assez logique puisqu'il s'agit de désigner l'action ou l'état qui, en cours de réalisation, affecte le sujet.

La syntaxe, pour l'essentiel, et mis à part la littérature "vraiment littéraire", ne résiste pas trop fortement aux francophones. Il existe, bien entendu, quelques tournures propres à l'hébreu mais qui seront vite assimilées.

Le principe de tout apprentissage est d'aller du connu à l'inconnu ; c'est pourquoi nous avons gardé la nomenclature grammaticale du français (nom, verbe, adjectif, pronom, etc.) que l'école nous a inculquée. L'hébreu certes n'y correspond pas en tous points, mais il fallait que vous nous compreniez.

Aujourd'hui, les Israéliens écrivent rarement les voyelles : ils n'y recourent que pour distinguer un mot d'un autre quand une confusion est possible. Les livres pour les petits enfants en comportent ainsi que les livres pour les commençants ; aussi, dans cet ouvrage, les avons-nous écrites. Attention ! il est nécessaire que vous vous entraîniez à l'écriture sans voyelles ; c'est pourquoi, nous vous avons préparé des exercices qui en sont dépourvus. S'ils vous semblent difficiles, considérez-les comme un jeu, bénéfique travail mental au même titre que les mots croisés ou le sudoku.

Mode d'emploi de la méthode

La méthode est basée sur **la régularité et la progression**. L'apprentissage sera graduel : c'est ce qui nous est arrivé lorsque nous avons appris notre langue maternelle. Notre propos est de vous offrir d'abord l'occasion d'une connaissance intuitive et concrète des structures de l'hébreu, pour arriver, c'est notre but – et le vôtre ? – à la pratique spontanée.
Nous avons veillé, avec beaucoup d'attention, aux étapes de la progression afin de vous faciliter l'assimilation en douceur.

La condition de la réussite tient à votre décision de consacrer **une demi-heure par jour** à votre *Hébreu*. Si vous êtes à court de temps, concédez-vous une réduction de temps, mais ne supprimez pas "notre" rendez-vous quotidien. Ayez le courage de la régularité et de l'entêtement, vous trouverez le plaisir et l'épanouissement : "Je suis entré dans l'hébreu et dans cette culture."

La première vague

La première vague constitue la "phase passive" de l'étude. Voici comment procéder :

1) Écoutez les enregistrements de la leçon, pour vous imprégner des sonorités de la langue.
2) Lisez votre leçon lentement, à haute voix, phrase par phrase, en jetant, si besoin est, un coup d'œil sur le texte en français.
3) Réécoutez l'enregistrement et répétez chaque mot et chaque phrase.
4) Lisez attentivement les notes. Elles sont une aide précieuse pour la compréhension de certaines structures propres à l'hébreu et vous donnent aussi beaucoup d'informations sur l'étymologie et le sens des mots.
5) Passez évidemment aux exercices ; ils vous font appliquer ce que vous venez d'apprendre.

Chaque septième leçon constitue une révision. Vous y faites le point sur vos acquis, les apprentissages antérieurs se confirment et s'organisent.

La deuxième vague

Voici la partie dite "active". À partir de la leçon 50, tout en continuant à avancer comme sur les 49 premières leçons, vous retournerez à la leçon 1, mais cette fois par l'exercice 1 de traduction, vous passerez du français à l'hébreu. Vous saurez tout sur cette phase lorsque vous arriverez à la leçon 50.

Les enregistrements

Les enregistrements, réalisés par des locuteurs natifs, reprennent les textes des leçons et du premier exercice et vous plongeront dans les sonorités de l'hébreu moderne. Bien que cette langue soit facile à prononcer, vous découvrirez quelques sons nouveaux et percevrez l'accent israélien typique – même si tous les accents sont présents en Israël puisqu'ils reflètent l'origine des "nouveaux arrivants" ou, si vous préférez, en hébreu, les עוֹלִים חֲדָשִׁים **'olim ḥadashim** !

Les 14 premières leçons seront enregistrées deux fois : une première fois lentement pour que vous ayez le temps de bien répéter, et une seconde fois à vitesse normale.

N'oubliez pas d'apprendre les chiffres, qui vous sont donnés au début de chaque leçon et au bas de chaque page.

Nous vous souhaitons ce plaisir et cette joie qui naissent de la découverte d'une langue nouvelle, d'un autre type d'approche du monde. Vous aurez aussi la surprise de constater que la logique et la structure de l'hébreu en font une langue plus facile à étudier que vous ne l'auriez cru. Pour vous ce sera – limpidement – de l'hébreu !

בְּהַצְלָחָה **Bèhatzlaḥah** ! *Bon succès !*

L'alphabet hébreu

Voici un tableau vous donnant l'alphabet hébreu dans son ordre "alphabétique". Sont présentées les lettres "carrées", les lettres cursives, ainsi que la transcription phonétique adoptée dans ce livre. L'alphabet hébreu ne compte que 22 lettres, mais certaines d'entre elles ont 2 prononciations et d'autres ont une forme différente lorsqu'elles sont positionnées en fin de mot. Nous vous présentons ici toutes ces formes (les numéros à droite de la lettre vous aideront à les repérer).

Pensez à lire ce tableau de droite à gauche !

transcription	nom	lettre cursive	lettre carrée	
	alèf	אc	א	1
b	bèit	ב	בּ	2
v	vèit	ב	ב	2
g	guimèl	ג	ג	3
d	dalèt	ד	ד	4
h	hè	ה	ה	5
v	vav	ו	ו	6
z	zayin	ז	ז	7
h	hèt	ח	ח	8
t	tèt	ט	ט	9
y	yod	י	י	10
k	kaf	כ	כּ	11
kh	khaf	כ	כ	11
kh	khaf final	ך	ך	11

l	lamèd	ſ	ל	12
m	mèm	N	מ	13
m	mèm final	ס	ם	13
n	noun	ر	נ	14
n	noun final	׀	ן	14
s	samèkh	O	ס	15
'	'ayin	૪	ע	16
p	pè	⊘	פּ	17
f	fè	⊘	פ	17
f	fè final	ያ	ף	17
tz	tzadè	3	צ	18
tz	tzadè final	૭	ץ	18
q	qof	ꜹ	ק	19
r	rèsh	꜍	ר	20
sh	shin	ℯ	שׁ	21
s	sin	ℯ	שׂ	21
t	tav	ת	ת	22

Remarque : dans les écrits de la vie quotidienne, de même que l'on n'écrit pas les voyelles, les lettres **bèit** et **vèit**, **kaf** et **khaf**, **pè** et **fè**, ainsi que **shin** et **sin** s'écrivent de la même manière, c'est-à-dire sans le point : פ כ ב et ש.

1 / Première leçon

Avant de commencer, il est absolument nécessaire de lire l'introduction qui précède, même si vous êtes faux débutant.

Première leçon (Shi'our rishon)
(leçon premier)

*La première ligne de chaque phrase en caractères **gras** vous donne la prononciation. Lisez-la comme si c'était du français. La deuxième ligne en *italique* traduit littéralement. Les mots reliés par un trait d'union correspondent à un seul et même mot hébreu. La troisième ligne vous propose une traduction en français courant.*

Boqèr
Matin

1 – **Boqèr tov !**
   matin bon
   Bonjour !

2 – **Boqèr or !**
   matin lumière(m.)
   Bonjour !

Prononciation

èr se prononce toujours comme dans "mer", et jamais "é" comme dans "aller".
Les francophones n'ont pas de difficultés à prononcer l'hébreu, même s'ils gardent un accent qui enchantera les Israéliens.

1 • a<u>h</u>at

שִׁעוּר רִאשׁוֹן

בֹּקֶר

1 – בֹּקֶר טוֹב!
2 – בֹּקֶר אוֹר!

Translittération

Vous le savez peut-être déjà, on lit et on écrit de droite à gauche.
L'hébreu ne distingue pas les majuscules et les minuscules, mais il connaît les mêmes signes de ponctuation que les nôtres. Il use de deux écritures, l'une, "écriture carrée", généralement pour l'imprimerie et l'autre qu'on écrit à la main, "écriture cursive". Les quatorze premières leçons seront exclusivement composées en écriture carrée, puis, l'écriture cursive sera introduite progressivement jusqu'à la leçon 29 où les exercices vous seront présentés intégralement en cursive.
Pour vous aider à déchiffrer l'écriture hébraïque, nous vous donnons ci-dessous, en caractères latins, l'équivalent des caractères hébreux. Nous conserverons cette translittération jusqu'au moment où votre maîtrise de la lecture sera suffisante pour que vous puissiez vous en passer. Soyez tranquille, ça viendra vite.
Dans la translittération en caractères latins, les consonnes sont en majuscules, la plupart des voyelles sont en minuscules quand elles correspondent à des points et à des traits.
Pour vous aider à faire la correspondance entre le caractère hébreu et la lettre (ou la syllabe) latine, nous avons alterné la couleur ; ainsi, le caractère hébreu noir aura son équivalent en lettre (ou syllabe) latine noire à la ligne en-dessous, et de même pour le caractère en rouge.
Revenons ci-dessous au mot **boqèr** בֹּקֶר : vous constatez que la voyelle **è** est notée, dans la translittération, par une minuscule car l'hébreu la marque par des points. Mais le son O est noté par une majuscule car l'hébreu utilise ici la consonne **vav** surmontée d'un

point pour l'exprimer. Il se trouve que les deux autres mots présentés dans cette leçon, **tov** טוֹב *bon*, **or** אוֹר *lumière*, offrent cette particularité, comme vous pouvez le voir. La lettre **alèf** א est notée par le signe ^ uniquement dans la translittération. Vous la voyez devant **or** אוֹר *lumière*. Elle n'a pas d'équivalent en français. Consonne sans prononciation propre, elle représente l'ouverture de la bouche prête à émettre la voyelle qui l'accompagne.

← (sens de lecture)

בּוֹקֶר
R Qè O B ←
boqèr

טוֹב	בּוֹקֶר	1
V O T	R Qè O B	←
tov	**boqèr**	

אוֹר	בּוֹקֶר	2
R O ^	R Qè O B	←
or	**boqèr**	

L'alphabet

Mettons-nous d'accord : quand nous parlons de "lettres" ou d'"alphabet", il ne s'agit que des consonnes. Nous vous présentons ici, en suivant l'ordre alphabétique hébreu, les lettres utilisées dans le court dialogue de la leçon.

Reportez-vous aux temps anciens, quand les signes étaient proches des images. En hébreu, on aime découvrir les significations cachées sous les lettres comme sous les nombres. C'est un sport national.

• **alèf** א rappelle les cornes du taureau, c'est-à-dire la force, y compris celle de l'étude. En hébreu, tous les mots commencent par une consonne. Ici, le mot **or** אוֹר *lumière* fait entendre au commencement le son *o*. Mais à l'écrit, c'est une consonne qui ouvre le mot, à savoir, dans notre cas, un א, consonne qui ne représente que l'ouverture de la gorge, prête à parler.

שִׁעוּר רִאשׁוֹן / 1

- **bèit** בּ rappelle la grotte, et le point qui occupe son centre est le foyer. Le mot **bèit** signifie *maison* et évoque la convivialité. Cette lettre se prononce *b* comme dans *bâtiment*.
- **vèit** ב : c'est la même lettre que la précédente, mais sans point. Elle se prononce *v* comme dans *voir*. Nous la notons par **v**.
- **vav** ו rappelle par sa forme et par son nom un crochet. Vous voulez accrocher un tableau ? Demandez au quincaillier un **vav** ! Nous la notons par **v**. Le ו est soit consonne, soit voyelle. Ici, comme nous l'avons vu à propos de **boqèr** בּוֹקֶר, il est le support de la voyelle O. Quand il est consonne, il se prononce *v* comme dans *victoire*. Nous le notons par **v**.
- **tèt** ט : l'imagination n'a rien vu de particulier dans ce signe. Elle se prononce *t* comme dans *tu*. Nous le notons par **t**.
- **qof** ק rappelle la hache par sa forme mais le nom lui-même signifie *singe*. Elle se prononce *q* comme dans *qui*.
- **rèsh** ר rappelle la tête, le crâne. Une tête se dit **rosh** רֹאשׁ. **Rèsh** ר signifie *début*, *commencement*, *origine*. Elle se prononce *r* comme dans *roche* ou dans *mer*.

Les voyelles

L'hébreu note les voyelles depuis, selon les auteurs, le VIIe ou le IXe siècle de notre ère. C'est à Tibériade, au bord du lac de Galilée, que les Sages ont inventé ce système de points et de traits, placés au-dessus ou au-dessous de la ligne pour éviter de toucher aux consonnes. Ils craignaient que, faute de cette notation, la prononciation correcte de la langue ne se perde.

Aujourd'hui, l'hébreu étant redevenu une langue parlée quotidiennement, les Israéliens n'écrivent plus les voyelles dans la vie courante, presse, édition, télévision, signalisation routière, etc. sauf, pour éviter au lecteur toute incertitude, lorsqu'il s'agit d'un mot rare ou étranger. Quant à nous, nous commencerons à nous y habituer dès le départ puisque l'exercice 1 sera écrit sans les voyelles (rassurez-vous, ce sont des mots connus et vous aurez toujours la transcription phonétique pour vous aider).

L'hébreu moderne connaît cinq sons de voyelles : **a**, **o**, **ou**, **è**, **i**. Voici les deux premières :

o וֹ
è ְ (noté sous la consonne qui accompagne la voyelle)

arba' • 4

1 / Première leçon

Exercices
Pour les exercices, prenez un cahier dont vous ouvrirez la couverture à droite. Pour écrire comme pour lire, vous commencerez toujours à droite. Contrairement au français, l'écriture cursive et l'écriture carrée ne lient pas les lettres. Celles-ci sont toutes séparées. Nous vous donnons

Exercice 1 – Traduisez
Targil rishon – Targèm   תַרְגִיל רִאשׁוֹן – תַרְגֵם

Boqèr	❶ בוֹקֶר
Tov	❷ טוֹב
Or	❸ אוֹר
Boqèr tov.	❹ בוֹקֶר טוֹב.
Boqèr or.	❺ בוֹקֶר אוֹר.

Exercice 2 – Complétez
Targil shèni – Hashlèm   תַרְגִיל שֵׁנִי – הַשְׁלֵם

Chaque tiret représente un caractère hébreu (avec ses voyelles).

❶ *Matin*
 boqèr   בּ _ קֶ _

❷ *Bon*
 tov   _ וֹב

❸ *Lumière*
 or   _ וֹר

Boqèr or בּוֹקֶר אוֹר *"matin de lumière" est une formulation courante pour se saluer le matin. Sans doute est-ce dû au fait qu'Israël est un pays plein de lumière, symbole et promesse de bonheur.*

Jamais l'hébreu n'a été une langue morte. Des temps bibliques à l'époque contemporaine, il a connu une évolution, mais pas de rupture. La majorité des mots de l'hébreu contemporain trouvent leur racine dans la Bible.
Des Juifs ont toujours habité le pays et ils parlaient l'hébreu avec l'accent qu'on qualifie aujourd'hui de sépharade (mot signifiant "espagnol", c'est-à-dire oriental).

שִׁעוּר רִאשׁוֹן / 1

les mots de l'exercice 1 sans la notation des voyelles pour que vous vous habituiez dès à présent à lire les mots tels que vous les verrez partout en Israël. Pas de panique ! Ce ne sont que des mots que vous avez vus dans la leçon.

Corrigé de l'exercice 1 (Traduction)
❶ Matin ❷ Bon ❸ Lumière ❹ Bonjour *(matin bon)* ❺ Bonjour *(matin lumière)*

Corrigé de l'exercice 2 – Lettres manquantes (celles-ci sont en rouge)

❶ בּוֹקֶר
❷ טוֹב
❸ אוֹר

*La première vague d'immigration des temps modernes s'est produite en 1881. Elle venait de Russie, Pologne, Lituanie, Roumanie et du Yémen. On l'appelle première **'aliyah** עֲלִיָּה, montée. Les immigrants venus de l'Europe orientale fuyaient les pogroms consécutifs à l'assassinat du tsar Alexandre II en mars 1881. Ils avaient l'accent ashkénaze (allemand, c'est-à-dire européen) mais ils ont vite adopté l'accent qui était pratiqué sur place. Les Yéménites sont venus pour des raisons religieuses à partir de la même année.*

*Évoquer les accents en Israël, c'est évoquer les vagues d'**'aliyot** (ce mot est le pluriel de **'aliyah**), chacune apportant l'accent de son pays d'origine.*

shèsh • 6

La deuxième 'aliyah a eu lieu de 1903 à 1913. Les pogroms continuaient – celui de Kishinèv, au sud de la Russie, avait été impressionnant – mais l'affaire Dreyfus en France avait aussi ému des gens, Herzl en particulier, le fondateur du sionisme moderne.
La troisième 'aliyah, de 1918 à 1923, a conduit des Juifs originaires d'Europe et de certains pays arabes.
La quatrième 'aliyah, entre 1924 et 1928, a porté une majorité de Polonais. Pour la première fois la "montée" en Orient dépassait en nombre l'émigration aux États-Unis.
La cinquième 'aliyah date de 1933-1939. Elle a été doublée par une 'aliyah illégale.

Deuxième leçon (Shi'our shèni)

Shalom
Bonjour

1 – **Shalom Lior !**
   paix(m.) Lior
   Bonjour Lior !

2 – **Shalom Shirli !**
   paix(m.) Shirli
   Bonjour Shirli !

Prononciation

Le **yod** ׳ ici se contente de rendre possible l'émission du son *i* qui est noté par un point sous la lettre qui le précède. Regardez sous les noms **Lior** לִיאוֹר et **Shirli** שִׁירְלִי : le point est placé sous la consonne qui précède le **yod** ׳..

Translittération

Vous trouverez ici en caractères latins ce qui correspond aux caractères hébraïques. Les voyelles seront données en minuscule, les consonnes en majuscule. Pensez à lire de droite à gauche. Souvenez-vous que nous écrivons le o en majuscule lorsqu'il représente la consonne **vav** ו.

7 • shè<u>va</u>'

שִׁעוּר שֵׁנִי / 2

De 1945 à 1948, une très forte immigration, illégale aux yeux du Mandat britannique, a suivi la guerre mondiale. L'épisode du bateau Exodus en est l'illustration la plus célèbre.
Dès la création de l'état d'Israël, en 1948, les portes se sont ouvertes à des immigrants de nombreux pays.
En Israël, tout le monde parle la même langue, souvent avec un accent, souvenir du pays d'origine. Il existe aussi un accent israélien typique propre à ceux qui sont nés dans le pays.

Maintenant que vous connaissez les premières lettres de l'hébreu, vous pouvez modifier le dicton français "pour moi, c'est de l'hébreu" en dicton israélien "pour moi, c'est du chinois".

2

שִׁעוּר שֵׁנִי

שָׁלוֹם

1 - שָׁלוֹם לִיאוֹר!
2 - שָׁלוֹם שִׁירלִי!

La lettre י sera rendue, uniquement pour la translittération, par un Y pour vous rappeler sa présence nécessaire à l'écrit.

←
שָׁ ל וֹ ם
M O L SHa
shalom

לִיאוֹר
R O ^ Y Li
Lior

שָׁ ל וֹ ם   1
M O L SHa ←
shalom

shmonèh • 8

2 / Deuxième leçon

שִׁי יִ ר לִי   שָׁ לוֹ ם 2

Y Li R Y SHi   M O L SHa ←

Shirli   **shalom**

L'alphabet

• **yod** י accompagne le son *i*. Son nom s'écrit comme le mot *yad main*, mais sa forme représente un pouce. C'est la plus petite lettre de l'alphabet. Elle peut être consonne ou voyelle. Dans notre texte elle met en évidence la voyelle *i*.

• **lamèd** ל se prononce *l* comme dans *leçon*. Il rappelle le fouet utilisé pour le dressage des animaux. Le nom de cette lettre est aussi le verbe *apprendre*. C'est la seule lettre qui dépasse les autres en hauteur : l'idée de l'hébreu est qu'il faut se discipliner, étudier pour s'élever.

▶ Exercice 1 – Traduisez
Targil rishon – Targèm

תַּרְגִּיל רִאשׁוֹן – תַּרְגֵּם

Shalom.   ❶ שלום.

Shalom Lior.   ❷ שלום ליאור.

Shalom Shirli.   ❸ שלום שירלי.

Boqèr or, Lior.   ❹ בוקר אור, ליאור.

Boqèr tov, Shirli.   ❺ בוקר טוב, שירלי.

Exercice 2 – Complétez
Targil shèni – Hashlèm

תַּרְגִּיל שֵׁנִי – הַשְׁלֵם

❶ *Salut.*
Shalom.   _ לוֹם

❷ *Lior*   _ יאָ _ ר

❸ *Shirli*   _ יר _ י

❹ *Bonjour (matin bon), Lior.*
Boqèr tov, Lior.   _ וֹקֶר טוֹ _ , לִי _ וֹר

❺ *Bonjour (matin lumière), Shirli.*
Boqèr or, Shirli.   בּוֹקֶ _ _ וֹר, שִׁיר _ _

שִׁעוּר שֵׁנִי / 2

• **mèm** מ se prononce *m* comme dans *maman*. Ici nous rencontrons la forme finale de cette lettre qui possède une forme propre quand elle est en position initiale ou médiane. L'hébreu compte cinq lettres à forme finale. Nous les rencontrerons au fur et à mesure de notre progression. Certains spécialistes pensent que ce phénomène de la lettre finale s'explique par le fait qu'autrefois, alors qu'on écrivait sur la pierre, on collait les mots les uns aux autres sans intervalle, pour économiser l'espace. Les lettres finales aidaient à distinguer les mots les uns des autres.

• **shin** שׁ se prononce *ch* comme dans *chat*. Nous la transcrivons **sh** pour vous rappeler son nom. Le point posé sur la branche de droite n'est pas une voyelle mais seulement le signe que cette lettre se prononce en chuintant, *che*, comme dans *fourche* à laquelle (ça tombe bien) elle ressemble. Nous verrons plus loin que la même lettre peut porter le point ailleurs et recevoir, du coup, une prononciation différente.

Les voyelles

Nous avons trouvé encore deux voyelles :
a   ָ
i   ִ

Corrigé de l'exercice 1 (Traduction)

❶ Salut *(paix)*. ❷ Salut Lior. ❸ Salut Shirli. ❹ Bonjour *(matin lumière)*, Lior. ❺ Bonjour *(matin bon)*, Shirli.

Corrigé de l'exercice 2 (Lettres manquantes)

❶ שָׁלוֹם
❷ לִיאוֹר
❸ שִׁירְלִי
❹ בּוֹקֶר טוֹב, לִיאוֹר.
❺ בּוֹקֶר אוֹר, שִׁירְלִי.

Shalom שָׁלוֹם *mot fondamental en hébreu, connu dans le monde entier, est le salut le plus courant en Israël et dans le monde juif. On l'utilise à tous les moments de la journée, en entrant comme en sortant. On le traduit par* paix, salut, bonjour, bonsoir, bonne après-midi, *etc.*

Troisième leçon (Shi'our shlishi)

Kakhah, kakhah
Comme-ci, comme-ça

1 – **Mah [1] shlomkha [2] Lior ?**
   quoi paix-de-toi(m.) Lior
   Comment vas-tu Lior ?

2 – **Tov.**
   bien
   Bien.

3 – **Mah shlomèkh [2] Shirli ?**
   quelle paix-de-toi(f.) Shirli
   Comment vas-tu Shirli ?

4 – **Kakhah, kakhah [3].**
   ainsi ainsi
   Comme ci, comme ça.

Prononciation
- La lettre **hé** ה se prononce comme le *h* aspiré français mais, quand elle est à la fin du mot, si elle n'est pas accompagnée d'une voyelle, on ne l'entend pas.
- La lettre **kaf** כּ se prononce *k*, dure, comme dans *kangourou*.
- La lettre **khaf** כ se prononce du fond de la gorge. Elle n'a pas d'équivalent en français : imitez les Espagnols dans *Juan* ou les Allemands dans *achtung*. Elle prend une forme différente en finale ך mais se prononce comme כ.

11 •  a<u>h</u>a<u>t</u> 'èsrèh

Lior לִיאוֹר *comme tous les noms et prénoms en hébreu, a un sens positif. Celui-ci signifie "pour-moi-lumière", c'est-à-dire* ma lumière. *On aurait pu dire aussi Orli* אוֹרלִי *"lumière-pour-moi".*

Shirli שִׁירלִי *signifie "poème-pour-moi", c'est-à-dire* mon poème.

Cher "assimiliste", puisque à présent vous connaissez l'hébreu, nous vous disons **shalom** שָׁלוֹם *! À la prochaine leçon.*

3

שִׁעוּר שְׁלִישִׁי

כָּכָה, כָּכָה

1 - מַה שְׁלוֹמְךָ לִיאוֹר?
2 - טוֹב.
3 - מַה שְׁלוֹמֵךְ שִׁירלִי?
4 - כָּכָה, כָּכָה.

Notes

1 **mah** מַה mot invariable et interrogatif se rend par *quoi ? que ? quel ? quels ? quelle ? quelles ?*

2 Les mots **shlomkha** *(m.)* שְׁלוֹמְךָ et **shlomèkh** *(f.)* שְׁלוֹמֵךְ se composent des mêmes lettres, parce qu'ils sont dérivés du mot **shalom** שָׁלוֹם *paix*. La différence tient uniquement aux voyelles : une forme est au masculin avec la voyelle *a* et l'autre est au féminin avec la voyelle *è* sous le **mèm**.

3 La lettre **hé** ה, dans les exemples donnés, se trouve à la fin des mots, mais elle peut se placer aussi au commencement ou au milieu. Dans **mah** מַה *quoi*, le **hè** ה rend possible l'existence du mot, car, en hébreu, un mot est au minimum composé de deux consonnes. Une consonne additionnée d'une voyelle est une syllabe mais pas un mot. Autrement dit, le ה dans מַה appartient à la structure du mot, même si on ne l'entend pas. Autre exemple : si on éliminait le ה de **kakhah** כָּכָה, on obtiendrait **kakh** כָּךְ, la dernière consonne devenant un **khaf** final ךְ.

shtèm 'èsrèh • 12

3 / Troisième leçon

Translittération

←
כָּ כָּ ה   כָּ כָּ ה
H KHa Ka   H KHa Ka
kakhah   **kakhah**

לִ י א ו ר   שְׁ ל ו מְ ךָ   מַ ה   1
R O ^ Y Li   KHa M O L SH   H Ma ←
Lior   **shlomkha**   **mah**

ט ו ב   2
V O T ←
to_v_

▶ **Targil rishon – Targèm**   תַּרְגִּיל רִאשׁוֹן – תַּרְגֵּם

❶ Mah shlomèkh, Shirli ?   מה שלומך, שירלי?
❷ To_v_.   טוב.
❸ Mah shlomkha, Lior ?   מה שלומך, ליאור?
❹ Kakhah, kakhah.   ככה, ככה.
❺ Shalom, mah shlomkha ?   שלום, מה שלומך?

Targil shèni – Hashlèm   תַּרְגִּיל שֵׁנִי – הַשְׁלֵם

❶ *Quoi ?*
    Mah ?   מַ _ ?
❷ *Ta paix(m.).*
    Shlomkha.   שְׁלוֹם _ .
❸ *Ta paix(f.)*
    Shlomèkh.   שְׁלוּ _ ךְ.
❹ *Comme ci, comme ça (ainsi, ainsi).*
    Kakhah, kakhah.   _ כָה, כָּ _ ה.
❺ *Comment vas-tu, Shirli ?*
    Mah shlomèkh, Shirli ?   _ ה _ לוֹמֵךְ שִׁ _ רְלִ _ ?

שִׁעוּר שְׁלִישִׁי / 3

שִׁירְלִי	שְׁלוֹמֵךְ	מַה	3
Y Li R Y SHi	KH Mè O L SH	H Ma ←	
Shirli	shlomèkh	mah	

	כָּכָה	כָּכָה	4
	H KHa Ka	H KHa Ka ←	
	kakhah	kakhah	

L'alphabet

- **hé** ה représente le souffle. Elle est transcrite par un **h**, comme dans *hanche*.
- **kaf** כ dessine et désigne la paume d'une main pleine. Autrefois, c'était une unité de mesure (en ancien français, la *palme*). En hébreu moderne, c'est une *cuiller*.
- **khaf** כ est aussi la *paume*, mais ici elle est vide.
- **khaf** finale ך. Cette fois vous pouvez voir le *bras* au bout de la cuiller.
- **mèm** מ déjà vue en forme finale ם à la leçon 2, évoque le mot **mayim** qui signifie *eau*. Pensez à la valeur de cette lettre dans un pays... inondé de soleil !

Corrigé de l'exercice 1

❶ Comment vas-tu Shirli ? ❷ Bien. ❸ Comment vas-tu Lior ? ❹ Comme-ci, comme ça. ❺ Salut, comment vas-tu *(m.)* ?

Corrigé de l'exercice 2

❶ מַה?
❷ שְׁלוֹמֵךְ.
❸ שְׁלוֹמֶךָ.
❹ כָּכָה, כָּכָה.
❺ מַה שְׁלוֹמֵךְ, שִׁירְלִי?

arba' 'èsrèh • 14

4 / Quatrième leçon

*Voilà terminée la troisième leçon. C'est le moment de prendre de vos nouvelles. Nous espérons que vous nous répondrez to*v טוֹב *et non pas* kakhah, kakhah כָּכָה, כָּכָה.

Quatrième leçon (Shi'our rèv̱i'i)

Ṯodah
Merci

1 – **Mah aṯah shoṯèh** [1] **?**
    quoi tu(m.) bois(m.)
    Que bois-tu ?

2 – **Ṯèh** [2]**, ṯodah.**
    thé merci(f.)
    Du thé, merci.

3 – **Mah aṯ shoṯah** [3] **?**
    quoi tu(f.) bois(f.)
    Que bois-tu ?

4 – **Birah ṯodah.**
    bière merci
    De la bière, merci.

Prononciation
Le son *t* de l'hébreu actuel se note de deux façons : **tèṭ** ט et **ṯav** ת. À l'oreille il n'y a pas de différence. Mais faites-y attention pour l'orthographe, car l'étymologie et le sens des mots en dépendent.

Notes

1. shoṯèh שׁוֹתֶה : nous voici devant un verbe au présent. Bonne nouvelle : quelle que soit la personne, *je, tu, il,* c'est la même forme, ici au masculin.

2. Pour exprimer l'idée d'une quantité indéterminée (du thé, de la bière, par exemple), l'hébreu emploie le nom tout seul, soit ici **ṯèh** תֶה *thé*, **birah** בִּירָה *bière* (phrase 4 de cette leçon).

15 • ḥamèsh 'èṣrèh

שִׁעוּר רְבִיעִי

תּוֹדָה

1 – מַה אַתָּה שׁוֹתֶה?
2 – תֵּה, תּוֹדָה.
3 – מַה אַתְּ שׁוֹתָה?
4 – בִּירָה, תּוֹדָה.

3 shotah שׁוֹתָה : si le sujet est féminin, *je, tu, elle*, nous avons cette forme, différente du masculin. Toute la différence entre les deux genres est la voyelle finale, mais à l'écrit (notation sans les voyelles) vous n'en verrez aucune !

4 / Quatrième leçon

Translittération

←

תוֹדָה
H Da O T
todah

שׁוֹתֶה	אַתָּה	מַה	1 ←
H Tè O SH	H Ta ^a	H Ma	
shotèh	atah	mah	
	תוֹדָה	תֶה	2 ←
	H Da O T	H Tè	
	todah	tèh	
שׁוֹתָה	אַתְּ	מַה	3 ←
H Ta O SH	T^a	H Ma	
shotah	at	mah	
	תוֹדָה	בִּירָה	4 ←
	H Da O T	H Ra Y Bi	
	todah	birah	

▶ **Targil rishon – Targèm**

תַּרְגִּיל רִאשׁוֹן – תַּרְגֵּם

Atah shotèh birah.   ❶ אתה שותה בירה.

At shotah tèh.   ❷ את שותה תה.

Todah.   ❸ תודה.

Shalom, at shotah birah ?   ❹ שלום, את שותה בירה?

Boqèr tov. Atah shotèh tèh ?   ❺ בוקר טוב, אתה שותה תה?

4 / שִׁעוּר רְבִיעִי

L'alphabet

• **dalèt** ד se prononce *d*. Autrefois, cette lettre était un triangle, comme le *delta* grec. Le nom de la lettre signifie *porte* et sa forme en triangle peut faire penser à l'ouverture d'une tente.
Quand deux triangles égaux s'imbriquent tête-bêche, ils forment *l'étoile de David*. On parle aussi du *bouclier de David* ✡. Justement, **David**, דָּוִד le nom du roi, s'encadre de deux **dalèt** !
• **tav** ת. Le mot **tav** veut dire *signe* en général, ou *note de musique*, mais on ne lui connaît pas de symbolique particulière. Nous transcrivons cette lettre **t**, pour la distinguer du **tèt**, transcrit **t**.

Les voyelles

Le son *è* se rend de deux façons, sous la consonne : soit ֶ , que nous avons déjà vu, soit ֵ . La distinction est grammaticale, on ne l'entend pas. Un peu de patience, vous maîtriserez bientôt ces nuances.

Corrigé de l'exercice 1

❶ Tu *(m.)* bois de la bière. ❷ Tu *(f.)* bois du thé. ❸ Merci. ❹ Salut, tu *(f.)* bois de la bière ? ❺ Bonjour, tu *(m.)* bois du thé ?

5 / Cinquième leçon

Targil shèni – Hashlèm   תַרְגִיל שֵׁנִי – הַשְׁלֵם

① *Tu (m.) bois.*
   A<u>t</u>ah sho<u>t</u>èh.   _ תָה שׁוֹ _ ה.

② *Tu (f.) bois.*
   At sho<u>t</u>ah.   אַ _ שׁוֹ _ ה.

③ *Bière, thé.*
   Birah, tèh.   _ ירָה, תֵ _.

④ *Merci.*
   <u>T</u>odah.   תּוֹ _ ה.

⑤ *Que bois-tu (m.) ?*
   Mah a<u>t</u>ah sho<u>t</u>èh ?   מָ _ אַתָ _ _ וֹתֶה?

Cinquième leçon (Shi'our <u>h</u>amishi)

'i<u>v</u>rit [1]
Hébreu

1 – **Boqèr to<u>v</u>, Dan !**
matin bon Dan
Bonjour, Dan !

2   **Mah a<u>t</u>ah lomèd [2] ?**
quoi tu(m.) apprends(m.)
Qu'apprends-tu ?

3 – **Ani lomèd 'i<u>v</u>ri<u>t</u>.**
j'apprends(m.) hébreu(f.)
J'apprends l'hébreu.

💬 Prononciation

• La lettre **'ayin** ע n'a pas de correspondant en français. C'est une gutturale. Si vous n'arrivez pas à "sortir" de votre gosier cette gutturale, comme le font les Israéliens orientaux, ne vous inquiétez pas, beaucoup de personnes sont dans votre cas. Prononcez la voyelle qui l'accompagne telle quelle.

• **Dan** דָן *Dan*. Prononcez ce *an* comme dans *banane* et non comme dans *grand*. L'hébreu ne nasalise pas ce son.

19 • <u>t</u>sha' 'ès̱rèh

שִׁעוּר חֲמִישִׁי / 5

Corrigé de l'exercice 2

① אַתָּה שׁוֹתֶה.
② אַתְּ שׁוֹתָה.
③ בִּירָה, תֵה.
④ תּוֹדָה.
⑤ מַה אַתָּה שׁוֹתֶה?

Vous avez bien travaillé. Vous méritez une tasse de thé, en attendant d'apprendre à écrire le mot café. **Todah** תּוֹדָה *pour votre effort.*

שִׁעוּר חֲמִישִׁי

עִבְרִית

1 – בּוֹקֶר טוֹב, דָּן!
2   מַה אַתָּה לוֹמֵד?
3 – אֲנִי לוֹמֵד עִבְרִית.

Notes

1 **'ivrit** עִבְרִית *hébreu* est dérivé de la racine du verbe ע.ב.ר *traverser*. Observez que ce nom repose sur ces trois consonnes et retenez que la plupart des racines se construisent ainsi, sur trois consonnes. On dit que ces racines sont *trilitères* (trois lettres).

2 **lomèd** לוֹמֵד *(je, tu, il) apprend(s)* : nous voici devant un verbe au présent masculin singulier. Remarquez bien qu'un verbe au présent ne contient pas de marque de personne. S'agit-il d'un *je*, d'un *tu*, d'un *il*, le présent ne le dit pas. Il se contente de dire s'il s'agit d'un masculin ou d'un féminin, d'un singulier ou d'un pluriel. C'est pourquoi il faut ajouter le pronom : dans ce texte nous constatons la présence de **ani** אֲנִי *je*, de **atah** אַתָּה *tu(m.)* et de **at** אַתְּ *tu(f.)*.

'èsrim • 20

5 / Cinquième leçon

4 – **Lèah, mah a_t lomèdè_t** [3] **?**
Léa, quoi tu(f.) apprends(f.)
Léa, qu'apprends-tu ?

5 – **Ani lomèdè_t latini_t.**
j'apprends(f.) latin
J'apprends le latin.

Note

3 lomèdè_t לוֹמֶדֶת *(je, tu, elle) apprend(s)* : ici, nous nous trouvons devant un présent au féminin singulier. Vous voyez que la différence ici entre les genres est marquée par le ת à la fin du mot féminin.

Translittération

←
עִבְרִית
_T_ Y Ri _V_ 'i

'i_v_rit ←

דָן	טוֹב	בּוֹקֶר	1
N Da	_V_ O T	R Qè O B	←
Dan	**to_v_**	**boqèr**	

לוֹמֵד	אַתָה	מַה	2
D Mè O L	H _T_a ^a	H Ma	←
lomèd	**a_t_ah**	**mah**	

עִבְרִית	לוֹמֵד	אֲנִי	3
_T_ Y Ri _V_ 'i	D Mè O L	Y Ni ^a	←
'i_v_rit	**lomèd**	**ani**	

לוֹמֶדֶת	אֶת	מַה	לֵאָה	4
_T_ Dè Mè O L	_T_^a	H Ma	H ^a Lè	←
lomèdè_t	**a_t**	**mah**	**Lèah**	

21 • 'èsrim vèa_ha_t

שִׁעוּר חֲמִישִׁי / 5

4 - לֵאָה, מַה אַתְּ לוֹמֶדֶת?
5 - אֲנִי לוֹמֶדֶת לָטִינִית.

5   אֲנִי   לוֹמֶדֶת   לָטִינִית
    Y Ni ^a   T Dè Mè O L   T Y Ni Y Ti La   ←
    ani   **lomèdèt**   **latinit**

Alphabet
- **noun** נ : se prononce *n*. Cette lettre possède une forme finale, ן, qui se prononce également *n*. Par sa forme, une petite tête et un long corps, elle évoque un serpent. Êtes-vous étonné de voir dans la langue d'un pays chaud, désertique par endroits, la présence du serpent qui fait peur ?
- **'ayin** ע : L'hébreu ancien représentait cette lettre par un rond, rond comme un œil, et **'ayin** ע signifie, comme par hasard, *œil*. Et comme l'eau est aussi précieuse que l'œil ("la prunelle de mes yeux"), **'ayin** désigne aussi la *source*. Nous transcrirons cette lettre par une apostrophe devant la voyelle qu'elle accompagne.

Les voyelles
Nous avons déjà vu deux façons de noter le son *a* : ַ et ָ. Il en existe une troisième : ֲ. Ces différences s'expliquent par des raisons qu'il est impossible d'exposer ici. Rassurez-vous, la prononciation, dans l'hébreu moderne, est la même des unes aux autres. Notre but, quoi qu'il en soit, est d'arriver à la lecture sans l'appui des signes de voyelles.

6 / Sixième leçon

▶ Targil rishon – Targèm   תַרְגִיל רִאשׁוֹן – תַרְגֵם

1. Lèah lomèdèt 'ivrit.   ❶ לאה לומדת עברית.
2. Dan lomèd latinit.   ❷ דן לומד לטינית.
3. Atah lomèd.   ❸ אתה לומד.
4. At lomèdèt.   ❹ את לומדת.
5. Mah Shirli lomèdèt ?   ❺ מה שירלי לומדת?

Targil shèni – Hashlèm   תַרְגִיל שֵׁנִי – הַשְׁלֵם

❶ *Léah*
   Léah   לֵאָ _
❷ *Hébreu*
   'ivrit   עִבְרִ _ _
❸ *Latin*
   Latinit   לָטִינִ _ _
❹ *Dan apprend.*
   Dan lomèd.   דָ _ לוֹ _ ד.
❺ *Léah apprend.*
   Lèah lomèdèt.   לֵ _ ה לוֹמֶדֶ _ .

6

Sixième leçon (Shi'our shishi)

Bèsèdèr
D'accord

1 – **Mah nishma'** [1], **Ya'èl ?**
   quoi est-entendu Yaèl
   Comment ça va, Yaël ?

שִׁעוּר שִׁישִׁי / 6

Corrigé de l'exercice 1
❶ Léa apprend l'hébreu. ❷ Dan apprend le latin. ❸ Tu *(m.)* apprends.
❹ Tu *(f.)* apprends. ❺ Qu'apprend Shirli ?

Corrigé de l'exercice 2

❶ לֵאָה.

❷ עִבְרִית.

❸ לָטִינִית.

❹ דָן לוֹמֵד.

❺ לֵאָה לוֹמֶדֶת.

*L'histoire d'***Avraham** אַבְרָהָם *raconte que, venant de Haran (à l'est de la Turquie actuelle), il traverse l'Euphrate pour rejoindre Canaan, l'Is-raël d'aujourd'hui. C'est le premier homme qu'on appelle* **'ivri**, *hébreu. Moïse, venant d'Égypte, traverse la mer des Joncs pour mener son peuple vers la Terre promise. Josué traverse le Jourdain pour entrer dans Canaan. Ces événements renvoient au nom* **'ivri** *dont la racine* ע.ב.ר *est commune avec celle du verbe* **'avar** עָבַר *passer, traverser.*

Vous voilà comme les* 'ivrim** עִבְרִים, ***les Hébreux : vous avez com-mencé la traversée ; nous espérons que vous vous sentirez bien-tôt complètement chez vous dans leur langue.

שִׁעוּר שִׁישִׁי

6

בְּסֵדֶר

1 – מַה נִשְׁמַע, יָעֵל?

Note

1 Ici, le verbe **nishma'** נִשְׁמַע signifie littéralement : "Qu'est-ce qui est entendu (à votre sujet) ?" Vous constatez une fois de plus comme l'hébreu est plus court que le français.

6 / Sixième leçon

2 – **Tov, todah, bèsèdèr** [2].
bien merci(f.) en-ordre
Ça va bien, merci.

3 **Mah hadash Danièl ?**
quoi neuf Daniel
Quoi de neuf, Daniel ?

4 – **Èin** [3] **hadash.**
il-n'y-a-pas nouveau
Rien de nouveau.

5 – **Haval, lèhitraot !**
dommage à-se-revoir
Dommage, au revoir !

Prononciation

• **Èin** אֵין *il n'y a pas* se prononce comme dans *veille* et non comme dans *peine*, c'est-à-dire en faisant entendre un peu le *i*. Pourquoi ? Parce qu'on écrit אֵי. Le **yod** י s'écrivant après la voyelle **è** sous le **alèf** א, il "mouille" légèrement le **è**.

• La lettre **hèt** ח, que nous transcrivons **h**, se prononce râclée, en laissant la bouche ouverte. Relisez, à la troisième leçon, les remarques de prononciation : aujourd'hui beaucoup de gens prononcent les lettres **khaf** כ et **hèt** ח de la même manière. À l'origine, il n'en était pas ainsi. Les Juifs orientaux savent encore les distinguer.

• La lettre **samèkh** ס, que nous transcrivons par un **s** simple, se prononce comme dans *sourire*. Donc le **samèkh** est l'équivalent du *ss* français, mais pour ne pas vous amener à doubler le **samèkh** en hébreu, nous ne le transcrivons que par un seul **s** en français.

Notes

2 **bèsèdèr** בְּסֵדֶר en *ordre, d'accord*. La traduction littérale montre que la préposition **b** בּ se traduit par *dans*, mais il arrive qu'on rende mieux la pensée en la traduisant par *par* ou *au moyen de*. Faites attention : cette préposition qui ne comporte qu'une seule lettre n'est jamais isolée ; elle se lie au mot qui suit. Comme vous avez pu le voir à la leçon 3, note 3, l'hébreu ne connaît pas de mot d'une seule lettre.

25 • **'èsrim vèhamèsh**

שִׁעוּר שִׁישִׁי / 6

2 – טוֹב, תּוֹדָה, בְּסֵדֶר.
3 – מַה חָדָשׁ דָּנִיאֵל?
4 – אֵין חָדָשׁ.
5 – חֲבָל, לְהִתְרָאוֹת!

3 **èin** אֵין se rapporte à ce qu'*il n'y a pas*. C'est une négation, pas un verbe, mais son utilisation ne porte que sur le présent. La présente leçon montre comme l'hébreu est synthétique. Vous avez bien fait de le choisir : vous userez moins d'énergie. La traduction d'un livre, de l'hébreu au français, augmente son volume et l'inverse se vérifie évidemment. Pourquoi ? Voici trois petits exemples. Vous avez rencontré dans notre leçon des phrases sans verbe, dites phrases nominales. C'est déjà une économie. Vous avez constaté aussi que là où l'hébreu emploie le mot unique אֵין, le français dit : *Il n'y a pas*, cinq mots. Enfin, les voyelles, des traits ou des points autour des lettres, ne prennent pas de place, à l'écrit.

Translittération

←
בְּסֵדֶר
R Dè Sè Bè
bèsèdèr
←

יָעֵל	נִשְׁמַע	מַה	1
L 'è Ya	' Ma SH Ni	H Ma	←
Ya'èl	**nishma'**	**mah**	
בְּסֵדֶר	תּוֹדָה	טוֹב	2
R Dè Sè Bè	H Da O T	V O T	←
bèsèdèr	**todah**	**To_v_**	

'è_s_rim vashèsh • 26

6 / Sixième leçon

דָּנִיֵּאל	חָדָשׁ	מַה	3
L ^è Y Ni Da	SH Da Ha	H Ma	←
Danièl	**hadash**	**mah**	
	חָדָשׁ	אֵין	4
	SH Da Ha	N Y ^è	←
	hadash	**èin**	
לְהִתְרָאוֹת	חֲבָל		5
T O ^ Ra T Hi Lè	L Va Ha		←
lèhitraot	**haval**		

▶ Targil rishon – Targèm — תַּרְגִּיל רִאשׁוֹן – תַּרְגֵּם

❶ Mah nishma' ? — מה נשמע?
❷ Bèsèdèr. — בסדר.
❸ Èin hadash. — אין חדש.
❹ Lèhitraot, Danièl. — להתראות, דניאל.
❺ Mah hadash, Ya'èl ? — מה חדש, יעל?

Targil shèni – Hashlèm — תַּרְגִּיל שֵׁנִי – הַשְׁלֵם

❶ *Dommage.*
   Haval. — _ בָ ל .
❷ *Au revoir.*
   Lèhitraot. — ְ _ ל _ תְרָ _ וֹת.
❸ *Neuf, nouveau.*
   Hadash. — חָ _ שׁ .
❹ *Ça va bien* (En ordre).
   Bèsèdèr. — _ סֶדֶר.
❺ *Il n'y a pas de bière.*
   Èin birah. — אֵ _ ן בִּ יךָ _ .

שִׁעוּר שִׁישִׁי / 6

L'alphabet
- **ḥèt** ח. Le nom **ḥèt** חֵת signifie *crainte* et sa forme est celle d'un portail ou d'une barrière. La crainte constitue dans l'âme une barrière morale.
- **samèkh** ס. Le mot qui désigne cette lettre signifie *appuyer*, *soutenir*. Certains voient dans sa forme ronde le symbole de la protection qui entoure et soutient.

Les voyelles
Dans la leçon 4, nous avons vu deux façons de noter le *è* : ֶ , ֵ . En voici une troisième : ֱ .

Corrigé de l'exercice 1
❶ Comment ça va *(Quoi est entendu)* ? ❷ Ça va *(En ordre)*. ❸ Rien de neuf *(Pas de nouveau)*. ❹ Au revoir, Daniel. ❺ Quoi de neuf, Yaël ?

Corrigé de l'exercice 2

❶ חֲבָל.
❷ לְהִתְרָאוֹת.
❸ חָדָשׁ.
❹ בְּסֵדֶר.
❺ אֵין בִּירָה.

*Vous voyez qu'il y a toujours pour vous du **ḥadash** חָדָשׁ du nouveau. **Tout va bèsèdèr** בְּסֵדֶר ? Alors **léhitraot** לְהִתְרָאוֹת au revoir.*

Septième leçon (Shi'our sh_v_i'i)

חֲזָרָה _H_azarah – Révision

Bravo ! Vous voilà arrivé à la fin de votre première semaine d'étude. Vous commencez à ne plus pouvoir dire : "Pour moi, c'est de l'hébreu !" Alors dites plutôt : "L'hébreu, c'est pour moi !"
Récapitulons les connaissances que vous avez acquises de la leçon 1 à la leçon 6.

1 L'alphabet

Vous trouverez ici les lettres que nous avons découvertes jusqu'à maintenant. Elles sont alignées par ordre alphabétique. La place des quelques lettres que nous n'avons pas encore vues est marquée par un /. Les chiffres de la première colonne à gauche se rapportent à la leçon où la lettre apparaît pour la première fois (pensez à lire le tableau de droite à gauche et de haut en bas) :

3	m	mèm	מ	1	^	alèf	א
2	m	mèm final	ם	1	b	bèi_t_	בּ
5	n	noun	נ	1	_v_	_v_èi_t_	ב
5	n	noun final	ן	/	/	/	/
6	s	samèkh	ס	4	d	dalè_t_	ד
5	'	'ayin	ע	3	h	hé	ה
/	/	/	/	1	v	vav	ו
/	/	/	/	/	/	/	/
/	/	/	/	6	_h_	_h_è_t_	ח
/	/	/	/	1	t	tè_t_	ט
/	/	/	/	2	y	yod	י
1	q	qof	ק	3	k	kaf	כּ
1	r	rèsh	ר	3	kh	khaf	כ
2	sh	shin	שׁ	3	kh	khaf final	ך
/	/	/	/	2	l	lamèd	ל
4	_t_	_t_av	ת				

29 • 'è_s_rim va_t_èsha'

שִׁעוּר שְׁבִיעִי

2 Les voyelles

(le x représente la consonne)
i	X ou Xי	**a**	X̱	X̱	X̱	
o	וֹ	**è**	X̱	X̱	X̱	

Il vous manque ici la voyelle **ou** qui apparaîtra bientôt.

3 Trois pronoms personnels sujets

ani	אֲנִי	*je, moi* (m./f.)
a<u>t</u>**ah**	אַתָה	*tu, toi* (m.)
a<u>t</u>	אַתְ	*tu, toi* (f.)

Dans les prochaines leçons, vous trouverez la 3ᵉ personne au singulier, masculin et féminin, et prochainement le pluriel.
En hébreu, il n'y a pas de vouvoiement. Mais vous devrez vous conformer au nombre et au sexe du ou des interlocuteurs. Habituez-vous à tutoyer tout le monde, y compris votre patron et le président de l'État. Le style israélien des relations sociales est ainsi fait de convivialité et même de familiarité.

4 Les verbes

La conjugaison ne connaît que trois temps : un passé, un présent, un futur. N'est-ce pas une bonne nouvelle ? Jusqu'ici nous avons vu le présent, et seulement les deux premières personnes du singulier. Le présent est bien pratique : il n'offre que quatre formes : masculin singulier, masculin pluriel, féminin singulier, féminin pluriel. C'est vraiment la vie facile !

shloshim • 30

7 / Septième leçon

Voici des exemples des deux formes que nous avons vues (pensez à lire de droite à gauche).

Féminin singulier
ani shotah	אֲנִי שׁוֹתָה	*je bois*
at shotah	אַתְּ שׁוֹתָה	*tu bois*
ani lomèdèt	אֲנִי לוֹמֶדֶת	*j'apprends*
at lomèdèt	אַתְּ לוֹמֶדֶת	*tu apprends*

Masculin singulier
ani shotèh	אֲנִי שׁוֹתֶה	*je bois*
atah shotèh	אַתָּה שׁוֹתֶה	*tu bois*
ani lomèd	אֲנִי לוֹמֵד	*j'apprends*
atah lomèd	אַתָּה לוֹמֵד	*tu apprends*

Vous voyez que le féminin singulier au présent se termine soit avec **-ah** ה ָ –, soit avec **-èt** ת ֶ –.

▶ Dialogue de révision

Écoutez ce texte si vous possédez l'enregistrement et répétez-le à haute voix puis traduisez-le.

❶ בּוֹקֶר טוֹב, שִׁירְלִי.
❷ מַה שְׁלוֹמְךָ, דָן?
❸ כָּכָה, כָּכָה.
❹ מַה חָדָשׁ?
❺ אֲנִי לוֹמֵד עִבְרִית בְּאַסִימִיל.
❻ אַתְּ שׁוֹתָה תֵּה?
❼ תּוֹדָה.

שִׁעוּר שְׁבִיעִי / 7

Traduction

❶ Bonjour, Shirli.
(matin bon Shirli)

❷ Comment vas-tu, Dan ?
(quoi ta-paix(m.) Dan)

❸ Comme ci, comme ça.
(ainsi ainsi)

❹ Quoi de neuf ?
(quoi neuf)

❺ J'apprends l'hébreu avec Assimil.
(je apprends hébreu [au-moyen-]de-Assimil)

❻ Tu bois du thé ?
(tu bois(f.) thé)

❼ Merci.

Félicitations ! Ce sera une première : voici un exercice de révision sans phonétique ni translittération. Vous saurez lire et comprendre, c'est sûr. Cet exercice est enregistré. Essayez d'abord de comprendre les phrases en écoutant les enregistrements ; entraînez-vous ensuite à les lire. Souvenez-vous que la phonétique et la translittération vont disparaître progressivement.

Huitième leçon (Shi'our shmini)

Dibourim
Paroles

1 – **Atah mèdabèr 'ivrit ¹ ?**
   tu(m.) parles(m.) hébreu(f.)
   Tu parles hébreu ?

2 – **Lo ² raq 'ivrit. Ani miPolanyah, ani mèdabèr polanit.**
   non seulement hébreu(f.) moi de-Pologne je parle(m.) polonais(f.)
   Pas seulement l'hébreu. Moi je suis de Pologne, je parle polonais.

3 – **VèAnatol ?**
   et-Anatol
   Et Anatol ?

4 – **Hou mèRousyah, hou mèdabèr rousit, idish vè'ivrit shèl oulpan.**
   lui de-Russie il parle(m.) russe(f.) yiddish(f.) et-hébreu(f.) de oulpan
   Il est de Russie, il parle le russe, le yiddish et l'hébreu d'oulpan.

5 – **VèRinah?**
   et-Rinah
   Et Rinah ?

6 – **Rinah ? Hi mèdabèrèt 'ivrit shèl shabat !**
   Rinah elle parle(f.) hébreu(f.) de shabbat(f.)
   Rinah ? Elle parle un hébreu de shabbat !

Prononciation

La lettre **vav** ו s'utilise de trois façons :
1) comme correspondant à la voyelle française *o*, elle est notée וֹ. C'est sous cette forme que nous l'avons rencontrée jusqu'à maintenant.
2) comme correspondant au son français *ou*, elle est notée וּ.
3) comme correspondant à la consonne française *v*, elle est notée ו.

Pas de panique, tout se mettra en ordre. Si vous vous posez la question "comment savoir à quelle utilisation on a affaire dans l'écriture courante sans les voyelles ?", nous vous répondons : patience !

שִׁעוּר שְׁמִינִי

דְּבּוּרִים

1 - אַתָּה מְדַבֵּר עִבְרִית?

2 - לֹא רַק עִבְרִית. אֲנִי מִפּוֹלַנְיָה, אֲנִי מְדַבֵּר פּוֹלָנִית.

3 - וְאַנְטוֹל?

4 - הוּא מֵרוּסְיָה, הוּא מְדַבֵּר רוּסִית, אִידִישׁ וְעִבְרִית שֶׁל אוּלְפָּן.

5 - וְרִנָּה?

6 - רִנָּה? הִיא מְדַבֶּרֶת עִבְרִית שֶׁל שַׁבָּת!

Pour le moment fiez-vous à la transcription phonétique. Avec l'expérience, la distinction vous deviendra naturelle.

Dans **boqèr**	בֹּקֶר	le ו	se prononce *o*.
Dans **Rousyah**	רוּסְיָה	le ו	se prononce *ou*.
Dans **vèrèd**, *rose*	וֶרֶד	le ו	se prononce *v*, comme dans *voir*.

Notes

1 **'ivrit** עִבְרִית *hébreu*. Toutes les langues se désignent par la terminaison **it** ית qui est du genre féminin. Vous en trouverez ici quelques exemples, comme **rousit** רוּסִית *russe* à partir de **Rousyah** רוּסְיָה *Russie*.

2 **lo** לֹא *non*. La négation française se forme souvent au moyen des deux éléments *ne... pas* mais il arrive que le seul *pas* suffise à la signifier. La négation hébraïque est simple, **lo** לֹא que nous traduisons par *non, ne... pas, pas*. **lo** לֹא vient de l'araméen qui, mettant la voyelle **a**, disait **la** לָא alors que l'hébreu met la voyelle **o** en gardant la consonne **alèf** לֹא. Vous voyez ici une autre façon de noter la voyelle **o** : un point en haut et à gauche de la consonne qui l'accompagne, sans le support du **vav** ו qu'on trouve plus souvent.

8 / Huitième leçon

Translittération

←

דִּבּוּרִים
M Y Ri OU B Di
dibourim

עִבְרִית	מְדַבֵּר	אַתָּה	1
T Y Ri V 'i	R Bè Da Mè	H Ta ^a	←
'ivrit	mèdabèr	atah	
עִבְרִית	רַק	לֹא	2
T Y Ri V 'i	Q Ra	^ Lo	←
'ivrit	raq	lo	
אֲנִי	מִפּוֹלַנְיָה	אֲנִי	
Y Ni ^a	H Ya N La O P Mi	Y Ni ^a	←
ani	miPolanyah	ani	
	פּוֹלָנִית	מְדַבֵּר	
	T Y Ni La O P	R Bè Da Mè	←
	polanit	mèdabèr	
		וְאַנָטוֹל	3
		L O T Na ^a Vè	←
		vèAnatol	

L'alphabet
• **pè** פ : le nom de cette lettre est aussi un mot qui signifie *bouche*. Mais si vous avez de bons yeux, vous pouvez y voir aussi le palais, les dents et la langue au milieu. Le point figurera le bonbon qu'elle est en train de sucer !

Les voyelles
Voici la dernière voyelle que nous ayons à vous présenter : il n'y en a plus d'autres. Il s'agit de **ou** וּ. Quelquefois on rencontre ֻ avec le même son. Nous aurons l'occasion d'en reparler.

35 • 'shloshim vèhamèsh

8 / שִׁעוּר שְׁמִינִי

הוּא	מֵרוּסְיָה	הוּא	4
^ OU H	H Ya S OU R Mè	^ OU H	←
hou	mèRousyah	hou	

אִידִישׁ	רוּסִית	מְדַבֵּר
SH Y Di Y ^i	T̠ Y Si OU R	R Bè Da Mè	←
idish	rousit̠	mèdaber

אוּלְפָּן	שֶׁל	וְעִבְרִית
N Pa L OU ^	L SHè	T̠ Y Ri V̠ 'i Vè	←
oulpan	shèl	vè'ivrit̠

	וְרִנָה 5
	H Na Ri Vè ←
	VèRinah

מְדַבֶּרֶת	הִיא	רִנָה 6
T̠ Rè Bè Da Mè	^ Y Hi	H Na Ri ←
mèdabèrèt̠	hi	Rinah

שַׁבָּת	שֶׁל	עִבְרִית
T̠ Ba SHa	L SHè	T̠ Y Ri V̠ 'i ←
shabat̠	shèl	'ivrit̠

shloshim vashèsh • 36

8 / Huitième leçon

תַרְגִיל רִאשׁוֹן – תַרְגֵם
Targil rishon – Targèm

① אנטול מדבר עברית של אולפן.
Anatol mèdabèr 'ivrit shèl oulpan.

② רנה מדברת עברית של שבת.
Rinah mèdabèrèt 'ivrit shèl shabat.

③ הוא מרוסיה, הוא מדבר רוסית.
Hou mèRousyah, hou mèdabèr rousit.

④ היא מפולניה, היא מדברת פולנית.
Hi miPolanyah, hi mèdabèrèt polanit.

⑤ אני מדברת אידיש ועברית.
Ani mèdabèrèt idish vè'ivrit.

תַרְגִיל שֵׁנִי – הַשְׁלֵם
Targil shèni – Hashlèm

① *Hébreu de shabbat.*
'ivrit shèl shabat.
_ בְרִית _ ל שַׁבּ _ .

② *Hébreu d'oulpan.*
'ivrit shèl oulpan.
עִבְר _ _ שֶׁ _ _ לְפָּן.

③ *Il parle polonais.*
Hou mèdabèr polanit.
הוּ _ _ דַבֵּר פּוֹלָנ _ _ .

④ *Elle parle yiddish.*
Hi mèdabèrèt idish.
הִ _ א מְדַבֶּ _ _ ידִישׁ.

⑤ *Il n'est pas de Russie.*
Hou lo miRousyah.
וא ל _ _ רוּסִיָ _ .

Le yiddish אִידִישׁ, *langue des juifs des bords du Rhin, apparaît dès le IXe siècle. Le mot vient de **jüdisch-deutsch**, c'est-à-dire juif allemand. À partir du XIVe siècle, le yiddish se répand en Europe centrale et orientale, pour devenir la langue des juifs ashkénazes. Il s'écrit au moyen des lettres hébraïques, sans ces points ni ces traits qui en hébreu marquent les voyelles. L'hébreu reste la langue de la synagogue. La langue de la vie quotidienne, du théâtre, de la littérature et de la pensée scientifique, utilise un vocabulaire à base germanique et, pour ce qui est juif, un vocabulaire à base hébraïque. Il a sa propre grammaire, son genre d'humour et… sa pâtisserie (sans parler de la carpe farcie).*

שִׁעוּר שְׁמִינִי / 8

Corrigé de l'exercice 1

❶ Anatol parle un hébreu d'oulpan. ❷ Rinah parle un hébreu de shabbat. ❸ Il est de Russie, il parle russe. ❹ Elle est de Pologne, elle parle polonais. ❺ Je parle*(f.)* yiddish et hébreu.

Corrigé de l'exercice 2

❶ עִבְרִית שֶׁל שַׁבָּת.
❷ עִבְרִית שֶׁל אוּלְפָּן.
❸ הוּא מְדַבֵּר פּוֹלָנִית.
❹ הִיא מְדַבֶּרֶת אִידִישׁ.
❺ הוּא לֹא מֵרוּסְיָה.

Le mot **oulpan** אוּלְפָּן, *d'origine araméenne, désigne un lieu d'étude intensive. On trouve des* **oulpanim** אוּלְפָּנִים *dans les villes et les kiboutzim. La majorité des* **'olim ḥadashim** עוֹלִים חֲדָשִׁים, *"ceux qui viennent de monter", c'est-à-dire les nouveaux immigrants, y suivent pendant six mois environ des cours accélérés d'hébreu et d'initiation à la culture israélienne. Outre un salaire, ils reçoivent l'aide nécessaire à leur installation dans le pays. L'expression* **'ivrit shèl oulpan** עִבְרִית שֶׁל אוּלְפָּן *renvoie à ce type d'apprentissage qui donne à l'usage de la langue un tour quelque peu scolaire, précautionneux et charmant. Un* **oulpan** *est également aujourd'hui un studio de télévision.*

Quant à l'hébreu de shabbat **'ivrit shèl shabat** עִבְרִית שֶׁל שַׁבָּת, *certains parlent l'hébreu avec tant de soin, appliquant les normes en tout, vocabulaire, grammaire, prononciation, qu'ils donnent à leur expression une allure académique. Pourquoi* **shabat**, *samedi ? Pour évoquer la langue cérémonieuse des prières et ce jour qui n'est pas un jour ordinaire.*

Le **shabat** *est le jour de repos des juifs. Ce mot fondé sur la racine trilitère* ש.ב.ת. *signifie "arrêter de travailler", comme le livre de la Genèse enseigne que Dieu a cessé de créer le sixième jour, pour se reposer le septième. Le* **shabat** *commence le vendredi soir dès qu'on peut distinguer trois étoiles. La mère de famille allume deux bougies disposées sur la nappe blanche, ou bien, autre coutume, autant de bougies que la famille comporte de personnes. Le père prononce la*

shloshim oushmonèh • 38

*bénédiction sur le vin et sur les deux pains qui se présentent sous forme de nattes. La plupart du temps, le repas de **shabat** réunit, outre la proche famille, d'autres membres de la parenté ou des amis. Le **shabat** se termine le lendemain dès qu'on peut distinguer trois étoiles. En Israël, les commerces ferment, les transports publics s'arrêtent dès le vendredi après-midi jusqu'à la fin du **shabat**. Le mot **shabat** donne le mot français* sabbat *et son dérivé* sabbatique. *Cessant le travail professionnel, nous pouvons prendre une année sabbatique pour nous consacrer par exemple à la formation.*

Neuvième leçon (Shi'our tshi'i)

Mahshèvim
Ordinateurs

1 – **Shalom !**
   paix(m.)
   Salut !

2 – **Boqèr tov !** [1]
   matin bon
   Bonjour !

3 – **Mah atèm rotzim ?**
   quoi vous(m.) voulez(m.)
   Que voulez-vous ?

4 – **Anahnou rotzim mahshèv** [2] **labèn** [3].
   nous voulons(m.) ordinateur pour-le-fils(m.)
   Nous voulons un ordinateur pour notre fils.

Prononciation

• La lettre **tzadè** ou **tzadiq** (au choix) צ se prononce **tz**. Elle n'a pas d'équivalent en français.
• La lettre **sin** שׂ (dans le mot **niṣa** נִשָׂא, phrase 7), avec le point à gauche, se prononce *s* comme dans **soir** (jamais comme dans *maison*). La lettre **samèkh** ס produit le même son *s* (nous avons appris cette lettre à la leçon 6). Nous notons le **sin** שׂ s̱ et le **samèkh** ס s.

39 • shloshim vatèsha'

שִׁעוּר תְּשִׁיעִי / 9

Cette huitième leçon inaugure la deuxième série. Vous prenez de l'assurance, vous commencez à pratiquer l'hébreu d'Assimil עִבְרִית שֶׁל אַסִימִיל. *C'est certainement plus facile que vous ne pensiez !*

שִׁעוּר תְּשִׁיעִי

מַחְשְׁבִים

1 – שָׁלוֹם!
2 – בּוֹקֶר טוֹב!
3 – מַה אַתֶּם רוֹצִים?
4 – אֲנַחְנוּ רוֹצִים מַחְשֵׁב לַבֵּן.

Notes

1 **boqèr tov** בּוֹקֶר טוֹב *bonjour*. Vous voyez : l'adjectif qualificatif épithète **tov** טוֹב se place après le nom qu'il qualifie **boqèr** בּוֹקֶר. Il n'y pas de dérogation à cette règle.

2 L'*ordinateur* se dit **mahshèv** מַחְשֵׁב. La racine ב.ש.ח signifie *penser, calculer* (une racine hébraïque ne comporte pas de voyelle). La lettre **mèm** מ placée devant elle signale un nom d'objet. La machine la plus moderne reçoit son nom d'une racine qu'on trouve abondamment dans la Bible. L'hébreu d'hier et d'aujourd'hui est une même langue. L'Académie de la langue hébraïque procède de cette façon pour composer les mots nouveaux à partir des racines de la langue biblique.

3 **labèn** לַבֵּן. Le לַ initial résulte d'une contraction entre **lè** לְ préposition qui indique le mouvement, à savoir *vers, pour*, et l'article **ha** הַ qui signifie *le* ou *la*. Vous pouvez comparer avec **vèhabat** וְהַבַּת de la phrase 6 : comme il n'y a pas la préposition **lè** לְ, l'article **ha** הַ apparaît en entier.

9 / Neuvième leçon

5 **Hou rotzèh ma<u>h</u>shè<u>v</u> vèintèrnèt** [4].
il veut(m.) ordinateur et-internet
Il veut un ordinateur et internet.

6 – **Vèhaba<u>t</u> ?**
et-la-fille
Et la fille ?

7 – **Hi rotzah ma<u>h</u>shè<u>v</u>** [5] **ni<u>s</u>a.**
elle veut(f.) ordinateur portable
Elle veut un ordinateur portable.

 Notes

4 **vè** וְ n'est pas un mot mais une lettre, car en hébreu un mot est toujours composé, au minimum, de deux lettres. De même qu'on accroche au mot suivant les prépositions **lè** לְ ou **mi** מִ (voir leçon 8), on accroche le וְ **vè** au mot suivant (d'ailleurs le nom de la lettre **vav** ו signifie *crochet*).

5 Les phrases 4, 5, 7 emploient **ma<u>h</u>shè<u>v</u>** מַחְשֵׁב tel quel, sans article car l'hébreu ne connaît pas d'article indéfini. Si on veut préciser la quantité (un, deux, trois…) on l'exprimera par un nombre.

L'alphabet

• **<u>s</u>in** שׂ : voilà une vieille connaissance de la leçon 2. Pour distinguer ce **sin** du précédent **shin**, le point est à gauche. Mais il s'agit toujours des dents d'une fourche. Pas de quoi grincer des dents, vous vous y ferez.

• **tzadè** ou **tzadiq** צ, se prononce **tz** comme dans *tzigane* et possède une forme propre selon qu'elle est en position initiale ou médiane et en position finale. Ici nous rencontrons la forme médiane et initiale : certains y voient un hameçon.

Translittération

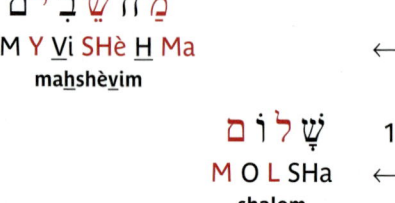

41 • arba'im vèa<u>h</u>a<u>t</u>

שִׁעוּר תְּשִׁיעִי / 9

5 הוּא רוֹצֶה מַחְשֵׁב וְאִנְטֶרְנֶט.
6 - וְהַבַּת?
7 - הִיא רוֹצָה מַחְשֵׁב נָשָׂא.

	טוֹב	בּוֹקֶר	2
	<u>V</u> O T	R Qè O B	←
	to<u>v</u>	boqèr	

רוֹצִים	אַתֶּם	מָה	3
M Y TZi O R	M <u>T</u>è ^a	H Ma	←
rotzim	atèm	mah	

מַחְשֵׁב	רוֹצִים	אֲנַחְנוּ	4
<u>V</u> SHè <u>H</u> Ma	M Y TZi O R	OU N <u>H</u> Na ^a	←
ma<u>h</u>shè<u>v</u>	rotzim	ana<u>h</u>nou	

		לָבֵן	
		N Bè La	←
		labèn	

מַחְשֵׁב	רוֹצֶה	הוּא	5
<u>V</u> SHè <u>H</u> Ma	H TZè O R	^ OU H	←
ma<u>h</u>shè<u>v</u>	rotzèh	hou	

		וְאִנְטֶרְנֶט	
		T Nè R Tè N ^i Vè	←
		vèintèrnèt	

		וְהַבַּת	6
		<u>T</u> Ba Ha Vè	←
		vèhaba<u>t</u>	

נָשָׂא	מַחְשֵׁב	רוֹצָה	הִיא	7
^ <u>Sa</u> Ni	<u>V</u> SHè <u>H</u> Ma	H TZa O R	^ Y Hi	←
ni<u>sa</u>	ma<u>h</u>shè<u>v</u>	rotzah	hi	

arba'im oush<u>t</u>ayim • 42

9 / Neuvième leçon

▶ Targil rishon – Targèm — תַּרְגִיל רִאשׁוֹן – תַּרְגֵּם

❶ הבן והבת רוצים מחשב.
Habèn vèhabat rotzim mahshèv.

❷ הוא רוצה מחשב נשא.
Hou rotzèh mahshèv nisa.

❸ היא רוצה אנטרנט.
Hi rotzah intèrnèt.

❹ מה אתם רוצים?
Mah atèm rotzim ?

❺ אנחנו רוצים מחשבים.
Anahnou rotzim mahshèvim.

Targil shèni – Hashlèm — תַּרְגִיל שֵׁנִי – הַשְׁלֵם

❶ *Ordinateur portable.*
Mahshèv nisa.
מַח _ ב _ נ _ א.

❷ *Le fils veut internet.*
Habèn rotzèh intèrnèt.
_ בֵּן רוֹ _ ה _ נטרנ _.

❸ *La fille veut un ordinateur.*
Habat rotzah mahshèv.
_ בַּת רוֹ _ ה מַחְשֵׁ _.

❹ *Nous voulons du thé.*
Anahnou rotzim tèh.
אֲנַ _ נוּ רוֹצִ _ _ תֵ _.

❺ *Le fils et la fille veulent des ordinateurs.*
Habèn vèhabat rotzim mahshèvim.
הַבֵּ _ _ הַבַּ _ רוֹצִ _ _ מַחְשֵׁב _ _.

שִׁעוּר תְּשִׁיעִי /9

Corrigé de l'exercice 1

❶ Le fils et la fille veulent un ordinateur. ❷ Il veut un ordinateur portable. ❸ Elle veut Internet. ❹ Que voulez-vous ? ❺ Nous voulons des ordinateurs.

Corrigé de l'exercice 2

❶ מַחְשֵׁב נִשָּׂא.
❷ הַבֵּן רוֹצֶה אִנְטֶרְנֶט.
❸ הַבַּת רוֹצָה מַחְשֵׁב.
❹ אֲנַחְנוּ רוֹצִים תֵּה.
❺ הַבֵּן וְהַבַּת רוֹצִים מַחְשְׁבִים.

arba'im vèarba' • 44

Dixième leçon (Shi'our 'asiri)

Bèvèit qafèh
Au café (à-maison-de café)

1 – **'èrèv tov. Mah atèn rotzot ?**
   soir bon quoi vous(f.) voulez(f.)
   Bonsoir. Que voulez-vous ?

2 – **Qafèh vè'ougah [1] bèvaqashah [2].**
   café et-gâteau(f.) par-demande
   Du café et un gâteau, s'il te plaît.

3   **Yèsh 'ougat [3] gvinah ?**
   il-y-a gâteau-de fromage(f.)
   Est-ce qu'il y a du gâteau au fromage ?

Prononciation

- Le 'ayin ע – rappelez-vous la leçon 5 – n'a pas d'équivalent en français. Seuls certains Israéliens arrivent à émettre cette gutturale. Nous transcrivons cette consonne par l'apostrophe '.
- Le tav ת, vu à la leçon 4, se prononce comme le t de table. Mais sa prononciation ne se différencie plus aujourd'hui de la prononciation du tèt ט.
- Le gimèl ג correspond à un g dur, comme dans *garçon* ou *agréable*. Prononcez-le toujours ainsi, même suivi d'un è ou d'un i dans la transcription.

Notes

1   L'article partitif (du, de la, des) et l'article indéfini (un, une) ne s'expriment pas en hébreu. *Du café et un gâteau* se dira donc littéralement "café et gâteau". Qu'il soit dit une fois pour toutes que le genre des noms n'est pas toujours le même en hébreu et en français. En voici un exemple : **'ougah** עוּגָה *gâteau* est "une" gâteau en hébreu. L'adjectif qui s'y rapporte sera donc du féminin : **tovah** טוֹבָה *bonne,* comme on le lit à la phrase 4.

2   **bèvaqashah** בְּבַקָשָׁה est composé de la préposition **bè** בְּ qui signifie ici *par* et du nom **baqashah** בַּקָשָׁה, qui signifie *demande.* D'où, littéralement, "par demande". Pourquoi **baqashah** בַּקָשָׁה devient-

שִׁעוּר עֲשִׂירִי

בְּבֵית קָפֶה

1 - עֶרֶב טוֹב. מַה אַתֶּן רוֹצוֹת?
2 - קָפֶה וְעוּגָה בְּבַקָשָׁה.
3 - יֵשׁ עוּגַת גְבִינָה?

אנחנו בבית קפה.

il **v**aqashah בַּקָשָׁה ? Notez qu'il s'agit de la même lettre, l'une avec le point à l'intérieur qu'on appelle **dagèsh** דָּגֵשׁ, il s'agit alors du son **b** בּ, l'autre sans le **dagèsh** et il s'agit du son **v** ב. C'est l'adjonction de la préposition **b** devant le nom baqashah qui demande l'élimination du **dagèsh** : deux **b** (avec **dagèsh**) à la suite seraient trop difficiles à prononcer. Ce mot **bèvaqashah** n'est pas un verbe mais un nom, il s'emploie tel quel, qu'on ait affaire à une ou à plusieurs personnes. Le passage du son *b* au son *v* dans la prononciation de la même lettre **bèit** s'observe également dans le titre de notre leçon : **bèvèit qafèh** בְּבֵית קָפֶה.

3 '**ougat gvinah** עוּגַת גְבִינָה : pourquoi le mot '**ougah** עוּגָה de la phrase 2 devient-il '**ougat** עוּגַת dans les phrases 4 et 5 ? L'hébreu favorise la brièveté : il ne recourt pas à la préposition *de* (*gâteau de fromage*), mais il emploie une construction particulière qui correspond au complément de nom : la terminaison féminine **ah** ה ָ se transforme alors en **at** ת ַ . Les leçons ultérieures nous fourniront d'autres occasions de voir cette construction.

arba'im vashèsh • 46

10 / Dixième leçon

4 – **Èin 'ougat gvinah, aval yèsh 'ougat pèrèg tovah** [4].
il-n'y-a-pas gâteau-de fromage(f.) mais il-y-a gâteau-de pavot bonne
Il n'y a pas de gâteau au fromage, mais il y a un bon gâteau au pavot.

5   **O 'ougat shoqolad.**
ou gâteau-de chocolat
Ou un gâteau au chocolat.

: Note

4 'ougah tovah עוּגָה טוֹבָה : *gâteau bon*. Pour former un adjectif au féminin, on prend le masculin et on y ajoute **ah** ָה . La phrase 1 commence par **'èrèv tov** עֶרֶב טוֹב *soir bon* : l'adjectif טוֹב est au masculin puisque עֶרֶב est masculin.

L'alphabet
• **fè** פ est la même lettre que le **pè** פּ vu à la leçon 8, mais sans point à l'intérieur.
• **gimèl** ג évoque, par sa forme et par son nom, le chameau qui se dit **gamal** גָּמָל. On voit la tête, le cou, les hautes jambes. La Bible montre les chameaux comme monture ou comme bête de somme. Le français *gamelle* vient peut-être, par le latin **camellus**, du gamal גָּמָל *chameau* dont les bosses constituent la réserve d'eau.

Translittération

47 • arba'im vashèva'

שִׁעוּר עֲשִׂירִי / 10

4 - אֵין עוּגַת גְּבִינָה, אֲבָל יֵשׁ עוּגַת פֶּרֶג טוֹבָה.
5   אוֹ עוּגַת שׁוֹקוֹלָד.

***

מַה	אַתֶּן	רוֹצוֹת	
H Ma	N Tè ^a	T O TZ O R	←
mah	atèn	rotzot	

קָפֶה	וְעוּגָה	בְּבַקָּשָׁה	2
H Fè Qa	H Ga OU ' Vè	H SHa Qa Va Bè	←
qafèh	vè'ougah	bèvaqashah	

יֵשׁ	עוּגַת	גְּבִינָה	3
SH Yè	T Ga OU '	H Na Y Vi G	←
yèsh	'ougat	gvinah	

אֵין	עוּגַת	גְּבִינָה	4
N Y ^è	T Ga OU '	H Na Y Vi G	←
èin	'ougat	gvinah	

אֲבָל	יֵשׁ	עוּגַת	
L Va ^a	SH Yè	T Ga OU '	←
aval	yèsh	'ougat	

פֶּרֶג	טוֹבָה		
G Rè Pè	H Va O T		←
pèrèg	tovah		

אוֹ	עוּגַת	שׁוֹקוֹלָד	5
O ^	T Ga OU '	D La O Q O SH	←
o	'ougat	shoqolad	

Targil rishon – Targèm — תַּרְגִיל רִאשׁוֹן – תַּרְגֵם

① יש עוגת גבינה טובה.
Yèsh 'ougat gvinah tovah.

② אין עוגת פרג.
Ein 'ougat pèrèg.

③ קפה ועוגת שוקולד בבקשה.
Qafèh vè'ougat shoqolad bèvaqashah.

④ מה אתן רוצות?
Mah atèn rotzot ?

⑤ אנחנו בבית קפה.
Anahnou bèvèit qafèh.

Targil shèni – Hashlèm — תַּרְגִיל שֵׁנִי – הַשְׁלֵם

① *Gâteau au fromage.*
'ougat gvinah.
עוּגַ _ גְבִינָ _.

② *Gâteau au pavot.*
'ougat pèrèg.
_ וּגַת פֶּרֶ _.

③ *Vous voulez(f.) du café ?*
Atèn rotzot qafèh ?
אַתֶ _ רוֹצ _ _ קָפֶ _?

④ *S'il vous plaît / S'il te plaît.*
Bèvaqashah.
_ _ קָשָׁה.

⑤ *(Maison-de) café.*
Bèit qafèh.
בֵּי _ קָ _ ה.

שִׁעוּר עֲשִׂירִי / 10

Corrigé de l'exercice 1

❶ Il y a un bon gâteau au fromage. ❷ Il n'y a pas de gâteau au pavot. ❸ Un café et un gâteau au chocolat, s'il vous plaît/s'il te plaît. ❹ Que voulez-vous(*f.*) ? ❺ Nous sommes au café.

Corrigé de l'exercice 2

❶ עוּגַת גְּבִינָה.
❷ עוּגַת פֶּרֶג.
❸ אַתֶּן רוֹצוֹת קָפֶה?
❹ בְּבַקָשָׁה.
❺ בֵּית קָפֶה.

Les Israéliens aiment les gâteaux au fromage blanc ou au pavot, quelquefois agrémentés de fruits. On les trouve partout, à la maison comme dans les cafés ou les pâtisseries. Si vous ne voulez pas manger ces gâteaux "à sec", passez à la leçon suivante, on vous y servira une boisson.

hamishim

Onzième leçon (Shi'our a<u>h</u>at 'è<u>s</u>rèh)

Baqafètèryah [1]
À la cafétéria

1 – **Shalom. Mah atèm sho<u>t</u>im ?**
bonjour quoi vous(m.) buvez(m.)
Bonjour. Que buvez-vous ?

2 – **Mah yèsh ?**
quoi il-y-a
Qu'est-ce qu'il y a ?

3 – **Yèsh qafèh filtèr, qafèh botz, qafèh tourqi, qafèh hafoukh vènès qafèh.**
il-y-a café filtre café boue(m.) cafè turc café renversé et-miracle café
Il y a du café filtre, du café avec son marc, du café turc, du café au lait et du café soluble.

4   **Soukar o soukrazi<u>t</u> ?**
sucre ou sucrette
Sucre ou sucrette.

5   **Vèa<u>t</u>èn ?**
et vous(f.)
Et vous ?

6 – **Ana<u>h</u>nou sho<u>t</u>o<u>t</u> mitz <u>t</u>apouzim [2].**
nous buvons(f.) jus-de oranges(f.)
Nous buvons du jus d'orange.

L'alphabet
• **tzadiq** ץ final. Vous avez rencontré ce **tzadiq** (ou **tzadè**) à la leçon 9. Il est ici en position finale mais il garde sa prononciation, comme dans "L'ami Fritz".
• **zayin** ז. Son nom signifie une *arme* et, en argot, le *sexe masculin*. Il se prononce comme dans *zizi*. Aucun parti politique israélien ni aucune association n'a pris cette lettre dans son sigle.

51 • <u>h</u>amishim vèa<u>h</u>at

שִׁעוּר אַחַת עֶשְׂרֵה

בַּקָּפֶטֶרְיָה

1 – שָׁלוֹם. מַה אַתֶּם שׁוֹתִים?
2 – מַה יֵשׁ?
3 – יֵשׁ קָפֶה פִילְטֶר, קָפֶה בּוֹץ, קָפֶה טוּרְקִי, קָפֶה הָפוּךְ, וְנֶס קָפֶה.
4 – סוּכָּר אוֹ סוּכְּרָזִית?
5 – וְאַתֶּן?
6 – אֲנַחְנוּ שׁוֹתוֹת מִיץ תַּפּוּזִים.

Notes

1 C'est le moment de vous rappeler ce que, à la leçon précédente, note 1, nous avons dit de la préposition **bè** בְּ. Mais ici nous trouvons **ba** בַּ, (au sens de *dans*) parce que l'article **ha** הַ y est inclus. **Bèqafètèryah** בְּקָפֶטֶרְיָה signifie *dans une cafétéria*. **Baqafètèryah** בַּקָּפֶטֶרְיָה signifie *dans la cafétéria*.

2 **tapouzim** תַּפּוּזִים *oranges* a pour singulier **tapouz** תַּפּוּז qui est un mot composé de **tapouah** תַּפּוּחַ *pomme*, et **zahav** זָהָב *or*. La contraction a donné ce mot que la Bible connaît déjà, le mentionnant une fois dans le livre des Proverbes (25, 11). La couleur évidemment justifiait cette désignation mais plus encore sa rareté.

אנחנו שותים מיץ תפוזים.

hamishim oushtayim • 52

11 / Onzième leçon

Translittération

←

בַּ קְ פֶ טֶ ר יָ ה
H Ya R Tè Fè Qa Ba
baqafètèryah

שׁוֹתִים	אַתֶּם	מַה	שָׁלוֹם	1
M Y Ti O SH	M Tè ^a	H Ma	M O L SHa	←
shotim	atèm	mah	shalom	

	יֵשׁ	מַה	2
	SH Yè	H Ma	←
	yèsh	mah	

קָפֶה	פִילְטֶר	קָפֶה	יֵשׁ	3
H Fè Qa	R Tè L Y Fi	H Fè Qa	SH Yè	←
qafèh	filtèr	qafèh	yèsh	

▶ **Targil rishon – Targèm**   תַּרְגִּיל רִאשׁוֹן – תַּרְגֵּם

❶ אתם שותים קפה בוץ.

Atèm shotim qafèh botz.

❷ מה יש בקפטריה?

Mah yèsh baqafètèryah ?

❸ אנחנו שותים מיץ תפוזים.

Anahnou shotim mitz tapouzim.

❹ אתן שותות נס קפה.

Atèn shotot nès qafèh.

❺ יש קפה הפוך?

Yèsh qafèh hafoukh ?

11 / שִׁעוּר אַחַת עֶשְׂרֵה

← בּוּץ   קָפֶה   טוּרְקִי   קָפֶה
  TZ O B H Fè Qa Y Qi R OU T H Fè Qa
  botz   qafèh   tourqi   qafèh

← הָפוּךְ   וְנֶס   קָפֶה
  KH OU F Ha S Nè Vè H Fè Qa
  hafoukh   vènès   qaféh

4 סֻכָּר   אוֹ   סוּכְרָזִית
   R Ka OU S O ^ T Y Zi Ra K OU S
   soukar   o   soukrazit

5 וְאָתֵן ←
  N Tè ^a Vè
  vèatèn

6 אֲנַחְנוּ   שׁוֹתוֹת   מִיץ   תַּפּוּזִים ←
  OU N H Na ^a T O T O SH TZ Y Mi M Y Zi OU P Ta
  anahnou   shotot   mitz   tapouzim

Corrigé de l'exercice 1

❶ Vous buvez *(m.)* du café "boue". ❷ Qu'est-ce qu'il y a à la cafétéria ?
❸ Nous buvons *(m.)* du jus d'orange. ❹ Vous buvez *(f.)* du café soluble.
❻ Y a-t-il du café au lait *(renversé)* ?

hamishim vèarba' • 54

Targil shèni – Hashlèm   תַּרְגִיל שֵׁנִי – הַשְׁלֵם

❶ Café au lait *(café renversé).*
Qafèh hafoukh.   קָ _ ה הָפוּ_.

❷ Café avec son marc *(café boue).*
Qafèh botz.   _ פֶה בּוֹ_.

❸ Sucre ou sucrette ?
Soukar o soukrazit ?   סֻ _ ר אוֹ סֻכְּרָ_ית?

❹ Jus d'orange.
Mitz tapouzim.   מִ_ תַפּוּ_ים.

❺ Nous buvons *(m.)* du café soluble.
Anahnou shotim nès qafèh.
    אֲנַ_נוּ שׁוֹתּ_ _ נֶ _ קָפֶ_.

Cure de café à l'israélienne :

Qafèh tourqi קָפֶה טוּרְקִי *: mettre du café moulu dans une casserole, ajouter l'eau et faire bouillir en remuant.*

Qafèh botz קָפֶה בּוֹץ *: mettre le même café moulu dans une tasse et ajouter de l'eau bouillante. Attendre que la "boue", c'est-à-dire le marc, se dépose.*

Qafèh hafoukh קָפֶה הָפוּךְ *: ajouter du lait au "café boue" ou au café filtre, ou au café soluble. Pourquoi* **hafoukh***, renversé ? Parce que*

Douzième leçon (Shi'our shteim 'èsrèh)

Qniyot [1]
Courses

1 – **Ouf ! ani 'ayèf.**
ouf moi fatigué(m.)
Ouf ! Je suis fatigué.

Note

[1] **qniyot** קְנִיּוֹת *achats* est le pluriel de **qniyah** קְנִיָּה *achat* dérivé de la racine ק.נ.ה *acheter*.

Corrigé de l'exercice 2

❶ קָפֶה הָפוּךְ.
❷ קָפֶה בּוֹץ.
❸ סוּכָּר אוֹ סוּכְרָזִית?
❹ מִיץ תַּפּוּזִים.
❺ אֲנַחנוּ שׁוֹתִים נֶס קָפֶה.

vous voulez qu'il soit noir et vous le blanchissez avec du lait. Vous voulez qu'il soit fort et vous l'adoucissez avec du sucre. Vous voulez qu'il soit brûlant et, pour le boire, vous attendez qu'il tiédisse.
Nès qafèh נֶס קָפֶה : *à la poudre de café soluble ajouter de l'eau bouillante. Le mot* **nès** נֶס *signifiant* miracle, *le blagueur israélien veut vous dire : si ce café-là est du café, c'est un miracle !*

Après cet effort, vous méritez un des bons cafés dont vous avez trouvé le détail ci-dessus et un des gâteaux de la leçon 10. Si vous possédez les enregistrements, vous pourriez les écouter en savourant et en vous préparant à une dictée au moyen de laquelle vous vérifierez que vous avez bien assimilé toutes ces leçons.

12

שִׁעוּר שְׁתֵים עֶשְׂרֵה

קניות

1 - אוּף! אֲנִי עָיֵף.

L'alphabet
• **fè** final ף. Avec ce *f* final vous pouvez pousser un grand ouf ! אוּף! Vous avez terminé ici l'apprentissage de tout l'alphabet. Avouez que ça a été plus facile que vous l'imaginiez.

12 / Douzième leçon

2 – Lamah ?
pourquoi
Pourquoi ?

3 – Haqanyon [2] mè'ayèf [3].
le-centre-commercial fatigue(m.)
Le centre commercial [me] fatigue.

4 – Mah atah qonèh ?
quoi tu achètes(m.)
Qu'est-ce que tu achètes ?

5 – Ani lo qonèh, aval ishti [4] qonah vèhi lo 'ayèfah !
je non achète mais femme-de-moi achète(f.) et-elle non fatiguée
Je n'achète pas, c'est ma femme qui achète et elle n'est pas fatiguée !

Notes

2 qanyon קָנְיוֹן *centre commercial*, est un mot nouveau, créé sur la même racine qu'en note 1. La terminaison **-on**, וֹן signale un lieu. Aux phrases 4 et 5 vous lisez **qonèh** קוֹנֶה qui est le verbe *acheter* à la forme du présent masculin singulier et du féminin singulier **qonah** קוֹנָה. On trouve ici encore le mécanisme par lequel l'hébreu crée les mots (nom, verbe, adjectif…) au moyen de la racine à trois lettres.

3 mè'ayèf מְעַיֵּף *(il) fatigue*, verbe construit sur la racine ע.י.ף, est ici à la voie active. L'adjectif au masculin **'ayèf** עָיֵף *fatigué*, se trouve à la phrase 1 et au féminin, **'ayèfah** עֲיֵפָה *fatiguée*, à la phrase 5.

4 ishti אִשְׁתִּי *ma femme* vient du mot **ishah** אִשָּׁה *femme* auquel on ajoute le suffixe désignant le possessif de la 1re personne du singulier. Patience, nous nous arrêterons plus longuement sur les adjectifs possessifs.

שִׁעוּר שְׁתֵּים עֶשְׂרֵה / 12

2 – לָמָה?
3 – הַקַּנְיוֹן מְעַיֵּף.
4 – מַה אַתָּה קוֹנֶה?
5 – אֲנִי לֹא קוֹנֶה, אֲבָל אִשְׁתִּי קוֹנָה וְהִיא לֹא עֲיֵפָה!

Translittération

←
קְנִיּוֹת
T O Y Ni Q
qniyot

עָיֵף	אֲנִי	אוּף 1
F Yè 'a	Y Ni ^a	F OU ^ ←
'ayèf	ani	ouf

לָמָה	2
H Ma La	←
lamah	

מְעַיֵּף	הַקַּנְיוֹן 3
F Yè 'a Mè	N O Y N Qa Ha ←
mè'ayèf	haqanyon

קוֹנֶה	אַתָּה	מַה 4
H Nè O Q	H Ta ^a	H Ma ←
qonèh	atah	mah

אֲבָל	קוֹנֶה	לֹא	אֲנִי 5
L Va ^a	H Nè O Q	^ Lo	Y Ni ^a ←
aval	qonèh	lo	ani

12 / Douzième leçon

אִשְׁתִּי   קוֹנָה   וְהִיא
^Y Hi Vè   H Na O Q   Y Ti SH ^i ←
vèhi   qonah   ishti

לֹא   עֲיֵפָה
^ Lo   H Fa Yè 'a   ←
lo   'ayèfah

▶ Targil rishon – Targèm — תַּרְגִיל רִאשׁוֹן – תַּרְגֵּם

❶ אני עיף.
Ani 'ayèf.

❷ היא לא עיפה.
Hi lo 'ayèfah.

❸ הוא קונה, אבל היא לא קונה.
Hou qonèh, aval hi lo qonah.

❹ למה הקניון מעיף?
Lamah haqanyon mè'ayèf ?

❺ מה את קונה?
Mah at qonah ?

Targil shèni – Hashlèm — תַּרְגִיל שֵׁנִי – הַשְׁלֵם

❶ *Il est fatigué.*
Hou 'ayèf.
ה _ א   עָיֵ _ .

❷ *Elle est fatiguée.*
Hi 'ayèfah.
הִי _   עֲיֵף _ .

❸ *Ma femme achète.*
Ishti qonah.
א _ ת _   קוֹ _ ה.

❹ *Le centre commercial est fatigant.*
Haqanyon mè'ayèf.
הַקְּנ _   _ _ _   _ עָיֵף.

❺ *Je n'achète pas.*
Ani lo qonèh(m.).
_ נִי   לֹ _   קוֹ _ ה.

12 / שִׁעוּר שְׁתֵּים עֶשְׂרֵה

Corrigé de l'exercice 1
❶ Je suis fatigué. ❷ Elle n'est pas fatiguée. ❸ Il achète mais elle n'achète pas. ❹ Pourquoi le centre commercial est-il fatigant *(il fatigue)* ? ❺ Qu'est-ce que tu*(f.)* achètes ?

Corrigé de l'exercice 2

❶ הוּא עָיֵף.
❷ הִיא עֲיֵפָה.
❸ אֶשְׁתִּי קוֹנָה.
❹ הַקַּנְיוֹן מְעַיֵּף.
❺ אֲנִי לֹא קוֹנֶה.

Non, non, ce n'est pas le moment de vous sentir fatigué. Si vous avancez à raison d'une demi-heure par jour, régulièrement, en laissant de côté les difficultés que vous savez pouvoir surmonter plus tard, le contenu des leçons s'imprimera dans votre esprit tout naturellement. En avant !

13

Treizième leçon (Shi'our shlosh 'èsrèh)

Pitpout, pitpoutim [1]
Papotage, papotages

1 – **Èifoh Dan vèYosèf ?**
où Dan et-Yoseph
Où sont Dan et Joseph ?

2 – **Hèm mèdabrim bètèlèfon alhouti [2].**
ils parlent au-téléphone sans-fil
Ils parlent au téléphone sans fil.

3 – **Èifoh Lèah vèSarah ?**
où Léa et-Sarah
Où sont Léa et Sarah ?

4 – **Hèn mèdabrot bètèlèfon nayad [3].**
elles parlent dans-téléphone portable(m.)
Elles parlent au téléphone portable.

5 – **Gam ani rotzah tèlèfon !**
aussi je veux(f.) téléphone
Moi aussi je veux un téléphone !

6 – **Èin bè'ayah. Yèsh dibourit [4] bamèkhonit.**
il-n'y-a-pas problème(f.) il-y-a "parleur"(f.) dans-la-voiture
Pas de problème. Il y a un "mains libres" dans la voiture. □

: Notes

1 pitpout פִּטְפּוּט, pitpoutim פִּטְפּוּטִים fait penser au français *papotage*. On peut rapprocher les deux langues par l'onomatopée et la répétition des trois mêmes consonnes. Les Israéliens qui pratiquent ce sport national au téléphone sont des **patpètanim** פַּטְפְּטָנִים des *papoteurs* et des **patpètaniyot** פַּטְפְּטָנִיוֹת *papoteuses*.

2 **al**houti אַלְחוּטִי, adjectif masculin, est une invention moderne du domaine des transmissions. Il est formé du nom **hout** חוּט *fil* et de **al** אַל mot négatif qui est aussi employé dans l'interdiction (*Ne parlez pas !*). L'équivalent est donc *sans fil*.

61 • shishim vèahat

שִׁעוּר שְׁלוֹשׁ עֶשְׂרֵה

פְּטפּוּט, פְּטפּוּטִים

1 – אֵיפֹה דָן וְיוֹסֵף?
2 – הֵם מְדַבְּרִים בְּטֶלֶפוֹן אַלחוּטִי.
3 – אֵיפֹה לֵאָה וְשָׂרָה?
4 – הֵן מְדַבְּרוֹת בְּטֶלֶפוֹן נַיָד.
5 – גַם אֲנִי רוֹצָה טֶלֶפוֹן!
6 – אֵין בְּעָיָה. יֵשׁ דְבּוּרִית בַּמְכוֹנִית.

פטפוט, פטפוטים

3 **nayad** נַיָד *portable, mobile.* Ce mot dérive de **nad** נָד *qui bouge*.
4 **dibourit** דְבּוּרִית est un nom d'utilisation toute récente depuis que les Israéliens installent dans leur véhicule un téléphone mains libres. Sa terminaison en **-it** ית caractérise un mot au féminin, qu'il s'agisse d'un nom ou d'un adjectif. Sa racine trilitère **dalèt** ד, **bèit** ב, **rèsh** ר, renvoie au verbe *parler* que vous avez rencontré à la leçon 8. Nous vous rappelons qu'une racine ne comporte jamais de voyelle.

shishim oushtayim • 62

13 / Treizième leçon

Translittération

$\leftarrow$

פְּטַפּוּטִים   פִּטְפּוּט
M Y Ti OU P T Pi   T OU P T Pi
pitpoutim   **pitpout**

וְיוֹסֵף	דָּן	אֵיפֹה	1
F Sè O Y Vè	N Da	H Fo Y ^è	←
vèYosèf	**Dan**	**èifoh**	
	מְדַבְּרִים	הֵם	2
	M Y Ri B Da Mè	M Hè	←
	mèdabrim	**hèm**	
יִטוּחִלַ^a	אַלְחוּטִי	בְּטֶלֶפוֹן	
Y iT OU H L ^a		N O F Lè Tè Bè	
alhouti		**bètèlèfon**	
וְשָׂרָה	לֵאָה	אֵיפֹה	3
H Ra Sa Vè	H ^a Lè	H Fo Y ^è	←
vèSarah	**Lèah**	**èifoh**	

▶ **Targil rishon – Targèm**   תַּרְגִּיל רִאשׁוֹן – תַּרְגֵּם

❶ הם מדברים בטלפון אלחוטי.

Hèm mèdabrim bètèlèfon al<u>h</u>outi.

❷ אני רוצה דבורית במכונית.

Ani rotzèh dibouri<u>t</u> bamékhoni<u>t</u>.

❸ אין בעיה.

Èin bè'ayah.

❹ הן מדברות בטלפון ניד.

Hèn mèdabro<u>t</u> bètèlèfon nayad.

❺ איפה יש טלפון?

Èifoh yèsh tèlèfon ?

63 • shishim vèshalosh

שִׁעוּר שְׁלוֹשׁ עֶשְׂרֵה / 13

4 הֵן מְדַבְּרוֹת בְּטֶלֶפוֹן נַיָּד
← D Ya Na N O F Lè Tè Bè T̲ O R B Da Mè N Hè
nayad   bètèlèfon   mèdabrot̲   hèn

5 גַם אֲנִי רוֹצָה טֶלֶפוֹן
← N O F Lè Tè   H TZa O R   Y Ni ^a   M Ga
tèlèfon   rotzah   ani   gam

6 אֵין בְּעָיָה יֵשׁ דִּבּוּרִית
← T̲ Y Ri OU B Di   SH Yè   H Ya 'a Bè   N Y ^è
dibourit̲   yèsh   bè'ayah   èin

בַּמְכוֹנִית
← T̲ Y Ni O KH Mè Ba
bamèkhonit̲

Corrigé de l'exercice 1

❶ Ils parlent au téléphone sans fil. ❷ Je veux*(m.)* un téléphone "mains libres" dans la voiture. ❸ Pas de problème. ❹ Elles parlent au téléphone portable. ❺ Où y a-t-il un téléphone ?

14 / Quatorzième leçon

Targil shèni – Hashlèm

❶ *Téléphone sans fil.*
Tèlèfon alhouti.

תַרְגִיל שֵׁנִי – הַשְׁלֵם

_ לֶפוֹן _ ל _ וּטִ _ .

❷ *Il y a un téléphone "mains libres" dans la voiture.*
Yèsh dibourit bamèkhonit.

_ שׁ דְבוּרִ__ בַּמְכוֹנ__.

❸ *Où est la voiture ?*
Èifoh hamèkhonit ?

אֵי _ ה _ מְ _ וֹנִית?

❹ *Sarah parle au téléphone portable.*
Sarah mèdabèrèt bètèlèfon nayad.

_ רָה מְדַבֶּ_ _ טֶלֶפ__ נַ_ד.

❺ *Joseph est aussi dans la voiture.*
Gam Yosèf bamèkhonit.

_ ם יוֹסֵ _ _ מְכוֹנִית.

14

Quatorzième leçon (Shi'our arba' 'èsrèh)

הֲזָרָה Hazarah – Révision

Bravo ! Vous voilà à la deuxième révision. Vous commencez à lire vraiment l'hébreu.

1 Les consonnes

Voici la liste complète des consonnes par ordre alphabétique hébraïque : lisez-la en commençant par la colonne de droite, et de droite à gauche. Les numéros renvoient à la leçon où nous les avons étudiées.

3	h	hé	ה	1	ʾ	alèf	א
1	v	vav	ו	1	b	bèit	בּ
11	z	zayin	ז	1	v	vèit	ב
6	h	hèt	ח	10	g	gimèl	ג
1	t	tèt	ט	4	d	dalèt	ד

65 • shishim vèhamèsh

שִׁעוּר אַרבָּע עֶשְׂרֵה / 14

Corrigé de l'exercice 2

① טֶלֶפוֹן אַלחוּטִי.
② יֵשׁ דְּבוּרִית בַּמְכוֹנִית.
③ אֵיפֹה הַמְכוֹנִית?
④ שָׂרָה מְדַבֶּרֶת בְּטֶלֶפוֹן נַיָד.
⑤ גַם יוֹסֵף בַּמְכוֹנִית.

Maintenant vous en connaissez assez pour devenir un **patpètan** פַּטפְּטָן *ou une* **patpètanit** פַּטפְּטָנִית. *À vos téléphones !*

שִׁעוּר אַרבָּע עֶשְׂרֵה

14

5	'	ayin'	ע		2	y	yod	י
8	p	pè	פּ		3	k	kaf	כּ
10	f	fè	פ		3	kh	khaf	כ
12	f	fè final	ף		3	kh	khaf final	ך
9	tz	tzadè	צ		2	l	lamèd	ל
11	tz	tzadè final	ץ		3	m	mèm	מ
1	q	qof	ק		2	m	mèm final	ם
1	r	rèsh	ר		5	n	noun	נ
2	sh	shin	שׁ		5	n	noun final	ן
9	s	sin	שׂ		6	s	samèkh	ס
4	t	tav	ת					

2 Les voyelles

Voici l'ensemble des voyelles hébraïques. Comme souvent, en hébreu, les explications grammaticales prennent un tour imagé

shishim vashèsh • 66

14 / Quatorzième leçon

qui a son charme. En plus, vous vous changerez en M. *Jourdain* qui n'est après tout qu'un M. **Yardèn** puisque ce patronyme est le même, ici en français et là en hébreu.

1. **a** : ֲ **pa<u>t</u>a<u>h</u>** פָּתַח *il a ouvert*. C'est une voyelle courte. (*"La voix A se forme en ouvrant fort la bouche"* dit le Maître de philosophie au Bourgeois Gentilhomme !)
   a : ָ **qamatz** קָמַץ *il a pincé*, car il ressemble aux trois doigts qui se joignent pour prendre par exemple une pincée de sel. Voyelle longue.
2. **è** : ֶ **sègol** סֶגוֹל un *ovale*, car si on reliait ces trois points on formerait cette figure. Voyelle courte.
   è : ֵ **tzèrèh** צֵרֵה une *cassure* peut-être à cause de la séparation entre les deux points. Voyelle longue.
3. **i** (avec ou sans le **yod** י) : **<u>h</u>iriq** חִירִיק du verbe *grincer*.
4. **o** וֹ **holam** חוֹלָם *fort*, voyelle longue.
5. **ou** וּ **shourouq** שׁוּרוּק *sifflement*, car pour le former, on dirait que la bouche va siffler. Voyelle longue.
   ou ֻ **qoubboutz** קֻבּוּץ *il rassemble*, car pour le former, les lèvres se rapprochent. Voyelle courte.

• Une particularité : le **shva** ְ *vain*.
– Ou bien il est **shva na<u>h</u>** שְׁוָא נָח *vain, en repos* (donc muet). Il est dépourvu de son. En conséquence, dans notre méthode, nous ne donnons aucun signe pour le transcrire. Regardez le mot **shva** שְׁוָא lui-même et comment nous le transcrivons.

– Ou bien il est **shva na'** שְׁוָא נָע *en mouvement* (donc sonore). C'est une demi-voyelle. On le fait entendre *è*. Exemple : **bè<u>v</u>aqashah** בְּבַקָשָׁה *s'il vous/te plaît*.
Ne vous inquiétez pas. Dans notre méthode d'hébreu, c'est nous qui noterons les voyelles, quand elles sont nécessaires. Vous n'aurez pas à les trouver par vous-mêmes.

3 Les pronoms personnels sujets

Sans en avoir l'air, vous avez fait connaissance de tous les pronoms personnels sujets. Prenez-en conscience maintenant d'une façon synthétique :

ani	אֲנִי	je, moi (m./f.)
atah	אַתָה	tu, toi (m.)
at	אַתְ	tu, toi (f.)
hou	הוּא	il
hi	הִיא	elle
ana<u>h</u>nou	אֲנַחנוּ	nous (m./f.)
atèm	אַתֶם	vous (m.)
atèn	אַתֶן	vous (f.)
hèm	הֶם	ils
hèn	הֶן	elles

Comparez **ani** אֲנִי et **ana<u>h</u>nou** אֲנַחנוּ, **atah** אַתָה et **atèm** אַתֶם, **at** אַתְ et **atèn** אַתֶן : à chaque personne, singulier et pluriel se correspondent. Faites ce petit effort de clarification : en mettant de l'ordre dans votre mémoire, vous faciliterez son travail.

4 Les verbes

Nous avons rencontré quelques verbes au présent. Vous avez pu constater qu'il existe, dans ce temps, quatre formes, deux pour le masculin – singulier et pluriel – et deux pour le féminin – singulier et pluriel. Voici une vue d'ensemble :

• *parler* ; racine : ד.ב.ר.

masculin

ani mèdabèr	אֲנִי מְדַבֵּר	je parle
atah mèdabèr	אַתָה מְדַבֵּר	tu parles
hou mèdabèr	הוּא מְדַבֵּר	il parle
ana<u>h</u>nou mèdabrim	אֲנַחנוּ מְדַברִים	nous parlons
atèm mèdabrim	אַתֶם מְדַברִים	vous parlez
hèm mèdabrim	הֶם מְדַברִים	ils parlent

féminin

ani mèdabèrèt	אֲנִי מְדַבֶּרֶת	je parle
at mèdabèrèt	אַתְ מְדַבֶּרֶת	tu parles
hi mèdabèrèt	הִיא מְדַבֶּרֶת	elle parle
ana<u>h</u>nou mèdabrot	אֲנַחנוּ מְדַברוֹת	nous parlons
atèn mèdabrot	אַתֶן מְדַברוֹת	vous parlez
hèn mèdabrot	הֶן מְדַברוֹת	elles parlent

Prenez note des terminaisons du féminin singulier, -**èt** תֶ , du masculin pluriel, -**im** ים , et du féminin pluriel, -**ot** וֹת. C'est pratique, elles vous serviront pour la plupart des verbes.
Dans le verbe suivant, la lettre **hé** ה faisant partie de la racine ר.צ.ה, la différence entre le masculin et le féminin singuliers se limitera à la dernière voyelle : au masculin **èh** הֶ , au féminin **ah** הָ .

- *vouloir* ; racine : ר.צ.ה

masculin

ani rotzèh	אֲנִי רוֹצֶה	je veux
atah rotzèh	אַתָה רוֹצֶה	tu veux
hou rotzèh	הוּא רוֹצֶה	il veut
anahnou rotzim	אֲנַחְנוּ רוֹצִים	nous voulons
atèm rotzim	אַתֶם רוֹצִים	vous voulez
hèm rotzim	הֵם רוֹצִים	ils veulent

féminin

ani rotzah	אֲנִי רוֹצָה	je veux
at rotzah	אַת רוֹצָה	tu veux
hi rotzah	הִיא רוֹצָה	elle veut
anahnou rotzot	אֲנַחְנוּ רוֹצוֹת	nous voulons
atèn rotzot	אַתֶן רוֹצוֹת	vous voulez
hèn rotzot	הֵן רוֹצוֹת	elles veulent

Sur le même principe, exercez-vous sur les deux verbes suivants (*boire* et *acheter*) du même type :

shotèh	שׁוֹתֶה	shotah	שׁוֹתָה
shotim	שׁוֹתִים	shotot	שׁוֹתוֹת
qonèh	קוֹנֶה	qonah	קוֹנָה
qonim	קוֹנִים	qonot	קוֹנוֹת

Vous voyez que la conjugaison du présent n'est pas un fardeau trop lourd.

5 Les adjectifs

1. masc. sing. : **tov** טוֹב *bon*
   fém. sing. : **tovah** טוֹבָה *bonne*

	masc. plur. :	**tovim**	טוֹבִים	bons
	fém. plur. :	**tovot**	טוֹבוֹת	bonnes
2.	masc. sing. :	**'ayèf**	עָיֵף	fatigué
	fém. sing. :	**'ayèfah**	עֲיֵפָה	fatiguée
	masc. plur. :	**'ayèfim**	עֲיֵפִים	fatigués
	fém. plur. :	**'ayèfot**	עֲיֵפוֹת	fatiguées

Voyez comme c'est simple : pour passer au féminin singulier, on prend le masculin singulier et on lui applique la terminaison **ah** הָ, et pour passer au pluriel, on ajoute יִם. pour le masc. et וֹת pour le fém.

6 Une construction particulière : le *smikhout* ou l'état construit.

Un mot peut se présenter, tel quel, isolé : **'ougah** עוּגָה *gâteau*, ou bien lié à un autre : **'ougaht shoqolad** עוּגַת שׁוֹקוֹלָד *gâteau au chocolat*. On dit du premier gâteau qu'il est à l' "état absolu" et du deuxième qu'il est à l' "état construit" (puisqu'il entre dans une "construction grammaticale"). Dans ce cas, l'hébreu donne au mot gâteau la forme **'ougat** עוּגַת différente de **'ougah** עוּגָה et cette forme s'appelle en hébreu le **smikhout** סְמִיכוּת.

Dialogue de révision

❶ — שָׁלוֹם, בּוֹרִיס.

❷ — שָׁלוֹם, רִנָה.

❸ — גַם אַתָה בַּקַנְיוֹן?

❹ — אֲנִי קוֹנֶה מַחְשֵׁב לַבֵּן וְלַבַּת.

❺ — אֲנִי קוֹנָה טֶלֶפוֹן נַיָד.

❻ — בּוֹרִיס, אַתָה מְדַבֵּר עִבְרִית?

❼ — עִבְרִית שֶׁל אוּלְפָן.

❽ — אֲבָל אַת, רִנָה, מְדַבֶּרֶת עִבְרִית שֶׁל שַׁבָּת.

❾ — אֲנִי עֲיֵפָה. אַתָה רוֹצֶה קָפֶה וְעוּגָה?

❿ — אֵין בְּעָיָה. יֵשׁ בֵּית קָפֶה בַּקַנְיוֹן.

15 / Quinzième leçon

Traduction

❶ – **Salut, Boris.** *(paix Boris)*
❷ – **Bonjour, Rinah.** *(paix Rinah)*
❸ – **Toi aussi tu es au centre commercial ?**
   (aussi toi(m.) dans-le-centre-commercial)
❹ – **J'achète un ordinateur pour mon fils et pour ma fille.**
   (j'achète(m.) ordinateur pour-le-fils et-pour-la-fille)
❺ – **J'achète un téléphone portable.**
   (j'achète(f.) téléphone portable)
❻   **Boris, tu parles hébreu ?**

15

Quinzième leçon (Shi'our ḥamèsh 'ès̱rèh)

Bayam
À la mer

1 – **Mèayin¹ atah ba² ?**
   de-où tu viens(m.)
   D'où viens-tu ?

2 – **Ani ba miḥof³ hayam.**
   je viens(m.) de-plage(m.) la-mer(m.)
   Je viens de la plage.

Notes

1 mèayin ? מֵאַיִן? *d'où ?*, toujours interrogatif, appelle une réponse qui commencera par la préposition **m** מ indiquant la provenance, l'origine.

2 ba בָּא *je/tu viens, il vient*. Il s'agit d'un mot parce qu'il possède deux lettres. C'est le verbe *venir*, au présent masculin singulier. Sa racine ב.ו.א est de trois lettres comme la plupart des mots hébreux. Nous avons rencontré la préposition **ba-** -בַּ *dans*, qui, ne possédant qu'une lettre et sa voyelle, ne constitue pas un mot.

❼ – Hébreu d'oulpan.
❽   Mais toi, Rinah, tu parles un hébreu de shabbat.
(mais tu Rinah tu-parles(f.) hébreu de shabbat)
❾ – Je suis fatiguée. Tu veux un café et un gâteau ?
(je fatiguée tu veux(m.) café et-gâteau)
❿ – Pas de problème. Il y a un café dans le centre commercial.
(il-n'y-a-pas problème il-y-a maison-de café dans-le-centre-commercial)

Félicitations ! Vous avez fait tomber une barrière entre vous et l'hébreu. Vous avez le champ libre, l'horizon se dégage.

15

שִׁעוּר חֲמֵשׁ עֶשְׂרֵה

בַּיָּם

1 – מֵאַיִן אַתָּה בָּא?
2 – אֲנִי בָּא מֵחוֹף הַיָּם.

בים

3   mihof מֵחוֹף *de la plage*. La réponse à la question commençant par mèayin ? מֵאַיִן? *d'où ?* porte la même lettre **m** מ préposition *de*, *(de la plage)* indiquant la provenance.

shiv'im oushatayim • 72

15 / Quinzième leçon

3   Baboqèr ani sohèh bayam.
dans-le-matin je nage(m.) dans-la-mer(m.)
Le matin je nage dans la mer.

4 – Yèsh "hatikhot" [4] **bèhof hayam** [5] **?**
il-y-a "morceaux"(f.) dans-plage(m.) la-mer(m.)
Il y a des jolies filles sur la plage ?

5 – Lo, baboqèr èin sham "hatikhot".
non dans-le-matin il-n'y-a-pas là-bas "morceaux"(f.)
Non, le matin il n'y a pas de jolies filles là-bas.

6 – Lo ? Az lamah atah bayam baboqèr ?
non alors pourquoi toi dans-la-mer(m.) dans-le-matin(m.)
Non ? Alors pourquoi es-tu à la mer le matin ?

Notes

4 **hatikhot** חֲתִיכוֹת (sing. **hatikhah** חֲתִיכָה) signifie *morceau*, *pièce*. **Hatikhot shoqolad** חֲתִיכוֹת שׁוֹקוֹלָד : *des morceaux de chocolat*. Sur la plage, qui ne souhaite rencontrer de "beaux morceaux", féminins ou masculins ? C'est tellement vrai que l'hébreu israélien tend à spécialiser ce mot : **hatikhah** חֲתִיכָה est la *belle fille*, **hatikh** חָתִיךְ *le beau garçon*. L'état construit **hatikhot** coïncide ici avec l'état absolu qui aurait demandé qu'on emploie la préposition **shèl shoqolad**, *de* (complément de nom) *chocolat*. Vous comprenez que ça vaut le coup de progresser. Dès vos prochaines vacances, sous le soleil, vous saurez comment le dire et apprécier le mot quand il vous sera destiné. On trouve ici... avec plaisir l'équivalent de l'expression française : "C'est une belle pièce !"

5 **bèhof hayam** בְּחוֹף הַיָם Pourquoi dire la "plage [de] la mer" ? Le seul mot *plage* ne suffit-il pas ? Pas d'autre réponse que : c'est l'usage. La signalétique sur les routes porte cette indication. Mais on peut aussi dire simplement **hof** חוֹף.

שִׁעוּר חֲמֵשׁ עֶשְׂרֵה / 15

3 בַּבּוֹקֶר אֲנִי שׂוֹחֶה בַּיָם.
4 - יֵשׁ "חֲתִיכוֹת" בְּחוֹף הַיָם?
5 - לֹא, בַּבּוֹקֶר אֵין שָׁם "חֲתִיכוֹת".
6 - לֹא? אָז לָמָה אַתָה בַּיָם בַּבּוֹקֶר?

L'écriture cursive

Nous avons, depuis le commencement de notre apprentissage, écrit l'hébreu en caractères d'imprimerie, ce qu'on appelle les *lettres carrées*. Il existe évidemment une écriture cursive, celle que chacun trace de sa main. Ménageant votre effort, nous vous présenterons cet alphabet cursif petit à petit. Les lettres cursives, comme les lettres carrées, ne sont pas liées, mais placées séparément les unes à côté des autres. Exercez-vous sur un cahier, en suivant pour chaque lettre le mouvement indiqué par les flèches :

bèit	ධ	ב	**qof**	ק	ק
vav	⇃	ו	**rèsh**	ෆ	ר

boqèr :
lettres carrées : בּוֹקֶר lettres cursives : בּוֹקֶר

Translittération

←
בַּיָם
M Ya Ba
bayam

בָּא	אַתָה	מֵאַיִן	1
^ Ba	H Ta ^a	N Yi ^a Mè	←
ba	**atah**	**mèayin**	
הַיָם	מִחוֹף	בָּא	אֲנִי	2
M Ya Ha	F O H Mi	^ Ba	Y Ni ^a	←
hayam	**mihof**	**ba**	**ani**	

15 / Quinzième leçon

→ 3 בַּ Ba B O Qè R   ^a Ni Y   O S Hè H   Ba Ya M
   baboqèr   ani   sohèh   bayam

→ 4 Yè SH   Ha Ti Y KH O T   Bè H O F   Ha Ya M
    yèsh   hatikhot   bèhof   hayam

***

▶ **Targil rishon – Targèm**   תַּרְגִיל רִאשׁוֹן – תַּרְגֵּם

① Mèayin atah ba baboqèr ?   מאין אתה בא בבוקר?
② Èin "hatikhot" bahof.   אין "חתיכות" בחוף.
③ Ani sohèh bayam.   אני שוחה בים.
④ Ani lo bèhof hayam.   אני לֹא בחוף הים.
⑤ Ani ba mèhayam.   אני בא מהים.

Targil shèni – Hashlèm   תַּרְגִיל שֵׁנִי – הַשְׁלֵם

① *Je viens.*
   Ani ba.   אֲנִ _ בָּ _.

② *Moi et ma femme, [nous sommes] à la plage.*
   Ani vèishti bèhof hayam.   _ נִי _ אִשְׁתּ _ חוֹ _ יָם.

③ *(Dans) le matin, je nage(m.).*
   Baboqèr ani sohèh.   _ בּוֹקֶר _ נִי _ וֹחֶה.

④ *Il y a de belles filles sur la plage.*
   Yèsh hatikhot bahof.   _ שׁ _ תִי _ וֹת בַּ _ וּף.

⑤ *Alors, pourquoi es-tu à (dans) la mer ?*
   Az, lamah atah bayam ?   אָ _ לָמָ _ תָה בַּ _ ם?

Exercice 3 – Écrivez en lettres cursives
boqer   בּוֹקֶר

Vous venez de commencer la troisième série. Vous savez déjà lire toutes les lettres carrées. Ici vous entreprenez l'apprentissage de l'écriture cursive qui vous sera utile pour écrire à vos correspondants israéliens.

שִׁעוּר חֲמֵשׁ עֶשְׂרֵה / 15

5 לֹא בַּבּוֹקֶר אֵין שָׁם חֲתִיכוֹת
← Lo ^ Ba B O Qè R N Y ^è M SHa T O KH Y Ti Ha
lo   baboqèr   èin   sham   hatikhot

6 לֹא אָז לָמָה אַתָּה
← Lo ^   Z ^a   H Ma La   H Ta ^a
lo   az   lamah   atah

בַּיָּם בַּבּוֹקֶר
M Ya Ba   R Qè O B Ba
bayam   baboqèr

***

Corrigé de l'exercice 1

❶ D'où viens-tu ce *(dans le)* matin ? ❷ Il n'y a pas de belles filles sur la plage. ❸ Je nage *(m.)* dans la mer. ❹ Je ne suis pas sur la plage *(dans-plage-la-mer)*. ❺ Je viens *(m.)* de la mer.

Corrigé de l'exercice 2

❶ אֲנִי בָּא. ❷ אֲנִי וְאִשְׁתִּי בְּחוֹף הַיָּם. ❸ בַּבּוֹקֶר אֲנִי שׂוֹחֶה.
❹ יֵשׁ חֲתִיכוֹת בַּחוֹף. ❺ אָז לָמָה אַתָּה בַּיָּם?

Corrigé de l'exercice 3 (Lettres cursives)

בּוֹקֶר

*La chaleur et un mode de vie où la convivialité tient une grande place incitent les Israéliens à fréquenter les plages en famille ou en groupe d'amis. La mer n'est jamais bien loin dans un pays plus long que large et qui en compte quatre : la mer Méditerranée qui borde le territoire sur la moitié de sa longueur ; la mer Rouge, ses coraux, ses poissons multicolores, ses "beaux morceaux" et Eilat, sa station balnéaire ; la mer Morte aux eaux les plus minéralisées du monde et le point le plus bas de la planète (- 400 mètres) – on peut y étudier son "Hébreu sans peine", assis sur la mer comme sur son canapé ; enfin la mer **Kinèrèt** כִּנֶּרֶת ou lac de Tibériade, qui reçoit son nom de sa forme de cithare (kinor כִּנּוֹר) et qui constitue la plus grande réserve d'eau douce d'Israël, elle est traversée de part en part par le Jourdain qui se jette dans la mer Morte.*

Seizième leçon (Shi'our shèsh 'èsrèh)

Bar mitzvah
Bar-mitsvah

1 – **Mah ḥadash ?**
quoi nouveau
Quoi de neuf ?

2 – **Bèqarov bar mitzvah liNètanèl [1] bni [2]. Ani bèdiètah.**
bientôt fils commandement pour-Néthanèl fils-mon. moi en-diète
[C'est] bientôt la bar-mitsvah de mon fils Nèthanèl. Je suis au régime.

3 – **Mazal tov ! [3]**
signe bon
Tous mes vœux !

4 **Aval ani lo mèvinah. Lamah diètah lèvar mitzvah ?**
mais moi non comprends(f.) pourquoi diète pour-fils commandement
Mais je ne comprends pas. Pourquoi un régime pour une bar-mitsvah ?

5 – **Lamah at lo mèvinah ?**
pourquoi tu non comprends(f.)
Pourquoi tu ne comprends pas ?

6 **Ani bèdiètah ki ani rotzah liqnot simlah yafah labar mitzvah shèl Nètanèl !**
moi en-diète parce-que je veux(f.) acheter robe belle pour-le-fils commandement de Néthanèl
Je suis au régime parce que je veux acheter une belle robe pour la bar-mitsvah de Néthanèl !

Notes

1 li ל est la préposition lè ל *pour*, que nous avons rencontrée à la leçon 9, note 3. Le plus important dans cette préposition est la consonne ל. Pour comprendre ce qui se passe avec elle, voyons dans notre texte les trois endroits où elle apparaît :

77 • shiv'im vashèva'

שִׁעוּר שֵׁשׁ עֶשְׂרֵה

בַּר מִצְוָה

1 - מַה חָדָשׁ?

2 - בְּקָרוֹב בַּר מִצְוָה לִנְתַנְאֵל בְּנִי.
אֲנִי בְּדִיאֵטָה.

3 - מַזָּל טוֹב!

4 אֲבָל אֲנִי לֹא מְבִינָה. לָמָה דִיאֵטָה לְבַר מִצְוָה?

5 - לָמָה אַתְּ לֹא מְבִינָה?

6 אֲנִי בְּדִיאֵטָה כִּי אֲנִי רוֹצָה לִקְנוֹת שִׂמְלָה יָפָה לַבַּר מִצְוָה שֶׁל נְתַנְאֵל!

– phrase 2 : li**Nètanèl** לִנְתַנְאֵל *pour Nèthanèl* où nous avons **li** לִ suivi de **nè** נְ. L'hébreu éprouve trop de difficulté à dire **lènè**, deux **è** au début d'un mot. La voyelle sera donc **li**.

– phrase 4 : **lèvar mitzvah** לְבַר מִצְוָה *pour une bar-mitsvah*. Ici nous avons **lè** לְ qui est la forme la plus courante de la préposition.

– phrase 6 : **labar mitzvah** לַבַּר מִצְוָה *pour la bar-mitzvah*. Ici nous avons **la** לַ parce que dans la לַ il faut entendre l'article **ha** הַ. Nous avons donc ici une contraction de la préposition לְ et de l'article **ha** הַ : **la** לַ.

2 Rappelez-vous **bèn** בֶּן *fils*. **Bni** בְּנִי *mon fils* : le possessif, caractérisé par le suffixe **i**, étant intégré dans le nom, l'hébreu, qui cherche la brièveté, élide la voyelle **è**.

3 **mazal tov** מַזָּל טוֹב : **mazal** est le nom ancien d'une constellation du zodiaque, d'une étoile et d'une planète. Souhaiter **mazal tov**, c'est dire "Que votre étoile soit bonne !". Traduire par "bonne chance" ou par "félicitations" ne rend pas la nuance exacte car la première formule renvoie au hasard et la seconde au passé, alors qu'il faut plutôt évoquer l'avenir. Mieux vaudrait traduire, selon les circonstances, par : *tous mes vœux, tous mes vœux de bonheur, mes vœux de succès*, etc.

16 / Seizième leçon

Translittération

בַּר   מִצְוָה ←
R Ba   H Va TZ Mi
bar   **mitzvah**

1   מַה   חָדָשׁ
←   H Ma   SH Da <u>H</u>a
    mah   **<u>h</u>adash**

2   בְּקָרוֹב   בַּר   מִצְוָה
←   <u>V</u> O R Qa Bè   R Ba   H Va TZ Mi
    bèqaro<u>v</u>   **bar**   **mitzvah**

לִנְתַנְאֵל   בְּנִי   אֲנִי   בְּדִיאֶטָה
H Ta ^è Y Di Bè   Y Ni ^a   Y Ni B L ^è N Ta Nè Li
bèdiètah   **ani**   **bni**   **liNètanèl**

3   מַזָל   טוֹב
←   <u>V</u> O <u>T</u>   L Za Ma
    <u>t</u>ov   **mazal**

L'écriture cursive

Voici cinq nouvelles cursives :

mèm	↓ℕ↓	מ	**zayin**	ז
lamèd	∫	ל	**tè<u>t</u>**	ט
<u>v</u>èi<u>t</u>	ꝺ	ב		

Observez les mots **mazal to<u>v</u>** : en lettres carrées   מַזָל טוֹב

: en lettres cursives   (cursive)

La lettre **lamèd** devient ∫. Dans les deux sortes d'écriture, elle dépasse en hauteur toutes les autres lettres.

79 • shi<u>v</u>'im va<u>t</u>èsha'

שִׁעוּר שֵׁשׁ עֲשֹׂרֵה / 16

4 אֲבָל אֲנִי לֹא מְבִינָה
לָמָה דִיאֶטָה לְבַד מִצְוָה

5 לָמָה אֶת לֹא מְבִינָה

6 אֲנִי בְּדִיאֶטָה כִּי אֲנִי
רוֹצָה לִקְנוֹת שִׂמְלָה יָפָה
לָבַר מִצְוָה שֶׁל נְתַנְאֵל

אני בדיאטה.

16 / Seizième leçon

▶ Targil rishon – Targèm   תַרְגִיל רִאשׁוֹן – תַרְגֵם

❶ Yèsh bar mitzvah liNètanèl.   יש בר מצוה לנתנאל.

❷ אני רוצה לקנות שמלה יפה לאשתי.

Ani rotzèh liqnot simlah yafah lèishti.

❸ Ani bèdiètah.   אני בדיאטה.

❹ Mah ? At lo mèvinah ?   מה? את לא מבינה?

❺ Mazal tov !   מזל טוב!

Targil shèni – Hashlèm   תַרְגִיל שֵׁנִי – הַשְׁלֵם

❶ *Bonne chance Nèthanèl !*
Mazal tov Nètanèl !
מ _ ל _ וֹב _ נֶ _ נ _ ל!

❷ *Tu veux acheter une robe ?*
At rotzah liqnot simlah ?
אַ _ רוֹצָ _ _ קְנוֹת _ מְלָה _ ?

❸ *Je ne comprends pas.*
Ani lo mèvinah.
אֲנִ _ ל' _ מְבִינָ _ .

❹ *Pourquoi es-tu au régime ?*
Lamah at bèdiètah ?
לָמָ _ תְ _ דִיאֶ _ ה?

❺ *Bientôt la bar-mitsvah !*
Habar mitzvah bèqarov !
הַ _ ר מִצְ _ ה _ קָרוֹ _ !

Exercice 3 – Écrivez en lettres cursives

mazal tov !   מַזָל טוֹב!

Bar mitzvah בַּר מִצְוָה fils du commandement. *La majorité religieuse est à 13 ans pour les garçons et à 12 ans pour les filles. Pour ces dernières, on célèbre la* **bat mitzvah** בַּת מִצְוָה *fille du commandement. L'ordre de la fête est le suivant :*

81 • shmonim vèahat

שִׁעוּר שֵׁשׁ עֶשְׂרֵה / 16

Corrigé de l'exercice 1
❶ Il y a une bar-mitsvah pour Nèthanèl. ❷ Je veux acheter une jolie robe pour ma femme. ❸ Je suis au régime. ❹ Quoi ? Tu ne comprends pas ? ❺ Bonne chance !

Corrigé de l'exercice 2
❶ מַזָּל טוֹב נְתַנְאֵל! ❷ אֲנִי רוֹצָה לִקְנוֹת שִׂמְלָה? ❸ אֲנִי לֹא מְבִינָה. ❹ לָמָה אֵת בְּדִיאֵטָה? ❺ הַבַּר מִצְוָה בְּקָרוֹב!

Corrigé de l'exercice 3 (Lettres cursives)

מַזָל טוֹב!

1 La remise des **tfilin** תְּפִילִין. *Ce sont des lanières de cuir enroulées sur le front et le bras gauche du garçon. Elles y maintiennent de petites boîtes de cuir contenant de minuscules rouleaux de parchemin sur lesquels sont écrits à la main quatre textes de la Bible.* **Tfilin** תְּפִילִין *vient de* **tfilah** תְּפִילָה *prière. Le* **bar mitzvah** *reçoit également le* **talit** טַלִּית *qui est le châle de prière.*

2 Le vendredi soir qui suit, a lieu à la synagogue un office spécial, conduit en partie par le **bar mitzvah** *lui-même. Cette cérémonie se conclut par un* **qidoush** קִדּוּשׁ *bénédiction sur les* **halot** חַלּוֹת *pains nattés de shabbat et sur le vin. Toute l'assistance mange le pain et boit le vin.*

3 Le samedi matin suivant, le grand office de shabbat est conduit en partie par le **bar mitzvah**.
La cérémonie se termine par un **qidoush**, *comme le vendredi soir, à quoi s'ajoute un apéritif que la famille offre à toute l'assemblée.*
Une grande fête, avec orchestre, danse et banquet réunit famille et amis. Ne vous étonnez pas que la mère de l'enfant s'y prépare par une diète et l'achat d'une belle robe. C'est la dernière occasion de se faire admirer : à la noce de son fils elle sera détrônée par la mariée. Dans certaines synagogues, filles et garçons bénéficient d'une fête identique. La **bar mitzvah** *(ou la* **bat mitzvah** בַּת מִצְוָה*) est une fête largement répandue.*

Ne perdons pas l'occasion de vous adresser le vœu : מַזָּל טוֹב, **à un moment où vous sentez que vous êtes bien parti dans la lecture et dans l'écriture cursive de l'hébreu.**

shmonim oushtayim • 82

Dix-septième leçon (Shi'our shva' 'èsrèh)

Habalaganist
Le désordonné

1 – **Mah habalagan hazèh [1] poh ?**
   quoi le-désordre le-ce ici
   Quel est ce désordre ici ?

2 – **Zèh lo balagan, ani mèsadèr èt [2] haḥedèr !**
   ceci non désordre je range **[èt]** *la-chambre(m.)*
   Ce n'est pas le désordre, je range la chambre !

3 – **Hamitah hazot sham…**
   le-lit(f.) celle-ci là-bas
   Ce lit, là-bas…

4 **Hashoulḥan hazèh vèhakisot haèlèh poh…**
   la-table(m.) le-ce et-les-chaises(m.) les-ceux ici
   Cette table et ces chaises ici…

5 **Zèh sèdèr [3] zèh ?**
   ceci ordre ceci
   C'est de l'ordre, ça ?

Notes

1 habalagan hazèh הַבַּלָגָן הַזֶה *ce désordre*. Vous constatez que l'article **ha** הַ est présent devant le nom **balagan** et devant le démonstratif **zèh** זֶה : nous avons affaire à un adjectif démonstratif, qui se place après le nom et reprend l'article. À la phrase 5, nous lisons : **zèh sèdèr** זֶה סֵדֶר *ceci [est de l']ordre*. **Zèh** est employé ici sans l'article parce qu'il est un pronom.

2 **èt** אֶת est une particule qui précède le complément d'objet direct (COD) déterminé. Elle est intraduisible et invariable. Vous n'avez donc à fournir, quand vous l'employez, aucun effort pour l'accorder en genre ou en nombre, mais son emploi est indispensable même dans la conversation la plus relâchée.

שִׁעוּר שְׁבַע עֶשְׂרֵה

הַבַּלַגָנִיסְט

1 – מַה הַבַּלַגָן הַזֶה פֹּה?
2 – זֶה לֹא בַּלַגָן, אֲנִי מְסַדֵר אֶת הַחֶדֶר.
3 – הַמִטָה הַזֹאת שָׁם...
4   הַשׁוּלְחָן הַזֶה וְהַכִּסְאוֹת הָאֵלֶה פֹּה.
5   זֶה סֵדֶר זֶה?

3 **sèdèr** סֵדֶר *ordre, rangement,* que vous avez vu à la leçon 6 dans **bèsèdèr** בְּסֵדֶר *d'accord,* a pour dérivé le verbe **mèsadèr** מְסַדֵר *je/tu/il ordonne(s), je/tu/il range(s).*

Le repas pascal s'appelle **sèdèr** parce qu'il est un repas rituel, en quelque sorte programmé.

17 / Dix-septième leçon

Translittération

←

הַבָּלָגָנִיסט
T S Y Ni Ga La Ba Ha
habalaganist

פֹּה	הַזֶּה	הַבָּלָגָן	מַה	1
H Po	H Zè Ha	N Ga La Ba Ha	H Ma	←
poh	**hazèh**	**habalagan**	**mah**	

בָּלָגָן	לֹא	זֶה	2
N Ga La Ba	^ Lo	H Zè	←
balagan	**lo**	**zèh**	

הַחֶדֶר	אֶת	מְסַדֵּר	אֲנִי
R Dè Hè Ha	T ^è	R Dè Sa Mè	Y Ni ^a
hahèdèr	**èt**	**mèsader**	**ani**

▶ **Targil rishon – Targèm**   תַּרְגִּיל רִאשׁוֹן – תַּרְגֵּם

❶ הבלגניסט מסדר את החדר.
Habalaganist mèsadèr èt ha<u>h</u>èdèr.

❷ המטה הזאת פה.
Hamitah hazot poh.

❸ הכסאות האלה שם.
Hakiso<u>t</u> haèlèh sham.

❹ מה הבלגן הזה?
Mah habalagan hazèh ?

❺ זה סדר זה?
Zèh sèdèr zèh ?

17 / שִׁעוּר שְׁבַע עֶשְׂרֵה

שָׁם	הַזֹּאת	הַמִּטָּה	3 ←
M Sha	T ^ Zo Ha	H Ta Mi Ha	
sham	hazot	hamitah	

וְהַכִּסְאוֹת	הַזֶּה	הַשֻׁלְחָן	4 ←
T O ^ S Ki Ha Vè	H Zè Ha	N Ha L OU SH Ha	
vèhakisot	hazèh	hashoulhan	

פֹּה	הָאֵלֶה
H Po	H Lè ^è Ha
poh	haèlèh

זֶה	סֵדֶר	זֶה	5 ←
H Zè	R Dè Sè	H Zè	
zèh	sèdèr	zèh	

L'écriture cursive

hé ה   **samèkh** ס   **dalèt** ד

zèh sèdèr zèh ?

carrée : זֶה סֵדֶר זֶה?

cursive :

Corrigé de l'exercice 1

❶ Le désordonné range la chambre. ❷ Ce lit est ici. ❸ Ces chaises sont là-bas. ❹ Quel est ce désordre ? ❺ C'est de l'ordre ça ?

shmonim vashèsh • 86

Targil shèni – Hashlèm   תַרְגִיל שֵׁנִי – הַשְׁלֵם

❶ *Tu ranges la table.*
Atah mèsadèr èt hashoulḥan.

_ תָה מְ _ דֵר אֶ _ _ שׁוּלְ _ ן.

❷ *Il ne fait [range] pas le lit le matin.*
Hou lo mèsadèr èt hamitah baboqèr.

הוּ _ ל' _ מְ סַ _ ר אֶת _ מִ _ ה _ בּוֹ _ ר.

❸ *C'est le désordre dans la voiture de Lior.*
Yèsh balagan bamèkhonit shèl Lior.

_ שׁ בַּ_ ַ ן _ מְ _ וֹנ _ _ _ שֶׁל לִי _ וֹר.

❹ *Je suis fatiguée de David le désordonné.*
Ani 'ayèfah miDavid habalaganist.

_ נִי _ יֵפָה מִדָ _ ד _ בַּלַגָנִי _ _ .

❺ *Dans la chambre, il y a un lit, une table et des chaises.*
Baḥèdèr yèsh mitah, shoulḥan vèkisot.

בַּ _ דֶר יֵשׁ מִטָ _ , שׁ _ לְחָן _ כִּסָ _ _ ת.

Exercice 3 – Écrivez en lettres cursives
zèh sèdèr zèh ?   זֶה סֵדֶר זֶה?

18

Dix-huitième leçon
(Shi'our shmonèh 'èsrèh)

Hatounat Figaro [1]
Le mariage de Figaro

1 – **Atah lavoush kmo ḥatan !**
 toi habillé comme marié
 Tu es habillé comme un marié !

Corrigé de l'exercice 2

❶ אַתָּה מְסַדֵּר אֶת הַשּׁוּלְחָן. ❷ הוּא לֹא מְסַדֵּר אֶת הַמִּטָּה בַּבּוֹקֶר. ❸ יֵשׁ בַּלָּגָן בַּמְכוֹנִית שֶׁל לִיאוֹר. ❹ אֲנִי עֲיֵפָה מְדָוִד הַבַּלַגָנִיסט. ❺ בַּחֶדֶר יֵשׁ מִטָּה, שׁוּלְחָן וְכִסְאוֹת.

Corrigé de l'exercice 3

לֵהּ סֵדֶר לֵהּ?

Vous mettez du **sèdèr** סֵדֶר *dans votre hébreu, mais ne soyez pas triste si vous y constatez encore un peu de* **balagan** בַּלָּגָן. *Un peu de* **balagan** *n'est pas non plus sans charme !*

שִׁעוּר שְׁמוֹנָה עֶשְׂרֵה

חֲתוּנַת פִּיגָרוֹ

1 – אַתָּה לָבוּשׁ כְּמוֹ חָתָן.

Note

1 ha<u>t</u>ounat **Figaro** חֲתוּנַת פִּיגָרוֹ *le mariage de Figaro* : notez soigneusement que l'article **ha** הַ n'est pas employé ici car ha<u>t</u>ounat חֲתוּנַת signifiant *mariage de* (état construit) l'article en hébreu est inutile. Ce mariage est en effet suffisamment défini par son complément *Figaro*. On aurait pu écrire **haha<u>t</u>ounah shèl** Figaro הַחֲתוּנָה שֶׁל פִּיגָרוֹ mais la tournure serait moins élégante.

18 / Dix-huitième leçon

2   **Lèan [2] atah holèkh ?**
    vers-où tu vas(m.)
    Où vas-tu ?

3 – **Lèhatounat Figaro baopèrah.**
    au-mariage(f.)-de Figaro dans-l'opéra(f.)
    Au "Mariage de Figaro", à l'opéra.

4 – **'im mi [3] ?**
    avec qui
    Avec qui ?

5 – **'im Avivah [4].**
    avec Avivah
    Avec Avivah.

6 – **Mi zot Avivah [5] ?**
    qui cette Avivah
    Qui est cette Avivah ?

7 – **Hi hasoprano baopèrah. Ani haba'al [6] shèl Avivah.**
    elle la-soprano dans-l'opéra. moi le-mari de Avivah
    Elle est la soprano dans l'opéra. Je suis le mari d'Avivah. ☐

Notes

2   **lèan ?** לְאָן *vers où ?* La syllabe **lè** לְ indique la direction, le mouvement vers, le mouvement pour. **Lèan** est toujours interrogatif. La réponse porte alors **lè** לְ (ou **la** לַ ou **li** לִ comme nous avons vu à la note 1 de la leçon 16).

3   **mi ?** מִי *qui ?* Comme en français, ce pronom interrogatif n'a ni genre ni nombre. C'est un mot car il a deux lettres, tandis que la préposition **mi** מִ (voyez à la leçon 8 **miPolanyah** מִפּוֹלַנְיָה) ne comportant que la consonne **mèm** מִ, n'est pas un mot mais une lettre-outil.

4   **Avivah** אֲבִיבָה est le féminin de **aviv** אָבִיב qui signifie le *printemps* comme dans le nom de la ville **Tèl Aviv**, littéralement *colline du printemps*.

5   **zot Avivah** זֹאת אֲבִיבָה *cette Avivah*. Lorsqu'il s'agit d'une personne, le démonstratif se place avant le nom.

2 - לְאָן אַתָּה הוֹלֵךְ?
3 - לַחֲתוּנַת פִיגָרוֹ בְּאוֹפֶּרָה.
4 - עִם מִי?
5 - עִם אֲבִיבָה.
6 - מִי זֹאת אֲבִיבָה?
7 - הִיא הַסוֹפְרָנוּ בָּאוֹפֶּרָה. אֲנִי הַבַּעַל שֶׁל אֲבִיבָה.

6 ba'al בַּעַל : des commentateurs aussi malicieux que réalistes se plaisent à voir dans ce mot, qui signifie *mari*, la conjonction des deux prépositions **bè** בְּ et **'al** עַל respectivement *dans* et *sur*. Ce mot signifie aussi *possesseur*, *propriétaire*, *maître* ; ainsi **ba'al bayit** בַּעַל בַּיִת *maître de maison*, *propriétaire* (au f. **ba'alat bayit** בַּעֲלַת בַּיִת *maîtresse de maison*).

Dans le culte cananéen de la fertilité, **Ba'al** est le dieu mâle, possesseur de la terre et compagnon de la déesse Astarté.

Translittération

←

פִיגָרוֹ חֲתוּנַת
O R Ga Y Fl   T Na OU T Ha
Figaro   **hatounat**

1 אַתָּה לָבוּשׁ כְּמוֹ חָתָן
← H Ta ^a   SH OU V La   O M K   N Ta Ha
   atah   **lavoush**   **kmo**   **hatan**

2 לְאָן אַתָּה הוֹלֵךְ
← N ^a Lè   H Ta ^a   KH Lè O H
   lèan   **atah**   **holèkh**

tish'im • 90

18 / Dix-huitième leçon

3 לְ‎חַ‎תוּ‎נַת פִיגָרוֹ בָּאוֹפֶּרָה
← Lè T Ha OU T Na Y Fi Ga R O Ba O Pè Ra H
lèhatounat · Figaro · baopèrah

4 עִם מִי
← 'i M Mi Y
'im · mi

5 עִם אֲבִיבָה
← 'i M a Vi Y Va H
'im · Avivah

L'écriture cursive

ח	חֿ	hèt
כ-כֿ	כֿ-כֿ	kaf/khaf
ן	ן	noun final
ש-שׂ	ę-ę	shin/sin
ת	תֿ	tav

lavoush kmo hatan

en lettres carrées : לָבוּשׁ כְּמוֹ חָתָן

en lettres cursives : לבוש כמו חתן

▶ Targil rishon – Targèm   תַרְגִיל רִאשׁוֹן – תַרְגֵם

❶ למה אתה לבוש כמו באופרה?
Lamah atah lavoush kmo baopérah ?

❷ זה החתן של יעל?
Zèh hahatan shèl Yaèl ?

❸ מה נשמע? לאן אתה הולך?
Mah nishma' ? Léan atah holèkh?

❹ עם מי הוא הולך לבית קפה?
'im mi hou holèkh lèvèit qafèh ?

❺ שלום, אני הבעל של אורית.
Shalom, ani haba'al shèl Orit.

91 • tish'im vèahat

/ 18 שִׁעוּר שְׁמוֹנֶה עֶשְׂרֵה

6	מִי	זֹאת	אֲבִיבָה
←	Y Mi	T ^ Zo	H Va Y Vi ^a
	mi	zot	Avivah

7	הִיא	הַסּוֹפְּרָנוֹ	בָּאוֹפֶּרָה
←	^ Y Hi	O N Ra P O S Ha_	H Ra Pè O ^ Ba
	hi	hasoprano	baopèrah

	אֲנִי	הַבַּעַל שֶׁל	אֲבִיבָה
	Y Ni ^a	L Shè L 'a Ba Ha	H Va Y Vi ^a
	ani	haba'al shèl	Avivah

Corrigé de l'exercice 1

❶ Pourquoi es-tu habillé comme dans un opéra ? ❷ C'est le fiancé *(le marié)* de Yaël ? ❸ Comment ça va ? Où vas-tu ? ❹ Avec qui va-t-il au café ? ❺ Bonjour, je suis le mari d'Orit.

tish'im oushtayim

Targil shèni – Hashlèm

תַּרְגִיל שֵׁנִי – הַשְׁלֵם

❶ *Il est habillé comme un marié.*
Hou lav**oush kmo** **h**a**tan.**

הוּ _ לָ _ וּשׁ _ מוֹ _ תָ _ תָן.

❷ *Ma femme a (pour-ma-femme il-y-a) une belle robe pour l'opéra.*
Lèishti yèsh simlah yafah laopérah.

לְ _ שְׁתְּ _ יֵ _ מְלָה יָ _ ה _ אוֹ _ רָה.

❸ *Voici (celle-ci) Rinah de l'oulpan d'hébreu.*
Zot **Rinah mèhaoulpan lè'i**v**rit.**

ז _ ת רִנָ _ הָ _ לְפָּן _ _ בְרִית.

❹ *Où vas-tu ce (le) matin ?*
Léan at**ah holèkh ha**b**oqèr ?**

לְ _ ן אַתָּ _ הוֹלֵ _ _ בּוֹ _ ר?

❺ *Bientôt le mariage de Shirli et de Lior !*
Bèqarov **ha**h**atounah shèl Shirli vèLior !**

_ קָרוֹ _ _ חֲתוּנָ _ שֶׁל שִׁ _ רְלִי _ לְ _ אִ _ ר!

Exercice 3 – Écrivez en lettres cursives

la**v**oush kmo **h**a**tan**

לָבוּשׁ כְּמוֹ חָתָן

19

Dix-neuvième leçon
(Shi'our tsha' 'èsrèh)

Mishpa**h**ah sporti**v**it [1]
Une famille sportive

1 – **Ba**b**oqèr aba mèsa**h**èq kadourègèl** [2].
dans-matin papa joue balle-pied
Le matin papa joue au football.

Notes

[1] sporti**v**it סְפּוֹרְטִיבִית est le féminin de l'adjectif sporti**v**i סְפּוֹרְטִיבִי.
Autre exemple : sur le nom a**v**i**v**, *printemps* אָבִיב se forme l'adjectif

Corrigé de l'exercice 2

❶ הוּא לָבוּשׁ כְּמוֹ חָתָן. ❷ לְאִשְׁתִּי יֵשׁ שִׂמְלָה יָפָה לָאוֹ פָּרָה. ❸ זֹאת רִנָּה מְהָאוּלְפָּן לְעִבְרִית. ❹ לְאָן אַתָּה הוֹלֵךְ הַבּוֹקֶר? ❺ בְּקָרוֹב הַחֲתוּנָה שֶׁל שִׁירְלִי וְלִיאוֹר.

Corrigé de l'exercice 3

לָבוּשׁ כְּמוֹ חָתָן

19
שִׁעוּר תְּשַׁע עֶשְׂרֵה

מִשְׁפָּחָה סְפּוֹרְטִיבִית

1 – בַּבֹּקֶר אַבָּא מְשַׂחֵק כַּדוּרֶגֶל.

au masculin a<u>v</u>i<u>v</u>i, אֲבִיבִי, *printanier* et au féminin a<u>v</u>i<u>v</u>it, אֲבִיבִית *printanière*. Encore un exemple : al<u>h</u>outi אַלְחוּטִי *sans fil* devient al<u>h</u>outi<u>t</u> אַלְחוּטִית.

2 kadourègèl כַּדוּרֶגֶל *football*, contraction de kadour, כַּדוּר *balle* et de règèl, רֶגֶל *pied*.

19 / Dix-neuvième leçon

2 — **Ima mèsaḥèqèt tènis bèḥof hayam.**
maman joue tennis dans-plage la-mer(m.)
Maman joue au tennis sur la plage.

3 — **Aḥi hagadol [3] vèaḥi haqatan mèsaḥaqim kadouryad [4].**
frère-de-moi le-grand et-frère-de-moi le-petit jouent balle-main
Mon grand frère et mon petit frère jouent au handball.

4 — **Aḥoti [5] hagdolah vèaḥoti haqtanah mèsaḥaqot kadoursal [6].**
sœur-de-moi la-grande et-sœur-de-moi la-petite jouent balle-panier
Ma grande sœur et ma petite sœur jouent au basket-ball.

5 — **Ani mèsaḥèq bèmisḥaq vidéo babayit [7].**
je joue avec-jeu vidéo dans-la-maison
Je joue à un jeu vidéo à la maison.

Notes

3 aḥi hagadol אָחִי הַגָּדוֹל *mon grand frère.* Devant l'adjectif gadol גָּדוֹל *grand,* vous voyez le **ha** הַ qui est l'article défini. On ne le trouve pas devant le nom **aḥ** אָח *frère* puisque celui-ci est déjà déterminé par le suffixe **i** du possessif 1ʳᵉ personne du singulier aḥi. Le même phénomène a lieu aux phrases 3 et 4 : aḥi haqatan אָחִי הַקָּטָן *mon petit frère,* aḥoti hagdolah אֲחוֹתִי הַגְּדוֹלָה *ma grande sœur.*

Translittération

שִׁעוּר תְּשַׁע עֶשְׂרֵה / 19

2 – אִמָּא מְשַׂחֶקֶת טֶנִיס בְּחוֹף הַיָם.
3 – אָחִי הַגָדוֹל וְאָחִי הַקָטָן מְשַׂחֲקִים כַּדוּרְיָד.
4 – אֲחוֹתִי הַגְּדוֹלָה וַאֲחוֹתִי הַקְּטַנָה מְשַׂחֲקוֹת כַּדוּרְסַל.
5 – אֲנִי מְשַׂחֵק בְּמִשְׂחָק וִידֵאוֹ בַּבַּיִת.

4 kadouryad כַּדוּרְיָד *handball*, de kadour כַּדוּר *balle*, et yad יָד *main.*

5 a<u>h</u>ot אָחוֹת *sœur*. Attention ! Il s'agit ici d'un féminin singulier, alors que dans **<u>h</u>atikhot** חֲתִיכוֹת (leçon 15), et dans **mèsa<u>h</u>aqot** מְשַׂחֲקוֹת (présente leçon) il s'agit de féminins pluriels, la terminaison **ot** signalant souvent un féminin pluriel. Plusieurs verbes portent la même terminaison **ot** וֹת à l'infinitif, par exemple : **lèhitraot** לְהִתְרָאוֹת *se revoir* (leçon 6, phrase 5), **liqnot** לִקְנוֹת *acheter* (leçon 16, phrase 6). Méfiez-vous, mais le réflexe s'établira bien vite si vous concentrez votre attention sur la particularité de ce mot, **a<u>h</u>ot** אָחוֹת.

6 kadoursal כַּדוּרְסַל *basket-ball*, de kadour כַּדוּר *balle* et sal סַל *panier*.

7 bayit בַּיִת *maison*. Le mot est ici dans sa forme "normale", dite "état absolu". Quand il est pris dans une "construction", c'est-à-dire quand il "commande" un complément de nom, il change souvent de forme, il passe à "l'état construit" : **bayit** בַּיִת devient alors **bèit** בֵּית que vous avez rencontré à la leçon 10.

2 אִמָּא   מְשַׂחֶקֶת   טֶנִיס   בְּחוֹף   הַיָם
  Ma ^i   Mè^ Ma Sa Hè Qèt   Ni Tè   BèS Y O H F   M Ya Ha ←
  ima   mèsa<u>h</u>èqèt   tènis   bè<u>h</u>of   hayam

3 אָחִי   הַגָדוֹל   וְאָחִי   הַ קָטָ ן
  Y Hi ^a   L O D Ga Ha   Y Hi ^a Vè   N Ta Qa Ha ←
  a<u>h</u>i   hagadol   vèa<u>h</u>i   haqatan

  מְשַׂחֲקִים   כַּדוּרְיָד
  M Y Qi <u>H</u>a Sa Mè   D Ya R OU D Ka
  mèsa<u>h</u>aqim   kadouryad

<u>t</u>ish'im vashèsh • 96

19 / Dix-neuvième leçon

4 אֲחוֹתִי הַגְּדוֹלָה וְאָחוֹתִי
   a_hoti   hagdolah   vèa_hoti

הַקְטָנָה מְשַׂחֲקוֹת כַּדוּרְסַל
haqtanah   mèsa_haqot   kadoursal

***

Targil rishon – Targèm
תַּרְגִיל רִאשׁוֹן – תַּרְגֵם

❶ אמא ואבא משחקים טניס.
Ima vèaba mèsa_haqim tènis.

❷ אחותי הגדולה משחקת במשחק וידאו.
A_hoti hagdolah mèsa_hèqèt bèmishaq vidèo.

❸ האח הקטן משחק כדורגל.
Haa_h haqatan mèsa_hèq kadourègèl.

❹ האחות הקטנה ואמא משחקות כדוריד.
Haa_hot haqtanah vèima mèsa_haqot kadouryad.

❺ האח הגדול משחק כדורסל.
Haa_h hagadol mèsa_hèq kadoursal.

***

Targil shèni – Hashlèm
תַּרְגִיל שֵׁנִי – הַשְׁלֵם

❶ *Dani joue au tennis sur la plage.*
Dani mèsa_hèq tènis bè_hof hayam.

_ נִי _ מְ _ חֶק _ נִיס _ בְּ _ וֹף _ יָם.

❷ *Maman joue à un jeu d'ordinateur.*
Ima mèsa_hèqèt bèmishaq ma_hshèv.

_ מָ _ מְשַׂ _ קֶ _ _ מִ _ חָק מַחשֵׁב _ .

97 • tish'im vashèva'

שִׁעוּר שְׁמוֹנֶה עֶשְׂרֵה / 19

5 אֲנִי   מְשַׂחֵק   בְּמִשְׂחָק
← Y Ni ^a   Q Hè Sa Mè   Q Ha S Mi Bè
ani   mèsa<u>h</u>èq   bèmi<u>s</u><u>h</u>aq

וִידֵאוֹ   בַּבַּיִת
O ^ Dè Y Vi   T Yi Ba Ba
vidèo   babayi<u>t</u>

L'écriture cursive
pè ҩ פ   fè ῶ פ   yod ׳ י
                                       ↓

Comparez lettre à lettre le titre de la présente leçon écrit en lettres carrées : **mishpa<u>h</u>ah sporti<u>v</u>it**

מִשְׁפָּחָה סְפּוֹרְטִיבִית

et en lettres cursives :

מִשְׁפָּחָה סְפּוֹרְטִיבִית *(cursive)*

***

Corrigé de l'exercice 1
❶ Papa et maman jouent au tennis. ❷ Ma grande sœur joue à un jeu vidéo. ❸ Le petit frère joue au football. ❹ La petite sœur et maman jouent au handball. ❺ Le grand frère joue au basket-ball.

***

❸ *Ma petite sœur et mon grand frère jouent à la maison.*
   A<u>h</u>oti haqatanah vèa<u>h</u>i hagadol mèsa<u>h</u>aqim babayit.

א _ וֹת _ ת _ הַק _ נָה _ אָחִי הַ _ _ _ ל _ שַׂ _ חֲ _ שָׁחֵק _
_ _ _ יִת.

❹ *Papa et mon petit frère jouent au football.*
   Aba vèa<u>h</u>i haqatan mèsa<u>h</u>aqim kadourègèl.

בְּ _ וְאָח _ _ קָטָ _ מְשַׂחֵק _ _ כַּדוּ _ _.

❺ *Papa et Maman jouent au basketball.*
   Aba vèima mèsa<u>h</u>aqim kadoursal.

אַ _ א וְאִ _ א מְ _ חֲ _ ק _ _ כַּדוּר _ _.

tish'im oushmonèh • 98

Corrigé de l'exercice 2

❶ דָּנִי מְשַׂחֵק טֶנִיס בְּחוֹף הַיָּם. ❷ אִמָּא מְשַׂחֶקֶת בְּמִשְׂחָק מַחְשֵׁב. ❸ אֲחוֹתִי הַקְּטַנָּה וְאָחִי הַגָּדוֹל מְשַׂחֲקִים בַּבַּיִת. ❹ אַבָּא וְאָחִי הַקָּטָן מְשַׂחֲקִים כַּדּוּרֶגֶל. ❺ אַבָּא וְאִמָּא מְשַׂחֲקִים כַּדּוּרְסַל.

Exercice 3 – Écrivez en lettres cursives

מִשְׁפָּחָה סְפּוֹרְטִיבִית.

20

Vingtième leçon (Shi'our 'èsrim)

Sof shavou'a [1]
Week-end

1 – **Sof sof ! Sof shavou'a !**
fin fin ! fin(m.) semaine(m.)
Enfin ! Le week-end !

2 – **Baboqèr anahnou sohim babrèkhah.**
dans-le-matin nous nageons(m.) dans-piscine
Le matin nous nageons à la piscine.

3 – **Ba'èrèv anahnou holkhim lèhavèrim,**
dans-le-soir nous marchons(m.) vers-amis
Le soir nous allons chez des amis,

4   **Mèdabrim 'al politiqah,**
parlons(m.) sur politique
nous parlons politique,

5   **mèfatpètim [2] vèokhlim "'al haèsh"...**
papotons(m.) et-mangeons(m.) sur le-feu(f.)
nous papotons et faisons un barbecue...

6 – **Sof shavou'a bèkèf !**
fin semaine avec-plaisir
Le week-end, quel plaisir !

שִׁעוּר עֶשְׂרִים / 20

Corrigé de l'exercice 3

מִשְׁפָּחָה סְפּוֹרְטִיבִית.

20

שִׁעוּר עֶשְׂרִים

סוֹף שָׁבוּעַ

1 – סוֹף סוֹף! סוֹף שָׁבוּעַ!
2 – בַּבּוֹקֶר אֲנַחְנוּ שׂוֹחִים בַּבְּרֵכָה.
3 – בָּעֶרֶב אֲנַחְנוּ הוֹלְכִים לַחֲבֵרִים,
4 מְדַבְּרִים עַל פּוֹלִיטִיקָה,
5 מְפַטְפְּטִים וְאוֹכְלִים "עַל הָאֵשׁ"...
6 – סוֹף שָׁבוּעַ בְּכֵּף!

Notes

1 shavou'a שָׁבוּעַ *semaine*. Ce mot vient de shèva' שֶׁבַע *sept*, puisque la semaine est de sept jours, comme les sept jours de la création du monde selon le livre de la Genèse. *Sept* est le nombre sacré par excellence.

2 mèfatpètim מְפַטְפְּטִים *(nous) papotons*. Nous avons rencontré le mot pitpout פִּטְפּוּט pitpoutim פִּטְפּוּטִים *papotage/s* en titre de la leçon 13. Ces trois mots reposent sur la répétition des deux lettres, le pè פ (ou fè פ) et le tèt ט.

mèah • 100

Vingtième leçon

Translittération

←

שָׁ ב ו עַ	סוֹף
'a OU V SHa	F O S
sha<u>v</u>ou'a	sof

1 ←

שָׁ ב ו עַ	סוֹף	סוֹף	סוֹף
'a OU V SHa	F O S	F O S	F O S
sha<u>v</u>ou'a	sof	sof	sof

2 ←

שׂוֹחִים	אֲנַחְנוּ	בַּבּוֹקֶר
M Y Hi O S	OU N H Na ^a	R Qè O B Ba
<u>s</u>ohim	ana<u>h</u>nou	baboqèr

בַּ בְּ רֵ כָ ה
H KHa Rè B Ba
babrèkhah

3 ←

הוֹלְכִים	אֲנַחְנוּ	בָּעֶרֶב
M Y KHi L O H	OU N H Na ^a	V Rè 'è Ba
holkhim	ana<u>h</u>nou	ba'èrè<u>v</u>

***

▶ <u>T</u>argil rishon – Targèm — תַּרְגִּיל רִאשׁוֹן – תַּרְגֵּם

❶ בסוף שבוע אתם שוחים בים.
Bèsof sha<u>v</u>ou'a atèm <u>s</u>ohim bayam.

❷ אנחנו הולכים לברכה עם חברים.
Ana<u>h</u>nou holkhim labrèkhah 'im ha<u>v</u>èrim.

❸ בערב אנחנו אוכלים על האש.
Ba'èrè<u>v</u> ana<u>h</u>nou okhlim 'al haèsh.

❹ למה הם מדברים על פוליטיקה?
Lamah hèm mèdabrim 'al politiqah ?

❺ בבוקר אנחנו מפטפטים בטלפון.
Baboqèr ana<u>h</u>nou mèfatpètim batèlèfon.

101 • mèah vèa<u>h</u>at

20 / שִׁעוּר עֶשְׂרִים

לַחֲבֵרִים
M Y Ri Vè Ha Lè
lèhavèrim

4 → מְדַבְּרִים עַל פּוֹלִיטִיקָה
H Qa Y Ti Y Li O P   L 'a   M Y Ri B Da Mè
politiqah   **'al**   **mèdabrim**

5 → מְפַטְפְּטִים וְאוֹכְלִים עַל
L 'a   M Y Li KH O ^ Vè   M Y Ti Pè T Fa Mè
'al   **vèokhlim**   **mèfatpètim**

הָאֵשׁ
SH ^è Ha
haèsh

6 → סוֹף שָׁבוּעַ בְּכֵף
F O S   'a OU V SHa   F Kè Bè
sof   **shavou'a**   **bèkèf**

Lettres cursives

alèf IC   א   **'ayin**   ᵋ   ע   **mèm final**   ┏┓   ם

Comparez lettre à lettre la phrase suivante écrite en lettres carrées :

okhlim 'al haèsh   אוֹכְלִים עַל הָאֵשׁ.

et en lettres cursives :   אוכלים על האש.

***

Corrigé de l'exercice 1

❶ Le week-end vous nagez dans la mer. ❷ Nous allons à la piscine avec des amis. ❸ Le soir nous mangeons au barbecue. ❹ Pourquoi parlent-ils de politique ? ❺ Le matin nous papotons au téléphone.

mèah oushtayim • 102

20 / Vingtième leçon

Targil shèni – Hashlèm   תַּרְגִּיל שֵׁנִי – הַשְׁלֵם

❶ *Week-end de plaisir.*
Sof shav**ou'a bèkèf.**

סו _ שָׁבוּ _ בְּכֶ _.

❷ *Le matin ils nagent dans la piscine.*
Baboqèr hèm s**ohim babrèkhah.**

_ בּוֹקֶר _ ם _ _ חִים בַּבְּרֵ _ ה.

❸ *Le soir nous papotons sur la politique.*
Ba'èrv **ana**h**nou mèfatpètim 'al politiqah.**

בּ _ רֶב אֲנַ _ נוּ מְפַ _ פְּ _ ים _ ל פּוֹלִיטִי _ ה.

❹ *Le shabbat vous allez chez la famille Lèvy.*
Bèshabat atèm holkhim lèmishpah**at Lèvy.**

_ שַׁבָּ _ אַ _ ם _ וֹלְ _ ים _ מִשְׁפַּ _ ת לֵ _ י.

❺ *Ouf ! Enfin le week-end.*
Ouf ! Sof sof, sof shav**ou'a.**

_ וּף! סוֹ _ סׂ _ ף, _ וֹף שָׁ _ וּעַ.

Exercice 3 – Écrivez en lettres cursives

אוֹכְלִים עַל הָאֵשׁ.

Sof shav**ou'a** סוֹף שָׁבוּעַ fin de semaine. *Le week-end israélien se compose du vendredi et du samedi. Le vendredi matin, la poste, les banques, les magasins sont ouverts jusqu'à 13 heures environ. Touristes, attention pour vos courses ! Même usage pour les transports publics. La circulation automobile diminue fortement. Ouf ! on respire mieux et le calme devient un vrai plaisir.*
À Jérusalem et à Haïfa, tout particulièrement les quartiers juifs, chrétiens et musulmans observent leur jour de repos hebdomadaire respectivement le vendredi pour les musulmans, le dimanche pour les chrétiens et le **shabat** שַׁבָּת, *le samedi, pour les juifs (le dimanche étant un jour ouvrable). Dans le reste du pays, la société juive se livre, le* **shabat**, *au repos, à la paix, à la famille, à l'amitié. Sans cérémonie, souvent à la bonne franquette, (mais les gens "s'habillent"), les Israéliens se reçoivent et papotent assez tard.*

שִׁעוּר עֶשְׂרִים / 20

Corrigé de l'exercice 2

❶ סוֹף שָׁבוּעַ בְּכֵף. ❷ בַּבּוֹקֶר הֵם שׂוֹחִים בַּבְּרֵכָה. ❸ בָּעֶרֶב אֲנַחְנוּ מְפַטְפְּטִים עַל פּוֹלִיטִיקָה. ❹ בְּשַׁבָּת אַתֶּם הוֹלְכִים לְמִשְׁפַּחַת לֵוִי. ❺ אוּף! סוֹף סוֹף, סוֹף שָׁבוּעַ.

סוף שבוע בכף!

Corrigé de l'exercice 3

אוֹכְלִים עַל הָאֵשׁ

Tout Israélien est passionné de politique intérieure et extérieure. La presse du **shabat** alourdie de suppléments, se consomme accompagnée de gar'inim, גַּרְעִינִים c'est-à-dire de pistaches, de noisettes, de graines de tournesol ou de citrouille, nature ou salées. Dans beaucoup de kiosques, vous trouverez, sur le même étalage ou la même vitrine, la presse et les **gar'inim**.

'al haèsh, עַל הָאֵשׁ sur le feu, c'est-à-dire barbecue est une expression familière pour désigner ce plaisir que la clémence du temps autorise presque toute l'année. Les femmes envoient ainsi leur mari jouer avec le feu : c'est le plus tranquille moyen de les embaucher à la cuisine !

Bravo ! À la vingtième leçon, vous pouvez papoter **bèkèf** בְּכֵף *en hébreu.*

mèah vèarba' • 104

Vingt-et-unième leçon
(Shi'our 'èsrim vèahat)

חֲזָרָה Hazarah – Révision

Mazal tov **!** *Vous voilà à la troisième révision. Vous savez lire à présent, et vous avez eu déjà le plaisir de parler en hébreu. Si, si, ça s'entend d'ici. Vous savez même écrire presque toutes les lettres en cursive.*

1 L'alphabet

Reprenons dans l'ordre alphabétique, en les juxtaposant aux lettres carrées correspondantes, ces lettres cursives que nous avons rencontrées dans le désordre. Une barre oblique correspondra à celles que nous n'avons pas encore vues. Nous les apprendrons dans la prochaine série de leçons.

m	mèm	מ	N	^	alèf	א	IC
m	mèm final	ם	p	b	bèit	בּ	∂
n	noun	נ	/	v	vèit	ב	∂
n	noun final	ן	|	g	gimèl	ג	/
s	samèkh	ס	O	d	dalèt	ד	ʔ
'	'ayin	ע	⅄	h	hé	ה	ה
p	pè	פּ	∂	v	vav	ו	|
f	fè	פ	∂	z	zayin	ז	ҕ
f	fè final	ף	/	h	hèt	ח	∩
tz	tzadè	צ	/	t	tèt	ט	⌒
tz	tzadè final	ץ	/	y	yod	י	ı
q	qof	ק	ρ	k	kaf	כּ	⊃
r	rèsh	ר	っ	kh	khaf	כ	⊃
sh	shin	שׁ	ℰ	kh	khaf final	ך	/
s	sin	שׂ	ℰ	l	lamèd	ל	ʃ
t	tav	ת	⌒				

105 • mèah vèhamèsh

שִׁעוּר עֶשְׂרִים וְאַחַת

Cherchez quelles cursives ressemblent aux carrées correspondantes.
Revoyez tout ce que vous avez déjà acquis.

2 Les démonstratifs

- au masculin singulier : **zèh** זֶה *ce, ceci, celui-ci, celui-là*
- au féminin singulier : **zot** זֹאת *cette, celle-ci, celle-là* (appliqué à une personne, s'emploie avec ou sans l'article. cf. leçon 18, note 5)
- au masculin et féminin pluriels : **èlèh** אֵלֶה *ces, ceux, ceux-ci, ceux-là, celles, celles-ci, celles-là*

L'hébreu et le français ne voient pas le même "sexe" au même endroit, sauf évidemment lorsqu'il s'agit d'êtres vivants. Ainsi :

zèh shoulhan gadol	זֶה שׁוּלְחָן גָּדוֹל
(ce table grand), cette table est grande	
zot mitah yafah	זֹאת מִטָּה יָפָה
(cette lit belle), ce lit est beau	
èlèh havèrim tovim	אֵלֶה חֲבֵרִים טוֹבִים
(ces amis bons), ce sont de bons amis	
èlèh havèrot tovot	אֵלֶה חֲבֵרוֹת טוֹבוֹת
(ces amies bonnes), ce sont de bonnes amies	

3 Les interrogatifs

- **mi ?** מִי? *qui ?*
- **mah ?** מַה? *quoi ? que ? quel ? quels ? quelle ? quelles ?*
- **lamah ?** לָמָה? *pourquoi ?*
- **èifoh ?** אֵיפֹה? *où ?*
- **mèayin ?** מֵאַיִן? *d'où ?* La réponse commencera par **mè-**
- **léan ?** לְאָן? *vers où ?* La réponse commencera par **lè-**

Rappelez-vous :
– *Qui* est là-bas ?   – מִי שָׁם?
 – C'est Olèg.   – זֶה אוֹלֶג.

mèah vashèsh • 106

– *Que* mange-t-il ?	– מַה הוּא אוֹכֵל?
– Du gâteau au fromage.	– עוּגַת גְבִינָה.
– *Pourquoi* ?	– לָמָה?
– Il n'y a pas de gâteau au pavot.	– אֵין עוּגַת פֶּרֶג.
– *Où* est-il ce week-end ?	– אֵיפֹה הוּא בְּסוֹף הַשָׁבוּעַ?
– À la plage.	– בְּחוֹף הַיָם.
– *D'où* vient-il ?	– מֵאַיִן הוּא בָּא?
– De la piscine.	– מֵהַבְּרֵכָה.
– *Où* va-t-il ?	– לְאָן הוּא הוֹלֵךְ?
– Chez des amis.	– לַחֲבֵרִים.

4 Les adjectifs

masculin

gadol	גָדוֹל	grand	**gdolim**	גדוֹלִים	grands
qatan	קָטָן	petit	**qtanim**	קְטַנִים	petits
to̱v	טוֹב	bon	**to̱vim**	טוֹבִים	bons

féminin

gdolah	גְדוֹלָה	grande	**gdolot**	גְדוֹלוֹת	grandes
qtanah	קְטָנָה	petite	**qtano̱t**	קְטָנוֹת	petites
to̱vah	טוֹבָה	bonne	**to̱vot**	טוֹבוֹת	bonnes

L'adjectif qualificatif, lorsqu'il est épithète d'un nom précédé de l'article défini **ha** הַ , reçoit lui-même l'article défini **ha**. De plus, il vient toujours après le mot qu'il qualifie : **haa̱h hagadol** הָאָח הַגָדוֹל *le grand frère* (littéralement : "le frère le grand").

Si le nom est déterminé, par exemple par un suffixe possessif, l'article défini devant le nom, devenu inutile, disparaît mais il se maintient devant l'adjectif : **a̱hi hagadol** אָחִי הַגָדוֹל *mon grand frère* (littéralement : "frère-de-moi le grand").

5 Les verbes

La racine d'un verbe a, en général, comme n'importe quel mot, trois lettres (la racine à quatre lettres est rare). Elle se repère dans les trois temps – passé, présent, futur.

שִׁעוּר עֶשְׂרִים וְאַחַת / 21

- *aller* ; racine : ה.ל.ך.

masculin	ani holèkh	אֲנִי הוֹלֵךְ	*je vais*
	atah holèkh	אַתָּה הוֹלֵךְ	*tu vas*
	hou holèkh	הוּא הוֹלֵךְ	*il va*
	anahnou holkhim	אֲנַחְנוּ הוֹלְכִים	*nous allons*
	atèm holkhim	אַתֶּם הוֹלְכִים	*vous allez*
	hèm holkhim	הֵם הוֹלְכִים	*ils vont*
féminin	ani holèkhèt	אֲנִי הוֹלֶכֶת	*je vais*
	at holèkhèt	אַתְּ הוֹלֶכֶת	*tu vas*
	hi holèkhèt	הִיא הוֹלֶכֶת	*elle va*
	anahnou holkhot	אֲנַחְנוּ הוֹלְכוֹת	*nous allons*
	atèn holkhot	אַתֶּן הוֹלְכוֹת	*vous allez*
	hèn holkhot	הֵן הוֹלְכוֹת	*elles vont*

- *manger* ; racine : א.כ.ל.

masculin	ani okhèl	אֲנִי אוֹכֵל	*je mange*
	atah okhèl	אַתָּה אוֹכֵל	*tu manges*
	hou okhèl	הוּא אוֹכֵל	*il mange*
	anahnou okhlim	אֲנַחְנוּ אוֹכְלִים	*nous mangeons*
	atèm okhlim	אַתֶּם אוֹכְלִים	*vous mangez*
	hèm okhlim	הֵם אוֹכְלִים	*ils mangent*
féminin	ani okhèlèt	אֲנִי אוֹכֶלֶת	*je mange*
	at okhèlèt	אַתְּ אוֹכֶלֶת	*tu manges*
	hi okhèlèt	הִיא אוֹכֶלֶת	*elle mange*
	anahnou okhlot	אֲנַחְנוּ אוֹכלוֹת	*nous mangeons*
	atèn okhlot	אַתֶּן אוֹכלוֹת	*vous mangez*
	hèn okhlot	הֵן אוֹכלוֹת	*elles mangent*

- *jouer* ; racine : ש.ח.ק.

masculin	ani mèsahèq	אֲנִי מְשַׂחֵק	*je joue*
	atah mèsahèq	אַתָּה מְשַׂחֵק	*tu joues*
	hou mèsahèq	הוּא מְשַׂחֵק	*il joue*
	anahnou mèsahaqim	אֲנַחְנוּ מְשַׂחֲקִים	*nous jouons*
	atèm mèsahaqim	אַתֶּם מְשַׂחֲקִים	*vous jouez*
	hèm mèsahaqim	הֵם מְשַׂחֲקִים	*ils jouent*
féminin	ani mèsahèqèt	אֲנִי מְשַׂחֶקֶת	*je joue*
	at mèsahèqèt	אַתְּ מְשַׂחֶקֶת	*tu joues*

hi mèsahèqèt	הִיא מְשַׂחֶקֶת	elle joue
anahnou mèsahaqot	אֲנַחְנוּ מְשַׂחֲקוֹת	nous jouons
atèn mèsahaqot	אַתֶן מְשַׂחֲקוֹת	vous jouez
hèn mèsahaqot	הֵן מְשַׂחֲקוֹת	elles jouent

6 La négation

Nous avons rencontré deux façons d'exprimer la négation :

• **èin** אֵין qui est le versant négatif de **yèsh** יֵשׁ. Il s'emploie avec un nom.
– **Yèsh soukar baqafèh ?**   – יֵשׁ סוּכָּר בַּקָפֶה?
– *Il y a du sucre dans le café ?*
– **Èin.**   – אֵין.
– *Il n'y en a pas.*

• **lo** לֹא employé devant le verbe. À la différence du français, la négation est toujours simple.
– *Ma femme ne nage pas.*   – אִשְׁתִי לֹא שׂוֹחָה.
– **Ishti lo sohah.**
– *Et toi ?*   – וְאַתָה?
– **Vèatah ?**
– *Non. Je ne suis pas sportif.*   – לֹא. אֲנִי לֹא ספורטיבי.
Je ne vais pas à la piscine.   אֲנִי לֹא הוֹלֵךְ לַבְּרֵכָה.
– **lo. ani lo sportivi.**
Ani lo holèkh labrèkhah.

Dialogue de révision

❶ – סוֹף שָׁבוּעַ בָּא. סוֹף סוֹף!
❷ – בַּבּוֹקֶר אֲנַחְנוּ שׂוֹחִים בַּיָם.
❸ – אֲנַחְנוּ מְשַׂחֲקִים טֶנִיס בְּחוֹף הַיָם.
❹ – אֲנַחְנוּ אוֹכְלִים ״עַל הָאֵשׁ״ עִם הַמִשְׁפָּחָה.
❺ – בָּעֶרֶב אַבָּא ״לָבוּשׁ כְּמוֹ חָתָן״ וְאִמָא בְּשִׂמְלָה יָפָה הוֹלְכִים לָאוֹפֵּרָה.
❻ – אֲחוֹתִי הַקְטַנָה וַאֲחוֹתִי הַגְדוֹלָה הוֹלְכוֹת לַבַּר מִצְוָה שֶׁל נְתַנְאֵל.

שִׁעוּר עֶשְׂרִים וְאַחַת / 21

❼ – אִשְׁתִּי וַאֲנִי הוֹלְכִים לַחֲבֵרִים. מְדַבְּרִים עַל פּוֹלִיטִיקָה.
❽ – אֲנִי בַּלְגָּנִיסְט, אֲבָל בָּעֶרֶב אֲנִי מְסַדֵּר אֶת הַבַּלְגָּן בַּחֶדֶר.
❾ – אֲנִי מְסַדֵּר אֶת הַמִּטָּה וְגַם אֶת הַשֻּׁלְחָן.
❿ – שָׁבוּעַ טוֹב!

Traduction

❶ – Le week-end arrive. Enfin ! *(fin semaine vient fin fin)*
❷ – Le matin nous nageons dans la mer.
(dans-le-matin nous nageons dans-la-mer)
❸ – Nous jouons au tennis au bord de la mer.
(nous jouons tennis dans-plage la-mer)
❹ – Nous mangeons au barbecue avec la famille.
(nous mangeons sur le-feu avec la-famille)
❺ – Le soir papa "habillé comme un marié", et maman avec sa belle robe vont à l'opéra.
(dans-le-soir papa habillé comme marié et maman dans-robe belle vont à-l'opéra)
❻ – Ma petite sœur et ma grande sœur vont à la bar-mitsvah de Néthanèl.
(sœur de-moi la-petite et-sœur-de-moi la-grande vont à-la-bar mitsvah de Nètanèl)
❼ – Ma femme et moi allons chez des amis. Nous parlons politique.
(femme-de-moi et-moi allons vers-amis. parlons sur politique)
❽ – Je suis désordonné. Mais le soir je range le désordre dans la chambre.
*(moi désordonné mais dans-le-soir je range **[èt]** le-désordre dans-la chambre)*
❾ – Je fais le lit et [je range] aussi la table.
*(je range **[èt]** le-lit et-aussi **[èt]** la-table.)*
❿ – Bonne semaine ! *(semaine bon)*

Nous avons commencé la quatrième série, c'est dire que vous avez dépassé le quart du cours. Pour fêter ça, nous vous offrons deux nouveautés :

Vingt-deuxième leçon
(Shi'our 'èsrim oushtayim)

Doar èlèqtroni
Courrier électronique

1 – **Shalom Rivqah, oulay at yèkholah la'azor [1] li [2] ?**
bonjour Rivqah peut-être tu peux aider pour-moi
Bonjour, Rivqah, peut-être peux-tu m'aider ?

2   **Yèsh lakh [3] èt haktovèt haèlèqtronit [4] shèl mishpahat Kohèn [5] ?**
il-y-a pour-toi(f.) **[èt]** *l'-adresse la-électronique de famille-de Cohen*
As-tu l'adresse électronique de la famille Cohen ?

Notes

1 **at yèkholah la'azor** אַתְּ יְכוֹלָה לַעֲזוֹר *tu peux aider*. Le verbe *pouvoir* commande l'infinitif, comme en français.

2 **li** לִי, **lakh** לָךְ *pour moi/à moi, pour toi/à toi(f.)*. La leçon 9 (note 3) nous a appris que la lettre-outil **l-** ל indique le mouvement "vers". Dans le cas présent vous voyez comment se sont formés ces deux mots : à la lettre **l** ל se sont accrochées les terminaisons respectives de la 1ʳᵉ personne du singulier et de la 2ᵉ du féminin singulier. Plus loin nous verrons les autres personnes. La tournure **todah lakh** תּוֹדָה לָךְ *merci à toi(f.)* (de la phrase 6) est fréquente. Elle correspond exactement au français *merci à toi* qui est peut-être plus familier ou plus populaire qu'en hébreu.

111 • mèah ahat 'èsrèh

/ 22 **שִׁעוּר עֶשְׂרִים וּשְׁתַּיִם**

1. Nous faisons l'économie de la translittération car vous pouvez à présent vous débrouiller seul.
2. Dans l'exercice 2, vous n'avez plus à compléter avec des lettres mais avec des mots entiers.

22
שִׁעוּר עֶשְׂרִים וּשְׁתַּיִם

דּוֹאַר אֶלֶקְטְרוֹנִי

1 – שָׁלוֹם רִבְקָה, אוּלַי אַתְּ יְכוֹלָה לַעֲזוֹר לִי?
2 – יֵשׁ לָךְ אֶת הַכְּתוֹבֶת הָאֶלֶקְטְרוֹנִית שֶׁל מִשְׁפַּחַת כֹּהֵן?

---

3 **yèsh lakh** יֵשׁ לָךְ littéralement "il y a pour toi(f.)" = *tu as*, **yèsh li** יֵשׁ לִי "il y a pour moi" = *j'ai* (en phrase 3). On pourrait dire aussi **lakh yèsh, li yèsh** en gardant le même sens. Nous avons vu le mot **yèsh** יֵשׁ *il y a*, à la leçon 10, phrases 3 et 4. Ici nous rencontrons une construction qui traduit le verbe avoir : le mot **yèsh** יֵשׁ et la préposition **l-** ל accompagnée de la terminaison qui indique la personne, 1re, 2e, 3e, au singulier, au pluriel, au masculin, au féminin.

4 **haktovèt haèlèqtronit** הַכְּתוֹבֶת הָאֶלֶקְטְרוֹנִית *l'adresse électronique*. L'adjectif épithète prend l'article **ha** הָ comme le nom qu'il qualifie. Le nom **ktovèt** כְּתוֹבֶת et le verbe **kotèv** כּוֹתֵב de la phrase 5 ont la même racine. C'est une vérification supplémentaire du processus par lequel se forme souvent un mot en hébreu : à partir de la racine trilitère.

5 **mishpahat Kohèn** מִשְׁפַּחַת כֹּהֵן *la famille Cohen*. Comme il s'agit d'une famille déterminée, à savoir la famille Cohen, et non de la famille en général, l'article **ha** הָ devant **mishpahah** מִשְׁפָּחָה est inutile. Notez que le **hè** ה à la fin du mot **mishpahah** מִשְׁפָּחָה se transforme en **tav** ת pour aboutir à **mishpahat**, מִשְׁפַּחַת qui est à l'état construit : cf. leçon 10 (note 3) et leçon 14.

22 / Vingt-deuxième leçon

3 – **Kèn, yèsh li. Dalyah Kohèn, shtroudèl** [6]...
oui il-y-a à-moi. Dalyah Cohen strudel
Oui, je l'ai. Dalyah Cohen, strudel...

4 – **Mah ? Ha'ougah ? Ah ! Zèh hashtroudèl haèlèqtroni !**
quoi le-gâteau(f.) ah ceci le-strudel le-électronique
Quoi ? Le gâteau ? Ah ! C'est le strudel électronique !

5 – **Nou** [7] **? Atah kotèv ? Dalyah Kohèn, shtroudèl, zahavnèt nèqoudah il.**
alors tu écris ? Dalyah cohen strudel zahavnet point il
Alors ? Tu écris ? Dalyah Cohen, strudel, zahavnet point il.

6 – **Bèsèdèr, todah lakh, Rivqah. Lèhit** [8].
en-ordre merci à-toi Rivqah au-rev
D'accord, merci à toi, Rivqah. Au revoir.

Notes

6 shtroudèl שְׁטרוּדְל *strudel* = @. Certains francophones désignent l'arobase du nom de *tortillon* ; les Israéliens, eux, ont fait un tour chez le pâtissier pour lui trouver un nom appétissant, c'est le nom du gâteau roulé d'Europe centrale, fourré de pommes à la cannelle, de raisins secs, de griottes, de graines de pavot ou de fromage blanc. Pour vous réconcilier avec l'informatique, passez de l'autre côté de la vitrine !

7 nou נוּ est difficile à traduire. C'est une interjection qui marque gentiment l'impatience, pour accélérer le déclenchement d'une action ou d'une parole.

8 lèhit לְהִת est l'abréviation de lèhitraot לְהִתרָאוֹת vu à la leçon 6. Usage familier que la rue, plus que l'Académie de la langue hébraïque, a reconnu.

22 / שִׁעוּר עֶשְׂרִים וּשְׁתַּיִם

3 - כֵּן, יֵשׁ לִי. דָּלְיָה כֹּהֵן, שטרוּדְל...

4 - מַה? הָעוּגָה? אָה! זֶה הַשטרוּדְל הָאֶלֶקטרוֹנִי!

5 - נוּ ? אַתָּה כּוֹתֵב? דָּלְיָה כֹּהֵן, שטרוּדְל, זָהַבְנֶט נְקוּדָה יל.

6 - בְּסֵדֶר, תּוֹדָה לָךְ, רִבְקָה. לְהִת.

L'écriture cursive

Continuez à vous exercer à écrire en cursive car à partir de la leçon 29 tous les exercices seront présentés sous cette forme. Et puis, il y a une autre raison : c'est en cursive que vous écrirez à vos amis et qu'ils vous répondront, si toutefois ces lettres sont manuscrites.

fè final ... **noun** ... **khaf** final ...

Shalom Yosèf, yèsh lèkha internèt ?
carrée : שָׁלוֹם יוֹסֵף, יֵשׁ לְךָ אִנְטֶרְנֶט?
cursive :

22 / Vingt-deuxième leçon

▶ <u>T</u>argil rishon – <u>T</u>argèm   תַרְגִיל רִאשׁוֹן – תַרְגֵם

❶ שרה, אולי יש לך עוגת גבינה?

<u>S</u>arah, oulay yèsh lakh 'ouga<u>t</u> g<u>v</u>inah ?

❷ שלום דליה, תודה לך, להת.

Shalom Dalyah, <u>t</u>odah lakh, lèhi<u>t</u>.

❸ יוסף כותב כתובת אלקטרונית.

Yosèf kotè<u>v</u> k<u>t</u>ovè<u>t</u> èlèq<u>t</u>roni<u>t</u>.

❹ דודלוין@זהבנט.יל

davidlèvin@zaha<u>v</u>nè<u>t</u>.il

❺ מרים יכולה לעזור לי בערב.

Miryam yèkholah la'azor li ba'èrè<u>v</u>.

***

<u>T</u>argil shèni – Hashlèm   תַרְגִיל שֵׁנִי – הַשְׁלֵם

❶ *J'ai un bon strudel au pavot.*
Yèsh li shtroudèl pèrèg tov.

_ _ _ _ _ _ לִי פֶּרֶג טוֹב.

❷ *Quelle est l'adresse de la famille Lévin ?*
Mah hak<u>t</u>ovè<u>t</u> shèl mishpa<u>h</u>a<u>t</u> Lèvin ?

מַה _ _ _ _ _ שֶׁל _ _ _ _ _ לֵוִין?

❸ *J'ai un nouveau courrier éléctronique.*
Yèsh li doar èlèq<u>t</u>roni <u>h</u>adash.

יֵשׁ _ _ _ _ _ אֶלֶקְטְרוֹנִי _ _ _.

***

Exercice 3 – Écrivez en lettres cursives

שָׁלוֹם יוֹסֵף, יֵשׁ לְךָ אִנְטֶרְנֶט?

שִׁעוּר עֶשְׂרִים וּשְׁתַּיִם / 22

Corrigé de l'exercice 1

❶ Sarah, peut-être as-tu un gâteau au fromage ? ❷ Bonjour Dalyah, merci à toi, au revoir. ❸ Yosèf écrit une adresse électronique. ❹ Davidlevin@zahavnet.il ❺ Myriam peut m'aider ce soir.

***

❹ *Je suis fatiguée, je ne peux pas aider ma sœur.*
   Ani 'ayèfah, ani lo yèkholah la'azor lèa<u>h</u>oti.

אֲנִי ____ אֲנִי לֹא _____ _____ לַאֲחוֹתִי.

❺ *Yosèf veut un nouvel ordinateur.*
   Yosèf rotzèh ma<u>h</u>shèv <u>h</u>adash.

____ ____ מַחְשֵׁב חָדָשׁ.

Corrigé de l'exercice 2

❶ יֵשׁ – שטרוּדְל ❷ הַכְּתוֹבֶת – מִשְׁפַּחַת ❸ – לִי דוֹאַר – חָדָשׁ – ❹ עֲיֵפָה – יְכוֹלָה לַעֲזוֹר ❺ – יוֹסֵף רוֹצֶה –

***

Corrigé de l'exercice 3

שָׂרָה יוֹסֵף, יֵשׁ לְךָ עוּגַת גְּבִינָה?

mèah shèsh 'e<u>s</u>rèh • 116

Vingt-troisième leçon
(Shi'our 'èsrim vèshalosh)

Sdèh ¹ tè'oufah ²
Aéroport

1 – **Slihah, poh hatisah lèIsraèl ?**
   pardon(f.) ici le-vol(f.) pour-Israël
   Pardon, c'est ici le vol pour Israël ?

2 – **Kèn. Atah lo roèh èt hamizvadot hagdolot ?**
   oui. tu non vois(m.) [èt] les-valises les-grandes
   Oui. Tu ne vois pas les grandes valises ?

3   **Kamah mizvadot yèsh lèkha ?**
   combien valises il-y-a pour-toi(m.)
   Combien as-tu de valises ?

4 – **Yèsh li raq mizvadah ahat. Zèh lo bèsèdèr ?**
   il-y-a pour-moi seulement valise une. ceci non en-ordre
   J'ai seulement une valise. Ça ne va pas ?

5 – **Zèh bèsèdèr. Aval atah habèn adam ³ harishon shètas ⁴ lèIsraèl 'im mizvadah ahat !**
   ceci en-ordre. mais toi le-fils adam le-premier qui-vole(m.) pour-Israël avec valise une
   Ça va. Mais tu es le premier homme qui s'envole pour Israël avec une seule valise !

Notes

1 **sdèh** שְׂדֵה litt. "champ-de". Le mot est ici à l'état construit, que nous connaissons déjà, pour traduire le complément du nom. Sans complément, il faudrait dire **sadèh** שָׂדֶה *champ*.

2 **tè'oufah** תְעוּפָה *aviation*. On trouve dans ce mot la racine trilitère ע.ו.ף. ('ayin, vav, fè final) qui désigne un *volatile* ou signifie *voler* dans la Bible. Ce mot... a volé de la faune à la technique, comme en français.

שִׁעוּר עֶשְׂרִים וְשָׁלוֹשׁ

שְׂדֵה תְעוּפָה

1 - סְלִיחָה, פֹּה הַטִּיסָה לְיִשְׂרָאֵל?
2 - כֵּן. אַתָּה לֹא רוֹאֶה אֶת הַמִּזְוָדוֹת הַגְּדוֹלוֹת?
3 - כַּמָּה מִזְוָדוֹת יֵשׁ לְךָ?
4 - יֵשׁ לִי רַק מִזְוָדָה אַחַת. זֶה לֹא בְּסֵדֶר?
5 - זֶה בְּסֵדֶר. אֲבָל אַתָּה הַבֶּן אָדָם הָרִאשׁוֹן שֶׁטָּס לְיִשְׂרָאֵל עִם מִזְוָדָה אַחַת!

יש לי חברה יפה בירושלים.

3 bèn adam בֶּן אָדָם, littéralement "fils d'Adam" = *homme, être humain*. Cette expression est d'usage courant en hébreu, c'est dire la présence de la Bible dans la langue ordinaire. S'il s'agit d'une femme, on s'amusera aujourd'hui à dire – pour rejoindre le couple primordial – **bat havah** בַּת חַוָּה *fille d'Ève*. C'est une pirouette linguistique qu'on trouve plutôt dans la presse féminine.

4 shè- שֶׁ est une lettre de liaison, jamais isolée (une seule lettre : ce n'est donc pas un mot). Elle s'accroche au mot qui suit. L'équivalent en français est *qui*, comme dans la phrase 5 "le premier *qui* vole…". Ce pourrait être aussi *que* comme dans "je dis *que* tu apprends bien". **Shè-** שֶׁ est donc l'équivalent d'un pronom relatif ou d'une conjonction de subordination.

23 / Vingt-troisième leçon

6 **Lamah atah tas lèIsraèl ?**
pourquoi tu voles(m.) pour-Israël
Pourquoi vas-tu en Israël ?

7 – **Yèsh li havèrah biYèroushalayim.**
il-y-a pour-moi amie dans-Jérusalem
J'ai une amie à Jérusalem.

8 – **Hi yafah ? Hahatounah bèqarov ?**
elle belle le-mariage(f.) prochainement
Elle est belle ? Le mariage est pour bientôt ?

9 – **Yafah mèod. At rotzah tmounah ?**
belle très tu veux(f.) photo
Très belle. Tu veux une photo ?

***

Targil rishon – Targèm   תַּרְגִּיל רִאשׁוֹן – תַּרְגֵּם

❶ יש לך מזודה אחת קטנה.
Yèsh lèkha mizvadah ahat qtanah.

❷ יש לי חברה יפה בירושלים.
Yèsh li havèrah yafah biYèroushalayim.

❸ אתה הבן אדם הראשון שאני רואה הבוקר.
Atah habèn adam harishon shèani roèh haboqèr.

❹ סליחה. מה פה לא בסדר?
Slihah. Mah poh lo bèsèdèr ?

❺ אתה טס לחתונה בישראל?
Atah tas lèhatounah bèIsraèl ?

***

Targil shèni – Hashlèm   תַּרְגִּיל שֵׁנִי – הַשְׁלֵם

❶ *Qu'est-ce qui ne va pas dans l'aéroport ?*
Mah lo bèsèdèr bisdèh hatè'oufah ?
מַה לֹא בְּסֵדֶר _ _ _ _ _ _ _ _ _ ?

119 • mèah tsha' 'èsrèh

6 – לָמָה אַתָּה טָס לְיִשְׂרָאֵל?
7 – יֵשׁ לִי חֲבֵרָה בִּירוּשָׁלַיִם.
8 – הִיא יָפָה? הַחֲתוּנָה בְּקָרוֹב?
9 – יָפָה מְאֹד. אַתְּ רוֹצָה תמוּנָה?

L'écriture cursive

tzadè $\tilde{3}$ ץ

Mah at rotzah ?

Lettres carrés   מָה אַתְּ רוֹצָה?

Lettres cursives   אַךְ סַאת רוֹ3ָךְ?

***

Corrigé de l'exercice 1

❶ Tu as une petite valise. ❷ J'ai une belle amie à Jérusalem. ❸ Tu es le premier homme que je vois ce *(le)* matin. ❹ Pardon. Qu'est-ce qui ne va pas ici ? ❺ Tu pars pour un mariage en Israël ?

***

❷ *Combien as-tu de valises ?*
Kamah mizvadot yèsh lèkha ?

כַּמָּה מִזְוָדוֹת __ __?

❸ *J'ai seulement un téléphone portable.*
Yèsh li raq tèlèfon nayad.

__ __ רַק טֶלֶפוֹן נַיָּד.

❹ *As-tu une photo de Néthanèl ?*
Yèsh lèkha tmounah shèl Nètanèl ?

יֵשׁ לְךָ _____ __ נְתַנְאֵל?

❺ *Quoi de nouveau dans la famille ?*
Mah hadash bamishpahah ?

מַה חָדָשׁ _____?

Corrigé de l'exercice 2

❶ – בְּשָׂדֵה הַתְּעוּפָה ❷ – יֵשׁ לְךָ ❸ יֵשׁ לִי – ❹ – תמוּנָה שֶׁל –
❺ – בַּמִּשְׁפָּחָה

Exercice 3 – Écrivez en lettres cursives

מַה אַת רוֹצָה?

Le dialogue de cette leçon fait écho à ceux qui se pratiquent à l'aéroport, avant l'embarquement pour Israël (et au retour). Les mesures de sécurité sont draconiennes et les douaniers très pointilleux. Quelquefois les questions que vous pose l'agent de la sécurité frisent l'indiscrétion. Vous les accepterez avec le sourire puisqu'elles sont bénéfiques à tous.

Vingt-quatrième leçon
(Shi'our 'èsrim vèarba'a)

Hazmanah [1]
[Une] invitation

1 – **Matay atèm yèkholim lavo [2] lèarouhat 'èrèv [3] ?**
quand vous pouvez venir pour-repas(f.)-du soir
Quand pouvez-vous venir pour dîner ?

2   **Oulay èfshar [4] bèyom rishon o bèyom shèni ?**
peut-être possible dans-jour premier ou dans-jour deuxième
Peut-être est-ce possible dimanche ou lundi ?

Notes

1 hazmanah הַזְמָנָה *invitation*. Dans ce mot on détecte la racine **zayin** ז **mèm** מ **noun** נ qui est celle du mot **zman** זְמָן *temps* (qui s'écoule et non le climat). Une invitation implique en effet l'idée de temps : on invite ou on donne un rendez-vous à une heure, un jour, un mois déterminés.

2 lavo לָבוֹא *venir*. La marque de l'infinitif est le **lamèd** initial ל. C'est pourquoi quand vous chercherez un verbe dans un dictionnaire hébreu, vous devrez chercher par la racine et non par l'infinitif puisque tous les infinitifs commencent par la même lettre.

24 / שִׁעוּר עֶשְׂרִים וְאַרְבַּע

Corrigé de l'exercice 3

מַה סַּח רוֹבֶּה?

Parmi les observations que vous ferez dans ces circonstances, vous pourrez vérifier celle que vous avez lue dans notre texte à propos du nombre et du volume des bagages. Pour beaucoup d'Israéliens, on dirait que le voyage est un déménagement : cadeaux pour la famille entière, vêtements en surnombre pour toute occasion en vertu du principe de précaution, etc.

● 24

שִׁעוּר עֶשְׂרִים וְאַרְבַּע

הַזְמָנָה

1 – מָתַי אַתֶּם יְכוֹלִים לָבוֹא לַאֲרוּחַת עֶרֶב?
2   אוּלַי אֶפְשָׁר בְּיוֹם רִאשׁוֹן אוֹ בְּיוֹם שֵׁנִי?

מתי אתם יכולים לבוא?

3 **arouhat 'èrèv** אֲרוּחַת עֶרֶב *repas-du soir*. Rappelez-vous la leçon 14 : il s'agit ici encore de l'état construit.

4 **èfshar** אֶפְשָׁר *possible*. **I-èfshar** אִי־אֶפְשָׁר *impossible*. Le **i** אִי a un sens négatif.

mèah 'èsrim oushtayim • 122

24 / Vingt-quatrième leçon

3 – **Lo, i-èfshar. Gadi 'ovèd baGolan, aval èfshar bèyom shlishi.**
non impossible Gadi travaille dans-le-Golan, mais possible dans-jour troisième
Non, impossible. Gadi travaille dans le Golan, mais c'est possible mardi.

4 – **Haval, bèyom shlishi anahnou bèhatounah. Oulay, bèyom rèvi'i ?**
dommage dans-jour troisième nous dans-mariage. peut-être dans-jour quatrième
Dommage, mardi nous sommes à un mariage. Peut-être, mercredi ?

5 – **Lo. Gam lo bèyom hamishi.**
non aussi non dans-jour cinquième
Non. Jeudi non plus.

6 – **Az bèyom shishi ba'èrèv, laarouhat shabat ?**
alors dans-jour sixième dans-le-soir, pour-le-repas(f.)-de shabbat
Alors vendredi soir pour le repas de shabbat ?

7 – **Bèkèf, todah rabah.**
avec-plaisir merci grande
Avec plaisir, merci beaucoup.

▶ **Targil rishon – Targèm**

תַּרְגִּיל רִאשׁוֹן – תַּרְגֵּם

❶ מתי אתם יכולים לבוא?
Matay atèm yèkholim lavo ?

❷ אי אפשר לבוא לארוחת שבת.
I èfshar lavo laarouhat shabat.

❸ ביום ראשון גדי עובד בגולן.
Bèyom rishon Gadi 'ovèd baGolan.

❹ ביום שבת אני לא עובד.
Bèyom shabat ani lo 'ovèd.

❺ אולי אתם יכולים לבוא לארוחת ערב?
Oulay atèm yèkholim lavo lèarouhat 'èrèv ?

123 • mèah 'èsrim vèshalosh

שִׁעוּר עֶשְׂרִים וְאַרְבַּע / 24

3 – לֹא, אִי-אֶפְשָׁר. גָּדִי עוֹבֵד בַּגּוֹלָן, אֲבָל אֶפְשָׁר בְּיוֹם שְׁלִישִׁי.

4 – חֲבָל, בְּיוֹם שְׁלִישִׁי אֲנַחְנוּ בַּחֲתוּנָה. אוּלַי בְּיוֹם רְבִיעִי?

5 – לֹא. גַּם לֹא בְּיוֹם חֲמִישִׁי.

6 – אָז בְּיוֹם שִׁשִּׁי בָּעֶרֶב, לַאֲרוּחַת שַׁבָּת?

7 – בְּכֵף, תּוֹדָה רַבָּה.

L'écriture cursive
gimel ג   ג

Gadi 'ovèd baGolan.

Lettres carrés   גָּדִי עוֹבֵד בַּגּוֹלָן.

Lettres cursives   גָּדִי עוֹבֵד בַּגּוֹלָן.

Corrigé de l'exercice 1

❶ Quand pouvez-vous venir ? ❷ Impossible de venir pour le repas de shabbat. ❸ Dimanche Gadi travaille dans le Golan. ❹ Samedi je ne travaille pas. ❺ Peut-être pouvez-vous venir à un dîner ?

25 / Vingt-cinquième leçon

Targil shèni – Hashlèm תַּרְגִיל שֵׁנִי – הַשְׁלֵם

① *Est-ce possible de venir samedi ?*
  Èfshar lavo bèshabat ?
  _ _ _ _ לָבוֹא בְּשַׁבָּת?

② *Mardi, mercredi, c'est impossible.*
  Bèyom shlishi, bèyom rèvi'i, i-èfshar.
  בְּיוֹם _ _ _ _ _ , בְּיוֹם _ _ , אֶפְשָׁר.

③ *Le repas de shabbat est vendredi soir.*
  Arouhat shabat bèyom shishi ba'èrèv.
  _ _ _ _ _ _ _ בְּיוֹם שִׁישִׁי בָּעֶרֶב.

④ *Merci beaucoup Sarah.*
  Todah rabah Sarah.
  _ _ _ _ שָׂרָה.

⑤ *Nous sommes à un mariage lundi.*
  Anahnou bèhatounah bèyom shèni.
  אֲנַחְנוּ _ _ _ _ _ בְּיוֹם _ _ _.

Exercice 3 – Écrivez en lettres cursives

גְּדִי עוֹבֵד בַּגּוֹלָן.

25

Vingt-cinquième leçon
(Shi'our 'èsrim vèhamèsh)

Bahanout tziloum [1]
Au magasin de photo

1 – **Shalom. Mah bishvilkha** [2] **?**
  salut quoi pour-toi
  Salut. Que puis-je pour toi ?

Notes

[1] **tziloum** צִלּוּם *image, photographie* est un mot qu'on trouve dans le livre de la Genèse : "Dieu créa l'homme à son *image*." Sa racine trilitère est צ.ל.ם. Voyez comment à partir d'une même racine se développe une famille de mots : **tzalam** צַלָּם est le *photographe* (au pluriel : **tzalamim** צַלָּמִים) ; *l'appareil photographique* est **matzlèmah** מַצְלֵמָה, car, pour désigner un objet on préfixe le מ, et le suffixe ה signale le féminin ; **mètzalèm** מְצַלֵּם signifie ici *il photo-*

Corrigé de l'exercice 2

❶ אֶפְשָׁר – ❷ – שְׁלִישִׁי – רְבִיעִי אִי – ❸ – אֲרוּחַת שַׁבָּת – ❹ תּוֹדָה רַבָּה – ❺ – בְּחַתּוּנָה – שֵׁנִי

Corrigé de l'exercice 3

כַּדְּאִי אוֹהֵב בַּדָּקָה בָּעוֹלָן.

Yom יוֹם *jour. Les jours de la semaine ne possèdent pas de nom particulier ; c'est leur numéro d'ordre qui les désigne en commençant par le dimanche qui est le* **yom rishon** יוֹם רִאשׁוֹן *premier jour après le shabbat. Le mot* **rishon** רִאשׁוֹן *a pour racine* ר.א.שׁ. *comme* **rosh** רֹאשׁ *tête.*

On trouve ici l'ordonnancement même de la Bible : au premier chapitre de la Genèse, elle expose le commencement de la création du monde **yom rishon** *et son achèvement le* **shabbat***, jour où Dieu s'est reposé.*

25

שִׁעוּר עֶשְׂרִים וְחָמֵשׁ

בַּחֲנוּת צִילוּם

1 – שָׁלוֹם, מַה בִּשְׁבִילְךָ?

graphie, au présent, 3ᵉ personne du masculin singulier. De l'hébreu biblique on est passé sans rupture, dans ce cas, à l'hébreu israélien.

2 **bishvilkha** בִּשְׁבִילְךָ, *pour toi (m.sing.)*. Dans cette leçon, ce mot se rencontre dans son état premier : **bishvil** בִּשְׁבִיל *pour* (phrase 5), mais également avec les suffixes de personne : **bishvilkha** בִּשְׁבִילְךָ *pour toi (m. sing.* phrase 1*)*, **bishvilkhèm** בִּשְׁבִילְכֶם *pour vous (m. pl.* phrase 6*)*. À la leçon 23, phrase 3 nous avons vu **lèkha** לְךָ *pour toi (m.)*. On comprend mieux la différence avec **bishvilkha** בִּשְׁבִילְךָ *pour toi*, si l'on observe que dans **bishvil** בִּשְׁבִיל se trouve **shvil** שְׁבִיל *chemin*. Cette préposition contient donc une nuance forte de destination, d'intention : en faveur de…

25 / Vingt-cinquième leçon

2 – **Ani tzarikh [3] matzlèmah [1] to<u>v</u>ah, ki ana<u>h</u>nou tasim [4] lè<u>h</u>outz laarètz [5].**
je ai-besoin appareil-photo(f.) bonne parce-que nous volons vers-hors vers-le-pays(f.)
J'ai besoin d'un bon appareil photo, parce que nous prenons l'avion pour l'étranger.

3 – **Atah tzalam ho<u>vèv</u> ? Mah atah mètzalèm [1] ?**
toi photographe amateur quoi tu photographies
Tu es photographe amateur ? Qu'est-ce que tu photographies ?

4 – **Ani mètzalèm èt hamishpa<u>h</u>ah. A<u>v</u>al hayèladim shèli [6] tzalamim [1] mètzouyanim.**
je photographie [èt] la-famille mais les-enfants de-moi photographes excellents
Je photographie la famille. Mais mes enfants sont d'excellents photographes.

5 – **Nou, kèn, ma<u>h</u>shè<u>v</u>im, matzlèmot [1], tèlèfonim nayadim... bish<u>v</u>il [2] hayèladim èlèh mis<u>h</u>aqim.**
[nou] oui ordinateurs appareils-photo(f.) téléphones portables pour-les-enfants ceux-ci jeux
Bon, oui, ordinateurs, appareils photo, téléphones portables... pour les enfants ce sont des jeux.

6 **Yèsh li bish<u>v</u>ilkhèm matzlèmah metzouyènè<u>t</u>.**
il-y-a pour-moi pour-vous(m.) appareil-photo(f.) excellente
J'ai pour vous un excellent appareil photo.

Notes

3 ani tzarikh אֲנִי צָרִיךְ *j'ai besoin* : ici tandis que l'hébreu recourt à un verbe, **tzarikh**, le français recourt à un nom, *besoin*. Ce qui, littéralement, signifierait : "je nécessite un appareil photo". Comme n'importe quel verbe, il se conjugue à tous les genres, nombres et temps. S'il s'était agi d'une femme, nous aurions dit : **ani tzrikhah** אֲנִי צְרִיכָה *j'ai besoin(f.)*.

4 ana<u>h</u>nou tasim אֲנַחְנוּ טָסִים *nous prenons l'avion*. Ce verbe montre la différence du français et de l'hébreu : pour évoquer un déplacement, l'hébreu précise le mode ou le moyen – marche à pied, avion,

שִׁעוּר עֶשְׂרִים וְחָמֵשׁ

2 - אֲנִי צָרִיךְ מַצְלֵמָה טוֹבָה, כִּי אֲנַחְנוּ טָסִים לְחוּץ לָאָרֶץ.

3 - אַתָּה צַלָּם חוֹבֵב? מַה אַתָּה מְצַלֵּם?

4 - אֲנִי מְצַלֵּם אֶת הַמִּשְׁפָּחָה. אֲבָל הַיְלָדִים שֶׁלִּי צַלָּמִים מְצוּיָנִים.

5 - נוּ, כֵּן, מַחְשְׁבִים, מַצְלֵמוֹת, טֶלֶפוֹנִים נַיָּדִים, בִּשְׁבִיל הַיְלָדִים אֵלֶה מִשְׂחָקִים.

6 יֵשׁ לִי בִּשְׁבִילְכֶם מַצְלֵמָה מְצוּיֶנֶת.

הוא מצלם את המשפחה.

bateau, vélo, auto ou train. Dans le cas présent, où le Français dirait *je vais à l'étranger*, l'Israélien dira *je vole pour l'étranger,* parce qu'il y va en avion. Nous verrons les autres cas par la suite. Notez aussi que ce verbe ne s'emploie que pour "voler" en avion, pas pour les voleurs ni pour les volatiles. Une blague pour illustrer ce fait de langue : un Israélien roule à 200 km/h sur une petite route. La police l'arrête : – **"Mah qarah ? Ani nosè'a mahèr ?"** ; – *"Qu'est-ce qui se passe ? Je roule vite ?"* – **"Lo, atah tas namoukh."** ; – *"Non, tu voles bas."*

5 **lèhoutz laarètz** לְחוּץ לָאָרֶץ *pour l'étranger*. Littéralement : "vers dehors par rapport au pays". Notez qu'ici le mot **arètz** contient l'article **ha**.

6 **shèli** שֶׁלִּי *de moi*. Pour indiquer la possession, la préposition peut se "décliner". Ici elle est à la 1ʳᵉ personne du sing. : **shèl** + **ani** = **shèli** שֶׁלִּי = שֶׁל + אֲנִי.

25 / Vingt-cinquième leçon

▶ Targil rishon – Targèm — תַרְגִיל רִאשׁוֹן – תַרְגֵם

❶ בשביל מי אתה צריך מצלמה?
Bishvil mi atah tzarikh matzlèmah ?

❷ מה יש בחנות בשבילך?
Mah yèsh bahanout bishvilkha ?

❸ יש בחנות מצלמה בשבילכם.
Yèsh bahanout matzlèmah bishvilkhèm.

❹ הוא מצלם את המשפחה.
Hou mètzalèm èt hamishpahah.

❺ אנחנו טסים לחוץ לארץ.
Anahnou tasim lèhoutz laarètz.

***

Targil shèni – Hashlèm — תַרְגִיל שֵׁנִי – הַשְׁלֵם

❶ *À qui est destiné l'appareil photo ?*
Bishvil mi hamatzlèmah ?

מִי הַמַּצְלֵמָה? _ _ _ _ _

❷ *Il est photographe amateur, mais Dani et David sont d'excellents photographes.*
Hou tzalam hovèv, aval Dani vèDavid tzalamim mètzouyanim.

הוּא _ _ _ _ _ , אֲבָל דָּנִי וְדָוִד _ _ _ _
מְצוּיָנִים.

❸ *Papa et maman ont un appareil-photo car ils prennent l'avion pour l'étranger.*
Lèaba vèima yèsh matzlèmah ki hèm tasim lèhoutz laarètz.

לְאַבָּא וְאִמָּא _ _ _ _ _ _ כִּי הֵם טָסִים _ _ _ _
_ _ _ _ ?

Exercice 3 – Écrivez en lettres cursives

הוּא טָס לְחוּץ לָאָרֶץ

שִׁעוּר עֶשְׂרִים וְחָמֵשׁ / 25

L'écriture cursive

tzadé final

Lèhoutz laarètz

Lettres carrés   לְחוּץ לָאָרֶץ

Lettres cursives

Corrigé de l'exercice 1

❶ Pour qui as-tu besoin d'un appareil photo ? ❷ Qu'est-ce qu'il y a dans le magasin pour toi ? ❸ Il y a dans le magasin un appareil photo pour vous. ❹ Il photographie la famille. ❺ Nous prenons l'avion pour l'étranger.

***

❹ *Pour vous, j'ai un appareil photo excellent.*
   Bishvilkhèm, yèsh li matzlèmah mètzouyènèt.

   בִּשְׁבִילְכֶם _ _ _ _ מַצְלֵמָה מְצוּיֶנֶת.

❺ *Je photographie les jolies filles sur la plage.*
   Ani mètzalèm èt hahatikhot bèhof hayam.

   אֲנִי _ _ _ _ אֶת _ _ _ _ _ _ בְּחוֹף הַיָם.

Corrigé de l'exercice 2

❶ בִּשְׁבִיל – ❷ – צַלָּם חוֹבֵב – צַלָּמִים – ❸ – יֵשׁ מַצְלֵמָה – לְחוּץ לָאָרֶץ – ❹ – יֵשׁ לִי – ❺ – מְצַלֵּם – הַחֲתִיכוֹת –

Corrigé de l'exercice 3

Lèhoutz laarètz לְחוּץ לָאָרֶץ : cette expression vient du Talmud de Jérusalem dans lequel **arètz** désignait le pays d'Israël.
*Un touriste israélien aujourd'hui, présent dans un pays quelconque, dira, pour signifier qu'il revient chez lui, qu'il retourne **laarètz**, au pays. Si avec des compatriotes il parle de son pays alors qu'il est dans son pays, il emploie ce même mot,* **arètz**, אָרֶץ : **baarètz** בָּאָרֶץ *au pays. Un des quotidiens vendus aujourd'hui dans les kiosques est* **Haarètz**, הָאָרֶץ, *Le Pays.*

Vingt-sixième leçon
(Shi'our 'èsrim vèshèsh)

Hatarmilay ¹
Le routard

1 – **Darkon ² vèkhartis tisah, bèvaqasha.**
   passeport et-ticket vol(f.) par-demande.
   Passeport et billet d'avion, s'il te plaît.

2 **Atah tarmilay ? Lèan atah tas ?**
   toi "sac-à-dossiste" vers-où tu voles(m.)
   Tu es un routard ? Où vas-tu ?

3 – **Ani tas lèHodou 'im havèrim lèmasa' ³ tarmilaim 'ad oqtobèr.**
   je vole vers-Inde avec amis pour-expédition(m.) "sac-à-dossistes" jusqu'à octobre
   Avec des amis je fais une "expédition sac à dos" en Inde jusqu'en octobre.

Notes

1 **tarmilay** תַּרְמִילַאי littéralement "sac-à-dossiste". Le vocabulaire français n'a pas d'équivalent littéral. Pour désigner la même réalité, il emploie le mot *routard*. À l'origine **tarmil** תַּרְמִיל est une *cosse* de pois ou de haricot, puis un sac qu'on porte sur le dos ou sur le côté. Le mot **tarmilay** porte la terminaison אי, qui indique le métier, par exemple **yam** יָם *mer* a pour dérivé **yamay** יַמַּאי *marin*. Le fait que

שִׁעוּר עֶשְׂרִים וָשֵׁשׁ / 26

Tutoyer, vouvoyer. Il est temps de régler un problème : l'hébreu n'use pas de la deuxième personne du pluriel comme formule de courtoisie. Il tutoie toujours son interlocuteur, qu'il soit son parent ou le Président de l'État. Nous prenons donc le parti de garder le tutoiement en français, pour que vous vous mettiez bien dans la tête qu'en hébreu le vouvoiement n'existe pas.

Vous avez terminé dans cette leçon l'apprentissage de l'écriture cursive. Bravo ! Vous savez ainsi lire et écrire comme un Israélien.

26

שִׁעוּר עֶשְׂרִים וָשֵׁשׁ

הַתַּרְמִילַאי

1 - דַּרְכּוֹן וְכַרְטִיס טִיסָה בְּבַקָּשָׁה.
2 - אַתָּה תַרְמִילַאי? לְאָן אַתָּה טָס?
3 - אֲנִי טָס לְהוֹדוּ עִם חֲבֵרִים לְמַסָּע תַרְמִילָאִים עַד אוֹקְטוֹבֶּר.

---

les Israéliens aient inventé un mot particulier pour désigner celui qui part à l'aventure, sac au dos, sur les routes du monde, signale l'ampleur du phénomène.

2 darkon דַּרְכּוֹן *passeport* vient du mot dèrèkh דֶּרֶךְ *chemin, route*. La terminaison on וֹן qu'on a rencontrée à la leçon 12 dans qanyon קַנְיוֹן, *centre commercial*, sert à forger des noms : shabaton שַׁבָּתוֹן *congé* (période de non-travail) dérivé de shabat שַׁבָּת.

3 lèmasa' לְמַסָּע *pour une expédition*. Masa' מַסָּע *expédition*, avec l'idée de long cours et avec une nuance d'aventure.

mèah shloshim oushtayim • 132

26 / Vingt-sixième leçon

4 – **Bèn kamah atah [4] ?**
fils combien toi
Quel âge as-tu ?

5 – **Bèn 'èsrim. Ani aharèy hatzava vèlifnèy haounivèrsitah.**
fils vingt moi après l'-armée(m.) et-avant l'-université
J'ai vingt ans. J'ai fini l'armée et je vais entrer à l'université.

6 – **Mah atah rotzèh lilmod ?**
quoi tu veux apprendre
Que veux-tu apprendre ?

7 – **Gèografyah [5].**
géographie
La géographie.

8 – **Tisah nè'imah !**
vol(f.) agréable(f.)
Bon voyage !

Notes

4 Bèn kamah atah ? (בֶּן כַּמָּה אַתָּה?) ("fils combien toi") = *Quel âge as-tu(m.) ?* Cette formule est assez pittoresque pour que vous la reteniez facilement. Si vous posez la question à propos d'une

Targil rishon – Targèm   תַּרְגִּיל רִאשׁוֹן – תַּרְגֵּם

❶ ‏יש לך דרכון וכרטיס טיסה?‏
Yèsh lèkha darkon vèkhartis tisah ?

❷ ‏דוד בן עשרים ואחת ושרה בת עשרים.‏
David bèn 'èsrim vèahat vèSarah bat 'èsrim.

❸ ‏אחרי הצבא הוא טס לברזיל.‏
Aharèy hatzava hou tas liBrazil.

❹ ‏הם במסע תרמילאים בהודו.‏
Hèm bèmasa' tarmilaim bèHodou.

❺ ‏הוא רוצה ללמוד גיאוגרפיה באוניברסיטה.‏
Hou rotzèh lilmod gèografyah baouniversitah.

4 – בֶּן כַּמָּה אַתָּה?
5 – בֶּן עֶשְׂרִים. אֲנִי אַחֲרֵי הַצָּבָא וְלִפְנֵי הָאוּנִיבֶּרְסִיטָה.
6 – מָה אַתָּה רוֹצֶה לִלְמוֹד?
7 – גֵּיאוֹגְרָפִיָה.
8 – טִיסָה נְעִימָה!

femme vous direz : **Ba̱t kamah Rou̱t** ? בַּת כַּמָּה רוּת? ("fille combien Routh") = *Quel âge a Routh ?*

Autres exemples :

| **Bèn kamah, Naty ?** | בֶּן כַּמָּה, נָתִי? | *Quel âge a Naty ?* |
| **Ba̱t kamah a̱t ?** | בַּת כַּמָּה אַתְּ? | *Quel âge as-tu(f.) ?* |

Et au pluriel :

| **Bnèy kamah hèm ?** | בְּנֵי כַּמָּה הֵם? | *Quel âge ont-ils ?* |
| **Bno̱t kamah hèn ?** | בְּנוֹת כַּמָּה הֵן? | *Quel âge ont-elles ?* |

La réponse sera : **bèn** / **ba̱t** / **bnèy** / **bno̱t** suivi du seul chiffre de l'âge.

5 gèografyah גֵּיאוֹגְרָפִיָה *géographie*. Attention ! ce mot se prononce avec le *g* dur, comme dans "guérir".

Corrigé de l'exercice 1
❶ As-tu un passeport et un billet d'avion ? ❷ David a 21 ans et Sarah 20 ans. ❸ Après l'armée, il part au Brésil. ❹ Ils font une "expédition sac à dos" en Inde. ❺ Il veut apprendre la géographie à l'université.

26 / Vingt-sixième leçon

▶ **Targil shèni – Hashlèm**   תַרְגִיל שֵׁנִי – הַשְׁלֵם

❶ *Dani va au Brésil avec des amis routards.*
Dani tas liBrazil 'im havèrim tarmilaim
דָנִי _ _ לְבְּרָזִיל _ _ חֲבֵרִים _ _ _ _ _ _ _.

❷ *Yosèf est routard en Inde.*
Yosèf tarmilay bèHodou.
יוֹסֵף _ _ _ _ _ _ בְּהוֹדוּ.

❸ *Mon fils veut étudier l'hébreu à l'université.*
Bni rotzèh lilmod 'ivrit baouniversitah.
_ _ _ רוֹצֶה _ _ _ _ עִבְרִית בָּאוּנִיבֶּרְסִיטָה.

❹ *Sarah a fini l'armée et va entrer à l'université.*
Sarah aharèy hatzava vèlifnèy haouniversitah.
שָׂרָה _ _ _ _ הַצָבָא _ _ _ _ הָאוּנִיבֶּרְסִיטָה.

❺ *Le routard a un billet d'avion et un passeport.*
Latarmilay yèsh kartis tisah vèdarkon.
לַתַרְמִילַאי יֵשׁ _ _ _ _ _ _ _ _ _ _ _.

Exercice 3 – Écrivez en lettres cursives

יֵשׁ לִי כַּרְטִיס טִיסָה וְדַרְכּוֹן.

Masa' tarmilaim מַסָע תַרְמִילָאִים *expédition sac au dos. Le service militaire, pour les garçons et les filles, occupe entre deux et trois ans après le bac, quelquefois plus. L'obligation militaire étant accomplie, les uns et les autres prennent souvent plaisir à s'évader pour de lointains voyages car leur pays est exigu (21 000 km², soit trois à quatre départements français). Dans beaucoup de cas, ce voyage dure plusieurs mois avant l'entrée à l'université. L'Australie, l'Extrême-Orient et l'Amérique du Sud sont les destinations privilégiées. Cette coutume est si répandue que des agences se sont spécialisées dans la mise au point de l'itinéraire (avec le concours des parents) et que les consulats se soucient de ces ressortissants volatils. On a même vu une fête de* **Pessah** *(Pâque) organisée pour eux au Tibet.*

Le calendrier hébraïque est d'origine biblique. Il suit le cycle de la lune et celui du soleil coordonnés par un système de rattrapage. Les fêtes juives et les anniversaires familiaux se célèbrent selon ce calendrier. Mais pour les besoins de la vie civique ou éco-

שִׁעוּר עֶשְׂרִים וְשֵׁשׁ

Corrigé de l'exercice 2

❶ – טָס – עִם – תַּרְמִילַאִים – ❷ – תַּרְמִילַאי – ❸ בְּנֵי – לִלְמֹד – ❹ אַחֲרֵי – וְלִפְנֵי – ❺ – כַּרְטִיס טִיסָה וְדַרְכּוֹן –

דוד בן עשרים ואחת ושרה בת עשרים.

Corrigé de l'exercice 3

יֵשׁ לִי כַּרְטִיס טִיסָה וְדַרְכּוֹן.

nomique, le calendrier grégorien s'ajoute au précédent de sorte qu'un agenda, par exemple, porte les deux calendriers. Notez qu'ils peuvent ne pas concorder : octobre peut coïncider avec le mois de **tishrèy** תִּשְׁרֵי en partie et avec le mois de **hèshvan** חֶשְׁוָן en partie. Les années ne marchent pas non plus du même pas : l'année hébraïque commence au mois de **tishrèy** (un certain jour de septembre) tandis que l'année chrétienne commence le 1er janvier. L'an 1 du calendrier hébraïque est placé en 3761 avant notre ère. Comme les chiffres de l'année s'écrivent avec les lettres, nous lirons pour l'an 2000, ה'תשס"ו soit 5761 de l'ère hébraïque. La leçon 28 de révision vous aidera à décomposer ce millésime.
Les jours dans le mois sont comptés au moyen de l'alphabet : le 2 du mois de **tishrèy** sera par exemple ב' בְּתִשְׁרֵי.

Les lettres en hébreu comme dans d'autres cultures anciennes ont une valeur numérique : 1 = א, 2 = ב. Reportez-vous à la leçon 28.

mèah shloshim vashèsh • 136

Vingt-septième leçon
(shi'our 'èsrim vèshèva')

Mikhtav mèÈilat
Lettre d'Eilat

1 – **Shalom Ima vèAba hayèqarim,**
paix maman et-papa les-chéris
Bonjour maman et papa chéris,

2 **Dani vaani bèÈilat kvar yomayim [1].**
Dani et-moi à-Eilat déjà deux-jours
Dani et moi sommes à Eilat déjà depuis deux jours.

3 – **Poh ham mèod gam bayom vègam [2] balaylah,**
ici chaud très aussi dans-le-jour et-aussi dans-la-nuit(m.)
Ici il fait très chaud le jour et aussi la nuit,

4 **aval èin bè'ayot mipnèy shèkol [3] hayom [4] anahnou bayam.**
mais il-n'y-a-pas problèmes(f.) parce que-tout le-jour nous dans-la-mer(m.)
mais il n'y a pas de problème parce que nous sommes toute la journée dans la mer.

5 – **Habalagan poh gadol, biglal [5] hafèstival "Jazz [6] bayam haAdom".**
le-pagaille ici grand à-cause le-festival "Jazz dans-mer le-Rouge"
La pagaille ici est grande, à cause du festival "Jazz en mer Rouge".

Notes

[1] yomayim יוֹמַיִים *deux jours*, shvou'ayim שְׁבוּעַיִים *deux semaines* : lorsque se rencontrent des notions qui vont par paires et des noms de mesure double (ici, par exemple deux semaines), l'hébreu possède une formation particulière, le duel (d.). Sa caractéristique est la terminaison יִים avec deux י qu'on prononce comme un seul.

שִׁעוּר עֶשְׂרִים וְשֶׁבַע

מִכְתָּב מֵאֵילַת

1 - שָׁלוֹם אִמָּא וְאַבָּא הַיְקָרִים.
2 - דָּנִי וַאֲנִי בְּאֵילַת כְּבָר יוֹמַיִם.
3 - פֹּה חַם מְאֹד גַּם בַּיּוֹם וְגַם בַּלַּיְלָה,
4 - אֲבָל אֵין בְּעָיוֹת מִפְּנֵי שֶׁכֹּל הַיּוֹם אֲנַחְנוּ בַּיָּם.
5 - הַבִּלְגָּן פֹּה גָּדוֹל, בִּגְלַל הַפֶסְטִיבָל "גַ'אז בַּיָּם הָאָדוֹם".

---

2 **gam...vègam...** גַּם... וְגַם... *aussi.* Notez cette construction. En français, vous dites : *"Je veux un falafèl et aussi de la thinah."* En hébreu, vous direz : *"Je veux aussi un falafèl et aussi de la thinah."* אֲנִי רוֹצָה גַּם פָלָאפֶל וְגַם טְחִינָה. Autre exemple : en français, *"Il mange et il parle aussi."* En hébreu, *"Il mange aussi et il parle aussi."* הוּא גַּם אוֹכֵל וְגַם מְדַבֵּר.

3 **mipnèy shè...** מִפְּנֵי שֶׁ... *parce que...* Le **shè** שֶׁ est toujours lié au mot qu'il introduit.

4 **kol hayom** כֹּל הַיּוֹם signifie *toute la journée* tandis que **kol yom** כֹּל יוֹם signifie *chaque jour.*

5 **biglal** בִּגְלַל *à cause de* est suivi immédiatement d'un nom. On peut y ajouter une terminaison de personne, par exemple : **biglalkha** בִּגְלָלְךָ *à cause de toi(m.)*, **biglalèkh** בִּגְלָלֵךְ *à cause de toi(f.).* Rendez-vous aux leçons suivantes.

6 **jazz** גַ'אז. Le son "dj", étranger à la gamme hébraïque, se rend à l'écrit par : 'ג (la lettre **gimèl** ג suivie d'une apostrophe ').

27 / Vingt-septième leçon

6 Ana<u>h</u>nou okhlim falafèl, <u>t</u>hinah, <u>h</u>oumous, salatim, vèsho<u>t</u>im harbèh mayim [7].
nous mangeons falafel thinah houmous salades(m.) et-buvons beaucoup eaux(m.)
Nous mangeons des falafels, de la thinah, du houmous, des salades et nous buvons beaucoup d'eau.

7 – Lèhi<u>t</u>rao<u>t</u> bè'od sh<u>v</u>ou'ayim.
à-se-revoir dans-encore deux-semaines(m.d.)
Au revoir, à dans deux semaines.

8 Bèaha<u>v</u>ah.
avec-amour(f.)
Affectueusement.

9 – Rou<u>t</u>i vèDani.
Routi et-Dani
Routi et Dani.

Note

7 mayim מַיִם *eau*. Attention : ce nom est toujours au masculin pluriel. Les adjectifs s'accordant en genre et en nombre avec le nom qu'ils qualifient, on dira : **mayim <u>h</u>amim** מַיִם חַמִים *eau chaude*. La tradition aime jouer avec les mots : **yam** יָם *mer* ; faites précéder ce mot d'un **mèm** מ vous obtenez **mayim** מַיִם *eau* ; faites précéder ce dernier mot de **sham** שָׁם *là-haut*, vous obtenez **shamayim** שָׁמַיִם

 **Targil rishon – <u>T</u>argèm** תַּרְגִּיל רִאשׁוֹן – תַּרְגֵּם

❶ באילת יש פסטיבל ״ג׳אז בים האדום״.
Bè<u>È</u>ila<u>t</u> yèsh fèsti<u>v</u>al "jazz bayam haAdom".

❷ דני ורותי שותים הרבה מים ואוכלים פלאפל.
Dani vèRou<u>t</u>i sho<u>t</u>im harbèh mayim vèokhlim falafèl.

❸ אנחנו כבר שבועיים פה.
Ana<u>h</u>nou k<u>v</u>ar sh<u>v</u>ou'ayim poh.

❹ להתראות בעוד יומיים.
Lèhi<u>t</u>rao<u>t</u> bè'od yomayim.

❺ הן אוכלות בקפטריה גם בבוקר וגם בערב.
Hèn okhlo<u>t</u> baqafè<u>t</u>èryah gam baboqèr vègam ba'èrè<u>v</u>.

שָׁעוּר עֶשְׂרִים וְשֶׁבַע / 27

6 אֲנַחְנוּ אוֹכְלִים פָלָאפֶל, טְחִינָה, חוּמוּס, סָלָטִים וְשׁוֹתִים הַרְבֵּה מַיִם.
7 - לְהִתְרָאוֹת בְּעוֹד שְׁבוּעַיִים.
8 בְּאַהֲבָה.
9 - רוּתִי וְדָנִי.

אנחנו כבר שבועיים פה.

cieux (d'où tombe l'eau pour rejoindre la mer). Notez que **sham** se comprend par opposition à **poh** פֹּה *ici*, le premier désignant ce qui est loin, le second, ce qui est proche. Le contexte, comme on le voit présentement, décidera de la traduction de **sham**, soit *là-bas*, soit *là-haut*.

Corrigé de l'exercice 1

❶ À Eilat, il y a un festival "Jazz en mer Rouge". ❷ Dani et Routi boivent beaucoup d'eau et mangent un falafel. ❸ Nous sommes ici déjà depuis deux semaines. ❹ Au revoir, à dans deux jours. ❺ Elles mangent à la cafétéria le matin et aussi le soir.

27 / Vingt-septième leçon

Targil shèni – Hashlèm — תַּרְגִיל שֵׁנִי – הַשְׁלֵם

❶ *Nous mangeons de la thinah et aussi du houmous.*
Anahnou okhlim gam thinah vègam houmous.
אֲנַחְנוּ אוֹכְלִים גַם _____ וְגַם _____ .

❷ *Ils sont toute la journée dans la mer, parce qu'il fait chaud ici.*
Hèm kol hayom bayam, mipnèy shèham poh.
הֵם __ ___ בַּיָּם, ____ ____ פֹּה.

❸ *À cause du festival, il y a une grande pagaille.*
Biglal hafèstival yèsh balagan gadol.
____ הַפֶּסְטִיבָל יֵשׁ ____ גָּדוֹל.

❹ *Nous sommes ici déjà depuis deux jours. Au revoir, à dans deux semaines.*
Anahnou poh kvar yomayim. Lèhitraot bè'od shvou'ayim.
אֲנַחְנוּ פֹּה ___ _____ . לְהִתְרָאוֹת ____ _____ .

Exercice 3 – Écrivez en lettres cursives

רוּתִי וְדָנִי כְּבָר שְׁבוּעַיִם בְּאֵילַת.

Eilat, *sur la mer Rouge, ville la plus méridionale d'Israël, est citée huit fois dans la Bible. Le livre des Rois par exemple décrit l'activité de son port (vers le Xe siècle avant notre ère ?) : on y charge ou décharge or, bois de santal, pierres précieuses, ivoire, singes, paons, chevaux, etc. Les mines de cuivre du roi Salomon se trouvent à côté. Aujourd'hui la ville a dépassé les vingt mille habitants et accueille pendant la saison touristique jusqu'à quatre fois plus de touristes. Mais la ville de vacances avec ses hôtels, restaurants, cabarets, stations de plongée (magnifiques poissons multicolores), sports nautiques vit aussi de son port de commerce et de ses relations avec ses voisins, la Jordanie et l'Égypte.*

Le nom de mer Rouge a une origine controversée : pour certains, rouge évoquerait la présence des coraux dans les eaux, pour d'autres celle du minerai de cuivre sur les rives et d'autres encore celle d'une algue qui devient rouge lorsqu'elle meurt. Les Grecs anciens parlaient déjà de "mer Érythrée" = mer Rouge.

27 / שִׁעוּר עֶשְׂרִים וְשֶׁבַע

❺ *Affectueusement, Maman et Papa.*
Bèahavah, Ima vèAba.

_ _ _ _ _ , אִמָּא וְאַבָּא.

Corrigé de l'exercice 2

❶ – טְחִינָה – חוּמוּס ❷ – כָּל הַיּוֹם – מִפְּנֵי שֶׁחַם ❸ – בִּגְלַל – בַּלָּגָן –
❹ – כְּבָר יוֹמַיִים – בְּעוֹד שְׁבוּעַיִים ❺ בְּאַהֲבָה –

Corrigé de l'exercice 3

רוּתִי וְדָנִי כְּבָר שְׁבוּעַיִים בְּאֵילַת.

*"Jazz en mer Rouge": à la fin du mois d'août, les plus célèbres musiciens de jazz, étrangers et israéliens, se réunissent à **Eilat**. Certains "maîtres" donnent des "masters class", des classes d'étude, tandis que d'autres se lancent dans des "marathons" musicaux qui n'épuisent pas leur passion.*

*"Buvez de l'eau". Que des jeunes précisent dans une lettre à leurs parents qu'ils boivent de l'eau n'est pas étrange. En Israël, la recommandation "buvez de l'eau, buvez" s'entend fréquemment. Elle s'impose à plus forte raison à **Eilat** où le climat sec est très chaud en été. La plus grande partie de l'eau consommée à **Eilat** provient de l'usine de dessalinisation de l'eau de mer.*

**Ici s'achève la quatrième série. Au revoir, à la *révision* חֲזָרָה.
Prenez un falafèl, écoutez un brin de jazz pour vous reposer.**

Vingt-huitième leçon
(shi'our 'èsrim oushmonèh)

חֲזָרָה Hazarah – Révision

Vous arrivez à la quatrième leçon de révision. Vous êtes devenu un familier de l'hébreu, capable de faire des synthèses, c'est-à-dire d'avoir une vue d'ensemble sur ce que vous avez appris. En voici une occasion supplémentaire.

1 Toutes les lettres, carrées et cursives

Dans le tableau qui suit, vous trouvez juxtaposées les deux écritures, carrée et cursive. Revoyez la totalité des cursives.
Nous avons ajouté la valeur numérique de chaque lettre. Nous parlerons d'un usage particulier et assez curieux de cette dernière à la fin de la leçon. En attendant, voici le système hébraïque des chiffres, quand il n'utilise pas les chiffres arabes, c'est-à-dire, par exemple, quand il dit et écrit les dates du calendrier hébraïque et le nom des classes à l'école (au lieu de parler de CP, *classe préparatoire*, on parlera de classe **alèf** א ; la terminale sera la classe **yod bèit** י״ב). Vous comprendrez pourquoi en lisant la suite.

m	mèm	40	מ	N		^	alèf	1	א	IC
m	mèm final	40	ם	ρ		b	bèit	2	בּ	∂
n	noun	50	נ	J		v	vèit	2	ב	∂
n	noun final	50	ן	|		g	gimèl	3	ג	c
s	samèkh	60	ס	O		d	dalèt	4	ד	ʓ
'	'ayin	70	ע	8		h	hé	5	ה	ͽ
p	pè	80	פּ	∂		v	vav	6	ו	|
f	fè	80	פ	∂		z	zayin	7	ז	ﻝ
f	fè final	80	ף	ʃ		<u>h</u>	<u>h</u>èt	8	ח	∩
tz	tzadè	90	צ	3		t	tèt	9	ט	ς
tz	tzadè final	90	ץ	ʓ		y	yod	10	י	ι
q	qof	100	ק	ρ		k	kaf	20	כּ	϶
r	rèsh	200	ר	ͻ		kh	khaf	20	כ	϶
sh	shin	300	שׁ	e		kh	khaf final	20	ך	ρς
<u>s</u>	<u>s</u>in	300	שׂ	e		l	lamèd	30	ל	ʃ
t	tav	400	ת	∩						

143 • mèah arba'im vèshalosh

שִׁעוּר עֶשְׂרִים וּשְׁמוֹנֶה

• **Les chiffres hébreux**

Comment écrire les chiffres hébreux ?

Jusqu'à dix pas de problème : à chaque chiffre est affectée une lettre. Mais après ? Comment faire pour 11 ? On dit et on écrit 10 puis on dit et on écrit 1, soit le **yod** י puis le **alèf** א. Donc 11 = י״א. Vous constatez la présence du signe ״ avant la dernière lettre : il indique qu'il s'agit d'un nombre et non d'un mot. Par la suite, on le rencontrera dans les abréviations.

23 = 20 et 3, soit : כ״ג
487 = 400 et 80 et 7, soit : תפ״ז

Et quand on dépasse 400 ? Par exemple 658 = 400 + 200 + 50 + 8 תרנ״ח. Noter qu'on prend les valeurs les plus élevées possibles, pour obtenir la combinaison la plus courte.

Il y a évidemment des solutions pour les nombres supérieurs à 999.

Ainsi   de 1000 à 1999 on ajoute en tête : א׳
               de 2000 à 2999   : ב׳
               de 3000 à 3999   : ג׳

etc.

L'apostrophe qui "suit" la lettre (dans le sens de l'hébreu, de droite à gauche) est le signe du millier.

L'an 2000 correspondait dans le calendrier hébraïque à 5760 ה׳תש״ס. La lettre en tête désigne 5000.

Attention : la valeur numérique des lettres est une chose, le nom des chiffres en est une autre : si **zayin** ז a pour valeur 7, le 7 se dit **shèva'** שֶׁבַע , si **gimèl** ג a pour valeur 3, le 3 se dit **shalosh** שָׁלוֹשׁ, etc.

Prenez garde à la curiosité suivante : pour écrire 15 ou 16, on n'écrit pas – comme la logique le recommanderait – la lettre **yod** י, valeur 10, suivie de la lettre **hé** ה, valeur 5, ou de la lettre **vav** ו, valeur 6, pour éviter, par respect, de former ainsi le nom de Dieu. 15 et 16 s'écrivent respectivement : ט״ו, ט״ז, soit 9+6 et 9+7.

2 Les jours de la semaine

La semaine se dit **shavou'a** שָׁבוּעַ. Le mot a pour racine ש.ב.ע qui est aussi celle du mot sept **shèva'** שֶׁבַע. Les jours de fête commencent la veille, dès qu'on peut voir trois étoiles dans le ciel. Il n'y a donc pas lieu de s'étonner qu'une invitation au repas du shabbat soit fixée le vendredi soir.

Les jours de la semaine se désignent comme suit :

yom rishon	יוֹם רִאשׁוֹן	*jour premier*	dimanche
yom shèni	יוֹם שֵׁנִי	*jour deuxième*	lundi
yom shlishi	יוֹם שְׁלִישִׁי	*jour troisième*	mardi
yom rèvi'i	יוֹם רְבִיעִי	*jour quatrième*	mercredi
yom hamishi	יוֹם חֲמִישִׁי	*jour cinquième*	jeudi
yom shishi	יוֹם שִׁישִׁי	*jour sixième*	vendredi
shabat	שַׁבָּת	*shabbat*	samedi

3 Le duel

Pour l'hébreu, la paire n'est pas un pluriel ordinaire. Il use dans beaucoup de cas d'une forme particulière – le duel – la terminaison étant יִם.
shnayim שְׁנַיִם = le chiffre 2 au masculin, et **shtayim** 2 = שְׁתַּיִם au féminin.
On rencontre le duel, entre autres, dans la mesure du temps :
yom = 1 jour יוֹם, **yomayim** = 2 jours יוֹמַיִם
shavou'a = 1 semaine שָׁבוּעַ, **shvoua'yim** = 2 semaines שְׁבוּעַיִם.
Nous verrons plus loin que le duel s'emploie aussi pour les parties du corps.

4 L'âge

Pour connaître l'âge vous demandez :
bèn kamah atah ?	בֶּן כַּמָּה אַתָּה?	"fils combien toi ?"
bat kamah at ?	בַּת כַּמָּה אַתְּ?	"fille combien toi ?"
bèn kamah hou ?	בֶּן כַּמָּה הוּא?	"fils combien lui ?"
bat kamah hi ?	בַּת כַּמָּה הִיא?	"fille combien elle ?"

Soit : Quel âge as-tu (m./f.) ?, Quel âge a-t-il/elle ?

La réponse vous arrivera sous la forme équivalente :

ani bèn shloshim	אֲנִי בֶּן שְׁלוֹשִׁים	"je fils trente"
		J'ai trente ans(m.).
ani bat **'è**s**rim**	אֲנִי בַּת עֶשְׂרִים	"je fille vingt"
		J'ai vingt ans(f.).
hou bèn arba'im	הוּא בֶּן אַרְבָּעִים	"il fils quarante"
		Il a quarante ans.
hi bat **'è**s**èr**	הִיא בַּת עֶשֶׂר	"elle fille dix"
		Elle a dix ans.

5 La "gématrie"

Le mot "gématrie" est une corruption du mot grec géométrie auquel les hébraïsants ont donné un sens particulier. Il ne s'agit plus de mesurer des figures, mais de calculer des mots hébreux. Le tableau que vous avez lu plus haut vous donne la valeur numérique de chaque lettre, moyennant quoi il est facile de transposer un mot en sa valeur chiffrée. Par exemple **ḥay** חַי *vie* ; la valeur numérique de ce mot est **ḥ** = 8 ח, + **y** י = 10, donc **ḥay** = 18. Le nombre 18 est jugé comme favorable à la vie : il est bon d'habiter une maison dont le numéro sur la rue est 18 ; quand on fait un cadeau, on prendra plaisir à le mettre en relation avec 18, par exemple on offrira, en liquide ou en chèque, 180 **shqalim** שְׁקָלִים (monnaie israélienne).

Autre exemple : boire trop de vin peut délier la langue c'est-à-dire affranchir le buveur du devoir de la discrétion ou du secret. D'où le proverbe : **nikhnas yayin, yatza sod,** נִכְנַס יַיִן יָצָא סוֹד *le vin entre, le secret sort*. La "gématrie" établit l'équivalence du vin et du secret : **yayin** יַיִן *vin* = 70 parce que (10 = י) + (10 = י) + (50 = ן) et **sod** סוֹד *secret* = 70 parce que (60 = ס) + (6 = ו) + (4 = ד).

Dans une fête, les vœux et félicitations se formulent volontiers au moyen de "gématries" qui mettent en valeur la ferveur et l'ingéniosité de leur auteur. Vous pouvez vous y essayer et développer surtout d'abondants commentaires.

6 Les questions

Pas de conversation confiante sans question. En voici trois qui vous seront utiles :
- **kamah ?** כַּמָה? *combien ?*
Kamah yèladim yèsh lèkha ? כַּמָה יְלָדִים יֵשׁ לְךָ?
Combien as-tu d'enfants?
- **matay ?** מָתַי? *quand ?*
Matay atèm yèkholim lavo ? מָתַי אַתֶּם יְכוֹלִים לָבוֹא?
Quand pouvez-vous venir ?
- **lèan ?** לְאָן? *vers où ?*
Lèan hèm holkhim ba'èrèv ? לְאָן הֵם הוֹלְכִים בָּעֶרֶב?
Où vont-ils ce soir ?

7 Les mots de liaison

Pas de conversation réfléchie sans quelques mots de liaison qui indiquent les relations entre les idées :

- **ki** כִּי *parce que, car.*
Hou biYèroushalayim ki ham bèEilat.
הוּא בִּירוּשָׁלַיִם כִּי חַם בְּאֵילַת.
Il est à Jérusalem car il fait chaud à Eilat.
- **mipnèy shè-** מִפְּנֵי שֶׁ- *parce que.*
Hi tzrikhah matzlèmah mipnèy shèhi tasah lèhoutz laarètz.
הִיא צְרִיכָה מַצְלֵמָה מִפְּנֵי שֶׁהִיא טָסָה לְחוּץ לָאָרֶץ.
Elle a besoin d'un appareil photo parce qu'elle part à l'étranger.
Ces deux formes sont équivalentes. מִפְּנֵי שֶׁ- ne se place pas au début d'une phrase.

- **biglal** בִּגְלַל *à cause de* introduit un nom à n'importe quel endroit de la phrase.
Biglal fèstival hajazz yèsh harbèh tarmilaim bèEilat.
בִּגְלַל פֶסְטִיבָל הַגַּ'אז יֵשׁ הַרְבֵּה תַרְמִילָאִים בְּאֵילַת.
À cause du festival de jazz, il y a beaucoup de routards à Eilat.

8 Les verbes

Pas de conversation vivante sans verbe qui est la vie de la parole :

- *pouvoir* ; racine : י.כ.ל.

masculin

ani yakhol	אֲנִי יָכוֹל	*je peux*
a<u>t</u>**ah yakhol**	אַתָּה יָכוֹל	*tu peux*
hou yakhol	הוּא יָכוֹל	*il peut*
ana<u>h</u>**nou yèkholim**	אֲנַחְנוּ יְכוֹלִים	*nous pouvons*
atèm yèkholim	אַתֶּם יְכוֹלִים	*vous pouvez*
hèm yèkholim	הֵם יְכוֹלִים	*ils peuvent*

féminin

ani yèkholah	אֲנִי יְכוֹלָה	*je peux*
at yèkholah	אַתְּ יְכוֹלָה	*tu peux*
hi yèkholah	הִיא יְכוֹלָה	*elle peut*
ana<u>h</u>**nou yèkholot**	אֲנַחְנוּ יְכוֹלוֹת	*nous pouvons*
atèn yèkholot	אַתֶּן יְכוֹלוֹת	*vous pouvez*
hèn yèkholot	הֵן יְכוֹלוֹת	*elles peuvent*

- *avoir besoin de* ; racine : צ.ר.ך.

masculin

ani tzarikh	אֲנִי צָרִיךְ	*j'ai besoin*
a<u>t</u>**ah tzarikh**	אַתָּה צָרִיךְ	*tu as besoin*
hou tzarikh	הוּא צָרִיךְ	*il a besoin*
ana<u>h</u>**nou tzrikhim**	אֲנַחְנוּ צְרִיכִים	*nous avons besoin*
atèm tzrikhim	אַתֶּם צְרִיכִים	*vous avez besoin*
hèm tzrikhim	הֵם צְרִיכִים	*ils ont besoin*

féminin

ani tzrikhah	אֲנִי צְרִיכָה	*j'ai besoin*
at tzrikhah	אַתְּ צְרִיכָה	*tu as besoin*
hi tzrikhah	הִיא צְרִיכָה	*elle a besoin*
ana<u>h</u>**nou tzrikhot**	אֲנַחְנוּ צְרִיכוֹת	*nous avons besoin*
atèn tzrikhot	אַתֶּן צְרִיכוֹת	*vous avez besoin*
hèn tzrikhot	הֵן צְרִיכוֹת	*elles ont besoin*

9 Un nom particulier

Rappelez-vous que **tarmil** תַּרְמִיל signifie *sac* et **tarmil ga**<u>v</u> תַּרְמִיל גַּב *sac à dos*. À partir de ce mot et comme la chose était en vogue, les Israéliens ont formé un nouveau mot **tarmilay** תַּרְמִילַאי qui désigne le *porteur du sac à dos*, et **tarmilait**, תַּרְמִילָאִית, *la porteuse*, dont les pluriels respectifs sont **tarmilaim** תַּרְמִילָאִים et **tarmilaiyot** תַּרְמִילָאִיוֹת.

10 L'idée de posséder / avoir

Puisque *j'ai* se rend par **yèsh li** יֵשׁ לִי ("il-y-a pour-moi"), continuons la série, sachant qu'à la préposition l- לְ *pour* s'accroche la terminaison relative à la personne en question, ce qui donne :

yèsh li	יֵשׁ לִי	*j'ai* (il-y-a pour-moi-m./f.)
yèsh lèkha	יֵשׁ לְךָ	*tu as* (il-y-a pour-toi-m.)
yèsh lakh	יֵשׁ לָךְ	*tu as* (il-y-a pour-toi-f.)
yèsh lo	יֵשׁ לוֹ	*il a* (il-y-a pour-lui-m.)
yèsh lah	יֵשׁ לָהּ	*elle a* (il-y-a pour-elle-f.)
yèsh lanou	יֵשׁ לָנוּ	*nous avons* (il-y-a pour-nous-m./f.)
yèsh lakhèm	יֵשׁ לָכֶם	*vous avez* (il-y-a pour-vous-m.)
yèsh lakhèn	יֵשׁ לָכֶן	*vous avez* (il-y-a pour-vous-f.)
yèsh lahèm	יֵשׁ לָהֶם	*ils ont* (il-y-a pour-eux-m.)
yèsh lahèn	יֵשׁ לָהֶן	*elles ont* (il-y-a pour-elles-f.)

11 L'usage d'une préposition

Renouvelons l'expérience avec la préposition **bishvil** בִּשְׁבִיל *pour* (avec une nuance plus forte de destination).

bishvili	בִּשְׁבִילִי	*pour moi* (m./f.)
bishvilkha	בִּשְׁבִילְךָ	*pour toi* (m.)
bishvilèkh	בִּשְׁבִילֵךְ	*pour toi* (f.)
bishvilo	בִּשְׁבִילוֹ	*pour lui* (m.)
bishvilah	בִּשְׁבִילָה	*pour elle* (f.)
bishvilènou	בִּשְׁבִילֵנוּ	*pour nous* (m./f.)
bishvilkhèm	בִּשְׁבִילְכֶם	*pour vous* (m.)
bishvilkhèn	בִּשְׁבִילְכֶן	*pour vous* (f.)
bishvilam	בִּשְׁבִילָם	*pour eux* (m.)
bishvilan	בִּשְׁבִילָן	*pour elles* (f.)

Les deux dernières formes ne suivent pas la série telle que nous l'avons vue à propos de **yèsh li** יֵשׁ לִי parce que l'hébreu cherche volontiers la brièveté.

שָׁעוּר עֶשְׂרִים וּשְׁמוֹנָה / 28

Dialogue de révision

- ❶ — יְלָדִים יְקָרִים שֶׁלִּי,
- ❷ — אֲנַחְנוּ בִּירוּשָׁלַיִם מִיוֹם שְׁלִישִׁי עַד שַׁבָּת.
- ❸ — אַבָּא כּוֹתֵב בַּדוֹאַר הָאֶלֶקְטְרוֹנִי לַחֲבֵרִים וְלַמִּשְׁפָּחָה גַּם בָּאָרֶץ וְגַם בְּחוּץ לָאָרֶץ.
- ❹ — אוּלַי אַתֶּם יְכוֹלִים לָבוֹא לִירוּשָׁלַיִם לְשַׁבָּת?
- ❺ — יֵשׁ לָנוּ בִּשְׁבִילְכֶם מַצְלֵמָה מְצוּיֶּנֶת וְגַם תְּמוּנָה יָפָה מֵהַחֲתוּנָה שֶׁל דָּוִד וְשָׂרָה.
- ❻ — יֵשׁ לִי גַּם דַּרְכּוֹן חָדָשׁ וְגַם כַּרְטִיס טִיסָה.
- ❼ — אֲנַחְנוּ טָסִים בְּיוֹם רִאשׁוֹן. לְהִתְרָאוֹת, בְּשַׁבָּת.
- ❽ — בְּאַהֲבָה.
- ❾ — אִמָּא וְאַבָּא

Traduction

❶ – Mes chers enfants,
 (enfants chers de-moi)
❷ – Nous sommes à Jérusalem de mardi à samedi.
 (nous à-Jérusalem de-jour troisième jusqu'à shabbat)
❸ – Papa envoie un courrier électronique aux amis et à la famille dans le pays et aussi à l'étranger.
 (papa écrit dans-courrier l'électronique à-les-amis et-à-la-famille aussi dans-pays et aussi dans-hors vers-le-pays)
❹ – Peut-être pouvez-vous venir à Jérusalem pour le shabbat ?
 (peut-être vous(m.) pouvez venir à-Jérusalem pour-shabbat)
❺ – Nous avons pour vous un appareil photo excellent et aussi une belle photo du mariage de David et Sarah.
 (il-y-a à-nous pour-vous(m.) appareil-photo excellent et-aussi photo belle de-le-mariage de David et-Sarah)
❻ – J'ai un nouveau passeport et un billet d'avion.
 (il-y-a pour-moi aussi passeport nouveau et-aussi billet vol)
❼ – Nous prenons l'avion dimanche. Au revoir, à samedi.
 (nous volons dans-jour premier à-se-revoir dans-shabbat)
❽ – **Affectueusement,** *(avec-amour)*
❾ – **Maman et Papa** *(maman et-papa)*

Vingt-neuvième leçon
(Shi'our 'èsrim vètèsha')

Hanoudniq [1]
Le casse-pieds

1 – **Ani nofèlèt mèharaglayim** [2].
je tombe(f.) de-les-jambes
Je n'ai plus de jambes.

2 – **Mah qarah** [3]**, Tamar ?**
quoi est-arrivé Tamar
Que s'est-il passé, Tamar ?

3 – **Halakhti** [4] **kol haboqèr vèkhaashèr bati ladoar, raiti èt Vèrèd vèDavid Orèn.**
je-suis-allée tout le-matin et-lorsque je-suis-venue à-la-poste(m.) j'-ai-vu **[èt]** *Vèrèd et-David Orèn*
J'ai marché toute la matinée et lorsque je suis arrivée à la poste, j'ai vu Vèrèd et David Orèn.

4   **Hou noudniq lo normali, aval bèn adam tov ...**
il casse-pieds(m.) non normal mais fils-adam bon
C'est un casse-pieds pas banal, mais c'est un homme bon…

Notes

1 **noudniq** נוּדְנִיק *casse-pieds* est dérivé de **nadnèd** נַדְנֵד *balancer, agacer*. La terminaison masculine en **niq** נִיק et féminine en **niqit** נִיקִית signale une personne comme **kiboutzniq** קִבּוּצְנִיק *habitant du kibboutz*, **kiboutzniqit** קִבּוּצְנִיקִית *habitante du kibboutz*.

2 **Ani nofèlèt mèharaglayim** אֲנִי נוֹפֶלֶת מֵהָרַגְלַיִים litt. "je tombe des jambes", c'est-à-dire *je n'ai plus de jambes, je suis très fatiguée*. Des centaines d'expressions hébraïques se rapportent au corps. Nous en rencontrerons d'autres. À la leçon 8 nous avons vu la même préposition sous la forme **mi** מִ. Le changement de voyelle s'explique par la voyelle ou la lettre qui suit. De cette variation, ne faites pas une montagne, c'est une affaire de puriste.

151 • mèah hamishim vèahat

שִׁעוּר עֶשְׂרִים וְתֵשַׁע

הַנוּדְנִיק

1 – אֲנִי נוֹפֶלֶת מֵהָרַגְלַיִים.
2 – מַה קָרָה, תָּמָר?
3 – הָלַכְתִּי כָּל הַבּוֹקֶר וְכַאֲשֶׁר בָּאתִי לַדּוֹאַר, רָאִיתִי אֶת וֶרֶד וְדָוִד אוֹרֵן.
4   הוּא נוּדְנִיק לֹא נוֹרְמָלִי, אֲבָל בֶּן אָדָם טוֹב...

3 mah qarah ? מַה קָרָה? *qu'est-ce qui est arrivé ? qu'est-ce qui s'est passé ?* En Israël vous entendrez souvent cette question qui appelle une réponse portant sur un événement, favorable ou défavorable. Le verbe **qarah** קָרָה est ici au passé, 3ᵉ personne du singulier, comme vous l'observerez dans la note suivante. À partir de maintenant en effet nous entrons dans la pratique des verbes au passé. Mais réjouissez-vous : il n'y a qu'un seul passé en hébreu !

4 halakhti הָלַכְתִּי, *je suis allé/e, j'ai marché* (m./f.) **bati** בָּאתִי, *je suis venu/e.* **raiti** רָאִיתִי, *j'ai vu* (m./f.). Le *je* est compris dans le verbe. Si vous ajoutiez **ani** אֲנִי c'est comme si vous vouliez dire *moi, je*. Au passé, chaque forme verbale indique la personne (je, tu, il, elle, etc.) par une terminaison propre. Cette terminaison, **ti** תִי au passé, est celle de la 1ʳᵉ personne du singulier. Elle ne comporte aucune exception. Dans la phrase 7 nous avons **rait** רָאִית *tu as vu* (f.). La terminaison, au passé, de la 2ᵉ personne du féminin singulier, est toujours **t** ת. Au masculin c'est **ta** תָ. Aucune exception non plus. Attention ! Dans la phrase 2 le mot **qarah** קָרָה n'est pas une 3ᵉ personne du féminin singulier du présent, bien que la terminaison y ressemble, mais une 3ᵉ personne du masculin singulier du passé dont le sujet est **mah ?** מַה? *quoi ?* Le ה de la fin appartient à la racine du verbe : ק.ר.ה.

29 / Vingt-neuvième leçon

5 – **Gam Vèrèd noudniqit ?**
aussi Vèrèd casse-pieds(f.)
Vèrèd aussi est casse-pieds ?

6 – **Lo. Hi hèvrèmanit [5] !**
non elle boute-en-train(f.)
Non. Elle est boute-en-train !

7 **Matay rait otam [6] ?**
quand tu-as-vu(f.) [èt]-eux
Quand les as-tu vus ?

8 – **Lifnèy hodshayim [7] bèGiv'atayim.**
avant deux-mois dans-Giv'atayim
Il y a deux mois à Giv'atayim.

Notes

5 hèvrèmanit חֶבְרְמָנִית, *boute-en-train* (à la forme féminine), vient du mot **havèr**, *ami, copain*. À l'idée de sociabilité s'ajoutent celles de dynamisme et de "débrouillardise".

6 otam אוֹתָם *les, eux*. À la leçon 17, note 2, nous avons vu que **èt** אֶת est une particule qui se place devant un nom complément d'objet direct. Cette particule n'a aucun correspondant en français. On la retrouve ici contractée avec le pronom personnel **hèm** הֵם *les, eux* ou **hèn** הֵן *elles* sous les formes **am** (m.) ם, et **an** (f.) ן, plus faciles à prononcer.

***

Exercices : *à partir de cette leçon, nous vous proposons tous les exercices en lettres cursives, parce que c'est de cette façon qu'écrivent les Israéliens.*

Targil rishon – Targèm   תַּרְגִּיל רִאשׁוֹן – תַּרְגֵּם

❶ ורד נודניקית לא נורמלית אבל אישה טובה.
Vèrèd noudniqit lo normalit aval ishah tovah.

❷ הבוקר הלכתי לדואר.
Haboqèr halakhti ladoar.

29 / שִׁעוּר עֶשְׂרִים וָתֵשַׁע

5 - גַּם וֶרֶד נוּדְנִיקִית?
6 - לֹא. הִיא חֶבְרְמָנִית!
7   מָתַי רָאִיתָ אוֹתָם?
8 - לִפְנֵי חוֹדְשַׁיִים בְּגִבְעָתַיִים.

הַנּוּדְנִיק

7 <u>h</u>odshayim חוֹדְשַׁיִים *deux mois*. Un mois se dit <u>h</u>odèsh חוֹדֶשׁ. Vous voyez ici ce mot sous sa forme de duel. Autre duel : **Giv'atayim** גִּבְעָתַיִים le nom d'une banlieue du nord-ouest de Tel Aviv, littéralement, les *deux collines*. Une colline se dit **giv'ah** גִּבְעָה.

***

❸ ראיתי אותם לפני חודשיים.
Raiti otam lifnèy <u>h</u>odshayim.

❹ אני נופלת מהרגליים כי הלכתי כל היום.
Ani nofèlèt mèharaglayim ki halakhti kol hayom.

❺ הם חברים טובים של משפחת אורן.
Hèm <u>h</u>avèrim tovim shèl mishpa<u>h</u>at Orèn.

Corrigé de l'exercice 1
❶ Vèrèd est une casse-pieds pas banale mais une femme bonne.
❷ Ce *(le)* matin je suis allé(e) à la poste. ❸ Je les ai vus il y a deux mois. ❹ Je n'ai plus de jambes parce que j'ai marché toute la journée. ❺ Ce sont de bons amis de la famille Orèn.

Targil shèni – Hashlèm   תַּרְגִּיל שֵׁנִי – הַשְׁלֵם

① *Je suis allée à la poste et j'ai vu Sarah la casse-pieds.*
Halakhti ladoar vèraiti èt Sarah hanoudniqit.
_____ לַדוֹאַר וְ_____ שָׂרָה הַ_____.

② *Il y a deux mois, je suis allé(e) au mariage de Vèred et de David.*
Lifnèy hodshayim halakhti lahatounah shèl Vèred vèDavid.
____ _____ הָלַכְתִּי לַ_____ שֶׁ____ וְדָוִד.

③ *Je suis venu au café mais je n'y ai pas vu Vèred.*
Bati lèvèit haqafèh aval lo raiti sham èt Vèred.
____ לְבֵית הַקָּפֶה אֲבָל לֹא _____ __ שָׁם וְרֶד.

④ *Ils sont les amis de la maman de l'amie de mon fils.*
Hèm havèrim shèl ima shèl hahavèrah shèl bni.
הֵם _____ שֶׁ____ ___ שֶׁ__ הַ____ שֶׁ__ ___.

⑤ *Je suis fatiguée, je n'ai plus de jambes (je tombe des jambes).*
Ani 'ayèfah, ani nofèlèt mèharaglayim.
אֲנִי _____, אֲנִי _____ _____.

Trentième leçon
(Shi'our shloshim)

Saba tza'ir
[Un] jeune grand-père

1 – **Nolad li nèkhèd [1], ah lanèkhdah shèlanou [2].**
est-né pour-moi petit-fils frère pour-petite-fille de-nous
J'ai eu un petit-fils, c'est le frère de notre petite fille.

Notes

1 nèkhèd נֶכֶד *petit-fils*, nèkhdah נֶכְדָּה *petite-fille* : il s'agit bien ici de la 3e génération et non de l'âge ou de la taille. Résumons : pour la 1re génération : **aba** אַבָּא et **ima** אִמָּא, pour la 2e génération : **bèn** בֵּן et **bat** בַּת, pour la 3e génération : **nèkhèd** נֶכֶד et **nèkhdah** נֶכְדָּה, pour la 4e génération : **nin** נִין *arrière-petit-fils* et **ninah** נִינָה *arrière-petite-fille*.

155 • mèah hamishim vèhamèsh

Corrigé de l'exercice 2

❶ צָלַחְתִּי - רָאִיתִי - נוֹזְנִיקִית - ❷ לִפְנֵי חוֹדְשַׁיִים - חֲתַתְנָה - ❸ בָּאתִי - רָאִיתִי שָׁ ם - ❹ חֲבֵרִים - טוֹצְא - חֲבֶרְךָ - בְּנִי - ❺ צַיֶּפֶד - נוֹפֶלֶת - אֻפְרְצַלַיִים

Tamar תָּמָר, **Vèrèd** וֶרֶד, **Orèn** אוֹרֶן. Ces trois prénoms, dont le dernier peut être aussi un patronyme, appartiennent à la botanique, à savoir respectivement la datte et le dattier, la rose et le rosier, le pin. La tradition biblique reconnaît au dattier la majesté, la beauté, la douceur ; au pin elle reconnaît le caractère permanent de son feuillage. Quant à Vèrèd, le nom n'apparaît pas dans la Bible, mais la poésie voit en elle la reine des fleurs. Nous aurons l'occasion d'évoquer au long des chapitres à venir la présence des végétaux dans le culte et les principales fêtes.

Bèn adam tov בֶּן אָדָם טוֹב "bon fils d'adam". Misère et mystère de la traduction : nous avons traduit par un homme bon. Serait-il infidèle celui qui traduirait par "un bon homme, un bon type, un brave type, un type bien" ?

שִׁעוּר שְׁלוֹשִׁים

סַבָּא צָעִיר

1 – נוֹלַד לִי נֶכֶד, אָח לַנֶּכְדָּה שֶׁלָּנוּ.

---

2 **shèlanou** שֶׁלָּנוּ *de nous, notre, nos*. Nous avons rencontré dans la révision précédente **yèsh lanou** יֵשׁ לָנוּ, litt. "il y a pour nous" = *nous avons*. Ici, devant **lanou** לָנוּ est placée la préposition **shèl** שֶׁל *de*. Les deux **lamèd** ל se fondent, n'en faisant plus qu'un. Littéralement : **shèlanou** = "de-pour-nous", c'est-à-dire *notre, nos*.

2 – **Mazal tov ! Matay haytah [3] brit hamilah ?**
chance bonne quand a-été(f.) alliance la-coupure
Félicitations ! Quand a eu lieu la circoncision ?

3 – **Habrit haytah lifnèy shavou'a.**
l'-alliance a-été(f.) avant semaine(m.)
La circoncision a eu lieu il y a une semaine.

4 – **Atah saba tza'ir. Bèn kamah atah ?**
toi grand-père jeune fils combien toi
Tu es un jeune grand-père. Tu as quel âge ?

5 – **Bèn hamishim vèhamèsh [4].**
fils cinquante et-cinq(f.)
J'ai cinquante-cinq ans.

6 – **Gam ishtèkha savta tzè'irah vèyafah. Atèm bèoto gil ?**
aussi femme-de-toi grand-mère jeune(f.) et-belle vous dans-même âge
Ta femme aussi est une grand-mère jeune et belle. Vous avez le même âge ?

7 – **Kaashèr hayinou tzè'irim, hayinou bèoto gil.**
quand nous-étions jeunes(m.) nous-étions dans-même âge
Quand nous étions jeunes, nous avions le même âge.

8   **Aval, kvar hamèsh shanim [5] hi omèrèt shèhi bat arba'im vè'èsèr [6]...!**
mais déjà cinq(f.) années elle dit que-elle fille quarante et-dix(f.)
Mais il y a déjà cinq ans qu'elle dit qu'elle a "quarante-et-dix" ans...!

Notes

3 **haytah** הָיְתָה *elle était, elle fut, elle a été.* Quel bonheur de ne pas avoir l'embarras du choix parmi les formes du passé ! L'hébreu ne connaît qu'un seul temps du passé et une seule façon de le former selon les personnes. Ici nous avons une 3ᵉ personne du fém. sing. et, à la phrase 7, la 1ʳᵉ personne du pluriel du verbe *être*, aux deux genres : **hayinou** הָיִינוּ *nous étions, nous fûmes, nous avons été.*

2 - מַזָּל טוֹב! מָתַי הָיְתָה בְּרִית הַמִּילָה?

3 - הַבְּרִית הָיְתָה לִפְנֵי שָׁבוּעַ.

4 - אַתָּה סַבָּא צָעִיר. בֶּן כַּמָּה אַתָּה?

5 - בֶּן חֲמִישִּׁים וְחָמֵשׁ.

6 - גַּם אִשְׁתְּךָ סַבְתָּא צְעִירָה וְיָפָה. אַתֶּם בְּאוֹתוֹ גִיל?

7 - כַּאֲשֶׁר הָיִינוּ צְעִירִים, הָיִינוּ בְּאוֹתוֹ גִיל.

8 - אֲבָל, כְּבָר חָמֵשׁ שָׁנִים הִיא אוֹמֶרֶת שֶׁהִיא בַּת אַרְבָּעִים וְעֶשֶׂר...!

בן כמה אתה?

4 <u>h</u>amishim vè<u>h</u>amèsh חֲמִישִּׁים וְחָמֵשׁ *cinquante-cinq*. Notez que dans le rang des unités on dit **<u>h</u>amèsh**, חָמֵשׁ *cinq* et dans celui des dizaines le mot passe au pluriel, **<u>h</u>amishim**.

5 shanim שָׁנִים *ans, années*. Cas intéressant : un mot apparemment masculin pluriel est du féminin. On ne peut plus se fier à personne. Faites attention pour les accords. Vous avez déjà entendu, au singulier, **shanah to<u>v</u>ah** שָׁנָה טוֹבָה *bonne année*. Au pluriel on dira : **shanim to<u>v</u>ot** שָׁנִים טוֹבוֹת *bonnes années*.

6 arba'im vè'èsèr אַרְבָּעִים וְעֶשֶׂר "quarante et dix". Attention ! cette manière de compter *cinquante* n'existe pas en hébreu. Il ne s'agit ici que d'une astuce pour se rajeunir...

30 / Trentième leçon

תַּרְגִיל רִאשׁוֹן – תַּרְגֵם
Targil rishon – Targèm

❶ נולד נכד לאישתי ולי.
Nolad nèkhèd lèishti vèli.

❷ אני רק בן חמישים וחמש אבל אני כבר סבא.
Ani raq bèn hamishim vèhamèsh aval ani kvar saba.

❸ ביום שישי בבוקר היתה ברית מילה לנכד של שרה ודני.
Bèyom shishi baboqèr haytah brit milah lanèkhèd shèl Sarah vèDani.

❹ דינה סבתא צעירה ויפה.
Dinah savta tzé'irah vèyafah.

❺ הנכד והנכדה שלי באותו גיל.
Hanèkhèd vèhanèkhdah shèli bèoto gil.

תַּרְגִיל שֵׁנִי – הַשְׁלֵם
Targil shèni – Hashlèm

❶ *Dinah est une grand-mère jeune et David un grand-père jeune.*
Dinah savta tzè'irah vèDavid saba tza'ir.
דִּינָה סַבְתָּא _____ וְדָוִד סַבָּא _____.

❷ *La circoncision a eu lieu samedi.*
Brit hamilah haytah bèshabat.
____ _____ הָיְתָה בְּשַׁבָּת.

❸ *Félicitations ! Vous êtes grand-père et grand-mère.*
Mazal tov ! Atèm saba vèsavta.
מַזָּל טוֹב ! אַתֶּם ___ וְ_____ !

❹ *Lorsque nous étions jeunes, notre famille n'avait pas de voiture.*
Kaashèr hayinou tzè'irim lo haytah lamishpahah mèkhonit.
____ _____ צְעִירִים לֹא הָיְתָה לַמִּשְׁפָּחָה _____.

❺ *Il y a une semaine, nous étions à une circoncision en Israël.*
Lifnèy shavou'a hayinou bèbrit milah bèIsraël.
____ ____ הָיִינוּ בִּבְרִית מִילָה בְּ_____.

שִׁעוּר שְׁלוֹשִׁים / 30

Corrigé de l'exercice 1
❶ Ma femme et moi, nous avons eu un petit-fils. ❷ J'ai seulement cinquante-cinq ans, mais je suis déjà grand-père. ❸ Vendredi matin, il y a eu la circoncision du petit-fils de Sarah et Dani. ❹ Dinah est une grand-mère jeune et belle. ❺ Mon petit-fils et ma petite-fille ont le même âge.

Corrigé de l'exercice 2
❶ - לְצֵירָךְ - צַעִיר ❷ בְּרִית הַמִּילָה - ❸ סָבָּא - סַבְתָּא ❹ כַּאֲשֶׁר חָיִּינוּ - קָרִיתָ - אֲכוּנִית ❺ לִפְנֵי שָׁבוּעַ - יִשְׂרָאֵל

Brit milah בְּרִית מִילָה circoncision. En principe la circoncision se pratique le huitième jour après la naissance. Elle est prescrite pour le fils de la femme juive, en témoignage de l'alliance de Dieu avec Abraham, d'où le mot **brit** בְּרִית alliance. Le nom **milah** מִילָה coupure vient du verbe מ.ו.ל, couper qui ne s'emploie qu'à propos de la circoncision. De la même racine vient le mot **mohèl** מוֹהֵל qui désigne le spécialiste de l'acte, le circonciseur. Celui-ci n'est, de soi, ni un médecin ni un chirurgien, mais il doit être un homme parce qu'à l'origine la מִילָה était pratiquée par le père, comme Abraham avec ses fils, Isaac et Ismaël. Quel père aujourd'hui oserait le faire s'il n'est un spécialiste ?

Un des très nombreux commentaires élaborés autour de la בְּרִית מִילָה *affirme que, par ce geste, l'humanité achève, parfait la création.*

La בְּרִית מִילָה *rassemble nombre de proches et donne lieu à une fête : musique, cadeaux, déjeuner qui suit la cérémonie parce que celle-ci se célèbre le matin.*

Les filles sont accueillies, elles aussi, par une fête, soit, pour les familles religieuses, présentation de l'enfant à la torah dans la synagogue, soit, pour les autres, réception des proches et des amis.

Aujourd'hui que l'échographie prédit le sexe de l'enfant, la famille peut organiser les festivités sans précipitation et avertir les proches de l'imminence de l'événement.

31

Trente et unième leçon
(Shi'our shloshim vèa<u>h</u>at)

Baqolno'a [1]
Au cinéma

1 – **È<u>t</u>mol halakhnou [2] lèqolno'a "Gil" vèrainou qomèdyah sho<u>vè</u>rè<u>t</u> qoupo<u>t</u> [3].**
   hier nous-sommes-allés à-cinéma Gil et-nous-avons-vu comédie elle-casse caisses
   Hier nous sommes allés au cinéma Gil et nous avons vu une comédie à succès.

2 – **'al mah haqomèdyah ?**
   sur quoi la-comédie
   Quel était le sujet de la comédie ?

3 – **Kmo kol [4] haqomèdyo<u>t</u>. Hèm aha<u>v</u>ou, hèm lo aha<u>v</u>ou, hèm shou<u>v</u> oha<u>v</u>im...**
   comme toutes les-comédies ils aimaient ils non aimaient ils de-nouveau aiment
   Comme toutes les comédies. Ils aimaient, ils n'aimaient plus, ils aiment de nouveau...

Notes

1 qolno'a קוֹלְנוֹעַ *cinéma*. Ce mot, inventé de toutes pièces pour exprimer une réalité nouvelle, se compose de **qol** קוֹל *voix* et de **no'a** נוֹעַ *mouvement*. Nous avons vu à la leçon 19 les mots **kadourégèl** כַּדוּרֶגֶל et **kadoursal** כַּדוּרְסַל qui sont formés sur le même principe.

2 **halakhnou** הָלַכְנוּ *nous sommes allés*. Nous voici en présence d'un verbe au passé conjugué au pluriel. Remarquez la correspondance entre la terminaison du pronom personnel et la terminaison du verbe :

masculin

ana<u>h</u>nou halakhnou   אֲנַחְנוּ הָלַכְנוּ   *nous sommes allés*

161 • mèah shishim vèa<u>h</u>a<u>t</u>

שִׁעוּר שְׁלוֹשִׁים וְאַחַת

בַּקוֹלְנוֹעַ

1 – אֶתְמוֹל הָלַכְנוּ לְקוֹלְנוֹעַ "גִיל" וְרָאִינוּ קוֹמֶדְיָה שׁוֹבֶרֶת קוּפּוֹת.
2 – עַל מַה הַקוֹמֶדְיָה?
3 – כְּמוֹ כָּל הַקוֹמֶדְיוֹת. הֵם אָהֲבוּ, הֵם לֹא אָהֲבוּ, הֵם שׁוּב אוֹהֲבִים...

atèm halakhtèm	אַתֶּם הֲלַכְתֶּם	vous êtes allés
hèm halkhou	הֵם הָלְכוּ	ils sont allés
féminin		
anahnou halakhnou	אֲנַחְנוּ הָלַכְנוּ	nous sommes allées
atèn halakhtèn	אַתֶּן הֲלַכְתֶּן	vous êtes allées
hèn halkhou	הֵן הָלְכוּ	elles sont allées

Comme au présent le pronom personnel est compris dans la forme verbale, il n'est pas nécessaire de l'exprimer. La plupart du temps on s'en passe. Ce n'est cependant pas une erreur de le mentionner.

3 **shovèrèt qoupot** שׁוֹבֶרֶת קוּפּוֹת *elle casse les caisses*. Cette expression est l'équivalent de "à guichet fermé", mais elle s'emploie aussi pour le cinéma. Rappelez-vous la conjugaison des verbes au présent : **shovèr** שׁוֹבֵר, **shovèrèt** שׁוֹבֶרֶת, **shovrim** שׁוֹבְרִים, **shovrot** שׁוֹבְרוֹת. Pour un succès passé, vous le conjuguerez au passé : le film Titanic **shavar qoupot** שָׁבַר קוּפּוֹת "il a cassé les caisses" = *il a eu du succès*. Pour un succès futur, espoir des metteurs en scène, on conjuguera évidemment le verbe au futur, qu'on verra plus tard. Encore un exemple : au bord de la mer, un *brise-lames* se dira **shovèr galim** שׁוֹבֵר גַלִים "un casse-vagues".

4 **kol** כֹּל *tout, tous, toute, toutes*. Le son **o** est marqué par le seul point entre les deux lettres et non pas par le **vav** surmonté d'un point. Pourquoi ? C'est l'habitude (cf. leçon 8, le mot **lo** לֹא *non* et, leçon 17, le mot **poh** פֹּה *ici*). On constate qu'à chaque fois il s'agit de monosyllabes.

mèah shishim oushtayim • 162

31 / Trente et unième leçon

4 – **Halakh<u>t</u>èm [2] 'im hayèladim ?**
vous-êtes-allés avec les-enfants
Vous y êtes allés avec les enfants ?

5 – **Lo. Hèm halkhou 'im ha<u>v</u>èrim lèqolno'a "Dan" vèraou èt James Bond [5] hahadash.**
non ils-sont-allés avec copains à-cinéma Dan et-ils-ont-vu [èt] James Bond le-nouveau
Non. Ils sont allés avec des copains au cinéma Dan et ils ont vu le nouveau James Bond.

6 – **Ah, James Bond hayafèh! Hou sho<u>v</u>èr qoupo<u>t</u> vègam sho<u>v</u>èr lè<u>v</u>a<u>v</u>ot [6]!**
ah James Bond le-beau il casse caisses et-aussi il-casse cœurs
Ah, le beau James Bond ! Il a du succès et il brise les cœurs, aussi !

Notes

5 James Bond גֵ'יְמְס בּוֹנְד. Nous avons appris à la leçon 27 (note 6), comment écrire le son "dj". La prononciation de ces noms par les Israéliens se conforme à la prononciation d'origine, celle des films en version originale.

6 sho<u>v</u>èr lè<u>v</u>a<u>v</u>ot שׁוֹבֵר לְבָבוֹת *il brise les cœurs*. Les prophètes Jérémie et Isaïe, ainsi que les Psaumes emploient cette expression plus à propos du deuil qu'à propos des Don Juan. Aujourd'hui ces mots se sont chargés d'un sens nouveau !

▶ **Targil rishon – <u>T</u>argèm**   תַּרְגִּיל רִאשׁוֹן – תַּרְגֵּם

❶ אֶתְמוֹל הָלַכְנוּ לְקוֹלְנוֹעַ דָן.
È<u>t</u>mol halakhnou lèqolno'a Dan.

❷ אֲנַחְנוּ רָאִינוּ קוֹמֶדְיָה וְהַיְלָדִים רָאוּ גֵ'יְמְס בּוֹנְד.
Ana<u>h</u>nou rainou qomèdyah vèhayèladim raou James Bond.

❸ אַתֶּם רְאִיתֶם קוֹמֶדְיָה בְּקוֹלְנוֹעַ חָדָשׁ?
A<u>t</u>èm rèi<u>t</u>èm qomèdyah bèqolno'a <u>h</u>adash ?

שִׁעוּר שְׁלוֹשִׁים וְאַחַת

4 - הֲלַכְתֶּם עִם הַיְלָדִים?
5 - לֹא. הֵם הָלְכוּ עִם חֲבֵרִים לְקוֹלְנוֹעַ "דָּן" וְרָאוּ אֶת גֵ'יְמְס בּוֹנְד הֶחָדָשׁ.
6 - אָה, גֵ'יְמְס בּוֹנְד הַיָּפֶה! הוּא שׁוֹבֵר קוּפּוֹת וְגַם שׁוֹבֵר לְבָבוֹת!

בקולנוע

❹ ג'יימס בונד גם שובר קופות וגם שובר לבבות.
James Bond gam shov<u>è</u>r qoupo<u>t</u> vègam shov<u>è</u>r lèv<u>a</u>vot.

❺ מתי הלכתם עם הילדים לקולנוע?
Ma<u>t</u>ay halakh<u>t</u>èm 'im hayéladim laqolno'a ?

Corrigé de l'exercice 1

❶ Hier, nous sommes allés au cinéma Dan. ❷ Nous avons vu une comédie et les enfants ont vu James Bond. ❸ Vous avez vu une comédie dans un nouveau cinéma ? ❹ James Bond a du succès et aussi brise les cœurs. ❺ Quand êtes-vous allés avec les enfants au cinéma ?

mèah shishim vèarba' • 164

31 / Trente et unième leçon

Targil shèni – Hashlèm   תַרְגִיל שֵׁנִי – הַשְׁלֵם

❶ *Comme toutes les comédies : ils ont aimé, ils n'aiment plus...*
Kmo kol haqomédyot : hèm aha<u>v</u>ou, hèm lo oha<u>v</u>im...

--- --- כַּקוֹמֶדִיוֹת : הֵם ____, הֵם __ אוֹהֲבִים...

❷ *Hier nous avons vu une comédie à succès.*
È<u>t</u>mol rainou qomèdyah sho<u>v</u>èrè<u>t</u> qoupo<u>t</u>.

_____ _____ קוֹמֶדְיָה _____.

❸ *James Bond, brise-cœurs.*
James Bond sho<u>v</u>èr lè<u>v</u>a<u>v</u>ot.

ג'יימס בּוֹנד ____ _____.

❹ *Les enfants ont vu un match de football.*
Hayèladim raou mishaq kadourègèl.

הַיְלָדִים ____ _____.

❺ *Ils sont allés avec des amis acheter un falafèl.*
Hèm halkhou 'im <u>h</u>avèrim liqno<u>t</u> fala<u>f</u>èl.

הֵם ____ עִם חֲבֵרִים _____ _____.

Qolno'a קוֹלְנוֹעַ *cinéma. Nous avons vu l'origine de ce mot à la note 1. Il nous intéresse en ce qu'il pose un problème général : comment une langue aussi ancienne désigne-t-elle les réalités les plus nouvelles, en particulier dans le domaine technique ? L'hébreu répond de deux manières : soit en créant un mot à partir de racines anciennes, soit en naturalisant un mot étranger par l'adjonction d'une terminaison propre à l'hébreu.*
Pour illustrer la première manière :
– ofanayim אוֹפָנַיִים *deux roues (vous reconnaissez la terminaison du duel) pour la bicyclette ; le mot ofan* אוֹפָן *roue se trouve dans la Bible.*
– <u>h</u>alal חָלָל *espace (cosmique) a engendré <u>h</u>alalit* חֲלָלִית *navette spatiale. Notez que la terminaison du féminin -it* ית *appartient à la langue courante.*

שִׁעוּר שְׁלוֹשִׁים וְאַחַת

Corrigé de l'exercice 2

❶ כְּמוֹ כֹּל - כּוֹכָּבוּ - כֹּל - ❷ כֵּאתְמוֹל - שׁוֹבֶרֶת קוּפּוֹת ❸ - שׁוֹבֵר לְבָבוֹת
❹ - מִשְׂחָק כַּדּוּרְגֶל ❺ - כָּלְכוּ - לִקְנוֹת פַּלָפֶסוֹל

– **dibourit** דִּבּוּרִית téléphone mains libres, rencontré à la leçon 13.
– **lavyan** לָוְיָן satellite (artificiel) qui vient du verbe **lèlavot** לְלָוּוֹת accompagner. **Lavyan** est la traduction pure et simple de spoutnik, nom commun russe qui signifie littéralement "compagnon de route", le premier satellite artificiel de la Terre.
Pour illustrer la deuxième manière :
– **pijama** פִּיזָ'מָה pyjama. L'Académie de la langue hébraïque a proposé plusieurs mots d'origine hébraïque, sans succès. Certains faisaient rire. Aucun n'a prévalu contre l'usage, le mot étranger l'a emporté. Si vous avez une idée...

Vous apprenez l'hébreu ? Faites vite : les Israéliens auront bientôt inventé d'autres mots !

Trente-deuxième leçon
(Shi'our shloshim oush<u>t</u>ayim)

Ma<u>t</u>anah [1]
[Un] cadeau

1 – **Ornah hizminah [2] o<u>t</u>anou [3] lèyom houlèdè<u>t</u> [4] hashloshim shèl Ori [5].**
Ornah a-invité(f.) [èt]-nous pour-jour naissance les-trente de Ori
Ornah nous a invités pour l'anniversaire des trente ans de Ori.

2 – **Kvar qani<u>t</u>a ma<u>t</u>anah ?**
déjà tu-as-acheté(m.) cadeau(f.)
Tu as déjà acheté un cadeau ?

3 – **'od lo. <u>H</u>asha<u>v</u>ti liqno<u>t</u> kartisim.**
encore non j'-ai-pensé acheter billets
Pas encore. J'ai pensé acheter des billets.

Notes

1 ma<u>t</u>anah מַתָּנָה *cadeau, don*, mot à connotation religieuse. Sur la même racine sont formés les six prénoms suivants qui correspondent au prénom français *Dieudonné* : Ma<u>t</u>an (un des personnages de *l'Athalie* de Racine) מָתָן, Ma<u>t</u>ityahou מַתִּתְיָהוּ *Mathieu*, Na<u>t</u>an נָתָן, Nè<u>t</u>anèl נְתַנְאֵל *Nathanaël*, Yona<u>t</u>an יוֹנָתָן *Jonathan*, Nè<u>t</u>anyahou נְתַנְיָהוּ.

2 hizminah הִזְמִינָה *elle a invité*. Comme nous l'avons vu, la terminaison de la 3e personne au féminin est toujours *ah* הָ .

3 o<u>t</u>anou אוֹתָנוּ *nous* (COD). À la leçon 17, note 2 nous avons vu la particule **èt** אֶת qui précède toujours un COD et qui, comme nous le voyons présentement, "se décline" avec les pronoms personnels auxquels elle s'accroche, ici avec le **nou** נוּ de la 1re personne du pluriel. À la leçon 29, note 6 nous avons trouvé **o<u>t</u>am** אוֹתָם *eux* (COD).

שִׁעוּר שְׁלוֹשִׁים וּשְׁתַּיִם

מַתָּנָה

1 - אוֹרְנָה הִזְמִינָה אוֹתָנוּ לְיוֹם הוּלֶדֶת הַשְׁלוֹשִׁים שֶׁל אוֹרִי.
2 - כְּבָר קָנִיתָ מַתָּנָה?
3 - עוֹד לֹא. חָשַׁבְתִּי לִקְנוֹת כַּרְטִיסִים.

מתנה

4 yom houlèdèt יוֹם הוּלֶדֶת *jour de naissance*. Le mot français *anniversaire* a un sens plus large que l'hébreu puisqu'il s'applique à l'anniversaire de naissance, de mariage, ou de décès.

5 Ori אוֹרִי. Dès la 1re leçon nous avons rencontré or, אוֹר *lumière*. Ici, pour former un prénom, on a ajouté i, י, ce qui donne : *ma lumière*. À la leçon 2 nous avions Lior לִיאוֹר "pour-moi-lumière". Nous pourrions trouver aussi Orli אוֹרְלִי "lumière-pour-moi". Beaucoup d'autres prénoms portent ce mot or, אוֹר *lumière*. Vous arriverez à les repérer vous-mêmes !

mèah shishim oushmonèh • 168

32 / Trente-deuxième leçon

4 – **Lèmishaq kadourègèl o lèmishaq kadoursal ?**
pour-jeu balle-pied ou pour-jeu balle-panier
Pour un match de foot ou un match de basket ?

5 – **Lo zèh vèlo zèh.**
non ceci et-non ceci
Ni l'un ni l'autre.

6 – **Oulay kartisim lèTèatron Yèroushalayim ?**
peut-être billets pour-Théâtre Yéroushalayim
Peut-être des billets pour le "Théâtre de Jérusalem".

7 – **Ouf ! Lo ! Mah hamatanah hatovah bèyotèr** [6] **?**
oh non quoi le-cadeau(f.) la-bonne en-plus
Oh non ! Quel est le meilleur cadeau ?

8 – **Kèsèf ?**
argent
De l'argent ?

9 – **Mètzouyan ! Bimèzoumanim** [7] **o bèhamhaah ?**
excellent en-comptant ou en-chèque(f.)
Excellent ! En liquide ou en chèque ?

10 – **Èizèh noudniq !**
quel casse-pieds !
Quel casse-pieds !

***

Targil rishon – Targèm תַּרְגִּיל רִאשׁוֹן – תַּרְגֵּם

❶ היא הזמינה אותנו ליום ההולדת של אורנה.
Hi hizminah otanou lèyom hahoulèdèt shèl Ornah.

❷ עוד לא קניתי מתנה.
'od lo qaniti matanah.

❸ קנית כרטיסים למשחק כדורסל?
Qanita kartisim lèmishaq kadoursal ?

4 - לְמִשְׂחָק כַּדּוּרֶגֶל אוֹ לְמִשְׂחָק כַּדּוּרְסַל?
5 - לֹא זֶה וְלֹא זֶה.
6 - אוּלַי כַּרְטִיסִים לְתֵאַטְרוֹן יְרוּשָׁלַיִם?
7 - אוּף! לֹא! מָה הַמַּתָּנָה הַטּוֹבָה בְּיוֹתֵר?
8 - כֶּסֶף?
9 - מְצוּיָן. בִּמְזוּמָנִים אוֹ בְּהַמְחָאָה?
10 - אֵיזֶה נוּדְנִיק!

Notes

6 hato_v_ah bèyotèr הַטּוֹבָה בְּיוֹתֵר *la meilleure*. Pour la première fois voici un superlatif : littéralement "la bonne en plus". Au masculin ce serait hato_v bèyotèr, הַטּוֹב בְּיוֹתֵר "le bon en plus", c'est-à-dire *le meilleur*.

7 bimèzoumanim בִּמְזוּמָנִים *en espèces*. La racine est ici encore la même que dans **zman**, זְמַן *temps*, comme dans la leçon 24 note 1. L'argent en espèces est en effet disponible à tout moment.

***

❹ מה המתנה הטובה ביותר ליום הולדת?
Mah hama_t_anah hato_v_ah bèyotèr lèyom houlèdè_t_ ?

❺ חשבתי לקנות כרטיסים לתאטרון ירושלים.
Hasha_v_ti liqno_t_ kartisim lèTèatron Yèroushalayim.

Corrigé de l'exercice 1

❶ Elle nous a invités à l'anniversaire d'Ornah. ❷ Je n'ai pas encore acheté de cadeau. ❸ As-tu acheté*(m.)* des billets pour le match de basket ? ❹ Quel est le meilleur cadeau pour un anniversaire ? ❺ J'ai pensé acheter des billets pour le Théâtre de Jérusalem.

33 / Trente-troisième leçon

Targil shèni – Hashlèm   תַּרְגִּיל שֵׁנִי – הַשְׁלֵם

❶ *Argent en espèces ou argent en chèque ?*
Kèsèf bimèzoumanim o kèsèf bèhamhaah ?

כֶּסֶף בְּ_____ אוֹ כֶּסֶף בְּ_____ ?

❷ *Des billets pour le (un) théâtre ou (billets) pour le (un) cinéma ?*
Kartisim lètèatron o kartisim lèqolno'a ?

_____ לְתֵאַטְרוֹן אוֹ כַּרְטִיסִים לְ_____ ?

❸ *Je n'ai pas pensé à (sur) un cadeau pour les enfants.*
Lo ḥashavti 'al matanah lèyèladim.

לֹא _____ עַל ____ לְ_____.

❹ *Elle nous a invités pour l'anniversaire des trente ans de Dani.*
Hi hizminah otanou lèyom houlèdèt hashloshim shèl Dani.

הִיא _____ _____ לְיוֹם הוּלֶדֶת הַ_____ שֶׁל דָּנִי.

❺ *C'est un problème d'acheter un beau cadeau pour Ori.*
Zot bè'ayah liqnot matanah yafah lèOri.

___ בְּעָיָה לִקְנוֹת ____ ___ לְאוֹרִי.

33

Trente-troisième leçon
(Shi'our shloshim vèshalosh)

Shvitah [1]
[Une] grève

1 – **Èifoh hayit ? Rait mah hasha'ah ?**
où tu-étais(f.) ? tu-as-vu(f.) quoi l'heure
Où étais-tu ? Tu as vu l'heure ?

Note

[1] **shvitah** שְׁבִיתָה grève. Étrange retournement du vocabulaire. Une des dix paroles (les "dix commandements") interdit le travail le

Corrigé de l'exercice 2

❶ - מוּזֵאוֹנִים - בְּאַחֲרוֹנָה ❷ - כַּרְטִיסִים - קוֹלְנוֹעַ ❸ - חָשַׁבְתִּי - מַתָּנָה -
יְלָדִים ❹ - הִכְאִיבָה אוֹתָנוּ - שָׁלֹשִׁים - ❺ לָקַחַת - מַתָּנָה יָפָה -

Tèatron Yèroushalayim תֵּאַטְרוֹן יְרוּשָׁלַיִם : *ce théâtre a été inauguré en 1971. Situé au centre de Jérusalem, il est voisin de la résidence officielle du président de l'État. Il est vite devenu un des lieux les plus vivants de la culture israélienne. Le "Concours biblique international" a lieu chaque année dans son enceinte, à* yom ha'atzmaout, *le jour de l'indépendance. Les inventeurs du concours, David Ben Gourion – alors Premier ministre – et des professeurs de l'université ont ainsi voulu lier l'existence du nouvel État à la culture biblique.*
Dans les pays de diaspora, les communautés organisent un concours national. Les trois lauréats nationaux, juifs ou non, reçoivent pour prix le voyage et le séjour à Jérusalem où se dispute la finale. Les trois finalistes remportent de somptueux cadeaux.

Un dicton à double sens met en scène le bonheur d'avoir chez soi des enfants – ils sont la lumière de la maison – et le souci des parents qui, à la maison, lumière allumée, attendent leur retour en veillant : **yèladim babayit, or babayit** יְלָדִים בַּבַּיִת, אוֹר בַּבַּיִת *enfants à la maison, lumière dans la maison.*

שִׁעוּר שְׁלוֹשִׁים וְשָׁלוֹשׁ

שְׁבִיתָה
1 - אֵיפֹה הָיִיתָ? רָאִיתָ מַה הַשָּׁעָה?

7ᵉ jour, שַׁבָּת. *De la racine de ce mot* ש.ב.ת *qui signifie* cesser, se reposer de son travail, *vient le mot grève* שְׁבִיתָה. *Ainsi est-on passé du sacré au profane, du biblique aux conflits sociaux contemporains ! Rappelez-vous que le mot français* grève *a pour origine la grève (le bord de la rivière) où à Paris se réunissaient les bateliers et les ouvriers du port lorsqu'ils protestaient contre leurs conditions de travail. Jeu de mots, pensez-y !*

33 / Trente-troisième leçon

2 – **Nasa'ti shè'atayim ki hayou harbèh mèkhoniyot biglal hashvitah.**
j'-ai-roulé deux-heures parce-que étaient beaucoup voitures à-cause la-grève
J'ai roulé pendant deux heures, parce qu'il y avait beaucoup de voitures à cause de la grève.

3 – **Èizo shvitah ?**
quelle grève
Quelle grève ?

4 – **Lo shama'ta hadashot ? Hayom haytah shvitat [2] otobousim.**
non tu-as-entendu(m.) nouvelles ? le-jour était(f.) grève-de autobus(pl.)
Tu n'as pas entendu les nouvelles ? Aujourd'hui il y avait la grève des autobus.

5 – **Shouv shvitah ? Kvar shnatayim kol shèni vahamishi mishèhou shovèt.**
de-nouveau grève ? déjà deux-années chaque deuxième et-cinquième quelqu'un fait-grève(m.)
De nouveau une grève ? Ça fait déjà deux ans que tous les lundis et jeudis quelqu'un fait grève.

6 – **'al [3] mah atah mèdabèr ? Lifnèy hodshayim shavatèta yomayim.**
sur quoi tu parles(m.) ? avant deux-mois tu-as-fait-grève(m.) deux-jours
De quoi tu parles ? Il y a deux mois tu as fait grève deux jours.

7 – **Tov. Mahar shabat ! Ani shouv shovèt [4].**
bon demain shabbat je de-nouveau fais-grève(m.)
Bon. Demain c'est shabbat ! De nouveau je fais grève.

 : Notes

2 **shvitat** שְׁבִיתַת *grève-de*. État construit de **shvitah** : le **ah** הָ final devient **at** ת.

שִׁעוּר שְׁלוֹשִׁים וְשָׁלוֹשׁ / 33

2 - נָסַעְתִּי שְׁעָתַיִם כִּי הָיוּ הַרְבֵּה מְכוֹנִיּוֹת בִּגְלַל הַשְּׁבִיתָה.

3 - אֵיזוֹ שְׁבִיתָה?

4 - לֹא שָׁמַעְתָּ חֲדָשׁוֹת? הַיּוֹם הָיְתָה שְׁבִיתַת אוֹטוֹבּוּסִים.

5 - שׁוּב שְׁבִיתָה? כְּבָר שְׁנָתַיִם כָּל שֵׁנִי וַחֲמִישִׁי מִישֶׁהוּ שׁוֹבֵת.

6 - עַל מַה אַתָּה מְדַבֵּר? לִפְנֵי חוֹדְשַׁיִם שָׁבַתְתָּ יוֹמַיִם.

7 - טוֹב. מָחָר שַׁבָּת! אֲנִי שׁוּב שׁוֹבֵת.

3 **'al** עַל *sur, à, de, là-haut*. Cette préposition s'emploie aussi bien pour traduire "sur" au sens physique : **'al hakisè** עַל הַכִּסֵּא *sur la chaise*, qu'au sens intellectuel : **lo hashavti 'al matanah** לֹא חָשַׁבְתִּי עַל מַתָּנָה *Je n'ai pas pensé à un cadeau* (leçon 32, ex. 2), **'al mah atah mèdabèr ?** עַל מַה אַתָּה מְדַבֵּר? *De quoi parles-tu ?*

4 **shovèt** שׁוֹבֵת *je fais grève, tu fais grève, il fait grève*. On voit bien ici l'ambivalence de ce verbe qui renvoie à l'idée de repos (même racine que **shabat** שַׁבָּת) et à l'idée de grève.

33 / Trente-troisième leçon

Targil rishon – Targèm — תַּרְגִּיל רִאשׁוֹן – תַּרְגֵּם

❶ נסעתי שעתיים בגלל שביתת אוטובוסים.
Nasa'ti shè'atayim biglal shvitat otobousim.

❷ למה לא שמעת חדשות?
Lamah lo shama'ta hadashot ?

❸ כל שני וחמישי הוא הולך לקנות בקניון.
Kol shèni vahamishi hou holèkh liqnot baqanyon.

❹ ראית מה קרה בבוקר בברכה?
Rait mah qarah baboqèr babrèkhah ?

❺ היו הרבה מכוניות בגלל הפסטיבל.
Hayou harbèh mèkhoniyot biglal hafèstival.

Targil shèni – Hashlèm — תַּרְגִּיל שֵׁנִי – הַשְׁלֵם

❶ *Tu n'as pas entendu les nouvelles ? Aujourd'hui il y a eu une grande grève.*
Lo shama'ta hadashot ? Hayom haytah shvitah gdolah.
לֹא ____ חֲדָשׁוֹת? הַיּוֹם ____ _____ גְּדוֹלָה.

❷ *Où étais-tu (f.)? Qu'est-ce que tu as vu ? (f.)*
Èifoh hayit ? Mah rait ?
אֵיפֹה ____ ? מַה ____ ?

❸ *Tous les lundi et jeudi il y a une grève.*
Kol shèni vahamishi yèsh shvitah.
כֹּל ___ וַ_____ יֵשׁ שְׁבִיתָה.

❹ *Il y a deux semaines tu as fait grève pendant deux jours.*
Lifnèy shvou'ayim shavatèta yomayim.
לִפְנֵי _____ שָׁבַתְתָּ _____.

❺ *J'ai roulé deux heures de Givathaïm à Jérusalem.*
Nasa'ti shè'atayim miGiv'atayim liYèroushalayim.
נָסַעְתִּי _____ מִ_____ לִירוּשָׁלַיִם.

שִׁעוּר שְׁלוֹשִׁים וְשָׁלוֹשׁ / 33

Corrigé de l'exercice 1

❶ J'ai roulé deux heures à cause d'une grève des autobus.
❷ Pourquoi n'as-tu pas écouté les nouvelles ? ❸ Tous les lundis et jeudis il va faire ses courses au centre commercial. ❹ Tu as vu ce qui est arrivé ce matin à la piscine ? ❺ Il y avait beaucoup de voitures à cause du festival.

Corrigé de l'exercice 2

❶ - שָׁאַתְּ - קִיתָהּ שֶׁבִּיתָהּ - ❷ - קָיִת - רָקִית ❸ שְׁנֵי - חֲמִישִׁי - ❹ - שְׁבוּעַיִים - יוֹמַיִים ❺ שְׁעָתַיִים - שְׁבָתַיִים -

Kol shèni vahamishi כֹּל שֵׁנִי וַחֲמִישִׁי *chaque lundi et jeudi*. Faire ceci "lundi et jeudi" équivaut à la locution française "à tout bout de champ". Dans l'ancien temps, les marchés à Jérusalem avaient lieu lundi et jeudi ; le tribunal siégeait les mêmes jours. Les villageois profitaient de leur montée à la ville pour traiter leur procès ou faire leur dévotion, c'est-à-dire, entre autres, lire la **Torah** תּוֹרָה en public. C'est le scribe Ezra qui, au IVᵉ siècle avant notre ère, avait instauré cette dernière coutume afin que le peuple ne reste pas plus de trois jours sans entendre la Torah.

Ainsi le **bar mitzvah** qui lit la Torah les lundi et jeudi se range encore à cette coutume. Vous pouvez revoir la note culturelle en fin de leçon 16.

Trente-quatrième leçon
(Shi'our shloshim vèarba')

Yovèl
Jubilé

1 – **Mèsibat hahafta'ah hayafah bèyotèr shèraiti haytah likhvod Hanah vèNatan.**
réception-de la-surprise la-belle en-plus que-j'-ai-vue était(f.) pour-honneur Hanah et-Nathan
La plus belle réception-surprise que j'ai vue était en l'honneur de Hanah et de Nathan.

2 – **Haytah sibah lamèsibah ?**
était(f.) raison pour-la-réception
Pour quelle raison se faisait la réception ?

3 – **Zot haytah mèsibat hafta'ah lèyovèl hahamishim lanisouim** [1] **shèl Hanah vèNatan.**
celle-ci était(f.) réception-de surprise pour-jubilé les-cinquante pour-les-mariages de Hanah et-Nathan
C'était une surprise-partie pour le jubilé des cinquante ans de mariage de Hanah et de Nathan.

4 – **Hatounat zahav ! Èifoh hèm hikirou** [2] **zèh èt zo** [3] **?**
mariage-de or ! où eux ont-connu celui-ci [èt] celle-ci
Des noces d'or ! Où se sont-ils connus ?

5 – **'al haoniyah "Yètziat Èropah".**
sur la-bateau "Sortie-d'Europe".
Sur le bateau "Exodus".

Notes

[1] ni<u>s</u>ouim נִשׂוּאִים *mariage* est un masculin pluriel. La racine de ce mot est נ.שׂ.א qu'on trouve dans le verbe na<u>s</u>a נָשָׂא *prendre, transporter une charge.* Le mariage est une charge, une responsabilité, un défi et donc un honneur en cas de réussite. De la même racine vient le mot na<u>s</u>i נָשִׂיא qui désigne *un président,* par exemple le président

שִׁעוּר שְׁלוֹשִׁים וְאַרְבַּע

יוֹבֵל

1 – מְסִיבַּת הַהַפְתָּעָה הַיָּפָה בְּיוֹתֵר שֶׁרָאִיתִי הָיְתָה לִכְבוֹד חַנָּה וְנָתָן.
2 – הָיְתָה סִיבָּה לַמְסִיבָּה?
3 – זֹאת הָיְתָה מְסִיבַּת הַפְתָּעָה לְיוֹבֵל הַחֲמִישִׁים לַנִּשׂוּאִים שֶׁל חַנָּה וְנָתָן.
4 – חֲתוּנַת זָהָב! אֵיפֹה הֵם הִכִּירוּ זֶה אֶת זוֹ?
5 – עַל הָאוֹנִיָּה "יְצִיאַת אֵירוֹפָּה".

---

de l'État, de l'université, de la chambre de commerce, etc. Dans נְשׂוּאִים on aime voir le mot <u>si</u> שִׂיא *sommet*, car être au sommet est une charge et un honneur. Dans la phrase 4 nous employons le mot **ḥatounah** (f.) חֲתוּנָה *mariage*, au sens de la cérémonie tandis que **niṣouim** נִשׂוּאִים a le sens de *vie conjugale, "état de mariage"*. Dans **laniṣouim** לַנִּשׂוּאִים *pour le mariage*, notez que l'article **ha** הַ est ici contracté dans la préposition **l** לְ, comme vous avez pu le voir plusieurs fois dans les leçons précédentes (voir leçon 16, note 1).

2 **hikirou** הִכִּירוּ *ils, elles se sont connu(e)s*. Vous voyez là encore une terminaison de la 3ᵉ personne du pluriel, m./f. en ou וּ. Il n'y a pas d'exception. Il en va de même pour le suivant.

3 **zèh èt zo** זֶה אֶת זוֹ. Cette tournure se rend en français par la forme réfléchie. L'emploi de **èt** אֶת sous-entend que le sujet du verbe connaître est **zèh** זֶה et le COD est **zo** זוֹ. Si les deux personnes en cause avaient été des femmes, nous aurions eu : **Èifoh hèn hikirou zo èt zo** אֵיפֹה הֵן הִכִּירוּ זוֹ אֶת זוֹ ? *Où se sont-elles connues ?*

34 / Trente-quatrième leçon

6 – **Hèm hit̲ẖat̲nou** [4] **'al haoniyah ?**
ils se-sont-mariés sur la-bateau
Ils se sont mariés sur le bateau ?

7 – **Lo, baqiboutz, 'im hah̲avèrim mèhaoniyah. Zot h̲atounah historit̲ !**
non dans-le-kiboutz avec les-amis de-la-bateau.
celle-ci mariage(f.) historique(f.)
Non, au kibboutz en présence des compagnons du bateau.
Ce fut un mariage historique !

Note

4 hit̲ẖat̲nou הִתְחַתַּנוּ *ils, elles se sont marié(e)s*. Le **hit** au début du mot indique qu'il s'agit d'un verbe pronominal au passé.

***

T̲argil rishon – T̲argèm תַּרְגִיל רִאשׁוֹן – תַּרְגֵּם

❶ הָיִינוּ בַּחֲתוּנַת הַזָּהָב שֶׁל חַנָּה וְנָתָן.
Hayinou bah̲at̲ounat̲ hazahav shèl H̲anah vèNat̲an.

❷ זֹאת הָיְתָה מְסִיבַּת הַפְתָּעָה יָפָה מְאוֹד.
Zot hayt̲ah mèsibat̲ hafta'ah yafah mèod.

❸ אֵיפֹה הֵם הִכִּירוּ זֶה אֶת זוֹ?
Èifoh hèm hikirou zèh èt̲ zo ?

❹ לָמָה הֵם לֹא הִתְחַתְּנוּ עַל הָאֳנִיָּה?
Lamah hèm lo hit̲ẖat̲nou 'al haoniyah ?

❺ מָה הַסִּיבָּה לַמְּסִיבָּה?
Mah hasibah lamésibah ?

***

T̲argil shèni – Hashlèm תַּרְגִיל שֵׁנִי – הַשְׁלֵם

❶ *Surprise-partie pour le jubilé de mariage de Dinah et Dan.*
Mèsibat̲ hafta'ah lèyovèl hanisouim shèl Dinah vèDan.
מְסִיבַּת הַפְתָּעָה _____ _____ שֶׁל דִּינָה וְדָן.

❷ *Ils se sont rencontrés sur le bateau "Exodus" [Sortie d'Europe].*
Hèm hikirou 'al haoniyah "Yèt̲ziat̲ èropah".
הֵם _____ עַל _____ "יְצִיאַת אֵירוֹפָּה".

34 / שִׁעוּר שְׁלוֹשִׁים וְאַרְבַּע

6 - הֵם הִתְחַתְּנוּ עַל הָאוֹנִיָּה?
7 - לֹא, בַּקִּיבּוּץ, עִם הַחֲבֵרִים מֵהָאוֹנִיָּה. זֹאת חֲתוּנָה הִיסְטוֹרִית!

איפה הם הכירו זה את זו?

Corrigé de l'exercice 1
❶ Nous étions aux noces d'or de Hanah et Nathan. ❷ Ça a été une très belle surprise-partie. ❸ Où se sont-ils connus ? ❹ Pourquoi ne se sont-ils pas mariés sur le bateau ? ❺ Quel est le motif de la réception ?

❸ *En l'honneur de qui était la réception d'anniversaire ?*
Likhvod mi haytah mèsibat yom hahoulèdèt ?

לִכְבוֹד מִי _____ מְסִיבַּת יוֹם _____?

❹ *Ils se sont mariés dans le kibboutz, il y a deux ans.*
Hèm hithatnou baqıboutz, lıfney shnatayim.

הֵם _____ בַּקִּבּוּץ, _____ _____.

❺ *Quel est la raison de la surprise-partie ce soir ?*
Mah hasibah limèsibat hahafta'ah ba'èrèv ?

מַה _____ לִמְסִיבַּת _____ בָּעֶרֶב?

***

Corrigé de l'exercice 2
❶ - לְיוֹבֵל הַנִּשּׂוּאִים - ❷ - הִכִּירוּ - כָּאוֹנִיָּה - ❸ - הָיְתָה - הָחוֹלֶצֶת -
❹ - הִתְחַתְּנוּ - לִפְנֵי שְׁנָתַיִים - ❺ - הַסִּיבָּה - הָהַפְתָּעָה -

mèah shmonim • 180

Yobèl יוֹבֵל *jubilé. À l'origine, une population de pasteurs observe le bélier qui conduit (racine* י.ב.ל*) le troupeau puisqu'il est en tête. Une de ses cornes servira de* **shofar** שׁוֹפָר*, c'est-à-dire de trompe, pour conduire le peuple et le rassembler à l'occasion de certains événements. Parmi ces derniers, la libération des esclaves tous les sept ans et la remise des dettes tous les cinquante ans (7 fois 7 années + 1) qui sont annoncées à son de trompe. Les esclaves retournent à leur état originel qui est la liberté ; les biens sont déliés de leur assujettissement au créancier. Ainsi le mot jubilé passe du bélier qui conduit le troupeau à la célébration cinquantenaire de cette double libération. Les traducteurs de la Bible en latin ont rapproché de ce mot hébreu* **yovèl** *le mot latin "jubilare" qui signifie "pousser des cris". Si le premier – hébreu – a donné les mots français jubilé et jubilaire, c'est du latin que viennent jubiler et jubilation.*

Trente-cinquième leçon
(Shi'our shloshim vèhamèsh)

חֲזָרָה Hazarah – Révision

Nous arrivons à notre cinquième leçon de révision. Vous vous installez peu à peu dans vos meubles, en particulier parmi les conjugaisons, ces meubles qu'a priori on juge encombrants. Sans difficulté, si vous avez avancé régulièrement, vous avez mis en place le présent et le passé. Préparez-vous à faire, dans la série qui vient, une place au futur.
Mais avant de nous lancer vers l'avenir, jetons un coup d'œil d'ensemble sur les temps du passé que nous venons d'acquérir.

1 Les verbes

Vous vous souvenez que l'hébreu ne connaît qu'un seul temps du passé, qu'on traduit en français selon le contexte par l'imparfait, le passé simple, le passé composé, le plus-que-parfait, le passé antérieur. Voici deux exemples :
- **ani hayiti** (m./f.) אֲנִי הָיִיתִי
j'étais, je fus, j'ai été, j'avais été, j'eus été

שִׁעוּר שְׁלוֹשִׁים וְחָמֵשׁ / 35

"Yètziat Èropah" יְצִיאַת אֵירוֹפָּה "Sortie d'Europe". En 1947 – les Britanniques s'opposent toujours à la "montée" (souvenez-vous : à la première leçon 'aliyah (עֲלִיָה) des Juifs dans la Palestine confiée à leur mandat par la Société des Nations. Au contraire, les organisations juives d'Eretz Israël s'emploient à la renforcer avec d'autant plus d'énergie que l'horreur de la shoah est toute proche. Elles achètent dans le port de Baltimore, aux états-Unis, un bateau promis à la casse et l'aménagent pour un transport de masse. Pour évoquer la sortie providentielle d'Égypte sous la conduite de Moïse, le navire portera un double nom : יְצִיאַת אֵירוֹפָּה sortie d'Europe, comme on disait "sortie d'Egypte", et Èqsodous אֶקסוֹדוּס Exodus, nom grec latinisé qui signifie sortie et qui dans la Bible traduite en grec désigne le livre où se lisent les événements de la libération d'Égypte. Le bâtiment se trouve aujourd'hui au musée des bateaux dans le port de Haïfa.

שִׁעוּר שְׁלוֹשִׁים וְחָמֵשׁ

- atèn halakhtèn (f.)   אַתֶּן הָלַכְתֶּן
vous alliez, vous allâtes, vous êtes allées, vous étiez allées, vous fûtes allées, ou vous marchiez, vous marchâtes, etc.

Dans les tableaux suivants nous nous contenterons de traduire le passé hébreu par l'imparfait français.
Les verbes en hébreu ne se désignent pas par l'infinitif puisque ce mode commence toujours par un l ל. Pour les désigner dans leur état de base, on recourt, dans la majorité des cas, aux trois lettres de leur racine qu'on trouve à la 3ᵉ pers. m. s. du passé.
N.B. : Le verbe *être* n'existe pas au présent.

• *être* ; racine : ה.י.ה.
masculin

(ani) hayiti	(אֲנִי) הָיִיתִי	*j'étais*
(atah) hayita	(אַתָּה) הָיִיתָ	*tu étais*
(hou) hayah	(הוּא) הָיָה	*il était*
(anahnou) hayinou	(אֲנַחְנוּ) הָיִינוּ	*nous étions*
(atèm) hayitèm	(אַתֶּם) הָיִיתֶם	*vous étiez*
(hèm) hayou	(הֵם) הָיוּ	*ils étaient*

mèah shmonim oushtayim

féminin

(ani) hayit̲i	(אֲנִי) הָיִיתִי	*j'étais*
(at̲) hayit̲	(אַתְּ) הָיִית	*tu étais*
(hi) hayt̲ah	(הִיא) הָיְתָה	*elle était*
(ana<u>h</u>nou) hayinou	(אֲנַחְנוּ) הָיִינוּ	*nous étions*
(at̲èn) hayit̲èn	(אַתֶּן) הָיִיתֶן	*vous étiez*
(hèn) hayou	(הֵן) הָיוּ	*elles étaient*

• *voir*; racine : ה.א.ר
masculin

(ani) rait̲i	(אֲנִי) רָאִיתִי	*je voyais*
(at̲ah) rait̲a	(אַתָּה) רָאִיתָ	*tu voyais*
(hou) raah	(הוּא) רָאָה	*il voyait*
(ana<u>h</u>nou) rainou	(אֲנַחְנוּ) רָאִינוּ	*nous voyions*
(at̲èm) rèit̲èm	(אַתֶּם) רְאִיתֶם	*vous voyiez*
(hèm) raou	(הֵם) רָאוּ	*ils voyaient*

féminin

(ani) rait̲i	(אֲנִי) רָאִיתִי	*je voyais*
(at̲) rait̲	(אַתְּ) רָאִית	*tu voyais*
(hi) raat̲ah	(הִיא) רָאֲתָה	*elle voyait*
(ana<u>h</u>nou) rainou	(אֲנַחְנוּ) רָאִינוּ	*nous voyions*
(at̲èn) rèit̲èn	(אַתֶּן) רְאִיתֶן	*vous voyiez*
(hèn) raou	(הֵן) רָאוּ	*elles voyaient*

• *marcher, aller à pied*; racine : ה.ל.ך
masculin

(ani) halakhti	(אֲנִי) הָלַכְתִּי	*j'allais*
(at̲ah) halakht̲a	(אַתָּה) הָלַכְתָּ	*tu allais*
(hou) halakh	(הוּא) הָלַךְ	*il allait*
(ana<u>h</u>nou) halakhnou	(אֲנַחְנוּ) הָלַכְנוּ	*nous allions*
(at̲èm) halakht̲èm	(אַתֶּם) הֲלַכְתֶּם	*vous alliez*
(hèm) halkhou	(הֵם) הָלְכוּ	*ils allaient*

féminin

(ani) halakhti	(אֲנִי) הָלַכְתִּי	*j'allais*
(at̲) halakht̲	(אַתְּ) הָלַכְתְּ	*tu allais*
(hi) halkhah	(הִיא) הָלְכָה	*elle allait*
(ana<u>h</u>nou) halakhnou	(אֲנַחְנוּ) הָלַכְנוּ	*nous allions*
(at̲èn) halakht̲èn	(אַתֶּן) הֲלַכְתֶּן	*vous alliez*
(hèn) halkhou	(הֵן) הָלְכוּ	*elles allaient*

2 L'adjectif possessif

Le tableau qui suit montre comment l'hébreu facilite les choses : au lieu d'avoir à choisir entre adjectif et pronom possessifs, vous n'utilisez qu'une forme, élémentaire, dont la traduction littérale est notée ici entre parenthèses.

singulier

shèli	שֶׁלִּי	(de moi) (m./f.)	à moi, mon, ma, mes, le mien, la mienne, les miens, les miennes
shèlkha	שֶׁלְךָ	(de toi) (m.)	à toi, ton, ta, le tien, tes, la tienne, les tiens, les tiennes
shèlakh	שֶׁלָךְ	(de toi) (f.)	à toi, ton, ta, tes, le tien, la tienne, les tiens, les tiennes
shèlo	שֶׁלּוֹ	(de lui)	à lui, son, sa, ses, le sien, la sienne, les siens, les siennes
shèlah	שֶׁלָּה	(d'elle)	à elle, son, sa, ses, le sien, la sienne, les siens, les siennes

pluriel

shèlanou	שֶׁלָּנוּ	(de nous) (m./f.)	à nous, notre, nos, le nôtre, la nôtre, les nôtres
shèlakhèm	שֶׁלָּכֶם	(de vous)	à vous, votre, vos, le vôtre, la vôtre, les vôtres
shèlakhèn	שֶׁלָּכֶן	(de vous) (f.)	à vous, votre, vos, le vôtre, la vôtre, les vôtres
shélahèm	שֶׁלָּהֶם	(d'eux) (m.)	à eux, leur, leurs, le leur, la leur, les leurs
shèlahèn	שֶׁלָּהֶן	(d'elles) (f.)	à elles, leur, leurs, le leur, la leur, les leurs

Vous notez que l'adjectif possessif hébreu se rapporte à la personne qui possède et non, comme en français, à l'objet possédé. Dans le fond, c'est plus simple qu'en français. Il suffit de penser : *de moi*, *de toi*, etc. Regardez :

hamèkhonit shèlkha yafah   הַמְכוֹנִית שֶׁלְךָ יָפָה
ta voiture est belle (je m'adresse à un homme) ;
hamèkhonit shèlakh yafah   הַמְכוֹנִית שֶׁלָךְ יָפָה
ta voiture est belle (je m'adresse à une femme).

3 Le pronom personnel complèment d'objet (COD)

Constatez comme c'est logique : nous avons vu plusieurs fois que le COD est toujours introduit par **èt** אֶת, particule intraduisible. Quand un pronom personnel occupe cette fonction, nous obtenons : **èt** + la terminaison propre au pronom, comme suit (la voyelle **è** devient **o** à la plupart des personnes pour de subtiles raisons de phonologie ; il vous suffira de vous y habituer) :

singulier
oti	אוֹתִי	*moi, me* (m./f.)
otkha	אוֹתְךָ	*toi, te* (m.)
otakh	אוֹתָךְ	*toi, te* (f.)
oto	אוֹתוֹ	*lui, le* *
otah	אוֹתָה	*elle, la*

* (à ne pas confondre avec **oto** = *même*, vu à la leçon 30 et qui s'écrit de la même façon.)

pluriel
otanou	אוֹתָנוּ	*nous* (m./f.)
ètkhèm	אֶתְכֶם	*vous* (m.)
ètkhèn	אֶתְכֶן	*vous* (f.)
otam	אוֹתָם	*eux, les*
otan	אוֹתָן	*elles, les*

4 Duels

shnayim	שְׁנַיִם	*deux* (m.)
shtayim	שְׁתַיִם	*deux* (f.)
sha'ah	שָׁעָה	*1 heure*
shè'atayim	שְׁעָתַיִם	*2 heures*
yom	יוֹם	*1 jour*
yomayim	יוֹמַיִם	*2 jours*
shavou'a	שָׁבוּעַ	*1 semaine*
shvou'ayim	שְׁבוּעַיִם	*2 semaines*
hodèsh	חוֹדֶשׁ	*1 mois*
hodshayim	חוֹדְשַׁיִים	*2 mois*
shanah	שָׁנָה	*1 an*
shnatayim	שְׁנָתַיִים	*2 ans*

5 Famille

mishpahah	מִשְׁפָּחָה	*famille*
savta	סַבְתָּא	*grand-mère*
saba	סַבָּא	*grand-père*
ima	אִמָּא	*maman*
aba	אַבָּא	*papa*
bat	בַּת	*fille*
bèn	בֵּן	*fils*
nèkhdah	נֶכְדָּה	*petite-fille*
nèkhèd	נֶכֶד	*petit-fils*
ninah	נִינָה	*arrière-petite-fille*
nin	נִין	*arrière-petit-fils*

6 Célébrations

brit milah	בְּרִית מִילָה	*circoncision*
bar mitzvah (m.)	בַּר מִצְוָה	*la fête,* ainsi que le *garçon* célébrant
bat mitzvah (f.)	בַּת מִצְוָה	*la fête,* ainsi que la *fille* célébrant
hatounah	חֲתוּנָה	*mariage* (cérémonie)
hatounat zahav	חֲתוּנַת זָהָב	*noces d'or*
nisouim	נִשּׂוּאִים	*mariage* (institution, vie conjugale)
yom houlèdèt	יוֹם הוּלֶדֶת	*anniversaire* (de naissance uniquement)
mèsibah	מְסִיבָּה	*réception, festivités* (fête entre amis, par ex.)
mèsibat hafta'ah	מְסִיבַּת הַפְתָּעָה	*surprise-partie*
yovèl	יוֹבֵל	*jubilé*

7 Expressions courantes

- **noudniq** (m.)   נוּדְנִיק
  noudniqit (f.)   נוּדְנִיקִית
  casse-pieds
- **ani nofèl mèharaglayim** (m.)   אֲנִי נוֹפֵל מֵהָרַגְלַיִים
  ani nofèlèt mèharaglayim (f.)   אֲנִי נוֹפֶלֶת מֵהָרַגְלַיִים
  je n'ai plus de jambes

35 / Trente-cinquième leçon

- **atah nofèl mèharaglayim** (m.) אַתָּה נוֹפֵל מֵהָרַגְלַיִים
  at nofèlèt mèharaglayim (f.) אַתְּ נוֹפֶלֶת מֵהָרַגְלַיִים
  tu n'as plus de jambes
- **mah qarah ?** מַה קָרָה?
  qu'est-ce qui se passe ?
- **hèvrèman** (m.) חֶבְרֶמַן
  hèvrèmanit (f.) חֶבְרֶמָנִית
  sociable et dynamique
- **mazal tov** מַזָּל טוֹב
  bonne chance, félicitations
- **shovèr lèvavot** (m.) שׁוֹבֵר לְבָבוֹת
  tombeur, "brise-cœurs"
- **shovèrèt lèvavot** (f.) שׁוֹבֶרֶת לְבָבוֹת
  tombeuse, "brise-cœurs"
- **shovèr qoupot** (m.) שׁוֹבֵר קוּפּוֹת
  à guichet fermé, "casse-caisse"
- **kol shèni vahamishi** כֹּל שֵׁנִי וַחֲמִישִׁי
  à tout bout de champ (litt. "chaque lundi et jeudi")

***

▶ Dialogue de révision

❶ — אֲנִי נוֹפֵל מֵהָרַגְלַיִים. הָיָה לִי שָׁבוּעַ שֶׁל מְסִיבּוֹת.

❷ — בְּיוֹם שִׁישִׁי בָּעֶרֶב הָיִינוּ עִם כֹּל הַמִּשְׁפָּחָה בַּאֲרוּחַת שַׁבָּת.

❸ — בְּשַׁבָּת בַּבּוֹקֶר הָלַכְנוּ לְבַת מִצְוָה שֶׁל שָׂרָה.

❹ — בְּיוֹם רִאשׁוֹן הָיְתָה בְּרִית מִילָה לַנֶּכֶד שֶׁלָּנוּ.

❺ — בְּיוֹם שֵׁנִי הָיְתָה מְסִיבַּת הַפְתָּעָה לַנֶּכְדָּה. הִיא בַּת שְׁמוֹנֶה.

❻ — בְּיוֹם שְׁלִישִׁי קָנִינוּ מַתָּנוֹת לְיוֹבֵל הַנִּישׂוּאִים שֶׁל סַבָּא וְסַבְתָּא.

שִׁעוּר שְׁלוֹשִׁים וְחָמֵשׁ / 35

❼ – בְּיוֹם רְבִיעִי בָּעֶרֶב רָאִינוּ קוֹמֶדְיָה שׁוֹבֶרֶת קוּפּוֹת בְּתֵיאַטְרוֹן יְרוּשָׁלַיִם.

❽ – בְּיוֹם חֲמִישִׁי קָנִיתִי כַּרְטִיסִים לְקוֹנְצֶרְט.

❾ – בְּיוֹם שִׁישִׁי וְשַׁבָּת אֲנַחְנוּ אֵצֶל אֲחוֹתִי בְּתֵל אָבִיב.

***

Traduction

❶ – Je n'ai plus de jambes. J'ai eu une semaine de réceptions.
(je tombe (m.) de-les jambes. était pour-moi semaine de réceptions.)

❷ – Vendredi soir nous étions avec toute la famille à un repas de shabbat.
(dans-jour sixième dans-soir nous-étions avec toute la-famille dans-repas shabbat.)

❸ – Samedi matin nous sommes allés à la bat-mitsvah de Sarah.
(dans-shabbat dans-matin nous-sommes-allé(e)s à-la-bat-mitzvah de Sarah.)

❹ – Dimanche c'était la circoncision de notre petit-fils.
(dans-jour premier était alliance coupure à-le-petit-fils de-nous.)

❺ – Lundi il y avait une surprise-partie pour [l'anniversaire de] notre petite-fille. Elle a huit ans.
(dans-jour deuxième était fête surprise pour-la-petite-fille. Elle fille huit.)

❻ – Mardi, nous avons acheté des cadeaux pour le jubilé de mariage de grand-père et grand-mère.
(dans-jour troisième nous-avons-acheté cadeaux pour-jubilé les-noces de grand-père et-grand-mère.)

❼ – Mercredi soir, nous avons vu une comédie à guichet fermé au Théâtre Jérusalem.
(dans-jour quatrième dans-soir nous-avons-vu comédie casse caisses dans-Théâtre Yéroushalayim.)

❽ – Jeudi, j'ai acheté des billets pour un concert.
(dans-jour cinquième, j'-ai-acheté billets pour-concert)

❾ – Vendredi et samedi nous sommes chez ma sœur à Tel-Aviv.
(dans-jour sixième et-samedi nous chez sœur-de-moi dans-Tel-Aviv)

36

Trente-sixième leçon

(Shi'our shloshim vèshèsh)

Ham, hamot [1]
Beau-père, belle-mère

1 – **Èikh hahamot shèlakh ?**
comment la-belle-mère de-toi(f.)
Comment est ta belle-mère ?

2 – **Mamash nè'imah vèhamah.**
réellement agréable(f.) et-chaude
Réellement agréable et chaleureuse.

3 **Mahar èlèkh [2] lèhamoti oulèhami [3] lèarouhat hag.**
demain j'-irai vers-belle-mère-de-moi et-vers-beau-père-de-moi pour-repas-de fête(m.)
Demain j'irai chez ma belle-mère et mon beau-père pour un repas de fête.

Notes

1 **ham** חָם *chaud*. Sous l'effet de ce mot, la langue hébraïque entre en ébullition. Jugez-en : **ham** חָם *chaud* ; **hamah** חַמָּה *chaude* ; **hamim** חַמִּים *chauds* ; **hamot** חַמּוֹת *chaudes*. Mais **hamim** חָמִים peut s'employer dans le sens de *chaleureux* : **Dan hamim** דָן חָמִים *Dan est chaleureux*, **Rinah hamimah** רִינָה חֲמִימָה *Rinah est chaleureuse*. Ce qui donnera au pluriel : **hamimim** חֲמִימִים et **hamimot** חֲמִימוֹת. Ainsi l'hébreu nous fait un clin d'œil en suggérant à propos des beaux-parents qu'ils sont à la fois chaleureux dans le sens de *cordial*, et *chauds* au sens où les relations risquent d'être conflictuelles. **ham** חָם *beau-père* : **hamot** חָמוֹת *belle-mère*. Attention à ce dernier mot : c'est un singulier, il faut le distinguer de l'adjectif féminin pluriel **hamot** חַמּוֹת *chaudes*. Notez qu'ici *beau-père* et *belle-mère* sont à entendre au sens strict, comme père et mère du conjoint, car le vocabulaire hébreu de la parenté a un sens bien défini. Le soleil lui-même a ce double caractère, favorable et défavorable. Un de ses noms est **hamah** חַמָּה *chaude*, mot lui-même ambivalent, comme le feu.

שִׁעוּר שְׁלוֹשִׁים וְשֵׁשׁ

חָם, חָמוֹת

1 – אֵיךְ הַחָמוֹת שֶׁלָּךְ?
2 – מַמָּשׁ נְעִימָה וְחַמָּה.
3 – מָחָר אֵלֵךְ לְחָמוֹתִי וּלְחָמִי לַאֲרוּחַת חַג.

2 Voici le premier exemple de futur : **èlèkh** אֵלֵךְ *j'irai*. L'hébreu ne connaît qu'un seul temps du futur, bâti toujours de la même façon. D'où vient le **alèf** א initial ? – du pronom **ani** אֲנִי *je*. Nous verrons par la suite que cette formation se rencontre avec d'autres pronoms. Rien à apprendre par cœur, la logique suffit. Quand on s'exprime au futur, comme au passé, on peut se dispenser d'employer les pronoms, comme nous le voyons ici. Par contre, vous vous souvenez qu'au présent, dont la forme ne porte aucune indication relative à la personne, il faut exprimer cette dernière : **ani holèkh** אֲנִי הוֹלֵךְ *je vais*. On trouve les trois lettres de la racine dans toutes les formes verbales ou au minimum deux lettres. Comparez :

En hébreu (une racine) ה.ל.ך, en français (trois racines) :

ani holèkh	אֲנִי הוֹלֵךְ	*je vais* (m.)
(ani) halakhti	(אֲנִי) הָלַכְתִּי	*j'allais* (m./f.)
(ani) èlèkh	(אֲנִי) אֵלֵךְ	*j'irai* (m./f.)

Vous voyez que dans le cas de ce verbe français, très irrégulier il est vrai, il y a trois racines différentes, tandis qu'en hébreu la même racine apparaît au présent, au passé et au futur. Dans le fond, l'hébreu est plus facile !

3 **oulèhami** וּלְחָמִי *et chez mon beau-père*. La conjonction de coordination וְ *et* est devenue וּ pour éviter de faire suivre la voyelle ְ de la même voyelle ְ. Nous avons déjà rencontré une autre de ces modifications dans **viYèroushalayim** וִירוּשָׁלַיִם *et Jérusalem*. La leçon précédente a pour numéro d'ordre **shloshim vahamishah** שְׁלוֹשִׁים וַחֲמִשָּׁה *trente-cinq*, où nous observons que le וְ *vè* est devenu וַ *va* c'est encore un cas de modification. N'entrons pas de trop près dans ces finesses, au risque de vous lasser. Vous les assimilerez au fur et à mesure et, de toute façon, c'est nous qui mettrons les voyelles.

mèah tish'im • 190

36 / Trente-sixième leçon

4 **Ètzlam ṯamid na'im, ḥamim vèta'im.**
chez-eux toujours agréable(m.) chaleureux et-délicieux
Chez eux, c'est toujours agréable, chaleureux et délicieux.

5 **Vèèikh ètzlèkh ?**
et-comment chez-toi(f.)
Et chez toi, c'est comment ?

6 – **Ġam lèḥamoṯi vèli yèsh yèḥasim ḥamim mèod...**
aussi à-belle-mère-de-moi et-à-moi il-y-a relations(m.) chauds(m.) très
Ma belle-mère et moi nous avons aussi des relations très "chaudes"...

7 **Anaḥnou lo mèdabroṯ kvar shnaṯayim...**
nous non parlons(f.) déjà deux-ans
Nous ne nous parlons pas depuis déjà deux ans... □

***

Targil rishon – Targèm תַּרְגִּיל רִאשׁוֹן – תַּרְגֵּם

❶ תּוֹדָה, אֶצְלֵךְ תָּמִיד נָעִים, חַמִים וְטָעִים.
Todah, ètzlèkh ṯamid na'im, ḥamim vèta'im.

❷ חֲמוֹתִי חֶבְרָנִית וּנְעִימָה.
Ḥamoṯi ḥèvrémaniṯ ounè'imah.

❸ חָמִי בֶּן אָדָם חַמִים וְנָעִים.
Ḥami bèn adam ḥamim vèna'im.

❹ מָחָר אֵלֵךְ לִלְמוֹד עִבְרִית בָּאוּלְפָּן.
Maḥar èlèkh lilmod 'ivriṯ baoulpan.

❺ אֵיךְ הָיְתָה אֲרוּחַת הַחַג אֶצְלָם?
Èikh hayṯah arouḥaṯ haḥag ètzlam ?

***

Targil shèni – Hashlèm תַּרְגִּיל שֵׁנִי – הַשְׁלֵם

❶ *Ma belle-mère est une femme bonne mais une papoteuse.*
Ḥamoṯi ishah ṯovah aval patpèṯaniṯ.
_____ אִשָּׁה טוֹבָה אֲבָל _____.

שִׁעוּר שְׁלוֹשִׁים וְשֵׁשׁ / 36

4 אֶצְלָם תָּמִיד נָעִים, חָמִים וְטָעִים.
5 וְאֵיךְ אֶצְלֵךְ?
6 – גַּם לַחֲמוֹתִי וְלִי יֵשׁ יְחָסִים חָמִים מְאֹד...
7 אֲנַחְנוּ לֹא מְדַבְּרוֹת כְּבָר שְׁנָתַיִם...

***

Corrigé de l'exercice 1

❶ Merci, chez toi c'est toujours agréable, chaleureux et délicieux.
❷ Ma belle-mère est dynamique et agréable. ❸ Mon beau-père est un homme chaleureux et agréable. ❹ Demain j'irai étudier l'hébreu à l'oulpan. ❺ Comment était le repas de fête chez eux ?

***

❷ *Nous aimons le repas du soir au barbecue (sur le feu).*
Ana<u>h</u>nou oha<u>v</u>im arou<u>h</u>at 'èrè<u>v</u> 'al haèsh.

אֲנַחְנוּ _____ אֲרוּחַת עֶרֶב __ ___.

❸ *Nous avons des relations chaudes, nous ne nous parlons pas (celui-ci avec celui-ci) !*
Yèsh lanou yè<u>h</u>asim <u>h</u>amim, ana<u>h</u>nou lo mèdabrim zèh 'im zèh !

יֵשׁ לָנוּ _____ חַמִּים, אֲנַחְנוּ לֹא מְדַבְּרִים __ עִם __!

❹ *Comment était la réception chez grand-père et grand-mère ?*
Èikh hayta<u>h</u> hamèsibah ètzèl saba vèsa<u>v</u>ta ?

___ ____ הַמְּסִיבָּה ___ סָבָא וְסַבְתָּא?

❺ *J'irai chez mon beau-père et chez ma belle-mère pour une réception demain soir.*
Èlèkh lè<u>h</u>ami oulè<u>h</u>amoti limèsibah ma<u>h</u>ar ba'èrè<u>v</u>.

___ לְ___ וּ____ לִמְסִיבָּה ___ בָּעֶרֶב.

Corrigé de l'exercice 2

❶ חֲמוֹתִי – פַּטְבָּנִית – אוֹהֲבִים – ❷ צַל – הָאֵשׁ – ❸ יְחָסִים – זֶה – זֶה –
❹ אֵיךְ – הָיְתָה – אֵצֶל – ❺ אֵלֵךְ – חָמִי – חֲמוֹתִי – אַחַר –

mèah tish'im oush<u>t</u>ayim • 192

Arou<u>h</u>at hag אֲרוּחַת חַג *Le repas de fête est un événement essentiel dans la vie juive. Il concerne tous les milieux, religieux ou laïcs.*
Le **shaba<u>t</u>** *comporte deux repas festifs, le vendredi soir et le samedi à midi, qui donnent l'occasion de recevoir amis et famille. Souvent de longues conversations se poursuivent autour de la table dans une atmosphère de paix, de détente et de bienveillance qui marque nettement le repos du septième jour.*

À vous aussi nous souhaitons une journée agréable et pacifique.

37

Trente-septième leçon
(Shi'our shloshim vèsheva')

Dirah <u>h</u>adashah
Un nouvel appartement

1 – **Bè'od arba'ah <u>h</u>odashim yihèyèh lanou 'od bèn.**
   dans-encore quatre mois il-sera pour-nous encore fils
   Dans quatre mois nous aurons encore un fils.

2   **Bè'od <u>h</u>odèsh na'a<u>v</u>or** [1] **lèdirah gdolah vèhadashah.**
   dans-encore mois nous-passerons vers-appartement(f.) grande et-nouvelle
   Dans un mois nous déménagerons dans un grand et nouvel appartement.

: Note

1   Portons notre effort sur le futur, dont on rencontre ici presque à chaque phrase une forme différente. L'important est ce qu'on ajoute avant ou après la racine. Ne vous affolez pas, nous y reviendrons tout au long du livre. Vous allez vous y habituer. Voyons, conjugué à <u>toutes</u> les personnes, un des futurs qui apparaît dans notre leçon. Nous écrivons en caractères rouges la marque de personne et les consonnes du pronom personnel qui se retrouvent dans le verbe. Cette correspondance du pronom et du verbe ne joue pas à la 3ᵉ personne (singulier et pluriel).

שִׁעוּר שְׁלוֹשִׁים וְשֶׁבַע

דִּירָה חֲדָשָׁה

1 – בְּעוֹד אַרְבָּעָה חוֹדָשִׁים יִהְיֶה לָנוּ עוֹד בֵּן.
2   בְּעוֹד חוֹדֶשׁ נַעֲבוֹר לְדִירָה גְּדוֹלָה וַחֲדָשָׁה.

(ani) è'èvor	(אֲנִי) אֶעֱבוֹר	je passerai
(atah) ta'avor	(אַתָּה) תַּעֲבוֹר	tu passeras (m.)
(at) ta'avri	(אַתְּ) תַּעֲבְרִי	tu passeras (f.)
(hou) ya'avor	(הוּא) יַעֲבוֹר	il passera (phrase 4)
(hi) ta'avor	(הִיא) תַּעֲבוֹר	elle passera (phrase 4)
(anahnou) na'avor	(אֲנַחְנוּ) נַעֲבוֹר	nous passerons (phrase 2)
(atèm) ta'avrou	(אַתֶּם) תַּעַבְרוּ	vous passerez (m.)
(atèn) ta'avrou	(אַתֶּן) תַּעַבְרוּ	vous passerez (f.)
(hèm) ya'avrou	(הֵם) יַעַבְרוּ	ils passeront
(hèn) ya'avrou	(הֵן) יַעַבְרוּ	elles passeront

Petit truc pour aider votre mémoire de francophone : le préfixe pour la 1re pers. est le **alèf**, א 1re lettre de l'alphabet ; pour la 2e pers., le préfixe est le **tav**, ת comme *tu* ; pour la 3e pers., le préfixe est **i** י comme *il* ; pour la 1re pers. du pluriel, le préfixe est **noun** נ comme *nous*.

Rappelez-vous qu'au passé comme au futur le pronom personnel n'est pas obligatoire, son équivalent est déjà compris dans le verbe.

mèah tish'im vèarba' • 194

3 – **Mazal to<u>v</u> ! A<u>v</u>al mah ya'asou hayèladim ?**
chance bonne mais quoi feront les-enfants
Félicitations ! Mais que feront les enfants ?

4 – **Dinah <u>t</u>a'a<u>v</u>or lègan-yèladim <u>h</u>adash vèDani ya'a<u>v</u>or lè<u>v</u>èi<u>t</u>-sèfèr [2] <u>h</u>adash.**
Dinah elle-passera dans-jardin enfants nouveau et-Dani passera vers-maison livre nouveau
Dina entrera dans un nouveau jardin d'enfants et Dani entrera dans une nouvelle école.

5 – **Mah <u>t</u>a'asèh ish<u>t</u>èkha ?**
quoi fera(f.) femme-de-toi
Que fera ta femme ?

6 – **Hi <u>t</u>isa' la'a<u>v</u>odah bamèkhoni<u>t</u> vaani èsa' bèotobous.**
elle voyagera vers-le-travail(f.) dans-la voiture et moi voyagerai en-autobus
Elle ira au travail en voiture et moi j'irai en autobus.

7 – **A<u>t</u>èm makirim è<u>t</u> hashkhènim ha<u>h</u>adashim ?**
vous connaissez **[è<u>t</u>]** *les-voisins les-nouveaux*
Vous connaissez les nouveaux voisins ?

8   **'od lo. Nazmin è<u>t</u> hashkhènim lèqafèh vè'ougo<u>t</u>. Yihèyèh bèsèdèr !**
encore pas nous inviterons **[è<u>t</u>]** *les voisins pour-café et-gâteaux(f.) sera(m.) en-ordre*
Pas encore. Nous inviterons les voisins pour le café et des gâteaux. Tout ira bien !

***

Targil rishon – Targèm   תַּרְגִּיל רִאשׁוֹן – תַּרְגֵּם

❶ בְּאוֹקְטוֹבֶּר נַעֲבוֹר לְדִירָה חֲדָשָׁה.

Bèoqtobèr na'a<u>v</u>or lèdirah <u>h</u>adashah.

❷ בְּעוֹד שָׁבוּעַ הִיא תִּסַּע לַחֲבֵרִים בְּאֵילַת.

Bè'od sha<u>v</u>ou'a hi <u>t</u>isa' lè<u>h</u>a<u>v</u>èrim bèÈilat.

❸ מַה הִיא תַּעֲשֶׂה שָׁם אַחֲרֵי הָעֲבוֹדָה?

Mah hi <u>t</u>a'asèh sham a<u>h</u>arèy ha'a<u>v</u>odah ?

שִׁעוּר שְׁלוֹשִׁים וְשֶׁבַע

3 - מַזָּל טוֹב! אֲבָל מַה יַּעֲשׂוּ הַיְלָדִים?
4 - דִּינָה תַּעֲבוֹר לְגַן-יְלָדִים חָדָשׁ וְדָנִי יַעֲבוֹר לְבֵית-סֵפֶר חָדָשׁ.
5 - מַה תַּעֲשֶׂה אַשְׁתְּךָ?
6 - הִיא תִּסַּע לַעֲבוֹדָה בַּמְּכוֹנִית וַאֲנִי אֶסַּע בָּאוֹטוֹבּוּס.
7 - אַתֶּם מַכִּירִים אֶת הַשְּׁכֵנִים הַחֲדָשִׁים?
8 - עוֹד לֹא. נַזְמִין אֶת הַשְּׁכֵנִים לְקָפֶה וְעוּגוֹת. יִהְיֶה בְּסֵדֶר!

Note

2 **bèit-sèfèr** בֵּית-סֵפֶר *école*. L'école est littéralement la "maison du livre". Vous observez que deux noms se juxtaposent pour en former un autre qui porte alors un sens différent de ses composants. L'hébreu en connaît des centaines, par exemple **bèit-knèsèt** בֵּית-כְּנֶסֶת "maison d'assemblée", c'est-à-dire *synagogue*, **bèit-mishpat** בֵּית-מִשְׁפָּט "maison de jugement", c'est-à-dire *tribunal*, **bèit-qafèh** בֵּית-קָפֶה "maison de café", c'est-à-dire *café* (le lieu), **bèit-shimoush** בֵּית-שִׁמּוּשׁ "maison d'utilité", c'est-à-dire *les toilettes* (le lieu).

***

❹ אוּלַי אַתֶּם מַכִּירִים אֶת הַשְּׁכֵנִים הַחֲדָשִׁים שֶׁלִּי?
Oulay atèm makirim èt hashkhènim hahadashim shèli ?

❺ נַזְמִין אֶת הַיְלָדִים שֶׁל הַשְּׁכֵנִים לִמְסִיבָּה.
Nazmin èt hayèladim shèl hashkhènim limèsibah.

Corrigé de l'exercice 1

❶ En octobre, nous déménagerons dans un nouvel appartement. ❷ Dans une semaine elle ira chez des amis à Eilat. ❸ Que fera-t-elle là-bas après le travail ? ❹ Peut-être connaissez-vous mes **[èt]** nouveaux voisins ? ❺ Nous inviterons les enfants des voisins à une réception.

Targil shèni – Hashlèm   תַּרְגִיל שֵׁנִי – הַשְׁלֵם

❶ *Dans deux mois les enfants auront une école nouvelle et belle.*
Bè'od ḥodshayim yihèyèh layèladim bèit sèfèr ḥadash vèyafèh.
בְּעוֹד _____ _____ ____ לַיְלָדִים ___ ___ חָדָשׁ וְיָפֶה.

❷ *Dans un mois Dinah aura encore un frère.*
Bè'od ḥodèsh lèDinah yihèyèh 'od aḥ.
____ חוֹדֶשׁ לְדִינָה ____ ___ אָח.

❸ *Chez eux tout est nouveau : appartement, voiture, école, voisins…*
Ètzlam hakol ḥadash : dirah, mèkhonit, bèit sèfèr, shkhènim…
____ הַכֹּל חָדָשׁ : ____ מְכוֹנִית, ___ סֵפֶר, _____…

❹ *Il déménagera de Tel-Aviv à Jérusalem.*
Hou ya'avor miTèl Aviv liYèroushalayim.
הוּא _____ _תֵּל_ אָבִיב לִירוּשָׁלַיִם.

❺ *[Tout] ira bien avec les nouveaux voisins.*
Yihèyèh bèsèdèr 'im hashkhènim haḥadashim.
____ ____ עִם _____ הַחֲדָשִׁים.

Ḥodèsh חוֹדֶשׁ *mois* a la même racine que **ḥadash** חָדָשׁ *neuf, ou nouveau*. *Pourquoi ?* Parce que le calendrier hébraïque, auquel se réfère la Bible, est principalement lunaire, c'est-à-dire que le point de repère pour évaluer l'écoulement du temps est fixé par la lune : quand la population voyait arriver la nouvelle lune, elle savait qu'elle changeait de mois. Mais pour mettre tout le monde d'accord, le **sanhédrin**, autrement dit le parlement, faisait connaître la date de la nouvelle lune au moyen d'une chaîne de feux de colline en colline et plus tard par des messagers officiels. Voyez le message du **sanhédrin** envoyé en Babylonie : "À mes frères, les exilés de la Babylonie, de la Médie et à tous les exilés d'Israël, shalom ! Nous vous faisons savoir que les pigeons sont encore trop tendres, les brebis trop jeunes, la germination du blé encore trop peu avancée ; aussi nous a-t-il plu à nous et à nos collègues d'augmenter de 30 jours l'année en cours" (J. Lefort, La saga des calendriers, éd. Belin)

/ 37 שִׁעוּר שְׁלוֹשִׁים וְשֶׁבַע

נַזְמִין אֶת הַיְלָדִים שֶׁל הַשְׁכֵנִים לַמְסִבָּה.

Corrigé de l'exercice 2

❶ – חוּגַּשַׁיִם יִהְיֶה – בֵּית סֵפֶר – ❷ בָּאוּג – יִהְיֶה אוּג – ❸ סַבָּם – בְּרָכָה – בֵּית – שְׁכֵנִים ❹ – יַעֲבוֹר ٠ – לְ – ❺ יִהְיֶה בְּסֵדֶר – הַשְׁכֵנִים –

Mais beaucoup de fêtes juives étant d'origine agricole, il faut se reporter aussi aux saisons, c'est-à-dire au soleil. Comment faire coïncider année lunaire et année solaire ? Un mois lunaire comptant 29,53 jours, une année lunaire est de 354,36 jours, tandis que l'année solaire est de 365,24 jours. Une différence de près de 11 jours ! Le calcul impose que sur 19 ans, il y ait 7 années dotées d'un mois supplémentaire, qu'on placera entre le sixième, qui est le mois de **adar**, אֲדָר *et le septième, qui est le mois de* **nisan** נִיסָן *(mars-avril). Ce mois de adar supplémentaire est dit* **bèit** *(deuxième lettre de l'alphabet correspondant au chiffre deux, comme nous dirions bis). Le calendrier hébraïque parle donc de* **adar bèit** אֲדָר בֵּית *ou de* **adar shèni** אֲדָר שֵׁנִי *deuxième adar. Les 7 années de 13 mois placées dans les 19 ans sont séparées les unes des autres par des intervalles de 2 ou 3 ans. C'est ainsi que les fêtes tombent toujours à la même saison. Si cette régularisation n'intervenait pas,* **Pèsah***, fêté en 2000 au mois de mars, tomberait au mois de septembre en 2020 !*

Trente-huitième leçon
(Shi'our shloshim oushmonèh)

Rahitim "hadishim [1]"
Meubles "dernier cri" !

1 – **Mahar niqnèh [2] rahitim hadashim : sapah vèkhoursaot, shoulhan vèkhisot.**
demain nous-achèterons meubles nouveaux canapé(f.) et-fauteuils(f.) table(m.) et-chaises(m.)
Demain nous achèterons de nouveaux meubles : canapé et fauteuils, table et chaises.

2 – **Yofi ! Matay tahgègou èt hanoukat habayit ?**
chouette quand fêterez-vous [èt] inauguration la-maison(m.)
Chouette ! Quand fêterez-vous l'inauguration de la maison ?

3 – **Kaashèr harahitim yagi'ou... shèyihèyèh 'al mah lashèvèt !**
quand les-meubles arriveront... que-il-sera sur quoi s'asseoir
Quand les meubles arriveront... qu'il y ait de quoi s'asseoir !

4 – **Èylou rahitim atèm ohavim ?**
quels meubles vous aimez(m.)
Quel style de meubles aimez-vous ?

Notes

1 hadishim חֲדִישִׁים *dernière nouveauté, "dernier cri"*. L'origine de ce mot est hadash חָדָשׁ *nouveau*. Le mot hadish est lui-même une nouveauté dernier cri !

2 Vous avez encore l'occasion ici de vous familiariser avec le futur. Par ordre d'apparition dans le texte, vous avez trouvé :

(anahnou) niqnèh   (אֲנַחְנוּ) נִקְנֶה   *nous achèterons* (phrase 1)

(atèm) tahgègou   (אַתֶּם) תַּחְגְּגוּ   *vous fêterez* (phrase 2)

שִׁעוּר שְׁלוֹשִׁים וּשְׁמוֹנֶה

רָהִיטִים "חֲדָשִׁים"

1 – מָחָר נִקְנֶה רָהִיטִים חֲדָשִׁים: סַפָּה וְכוּרְסָאוֹת, שׁוּלְחָן וְכִסְאוֹת.
2 – יוֹפִי! מָתַי תַחֲגְגוּ אֶת חֲנוּכַּת הַבַּיִת?
3 – כַּאֲשֶׁר הָרָהִיטִים יַגִּיעוּ... שֶׁיִּהְיֶה עַל מַה לָשֶׁבֶת!
4 – אֵילוּ רָהִיטִים אַתֶּם אוֹהֲבִים?

מה שזול לא מוצא חן בעיני

(hèm) yagi'ou	(הֵם) יַגִּיעוּ	*ils arriveront* (phrase 3)
(hou) yihèyèh	(הוּא) יִהְיֶה	*il sera* (phrase 3)

Dans l'hébreu israélien, les trois personnes du pluriel ont la même forme pour le masculin et le féminin. Il suffit de placer les pronoms féminins devant le verbe (atèn אַתֶּן *vous* au f., hèn הֵן *elles*) encore que l'usage des pronoms ne soit pas obligatoire.

38 / Trente-huitième leçon

5 – **Ba'ali ohèv rahitim 'atiqim vèani ohèvèt rahitim hadishim.**
mari-de-moi aime(m.) meubles anciens et-moi aime(f.) meubles dernière-nouveauté
Mon mari aime les meubles anciens et moi j'aime les meubles à la dernière mode.

6 **Yèsh od bè'ayah : kèsèf.**
il-y-a encore problème(f.) argent
Il y a encore un problème : l'argent.

7 **Mah shèmotzè hèn bè'èinay : yaqar. Mah shèzol lo motzè hèn bè'èinay** [3].
quoi qui-trouve grâce(m.) dans-yeux-de-moi cher quoi qui-bon-marché non trouve grâce dans-yeux-de-moi
Ce qui me plaît est cher. Ce qui est bon marché ne me plaît pas.

תַּרְגִּיל רִאשׁוֹן – תַּרְגֵּם
Targil rishon – Targèm

❶ יש לכם רהיטים חדישים?
Yèsh lakhèm rahitim hadishim ?

❷ יש לי בעיה. מה שמוצא חן בעיני : יקר.
Yèsh li bè'ayah. Mah shèmotzè hèn bè'èinay : yaqar.

❸ הרהיטים יגיעו בעוד חודש.
Harahitim yagi'ou bè'od hodèsh.

❹ מתי תחגגו את חנוכת בית-הספר החדש?
Matay tahgègou èt hanoukat bèit-hasèfèr hahadash ?

❺ דליה אוהבת רק רהיטים עתיקים מאירופה.
Dalyah ohèvèt raq rahitim 'atiqim mèÈropah.

201 • matayim vèahat

5 - בַּעֲלֵי אוֹהֵב רָהִיטִים עֲתִיקִים וְאֲנִי אוֹהֶבֶת רָהִיטִים חֲדִישִׁים.

6 יֵשׁ עוֹד בְּעָיָה: כֶּסֶף.

7 מַה שֶׁמּוֹצֵא חֵן בְּעֵינַי: יָקָר. מַה שֶׁזּוֹל לֹא מוֹצֵא חֵן בְּעֵינַי.

Note

3 motzè **hèn** bè'èinay מוֹצֵא חֵן בְּעֵינַי *il trouve grâce à mes yeux* c'est-à-dire *il me plaît*. À l'origine l'expression se rapportait au regard. Elle se trouve quarante fois dans la Bible. Le verbe **motzè** מוֹצֵא peut se mettre à tous les temps et à toutes les personnes. Le nom **bè'ènay** בְּעֵינַי peut se mettre également à toutes les personnes, singulier ou pluriel. Voici un exemple : harahitim matzou **hèn** bè'èynènou. הָרָהִיטִים מָצְאוּ חֵן בְּעֵינֵינוּ. *"les meubles ont trouvé grâce à nos yeux"*, c'est-à-dire : *les meubles nous ont plu*.

Corrigé de l'exercice 1

❶ Vous avez des meubles dernier cri ? ❷ J'ai un problème : ce qui me plaît est cher. ❸ Les meubles arriveront dans un mois. ❹ Quand fêterez-vous l'inauguration de la nouvelle école ? ❺ Dalyah aime seulement les meubles anciens d'Europe.

39 / Trente-neuvième leçon

Targil shèni – Hashlèm תַּרְגִיל שֵׁנִי – הַשְׁלֵם

❶ *Demain nous achèterons un canapé et des fauteuils.*
Mahar niqnèh sapah vèkoursaot.

אָחָר נִקְנֶה ___ _____.

❷ *La table ancienne ne me plaît pas.*
Hashoulhan ha'atiq lo motzè hèn bè'ènay.

הַשׁוּלְחָן הָעַתִּיק לֹא ____ __ _____.

❸ *Les meubles "dernier cri" arriveront au nouvel appartement.*
Harahitim hahadishim yagi'ou ladirah hahadashah.

הָרָהִיטִים הַ_____ _____ לַדִּירָה הַ____.

❹ *L'ordinateur est bon marché mais pas le dernier sorti.*
Hamahshèv zol aval lo hadish.

הַמַחְשֵׁב ___ אֲבָל לֹא ____.

❺ *Lorsque les fauteuils et les chaises arriveront, il y aura de quoi s'asseoir.*
Kaashèr hakoursaot vèhakisot yagi'ou, yihèyèh 'al mah lashèvèt.

____ הַכּוּרְסָאוֹת וְהַכִּסְאוֹת יַגִּיעוּ, ____ עַל מַה ____.

Trente-neuvième leçon
(Shi'our shloshim vètèsha')

Dirat nofèsh
Un appartement de vacances

1 – **Haqayitz niskor¹ dirat nofèsh, bikhfar² nofèsh.**
l'-été nous-louerons appartement(f.)-de vacances dans- village vacances(m.)
Cet été nous louerons un appartement, dans un village de vacances.

Notes

1 Encore un effort sur le futur, mais vous voyez que ça devient plus facile. Regardez :

(anahnou) niskor   אֲנַחְנוּ נִשְׂכּוֹר   *nous louerons* (phrase 1)

203 • matayim vèshalosh

שִׁעוּר שְׁלוֹשִׁים וְתֵשַׁע / 39

Corrigé de l'exercice 2

❶ - סַפָּה וְכוּרסָאוֹת ❷ - מוֹצֵא חֵן בְּעֵינַי ❸ - חֲדָשִׁים יַצִּיעוּ - חֲדָשָׁה
❹ - גּוֹל - חָדִישׁ ❺ - כַּאֲשֶׁר - יְהִיֶה - לְשֶׁלֶט

<u>H</u>anouka<u>t</u> habayit חֲנוּכַּת הַבַּיִת *inauguration de la maison. Cette expression vient du psaume 30,1. Elle a une résonance sacrée par référence au Temple de Jérusalem, mais dans l'hébreu moderne elle s'est laïcisée et désigne la prise de possession d'un appartement ou d'une maison par ses habitants. Un exemple de plus pour illustrer la relation étroite entre l'hébreu actuel et l'hébreu biblique.*

39

שִׁעוּר שְׁלוֹשִׁים וְתֵשַׁע

דִּירַת נוֹפֶשׁ

1 – הַקַּיִץ נִשְׂכּוֹר דִּירַת נוֹפֶשׁ, בִּכְפַר נוֹפֶשׁ.

(a<u>t</u>èm) <u>t</u>ihèyou	אַתֶּם תִּהְיוּ	*vous serez* (phrase 4)
(a<u>t</u>èm) <u>t</u>èvalou	אַתֶּם תְּבַלּוּ	*vous userez* [du bon temps] (phrase 7)

2 bikhfar בִּכְפַר *dans un village*. La préposition **bè** בְּ devient **bi** בְּ quand elle est suivie de la voyelle ְ (appelée **shva**) et la première consonne **k** כ du mot **kfar** כְּפַר *village*, devient **kh** כ parce qu'elle est précédée de la préposition בְּ.

matayim vèarba' • 204

39 / Trente-neuvième leçon

2 – **Atèm mishpaḥah gdolah, hadirah maspiq gdolah bishvilkhèm ?**
vous famille grande l'appartement(f.) assez grande pour-vous
Vous êtes une grande famille, l'appartement sera-t-il assez grand pour vous ?

3 – **Kèn. Yèsh bah arba'ah ḥadarim, mitbaḥ gadol vègam mirpèsèt yafah.**
oui. il-y-a dans-elle quatre chambres(m.) cuisine(m.) grand et-aussi balcon(f.) belle
Oui. Il y a quatre chambres, une grande cuisine et aussi un beau balcon.

4 – **Atèm tiheyou beḥof hayam ?**
vous serez dans-plage la-mer(m.)
Vous serez au bord de la mer ?

5 – **Kèn. Anaḥnou ohavim yam vèḥol.**
oui. nous aimons mer(m.) et-sable
Oui. Nous aimons la mer et le sable.

6 **Yèsh sham gam oniyot vètzolèlèt zèkhoukhit latayarim.**
il-y-a là aussi bateaux(f.) et-sous-marin(f.) verre(f.) pour-les-touristes
Il y a là aussi des bateaux et un sous-marin panoramique pour les touristes.

7 – **Tèvalou [3] banè'imim !**
vous-userez agréablement
Passez du bon temps !

8 – **Todah. Gam atèm.**
merci aussi vous
Merci. Vous aussi.

Targil rishon – Targèm   תַּרְגִּיל רִאשׁוֹן – תַּרְגֵּם

❶ בקיץ נשכור מכונית בנתניה.
Baqayitz niskor mèkhonit biNetanyah.

❷ בעילת יש צוללת זכוכית לתיירים.
Bèèilat yèsh tzolèlèt zèkhoukhit latayarim.

❸ תבלו בנעימים בחוף הים.
Tèvalou banè'imim bèḥof hayam.

שִׁעוּר שְׁלוֹשִׁים וְתֵשַׁע / 39

2 - אַתֶּם מִשְׁפָּחָה גְדוֹלָה, הַדִּירָה מַסְפִּיק גְדוֹלָה בִּשְׁבִילְכֶם?

3 - כֵּן. יֵשׁ בָּהּ אַרְבָּעָה חֲדָרִים, מִטְבָּח גָּדוֹל וְגַם מִרְפֶּסֶת יָפָה.

4 - אַתֶּם תִּהְיוּ בְּחוֹף הַיָּם?

5 - כֵּן. אֲנַחְנוּ אוֹהֲבִים יָם וְחוֹל.

6 - יֵשׁ שָׁם גַּם אֳנִיּוֹת וְצוֹלֶלֶת זְכוּכִית לַתַּיָּרִים.

7 - תְּבַלּוּ בַּנְּעִימִים!

8 - תּוֹדָה. גַּם אַתֶּם.

Note

3 <u>t</u>èvalou תְּבַלּוּ *vous userez* est traduit ici par *passez* ! Ce futur porte en hébreu la nuance de souhait. En français l'impératif peut servir à exprimer un souhait, tandis que l'impératif hébreu exprime plutôt un commandement au sens strict.

❋ ❋ ❋

❹ איפה אותם תהיו בקיץ?

Èifoh a<u>t</u>èm <u>t</u>ihèyou baqayitz ?

❺ בדירה ארבעה חדרים, מטבח ומרפסת.

Badirah arba'ah <u>h</u>adarim, mitba<u>h</u> oumirpèsè<u>t</u>.

Corrigé de l'exercice 1

❶ Cet été, nous louerons une voiture à Nè<u>t</u>anayah. ❷ À Eilat il y a un sous-marin panoramique pour les touristes. ❸ Passez du bon temps au bord de la mer ! ❹ Où serez-vous cet (en) été ? ❺ Dans l'appartement il y a quatre chambres, une cuisine et un balcon.

ma<u>t</u>ayim vashèsh • 206

39 / Trente-neuvième leçon

Targil shèni – Hashlèm   תַּרְגִיל שֵׁנִי – הַשְׁלֵם

❶ *Vous serez dans un village de vacances, cet été ?*
   Atèm tihèyou bikhfar nofesh baqayitz ?

   אַתֶּם תִּהְיוּ ---- ---- בַּקַיִץ?

❷ *L'appartement n'est-il pas petit pour vous ?*
   Hadirah lo qtanah bishvilkhèm ?

   ---- לֹא קְטָנָה ------?

❸ *Passez du bon temps en vacances !*
   Tévalou banè'imim bahofesh!

   ---- ------ בַּחוֹפֶשׁ!

❹ *L'été, j'aime m'asseoir au balcon.*
   Baqayitz ani ohévèt lashèvèt bamirpésèt.

   ---- אֲנִי אוֹהֶבֶת ---- בַּ-----.

❺ *Il a besoin d'une grande cuisine parce qu'il a quatre enfants.*
   Hou tzarikh mitbah gadol ki yèsh lo arba'ah yèladim.

   הוּא צָרִיך ---- גָּדוֹל כִּי יֵשׁ לוֹ ----- -----.

Kfar nofèsh כְּפַר נוֹפֶשׁ village de vacances. *Qui penserait qu'entre, d'une part "village de vacances" – qu'on imagine orné de palmiers, d'apollons bronzés et de jolies filles en string – et, d'autre part, l'âme chère à d'austères maîtres spirituels, il y a une communauté de racine ?* **Nofèsh** נוֹפֶשׁ *signifie* vacances *en hébreu israélien.* **Nèfèsh** נֶפֶשׁ *est l'âme, le souffle, le principe de vie. Le livre de l'Exode (31, 17) dit "Le septième jour [Dieu]* **nafash** נָפַשׁ *a soufflé". Souffler est respirer, arrêter de travailler, se reposer, retrouver son moi, se consacrer à d'autres valeurs que celles de la production.*

39 / שִׁעוּר שְׁלוֹשִׁים וְתֵשַׁע

Corrigé de l'exercice 2

❶ - בְּכִכָּר נוֹפֵשׁ ❷ הַדִּירָה - בַּאֲבִיבְכֶם ❸ תָּבֹאוּ בְּנִיסָּאִים ❹ בָּקִיעַ - לָשֶׁבֶת - אַרְפֶּסֶת ❺ אַלְבָּח - עַרְבַּצָּה יַצָדִים

*Vous voyez qu'entre **nofèsh** נוֹפֵשׁ **nèfèsh** נֶפֶשׁ et **nafash** נָפַשׁ on trouve la même racine trilitère. Le premier **nofèsh** נוֹפֵשׁ est le **shabat** שַׁבָּת de Dieu comme l'évoque cette phrase du livre de l'Exode. Voilà donc un mot qui, passant plusieurs millénaires, s'est chargé de significations nouvelles, sans éliminer les anciennes.*

On s'arrête ici ? Vous avez mérité de prendre un peu de nofèsh נוֹפֵשׁ.

Quarantième leçon
(Shi'our arba'im)

Bashanah habaah [1]
L'année prochaine

1 – **Mah shlom [2] hayèladim shèlakhèm ?**
quoi paix-de les-enfants de-vous
Comment vont vos enfants ?

2 – **Hayèladim shèlanou ? Hèm kvar lo yèladim !**
les enfants de-nous ? eux déja non enfants
Nos enfants ? Ils ne sont plus des enfants !

3 **Dani bèn shloshim. Bashanah habaah, hou yèlamèd[3] handasat mahshèvim baTèkhniyon bèHèifah.**
Dani fils trente. dans-année la-venante il enseignera(m.) ingénierie-de ordinateurs dans-Technion dans-Haïfa
Dani a trente ans. L'an prochain, il enseignera l'ingénierie informatique au Technion à Haïfa.

4 **Shiri bat 'èsrim vèhamèsh. Hi tilmad shanah rèvi'it rèfouah baouniv̀èrsitah ha'ivrit biYroushalayim.**
Shiri fille vingt et-cinq. elle étudiera(f.) année quatrième médecine dans-université la-hébraïque dans-Jérusalem
Shiri a vingt-cinq ans. Elle sera en quatrième année de médecine à l'université hébraïque de Jérusalem.

Notes

[1] bashanah habaah בַּשָׁנָה הַבָּאָה *l'année prochaine*. **Habaah** est au féminin singulier puisque **shanah** est au féminin singulier. Continuez la série : bashanim habaot בַּשָׁנִים הַבָּאוֹת *les années prochaines*, (**shanim** est du féminin, bien que sa terminaison, au pluriel, soit d'apparence masculine) ; bahodèsh haba בַּחוֹדֶשׁ הַבָּא *le mois prochain* ; bahodashim habaim בַּחוֹדְשִׁים הַבָּאִים *les mois prochains*.

שִׁעוּר אַרְבָּעִים

בַּשָּׁנָה הַבָּאָה

1 – מַה שלוֹם הַיְלָדִים שֶׁלָּכֶם?
2 – הַיְלָדִים שֶׁלָּנוּ? הֵם כְּבָר לֹא יְלָדִים!
3 דָּנִי בֶּן שְׁלוֹשִׁים. בַּשָּׁנָה הַבָּאָה הוּא יְלַמֵּד הַנְדָּסַת מַחְשְׁבִים בַּטֶכְנִיּוֹן בְּחֵיפָה.
4 שִׁירִי בַּת עֶשְׂרִים וְחָמֵשׁ. הִיא תִלְמַד שָׁנָה רְבִיעִית רְפוּאָה בָּאוּנִיבֶרְסִיטָה הָעִבְרִית בִּירוּשָׁלַיִם.

2 Mah shlom ? מַה שְׁלוֹם *comment va ? comment vont ?* **Shalom** שָׁלוֹם a pris ici une forme raccourcie, comme cela est fréquent quand le mot passe de l'état absolu à l'état construit. **Shlom** peut être suivi d'un pronom personnel suffixé, comme à la leçon 3, ou d'un nom, comme vous le voyez ici.

3 Encore le futur (en caractères rouges, les consonnes caractéristiques de la personne ; revoyez la note 1 de la leçon 37) :

(hou) yèlamèd	(הוּא) יְלַמֵּד	*il enseignera* (phrase 3)
(hi) tilmad	(הִיא) תִלְמַד	*elle étudiera* (phrase 4)
(hou) yilmad	(הוּא) יִלְמַד	*il étudiera* (phrase 5)
(hèm) yavoou	(הֵם) יָבוֹאוּ	*ils viendront* (phrase 7)

matayim vè'èṣèr • 210

40 / Quarantième leçon

5 **Roni bèn 'esrim. Hou yilmad shanah rishonah mishpatim bèounivèrsitat Bèèr Shèva'.**
   Roni fils vingt. il étudiera(m.) année première jugements dans-université-de Beer sheba
   Roni a vingt ans. Il fera sa première année de droit à l'université de Beer sheba.

6 – **Nitpardah hahavilah.**
   s'est-disloquée le-paquet(f.)
   La famille s'est dispersée.

7 – **Nakhon, aval hèm yavoou habaytah [4] lèsof shavou'a.**
   vrai mais eux viendront la-maison-à pour-fin semaine
   C'est vrai, mais ils viendront à la maison le week-end.

***

Targil rishon – Targèm — תַּרְגִּיל רִאשׁוֹן – תַּרְגֵּם

❶ בַּשָּׁנָה הַבָּאָה, הִיא תִּלְמַד רְפוּאָה.
Bashanah habaah, hi tilmad rèfouah.

❷ בַּשָּׁנָה הַבָּאָה, נָתִי יִלְמַד מִשְׁפָּטִים.
Bashanah habaah, Naty yilmad mishpatim.

❸ מַה שְׁלוֹם שִׁירִי וְרוֹנִי?
Mah shlom Shiri vèRoni ?

❹ הוּא יְלַמֵּד גֵּאוֹגְרַפְיָה בְּבֵית-סֵפֶר.
Hou yèlamèd gèografyah bèvèit-sèfèr.

❺ בְּסוֹף הַשָּׁבוּעַ, לִיאוֹר וְשִׁירִי יָבוֹאוּ הַבַּיְתָה.
Bèsof hashavou'a, Lior vèShiri yavoou habaytah.

***

Targil shèni – Hashlèm — תַּרְגִּיל שֵׁנִי – הַשְׁלֵם

❶ *L'université de Tel-Aviv est la plus grande du pays.*
   Ounivèrsitat Tèl Aviv hagdolah bèyotèr baarètz
   תֵּל אָבִיב _____ בָּאָרֶץ.

❷ *Ce sera la quatrième année qu'il enseignera le droit à Beer sheba.*
   Zot hashanah harèvi'it shèhou yèlamèd mishpatim bèBèèr Shèva'.
   ___ הַשָּׁנָה _____ שֶׁהוּא ____ מִשְׁפָּטִים ____ ____ .

שִׁעוּר אַרְבָּעִים

5 רוֹנִי בֶּן עֶשְׂרִים. הוּא יִלְמַד שָׁנָה רִאשׁוֹנָה מִשְׁפָּטִים בָּאוּנִיבֶּרְסִיטַת בְּאֵר שֶׁבַע.
6 - נִתְפָּרְדָה הַחֲבִילָה.
7 - נָכוֹן, אֲבָל הֵם יָבוֹאוּ הַבַּיְתָה לְסוֹף שָׁבוּעַ.

Note

4 **habaytah** הַבַּיְתָה à la maison. Ce mot est encadré par deux **hè** ה. le premier est l'article défini parce qu'il s'agit non d'une maison en général mais d'une maison déterminée, sa propre maison ; le second indique la direction, le mouvement vers un lieu. On trouve ainsi : **Yèroushalaymah** יְרוּשָׁלַיְמָה *vers Jérusalem*, **Tèl Avivah** תֵּל אָבִיבָה *vers Tel-Aviv*.

***

Corrigé de l'exercice 1

❶ L'année prochaine, elle étudiera la médecine. ❷ L'année prochaine, Naty étudiera le droit. ❸ Comment vont Shiri et Roni ? ❹ Il enseignera la géographie à l'école. ❺ En fin de semaine, Lior et Shiri viendront à la maison.

***

❸ *Gadi étudiera à l'université et Nitzah étudiera au Technion.*
Gadi yilmad baouniv̲èrsitah vèNitzah t̲ilmad baTèkhnyion.
גַּדִי ____ בָּ_____ וְנִצָּה ____ בָּ_____.

❹ *Alors, je vois que vos enfants ne plus des enfants.*
Nou, ani roèh shèhayèladim shèlakhèm kv̲ar lo yèladim.
__ עֲנִי ____ שֶׁהַיְלָדִים ____ ___ __ יְלָדִים.

❺ *La famille s'est dispersée (s'est disloqué le paquet), dommage !*
Hahav̲ilah nit̲pardah, hav̲al !
_____ _____, חֲבָל!

Corrigé de l'exercice 2

❶ בָּאוּנִיבֶּרְסִיטַת - הַגְּדוֹלָה בְּיוֹתֵר - ❷ כֹּסוֹת - הָרְבִיעִית - לְאַחַד - בַּבֹּקֶר - שֶׁבַּ ❸ - יֹאמַר - בָּאוּנִיבֶּרְסִיטָה - תְּלַמֵּד - שְׁכֶנְיוֹן ❹ נוּ - רוֹאֶה - שֶׁלָּכֶם - כְּבָר לֹא - ❺ הַחֲבִילָה - נִתְפָּרְדָה -

Une association de Juifs allemands avait prévu, en 1913, l'ouverture du Technion de Haifah avec un programme en allemand. C'est en fait avec un programme en hébreu qu'il a été inauguré dix ans plus tard. Les fondateurs avaient estimé la langue hébraïque inapte à véhiculer les savoirs techniques. Les professeurs et étudiants, convaincus du contraire, l'ont emporté : au moyen des racines hébraïques ils ont créé les mots nécessaires à l'enseignement.
Inaugurant l'université hébraïque de Jérusalem en 1925, le professeur Haïm Weizman, futur président de l'état, prononça ces mots : "À l'intérieur de ces salles, toutes les religions et toutes les races seront, je l'espère, unies dans la grande tâche de la recherche de la vérité…" Parmi les personnalités présentes se trouvaient Freud, Einstein et le poète Bialik.

Quarante et unième leçon
(Shi'our arba'im vèa<u>h</u>at)

Hamè'il [1]
Le manteau

1 – **Ani atous** [2] [3] **ba<u>h</u>orèf liYroushalayim.**
moi volerai dans-hiver vers-Jérusalem
Cet hiver j'irai à Jérusalem.

Notes

1 mè'il מְעִיל *manteau*. On aurait pu traduire par *pardessus*, qui aurait été la traduction littérale. La racine trilitère est ע.ל.ה. où l'on voit la préposition 'al עַל *sur, dessus*. Le מ est le préfixe qui désigne un objet. Autres exemples : ma'alit מַעֲלִית *ascenseur*, ma'alah מַעֲלָה *degré, marche d'escalier* et dans les leçons précédentes ma<u>h</u>shèv מַחְשֵׁב *ordinateur*, mikhtav מִכְתָב *lettre* (pour la poste), mis<u>h</u>aq מִשְׂחָק *jouet*, mitba<u>h</u> מִטְבָּח *cuisine*.

2 Encore le futur. Profitons en ! Dans l'ordre des personnes grammaticales, en voici un échantillon :

(ani) atous	(אֲנִי) אָטוּס	*je volerai* (phrase 1)
(ani) èqa<u>h</u>	(אֲנִי) אֶקַּח	*je prendrai* (phrase 6)
(at) tatousi	(אַתְּ) תָּטוּסִי	*tu voleras* (phrase 2)

Mais cette fois, le vœu des fondateurs était que tout l'enseignement, si scientifique qu'il fût, soit donné en hébreu, d'où le nom de l'université.

Haïm Weizman, premier président de l'état d'Israël, a exercé ses fonctions de 1948 à 1952, date de sa mort. L'institut Haïm Weizman, établi à Rèhovoth et spécialisé dans la chimie et la biologie, porte son nom.

L'université Bèn Gourion de Bèèr Shéva a été créée en 1968 pour le développement du Nègèv. À l'origine, en 1957, l'"Institut de recherche pour les zones arides" s'intéressait aux méthodes employées par les Nabatéens, 20 siècles plus tôt, pour cultiver dans le désert. Il s'intéressa vite au dessalement de l'eau de mer, à la conservation des eaux de pluie, à l'énergie solaire et jusqu'à l'influence du désert sur le psychisme, tenant ainsi d'un côté à la haute antiquité et de l'autre au plus moderne.

שִׁעוּר אַרְבָּעִים וְאַחַת

הַמְּעִיל

1 - אֲנִי אָטוּס בַּחוֹרֶף לִירוּשָׁלַיִם.

(at) **ti**qhi   (אֵת) תִּקְחִי   *tu prendras* (phrase 8)
(hou) **yi**hèyèh   (הוּא) יִהְיֶה   *il sera* (phrase 4)

Notez que les phrases 6 et 7 emploient les trois temps : présent **rotzèh** רוֹצֶה, futur **èqah** אֶקַח, passé **hishtaga'èta** הִשְׁתַּגַּעְתָּ. On sent bien ici comme l'hébreu diffère du français : il ne connaît pas de subjonctif et exprime les trois temps purement et simplement selon leur valeur propre de passé, présent et futur, dans la chronologie du récit. La phrase 8 emploie un présent **yoda'at** יוֹדַעַת, un futur **ti**qhi תִּקְחִי et un impératif féminin singulier, **q**hi קְחִי.

3 **atous** אָטוּס *je volerai*. L'hébreu est sensible ici aux nuances de vocabulaire :

èsa'	אֶסַּע	*je voyagerai* (je roulerai en bus, auto, train)
èlèkh	אֵלֵךְ	*j'irai* (à pied)
atous	אָטוּס	*je volerai*

Souvent, ces nuances ne peuvent se rendre en français que par des mots supplémentaires. Le verbe *aller* les couvre toutes, sauf à préciser : *je prendrai le train, l'avion,* etc.

41 / Quarante et unième leçon

2 — **Nèhèdar ! At tatousi liYroushalayim lèḥag hamolad [4] ?**
magnifique tu voleras(f.) vers-Jérusalem pour-fête(m.) la-naissance(m.)
Magnifique ! Tu iras à Jérusalem pour Noël ?

3 — **Lo, lèḤanoukah.**
non pour-inauguration
Non, pour Ḥanoukah.

4 — **Ḥag hamolad o Ḥanoukah, bèḥodèsh dètzèmbèr yiheyèh qar mèod biYroushalayim !**
fête le-naissance ou inauguration dans mois décembre sera(m.) froid très dans-Jérusalem
Noël ou Ḥanoukah, au mois de décembre il fera très froid à Jérusalem !

5 **Qḥi [5] mè'il ḥorèf, afilou parvah.**
prends manteau hiver même fourrure
Prends un manteau d'hiver, même une fourrure.

6 — **Atah rotzèh shèèqaḥ parvah ?**
tu veux que-je-prendrai fourrure
Tu veux que je prenne une fourrure ?

7 **Hishtaga'eta [6] ? Israèl èrètz [7] ḥamah.**
tu-es-devenu-fou Israël pays(f.) chaude
Tu es devenu fou ? Israël est un pays chaud.

8 — **At yoda'at mah ? Im lo tiqḥi mè'il, qḥi kèsèf liqnot sham mé'il...**
tu sais quoi si non tu-prendras(f.) manteau prends(f.) argent acheter là-bas manteau...
Tu sais quoi ? Si tu ne prends pas de manteau, prends de l'argent pour en acheter un là-bas...

Notes

4 **molad** מוֹלָד *naissance*. Nous avons vu, leçon 32, **houlèdèt** הוּלֶדֶת *naissance*. Quelle différence ? D'abord remarquons que ces deux mots ont la même racine trilitère י.ל.ד. La différence relève de l'usage : **houlèdèt** a un sens général, tandis que **molad** a un sens spécialisé : **ḥag hamolad** חַג הַמוֹלָד *fête de la naissance*, c'est-à-dire *Noël*.

שָׁעוּר אַרְבָּעִים וְאַחַת / 41

2 - נֶהְדָּר! אֶת טָסָתִי לִירוּשָׁלַיִם לְחַג הַמּוֹלָד?

3 - לֹא, לַחֲנוּכָּה.

4 - חַג הַמּוֹלָד אוֹ חֲנוּכָּה, בְּחוֹדֶשׁ דֶּצֶמְבֶּר יִהְיֶה קַר מְאֹד בִּירוּשָׁלַיִם.

5 קְחִי מְעִיל חוֹרֶף, אֲפִילוּ פַּרְוָה.

6 - אַתָּה רוֹצֶה שֶׁאֶקַּח פַּרְוָה?

7 הִשְׁתַּגַעְתָּ? יִשְׂרָאֵל אֶרֶץ חַמָּה.

8 - אַתְּ יוֹדַעַת מַה? אִם לֹא תִּקְחִי מְעִיל, קְחִי כֶּסֶף לִקְנוֹת שָׁם מְעִיל...

5 **qhi** קְחִי *prends*. Pour la première fois, voici un impératif. Il se conjugue comme ceci : **qah**, m. קַח *prends* ; **qhi**, f. קְחִי *prends* ; **qhou**, m./f. קְחוּ *prenez*.

6 **hishtaga'èta** הִשְׁתַּגַעְתָּ *tu es devenu fou*. Le verbe, à lui seul, est rendu par toute une expression en français. Il se conjuguera bien sûr, en fonction de la personne.

7 **èrètz** אֶרֶץ *pays, terre, sol*. À la leçon 25 nous avons rencontré **laarètz** לָאָרֶץ. Cette différence de voyelle sous le א vient de la présence de l'article **ha** ה dans ce deuxième cas.

matayim shèsh 'èsrèh • 216

41 / Quarante et unième leçon

תַּרְגִיל רִאשׁוֹן – תַּרְגֵּם
Targil rishon – Targèm

❶ בחנוכה אטוס עם בעלי לחופש.
BèHanoukah atous 'im ba'ali lènofèsh.

❷ שם קר מאד בחורף וחם מאד בקיץ.
Sham qar mèod bahorèf vèham mèod baqayitz.

❸ השתגעת? אתה רוצה שוקח מעיל חורף לאילת?
Hishtaga'eta ? Atah rotzèh shèèqah mè'il horèf lèÈilat ?

❹ בחבילה הזות יש הפתעה: מתנה יקרה.
Bahavilah hazot yèsh hafta'ah : matanah yèqarah.

❺ אם תטוסי לחוץ לארץ, קחי את הפרוה.
Im tatousi lèhoutz laarètz, qhi èt haparvah.

תַּרְגִיל שֵׁנִי – הַשְׁלֵם
Targil shèni – Hashlèm

❶ *Beaucoup de touristes viendront de l'étranger à Jérusalem pour Noël.*
Harbèh tayarim mihoutz laarètz yavoou liYroushalayim lèhag hamolad.
הַרְבֵּה תַּיָּרִים ____ ____ _____ לִירוּשָׁלַיִם לְ_____.

❷ *Il y a une grève à l'aéroport. Quand partirai-je ?*
Yèsh shvitah bèsdèh haté'oufah. Matay atous ?
יֵשׁ _____ בְּ___ _____. מָתַי ____?

❸ *Prends de l'argent pour acheter du houmous, de la thinah et du café.*
Qhi kèsèf liqnot houmous, thinah, falafèl vèqafèh.
___ כֶּסֶף לִקְנוֹת _____, _____, _____ וְקָפֶה.

❹ *Elle ne sait pas ce qu'il y a dans le paquet.*
Hi lo yoda'at mah yèsh bahavilah.
הִיא __ _____ מַה יֵשׁ בַּ_____.

❺ *Nètanèl aime beaucoup la fête de Hanoukah.*
Nètanèl ohèv méod èt hag haHanoukah.
נְתַנְאֵל אוֹהֵב מְאֹד אֶת __ _____.

217 • matayim shva' 'èsrèh

שִׁעוּר אַרְבָּעִים וְאַחַת

Corrigé de l'exercice 1

❶ À Hanoukah, je partirai en avion avec mon mari pour les vacances. ❷ Là-bas il fait très froid en hiver et très chaud en été. ❸ Tu es devenu fou ? Tu veux que je prenne un manteau d'hiver pour Eilat ? ❹ Dans ce paquet, il y a une surprise : un cadeau de prix (cher). ❺ Si tu pars à l'étranger (en avion), prends la fourrure.

Corrigé de l'exercice 2

❶ - מְחִיר ‎ֿ‏ ‎קָרוֹב - יָבוֹא - חַג הָאוֹר - ❷ - שְׂבִיתָה - שֶׁלֶג - הַתְאוּסָה - קָטָן ❸ קְחִי - חוּאוּס ‎ ‎לְחִינָה פָּנִים ‎ ‎ - ❹ - כֹּל יוֹדַעַת - חֲבִילָה ❺ חַג הַחֲנוּכָּה

Hanoukah חֲנוּכָּה inauguration. *Cette fête se célèbre en décembre pendant huit jours. Elle commémore le renouvellement opéré au profit de la nation par les cinq frères de la famille Maccabée. En 165 avant l'ère chrétienne, sous leur impulsion, la révolte juive vainc le roi de Syrie, Antiochus IV. Imposant son paganisme, ce dernier avait dédié le Temple à ses dieux. Ses troupes étaient allées jusqu'à profaner les jarres d'huile destinée à l'allumage de la* **mènorah** מְנוֹרָה *chandelier. Pour renouer le fil de la tradition, les Juifs en cherchent alors des restes : c'est une fiole pourvue de son sceau intact qu'ils récupèrent ; la quantité d'huile était si petite qu'elle suffisait à peine pour une seule journée. Par miracle, la* **mènorah** *brûle pendant huit jours.*
Aujourd'hui, la famille se réunit autour d'un chandelier à neuf branches appelé **hanoukiyah** חֲנוּכִּיָה. *Les huit branches rappellent les huit jours du miracle ; la neuvième est le* **shamash** שַׁמָּשׁ *le serviteur avec lequel on allume les autres. Chaque jour, on allume une bougie supplémentaire ; on mange des beignets ou d'autres mets frits à l'huile. Dans les villes ou les kibboutz, une grande* **hanoukiyah** *électrique s'allume le soir sur la place principale.*

L'anecdote que rapporte cette leçon 41 est arrivée réellement. Beaucoup de touristes s'imaginent que le pays est constamment et uniformément un pays chaud, or, en hiver, la neige à Jérusalem, par exemple, n'est pas rare.

matayim shmonèh 'èsrèh • 218

Quarante-deuxième leçon
(Shi'our arba'im oush_tayim)

חֲזָרָה _Hazarah – Révision

Vous voici arrivé à la moitié de notre programme. Vous connaissez maintenant le présent, le passé et le futur des verbes hébreux : vous êtes parvenus à l'hébreu en trois dimensions !

1 Les verbes au futur

Avant tout, souvenez-vous qu'un verbe en hébreu ne se désigne pas par son infinitif mais par sa <u>racine</u>, en général trilitère.
Cette révision a pour but de fixer votre pratique du verbe au futur. C'est pourquoi nous vous rappelons le principe de sa formation : on ajoute, soit avant, soit après la <u>racine</u> du verbe, des lettres qui caractérisent la personne. Nous obtenons ainsi le tableau suivant :

Singulier

1ʳᵉ pers. m./f.	א - - -	אֲנִי
2ᵉ pers. m.	ת - - -	אַתָּה
2ᵉ pers. f.	ת - - -ִי	אַתְּ
3ᵉ pers. m.	י - - -	הוּא
3ᵉ pers. f.	ת - - -	הִיא

Pluriel

1ʳᵉ pers. m./f.	נ - - -	אֲנַחְנוּ
2ᵉ pers. m.	ת - - -וּ	אַתֶּם
2ᵉ pers. f.	ת - - -וּ	אַתֶּן
3ᵉ pers. m.	י - - -וּ	הֵם
3ᵉ pers. f.	י - - -וּ	הֵן

• Appliquons ce schéma à la racine du verbe ל.מ.ד apprendre (c'est le cas de le dire !) :

| (ani) èlmad | אֶלְמַד | (אֲנִי) | *j'apprendrai* |
| (a_tah) _tilmad | תִלְמַד | (אַתָּה) | *tu apprendras (m.)* |

219 • ma_tayim tsha' 'èsrèh

שִׁעוּר אַרְבָּעִים וּשְׁתַּיִם

(at) **ti**lmèdi	תִּלְמְדִי	(אַתְּ)	tu apprendras (f.)
(hou) yilmad	יִלְמַד	(הוּא)	il apprendra
(hi) **ti**lmad	תִּלְמַד	(הִיא)	elle apprendra
(ana**h**nou) nilmad	נִלְמַד	(אֲנַחְנוּ)	nous apprendrons
(a**t**èm) **ti**lmèdou	תִּלְמְדוּ	(אַתֶּם)	vous apprendrez (m.)
(a**t**èn) **ti**lmèdou	תִּלְמְדוּ	(אַתֶּן)	vous apprendrez (f.)
(hèm) yilmèdou	יִלְמְדוּ	(הֵם)	ils apprendront
(hèn) yilmèdou	יִלְמְדוּ	(הֵן)	elles apprendront

Notez que ces consonnes (א ת י נ) sont toujours les mêmes selon les personnes : pour *je* א, pour *tu*, *elle* et *vous* ת, pour *il*, *ils* et *elles* י, pour *nous* נ.

Les voyelles, elles, peuvent changer, par exemple :

a**t**ah **t**èlèkh אַתָּה תֵּלֵךְ *tu iras* : la voyelle placée sous le ת du verbe est è ֵ tandis que dans a**t**ah **t**ilmad אַתָּה תִּלְמַד *tu apprendras*, la voyelle est le **i** et dans a**t**ah **t**a'asèh אַתָּה תַּעֲשֶׂה *tu feras*, la voyelle est **a**. Comment peut-on savoir quelle voyelle placer ? C'est l'usage qui vous l'apprendra : nous en verrons tant que vous prendrez les bonnes habitudes. Les mystères du futur... vont s'éclairer par la pratique !

• Encore un exemple, mais nous prendrons cette fois un verbe dont la racine ע.שׂ.ה *faire*, se termine par la lettre ה. Ce ה reste présent, sauf lorsque, après la racine, la conjugaison ajoute, selon la personne, un י ou un ו. Dans ces deux derniers cas, si on conservait le ה de la racine, ce serait trop difficile à prononcer :

(ani) è'èsèh	אֶעֱשֶׂה	(אֲנִי)	je ferai
(a**t**ah) **t**a'asèh	תַּעֲשֶׂה	(אַתָּה)	tu feras (m.)
(a**t**) **t**a'asi	תַּעֲשִׂי	(אַתְּ)	tu feras (f.)
(hou) ya'asèh	יַעֲשֶׂה	(הוּא)	il fera
(hi) **t**a'asèh	תַּעֲשֶׂה	(הִיא)	elle fera
(ana**h**nou) na'asèh	נַעֲשֶׂה	(אֲנַחְנוּ)	nous ferons
(a**t**èm) **t**a'asou	תַּעֲשׂוּ	(אַתֶּם)	vous ferez (m.)

ma**t**ayim 'èsrim • 220

(atèn) ta'asou	תַּעֲשׂוּ	(אַתֶּן)	vous ferez (f.)
(hèm) ya'asou	יַעֲשׂוּ	(הֵם)	ils feront
(hèn) ya'asou	יַעֲשׂוּ	(הֵן)	elles feront

• Profitons de l'occasion pour conjuguer ה י ה être, puisque ce verbe, se terminant par un ה, est à l'image du précédent :

(ani) èhèyèh	אֶהְיֶה	(אֲנִי)	je serai
(atah) tihèyèh	תִּהְיֶה	(אַתָּה)	tu seras (m.)
(at) tihèyi	תִּהְיִי	(אַתְּ)	tu seras (f.)
(hou) yihèyèh	יִהְיֶה	(הוּא)	il sera
(hi) tihèyèh	תִּהְיֶה	(הִיא)	elle sera
(anahnou) nihèyèh	נִהְיֶה	(אֲנַחְנוּ)	nous serons
(atèm) tihèyou	תִּהְיוּ	(אַתֶּם)	vous serez (m.)
(atèn) tihèyou	תִּהְיוּ	(אַתֶּן)	vous serez (f.)
(hèm) yihèyou	יִהְיוּ	(הֵם)	ils seront
(hèn) yihèyou	יִהְיוּ	(הֵן)	elles seront

• Dernier exemple : le verbe *voyager*, racine נ.ס.ע, perd, au futur, la première consonne car la garder rendrait la prononciation trop difficile :

(ani) èsa'	אֶסַּע	(אֲנִי)	je voyagerai
(atah) tisa'	תִּסַּע	(אַתָּה)	tu voyageras (m.)
(at) tis'i	תִּסְעִי	(אַתְּ)	tu voyageras (f.)
(hou) yisa'	יִסַּע	(הוּא)	il voyagera
(hi) tisa'	תִּסַּע	(הִיא)	elle voyagera
(anahnou) nisa'	נִסַּע	(אֲנַחְנוּ)	nous voyagerons
(atèm) tis'ou	תִּסְעוּ	(אַתֶּם)	vous voyagerez (m.)
(atèn) tis'ou	תִּסְעוּ	(אַתֶּן)	vous voyagerez (f.)
(hèm) yis'ou	יִסְעוּ	(הֵם)	ils voyageront
(hèn) yis'ou	יִסְעוּ	(הֵן)	elles voyageront

2 L'impératif

C'est la forme la plus courte de la conjugaison. Elle ne possède que la 2ᵉ personne du singulier, masculin et féminin et une unique 2ᵉ personne du pluriel. Pour le former, il suffit de prendre la forme du futur à la 2ᵉ pers. et d'en ôter le préfixe **t** ת Regardez maintenant :

tiqah תִּקַּח *tu prendras* (m.) → **qah** קַח *prends* (m.)

tiqhi	תִּקְחִי	tu prendras (f.)	**qhi**	קְחִי	prends (f.)
tiqhou	תִּקְחוּ	vous prendrez (m./f.)	**qhou**	קְחוּ	prenez (m./f.)
tiqnèh	תִּקְנֶה	tu achèteras (m.) →	**qnèh**	קְנֵה	achète
tiqni	תִּקְנִי	tu achèteras (f.)	**qni**	קְנִי	achète
tiqnou	תִּקְנוּ	vous achèterez	**qnou**	קְנוּ	achetez

Dans quelques cas, cependant, une difficulté demeure : quelle voyelle ? Nous vous la donnerons quand un verbe à l'impératif apparaîtra et l'usage fera le reste.

L'impératif hébreu a vraiment le sens d'un ordre. C'est pourquoi on lui préfère souvent le futur qui, comme en français, atténue cet aspect.

3 Interrogation

Nous avons rencontré les mots interrogatifs suivants :

èizèh ? (m.)	אֵיזֶה?	quel ?
èizo ? (f.)	אֵיזוֹ?	quelle ?
èikh ?	אֵיךְ?	comment ?
èifoh ?	אֵיפֹה?	où ?
kamah ?	כַּמָה?	combien ?
bèn kamah ?	בֶּן כַּמָה?	quel âge ? (m.)
bat kamah ?	בַּת כַּמָה?	quel âge ? (f.)
lèan ?	לְאָן?	vers où ?
mèayin ?	מֵאַיִן?	d'où ?
mi ?	מִי?	qui ?
mah ?	מַה?	quoi ?
matay ?	מָתַי?	quand ?

4 Prépositions

La grammaire hébraïque utilise, pour désigner cette classe de mots, l'expression "lettre-outil" qui fait bien comprendre son emploi : il s'agit d'une consonne unique qui se combine avec une voyelle, variable selon la voyelle qui accompagne la lettre qui suit. En fait, ne soyez pas inquiet. Si vous vous trompez de voyelle, vous serez compris (même des Israéliens "éclairés" font des erreurs). Nous allons faire le travail pour vous. Si votre mémoire retient la bonne formule, tant mieux. Voici les lettres-outils que nous avons déjà vues :

- **b...** בְּ dans. Exemples : **bèvèit hasèfèr** בְּבֵית הַסֵפֶר dans l'école ; **bèvèit-sèfèr** בְּבֵית־סֵפֶר dans une école ; **biYroushalayim** בִּירוּשָׁלַיִם dans Jérusalem ; **bèotobous** בָּאוֹטוֹבּוּס dans un autobus ; **baotobous** בָּאוֹטוֹבּוּס dans l'autobus (l'article **ha**, contracté, perd ici son **h** ה)
- **l...** לְ vers. Exemples : **lèIsraèl** לְיִשְׂרָאֵל vers Israël ; **laarètz** לָאָרֶץ vers le pays (l'article **ha**, contracté, perd ici son **h** ה) ; **liYroushalayim** לִירוּשָׁלַיִם vers Jérusalem.
- **m...** מ de (origine). Exemples : **mèhabayit** מֵהַבַּיִת de la maison ; **mèha'avodah** מֵהָעֲבוֹדָה du travail ; **miTèl Aviv** מִתֵּל אָבִיב de Tel-Aviv. Notez que ce מ peut précéder l'article sans qu'il y ait contraction comme on le voit dans **mèhabayit** et **mèha'avodah**.

5 Expressions courantes :

Yihèyèh bèsèdèr !	יִהְיֶה בְּסֵדֶר!	tout ira bien !
... motzè hèn bè'ènay..	...מוֹצֵא חֵן בְּעֵינַי	... me plaît.
Tèvalou banè'imim !	תְּבַלוּ בַּנְעִימִים!	passez du bon temps !
hishtaga'èta !	הִשְׁתַּגַעְתָּ!	tu es devenu fou !

Dialogue de révision

❶ — בַּקַיִץ נִסַע עִם הַיְלָדִים לְדִירַת נוֹפֶשׁ בִּכְפַר נוֹפֶשׁ.

❷ — בַּשָׁנָה הַבָּאָה נְתַנְאֵל יְלַמֵד רְפוּאָה בָּאוּנִיבֶרְסִיטָה הָעִבְרִית בִּירוּשָׁלַיִם.

❸ — דוֹרִית תִּלְמַד הַנְדָסַת מַחְשְׁבִים בַּטֶכְנִיוֹן בְּחֵיפָה.

❹ — בַּחֲנוּכָּה נִהְיֶה אֵצֶל חֲמוֹתִי וְחָמִי בִּירוּשָׁלַיִם.

❺ — יִהְיֶה שָׁם קַר מְאוֹד. אֲבָל נִקְנֶה פַּרְנָה חַמָה וְיִהְיֶה בְּסֵדֶר.

❻ — בְּעוֹד אַרְבָּעָה חוֹדָשִׁים נַעֲבוֹר לְדִירָה גְדוֹלָה חֲדָשָׁה.

❼ — אֲנַחְנוּ עוֹד לֹא מַכִּירִים אֶת הַשְׁכֵנִים הַחֲדָשִׁים, אֲבָל נַזְמִין אוֹתָם לְקָפֶה וְעוּגוֹת.

❽ — נִקְנֶה גַם רָהִיטִים חֲדָשִׁים לַדִירָה,

❾ — אִם נִמְצָא רָהִיטִים שֶׁיִמְצְאוּ חֵן בְּעֵינֵינוּ וְלֹא יִהְיוּ יְקָרִים.

❿ — נַזְמִין אֶת הַמִשְׁפָּחָה וְהַחֲבֵרִים לַחֲנוּכַּת הַבַּיִת.

223 • matayim 'èsrim vèshalosh

שִׁעוּר אַרְבָּעִים וּשְׁתַּיִם

Traduction

❶ – Cet été, nous irons avec les enfants dans un appartement (de vacances), dans un village de vacances.
(dans-été nous-voyagerons avec les-enfants vers-appartement vacances dans-village vacances)

❷ – L'année prochaine, Nètanèl enseignera la médecine à l'Université Hébraïque de Jérusalem.
(dans-année la-prochaine Nètanèl enseignera médecine dans-Université la-Hébraïque dans-Jérusalem)

❸ – Dorith étudiera l'ingénierie informatique au Technion à Haifa.
(Dorit étudiera ingéniérie-de ordinateurs dans-Technion dans-Haifa)

❹ – Pour Hanoukah, nous serons chez ma belle-mère et mon beau-père, à Jérusalem.
(dans-Hanoukah nous-serons chez belle-mère-de-moi et-beau-père-de-moi, dans-Jérusalem)

❺ – Il fera très froid là-bas mais nous achèterons une fourrure chaude. Tout ira bien.
(il-sera là froid très, mais nous-achèterons fourrure chaude et-sera dans-ordre)

❻ – Dans quatre mois nous déménagerons dans un grand et nouvel appartement.
(dans-encore quatre mois, nous-passerons vers-appartement grand et-nouveau)

❼ – Nous ne connaissons pas encore les nouveaux voisins, mais nous les inviterons pour un café et des gâteaux.
*(nous encore non connaissons **[èt]** les-voisins les-nouveaux mais nous-inviterons **[èt]**-eux pour-café et gâteaux)*

❽ – Nous achèterons aussi des meubles nouveaux pour l'appartement,
(nous-achèterons aussi meubles nouveaux pour-appartement)

❾ – si nous trouvons des meubles qui nous plaisent et ne sont pas chers.
(si nous-trouverons meubles qui-trouveront grâce à-nos-yeux et-non seront chers)

❿ – Nous inviterons la famille et les amis à l'inauguration de la maison.
*(nous-inviterons **[èt]** la-famille et-les-amis pour-inauguration-de la-maison)*

En attendant la prochaine leçon תְּבַלּוּ בַּנְעִימִים.

Quarante-troisième leçon
(Shi'our arba'im vèshalosh)

Fiziqah
Physique

1 **Bèshi'our fiziqah bè<u>vèi</u>t hasèfèr, shama'** [1] **Yoni mèhamorèh shègoufim mitra<u>ha</u>vim** [2] **bahom oumit<u>ka</u>vtzim baqor.**
dans-leçon physique dans-maison le-livre, a-entendu Yoni de-le-professeur que-corps s'élargissent dans-chaleur et-se-rétrécissent dans-froid
Au cours de physique à l'école, Yoni a appris du professeur que les corps se dilatent à la chaleur et se contractent au froid.

2 **Yoni ratzah** [3] **lihèyot batoua<u>h</u>** [4] **shèhè<u>v</u>in.**
Yoni a-voulu être sûr qu'-il-a-compris
Yoni a voulu être sûr qu'il a compris.

3 **Hou shaal èt Orèn, Orèn 'anah :**
il a-interrogé **[èt]** *Orèn, Orèn a-répondu*
Il a interrogé Orèn, qui a répondu :

Notes

1 Rassemblons dans cette note tous les verbes au passé ('a<u>v</u>ar עָבָר *passé*) utilisés dans cette leçon :

shama'	שָׁמַע	*il a entendu* (phrase 1)
ratzah	רָצָה	*il a voulu* (phrase 2)
hè<u>v</u>in	הֵבִין	*il a compris* (phrase 2)
shaal	שָׁאַל	*il a interrogé* (phrase 3)
'anah	עָנָה	*il a répondu* (phrase 3)

Quatre de ces verbes se conjuguent sur le même modèle : ils portent tous la voyelle **a** deux fois insérée dans la racine trilitère. Souvenez-vous que c'est sous cette forme – la 3ᵉ pers. m. sing. du passé – que les verbes se présentent dans un dictionnaire.

225 • ma<u>t</u>ayim 'èsrim vè<u>h</u>amèsh

שִׁעוּר אַרְבָּעִים וְשָׁלוֹשׁ

פִיזִיקָה

1 בְּשִׁעוּר פִיזִיקָה בְּבֵית הַסֵּפֶר, שָׁמַע יוֹנִי מֵהַמּוֹרָה שֶׁגּוּפִים מִתְרַחֲבִים בַּחוֹם וּמִתְכַּוְצִים בַּקּוֹר.

2 יוֹנִי רָצָה לִהְיוֹת בָּטוּחַ שֶׁהֵבִין.

3 הוּא שָׁאַל אֶת אוֹרֶן, אוֹרֶן עָנָה:

---

2 mitrahavim מִתְרַחֲבִים *ils s'élargissent* et mitkavtzim מִתְכַּוְצִים *ils se rétrécissent* : voici pour la première fois deux verbes pronominaux. Au présent, les verbes pronominaux ont pour caractéristique מת au commencement :
mitrahèv (m.) מִתְרַחֵב *(je me / tu te / il s') élargis(-t)*
mitrahèvèt (f.) מִתְרַחֶבֶת *(je me / tu te / elle s') élargi(s) (t)*
Reportez-vous à la prochaine leçon de révision pour avoir leur conjugaison complète.

3 ratzah רָצָה *il a voulu*. Le h ה de la terminaison n'est pas celui qui caractérise la 3ᵉ personne du féminin singulier au passé, mais il appartient à la racine trilittère du verbe : ר.צ.ה. Pour cette raison ce verbe garde son h au présent masculin singulier comme au féminin singulier : rotzèh רוֹצֶה (il) *veut*, rotzah רוֹצָה (elle) *veut*. Au passé, s'il s'était agi du féminin, nous aurions eu ratztah רָצְתָה *elle a voulu*, de même pour le verbe 'anah עָנָה *il a répondu*.

4 batouah בָּטוּחַ *sûr*. Notez la particularité de la prononciation : ah et non ha. Ce patah פָּתַח est appelé patah ganouv פָּתַח גָּנוּב *patah volé*. Retenez ce nom pittoresque et prononcez ah (le a avant le ח) chaque fois que vous rencontrez ח à la fin d'un mot : בָּטוּחַ.

43 / Quarante-troisième leçon

4 – "**Nakhon mèod. Ètèn [5] lèkha èt hadougmah hatovah bèyotèr :**
vrai très, je-donnerai à-toi(m.) [èt] l'-exemple(f.) la-bonne en-plus
"C'est très vrai. Je te donnerai le meilleur exemple :

5 Baqayitz ham, hayamim aroukim. Bahorèf qar, hayamim qtzarim."
dans-été chaud, les-jours longs. Dans-hiver froid, les-jours courts.
En été, où il fait chaud, les jours sont longs. En hiver, où il fait froid, les jours sont courts."

Note

5 Notez le verbe au futur : **ètèn** אֶתֵּן *je donnerai (m./f.).*

Targil rishon – Targèm — תַּרְגִּיל רִאשׁוֹן – תַּרְגֵּם

❶ מִי אוֹמֵר שֶׁגּוּפִים מִתְרַחֲבִים בַּחוֹם וּמִתְכַּוְּצִים בַּקּוֹר?
Mi amar shègoufim mitrahavim bahom oumitkavtzim baqor ?

❷ דָּנִי לֹא בָּטוּחַ שֶׁהֵבִין אֶת הַשִּׁעוּר.
Dani lo batouah shèhèvin èt hashi'our.

❸ זֹאת דֻּגְמָה מְצוּיֶנֶת.
Zot dougmah mètzouyènèt.

❹ בְּאֵיזֶה חֹדֶשׁ הַיָּמִים הָאֲרוּכִים בְּיוֹתֵר?
Bèèizèh hodèsh hayamim haaroukim bèyotèr ?

❺ בַּחֹרֶף הַיָּמִים קְצָרִים וְקָרִים.
Bahorèf hayamim qtzarim vèqarim.

***

Targil shèni – Hashlèm — תַּרְגִּיל שֵׁנִי – הַשְׁלֵם

❶ *Le professeur a demandé à Yoni s'il a compris l'exemple.*
Hamorèh shaal èt Yoni im hou hévin èt hadougmah.
_____ _____ אֶת יוֹנִי אִם הוּא הֵבִין _____ הַ_____.

❷ *Tu ne peux pas être sûr que demain il fera chaud.*
Atah lo yakhol lihèyot batouah shèmahar yihèyèh ham.
אַתָּה _____ _____ לִהְיוֹת _____ שֶׁמָּחָר _____ _____.

שִׁעוּר אַרְבָּעִים וְשָׁלוֹשׁ / 43

4 – "נָכוֹן מְאֹד. אֶתֵּן לְךָ אֶת הַדֻּגְמָה הַטּוֹבָה בְּיוֹתֵר:

5 בַּקַּיִץ חַם, הַיָּמִים אֲרוּכִּים. בַּחוֹרֶף קַר, הַיָּמִים קְצָרִים."

פִיזִיקָה

Corrigé de l'exercice 1

❶ Qui a dit que les corps se dilatent à la chaleur et se contractent au froid ? ❷ Dani n'est pas sûr d'avoir compris *(qu'il a compris)* la leçon. ❸ C'est un excellent exemple. ❹ Dans quel mois, les jours sont les plus longs ? ❺ En hiver les jours sont courts et froids.

***

❸ *Au mois de décembre, les jours sont les plus courts de l'année.*
Bèhodèsh dètzèmbèr hayamim haqtzarim bèyotèr bashanah.
בְּחוֹדֶשׁ _____ הַיָּמִים הַ_ _____ בְּיוֹחֵר.

❹ *Il a voulu être professeur de physique à l'université.*
Hou ratzah lihèyot moréh lèfisiqah baouniversitah.
הוּא רָצָה _____ _____ לְפִיסִיקָה בָּאוּנִיבֶרְסִיטָה.

❺ *Il écrit de longues lettres à une amie qui est au pays.*
Hou kotèv mikhtavim aroukim lèhavèrah baarètz.
הוּא כּוֹתֵב _____ _____ _____ לְ_____ בָּ____.

Corrigé de l'exercice 2

❶ הַמּוֹרֶה שָׁאַל – הֵבִין – דֻּגְמָה – ❷ לֹא יָכוֹל – בָּטוּחַ – יִהְיֶה חַם – ❸ בְּדֶּצֶמְבֶּר – קְצָרִים בַּשָּׁנָה – ❹ לִהְיוֹת מוֹרֶה – ❺ מִכְתָּבִים אֲרוּכִּים – חֲבֵרָה – טָרֶשׁ

Hamorèh הַמוֹרֶה le maître, **Hamorah** הַמוֹרָה la maîtresse, le/la professeur/e. *Ce mot désigne l'enseignant/e, de la maternelle au baccalauréat.*
La scolarité est obligatoire de 5 à 16 ans, mais gratuite jusqu'à 18 ans.
Le caractère multiculturel de la société israélienne se reflète dans le système scolaire puisqu'on trouve, outre les écoles de l'État qui sont laïques, des écoles ethnico-religieuses, juives, arabes, chrétiennes, druzes qui fonctionnent avec des fonds publics bien qu'étant des écoles privées. Tous ces établissements enseignent l'hébreu, qui est la langue du pays, et la langue propre à la population qu'ils prennent en charge. Comme rien n'est simple, certaines de ces écoles religieuses s'ouvrent à des enfants de religions différentes.

Quarante-quatrième leçon
(Shi'our arba'im véarba')

Bdihah arkhéologit
Une blague archéologique

1 **Arkhèolog isrèèli vèarkhèolog [1] yèvani nifgèshou [2] bèkhènès bèinlèoumi [3] lèarkhèologyah. [4]**
archéologue israélien et-archéologue grec se-sont-rencontrés dans-congrès entre-national pour-archéologie
Un archéologue israélien et un archéologue grec se rencontrent dans un congrès international d'archéologie.

Notes

1 arkhèolog אַרְכֵיאוֹלוֹג. Ce mot est composé de deux mots grecs : **archéon**, *vieux*, *ancien*, *antique* et **logos**, *parole*, *étude*.
Pour le plaisir des mots, remarquons un autre mot hébreu **'atiq** עָתִיק *ancien*, *antique* qui est du latin à peine déguisé : **antiquus**, *antique*. Depuis la plus haute antiquité, c'est le cas de le dire, les trois langues, hébreu, grec, latin, qui forment, directement ou non, la base de notre culture occidentale, se tiennent les coudes.
Dans **arkhèologit** אַרְכֵיאוֹלוֹגִית *archéologique (f.)*, prononcez bien le *[g]* dur comme dans "garçon".

שִׁעוּר אַרבָּעִים וְאַרבַּע

Les écoles juives, qu'elles soient laïques ou religieuses, font une large place à la Bible mais sous un aspect différent : les unes sous le simple aspect culturel et historique, les autres sous l'aspect de la foi, qui n'exclut pas, en principe, le point de vue précédent.

*Les enfants **'olim ḥadashim** עוֹלִים חֲדָשִׁים "nouveaux immigrés" bénéficient de cours intensifs d'hébreu.*

Il existe bien sûr des écoles qui se caractérisent par leur objet – musique, arts plastiques, agriculture par exemple – ou par le type d'enfants qu'elles accueillent – handicapés, élèves surdoués, etc.

*Les douze années de la scolarité se répartissent comme suit : après le jardin d'enfants, les élèves entrent dans la classe **alèf** א puis, de la classe **zayin** ז à la classe **tèt** ט, ils sont dans la section intermédiaire, pour arriver dans la section supérieure qui va de la classe **yod** י, à la classe **yod bèit** י"ב qui est celle du bac.*

שִׁעוּר אַרבָּעִים וְאַרבַּע

בְּדִיחָה אַרכֵיאוֹלוֹגִית

1   אַרכֵיאוֹלוֹג יִשׂרְאֵלִי וְאַרכֵיאוֹלוֹג יְוָנִי
    נִפגְשׁוּ בְּכֶנֶס בֵּינלְאוּמִי לְאַרכֵיאוֹלוֹגיָה.

2   Profitons encore de leur présence, pour réviser ces verbes au passé :

nifgèshou	נִפגְשׁוּ	*ils se sont rencontrés* (phrase 1)
amar	אָמַר	*il a dit* (phrases 2 et 4)
matzanou	מָצָאנוּ	*nous avons trouvé* (phrases 3 et 7)
lèmadètèm	לְמַדתֶּם	*vous avez appris* (phrases 5 et 8)
lamadnou	לָמַדנוּ	*nous avons appris* (phrases 6 et 9)
hayou	הָיוּ	*ils étaient* (phrases 6 et 9)

3   **bèinlèoumi** בֵּינלְאוּמִי. Voyez comment ce mot est construit : **bèin** בֵּין *entre*, **lèoumi** לְאוּמִי *national*, et dans ce dernier mot on trouve **lèom** לְאוֹם *nation*.

4   Vous remarquerez que les verbes hébreux sont ici au passé. Le genre littéraire de la blague en français demande en revanche un présent : nous avons donc suivi l'usage.

matayim shloshim • 230

44 / Quarante-quatrième leçon

2   **Haarkhèolog hayèvani amar laarkhèolog haisrèèli :**
l'archéologue le-grec a-dit à-l'-archéologue l'-israélien
L'archéologue grec dit à l'archéologue israélien :

3 – **"Bahafirot bèAtounah ha'atiqah matzanou [5] harbèh houtim."**
dans-fouilles dans-Athènes l'-antique nous-avons-trouvé beaucoup fils
"Dans les fouilles de l'antique Athènes nous avons trouvé beaucoup de fils."

4   **Haarkhèolog haisrèèli amar :**
l'archéologue israélien a-dit
L'archéologue israélien dit :

5 – **"Mah lèmadètèm mèhèm ?**
quoi vous-avez-appris d'-eux
"Qu'en avez-vous conclu ?

6 – **Lamadnou mèhahoutim shèbèAtounah ha'atiqah kvar hayou tèlèfonim.**
nous-avons-appris de-les-fils que-dans-Athènes l'-ancienne déjà étaient téléphones
D'après les fils, nous avons appris que dans l'antique Athènes il y avait déjà des téléphones.

7 – **Mè'anyèn mèod ! Etzlènou bahafirot haKotèl biYèoushalayim lo matzanou houtim.**
intéressant très chez-nous dans-fouilles le-mur dans-Jérusalem, non nous-avons-trouvé fils
Très intéressant ! Chez nous, dans les fouilles du Mur, à Jérusalem, nous n'avons pas trouvé de fils.

8 – **Mah lèmadètèm mèhahafirot shèlakhèm ?**
quoi vous-avez-appris de-les-fouilles de-à-vous
Qu'avez-vous appris de vos fouilles ?

9 – **Lamadnou shèbiYroushalayim ha'atiqah kvar hayou tèlèfonim nayadim bitqoufat Bayit Rishon."**
nous-avons-appris que-dans-Jérusalem l'-antique déjà étaient téléphones portables dans-époque maison première
Nous avons appris que, dans l'antique Jérusalem, il y avait déjà des téléphones portables à l'époque du Premier Temple."

שִׁעוּר אַרְבָּעִים וְאַרְבַּע / 44

2 - הָאַרְכֵיאוֹלוֹג הַיְוָנִי אָמַר לָאַרְכֵיאוֹלוֹג הַיִשְׂרְאֵלִי:

3 - "בַּחֲפִירוֹת בְּאָתוּנָה הָעַתִּיקָה מָצָאנוּ הַרְבֵּה חוּטִים."

4 - הָאַרְכֵיאוֹלוֹג הַיִשְׂרְאֵלִי אָמַר:

5 - "מַה לְמַדְתֶּם מֵהֶם?

6 - לָמַדְנוּ מֵהַחוּטִים שֶׁבְּאָתוּנָה הָעַתִּיקָה כְּבָר הָיוּ טֶלֶפוֹנִים.

7 - מְעַנְיֵן מְאֹד! אֶצְלֵנוּ בַּחֲפִירוֹת הַכּוֹתֶל בִּירוּשָׁלַיִם לֹא מָצָאנוּ חוּטִים.

8 - מַה לְמַדְתֶּם מֵהַחֲפִירוֹת שֶׁלָּכֶם?

9 - לָמַדְנוּ שֶׁבִּירוּשָׁלַיִם הָעַתִּיקָה כְּבָר הָיוּ טֶלֶפוֹנִים נַיָּדִים בִּתְקוּפַת בַּיִת רִאשׁוֹן."

Note

5 matzanou מָצָאנוּ *nous avons trouvé*. Vous observez la présence d'un א qui n'est pas accompagné d'une voyelle. Il garde sa place ici parce qu'il fait partie de la racine trilitère. On l'appelle *alèf muet*.

matayim shloshim oushtayim • 232

Targil rishon – Targèm — תַּרְגִּיל רִאשׁוֹן – תַּרְגֵּם

❶ הֵם נִפְגְּשׁוּ בְּכֶנֶס בֵּינְלְאוּמִי לְאַרְכֵיאוֹלוֹגְיָה.
Hèm nifgèshou bèkhènès bèinlèoumi lèarkhèologyah.

❷ בַּחֲפִירוֹת בְּאַתּוּנָה הָעַתִּיקָה מָצָאנוּ הַרְבֵּה חוֹתִים.
Bahafirot bèAtounah ha'atiqah matzanou harbèh houtim.

❸ בַּחֲפִירוֹת הַכּוֹתֶל מָצָאנוּ זְכוּכִית עַתִּיקָה.
Bahafirot hakotèl matzanou zèkhoukhit 'atiqah.

❹ כֹּל יִשְׂרְאֵלִי הוּא אַרְכֵיאוֹלוֹג חוֹבֵב.
Kol Isrèèli hou arkhèolog hovèv.

❺ לְמַדְתֶּן בַּבַּיִת הַסֵּפֶר עַל תְּקוּפַת בַּיִת רִאשׁוֹן?
Lèmadètèn bèvèit hasèfèr 'al tqoufat bayit rishon ?

Targil shèni – Hashlèm — תַּרְגִּיל שֵׁנִי – הַשְׁלֵם

❶ *Un archéologue israélien et un archéologue grec se sont rencontrés dans une réception.*
Arkhèolog isrèèli vèarkhèolog yèvani nifgèshou bimèsibah.
אַרְכֵיאוֹלוֹג _____ וְאַרְכֵיאוֹלוֹג _____ ____ בִּמְסִיבָה.

❷ *Nous avons étudié l'archéologie de l'Athènes antique.*
Lamadnou èt haarkhèologyah shèl Atounah ha'atiqah.
_____ אֶת _____ שֶׁל אַתּוּנָה הָ_____.

❸ *Nous inviterons la famille pour la bar-mitsvah à l'emplacement des fouilles du Mur.*
Nazmin èt hamishpahah labar mitzvah bahafirot hakotèl.
_____ __ הַמִּשְׁפָּחָה לַבַּר מִצְוָה _____ _____.

❹ *Qu'avez-vous appris des fouilles chez vous ?*
Mah lèmadètèm mèhahafirot ètzlèkhèm ?
מַה _____ מֵהַחֲפִירוֹת _____?

❺ *Dans la Jérusalem antique il y a beaucoup de touristes qui aiment l'archéologie.*
BiYroushalayim ha'atiqah yèsh harbèh tayarim shèohavim arkhéologyah.
_____ _____ הָעַתִּיקָה יֵשׁ הַרְבֵּה תַּיָּרִים שֶׁ_____.

שִׁעוּר אַרְבָּעִים וְאַרְבַּע

Corrigé de l'exercice 1
❶ Ils se sont rencontrés dans un congrès international d'archéologie. ❷ Dans les fouilles de l'Athènes antique nous avons trouvé beaucoup de fils. ❸ Dans les fouilles du Mur nous avons trouvé du verre ancien. ❹ Chaque Israélien est un archéologue amateur. ❺ Avez-vous étudié (f.) à l'école l'époque du Premier Temple ?

Corrigé de l'exercice 2
❶ יִשְׂרְאֵלִי – יְוָנִי נִפְגְּשׁוּ – לְמַעֲנוּ – כָּאַרְכֵיאוֹלוֹגְיָה – עַתִּיקָה ❸ נִמְצָאִין עֵת – בַּחֲפִירוֹת הַכּוֹתֶל ❹ לְמַדְתֶּם – כִּתְּבָכֶם ❺ בִּירוּשָׁלַיִם – חוֹבְבִים אַרְכֵיאוֹלוֹגְיָה

Ḥafirot hakotèl חֲפִירוֹת הַכּוֹתֶל fouilles du Mur. *Le **kotèl** est le mur de soutènement du Temple tel que l'a rénové Hérode le Grand. On l'appelle souvent "Mur des lamentations". Long de 485 mètres, il représente un des grands côtés du rectangle qui formait l'enceinte du Temple. Si vous cherchez à vous y rendre quand vous êtes à Jérusalem, suivez l'indication :* **Hakotèl hama'aravi** הַכּוֹתֶל הַמַּעֲרָבִי *le mur occidental. Une partie est à l'air libre, mais la plus grande partie n'est observable que par la galerie souterraine qui le borde. Le **kotèl**, depuis la destruction du Deuxième Temple par les Romains en 70, est le lieu le plus saint du judaïsme mondial.*
C'est la partie occidentale du Mur que la tradition vénère intensément, mais depuis que les fouilles ont permis de dégager la partie méridionale certaines familles s'y rendent également pour célébrer la **bar mitzvah** בַּר מִצְוָה *ou la* **bat mitzvah** בַּת מִצְוָה. *Le jeune homme ou la jeune fille témoigne ainsi être comme un anneau dans la chaîne des générations.*
Bayit rishon בַּיִת רִאשׁוֹן Premier Temple, *litt. "maison première". En hébreu on parle non de "temple" mais de "maison". Le Premier Temple a été construit par le roi Salomon au Xe siècle avant l'ère chrétienne. Le Deuxième Temple, reconstruit au retour de l'Exil, vers 520 avant l'ère chrétienne, a été de nouveau restauré et agrandi par Hérode le Grand à partir de 20 avant l'ère chrétienne.*

Quarante-cinquième leçon
(Shi'our arba'im vèhamèsh)

Bahamam [1]
Au hammam

1 **Havèrim tzè'irim, 'ashirim hadashim yashvou bahamam.**
amis jeunes, riches nouveaux, se-sont-assis dans-hammam
Des amis jeunes, nouveaux riches, sont assis au hammam.

2 **Pèlèfon [2] tziltzèl. Ehad mèhahavèrim 'anah. Ishah amrah :**
prodige-téléphone a-sonné un de-les-amis a-répondu. femme a-dit
Un téléphone portable sonne. Un des amis répond. Une femme dit :

3 – **"Shalom hamoudi, yèsh li shèèlah qtanah. Raiti taba'at yahalomim zolah. Raq 'asèrèt alafim shqalim. Liqnot [3] ?**
bonjour mon-mignon il-y-a pour-moi question petite. j'-ai-vu bague diamants bon-marché(f.). seulement dix milliers shekels. acheter
"Bonjour chéri, j'ai une petite question. J'ai vu une bague avec des diamants, bon marché. Seulement dix mille shekels. On achète ?

4 – **Bèvaqashah, qni [4].**
par-demande achète(f.)
Je t'en prie, achète.

Notes

1 hamam חָמָם *hammam*. À la leçon 36, note 1, nous avons abondamment parlé de ham חָם *chaud*. De ce mot, voici donc un dérivé bien compréhensible : le *hammam* est un bain de vapeur (chaud).

2 pèlèfon פֶּלְאֹפוֹן *téléphone portable*. Ce mot-valise est la contraction de pèlè פֶּלֶא *prodige* et de tèlèfon טֶלֶפוֹן. Nom de la première société qui a vendu des téléphones portables, **pèlèfon**, est devenu, sous l'effet de l'usage, un nom commun.

שִׁעוּר אַרְבָּעִים וְחָמֵשׁ

בַּחֲמָם

1 חֲבֵרִים צְעִירִים, עֲשִׁירִים חֲדָשִׁים יָשְׁבוּ בַּחֲמָם.

2 פֶּלְאָפוֹן צִלְצֵל. אֶחָד מֵהַחֲבֵרִים עָנָה. אִשָּׁה אָמְרָה:

3 – "שָׁלוֹם חֲמוּדִי, יֵשׁ לִי שְׁאֵלָה קְטַנָּה. רָאִיתִי טַבַּעַת יַהֲלוֹמִים זוֹלָה. רַק עֲשֶׂרֶת אֲלָפִים שְׁקָלִים. לִקְנוֹת?

4 – בְּבַקָּשָׁה, קְנִי.

---

3 **liqnot** לִקְנוֹת *acheter*. Dans ce contexte, nous traduisons cet infinitif hébreu, dépourvu de sujet, par la forme indéfinie *on achète*.

4 **qni** קְנִי *achète* (f.). Rappelez-vous la leçon 42 : cet impératif se conjugue ainsi : **qnèh** קְנֵה *achète* (m.), **qnou** קְנוּ *achetez* (m./f.). Notez que le **h** ה appartenant à la racine du verbe, se conserve au m. sing., mais pour une raison phonétique, il disparait aux deux autres personnes, qui se terminent par une voyelle. Étant une lettre aspirée, il serait trop difficile de la prononcer à l'intérieur du mot. À la leçon 42, nous avons rencontré le même phénomène dans la conjugaison du verbe ע.ש.ה. *faire*, au futur. Les formes se terminant par les voyelles **i** יִ et **ou** וּ ont donc perdu le **h** ה.

matayim shloshim vashèsh • 236

45 / Quarante-cinquième leçon

5 – **Yèsh li 'od shèèlah. Raiti gam parvah yafah. Raq 'èsrim èlèf [5] shqalim. Liqnot ?**
il-y-a pour-moi encore question. j'-ai-vu aussi fourrure belle. seulement vingt mille shekels. acheter
J'ai encore une question. J'ai vu aussi une belle fourrure. Seulement vingt mille shekels. On achète ?

6 – **Èin bè'ayot, qni.**
il-n'y-a-pas problèmes(f.) achète(f.)
Pas de problème, achète.

7 – **Oushèèlah aharonah. Raiti mèrtzèdès nèhèdèrèt. Raq méah vahamishim èlèf shqalim. Mah atah omèr ?**
et-question dernière. j'-ai-vu mercédès magnifique(f.). seulement cent et-cinquante mille shekels. quoi toi dis
Et une dernière question. J'ai vu une Mercédès magnifique. Seulement cent cinquante mille shekels. Qu'en dis-tu ?

8 – **Mèrtzèdès nèhèdèrèt ? Lamah lo ? Qni.**
mercédès magnifique ? pourquoi non ? achète(f.)
Une Mercédès magnifique ? Pourquoi pas ? Achète.

9 – **Todah rabah hamoudi. Lèhitraot."**
merci beaucoup, mon-mignon a-se-revoir
Merci beaucoup, mon chéri. Au revoir."

10 **Hou kibah èt hapèlèfon vèshaal :**
il a-éteint [èt] le-prodige-téléphone et-a-interrogé
Il éteint le téléphone portable et demande :

11 – **"Shèl mi hatèlèfon hazèh ?"**
de qui le-téléphone celui-ci
"À qui appartient ce téléphone ?"

***

Targil rishon – Targèm   תַּרְגִּיל רִאשׁוֹן – תַּרְגֵּם

❶ יֵשׁ לִי שְׁאֵלָה: אֶפְשָׁר לִקְנוֹת אֶת הַפַּרְוָה הַזֹּאת?
Yèsh li shèèlah : èfshar liqnot èt haparvah hazot ?

❷ חמוּדִי, יֵשׁ לִי מַתָּנָה בִּשְׁבִילְךָ: מֶרְצֶדֶס נֶהְדֶּרֶת.
Hamoudi, yèsh li matanah bishvilkha : mèrtzèdès nèhèdèrèt.

❸ שֶׁל מִי הַפֶּלֶאפוֹן הֶחָדָשׁ?
Shèl mi hapèlèfon hahadash ?

שִׁעוּר אַרְבָּעִים וְחָמֵשׁ / 45

5 – יֵשׁ לִי עוֹד שְׁאֵלָה. רָאִיתִי גַּם פַּרְוָה יָפָה. רַק עֶשְׂרִים אֶלֶף שְׁקָלִים. לִקְנוֹת?

6 – אֵין בְּעָיוֹת, קְנִי.

7 – וּשְׁאֵלָה אַחֲרוֹנָה. רָאִיתִי מֶרְצֶדֶס נֶהְדֶּרֶת. רַק מֵאָה וַחֲמִישִּׁים אֶלֶף שְׁקָלִים. מַה אַתָּה אוֹמֵר?

8 – מֶרְצֶדֶס נֶהְדֶּרֶת? לָמָּה לֹא? קְנִי.

9 – תּוֹדָה רַבָּה חֲמוּדִי. לְהִתְרָאוֹת."

10   הוּא כִּבָּה אֶת הַפְּלָאפוֹן וְשָׁאַל:

11 – "שֶׁל מִי הַטֶּלֶפוֹן הַזֶּה?"

Note

5 **'èsrim èlèf** עֶשְׂרִים אֶלֶף *vingt mille*. Notez le paradoxe : **'èsrim**, *vingt*, est un pluriel et **èlèf**, *mille*, est un singulier. Si, employant le pluriel, vous dites, **'èsrim alafim** עֶשְׂרִים אֲלָפִים, *vingt mille* (milliers), vous ne commettez pas d'erreur, mais votre propos paraîtra lourd. Nous y reviendrons à la révision 49.

✳✳✳

❹ אִם יֵשׁ לָךְ כֶּסֶף, אֵין בְּעָיוֹת, קְנִי אֶת הַמְכוֹנִית.
Im yèsh lakh kèsèf, èin bè'ayot, qni èt hamèkhonit.

❺ הִשְׁתַּגַּעְתָּ? לִקְנוֹת טַבַּעַת יַהֲלוֹמִים בְּעֶשְׂרִים אֶלֶף שְׁקָלִים!
Hishtaga'ta ? Liqnot taba'at yahalomim bè'èsrim èlèf shqalim !

Corrigé de l'exercice 1

❶ J'ai une question : est-ce qu'il est possible d'acheter cette fourrure ? ❷ Mon chéri, j'ai un cadeau pour toi : une magnifique Mercédès. ❸ À qui [appartient] le nouveau téléphone portable ? ❹ Si tu as de l'argent, pas de problème : achète la voiture. ❺ Tu es devenu fou ? Acheter une bague de diamants de 20 000 shekels !

matayim shloshim oushmonèh • 238

45 / Quarante-cinquième leçon

Targil shèni – Hashlèm   תַּרְגִיל שֵׁנִי – הַשְׁלֵם

❶ *Ils sont riches, jeunes et beaux.*
   Hèm 'ashirim, tzè'irim vèyafim.
   הֵם _____ , _____ וְיָפִים.

❷ *Chez ma fille le téléphone portable a sonné toute la journée.*
   Ètzèl biti hapèlèpon tziltzèl kol hayom.
   ___ בִּתִי _____ ____ כֹּל הַיוֹם.

❸ *Mon chéri, comment vas-tu, ce (le) matin ?*
   Hamoudi, mah shlomkha haboqèr ?
   _____ מַה _____ הַבּוֹקֶר?

❹ *Dina a de la chance : (elle a) de bons amis, une fourrure et des diamants.*
   Yèsh lèDinah mazal : havèrim tovim, parvah vèyahalomim.
   יֵשׁ לְדִינָה ___ : _____ טוֹבִים ____ וְ_____.

❺ *(Dans) La nuit, il a éteint la lumière dans l'appartement.*
   Balaylah, hou kibah èt haor badirah.
   בַּלַיְלָה, הוּא ___ אֶת ____ בַּדִירָה.

שִׁעוּר אַרְבָּעִים וְחָמֵשׁ / 45

Corrigé de l'exercice 2

❶ - צְעִירִים - בַּחוּרִים - הִפְסִיקוּ לִחְיוֹת ❷ עָלָה - בָּלַט ❸ - חָאוּגִ'י - שׁוּנִיב -
❹ - מַלָּח - חֲבֵרִים - פָּרְחָה - יַהֲלוֹמִים ❺ - כִּכָּר - כַּדּוּר -

Shèqèl שֶׁקֶל shekel *(unité monétaire israélienne)*. "Abraham... pesa l'argent, soit quatre cents sicles d'argent ayant cours chez le marchand" (Gen. 23,16). La racine ש.ק.ל signifie peser : l'unité de compte est l'unité de poids. Les traductions françaises de la Bible rendent ce mot par "sicle". Des pièces de monnaie du temps des Hasmonéens (IIe siècle avant l'ère chrétienne) portent, gravée, l'inscription "shekel Israël" sur une face et sur l'autre "sainte Jérusalem". Le shekel est la monnaie légale depuis 1980. Il se divise en cent אֲגוֹרוֹת **agorot**. Le mot **agorah** אֲגוֹרָה vient d'un mot acadien (Mésopotamie) qui signifie graine.

En 1985, à la suite d'une grande inflation, le shekel a fait place au שֶׁקֶל חָדָשׁ shekel nouveau, à raison de 1000 שְׁקָלִים shekels *anciens* pour 1 shekel nouveau. Ce shekel est divisé, lui aussi, en 100 **agorot**. Les pièces et les billets portent leurs inscriptions en hébreu, arabe et anglais. Les prix sont actuellement affichés comme ceci : ש"ח qui est l'abrégé de **shèqèl ḥadash** שֶׁקֶל חָדָשׁ shekel nouveau.

Quarante-sixième leçon
(Shi'our arba'im vèshesh)

Harav vèhanèhag
Le rabbin et le chauffeur

1 **Rav vènèhag otobous mètou bèoto yom.**
rabbin et-chauffeur autobus sont-morts dans-même jour
Un rabbin et un chauffeur d'autobus meurent le même jour.

2 **Shtèy [1] hanèshamot higi'ou lèdèlèt Gan èden.**
deux les-âmes sont-arrivées vers-porte jardin délices
Les deux âmes arrivent à la porte du paradis.

3 **Nishmat hanèhag nikhnèsah lèGan èden.**
âme-de le-conducteur est-entrée vers-jardin délices
L'âme du conducteur entre au paradis.

4 **Nishmat harav amrah :**
âme-de le-rabbin a-dit(f.)
L'âme du rabbin dit :

5 – **"Ani lo mèvinah. Hanèhag hazèh lo hayah dati. Ani limadèti Talmoud [2] kol yom."**
je non comprends le-chauffeur celui-ci non était religieux moi j'-ai-enseigné Talmud chaque jour
"Je ne comprends pas. Ce chauffeur n'etait pas religieux. Moi, j'ai enseigné le Talmud chaque jour."

Notes

1 **shtèy** שְׁתֵּי *deux* (f.). Quand l'adjectif numéral **shtayim** שְׁתַּיִם se rapporte à un nom, il prend cette forme brève qui est l'état construit.

2 **limadèti** לְמַדְתִּי *j'ai enseigné*. Vous voyez la racine : ל.מ.ד. Nous trouvons ici un bon exemple d'utilisation de la racine d'un mot. Autour de ces trois consonnes, s'organisent différentes significations : *enseigner*, qui est le rôle du maître et *apprendre* qui est celui

שִׁעוּר אַרְבָּעִים וְשֵׁשׁ

הָרַב וְהַנֶּהָג

1 רַב וְנֶהָג אוֹטוֹבּוּס מֵתוּ בְּאוֹתוֹ יוֹם.
2 שְׁתֵּי הַנְּשָׁמוֹת הִגִּיעוּ לְדֶלֶת גַּן עֵדֶן.
3 נִשְׁמַת הַנֶּהָג נִכְנְסָה לְגַן עֵדֶן.
4 נִשְׁמַת הָרַב אָמְרָה:
5 - ״אֲנִי לֹא מְבִינָה. הַנֶּהָג הַזֶּה לֹא הָיָה דָתִי. אֲנִי לִמַּדְתִּי תַּלְמוּד כָּל יוֹם.״

כל בוקר אנחנו נוסעים לעבודה באותו אוטובוס.

de l'élève. Nous restons dans le domaine de l'étude. Observez les deux exemples que voici (une seule voyelle change à l'oral, mais l'écriture est la même) :

ani lamadèti Talmoud אֲנִי לָמַדְתִּי תַּלְמוּד
j'ai appris le Talmud ;

ani limadèti Talmoud אֲנִי לִמַּדְתִּי תַּלְמוּד
j'ai enseigné le Talmud.

Les deux formes verbales ont la même racine.
Le mot **Talmoud** lui même comprend cette même racine trilitère, il est l'*étude* par excellence. À la phrase 9, nous lisons **talmidim** תַּלְמִידִים *élèves, étudiants*. Comparer : **Talmoud** תַּלְמוּד et **talmid** תַּלְמִיד. Vous voyez que ces mots sont de la même famille.

matayim arba'im oushtayim • 242

46 / Quarante-sixième leçon

6　Hamalakh amar :
l'-ange a-dit
L'ange dit :

7 – "Nakhon mèod. Gam at tikansi [3] lèGan 'èdèn, aval mahar.
vrai très. aussi toi entreras(f.) vers-jardin délices mais demain
"C'est très vrai. Toi aussi, tu entreras au paradis, mais demain.

8 – Lamah ?" shaalah nishmat harav.
pourquoi a-interrogé(f.) âme-de le-rabbin
Pourquoi ?" interroge l'âme du rabbin.

9 – "Kaashèr harav limèd Talmoud, kol hatalmidim yashnou.
lorsque le-rabbin a-enseigné Talmud tous les-élèves ont-dormi
"Lorsque le rabbin enseignait le Talmud, tous les élèves dormaient.

10　Kaashèr hanèhag nahag baotobous, kol hanos'im hitpalèlou…"
lorsque le-chauffeur a-conduit dans-autobus tous les-voyageurs ont-prié
Lorsque le chauffeur conduisait l'autobus, tous les voyageurs priaient…"

Note

3 tikansi תִּכָּנְסִי *tu entreras* est au féminin puisque l'ange s'adresse à la nishmat harav נִשְׁמַת הָרַב *l'âme du rabbin*.

Targil rishon – Targèm　תַּרְגִּיל רִאשׁוֹן – תַּרְגֵּם

❶ הָרַב לִמֵּד תַּלְמוּד כָּל יוֹם.
Harav limèd Talmoud kol yom.

❷ אֲנִי לֹא מְבִינָה אֶת הַשִּׁעוּר הַזֶּה.
Ani lo mèvinah èt hashi'our hazèh.

❸ מָחָר תִּכָּנְסִי לְדִירָה חֲדָשָׁה.
Mahar tikansi lèdirah hadashah.

❹ אַחֲרֵי הַמְּסִיבָּה כָּל הַיְלָדִים יָשְׁנוּ אֶצְלֵנוּ.
Aharèy hamèsibah kol hayèladim yashnou ètzlènou.

❺ כָּל בּוֹקֶר אֲנַחְנוּ נוֹסְעִים לַעֲבוֹדָה בְּאוֹתוֹ אוֹטוֹבּוּס.
Kol boqèr anahnou nos'im la'avodah bèoto otobous.

שִׁעוּר אַרְבָּעִים וְשֵׁשׁ / 46

6   הַמַּלְאָךְ אָמַר:
7 – "נָכוֹן מְאֹד. גַּם אַת תִּכָּנְסִי לְגַן עֵדֶן, אֲבָל מָחָר.
8 – "לָמָה?" שָׁאֲלָה נִשְׁמַת הָרַב.
9 – "כַּאֲשֶׁר הָרַב לִמֵּד תַּלְמוּד, כָּל הַתַּלְמִידִים יָשְׁנוּ.
10   כַּאֲשֶׁר הַנֶּהָג נָהַג בָּאוֹטוֹבּוּס, כָּל הַנּוֹסְעִים הִתְפַּלְּלוּ..."

Corrigé de l'exercice 1

❶ Le rabbin a enseigné le Talmud chaque jour. ❷ Je ne comprends pas cette leçon. ❸ Demain tu entreras (f.) dans le nouvel appartement. ❹ Après la réception, tous les enfants ont dormi chez nous. ❺ Chaque matin nous allons au travail par le même autobus.

Targil shèni – Hashlèm   תַּרְגִיל שֵׁנִי – הַשְׁלֵם

❶ *C'est une blague sur un rabbin et un conducteur.*
     Zot bdihah 'al rav vènèhag.
     בְּ___ עַל רַב וְ___.

❷ *Deux bonnes âmes sont arrivées au paradis.*
     Shtèy nèshamot tovot higi'ou lèGan 'èdèn.
     ___ ___ טוֹבוֹת ___ לְגַן עֵדֶן.

❸ *Le professeur n'a pas compris pourquoi tous les élèves dormaient pendant le cours.*
     Hamorèh lo hèvin lamah kol hatalmidim yashnou bashi'our.
     הַמּוֹרֶה ___ ___ ___ כָּל ___ ___ בַּשִּׁעוּר.

❹ *Tu es sûr que les voyageurs ont prié dans l'autobus ? Ce n'est pas une blague ?*
     Atah batouah shèhanos'im hitpalèlou baotobus ? Zot lo bdihah ?
     אַתָּה ___ שֶׁהַנּוֹסְעִים ___ בָּאוֹטוֹבּוּס? ___ ___ בְּדִיחָה?

❺ *Entre(f.), je t'en prie, tous les amis sont déjà arrivés.*
     Tikansi, bèvaqashah, kol hahavèrim kvar higi'ou.
     ___ בְּבַקָשָׁה, כָּל ___ כְּבָר ___.

Corrigé de l'exercice 2

❶ בְּדִיחָה – וְנֶהָג ❷ שְׁתֵּי נְשָׁמוֹת – הִגִּיעוּ ❸ לֹא הֵבִין – הַתַּלְמִידִים יָשְׁנוּ ❹ בָּטוּחַ – הִתְפַּלְּלוּ – זֹאת לֹא ❺ תִּכָּנְסִי – הַחֲבֵרִים – הִגִּיעוּ

Laïcs et religieux. La blague que vous avez lue dans cette leçon joue d'une divergence qui agite la société israélienne : la religion doit-elle déterminer la vie sociale ou se limiter au domaine privé ? L'état doit-il être juif ? Une anecdote authentique illustre ce débat. Dans le "quartier religieux" de Jérusalem, **Mèah Shè'arim***, une synagogue s'ouvre sur une des rues principales de la ville. Les habitants, très religieux, demandent à la mairie d'interdire cette voie à la circulation le jour du* **shabat***, puisque, selon la loi juive, il n'est pas permis d'utiliser sa voiture ce jour-là. Sans réponse de la part des autorités depuis plusieurs semaines, les habitants décident de se faire entendre au moyen d'une "manif". Ils barrent la rue, sortent*

Quarante-septième leçon
(Shi'our arba'im vèshèva')

Haishah hayèhidah ba'olam [1]
L'unique femme au monde

1 **Adam hayah [2] bèbar bèGan 'èdèn. Hou hazar habaytah balaylah.**
Adam était(m.) dans-bar dans-Jardin Délices. il est-revenu la-maison-à dans-nuit
Adam est dans un bar, au paradis. Il revient la nuit à la maison.

2 **Havah amrah lo [3] :**
ève a-dit à-lui
Ève lui dit :

3 – **"Adam, ani bètouhah shèyèsh lèkha ishah ahèrèt.**
Adam je sure que-il-y-a pour-toi femme autre
"Adam, je suis sure que tu as une autre femme.

Notes
1 Vous trouverez la version de base de cette histoire dans la Bible, Gen 2, 20 – 24.

שִׁעוּר אַרְבָּעִים וְשֶׁבַע

les livres de prières de la synagogue et, à l'heure liturgique, parmi les policiers envoyés pour maintenir l'ordre, choisissent un homme. "Comment te nommes-tu ? – Avner, répond le policier. Et ton père ? – Moshéh." Alors, du haut-parleur résonne sur l'assemblée : "– Avner, fils de Moshèh montera à la tribune pour la lecture." Et tous, foule et gardiens de l'ordre, entendent un policier chanter la prière en pleine rue.

Qu'en est-il aujourd'hui de cette rue qui borde la synagogue ? Les Juifs des deux côtés ont obtenu gain de cause : la mairie a percé un tunnel. Les observants ne voient ni n'entendent plus les voitures ; les laïcs roulent sans embarras.

שִׁעוּר אַרְבָּעִים וְשֶׁבַע

הָאִשָּׁה הַיְחִידָה בָּעוֹלָם

1 אָדָם הָיָה כְּבָר בְּגַן עֵדֶן. הוּא חָזַר הַבַּיְתָה בַּלַּיְלָה.

2 חַוָּה אָמְרָה לוֹ:

3 – "אָדָם, אֲנִי בְּטוּחָה שֶׁיֵּשׁ לְךָ אִשָּׁה אַחֶרֶת."

---

2 **hayah** הָיָה *il était*. Dans cette blague, les verbes hébreux sont au passé. Le genre littéraire de la blague en français demande que les verbes soient plutôt au présent : nous avons suivi l'usage.

3 **lo** לוֹ *à lui* est composé, comme vous le savez déjà, de la préposition **lè-** לְ et de la terminaison du pronom personnel de la 3ᵉ pers. m. sing. (voir leçon 28, §10). À distinguer de **lo** לֹא *non, ne pas*. Voyez la différence dans l'orthographe hébraïque et retenez-la bien. Au féminin : **lah** לָהּ *à elle*.

4 – **Havahlèh [4], al [5] tèdabri shtouyot. At haishah hayèhidah ba'olam."**
ma-petite-ève ne tu-parleras bêtises. toi la-femme l'unique dans-monde
Ma petite Ève, ne dis pas de bêtises. Tu es l'unique femme au monde."

5 **Adam halakh lishon. Balaylah hou hirgish shèHavah litfah oto [6].**
Adam est-allé dormir. dans-nuit il a-senti que-Ève a-caressé [èt]-lui
Adam va dormir. Pendant la nuit, il sent que Ève le caresse.

6 – **"Mah at 'osah ?**
quoi tu fais
"Que fais-tu ?

7 – **Ani sofèrèt èt hatzla'ot shèlkha."**
je compte [èt] côtes de-toi
Je compte tes côtes."

Notes

4 havahlèh חַוָה'לֶה *ma petite Ève*. Cette façon de marquer les noms propres d'un ton affectueux est courante (notez l'apostrophe avant l'extension לֶה lèh. C'est ainsi qu'on entend : Danilèh דָנִי'לֶה pour Dani דָנִי, Lèalèh לֵאָה'לֶה pour Lèah לֵאָה Zèèvalèh זְאֵב'לֶה pour Zèèv זְאֵב. Cependant, cet usage suppose que le nom soit assez court pour supporter ce "diminutif".

Targil rishon – Targèm — תַרְגִיל רִאשׁוֹן – תַרְגֵם

❶ חוה היתה האשה היחידה בעולם.
Havah haytah haishah hayèhidah ba'olam.

❷ שאלה: כמה צלעות היו לאדם הראשון?
Shèèlah : kamah tzla'ot hayou laAdam harishon ?

❸ הוא שוטה בבר ומדבר שטויות כל הערב.
Hou shotèh babar oumèdaber shtouyot kol ha'èrèv.

❹ דוד חזר הביתה עייף מאד והלך לישון.
David hazar habaytah 'ayèf mèod vèhalakh lishon.

❺ אנחנו רוצים לקנות מכונית אחרת.
Anahnou rotzim liqnot mèkhonit ahèrèt.

4 – חַנָהלֶ'ה, אַל תְּדַבְּרִי שְׁטוּיוֹת. אַתְּ הָאִשָּׁה הַיְחִידָה בָּעוֹלָם."

5 אָדָם הָלַךְ לִישׁוֹן. בַּלַּיְלָה הוּא הִרְגִּישׁ שֶׁחַוָּה לָטְפָה אוֹתוֹ.

6 – "מָה אַתְּ עוֹשָׂה?

7 – אֲנִי סוֹפֶרֶת אֶת הַצְּלָעוֹת שֶׁלְּךָ."

- **5** al אַל *ne... pas*. L'interdiction, c'est-à-dire l'ordre négatif, utilise la négation אַל suivie du futur : **al tèdabri** אַל תְּדַבְּרִי *ne parle pas !* (f.). Si l'ordre avait été à l'impératif : **dabri !** דַּבְּרִי ! *parle !* Nous avons vu à la leçon 45 : **qni** קְנִי *achète !* qui deviendrait **al tiqni !** אַל תִּקְנִי ! *n'achète pas !* (f.). Remarquez que la négation אַל comporte les mêmes lettres que la négation לֹא **lo**, mais inversées. Nous avons également rencontré אַל dans la composition **alhouti** אַלחוּטִי *sans fil* (leçon 13, note 2).

- **6** o_to אוֹתוֹ *lui*. Souvenez-vous que ce mot a deux acceptions : ici, il s'agit de la particule **èt** + la terminaison du pronom pers. COD de la 3ᵉ pers. du m. sing., mais il signifie également "même" (vu à la leçon 30).

Corrigé de l'exercice 1

❶ Ève était l'unique femme au monde. ❷ Question : combien de côtes avait le premier homme ? ❸ Il boit au bar et dit des bêtises toute la soirée. ❹ David est revenu à la maison très fatigué et il est allé dormir. ❺ Nous voulons acheter une autre voiture.

Targil shèni – Hashlèm תַּרְגִיל שֵׁנִי – הַשְׁלֵם

❶ *Maman a caressé Naty et lui a dit : "Bonne nuit, mon chéri !"*
   Ima litfah èt Naty vèamrah lo : "Laylah tov, hamoudi !"
   אִמָא ____ ____ נָתִי וְ____ לוֹ : "____ ____ חֲמוּדִי!".

❷ *Ève compte les côtes d'Adam.*
   Havah sofèrèt èt hatzla'ot shèl Adam.
   חַוָה ____ ____ שֶׁל אָדָם.

❸ *Ne fais pas de bêtises devant les amis !*
   Al ta'asèh shtouyot lifnèy hahavèrim !
   __ ____ שְׁטוּיוֹת ____ הַחֲבֵרִים!

❹ *Le mari de Sarah a une autre femme !*
   Laba'al shèl Sarah yèsh ishah ahèrèt.
   ____ שֶׁל שָׂרָה יֵשׁ ____ ____!

❺ *Il ne se sentait pas bien et il est allé dormir.*
   Hou hirgish lo tov vèhalakh lishon.
   הוּא ____ לֹא טוֹב וְ____ ____.

48

Quarante-huitième leçon
(Shi'our arba'im oushmonèh)

Ha'anivah
La cravate

1 **David Bèn Gouryon hayah bimesibah rishmit baKnèsèt, bèyom qayitz ham mèod.**
   David Ben Gourion était dans-réception officielle dans-Assemblée dans-jour été chaud très
   David Ben Gourion était dans une réception officielle, à la Knesset, un jour d'été très chaud.

2 **Hou hèsir èt ha'anivah vèqipèl èt hasharvoulim.**
   il a-ôté [èt] la-cravate et-a-plié [èt] les-manches(m.)
   Il ôte sa cravate et remonte ses manches.

3 **Sar amar lo :**
   ministre il-a-dit à-lui
   Un ministre lui dit :

Corrigé de l'exercice 2

❶ - לְסַפֵּר - מַאֲרָךְ - לַיְלָה טוֹב - ❷ - סוֹפֶרֶת - הַבָּלָאוֹת - ❸ סַל תַּצֵּא - לִפְנֵי - ❹ לְבַצֵּעַ - מַעֲשֶׂה סוֹחֶרֶת ❺ הֶרְאִיב - קָלָךְ לִישׁוֹן

Havah vèAdam חַוָּה וְאָדָם Ève et Adam *sont fréquemment les héros de blagues dans tous les milieux, laïcs ou religieux. Les autres personnages bibliques, Moïse ou Salomon ou quelqu'autre, sont mis en scène avec la même jubilation, comme s'il s'agissait de parents ou de voisins.*

שִׁעוּר אַרְבָּעִים וּשְׁמוֹנָה

הָעֲנִיבָה

1 דָּוִד בֶּן גוּרִיוֹן הָיָה בִּמְסִיבָּה רִשְׁמִית בַּכְּנֶסֶת, בְּיוֹם קַיִץ חַם מְאֹד.

2 הוּא הֵסִיר אֶת הָעֲנִיבָה וְקִפֵּל אֶת הַשַּׁרְווּלִים.

3 שַׂר אָמַר לוֹ:

48 / Quarante-huitième leçon

4 – **"David, al ta'asèh èt zèh. Ana<u>h</u>nou bimesibah rishmi<u>t</u>.**
*David ne tu-feras [**èt**] cela. nous dans-réception officielle*
"David, ne fais pas cela. Nous sommes dans une réception officielle.

5 – **A<u>v</u>al, Churchill [1] amar li...**
mais Churchill il-a-dit à-moi
Mais Churchill m'a dit...

6 – **Churchill ? haAngli ?**
Churchill l'Anglais
Churchill ? l'Anglais ?

7 – **Kèn. Hayi<u>t</u>i 'im Churchill bimesibah rishmi<u>t</u> bèLondon...**
oui j'-étais avec Churchill dans-réception officielle dans-Londres
Oui. J'étais avec Churchill dans une réception officielle à Londres...

8 **Hayah sham qayitz <u>h</u>am méod. Hèsar<u>t</u>i èt ha'ani<u>v</u>ah vèqipal<u>t</u>i èt hasharvoulim. Churchill amar li :**
*était(f.) là été chaud très. j'-ai-ôté [**èt**] la-cravate et-j'-ai-plié [**èt**] les-manches(m.) Churchill a-dit pour-moi*
C'était un été très chaud. J'ai ôté la cravate et j'ai remonté les manches. Churchill m'a dit :

9 **David, èt zèh ta'asèh bèIsrael..."**
*David [**èt**] cela tu-feras en-Israël*
David, tu feras cela en Israël..."

▶ <u>T</u>argil rishon – Targèm   תַּרְגִּיל רִאשׁוֹן – תַּרְגֵּם

❶ נַזְמִין אוֹת הַשַׂר לְמְסִיבָה רִשְׁמִית בַּכְּנֶסֶת.
Nazmin è<u>t</u> ha<u>s</u>ar limesibah rishmi<u>t</u> baKnèsè<u>t</u>.

❷ בְּיוֹם חַם הוּא הֵסִיר אוֹת הָעֲנִיבָה.
Bèyom <u>h</u>am hou hèsir è<u>t</u> ha'ani<u>v</u>ah.

❸ אֶתְמוֹל הָיְתָה מְסִיבַת גַּן יָפָה מְאוֹד.
È<u>t</u>mol hay<u>t</u>ah mèsiba<u>t</u> gan yafah mèod.

❹ קִפַּלְתִּי אוֹת הַשַׁרְווּלִים וְהָלַכְתִּי לְמִטָּה.
Qipal<u>t</u>i è<u>t</u> hasharvoulim vèhalakh<u>t</u>i lamitbah

❺ בְּיִשְׂרָאֵל לֹא צָרִיךְ עֲנִיבָה בַּקַּיִץ.
BèI<u>s</u>raèl lo tzarikh 'ani<u>v</u>ah baqayitz.

4 – ״דָּוִד, אַל תַּעֲשֶׂה אֶת זֶה. אֲנַחְנוּ בִּמְסִיבָּה רִשְׁמִית.

5 – אֲבָל, צֶ׳רְצִ׳יל אָמַר לִי...

6 – צֶ׳רְצִ׳יל? הָאַנְגְּלִי?

7 – כֵּן. הָיִיתִי עִם צֶ׳רְצִ׳יל בִּמְסִיבָּה רִשְׁמִית בְּלוֹנְדּוֹן...

8 הָיָה שָׁם קַיִץ חַם מְאֹד. הֵסַרְתִּי אֶת הַעֲנִיבָה וְקִפַּלְתִּי אֶת הַשַּׁרְווּלִים. צֶ׳רְצִ׳יל אָמַר לִי:

9 דָּוִד, אֶת זֶה תַּעֲשֶׂה בְּיִשְׂרָאֵל...״

Note

1 **Churchill** צֶ׳רְצִ׳יל. Quand un son étranger à l'hébreu doit s'écrire en lettres hébraïques, la transposition se signale par une apostrophe apposée à gauche de la lettre hébraïque. C'est ainsi que le "tch" de l'anglais se rend par צ׳. À la leçon 27, nous avons rencontré la transposition de "dj" dans "jazz" par ג׳.

הענִיבה

Corrigé de l'exercice 1

❶ Nous inviterons le ministre à une réception officielle à la Knesset. ❷ Un jour chaud, il a ôté sa cravate. ❸ Hier, il y avait une garden-party *(réception jardin)* très belle. ❹ J'ai remonté mes *(les)* manches et je suis allé à la cuisine. ❺ En Israël, une cravate n'est pas nécessaire en été.

Targil shèni – Hashlèm — תַּרְגִיל שֵׁנִי – הַשְׁלֵם

❶ *J'ai enlevé la nourriture du feu.*
   Hèsar̲ti èt̲ haokhèl mèhaèsh.
   _____ סֵת הָאוֹכֶל _____

❷ *Ne fais pas de bêtises à la réception officielle.*
   Al ta'asèh shtouyot̲ bimèsibah rishmit̲.
   __ _____ שְׁטוּיוֹת בִּמְסִיבָּה _____

❸ *Mercredi nous allons à un dîner chez le ministre.*
   Bèyom rèvi'i anah̲nou holkhim laarouh̲at̲ èrèv ètzèl hasar.
   ____ ___ _____ לַאֲרוּחַת עֶרֶב _____ אֲנַחְנוּ _____ ____

❹ *Par quel autobus nous irons à la Knesset ?*
   Bèèizèh otobus nisa' laKnèsèt̲ ?
   _____ לַ___ אוֹטוֹבּוּס בְּאֵיזֶה

❺ *Au théâtre de Jérusalem, j'étais le seul à avoir (seulement pour-moi était) une cravate.*
   Bèt̲èatron Yèroushalayim, raq li haytah 'anivah.
   _____ עֲנִיבָה ____ __ רַק יְרוּשָׁלַיִם _____

49

Quarante-neuvième leçon
(Shi'our arba'im vèt̲èsha')

חֲזָרָה H̲azarah – Révision

Déjà 49 leçons ! Quels progrès vous avez faits en si peu de temps ! Vous pouvez lire et comprendre de courtes histoires en hébreu, vous allez jusqu'à les raconter par vous-même. Reprenons ce que nous avons vu dans les six dernières leçons.

שִׁעוּר אַרְבָּעִים וְתֵשַׁע / 49

Corrigé de l'exercice 2

❶ הֲסַרְתִּי - מֵקִימִים ❷ סַל תַּצֵּעֶה - רְאִיִּת ❸ בְּיוֹם רְבִיעִי - הוֹלְכִים - סֵלַל הַצֵּר ❹ נִסָּא - כְּנֶסֶת ❺ בְּתַחֲנוֹתִירוֹן - לִי קְיָתָהּ -

La Knesset est le parlement israélien qui ne comprend qu'une chambre. Il siège à Jérusalem, dans un quartier neuf, verdoyant et amplement dégagé. Chacun des 120 députés qui le composent est appelé **havèr knèsèt** חֲבֵר כְּנֶסֶת. *Ce mot de* **havèr** *est riche de sens puisqu'il désigne aussi bien "le petit copain", "le petit ami" d'une demoiselle que le grave, barbu, chenu membre de la Knesset. Il contiendrait encore l'idée d'*ami, camarade, confrère, collègue.

Quant à **knèsèt**, *elle existait déjà sous le nom de* **haKnèsèt hagdolah** הַכְּנֶסֶת הַגְּדוֹלָה, *la Grande Assemblée, composée, elle aussi de 120 membres, qui à l'époque du second Temple, après le retour d'exil à Babylone (536 avant notre ère), présidait à la vie de la nation.*

Les députés d'aujourd'hui, élus pour quatre ans par une élection à un tour, siègent dans des bâtiments vastes et clairs disposés au milieu d'un paysage vallonné : dans le parc, une **mènorah**, *chandelier de bronze (cinq mètres de haut), don du gouvernement britannique, porte, imagés, vingt-neuf événements de l'histoire juive ; le portail en forme de brasier rappelle la* **shoah** ; *enfin, une immense tapisserie de Marc Chagall orne le hall d'entrée.*

Le mot **knèsèt** *est utilisé dans* **bèit knèsèt** בֵּית כְּנֶסֶת "maison de réunion" *qui est la* synagogue. Église *se dit* **knèsiyah** *qui a pour origine ce même mot.*

שִׁעוּר אַרְבָּעִים וְתֵשַׁע

1 La défense

Pour interdire à quelqu'un une action on emploie **al** אַל *ne... pas* qu'on fait suivre du futur.

Al tèdabri shtou'yot ! אַל תְּדַבְּרִי שְׁטוּיּוֹת! *Ne dis(f.) pas de bêtises !*
Al ta'asèh èt zèh ! אַל תַּעֲשֶׂה אֶת זֶה! *Ne fais(m.) pas ça !*
Evidemment la 2ᵉ personne du pluriel se pratique aussi :
Al tèdabrou ! אַל תְּדַבְּרוּ! *Ne parlez pas !*
Al ta'asou ! אַל תַּעֲשׂוּ! *Ne faites pas !*

Pour retenir comment s'écrit **al** אַל pensez que ce mot s'écrit à l'inverse de l'autre négation, **lo** לֹא.

2 Le superlatif

Hadougmah hatovah bèyot̲èr הַדוּגְמָה הַטוֹבָה בְּיוֹתֵר littéralement "l'exemple le bon en plus" c'est-à-dire, *le meilleur exemple*. Observez comment se construit le superlatif. Nous avons la séquence : [article + nom] + [article + adjectif accordé en genre et en nombre] + **bèyot̲èr** בְּיוֹתֵר.

3 Nombres au-dessus de 1000

Contrairement au français où le mot *mille* est invariable, l'hébreu met ce mot au pluriel et même au duel. Ce qui nous donne :

èlèf	אֶלֶף	*mille*
alpayim	אַלְפַּיִם	*deux mille (duel)*
shloshèt̲ alafim	שְׁלוֹשֶׁת אֲלָפִים	*trois mille*
'asèrèt̲ alafim	עֲשֶׂרֶת אֲלָפִים	*dix mille*
'èsrim èlèf	עֶשְׂרִים אֶלֶף	*vingt mille*
mèah èlèf	מֵאָה אֶלֶף	*cent mille*

Notez qu'à partir de 20 000, au lieu de **'èsrim alafim** עֶשְׂרִים אֲלָפִים on raccourcit habituellement en **'èsrim èlèf** עֶשְׂרִים אֶלֶף.

4 Duels

Le nombre *deux* au masculin et au féminin se raccourcit quand on le fait suivre d'un nom (état construit). Nous avons trouvé ces deux exemples :

shtayim שְׁתַּיִם devient **shtèy** שְׁתֵּי au féminin :
shtèy nèshamot̲ שְׁתֵּי נְשָׁמוֹת *deux âmes* ;
shnayim שְׁנַיִם devient **shnèy** שְׁנֵי au masculin :
shnèy ḥavèrim שְׁנֵי חֲבֵרִים *deux amis*.

C'est pour rendre la parole plus fluide que ce changement s'opère.

5 Transcription des sons étrangers à l'hébreu

Certains sons n'existent pas en hébreu. Ils se transposent en approximations signalées au moyen d'une apostrophe placée après

שִׁעוּר אַרְבָּעִים וְתֵשַׁע

la lettre censée être leur équivalent. En voici quelques-uns :

tch de Churchill s'écrit		צֶ׳רְצִ׳יל
ch de Chili	→	צִ׳ילִי
j de jazz	→	גֶ׳אז
j de Jacques / Jack	→	זֶ׳ק
gi de girafe	→	גִ׳ירָפָה
ge de Georges	→	גֶ׳ורג׳ Le s final, ne s'entendant pas en français, n'est pas écrit en hébreu.
x de Alexandre	→	אָלֶכְּסַנְדֶר L'équivalence est constituée de deux lettres : כ ס

6 Verbes pronominaux

La forme pronominale s'appelle **hitpa'èl** הִתְפַּעֵל. Comme en français, cette forme a le sens soit réfléchi (*ils se lavent* : l'action porte sur les sujets "ils"), soit réciproque (*ils se rencontrent* : l'action va des uns aux autres).

Limitons-nous aux verbes que nous avons trouvés dans les leçons précédentes.

Au présent, le verbe commence généralement par **mit** – מִת à toutes les formes (m./f., s./p.) :

mi̱trahèv (m.)	מִתְרַחֵב	(je m'/ tu t'/ il s') élargis/-t
mi̱trahèvèt (f.)	מִתְרַחֶבֶת	(je m'/ tu t'/ elle s') élargis/-t
mi̱trahavim (m.)	מִתְרַחֲבִים	(nous nous) élargissons, (vous vous) élargissez, (ils s') élargissent (leçon 43)
mi̱trahavot (f.)	מִתְרַחֲבוֹת	(nous nous) élargissons, (vous vous) élargissez, (elles s') élargissent.
mi̱tkavètz (m.)	מִתְכַּוֵּץ	(je me / tu te / il se) rétrécis/-t
mi̱tkavètzèt (f.)	מִתְכַּוֶּצֶת	(je me / tu te / elle se) rétrécis/-t
mi̱tkavtzim (m.)	מִתְכַּוְּצִים	(nous nous) rétrécissons, (vous vous) rétrécissez, (ils se) rétrécissent (leçon 43)
mi̱tkavtzot (f.)	מִתְכַּוְּצוֹת	(nous nous) rétrécissons, (vous vous) rétrécissez, (elles se) rétrécissent.

matayim ḥamishim vashèsh

Au passé, le verbe commence généralement par **hit** – הִת à toutes les personnes :

hit_hatnou	הִתְחַתַּנּוּ	*ils/elles se sont marié(e)s* (leçon 34)
hitpalèlou	הִתְפַּלְלוּ	*ils/elles ont prié* (leçon 46. Prier est pronominal car on signifie que la prière est un dialogue avec Dieu)
lèhitraot	לְהִתְרָאוֹת	*au revoir* (leçon 6. Littéralement à se voir. Puisqu'il est à l'infinitif, le verbe commence par un לְ)
hishtaga'ta	הִשְׁתַּגַּעְתָּ	*tu es devenu fou* (leçon 41. Le שׁ qui appartient à la racine de ce verbe s'est intercalé dans le **hit**, pour raison de fluidité. Le sens réfléchi se comprend au sens de *se rendre fou*).

7 Quand un verbe commande un autre verbe...

... ce deuxième verbe se met à l'infinitif, comme, souvent, en français. Voici ceux que nous avons rencontrés :

ratzah liqnot	רָצָה לִקְנוֹת	*il a voulu acheter*
tzarikh lilmod	צָרִיךְ לִלְמוֹד	*il faut étudier*
halakh lishon	הָלַךְ לִישׁוֹן	*il est allé dormir*
hi yèkholah la'azor	הִיא יְכוֹלָה לַעֲזוֹר	*elle peut aider*

8 Verbes à racine quadrilittère

À la leçon 45, phrase 2, nous avons lu : **Pèlèfon tziltzèl** פֶּלֶאפוֹן צִלְצֵל *Le téléphone portable a sonné*. Ce verbe a la particularité rare d'être formé sur quatre consonnes et non sur trois : צ.ל.צ.ל. De plus il répète les deux consonnes : צל צל comme le verbe נ.ד.נ.ד *balancer* que nous avons vu à la leçon 29, note 1 qui répète : נד נד. Ces particularités n'ont pas de conséquences sur la conjugaison de ces verbes.

9 étudier-Enseigner

Une curiosité philosophique ! Les deux fonctions d'étudier et d'enseigner se disent avec les mêmes consonnes car les deux fonctions étant réciproques, elles s'exercent dans le même

שִׁעוּר אַרְבָּעִים וְתֵשַׁע / 49

domaine, mais elles restent différentes, c'est pourquoi les voyelles changent.

| **lamad** | לָמַד | *il a étudié.* |
| **limèd** | לִמֵּד | *il a enseigné.* |

▶ Dialogue de révision

❶ – אֲנִי פֹּה בְּכֶנֶס לְהַנְדָּסַת מַחְשְׁבִים וְאַרְכֵיאוֹלוֹגְיָה בַּטֶכְנִיוֹן בְּחֵיפָה.

❷ – אֵיךְ הַכֶּנֶס?

❸ – מְעַנְיֵן מְאֹד. הַטֶכְנִיוֹן יָפֶה מְאֹד וְגַם חֵיפָה יָפָה מְאֹד.

❹ – הַקַּיִץ חַם, הַיָּמִים אֲרוּכִּים, אֲבָל בַּבּוֹקֶר אֲנִי בַּבְּרֵכָה אוֹ בַּיָּם, גַּם בַּחֲמָם.

❺ – בַּחֲמָם? בַּחוֹם הַזֶה?

❻ – אֶתְמוֹל בָּעֶרֶב הָיִיתִי בִּמְסִיבָּה רִשְׁמִית עִם שָׂר.

❼ – הָיִיתִי גַם בִּמְסִיבַּת גַן נֶהְדֶּרֶת אֵצֶל חַוָה'לֶה.

❽ – הִיא שָׁאֲלָה : "חֲמוּדִי, אַתָה מַכִּיר אֶת הַבְּדִיחָה עַל הַצְלָעוֹת שֶׁל אָדָם...?"

❾ – אָמַרְתִי לָה: "כֵּן, זֹאת בְּדִיחָה עַתִּיקָה כְּמוֹ הָעוֹלָם. מָצָאת אוֹתָה בַּחֲפִירוֹת...?"

Traduction

❶ – Je suis ici dans un congrès d'ingénierie informatique et d'archéologie au Technion à Haïfa.
(je ici dans-congrès pour-ingénierie ordinateurs et-archéologie dans-Technion dans-Haïfa.)

❷ – Comment est le congrès ?
(comment le-congrès)

❸ – Très intéressant ! Le Technion est très beau et Haïfa est aussi très belle.
(intéressant très le-Technion beau très et-aussi Haïfa belle très)

❹ – L'été est chaud, les jours sont longs, mais chaque matin je [vais] à la piscine ou à la mer, ou au hamam.
(l'-été chaud les-jours longs mais dans-le-matin je dans-la-piscine ou dans-la-mer aussi dans-le-hamam)

❺ – Au hamam ? Par cette chaleur ?
(dans-le-hamam dans-chaleur cette)

❻ – Hier soir, j'étais dans une réception officielle avec un ministre.
(hier dans-le-soir j'-étais dans-réception officielle avec ministre)

❼ – J'étais aussi à une garden-party magnifique chez Havahlèh.
(j'-étais aussi dans-réception-de jardin magnifique chez Havahlèh)

***

Dorénavant, nous ne donnerons plus systématiquement la traduction mot à mot, mais nous l'indiquerons entre parenthèses lorsque la construction de la phrase en hébreu l'exigera. Les mots exprimés en

50

Cinquantième leçon
(Shi'our hamishim)

Mah qarah lèMoshèh ?
Qu'est-ce qui est arrivé à Moïse ?

1 – **Mah ta'asèh nahégèt shèto'ah badèrèkh ?**
Que fera [une] conductrice qui se trompe de *(dans-le-)* chemin ?

2 – **Hi tikanès lètahanat dèlèq vètishal èikh lèhagi'a.**
Elle entrera dans une *(vers-)*station d'essence et demandera son chemin *(comment arriver)*.

3 – **Mah ya'asèh nèhag ?**
Que fera [un] conducteur ?

❽ – Elle a demandé : "Mon chéri, tu connais la blague sur les côtes d'Adam… ?"
(elle a-demandé mon-mignon tu connais [èt] la-blague sur les-côtes de Adam)

❾ – Je lui ai dit : "Oui, c'est une blague vieille comme le monde. Tu l'as trouvée dans les fouilles ?"
(j'-ai-dit à-elle oui celle-ci blague antique comme le-monde tu-as-trouvé elle dans-fouilles)

Félicitations ! Vous voici arrivé à la fin de la première phase de votre apprentissage. À partir de demain, vous commencerez la "phase active". À la fin de la prochaine leçon, vous saurez de quoi il s'agit…

***

français et pas en hébreu sont mis entre crochets [ ]. Pour les accords d'adjectifs, reportez-vous au lexique pour connaître le genre des noms qu'ils qualifient, car ceux-ci diffèrent parfois du genre français.

שִׁעוּר חֲמִישִׁים

מַה קָרָה לְמֹשֶׁה?

1 – מַה תַּעֲשֶׂה נֶהָגֶת שֶׁטּוֹעָה בַּדֶּרֶךְ?

2 – הִיא תִּכָּנֵס לְתַחֲנַת דֶּלֶק וְתִשְׁאַל אֵיךְ לְהַגִּיעַ.

3 – מַה יַּעֲשֶׂה נֶהָג?

50 / Cinquantième leçon

4 – **Gèvèr lo yishal èikh lèhagi'a ! Hou lo yèlèd qatan ! Hou ya'adif linso'a sha'ot oulèhapès.**
[Un] homme ne demandera pas son chemin (comment arriver) ! Il [n'est] pas un petit enfant (enfant petit) ! Il préférera rouler pendant des heures (voyager heures) et chercher.

5 – **'akhshav ani mèvinah mah qarah lèMoshèh.**
Maintenant je comprends ce qui (quoi) est arrivé à Moïse.

6 **Lamah Moshèh rabènou histovèv** [1] **'im bnèy Israèl arba'im shanah** [2] **bamidbar ?**
Pourquoi Moïse notre maître (maître-notre) a-t-il tourné, avec les fils d'Israël, [pendant] quarante ans dans le désert ?

7 – **Èikh zéh qarah shèhèm yatzou miMitzrayim, mima'arav** [3] **lèIsraèl vèhigi'ou laYardèn** [4] **mimizrah** [5] **lèIsraèl ?**
Comment se fait-il que (ceci est-arrivé que-ils), sortis d'égypte [donc venant] de l'ouest [en direction] (vers) d'Israël, ils soient arrivés au Jourdain, par l'est (de l'est vers Israèl) ?

8 – **Ki, kmo kol gévèr, Moshèh lo ratzah lishol èikh lèhagi'a...**
Parce que, comme tout homme, Moïse n'a pas voulu demander son chemin (comment arriver)...

Notes

1 **histovèv** הִסְתּוֹבֵב *il a tourné, il s'est tourné*. Dans ce verbe pronominal conjugué au passé, la 1ʳᵉ lettre ס de la racine ס.ב.ב du verbe s'est intercalée entre les lettres ה et ת (caractèristiques des verbes pronominaux : הִת) pour faciliter la prononciation. Nous avons déjà observé ce phénomène à la leçon précédente, à propos de **hishtaga'ta** הִשְׁתַּגַּעְתָּ *tu es devenu fou*.

2 **arba'im shanah** שָׁנָה אַרְבָּעִים *quarante ans*. À la leçon 45 (note 5) nous avons rencontré **'èsrim èlèf** אֶלֶף עֶשְׂרִים *vingt mille*, **èlèf** restant au singulier malgré le nombre vingt qui l'affecte. Ici même phénomène : bien qu'il y ait *quarante années* (**arba'im shanah**), **shanah** reste au singulier. La règle est donc que le nom des dizaines, à partir de **'èsrim** עֶשְׂרִים *vingt*, n'impose pas le pluriel au terme sur lequel il porte. Mais si vous mettez ce dernier au pluriel (**arba'im shanim**), personne ne vous en tiendra rigueur.

שִׁעוּר חֲמִישִׁים

4 - גֶּבֶר לֹא יִשְׁאַל אֵיךְ לְהַגִּיעַ! הוּא לֹא יֶלֶד קָטָן! הוּא יַעֲדִיף לִנְסוֹעַ שָׁעוֹת וּלְחַפֵּשׂ.

5 - עַכְשָׁו אֲנִי מְבִינָה מַה קָּרָה לְמֹשֶׁה.

6 - לָמָּה מֹשֶׁה רַבֵּנוּ הִסְתּוֹבֵב עִם בְּנֵי יִשְׂרָאֵל אַרְבָּעִים שָׁנָה בַּמִּדְבָּר?

7 - אֵיךְ זֶה קָרָה שֶׁהֵם יָצְאוּ מִמִּצְרַיִם, מִמַּעֲרָב לְיִשְׂרָאֵל וְהִגִּיעוּ לַיַּרְדֵּן מִמִּזְרָח לְיִשְׂרָאֵל?

8 - כִּי כְּמוֹ כָּל גֶּבֶר, מֹשֶׁה לֹא רָצָה לִשְׁאוֹל אֵיךְ לְהַגִּיעַ...

הוא הסתובב שעות עד שמצא תחנת דלק.

3 ma'arav מַעֲרָב *ouest*. La racine de ce mot est le mot עֶרֶב *soir*. Le soleil se couche à l'ouest le soir !

4 yardèn יַרְדֵּן *Jourdain*. L'étymologie traditionnelle de ce nom a le mérite de contenir une donnée géographique et une donnée historique. Ce nom יַרְדֵּן se compose de יָרַד *il est descendu* et de דָּן *Dan*, nom de la source qui fournit la moitié des eaux de la rivière (l'autre grande source est le Banyas). Les eaux de Dan descendent, formant le יַרְדֵּן. Enfin cette source se trouve sur le territoire de la tribu biblique de Dan.

5 mizrah מִזְרָח *est*. La racine de ce mot est ז.ר.ח, la même que dans le verbe lizroah לִזְרוֹחַ *briller*. S'il est un moment où le soleil commence à briller, c'est bien après la nuit, quand il se lève, à l'est !

50 / Cinquantième leçon

▶ **Targil rishon – Targèm**   תַרְגִּיל רִאשׁוֹן – תַרְגֵּם

❶ סְלִיחָה, אֵיךְ אֲנִי יָכוֹל לְהַגִּיעַ לְתֵל-אָבִיב?
Slihah, èikh ani yakhol lèhagi'a lèTèl-Aviv ?

❷ הוּא הִסְתּוֹבֵב שָׁעוֹת עַד שֶׁמָצָא תַחֲנַת דֶּלֶק.
Hou histo<u>v</u>è<u>v</u> sha'ot 'ad shèmatza <u>t</u>ahana<u>t</u> dèlèq.

❸ בְּנֵי יִשְׂרָאֵל הָיוּ אַרְבָּעִים שָׁנָה בַּמִּדְבָּר.
Bnèy I<u>s</u>raèl hayou arba'im shanah bamidbar.

❹ הַנֶּהֶגֶת טוֹעָה בַּדֶּרֶךְ וְשׁוֹאֶלֶת נֶהָג אֵיפֹה הַקַּנְיוֹן הֶחָדָשׁ.
Hanahègè<u>t</u> to'ah badèrèkh vèshoèlè<u>t</u> néhag èifoh haqanyon hahadash.

❺ הֵם רָצוּ לִנְסֹעַ לַיָּם בְּמַעֲרָב תֵּל-אָבִיב, אֲבָל הֵם הִגִּיעוּ לַמִּזְרָח.
Hèm ratzou linso'a layam, bèma'ara<u>v</u> <u>T</u>èl-Avi<u>v</u>, a<u>v</u>al hèm higi'ou lamizrah.

Targil shèni – Hashlèm   תַרְגִּיל שֵׁנִי – הַשְׁלֵם

Attention : voici une nouveauté. Désormais dans cet exercice vous devrez trouver le mot manquant tant dans la transcription phonétique que dans l'écriture hébraïque.

❶ *Tu te trompes(f.) d'adresse. Tu dois chercher à côté de la poste.*
A<u>t</u> [...] bakto<u>v</u>è<u>t</u>. A<u>t</u> tzrikhah [...] 'al yad ha[...].
____ הַ יַּ דָ עַל ____ בְּרִיכָה. סַת ____ בַּכְּתֹבֶת. סַת

❷ *Un homme ne demandera pas comment arriver au bord de la mer.*
[...] lo [...] èikh [...] lèhof hayam.
___ לֹא ____ אֵיךְ _____ לְחוֹף הַיָּם.

❸ *Le Jourdain est à l'est d'Israël et la mer à l'ouest.*
HaYardèn mi[...] lèYi<u>s</u>raèl vèhayam mi[...].
הַיַּרְדֵּן מִ____ לְיִשְׂרָאֵל וְהַיָּם מִ____.

❹ *Avez-vous encore une blague sur Moïse notre maître ?*
Yèsh lakhèm [...] bdihah 'al [...] [...] ?
יֵשׁ לָכֶם ___ בְּדִיחָה עַל ___ _____?

שִׁעוּר חֲמִישִׁים / 50

Corrigé de l'exercice 1
❶ Pardon, comment puis-je arriver à Tel-Aviv ? ❷ Il a tourné des heures jusqu'à ce qu'il ait trouvé une station d'essence. ❸ Les fils d'Israël ont été quarante ans dans le désert. ❹ La conductrice se trompe de route et demande à un conducteur où est le nouveau centre commercial. ❺ Ils ont voulu rouler en direction de la mer, à l'ouest de Tel-Aviv, mais ils sont arrivés à l'est.

❺ *Il ne prend pas l'avion (il ne vole pas) car il aime rouler (voyager) dans le désert jusqu'à Eilat.*
Hou lo [...] ki hou ohèv linso'a ba[...] 'ad Èilat.

הוּא לֹא __ כִּי הוּא אוֹהֵב לִנְסוֹעַ בַּ____ עַד אֵילַת.

Corrigé de l'exercice 2
Attention : les mots qui manquaient et dans l'écriture hébraïque et dans la transcription phonétique seront restitués ici, à gauche pour la transcription phonétique, et en commençant par la droite pour les mots hébreux.

❶ – to'ah – lèhapès – doar — טוֹעָה – לְחַפֵּשׂ – דּוֹאַר –
❷ Gèvèr – yishal – lèhagi'a – — גֶּבֶר – יִשְׁאַל – לְהַגִּיעַ –
❸ – mizrah – ma'arav — מִזְרָח – מַעֲרָב –
❹ – 'od – Moshèh rabènou — עוֹד – מֹשֶׁה רַבֵּנוּ –
❺ – tas – midbar – — טָס – מִדְבָּר –

Midbar מִדְבָּר *désert. L'étymologie étant un sport national en Israël, ce mot n'a pas échappé au concassage. On y voit la racine* ד.ב.ר *qui est aussi celle du verbe* **lèdabèr** לְדַבֵּר *parler. Si donc en français il arrive qu'on "parle dans le désert", c'est-à-dire dans le vide, l'hébreu aime à souligner que c'est dans le vide que celui qui parle se fait le mieux entendre puisque l'attention de l'auditeur n'est pas accaparée par d'autres préoccupations.*
Les **'èsèr hadibrot** עֲשֶׂר הַדְּבָרוֹת *les dix paroles (ou dix commandements) ont été données à* **Moshèh** מֹשֶׁה *dans le désert du Sinaï.*

Mitzrayim מִצְרַיִם *égypte. Ce nom signifie aussi détroits qui pourraient se rapporter au détroit de Tiran, entre Aqaba et la mer Rouge, mais il signifie aussi frontières. Sous la conduite de Moïse – dit la Bible – les Hébreux sortent du temps de l'esclavage pour entrer dans celui de la liberté, frontière entre l'"avant" et l'"après" des dix paroles.*

Moshèh rabènou מֹשֶׁה רַבֵּנוּ *Moïse notre maître. Le mot* **rabènou** רַבֵּנוּ *est formé sur* **rav** רַב *beaucoup, pour indiquer le poids du savoir et celui du prestige qui s'y rapporte. Il a donné le mot rabbin. Même racine que dans* **harbèh** הַרְבֵּה *beaucoup. Comme titre d'honneur, ce mot s'emploie depuis l'époque du deuxième Temple. Les juifs parlent souvent de* **Moshèh rabènou** *comme d'un membre de leur famille ; la preuve, c'est qu'ils colportent sur son compte quelques bonnes blagues.*

Cinquantième et unième leçon
(Shi'our hamishim vèahat)

HaKarmèl
Le Carmel

1 – **Slihah gvirti, ani lo makir èt Hèifah. èifoh tahanat "hakarmèlit"¹ ?**
Pardon madame *(dame-ma)*, je ne connais pas Haïfa. Où [est la] station de la "carmélite" ?

La phase "active" (ou "deuxième vague")
Félicitations ! Vous voici arrivé à la leçon 50. Nous vous proposerons désormais un retour sur les leçons précédentes.
Allez à la leçon 1, prenez le texte de la leçon (page de gauche) et cachez la page de droite où se trouve l'hébreu. Cachez également la transcription phonétique de l'hébreu et traduisez le texte français en hébreu, oralement puis à l'écrit (en lettres hébraïques bien sûr !). Cette traduction étant terminée, comparez les deux versions et surtout repérez l'erreur et ses causes. Dans la même leçon, passez au corrigé de l'exercice 1 et traduisez du français vers l'hébreu à haute voix, et, si possible, en écrivant, puis comparez le résultat de votre traduction au texte de l'exercice 1.
Renouvelez l'opération pour chaque leçon à venir, à partir de maintenant. Chacune d'elles se composera désormais de deux parties : un pas en avant pour découvrir la nouvelle leçon (phase dite "passive" de la méthode), un pas en arrière pour consolider les acquis et vous sentir plus fort (phase dite "active").

Deuxième vague : 1re leçon

שִׁעוּר חֲמִישִׁים וְאַחַת

הַכַּרְמֶל

1 - סְלִיחָה גְבִירְתִּי, אֲנִי לֹא מַכִּיר אֶת חֵיפָה. אֵיפֹה תַּחֲנַת "הַכַּרְמֶלִית"?

Note

1 **karmèlit** כַּרְמֶלִית. Par ce nom propre les habitants de Haïfa désignent le funiculaire souterrain, construit par une société française, qui, partant de la place de Paris, au bas de la ville, et passant par quatre stations, gagne le sommet du Carmel.

51 / Cinquante et unième leçon

2 – **Lèkh [2] qadimah [3] 'al hamidrakhah hahi [4]. Baramzor [5] harishon pnèh smolah [6].**
Allez *(va)* devant, sur ce *(le-)*trottoir-là *(la-elle)*. Au premier feu *(au-feu le-premier)*, tourne[z] à gauche.

3 **Barèhov hahou, lèkh mèah mètrim 'ad hamidrahov [7]. Batamrour 'atzor pnèh yaminah.**
Dans cette rue-là *(le-il)*, faites *(va)* cent mètres jusqu'à la rue piétonne. Au stop *(à-la-signalisation stop)* tourne[z] à droite.

4 **Atah rotzèh lèhagi'a lèhof haKarmèl ?**
Vous voulez *(tu veux)* aller *(arriver)* à la plage du Carmel ?

5 – **Lo. Lèmèrkaz haKarmèl. Ani gar bèmalon "Dan Karmèl".**
Non. Au Carmel-Centre *(à-centre le-Carmel)*. J'habite à *[l']*hôtel "Dan Carmel".

6 – **Atah tayar ?**
Vous *(tu)* [êtes] touriste ?

7 – **Lo. Ani gar bèKharmièl [8] Bati lèvaqèr havèr miDalyat El Karmèl. Hou rofè bèveit haholim "Karmèl".**
Non. J'habite à Carmiel. Je suis venu [rendre] visite à *(visiter)* un ami de Dalyath El Karmel. Il [est] médecin à l'hôpital *(maison-de malades)* Carmel.

Notes

2 lèkh לֵךְ *va* ; pnèh פְּנֵה *tourne*. Notez ces deux impératifs.

3 Les phrases 2 et 3 rassemblent trois adverbes de direction (ou de mouvement) :

qadimah	קָדִימָה	*en avant* ;
smolah	שְׂמֹאלָה	*à gauche, vers la gauche* ;
yaminah	יָמִינָה	*à droite, vers la droite.*

On peut ajouter, par exemple : **habaytah** הַבַּיְתָה *à la maison* (en direction de la maison) et **Tèl-Avivah** תֵּל-אָבִיבָה *vers Tel-Aviv*. Ils prennent la terminaison **ah** ה ָ . On parle alors de **hé** ה de direction.

4 **hahi** הַהִיא *cette, celle-là*, **hahou** הַהוּא *ce, celui-là*. Certaines grammaires appellent ces formations "démonstratifs lointains". Elles se composent de l'article défini **ha** הַ suivi du pronom personnel

2 - לֵךְ קָדִימָה עַל הַמִּדְרָכָה הַהִיא. בָּרַמְזוֹר הָרִאשׁוֹן פְּנֵה שְׂמֹאלָה.

3 - בָּרְחוֹב הַהוּא, לֵךְ מֵאָה מֶטְרִים עַד הַמִּדְרְחוֹב. בַּתַּמְרוּר עָצוֹר פְּנֵה יָמִינָה.

4 - אַתָּה רוֹצֶה לְהַגִּיעַ לְחוֹף הַכַּרְמֶל?

5 - לֹא. לְמֶרְכַּז הַכַּרְמֶל. אֲנִי גָּר בְּמָלוֹן "דָּן כַּרְמֶל".

6 - אַתָּה תַּיָּר?

7 - לֹא. אֲנִי גָּר בְּכַרְמִיאֵל. בָּאתִי לְבַקֵּר חָבֵר מִדָּלִיַּת אֶל כַּרְמֶל. הוּא רוֹפֵא בְּבֵית הַחוֹלִים "כַּרְמֶל".

---

hou הוּא, hi הִיא, hèm הֵם ou hèn הֵן. Elles ont valeur d'adjectif ou de pronom démonstratif. Au pluriel, nous obtenons donc : **hahèm** הָהֵם ces, ceux-là, **hahèn** הָהֵן ces, celles-là.

5 **ramzor** רַמְזוֹר *feu de circulation, sémaphore*. Ce mot-valise a été formé à l'époque moderne sur la racine ז.מ.ר. *signaler* et אוֹר *lumière*.

6 **smolah** שְׂמֹאלָה *à gauche*. Cet adverbe est parent de l'adjectif **smali** (m.) שְׂמָאלִי **smalit** (f.) שְׂמָאלִית *gauche* et, au pluriel, **smaliyim** (m.) שְׂמָאלִיִּים **smaliyot** (f.) שְׂמָאלִיּוֹת.

7 **midrahov** מִדְרְחוֹב *rue piétonne*. Ce mot-valise se compose de **midrakhah** מִדְרָכָה *trottoir* – où l'on trouve **dèrèkh** דֶּרֶךְ *chemin* – mais aussi la racine ד.ר.ך. *piétiner* et **rèhov** רְחוֹב *rue* qui est de même racine que **rahav** רָחָב *large*.

8 **karmièl** est une ville nouvelle proche de **Ako** (Saint Jean-d'Acre). Nom interprété comme vigne de Dieu, de **kèrèm** כֶּרֶם *vigne* et **Èl** אֵל *Dieu*.

51 / Cinquante et unième leçon

8 Ba li litzhoq. Poh hakol Karmèl. Hayom akhalti avoqado "Karmèl" vaafilou qrèm qaramèl.
J'ai envie de rire *(il-vient à-moi rire)*. Ici tout [est] Carmel. Aujourd'hui *(le-jour)* j'ai mangé un avocat Carmel et même une crème caramel.

9 Hayah li na'im lèhakir otakh. Shmi [9] èliyahou. Mah shmèkh ?
J'ai eu le plaisir de *(était pour-moi agréable)* vous connaître *(connaître [èt]-toi)*. Mon nom *(nom-mon)* est Eliyahou. Quel est le vôtre *(quoi nom-ton)* ?

10 – Karmèlah.
Carmèla.

Note

9 **shmi** שְׁמִי mon nom est la contraction de **hashèm shèli** הַשֵׁם שֶׁלִּי "le nom de moi" (m./f.). **shmèkh** שְׁמֵךְ ton nom est de même, la contraction de **hashèm shèlakh** הַשֵׁם שֶׁלָּךְ "le nom de toi" (f.). On peut continuer ainsi pour tous les pronoms.

Targil rishon – Targèm   תַּרְגִּיל רִאשׁוֹן – תַּרְגֵּם

❶ הַתַּיָּרִים רוֹצִים לִנְסוֹעַ בַּכַּרְמְלִית מִמֶּרְכַּז הַכַּרְמֶל לַיָּם.
Hatayarim rotzim linso'a bakharmèlit mimèrkaz haKarmèl layam.

❷ הוּא רוֹפֵא יְלָדִים בְּבֵית הַחוֹלִים "כַּרְמֶל".
Hou rofè yèladim bèvèit haholim "Karmèl".

❸ לֵךְ שְׂמֹאלָה עַל הַמִּדְרָכָה הַהִיא עַד הַתַּמְרוּר עֲצוֹר.
Lèkh smolah 'al hamidrakhah hahi 'ad hatamrour 'atzor.

❹ בָּרְחוֹב הַהוּא יֵשׁ רַמְזוֹר כָּל עֲשָׂרָה מֶטֶר.
Barèhov hahou yèsh ramzor kol 'asarah mètèr.

❺ שְׁמִי אֵלִיָּהוּ, נָעִים לִי לְהַכִּיר אוֹתָךְ.
Shmi Èliyahou, na'im li lèhakir otakh.

51 / שִׁעוּר חֲמִישִׁים וְאַחַת

8 בָּא לִי לִצְחוֹק. פֹּה הַכֹּל כַּרְמֶל. הַיּוֹם אָכַלְתִּי אֲבוֹקָדוֹ "כַּרְמֶל" וַאֲפִילוּ קֶרֶם קַרְמֶל.

9 הָיָה לִי נָעִים לְהַכִּיר אוֹתָךְ. שְׁמִי אֵלִיָּהוּ. מַה שְּׁמֵךְ?

10 – כַּרְמֶלָה.

אתה תיר?

Corrigé de l'exercice 1

❶ Les touristes veulent aller, par la "carmélite", de Carmel Centre à la mer. ❷ Il est pédiatre *(médecin enfants)* à l'hôpital "Carmel". ❸ Va à gauche sur ce trottoir là-bas jusqu'au signal stop. ❹ Dans cette rue-là, il y a un feu tous les dix mètres. ❺ Mon nom est Eliyahou, heureux *(agréable)* de te *(f.)* connaître.

51 / Cinquante et unième leçon

Targil shèni – Hashlèm — תַּרְגִיל שֵׁנִי – הַשְׁלֵם

❶ Il réside dans un hôtel magnifique de Carmel-Centre.
Hou [...] [...] nèhèdar bè[...] ha[...].

הוּא __ _____ נֶהְדָּר בְּ____ הַ____.

❷ J'ai envie de rire de toutes les bêtises que j'entends (m.).
[...] [...] litz<u>h</u>oq mikol [...] shèani shomè'a.

__ __ לִצְחוֹק מִכֹּל _____ שֶׁאֲנִי שׁוֹמֵעַ.

❸ De la rue piétonne sur le Carmel, on voit (ils-voient) une belle plage.
Mèha[...] 'al haKarmèl [...] <u>h</u>of [...].

מֵהַ_____ עַל הַכַּרְמֶל _____ חוֹף ___.

❹ J'ai mangé une crème d'avocat à l'orange. [C'était] très bon (délicieux) !
Akhalti qrèm [...] 'im tapouzim. [...] mèod !

אָכַלְתִּי קְרֶם _____ עִם תַּפּוּזִים. ____ מְאוֹד!

❺ Elle se trompe de route, mais elle sait que la mer est toujours à l'ouest. Ouf !
Hi [...] badèrèkh a<u>v</u>al hi [...] shèhayam tamid [...]. Ouf !

הִיא ____ בַּדֶּרֶךְ אֲבָל הִיא _____ שֶׁהַיָּם תָּמִיד _____ אוּף!

Dalyath-èl-Carmèl, *village druze, à 20 km de Haïfa, propose aux touristes ses produits artisanaux et ses restaurants typiques, mais il témoigne surtout de l'existence d'une énigmatique minorité religieuse. Au début du XIe siècle, règne en Égypte le calife Al Hakim, chiite d'obédience ismaélienne. À la fin de sa vie, il se proclame d'origine divine. Son vizir, Al Daruzi, se fait le héraut de cette foi nouvelle à laquelle il laisse son nom : druze. 350 000 Druzes habitent la Syrie et presque autant le Liban. Israël en compte 60 000, moins que les états-Unis (100 000). Des conflits violents ont opposé jadis cette population – jalouse de sa particularité mais arabophone – aux musulmans. Les Druzes ont demandé et obtenu de servir dans l'armée israélienne comme gardes-frontières.*

שִׁעוּר חֲמִישִׁים וְאַחַת / 51

Corrigé de l'exercice 2

❶ – gar bèmalon – mèrkaz – Karmèl – ❶ גָּר בְּמָלוֹן – מֶרְכַּז – כַּרְמֶל
❷ Ba li – hashtouyot – ❷ בָּא לִי – הַשְׁתּוּיוֹת –
❸ – midrahov – roim – yafèh – ❸ מִדְרָחוֹב – רוֹאִים – יָפֶה –
❹ – avoqado – ta'im – ❹ אֲבוֹקָדוֹ – טָעִים –
❺ – to'ah – yoda'at – bama'arav – ❺ טוֹעָה – יוֹדַעַת – בַּמַּעֲרָב –

*Le Carmèl, massif montagneux de 25 km de long, culmine à 546 m. L'étymologie de ce nom **kèrèm-El** כֶּרֶם-אֵל vigne de Dieu, dit assez son importance mystique puisque c'est ici que le prophète du "vrai" Dieu, Elie, affronta avec verve et puissance les prophètes de Baal (Premier livre des Rois, chapitre 18). Des ermites chrétiens y menèrent, dans l'esprit du prophète, la vie contemplative jusqu'à la chute des royaumes latins devant l'Islam. Passés en Europe, ils formèrent l'ordre féminin et l'ordre masculin du Carmel. Parmi les grands poètes espagnols de l'âge classique, on compte la carmélite, Thérèse d'Avila et le carme Jean de la Croix.*

Deuxième vague : 2ᵉ leçon

Parvenus à ce stade, passons à une phase plus active : après avoir étudié cette leçon 51, il vous faut retourner à la leçon 2 et procéder comme indiqué à la leçon précédente. Quelle joie de maîtriser déjà cette langue ! Bon succès !

Cinquante-deuxième leçon
(Shi'our ḥamishim oushtayim)

'iton [1] mashmin
Un journal fait grossir

1 – **Shalom Adoni. Ani mèvaqèshèt lèvatèl èt haminouy [2] lashèvou'on [3] shèlakhèm.**
Bonjour monsieur. Je [vous] demande [d']annuler mon *(l')* abonnement à votre *(l')* hebdomadaire *(de-vous)*.

2 – **Gvirti, at mènouyah kvar 'èsèr shanim. Mah lo motzè ḥèn bè'èinayikh bashèvou'on shèlanou ?**
Madame, vous *(tu)* [êtes] abonnée [depuis] déjà dix ans. Qu'est-ce qui ne vous plaît pas *(quoi non trouve grâce dans-yeux-de-toi)* dans notre *(l')* hebdomadaire *(de-nous)* ?

3 – **Hashèvou'on mètzouyan. Hayiti mènouyah 'al ha'iton 'od kèshèhayah yarḥon [4].**
L'hebdomadaire [est] excellent. J'étais abonnée au *(sur le)* journal lorsqu'il était encore mensuel.

4 – **Vèat rotzah lèvatèl èt haminouy ?**
Et vous voulez *(tu veux)* annuler l'abonnement ?

5 – **Agid lèkha èt haèmèt. Ani ohèvèt èt hamador "Mèhamitbaḥ [5] bèahavah"...**
Je vais vous dire *(je-dirai à-toi)* la vérité. J'aime la rubrique "De la cuisine avec amour"...

Notes

1 'iton עִתּוֹן *journal* a pour racine 'èt עֵת *temps, époque*. Quoi de plus temporel qu'un journal ? La terminaison on וֹן indique un nom.

2 minouy מִינוּי *abonnement*. La racine est מ.נ.ה compter puisque l'abonnement se rapporte à toutes sortes de comptes.

שִׁעוּר חֲמִישִׁים וּשְׁתַּיִם

עִתּוֹן מַשְׁמִין

1 - שָׁלוֹם אֲדוֹנִי. אֲנִי מְבַקֶּשֶׁת לְבַטֵּל אֶת הַמִינוּי לַשְּׁבוּעוֹן שֶׁלָּכֶם.

2 - גְּבִרְתִּי, אַתְּ מְנוּיָה כְּבָר עֶשֶׂר שָׁנִים. מַה לֹא מוֹצֵא חֵן בְּעֵינַיִךְ בַּשְׁבוּעוֹן שֶׁלָּנוּ?

3 - הַשְׁבוּעוֹן מְצוּיָן. הָיִיתִי מְנוּיָה עַל הָעִתּוֹן עוֹד כְּשֶׁהָיָה יַרְחוֹן.

4 - וְאַתְּ רוֹצָה לְבַטֵּל אֶת הַמִינוּי?

5 - אַגִּיד לָךְ אֶת הָאֱמֶת. אֲנִי אוֹהֶבֶת אֶת הַמָּדוֹר "מֵהַמִּטְבָּח בְּאַהֲבָה"...

---

3 shèvou'on שָׁבוּעוֹן *hebdomadaire* vient de **shavou'a** שָׁבוּעַ *semaine*, avec adjonction de **on** וֹן comme le mot de la note 1.

4 yar<u>h</u>on יַרְחוֹן *mensuel*. Ici encore on constate la présence du **on** וֹן final. Ce mot vient de **yarèa<u>h</u>** יָרֵחַ *lune*, puisque le mois hébraïque est lunaire.

5 mèhamitba<u>h</u> מֵהַמִּטְבָּח *de la cuisine*. **Mè** מֵ signifie *de*, au sens de *provenance*.

52 / Cinquante-deuxième leçon

6 – **Anahnou bèèmèt mèod gèim [6] bamador hazèh.**
Nous sommes vraiment très fiers *(en-vérité très sommes-fiers)* de cette *(dans-le)* rubrique *(le-celui-ci)*.

7 – **Zot bèdiyouq hasibah. Mèdor hamitbah [7] mashmin [8] : 'èsèr shanim, 'asarah qilo !**
C'[est] précisément la raison. Une rubrique de cuisine, [ça] fait grossir : dix années, dix kilos !

Notes

6 anahnou gèim אֲנַחְנוּ גֵּאִים *nous sommes fiers*. Nous avons affaire ici au présent. Au passé et au futur, le verbe prend la forme pronominale : hitgaènou הִתְגָּאֵנוּ *nous étions fiers* ; nitgaèh bèSarah נִתְגָּאֶה בְּשָׂרָה *nous serons fiers de Sarah*.

7 mèdor hamitbah מְדוֹר הַמִּטְבָּח *rubrique de cuisine*. Rappelez-vous ce que nous avons vu sur l'état construit. Si le mot avait été dépourvu de complément de nom nous aurions eu **mador** מָדוֹר *rubrique*. Ecrites sans voyelles, ces deux formes ne se distinguent plus ; c'est le contexte qui vous informe de la nature grammaticale de l'expression.

8 mashmin מַשְׁמִין *(il) fait grossir*. Dérivé du mot **shèmèn** שֶׁמֶן *huile*.

▶ Targil rishon – Targèm — תַּרְגִּיל רִאשׁוֹן – תַּרְגֵּם

❶ לְשִׁירִי יֵשׁ מִינוּי לְיַרְחוֹן יְלָדִים.
LèShiri yèsh minouy lèyarhon yéladim.

❷ כְּבָר שְׁנָתַיִים דַּלְיָה מְנוּיָה לְבִרְכַת הַכְּפָר.
Kvar shnatayim Dalyah mènouyah livrèkhat hakfar.

❸ אֶסַּע לַמְּסִיבָה אֵצֶל מִשְׁפַּחַת אוֹרֶן, אֲבָל הָאֹכֶל שָׁם מַשְׁמִין מְאוֹד.
Èsa' lamèsibah ètzèl mishpahat Orèn, aval haokhèl sham mashmin mèod.

❹ הֵם גֵּאִים בַּבֵּן הֶחָמוּד שֶׁלָּהֶם.
Hèm gèim babèn hahamoud shèlahèm.

❺ לְכָל אִשָּׁה בְּיִשְׂרָאֵל יֵשׁ אֶת הַסֵּפֶר "מֵהַמִּטְבָּח בְּאַהֲבָה".
Lèkhol ishah bèIsraèl yèsh èt hasèfèr "Mèhamitbah bèahavah".

שִׁעוּר חֲמִישִׁים וּשְׁתַּיִם / 52

6 – אֲנַחְנוּ בֶּאֱמֶת מְאֹד גֵּאִים בַּמָּדוֹר הַזֶּה.
7 – זֹאת בְּדִיּוּק הַסִּבָּה. מְדוֹר הַמִּטְבָּח מַשְׁמִין: עֶשֶׂר שָׁנִים, עֲשָׂרָה קִילוֹ!

הם גאים בבן החמוד שלהם.

Corrigé de l'exercice 1

❶ Shiri a un abonnement à un mensuel d'enfants. ❷ Depuis deux ans Dalyah est abonnée à la piscine du village. ❸ J'irai à la réception de *(chez)* la famille Oren, mais là-bas la nourriture fait grossir. ❹ Ils sont fiers de leur charmant fils *(leur fils mignon)*. ❺ Chaque femme en Israël possède le livre : "De la cuisine avec amour".

52 / Cinquante-deuxième leçon

Targil shèni – Hashlèm — תַּרְגִּיל שֵׁנִי – הַשְׁלֵם

❶ *Chaque vendredi, il achète cet hebdomadaire pour la rubrique de sport.*
Kol [...] [...] hou qonèh èt [...] hazèh biglal [...] hasport.

כָּל __ __ ____ הוּא קוֹנֶה אֶת _____ הַזֶּה בִּגְלַל ____ הַסְפּוֹרְט.

❷ *Tu veux vraiment que je te dise la vérité sur les sottises qu'il y a dans ton livre ?*
At [...] rotzah [...] lakh èt [...] 'al [...] shèyèsh basèfèr [...] ?

אַתְּ ____ רוֹצָה _____ לָךְ אֶת ____ עַל _____
שֶׁיֵּשׁ בַּסֵּפֶר ___?

❸ *Pardon. Tout ça, [ce sont] des paroles, des paroles. Quel [est] exactement le prix de cette voiture ?*
Slihah. Hakol [...] [...]. Mah [...] hamèhir shèl hamèkhonit [...] ?

סְלִיחָה. הַכֹּל _____ _____. מַה _____ הַמְּחִיר שֶׁל
הַמְּכוֹנִית ____?

❹ *Ce manteau me grossit. Vous avez quelque chose de plus beau ?*
Hamè'il [...] [...] oti. Yèsh lakhèm [...] yotèr yafèh ?

הַמְּעִיל ___ _____ אוֹתִי. יֵשׁ לָכֶם ____ יוֹתֵר יָפֶה?

❺ *[Est-il] possible d'annuler le billet d'avion ? Je [suis] à l'hôpital depuis une semaine.*
[...] lèvatèl èt kartis hatisah ? Ani [...] [...] kvar shavou'a.

____ לְבַטֵּל אֶת כַּרְטִיס הַטִּיסָה? אֲנִי _____ ____ כְּבָר שָׁבוּעַ.

Civilités : le vouvoiement n'existe pas. De bas en haut de l'échelle sociale, tout le monde se tutoie. On tutoie même Dieu dans les prières. L'esprit de convivialité va quelquefois jusqu'à la familiarité. Foin des formalités du premier contact, vous vous entendrez vite appelé par votre prénom et même par son diminutif. Vous trouverez ce dernier sur votre courrier, sauf s'il s'agit d'une lettre officielle. Il arrive qu'un avocat signe de son diminutif une pièce de son dossier.

Corrigé de l'exercice 2

❶ – yom shishi – hashè<u>v</u>ou'on – mèdor –

❶ - יוֹם שִׁישִׁי - הַשָּׁבוּעוֹן - מְדוֹר -

❷ – bèèmè<u>t</u> – shèagid – haèmè<u>t</u> – hashtouyo<u>t</u> – shèlakh

❷ - בֶּאֱמֶת - שֶׁאַגִּיד - הָאֱמֶת - הַשְׁטוּיוֹת - שֶׁלָּךְ -

❸ dibourim dibourim – bèdiyouq – hazo<u>t</u>

❸ - דִּיבּוּרִים דִּיבּוּרִים - בְּדִיוּק - הַזֹּאת

❹ – hazèh mashmin – mashèhou –

❹ - הֲזֶה מַשְׁמִין - מַשֶּׁהוּ -

❺ èfshar – bè<u>v</u>èi<u>t</u> holim –

❺ אֶפְשָׁר - בְּבֵית חוֹלִים -

*La distinction Madame, Mademoiselle selon la condition conjugale n'existe pas. Si vous ne pouvez pas l'interpeller par son י, vous direz à cette jeune passante **ba<u>h</u>ourah** בָּחוּרָה jeune fille, **yaldah** יַלְדָּה petite fille, ou, si elle est plus avancée en âge, **gvèrèt** גְּבֶרֶת littéralement "dame" c'est-à-dire madame, ou **gvirti** גְּבִירְתִּי madame. À un homme, dites **adoni** אֲדוֹנִי monsieur, à un jeune homme **ba<u>h</u>our** בָּחוּר à un garçon **yèlèd** יֶלֶד . Mais ne restez pas longtemps sur ce registre, passez au prénom le plus tôt possible.*

"Monsieur et Madame Nathan Lévy": bannissez cette cérémonieuse appellation et contentez-vous de Ruth et Nathan Lévy.

En revanche, si vous aimez afficher vos titres universitaires, profitez-en. Sur vos en-tête de lettres, vos enveloppes, vos cartes de visite écrivez que vous êtes "docteur". Ne pas le mentionner est incongru.

Mèhamitba<u>h</u> bèaha<u>v</u>ah מֵהַמִּטְבָּח בְּאַהֲבָה *est un livre de cuisine célèbre en Israël. écrit par Ruth Sirkis, sa première édition est de 1975. Il a connu et connaît un tel succès qu'on se plaît à dire qu'il y a "la cuisine israélienne avant" et "la cuisine israélienne après Ruth Sirkis" !*

Deuxième vague : 3ᵉ leçon

Cinquante-troisième leçon
(Shi'our ḥamishim vèshalosh)

Kèday [1] lirzot !
C'est rentable de maigrir !

1 **Mahapèkhah bè'olam hatayarout [2] bèIsraèl.**
Révolution dans le monde du tourisme en Israël.

2 **Sokhnout hanèsi'ot "Nofèsh Yashir" mokhèrèt kartisèy tisah [3] lèÈropah oulèartzot hayam haTikhon [4], lèfi mishqal hanosè'a.**
L'agence de voyages "Vacances directes" vend des billets d'avion *(de vol)* pour l'Europe et pour les pays de la mer Méditerranée en fonction du *(selon)* poids du voyageur.

3 **Hamèḥir : midolar vaḥètzi 'ad ḥamishah dolarim lèqilo.**
Le prix : de [un] dollar et demi à *(jusqu'à)* cinq dollars le *(pour)* kilo.

4 **Dougmaot : kartis tisah lèLondon o lèRoma shloshah dolarim lèqilo.**
Exemples : un billet [d']avion *(vol)* pour Londres ou pour Rome, trois dollars le kilo.

Notes

1 kèday כְּדָאִי *ça vaut la peine de* + infinitif, *ça vaut le coup de, c'est profitable de, rentable*, etc. Composé de la lettre-outil **k** כְּ *comme* et de **day** דַי *assez*, ce mot invariable introduit l'idée d'une comparaison de valeurs. Retenez également כְּדֵי kèdèy *pour, afin de*.

2 tayarout תַּיָרוּת *tourisme*. La terminaison **out** וּת signale la plupart du temps un nom abstrait féminin dérivé d'un autre nom. Observez ces séries :
tayar תַּיָר *touriste*, tayarout תַּיָרוּת *tourisme* ;
sokhèn סוֹכֵן *agent*, sokhnout סוֹכְנוּת *agence* ;

שִׁעוּר חֲמִישִׁים וְשָׁלוֹשׁ

כְּדָאִי לִרְזוֹת

1. מַהְפֵּכָה בְּעוֹלָם הַתַּיָרוּת בְּיִשְׂרָאֵל.
2. סוֹכְנוּת הַנְּסִיעוֹת "נוֹפֶשׁ יָשִׁיר" מוֹכֶרֶת כַּרְטִיסֵי טִיסָה לְאֵירוֹפָּה וּלְאַרְצוֹת הַיָם הַתִּיכוֹן, לְפִי מִשְׁקַל הַנּוֹסֵעַ.
3. הַמְחִיר: מִדוֹלָר וַחֲצִי עַד חֲמִישָׁה דוֹלָרִים לְקִילוֹ.
4. דוּגְמָאוֹת: כַּרְטִיס טִיסָה לְלוֹנְדוֹן אוֹ לְרוֹמָא שְׁלוֹשָׁה דוֹלָרִים לְקִילוֹ.

'iton עִתּוֹן *journal*, 'itonaout עִתּוֹנוּת *journalisme* ; èfshar אֶפְשָׁר *possible*, èfshèrout אֶפְשָׁרוּת *possibilité*.

3 **kartisèy tisah** כַּרְטִיסֵי טִיסָה *billets d'avion*. Le **yod** י final de l'état construit **kartisèy** est ce qui reste de la terminaison au pluriel de l'état absolu **kartisim** כַּרְטִיסִים. La forme longue : **kartisim shèl tisah** est possible, mais moins habituelle car l'hébreu privilégie la brièveté.

4 **artzot hayam haTikhon** אַרְצוֹת הַיָם הַתִּיכוֹן *pays de la mer Méditerranée*. **Èrètz** אֶרֶץ au singulier donne à l'état absolu pluriel **aratzot** אֲרָצוֹת et à l'état construit **artzot** אַרְצוֹת.

matayim shmonim • 280

53 / Cinquante-troisième leçon

5 **LèParis qtza**t **yot**è**r yaqar : shloshah va**h**ètzi dolarim lèqilo.**
Pour Paris, [c'est] un peu plus cher : trois dollars et demi *(trois et-demi dollars)* le kilo.

6 **Mènahèl sokhnou**t **hanèsi'ot hodi'a shèyèsh mishqal bamis**rad.
Le directeur de l'agence de voyages a informé qu'il y a une balance dans le bureau.

7 **Kol nosè'a tzarikh lèhishaqèl lifnèy shèhou qonèh kartis tisah.**
Chaque voyageur doit se peser avant d'acheter *(que-il achète)* [son] billet [d']avion *(vol)*.

8 **Tzarikh lèhosif mèah vè'es**r**im dolar lèagra**t **sdèh** t**è'oufah vèsidourèy bita**h**on** [5].
Il faut ajouter cent *(et-)*vingt dollars pour la taxe d'aéroport *(pour-droit-de champ-de aviation)* et les mesures de sécurité *(et-organisations-de sécurité)*.

9 **Az** t**ihèyou razim vèyafim. Tisah zolah ounè'imah !**
Alors, soyez *(vous serez)* minces et beaux. [Que le] vol [soit pour vous] bon marché et agréable !

Targil rishon – Targèm — תַּרְגִּיל רִאשׁוֹן – תַּרְגֵּם

❶ אֲנַחְנוּ כְּבָר שָׁנִים קוֹנִים כַּרְטִיסֵי טִיסָה בְּאוֹתָהּ סוֹכְנוּת נְסִיעוֹת.
Ana**h**nou k**v**ar shanim qonim kartisèy tisah bèo**t**ah sokhnou**t** nèsi'ot.

❷ בְּשִׁעוּר גֵּאוֹגְרַפְיָה לָמַדְנוּ עַל הַיָּם הַתִּיכוֹן.
Bèshi'our gèografyah lamadnou 'al hayam ha**T**ikhon.

❸ סִידּוּרֵי הַבִּטָּחוֹן בִּשְׂדֵה הַתְּעוּפָה מְצוּיָּנִים.
Sidourèy habita**h**on bisdèh ha**t**è'oufah mètzouyanim.

❹ אֵיפֹה הַנּוֹסְעִים צְרִיכִים לְהִשָּׁקֵל לִפְנֵי שֶׁהֵם קוֹנִים כַּרְטִיסִים?
Èifoh hanos'im tzrikhim lèhishaqèl lifnèy shèhèm qonim kartisim ?

❺ כְּדַאי לָךְ לִקְנוֹת אֶת הַטַּבַּעַת, הִיא גַּם יָפָה וְגַם זוֹלָה.
Kèday lakh liqno**t** è**t** hataba'a**t**, hi gam yafah vègam zolah.

שִׁעוּר חֲמִישִׁים וְשָׁלוֹשׁ / 53

5 לְפָרִיס קְצָת יוֹתֵר יָקָר: שְׁלוֹשָׁה וַחֲצִי דוֹלָרִים לְקִילוֹ.

6 מְנַהֵל סוֹכְנוּת הַנְּסִיעוֹת הוֹדִיעַ שֶׁיֵּשׁ מִשְׁקָל בַּמִּשְׂרָד.

7 כֹּל נוֹסֵעַ צָרִיךְ לְהִשָּׁקֵל לִפְנֵי שֶׁהוּא קוֹנֶה כַּרְטִיס טִיסָה.

8 צָרִיךְ לְהוֹסִיף מֵאָה וְעֶשְׂרִים דּוֹלָר לְאַגְרַת שְׂדֵה תְּעוּפָה וְסִידוּרֵי בִּטָּחוֹן.

9 אָז תִּהְיוּ רָזִים וְיָפִים. טִיסָה זוֹלָה וּנְעִימָה!

Note

5 **sidourèy bitahon** סִידוּרֵי בִּטָּחוֹן *mesures de sécurité.* Même construction que **kartisèy tisah** de la note 3.

Corrigé de l'exercice 1

❶ Depuis des années, nous achetons nos billets d'avion dans la même agence de voyages. ❷ Dans la leçon de géographie, nous avons étudié la mer Méditerranée. ❸ Les mesures de sécurité à l'aéroport sont excellentes. ❹ Où les voyageurs doivent-ils se peser avant d'acheter leurs billets ? ❺ Ça vaut la peine que tu achètes la bague, elle est belle et aussi bon marché.

53 / Cinquante-troisième leçon

Targil shèni – Hashlèm   תַּרְגִיל שֵׁנִי – הַשְׁלֵם

❶ Pour maigrir je nage chaque jour une heure dans la piscine.
[...] lirzot ani [...] [...] [...] sha'ah babrèkhah.
___ ‎לִרְזוֹת אֲנִי ____ __ __ שָׁעָה בַּבְּרֵכָה.

❷ Le chef du bureau a annoncé *(informé sur)* la nouvelle organisation du travail.
[...] [...] hodi'a 'al [...] [...] hadashim.
____ _____ ‎עַל הוֹדִיעַ _____ _____ חֲדָשִׁים.

❸ L'agence "Nofèsh yashir" vend les billets les meilleur marché.
[...] "Nofèsh yashir" [...] èt hakartisim [...] [...].
_____ _____ _____ ‎"נוֹפֶשׁ יָשִׁיר" _____ אֶת הַכַּרְטִיסִים _____ _____.

❹ Au centre commercial il est possible d'acheter du houmous et de la tkhinah au poids.
[...] èfshar [...] houmous vètkhinah[...].
_____ ‎סֶפְסָר _____ חוּמוּס וְטְחִינָה _____.

❺ Les touristes vont en Europe l'été et dans les pays de la mer Méditerranée l'hiver.
Hatayarim nos'im [...] baqayitz oulèArtzot [...] [...] bahorèf.
‎הַתַּיָּרִים נוֹסְעִים _____ בַּקַיִץ וּלְאַרְצוֹת ___ _____ בָּחוֹרֶף.

Sokhnout hanèsi'ot ‎סוֹכְנוּת הַנְּסִיעוֹת, l'agence de voyages. *Deux faits principaux expliquent la fréquence des voyages long et moyen-courriers chez les Israéliens : les tensions avec les pays limitrophes et l'influence de la diaspora. Le mot grec* **"diaspora"** *a son équivalent dans le latin qui a donné "dissémination", c'est-à-dire action de disperser les graines. Il est bien rare qu'un Israélien ne porte pas dans sa mémoire quelque trace de la "dissémination" de sa famille : c'est quelquefois au prix d'invraisemblables odyssées que parents ou grands parents ont rejoint* **èrètz Israèl**. *Les enfants, les petits-*

שִׁעוּר חֲמִישִׁים וְשָׁלוֹשׁ / 53

Corrigé de l'exercice 2

❶ kèdèy – <u>s</u>o<u>h</u>ah kol yom –   ❶ כְּדֵי – סוֹחָה כָּל יוֹם –

❷ mènahèl hami<u>s</u>rad – 'a<u>v</u>odah sidourèy –

❷ מְנַהֵל הַמִשְׂרָד – סִידוּרֵי עֲבוֹדָה –

❸ So<u>kh</u>nou<u>t</u> – mo<u>kh</u>èrè<u>t</u> – hazolim bèyo<u>t</u>èr

❸ סוֹכְנוּת – מוֹכֶרֶת – הַזוֹלִים בְּיוֹתֵר

❹ Baqanyon – liqno<u>t</u> – bèmishqal   ❹ בַּקַנְיוֹן – לִקְנוֹת – בְּמִשְׁקָל

❺ – lèÈropah – hayam ha<u>t</u>ikhon –   ❺ לְאֵירוֹפָּה – הַיָם הַתִּיכוֹן –

enfants ont ainsi le goût de l'extérieur, exacerbé parfois par la mode ou l'esprit de rivalité : qui trouvera la destination la plus exotique et l'aventure la plus originale ?
Les agences de voyages mettent à profit ces tendances avec ingéniosité. L'anecdote relatée dans cette leçon repose sur une annonce publiée dans la presse sous forme de blague.

Deuxième vague : 4ᵉ leçon

Cinquante-quatrième leçon
(Shi'our hamishim vèarba')

Hakhanot [1]
Préparatifs

1 **'adi shalah mikhtav èlèqtroni lèahiv hagadol.**
Adi envoie *(a envoyé)* un courrier électronique à son grand frère *(à-frère-son le-grand)*.

2 – **"Ahi hayaqar. Raq atah yakhol la'azor li.**
"Mon cher frère *(frère-mon le cher)*. Toi seul *(seulement toi)* peux m'aider *(aider à-moi)*.

3 **Nikhshalti bamèkhinah laouniversitah. Takhin [2] èt Aba. Todah, 'adi."**
J'ai échoué [à l'examen d'entrée] *(dans-la-préparation)* à l'université. Prépare *(tu-prépareras)* papa. Merci, Adi."

4 **Aharèy shloshah yamim, hou qibèl tshouvah èlèqtronit :**
Trois jours après, il reçoit une réponse électronique :

5 – **"Shalom ahi haqatan. 'asiti mah shèbiqashta mimèni.**
Salut mon petit frère *(frère-mon le-petit)*. J'ai fait ce *(quoi)* que tu m'as demandé *(que-tu-as-demandé de-moi)*.

6 **Aba moukhan. Titkonèn [3] !**
Papa [est] prêt. Prépare-toi (tu-te-prépareras).

7 **Omètz ! Shèlkha, Roni."**
Courage ! Ton *(de-toi)* Roni.

Notes

1 hakhanot הֲכָנוֹת *préparatifs* (notez qu'avec l'article nous aurions **hahakhanot** הַהֲכָנוֹת *les préparatifs*). Au singulier **hakhanah** הֲכָנָה. La racine est כ.ו.נ. Vous allez la retrouver dans plusieurs mots de cette leçon. Le vav ו cependant est un peu lunatique, il disparaît ici pour reparaître là, comme dans **moukhan** מוּכָן *prêt*, de la phrase 6. *Préparation* se dit

285 • matayim shmonim vèhamèsh

שִׁעוּר חֲמִישִׁים וְאַרְבַּע

הֲכָנוֹת

1. עֲדִי שָׁלַח מִכְתָּב אֶלֶקְטְרוֹנִי לְאָחִיו הַגָּדוֹל.
2. – "אָחִי הַיָּקָר. רַק אַתָּה יָכוֹל לַעֲזוֹר לִי.
3. נִכְשַׁלְתִּי בַּמְּכִינָה לָאוּנִיבֶרְסִיטָה. תָּכִין אֶת אַבָּא. תּוֹדָה עֲדִי."
4. אַחֲרֵי שְׁלוֹשָׁה יָמִים, הוּא קִבֵּל תְּשׁוּבָה אֶלֶקְטְרוֹנִית:
5. – "שָׁלוֹם אָחִי הַקָּטָן. עָשִׂיתִי מַה שֶּׁבִּקַּשְׁתָּ מִמֶּנִּי.
6. אַבָּא מוּכָן. תִּתְכּוֹנֵן!
7. אוֹמֶץ! שֶׁלְּךָ, רוֹנִי."

---

mèkhinah מְכִינָה (phrase 3), mais pourrait être un verbe au présent féminin singulier : **hi mèkhinah shi'our** הִיא מְכִינָה שִׁעוּר *elle prépare une leçon*.

2 **takhin** תָּכִין *tu prépareras*. Ce futur, comme il arrive souvent en français, a la valeur d'un impératif.

3 **titkonèn** תִּתְכּוֹנֵן *tu te prépareras*. Notez qu'il s'agit d'un verbe à la voix pronominale. Nous en reparlerons. En attendant, constatez que la racine trilitère, vue à la note 1, apparaît ici entière, c'est-à-dire avec le ו. Cela signifie aussi que le [k] et le [kh] sont bien une seule et même lettre.

תַרְגִּיל רִאשׁוֹן – תַּרְגֵּם
Targil rishon – Targèm

❶ הוּא שָׁלַח מַתָּנָה בַּדֹּאַר, אֲבָל קִבֵּל מִכְתַּב תּוֹדָה אֶלֶקְטְרוֹנִי.
Hou shalah matanah badoar, aval qibèl mikhtav todah èlèqtroni.

❷ יֵשׁ לָהֶם אֹמֶץ לִנְסֹעַ לַמִּדְבָּר בַּקַּיִץ.
Yèsh lahèm omètz linso'a lamidbar baqayitz.

❸ מָתַי תִּהְיֶה מוּכָן לְהַכִּיר חֲבֵרָה חֲדָשָׁה?
Matay tihèyèh moukhan lèhakir havèrah hadashah ?

❹ תִּתְכּוֹנֵן טוֹב לִפְנֵי שֶׁאַתָּה מְדַבֵּר עִם מְנַהֵל הַמִּשְׂרָד.
Titkonèn tov lifnèy shèatah mèdabèr 'im mènahèl hamisrad.

❺ לְסוֹכְנוּת הַנְּסִיעוֹת יֵשׁ הַרְבֵּה הֲכָנוֹת לְכֶנֶס בְּמֶרְכַּז הַתַּיָּרוּת בְּאֵילַת.
Lèsokhnout hanèsi'ot yèsh harbèh hakhanot lakènès bèmèrkaz hatayarout bèÈilat.

תַרְגִּיל שֵׁנִי – הַשְׁלֵם
Targil shèni – Hashlèm

❶ Je n'ai pas fait ce que tu m'as demandé car je n'ai pas été à la maison de toute la journée.
Lo [...] mah [...] [...] ki lo [...] babayit kol hayom.
לֹא _____ מַה _____ _____ כִּי לֹא _____ בַּבַּיִת כֹּל הַיּוֹם.

❷ Prépare-toi à une révolution dans les mesures de sécurité sur l'aérodrome.
[...] [...] bèsidourèy [...] bisdèh hatè'oufah.
_____ _____ בְּסִידּוּרֵי _____ בִּשְׂדֵה הַתְּעוּפָה.

❸ Si tu n'es pas prêt maintenant, quand seras-tu prêt ?
[...] atah lo [...] 'akhshav, matay [...] moukhan ?
__ אַתָּה לֹא _____ עַכְשָׁו, מָתַי _____ מוּכָן?

❹ À cause des préparatifs de la réception j'étais fatiguée et je suis allée dormir.
Biglal [...] lamèsibah hayiti [...] vè[...] lishon.
בִּגְלַל _____ לַמְּסִיבָּה הָיִיתִי _____ וְ_____ לִישׁוֹן.

❺ Je n'ai pas de courage [pour] étudier [pendant] sept ans la médecine.
Èin li [...] lilmod [...] shanim [...].
אֵין לִי _____ לִלְמוֹד _____ שָׁנִים _____.

שִׁעוּר חֲמִישִׁים וְאַרְבַּע / 54

Corrigé de l'exercice 1

❶ Il a envoyé un cadeau par la poste mais il a reçu une lettre de remerciements électronique. ❷ Ils ont le courage de voyager dans le désert l'été. ❸ Quand seras-tu prêt à connaître une nouvelle amie ? ❹ Prépare-toi bien avant de parler au directeur du bureau. ❺ L'agence de voyages a beaucoup de préparatifs pour le congrès au centre du tourisme d'Eilat.

Corrigé de l'exercice 2

❶ – asiti – shèbiqashta mimèni – hayiti –

❶ - עָשִׂיתִי - שֶׁבִּקַשְׁתָּ מִמֶּנִי - הָיִיתִי -

❷ – titkonèn lèmahapèkhah – habitahon

❷ תִּתְכּוֹנֵן לְמַהְפֵּכָה - הַבִּטָּחוֹן -

❸ Im – moukhan – tihèyèh –

❸ - סִוֹם - מוּכָן - תִּהְיֶה

❹ – hahakhanot – 'ayèfah – halakhti –

❹ - הַהֲכָנוֹת - עֲיֵפָה - הָלַכְתִּי -

❺ – omètz – shèva' – rèfouah

❺ - אוֹמֶץ - שֶׁבַע - רְפוּאָה

*Les prénoms : dans cette histoire, les frères portent des prénoms courts, **'adi** עֲדִי et **Roni** רוֹנִי. C'est la mode en Israël. Garçon et fille peuvent les porter : c'est aussi la mode et c'est conforme à leur étymologie. **Ron** רוֹן joie, **Roni** רוֹנִי ma joie. **'adi** עֲדִי bijou. Pour former le diminutif de ces courts prénoms, pas d'autre moyen que de les allonger ! : **Ronilèh**, **'adilèh**, comme nous avons déjà vu à la leçon 47 **H̲avalèh**, "diminutif" de **H̲avah** חַוָּה, Ève.*

Deuxième vague : 5ᵉ leçon

matayim shmonim oushmonèh • 288

Cinquante-cinquième leçon
(Shi'our ḥamishim vèḥamèsh)

T̲hinah isrèèlit̲ [1]
Thinah israélienne

1 **Kos aḥat̲ [2] t̲hinah [3] golmit̲.**
  Un verre *(verre un)* de thinah brute.

2 **Shnèy shlishim [4] kos mayim.**
  Deux tiers de verre d'eau *(eaux)*.

3 **Shlish [5] kos mitz limon.**
  Un tiers de verre de jus de citron.

4 **Lè'arbèv̲.**
  Mélanger.

5 **Lèhosif sht̲èy shinèy shoum [6] mè'oukhot̲, kapit̲ mèlaḥ, qtzat̲ pilpèl.**
  Ajouter deux gousses *(dents)* d'ail écrasées, une petite cuiller de sel, un peu de poivre.

6 **Lè'arbèv̲ hakol. Lèhosif 'al hat̲hinah kaf pètrozilyah qtzoutzah, ḥatzi kapit̲ pilpèl adom.**
  Mélanger le tout. Ajouter sur la thinah une [grande] cuiller de persil haché, une demi [petite] cuiller de paprika *(poivre rouge)*.

Notes

1 **Isrèèlit̲** יִשְׂרְאֵלִית *israélienne*. **Isrèèli** יִשְׂרָאֵלִי *israélien*. Sur le même modèle, le nom **gèlèm** גֶּלֶם *matière (première)* donne les adjectifs **golmit̲** גּוֹלְמִית *brute* (ph. 1) et **golmi** גּוֹלְמִי *brut*.

2 **kos aḥat̲** כּוֹס אַחַת *un verre*. Le passage ici de l'hébreu au français met en valeur le sens de **aḥat̲**, adjectif numéral 1 au féminin. La recette aurait pu se contenter de **kos**, qui, au singulier, signifie assez qu'il s'agit d'un verre, mais elle précise : "un seul verre", parce que la réussite d'une recette tient souvent aux proportions. Autrement

שִׁעוּר חֲמִישִׁים וְחָמֵשׁ

טְחִינָה יִשְׂרְאֵלִית

1. כּוֹס אַחַת טְחִינָה גּוֹלְמִית.
2. שְׁנֵי שְׁלִישִׁים כּוֹס מַיִם.
3. שְׁלִישׁ כּוֹס מִיץ לִימוֹן.
4. לְעַרְבֵּב.
5. לְהוֹסִיף שְׁתֵּי שִׁינֵי שׁוּם מְעוּכוֹת, כַּפִּית מֶלַח, קְצָת פִּלְפֵּל.
6. לְעַרְבֵּב הַכֹּל. לְהוֹסִיף עַל הַטְּחִינָה כַּף פֶּטְרוֹזִילְיָה קְצוּצָה, חֲצִי כַּפִּית פִּלְפֵּל אָדוֹם.

dit, là où le français peut donner au mot un soit valeur d'adjectif numéral soit valeur d'article indéfini, l'hébreu choisit soit le nom sans article soit le nom suivi de l'adjectif numéral.

3 La **thinah** טְחִינָה est une pâte de sésame.

4 **shnèy shlishim** שְׁנֵי שְׁלִישִׁים *deux tiers*. Dans son état isolé (état absolu), le mot *deux*, au masculin, aurait été **shnayim**. Mais comme il se lie au suivant (état construit), il se raccourcit : **shnèy**. Au féminin, même processus : **shtayim** שְׁתַּיִם devient **shtèy**. Par ex. : **shtèy kosot** שְׁתֵּי כּוֹסוֹת *deux verres* ou **shtèy shinèy** שְׁתֵּי שִׁינֵי comme à la phrase 5.

5 **shlish** שְׁלִישׁ *un tiers* vient de **shalosh** שָׁלוֹשׁ *trois*. Dans un entier, il y a trois tiers ; **shlish** passe alors au pluriel : **shlishim** שְׁלִישִׁים, comme à la phrase 2.

6 **shtèy shinèy shoum** שְׁתֵּי שִׁינֵי שׁוּם *deux gousses (dents) d'ail*. Vous constatez ici la présence de deux états construits contigus : **shtèy** שְׁתֵּי et **shinèy** שִׁינֵי. **Shèn** שֵׁן *une dent*, **shinayim** שִׁנַיִם *des dents*, **shinèy** שִׁינֵי : état construit.

7. **Okhlim 'im pitah o 'im lèhèm.**
   [La thinah] se mange *(ils-mangent)* avec une pita ou avec du pain.

8. **Bètèavon !**
   Bon appétit *(avec-appétit)* !

Targil rishon – Targèm   תַרְגִיל רִאשׁוֹן – תַרְגֵם

❶ לַתְּחִינָה טוֹבָה צָרִיךְ לְהוֹסִיף מִיץ לִימוֹן, שׁוּם, מֶלַח וּפִלְפֵּל.
Lèthinah tovah tzarikh lèhosif mitz limon, shoum, mèlah oufilpèl*.

❷ אֶפְשָׁר לְעַרְבֵּב חוּמוּס וּטְחִינָה. מַשְׁמִין אֲבָל טָעִים.
Èfshar lè'arbèv houmous vèthinah. Mashmin aval ta'im.

❸ תִתְכּוֹנֵן טוֹב לַשִׁיעוּר בְּבֵית הַסֵפֶר בַּשָׁבוּעַ הַבָּא.
Titkonèn tov lashi'our bèvèit hasèfer bashavou'a haba.

❹ בַּמִדְרָחוֹב אוֹכְלִים פָלָאפֶל בְּפִיתָה וְשׁוֹתִים מִיץ.
Bamidrahov okhlim falafèl bèpitah vèshotim mitz.

❺ בְּכָל אוּנִיבֶרְסִיטָה בְּיִשְׂרָאֵל יֵשׁ מְכִינָה לְעִבְרִית לְעוֹלִים חֲדָשִׁים.
Bèkhol ounivèrsitah bèIsraèl yèsh mèkhinah lè'ivrit lè'olim hadashim.

* **pilpel** devient ici **filpel** pour des raisons euphoniques mais il s'agit de la même lettre.

***

Targil shèni – Hashlèm   תַרְגִיל שֵׁנִי – הַשְׁלֵם

❶ *Pour un bon café, il faut un verre d'eau, une grande cuiller de café et deux petites cuillers de sucre.*
   Lèqafèh tov tzarikh [...] mayim, [...] qafèh oushtèy [...] soukar.
   לְקָפֶה טוֹב צָרִיךְ _____ מַיִם, __ קָפֶה וּשְׁתֵּי _____ סוּכָּר.

❷ *Tu sais combien font un demi et deux tiers ?*
   At yoda'at [...] hèm, hètzi vè'od [...] [...] ?
   אַתְּ יוֹדַעַת ___ הֵם, חֲצִי וְעוֹד ___ _____ ?

❸ *Dans les pays méditerranéens (de la mer Méditerranée), on mange beaucoup d'ail et de persil.*
   [...] hayam haTikhon [...] harbèh shoum oupétrozilyah.
   _____ הַיָם הַתִיכוֹן _____ הַרְבֵּה שׁוּם וּפֶּטְרוֹזִילְיָה.

שִׁעוּר חֲמִישִׁים וְחָמֵשׁ

7 אוֹכְלִים עִם פִּיתָה אוֹ עִם לֶחֶם.
8 בְּתֵאָבוֹן!

Corrigé de l'exercice 1
❶ Pour une bonne thinah il faut ajouter jus de citron, ail, sel et poivre. ❷ Il est possible de mélanger houmous et thinah. ça fait grossir mais c'est délicieux. ❸ Prépare-toi bien pour la leçon à l'école la semaine prochaine. ❹ Dans la rue piétonne, on mange un falafèl dans une pita et on boit un jus [de fruit]. ❺ Dans chaque université d'Israël, il y a une préparation à l'hébreu pour les nouveaux "olim".

***

❹ *Comment est-ce possible de maigrir avec un appétit comme le sien ?*
[…] èfshar […] 'im […] kmo shèlah ?
סֶפְשָׁר ___ אֵיךְ _____ עִם _____ כְּמוֹ שֶׁלָּהּ?

❺ *Dans chaque oulpan on parle du gâteau au fromage israélien.*
Bèkhol […] […] 'al 'ougat hagvinah […].
בְּכֹל _____ _____ עַל עוּגַת הַגְּבִינָה _____.

Corrigé de l'exercice 2
❶ – kos – kaf – kapiyot – ❶ – כּוֹס – כַּף – כַּפִּיּוֹת –
❷ – kamah – shnèy shlishim ❷ – כַּמָּה – שְׁנֵי שְׁלִישִׁים
❸ – bèartzot – okhlim – ❸ – בְּאַרְצוֹת – אוֹכְלִים –
❹ – èikh – lirzot – tèavon – ❹ – אֵיךְ – לִרְזוֹת – תֵּאָבוֹן
❺ – oulpan mèdabrim – hayisraèlit ❺ – אוּלְפָּן מְדַבְּרִים – הַיִּשְׂרְאֵלִית

Cinquante-sixième leçon
(Shi'our ḥamishim vèshèsh)

חֲזָרָה Ḥazarah – Révision

"Petit à petit l'oiseau fait son nid". Voici, dans cette leçon, les brindilles que nous avons trouvées dans les six leçons précédentes. C'est de plus en plus agréable de se sentir chez soi dans cette langue qui, il n'y a pas si longtemps encore, nous a paru si différente de la nôtre.

1 Se repérer dans l'espace

yamin *(adv.)*	יָמִין	droit
yèmani / yèmanit	יְמָנִי / יְמָנִית	droit / droite
yaminah *(adv.)*	יָמִינָה	vers la droite
smol *(adv.)*	שְׂמֹאל	gauche
smali / smalit	שְׂמָאלִי / שְׂמָאלִית	gauche (m./f.)
smolah *(adv.)*	שְׂמֹאלָה	vers la gauche
mèrkaz *(m.)*	מֶרְכָּז	centre
mèrkazi / mèrkazit	מֶרְכָּזִי / מֶרְכָּזִית	central / centrale

*Si vous demandez un **falafèl** פָלָאפֶל au restaurant, vous obtenez la plupart du temps l'ensemble que voici : une chaude **pit̠ah** פִּתָה, galette qui s'ouvre comme une bourse et qui contient trois ou quatre **kadourèy falafèl** כַּדוּרֵי פָלָאפֶל boulettes de falafèl. Celles-ci sont constituées de **houmous** חוּמוּס pois chiches réduits en purée, joyeusement épicés et bien frits. La **pit̠ah** contient encore une salade de laitue hachée, de concombre et d'autres légumes crus. Le tout pourra être complété de **t̠hinah**, טְחִינָה, huileuse pâte de sésame présentée dans une assiette à part, semée de persil haché et de paprika. Vous consommez le contenant, le contenu et le reste en vous ménageant, sous le palais, des rencontres de saveurs.*

Deuxième vague : 6ᵉ leçon

שִׁעוּר חֲמִישִׁים וְשֵׁשׁ

Le **hé** ה final de **yaminah** et de **s̠molah** indique qu'il y a mouvement en direction de... Cette formule est d'usage fréquent, on l'appelle **hé** ה *de direction*. Voyez cette série d'adverbes :

qadimah	קָדִימָה	en avant
ah̠orah	אֲחוֹרָה	en arrière
Tèl-Avivah	תֵּל-אֲבִיבָה	en direction de Tel-Aviv
Yéroushalaymah	יְרוּשָׁלַיְמָה	vers Jérusalem
habayt̠ah	הַבַּיְתָה	vers (à) la maison
tzafonah	צָפוֹנָה	vers le nord (de **tzafon** צָפוֹן nord)
daromah	דָּרוֹמָה	vers le sud (de **darom** דָּרוֹם sud)
ma'arav̠ah	מַעֲרָבָה	vers l'ouest (de **ma'arav̠** מַעֲרָב ouest)
mizrah̠ah	מִזְרָחָה	vers l'est (de **mizrah̠** מִזְרָח est)

Attention : pour désigner une femme du nord ou méridionale, occidentale, orientale, nous aurions respectivement les adjectifs suivants : **tzfonit̠** צְפוֹנִית, **dromit̠** דְּרוֹמִית, **ma'arav̠it̠** מַעֲרָבִית, **mizrah̠it̠** מִזְרָחִית. Ne confondez pas avec les adverbes cités qui ont l'allure du genre féminin.

matayim tish'im vèarba' • 294

2 Se repérer dans le temps

yom (m.)	יוֹם	jour
yomi / yomit	יוֹמִי / יוֹמִית	quotidien / quotidienne
yomon	יוֹמוֹן	quotidien (journal)
sha_v_ou'a (m.)	שָׁבוּעַ	semaine
she_v_ou'i / sh_v_ou'it	שְׁבוּעִי / שבועית	hebdomadaire (m./f.)
she_v_ou'on (m.)	שְׁבוּעוֹן	hebdomadaire (journal)
yèra_h_ (m.)	יֶרַח	mois (littéraire, le sens premier est lune)
yar_h_on (m.)	יַרְחוֹן	mensuel (revue)
_h_odèsh (m.)	חוֹדֶשׁ	mois (usuel)
_h_odshi / _h_odshit	חוֹדְשִׁי / חוֹדְשִׁית	mensuel / mensuelle
shanah (f.)	שָׁנָה	année
shnaton (m.)	שְׁנָתוֹן	annuaire
shna_t_i / shna_t_it	שְׁנָתִי / שְׁנָתִית	annuel / annuelle

L'hébreu a donc deux mots pour désigner le *mois*, l'un plutôt littéraire, **yèra_h_** יֶרַח, qui signifie aussi *lune* et l'autre, **_h_odèsh** חוֹדֶשׁ dont la racine ש.ד.ח est celle de **_h_adash** חָדָשׁ, *nouveau*. Dans le calendrier hébreu, le mois change avec la nouvelle lune.
Shanah שָׁנָה *année* a pour racine ש.נ.ה qui est celle du verbe *répéter* mais aussi *changer* : les années se répètent mais ne se ressemblent pas.

3 Le démonstratif proche ou lointain

De même qu'en français *celui-ci, ceci* désignent un objet proche dans l'espace, le temps ou le texte, et *celui-là, cela* désignent un objet lointain, de même en hébreu faut-il distinguer :

pour les objets ou personnes proches			pour les objets ou personnes lointains		
zèh	זֶה	celui-ci, ceci	**hahou**	הַהוּא	celui-là, cela
zot	זֹאת	celle-ci	**hahi**	הַהִיא	celle-là
èlèh	אֵלֶּה	ceux-ci, celles-ci	**hahèm**	הָהֵם	ceux-là
			hahèn	הָהֵן	celles-là

Le démonstratif lointain se forme donc de l'article défini **ha** הַ suivi du pronom 3ᵉ personne, masculin, féminin, singulier ou pluriel.

שִׁעוּר חֲמִישִּׁים וָשֵׁשׁ / 56

4 L'adjectif possessif au singulier

Pour dire "mon frère, notre frère, mes frères, nos frères", l'hébreu, ajoute au mot *frère* ou *frères* des terminaisons à chaque fois particulières. Regardons pour le moment l'adjectif possessif singulier quand c'est le possédé qui est au singulier. Nous verrons plus loin le cas où il y a plusieurs possédés.

a<u>h</u>i	אָחִי	*mon frère (c'est un homme ou une femme qui parle)*
a<u>h</u>ikha	אָחִיךָ	*ton frère (à toi, m.)*
a<u>h</u>ikh	אָחִיךְ	*ton frère (à toi, f.)*
a<u>h</u>iv	אָחִיו	*son frère (à lui)*
a<u>h</u>iha	אָחִיהָ	*son frère (à elle)*
a<u>h</u>inou	אָחִינוּ	*notre frère (à nous, m./f.)*
a<u>h</u>ikhèm	אֲחִיכֶם	*votre frère (à vous, m.)*
a<u>h</u>ikhèn	אֲחִיכֶן	*votre frère (à vous f.)*
a<u>h</u>ihèm	אֲחִיהֶם	*leur frère (à eux)*
a<u>h</u>ihèn	אֲחִיהֶן	*leur frère (à elles)*

L'hébreu, comme nous le voyons dans ce tableau, précise, sauf aux deux premières personnes, si le possesseur est du masculin ou du féminin.

5 Le verbe au futur

Le futur de *entrer*, racine כ.נ.ס se conjugue ainsi : (observez les préfixes qui rappellent les pronoms)

(ani) è<u>k</u>anès	אֲנִי אֶכָּנֵס	*j'entrerai*
(atah) <u>t</u>ikanès	אַתָּה תִכָּנֵס	*tu entreras (m.)*
(at) <u>t</u>ikansi	אַת תִכָּנְסִי	*tu entreras (f.)*
(hou) yikanès	הוּא יִכָּנֵס	*il entrera*
(hi) <u>t</u>ikanès	הִיא תִכָּנֵס	*elle entrera*
(ana<u>h</u>nou) nikanès	אֲנַחְנוּ נִכָּנֵס	*nous entrerons*
(atèm) <u>t</u>ikansou	אַתֶּם תִכָּנְסוּ	*vous entrerez (m.)*
(atèn) <u>t</u>ikansou	אַתֶּן תִכָּנְסוּ	*vous entrerez (f.)*
(hèm) yikansou	הֵם יִכָּנְסוּ	*ils entreront*
(hèn) yikansou	הֵן יִכָּנְסוּ	*elles entreront*

matayim <u>t</u>ish'im vashèsh • 296

6 L'état construit

Nous avons assez rencontré l'état construit pour que vous soyez familiarisé avec cette formation grammaticale. Il est temps de s'en faire une idée plus distincte. Le mot **smikhout̲** סְמִיכוּת que la coutume des grammairiens traduit par "état construit" signifie *proximité*. Il s'agit d'un assemblage de deux mots ou plus dont le premier est dit **nismakh** נִסְמָךְ *soutenu*, tandis que le suivant est dit **somèkh** סוֹמֵךְ *soutenant*. L'état construit est libre ou fixe.

• L'état construit libre
Vous en créez autant que vous en avez besoin, les deux mots réunis gardent chacun leur sens, leur réunion ne produit pas un troisième sens. C'est ce qu'on observe en français dans le complément de nom ou dans le complément de matière : *le livre du maître, une table en marbre, un gâteau au chocolat* ; l'hébreu le rend soit par la préposition **shèl** שֶׁל *de* : **'ougah shèl shoqolad** עוּגָה שֶׁל שׁוֹקוֹלָד *gâteau au (de) chocolat*, soit par l'état construit libre : **'ougat̲ shoqolad** עוּגַת שׁוֹקוֹלָד *gâteau-de chocolat*.

• L'état construit fixe
Il s'agit de la réunion des deux mots produisant ainsi un troisième sens qui n'est plus celui des deux autres. *Un arc-en-ciel, un rouge-gorge* : pour désigner ces réalités, pas d'autre mot que ces noms composés. Un exemple net et des plus communs : **bèit̲-sèfèr** בֵּית-סֵפֶר *maison du livre*, c'est-à-dire *école*. Le locuteur qui a l'intention d'évoquer cette réalité ne peut pas ne pas user de cette composition déjà "prête-à-porter".
Autres exemples : **mador shèl sport** מָדוֹר שֶׁל ספורט *rubrique de sport* devient à l'état construit **mèdor sport** מְדוֹר ספורט ; **arouhah shèl 'èrèv̲** אֲרוּחָה שֶׁל עֶרֶב *repas du soir* devient **arouhat̲ 'èrèv̲** אֲרוּחַת עֶרֶב. Souvent, dans l'opération, le **nismakh** נִסְמָךְ *soutenu* perd des plumes, il s'allège, comme on l'entend dans **bèit̲** בֵּית plus court que **bayit̲** בַּיִת à l'état absolu et dans **médor** מְדוֹר plus court que **mador** מָדוֹר (car ce [a] est plus lourd que ce [è]). Dans certains cas le **nismakh** est si court qu'il n'a plus rien à perdre : **gan 'èdèn** גַן עֶדֶן *jardin de délices* ; c'était déjà **gan** à l'état absolu. Et encore : **sdèh tè'oufah** שְׂדֵה תְעוּפָה *champ de vol*, c'est-à-dire *aérodrome* ! Mais comment "fabriquer" ce **nismakh** ? selon quelle règle

"condenser" ce mot ? C'est la première syllabe qui se raccourcit. Pour les détails, mieux vaut s'en remettre à la pratique de la langue : écoutez, lisez, retenez.

7 La lettre-outil *m*

Nous connaissons déjà la lettre-outil **m** מ de qui indique l'origine. Elle peut recevoir des terminaisons qui précisent la personne grammaticale. Par exemple : **hatshouvah higi'ah mimènah vèlo mimènou** הַתְּשׁוּבָה הִגִּיעָה מִמֶּנָה וְלֹא מִמֶּנּוּ *la réponse est venue d'elle et non de lui*.

mimèni	מִמֶּנִּי	*de moi*	**mimènou**	מִמֶּנּוּ	*de nous*
mimkha	מִמְּךָ	*de toi (m.)*	**mikèm**	מִכֶּם	*de vous (m.)*
mimèkh	מִמֵּךְ	*de toi (f.)*	**mikèn**	מִכֶּן	*de vous (f.)*
mimènou	מִמֶּנּוּ	*de lui*	**mihèm**	מֵהֶם	*d'eux*
mimènah	מִמֶּנָּה	*d'elle*	**mihèn**	מֵהֶן	*d'elles*

▶ Dialogue de révision

❶ עֲדִי שָׁלַח מִכְתָּב אֶלֶקְטְרוֹנִי לַשְּׁבוּעוֹן ״הַגֶּבֶר״.

❷ אַחֲרֵי יוֹמַיִם קִבֵּל תְּשׁוּבָה:

❸ – שָׁלוֹם לְךָ. יֵשׁ לָנוּ עֲבוֹדָה בִּשְׁבִילְךָ בַּמָּדוֹר ״הַמִּטְבָּח לַגֶּבֶר הַסְּפּוֹרְטִיבִי״.

❹ עֲדִי רָצָה עֲבוֹדָה בַּמָּדוֹר: ״עוֹלָם הַתַּיָּרוּת הַסְּפּוֹרְטִיבִית״, כִּי הוּא אוֹהֵב סְפּוֹרְט וּנְסִיעוֹת לְאַרְצוֹת חַמּוֹת.

❺ לִפְנֵי שָׁבוּעַ הוּא נָסַע עִם חֲבֵרִים לַמִּדְבָּר. הֵם הִסְתּוֹבְבוּ שָׁעוֹת וְהָיוּ גֵּאִים כַּאֲשֶׁר סוֹף סוֹף הִגִּיעוּ לְאֵילַת.

❻ מֵאֵילַת עֲדִי שָׁלַח תְּשׁוּבָה לָעִתּוֹן

56 / Cinquante-sixième leçon

❼ – ״תּוֹדָה, אֲנִי מוּכָן״.

❽ בָּא לוֹ לִצְחוֹק. הוּא וּמִטְבָּח! אֲבָל הוּא צָרִיךְ עֲבוֹדָה וְיֵשׁ לוֹ אוֹמֶץ!

❾ הָאֱמֶת? אִמּוֹ יְכוֹלָה לַעֲזוֹר לוֹ.

❿ כְּבָר אֲכַלְתֶּם אֶצְלָהּ?

Traduction

❶ Adi a envoyé un courrier électronique à l'hebdomadaire "L'Homme".
(Adi a-envoyé lettre électronique vers-l'-hebdomadaire L'-Homme)

❷ Deux jours après, il a reçu une réponse :
(après deux jours, il a-reçu réponse)

❸ — Bonjour. Nous avons un travail pour vous dans la rubrique "La cuisine pour l'homme sportif".
(paix à-toi il-y-a à-nous travail pour-toi dans-la-rubrique "la-cuisine pour-l'-homme le-sportif")

❹ Adi veut un travail dans la rubrique "Le monde du tourisme sportif", parce qu'il aime le sport et les voyages dans les pays chauds.
(Adi a-voulu travail dans-la-rubrique "Monde le-tourisme la-sportive" parce-qu'il aime sport et-voyages vers-pays chaudes)

שִׁעוּר חֲמִישִׁים וְשֵׁשׁ / 56

❺ Il y a une semaine, il a roulé avec des amis dans le désert. Ils ont tourné pendant des heures. Ils étaient fiers lorsqu'ils sont arrivés enfin à Eilat.
(avant semaine il a-voyagé avec amis vers-le-désert ils se-sont-tournés heures et-étaient fiers lorsque fin-fin ils-sont-arrivés vers-Eilat)

❻ De Eilat, Adi a envoyé une réponse au journal :
(de-Eilat Adi a-envoyé réponse vers-le-journal)

❼ — "Merci, je suis prêt".
(merci je prêt)

❽ Il a envie de rire. Lui et la cuisine ! Mais il a besoin de travail et il a du courage !
(vient à-lui rire lui et-cuisine mais il a-besoin travail et-il-y-a pour-lui courage)

❾ La vérité ? Sa mère peut l'aider.
(la-vérité mère de-lui peut aider lui)

❿ Vous avez déjà mangé chez elle ?
(déjà avez-mangé chez-elle)

Vous achevez ainsi la première révision de la deuxième partie. Vous voilà désormais capable de manier assez de vocabulaire et de syntaxe pour jouer, dans nos phrases, du ton et de l'humour !

Deuxième vague : 7ᵉ leçon

Cinquante-septième leçon
(Shi'our hamishim vèshèva')

Mikhtav [1]
Une lettre

1 **Shalom lèkha, qorè yaqar ; shalom lakh, qorah yèqarah.**
   Salut à toi, cher lecteur ; salut à-toi, chère lectrice.

2 **Na'im lanou mèod likhtov lakhèm bè'ivrit.**
   Il nous est très agréable *(agréable pour-nous très)* [de] vous *(à-vous)* écrire en hébreu.

3 **Anahnou mèvarkhim ètkhèm 'al hatzlahatkhèm [2] bèlimoud 'ivrit.**
   Nous vous *([èt-]vous)* félicitons pour *(sur)* vos progrès *(succès-de-vous)* dans l'étude de l'hébreu.

4 **Anahnou bètouhim shèatzlihou gam bè'atid.**
   Nous [sommes] sûrs que vous réussirez à l'avenir *(aussi dans-futur)*.

5 **Tihèyou gè'im, shèatèm kvar yod'im liqro otiyot dfous [3] vèlikhtov otiyot ktav [4].**
   Soyez *(vous serez)* fiers de savoir déjà *(que-vous déjà savez)* lire les lettres d'imprimerie et de [savoir] écrire en lettres cursives *(signes d'écriture)*.

Notes

1 mikhtav מִכְתָב *lettre*. À la racine du verbe כ.ת.ב s'ajoute le מ qui désigne un objet : כ.ת.ב *écrire* + מ = מִכְתָב mikhtav *lettre*. Nous avons vu des formations semblables : mahshèv מַחְשֵׁב *ordinateur* (ח.ש.ב *penser*) ; mishaq מִשְׂחָק *jouet* (ש.ח.ק *jouer*) : mèrkaz מֶרְכָּז *centre* (ר.כ.ז *centrer*).

2 hatzlahatkhèm הַצְלָחַתְכֶם *votre succès*. Décomposez comme ceci : hatzlahah הַצְלָחָה *succès*, qui devient à l'état construit hatzlahat

301 • shlosh mèot vèahat

שִׁעוּר חֲמִישִׁים וְשֶׁבַע

מִכְתָּב

1. שָׁלוֹם לְךָ, קוֹרֵא יָקָר; שָׁלוֹם לָךְ, קוֹרְאָה יְקָרָה.
2. נָעִים לָנוּ מְאֹד לִכְתּוֹב לָכֶם בְּעִבְרִית.
3. אֲנַחְנוּ מְבָרְכִים אֶתְכֶם עַל הַצְלָחַתְכֶם בְּלִמּוּד עִבְרִית.
4. אֲנַחְנוּ בְּטוּחִים שֶׁתַּצְלִיחוּ גַם בֶּעָתִיד.
5. תִּהְיוּ גֵּאִים, שֶׁאַתֶּם כְּבָר יוֹדְעִים לִקְרוֹא אוֹתִיּוֹת דְּפוּס וְלִכְתּוֹב אוֹתִיּוֹת כְּתָב.

מכתב

הַצְלָחַת *succès-de* à quoi s'ajoute le possessif **shèlakhèm** (שֶׁלָּכֶם) sous une forme abrégée puisqu'on ne garde que la partie qui désigne la personne, à savoir **khèm** כֶם.

3 **otiyot dfous** אוֹתִיּוֹת דְּפוּס *lettres d'imprimerie.* Dfous a pour origine *tupos* en grec, *type*, qui a le sens *d'empreinte*. Il s'agit des lettres carrées. *Imprimerie* se dit **bèit dfous** בֵּית דְּפוּס.

4 **ktav** כְּתָב *écriture.* Il s'agit ici de l'écriture cursive ou lettres rondes. **Ktav yad** כְּתַב יָד *écriture main*, signifie *manuscrit*.

57 / Cinquante-septième leçon

6 **Atèm afilou qorim vèkhot̪vim bli niqoud [5].**
   Vous lisez même et écrivez sans voyelle[s].

7 **Bashi'our haba, yiheyèh ḥidoush : sèfèr mèhaTanakh [6] bè'ivrit tanakhit.**
   Dans la prochaine *(la-venante)* leçon, il [y] aura *(sera)* une nouveauté : un livre [extrait] de la Bible, en hébreu biblique.

8 **Todah 'al hamaamatz shè'asitèm vèshèt̪a'asou bè'atid.**
   Merci pour *(sur)* l'effort que vous avez fait et que vous ferez à l'avenir.

9 **Kol hakavod [7] lakhèm. Bèhatzlaḥah !**
   *(tout l'-)*Honneur à vous. Bon succès *(avec succès)* !

Notes

5 niqoud נִקּוּד *voyelle*. La racine du mot est נ.ק.ד. qui donne également **nèqoudah** נְקוּדָה *point* : tous les signes de voyelles, sauf la voyelle *a*, sont des points et non des tirets. Les scribes qui ont écrit les voyelles se nommaient, en latin, *punctatores*, les *pointeurs*.

6 Tanakh תַּנַ״ךְ *Bible* (notez que le mot est masculin en hébreu). Les acronymes, sigles et abréviations se signalent en hébreu par une double apostrophe placée avant la dernière lettre. Voici trois exemples courants : **Tèl-Aviv** ת״א ; **bèit sèfèr** בי״ס *école*, **'al yad** ע״י *à côté*.

***

Targil rishon – Targèm תַּרְגִּיל רִאשׁוֹן – תַּרְגֵּם

❶ במאמץ גדול אני קוראת עתון בעברית בלי ניקוד.
Bèmaamatz gadol ani qorèt 'iton bè'ivrit bli niqoud.

❷ דניאל מנהל בית דפוס.
Danièl mènahèl bèit dfous.

❸ כל הכבוד לכם על הצלחתכם.
Kol hakavod lakhèm 'al hatzlaḥatkhèm.

❹ בעברית קוראים וכותבים עם ניקוד או בלי ניקוד.
Bè'ivrit qorim vèkhot̪vim 'im niqoud o bli niqoud.

303 • shlosh mèot vèshalosh

שִׁעוּר חֲמִישִׁים וְשֶׁבַע / 57

6 אַתֶּם אֲפִילוּ קוֹרְאִים וְכוֹתְבִים בְּלִי נְקוּד.

7 בַּשִׁעוּר הַבָּא יִהְיֶה חִדּוּשׁ: סֵפֶר מֵהַתַּנַ"ךְ בְּעִבְרִית תַּנַ"כִית.

8 תּוֹדָה עַל הַמַּאֲמָץ שֶׁעֲשִׂיתֶם וְשֶׁתַּעֲשׂוּ בֶּעָתִיד.

9 כֹּל הַכָּבוֹד לָכֶם. בְּהַצְלָחָה!

---

7 ka**v**od כָּבוֹד *honneur*. La racine כ.ב.ד. est celle de l'adjectif ka**v**èd (m.) כָּבֵד *lourd*, k**v**èdah (f.) כְּבֵדָה *lourde*. Dans le nom ka**v**èd כָּבֵד *foie*, on retrouve le sens premier de *lourd* puisque cet organe est considéré comme le plus dense du corps. À l'aéroport, après avoir débarqué, vous chercherez vos bagages à i**t**our k**v**oudah אִתּוּר כְּבוּדָה כְּבוּדָה *recherche de bagage*.

***

❺ אֶפְשָׁר לִכְתּוֹב עוֹד חִידּוּשִׁים עַל הָעִבְרִית הַתַּנַ"כִית?
Èfshar likhtov 'od hidoushim 'al ha'ivrit hatanakhit ?

Corrigé de l'exercice 1
❶ Avec un grand effort, je lis un journal en hébreu, sans voyelles.
❷ Daniel est directeur d'une imprimerie. ❸ Honneur à vous pour votre réussite. ❹ En hébreu on lit et on écrit avec voyelles ou sans voyelles. ❺ Est-ce possible d'écrire encore des nouveautés sur l'hébreu biblique ?

shlosh mèot vèarba' •

57 / Cinquante-septième leçon

Targil shèni – Hashlèm תַּרְגִיל שֵׁנִי – הַשְׁלֵם

❶ *Lettres imprimées, lettres cursives, après une demi-année d'études, nous savons tout !*
Otiyot [...], otiyot [...], aharèy [...] shnat limoudim anahnou [...] hakol !

אוֹתִיּוֹת _____, אוֹתִיּוֹת _____, אַחֲרֵי ___ שְׁנַת לִמּוּדִים אֲנַחְנוּ _____ הַכֹּל!

❷ *Les professeurs félicitent les élèves à la fin de l'année d'études.*
Hamorim [...] èt [...] bèsof [...].[...]

הַמוֹרִים _____ אֶת _____ בְּסוֹף ___ _____.

❸ *Ce sera une nouveauté intéressante.*
Zèh yihèyèh [...][...].

זֶה יִהְיֶה ____ _____.

❹ *Quel livre de la Bible, vous étudiez maintenant ?*
Èizèh sèfèr [...] atèm lomèdim [...] ?

אֵיזֶה סֵפֶר _____ אַתֶּם לוֹמְדִים ____?

❺ *Tout l'honneur à vous (f.) pour l'effort que vous (f.) avez fait.*
[...][...] lakhèn 'al [...] shè'asitèn.

__ _____ לָכֶן עַל _____ שֶׁעֲשִׂיתֶן.

Le mot **Bible** *est grec et signifie* livre. *En hébreu, c'est un acronyme,* **Tanakh** תַּנַ"ךְ *qui le désigne. Formé de trois initiales, celui-ci représente les trois parties de ce livre qui est en fait une collection de livres :*

t ת : *initiale de* **Torah** תּוֹרָה loi, enseignement *;*
n נ : *initiale de* **nèviim** נְבִיאִים prophètes *;*
kh ך (כ) : *initiale de* **ktouvim** כְּתוּבִים écrits.

• *La* **Torah** *comprend cinq livres (d'où son nom grec, pentateuque = cinq livres) qui portent des titres français différents des titres hébreux. Ces derniers portent un des premiers mots de chaque ouvrage :*
Bèrèshit בְּרֵאשִׁית Au commencement *est devenu* Genèse *;*
Shmot שְׁמוֹת Noms : Exode *;*

שִׁעוּר חֲמִישִׁים וְשֶׁבַע / 57

Corrigé de l'exercice 2

❶ – dfous – ktav – hatzi – yod'im –

❶ - דְּפוּס - כְּתָב - חֲצִי - יוֹדְעִים -

❷ – mèvarkhim – hatalmidim – shnat halimoudim

❷ - מְבָרְכִים - הַתַּלְמִידִים - שְׁנַת הַלִּימּוּדִים

❸ – hidoush mè'anyèn

❸ - חִדּוּשׁ מְעַנְיֵן

❹ – mèhatanakh – 'akhshav

❹ - מֵהַתָּנָ"ךְ - עַכְשָׁו

❺ Kol hakavod – hamaamatz –

❺ כֹּל הַכָּבוֹד - הַמַּאֲמָץ -

Vayiqra וַיִּקְרָא Il cria : Lévitique ;
Bèmidbar בְּמִדְבַּר Au désert : Nombres ;
Dvarim דְּבָרִים Paroles : Deutéronome.

• Les **Nèviim** נְבִיאִים comprennent les "Premiers Prophètes", livres de Josué, des Juges, de Samuel et des Rois. L'usage en français est de limiter le nom "prophète" aux personnages les plus connus qui se placent, en hébreu, dans la catégorie des "Derniers Prophètes", à savoir les grands prophètes, Isaïe, Jérémie, Ezéchiel et les petits prophètes qui sont au nombre de douze (Amos, Abdias, Jonas, etc.).

• Les **ktouvim** כְּתוּבִים écrits, appelés, en grec, hagiographes, c'est-à-dire écrits saints comprennent les Psaumes, les Proverbes, Job, etc.

Deuxième vague : 8ᵉ leçon

Cinquante-huitième leçon
(Shi'our ḥamishim oushmonèh)

Migdal [1] Bavèl [2] : ḥèlèq rishon
La tour de Babel : première partie

1 **Pa'am [3] kol haarètz haytah safah [4] aḥat oudvarim aḥadim.**
   Autrefois toute la terre se servait d'une même langue *(était lèvre une)* et des mêmes paroles *(et-paroles unies)*.

2 **Haanashim nas'ou [5] miQèdèm lèèrètz Shin'ar [6] lagour sham.**
   La population *(les-gens)* s'était déplacée *(avaient voyagé)* de l'Orient vers le pays de Shin'ar pour y *(là-bas)* habiter.

3 **Hèm amrou èḥad [7] lashèni :**
   Ils [se] dirent l'un à l'autre *(un vers-deuxième)* :

Notes

1 migdal מִגְדָּל *tour*. Racine ג.ד.ל qu'on repère dans gadol גָּדוֹל *grand*. Le מְ à l'initiale désigne souvent un objet, comme par exemple dans mikhtav מִכְתָב *lettre (missive)* qui est fondé sur la racine כ.ת.ב *écrire*.

2 bavèl בָּבֶל *Babel*. La Bible rapproche ce nom de la ville de Babylone du verbe bilbèl בִּלְבֵּל *il a embrouillé* parce qu'elle y a vu une racine identique : ב.ל.ל

3 pa'am פַּעַם *fois* est un nom, employé par exemple au duel : pa'amayim פַּעֲמַיִם *deux fois*, mais il est employé souvent comme adverbe du passé : *une fois, autrefois*.

4 safah שָׂפָה *lèvre*, mais aussi une *langue*. Pour désigner *les lèvres* de notre bouche, ce sera le duel sfatayim שְׂפָתַיִם mais ici le singulier s'impose puisqu'il s'agit de la *parole*.

307 • shlosh mèot vashèva'

שִׁעוּר חֲמִישִׁים וּשְׁמוֹנֶה

מִגְדָּל בָּבֶל: חֵלֶק רִאשׁוֹן

1 פַּעַם כָּל הָאָרֶץ הָיְתָה שָׂפָה אַחַת וּדְבָרִים אֲחָדִים.

2 הָאֲנָשִׁים נָסְעוּ מִקֶּדֶם לְאֶרֶץ שִׁנְעָר לָגוּר שָׁם.

3 הֵם אָמְרוּ אֶחָד לַשֵּׁנִי:

הוא כתב ספר מצוין ועשה לו שם בארץ.

Un autre mot hébreu a cours également pour désigner la parole : **lashon** לָשׁוֹן *langue*, qui, comme en français est l'organe de la parole.

5 **nas'ou** נָסְעוּ *ils avaient voyagé, ils s'étaient déplacés*. L'hébreu ne possédant qu'un seul temps du passé, nous pouvons le rendre, selon le contexte, par un des cinq temps du passé qui appartiennent au français, ici le plus-que-parfait.

6 **Shin'ar** שִׁנְעָר est le nom de la *Babylonie* dans le livre de la Genèse.

7 **èhad** אֶחָד *un* est l'adjectif numéral cardinal au masculin. Le féminin est **ahat** אַחַת *une* (voir leçon 23).

58 / Cinquante-huitième leçon

4 **"Nivnèh lanou 'ir. Ba'ir nivnèh migdal vèrosho [8] bashamayim [9].**
nous (pour-)nous construirons une ville. Dans la ville nous construirons une tour et sa tête (tête-de-lui) [sera] dans les cieux.

5 **Na'asèh lanou shèm,**
Nous (pour-)nous ferons un nom,

6 **vèlo nafoutz 'al pnèy [10] kol haarètz."**
et nous ne nous disperserons pas sur toute [la] face de la Terre (face-de toute la-Terre).

Notes

8 rosho רֹאשׁוֹ *sa tête*. Le possessif masc. sing. se reconnaît à ce vav : וֹ. On aurait pu dire **harosh shèlo** הָרֹאשׁ שֶׁלּוֹ "la tête de lui" (c'est-à-dire *la tête de la tour*, **migdal** מִגְדָּל étant du masc.). Ce suffixe masculin singulier peut s'accoler à un nom féminin puisque le possessif hébreu renvoie non à la chose possédée mais au possesseur : par exemple, **ahot** אָחוֹת *sœur* donnera **ahoto** אֲחוֹתוֹ *sa sœur* (à lui).

9 **shamayim** שָׁמַיִם *cieux*. Ne manquons pas cette étymologie populaire que les Sages se sont appropriée : **sham** שָׁם *là-haut*, **mayim** מַיִם *eaux*. Les cieux sont, là-haut, le lieu des eaux. Poussons

Targil rishon – Targèm   תַּרְגִּיל רִאשׁוֹן – תַּרְגֵּם

❶ הוּא כָּתַב סֵפֶר מְצֻיָּן וְעָשָׂה לוֹ שֵׁם בָּאָרֶץ.
Hou katav sèfèr mètzouyan vè'asah lo shèm baarètz.

❷ בְּכָל הַסְּפָרִים לְתַיָּרִים יֵשׁ תְּמוּנָה שֶׁל מִגְדַּל דָּוִד בִּירוּשָׁלַיִם.
Bèkhol hasfarim latayarim yèsh tmounah shèl migdal David biYroushalayim.

❸ פַּעַם הָאֲנָשִׁים נָסְעוּ מֵאֶרֶץ לְאֶרֶץ בָּאֳנִיָּה.
Pa'am haanashim nas'ou mèèrètz lèèrètz bèoniyah.

❹ הַרְבֵּה מִשְׁפָּחוֹת בָּאוֹת לָגוּר בָּעִיר הַחֲדָשָׁה.
Harbèh mishpahot baot lagour ba'ir hahadashah.

❺ אִם לֹא נָגוּר בְּעִיר אַחַת, נָפוּץ בָּאָרֶץ.
Im lo nagour bè'ir ahat, nafoutz baarètz.

שִׁעוּר חֲמִישִׁים וּשְׁמוֹנָה / 58

4 "נִבְנֶה לָּנוּ עִיר. בַּעִיר נִבְנֶה מִגְדָּל וְרֹאשׁוֹ בַּשָּׁמַיִם.
5 נַעֲשֶׂה לָּנוּ שֵׁם.
6 וְלֹא נָפוּץ עַל פְּנֵי כָל הָאָרֶץ."

plus loin : **mayim** מַיִם se décompose en m מ *de* (origine) et **yam** יָם *mer*. Les eaux d'en haut viennent de la mer. Mer et ciel ont la même couleur (au moins sous ces latitudes !), c'est pourquoi ils se confondent dans le même mot.

10 **'al pnèy** עַל פְּנֵי *sur [la] face*. **Pnèy** est l'état construit de **panim** פָּנִים *faces, visages*. Un pluriel ? Oui, nous avons plusieurs visages.

La Bible, ignorant que la Terre est une sphère, parle de **pnèy haarètz** פְּנֵי הָאָרֶץ *la face de la Terre* : une Terre plate comme une façade (rappelez-vous Pascal : "Le nez de Cléopâtre : s'il eût été plus court, toute la face de la terre aurait été changée."). **Pnèy hayam** פְּנֵי הַיָּם "face de la mer" c'est-à-dire *le niveau de la mer* est une réalité particulièrement sensible en Israël où la mer Méditerranée, la mer Morte et la mer de Galilée occupent des niveaux trois fois différents.

Corrigé de l'exercice 1

❶ Il a écrit un livre excellent et s'est fait un nom dans le pays. ❷ Dans tous les livres pour *(les)* touristes, il y a une photo de la tour de David à Jérusalem. ❸ Autrefois les gens voyageaient de pays en pays par bateau. ❹ Beaucoup de familles viennent habiter dans la ville nouvelle. ❺ Si nous n'habitons pas dans une ville, nous nous disperserons dans le pays.

Targil shèni – Hashlèm   תַרְגִיל שֵׁנִי – הַשְׁלֵם

❶ *À l'école, elle étudie trois langues.*
   [...] [...], hi lomèdèt shalosh [...].
   ____ ____, הִיא לוֹמֶדֶת שָׁלֹשׁ ____.

❷ *Dans cette lettre, je t'écris plusieurs choses (paroles unies) avant mon voyage à l'étranger.*
   [...] hazèh ani [...] lakh [...] [...] lifnèy shéani nosè'a [...] [...].
   _____ הַזֶה אֲנִי ____ לָךְ ____ _____ לִפְנֵי שֶׁאֲנִי נוֹסֵעַ ____ ____.

❸ *Lorsque nous aurons beaucoup d'argent, nous nous construirons une grande et belle maison.*
   [...] [...] lanou harbèh kèsèf [...] [...] bayit gadol vèyafèh.
   ____ ____ לָנוּ הַרְבֵּה כֶּסֶף ____ ____ בַּיִת גָדוֹל וְיָפֶה.

❹ *Ma sœur a acheté un appartement magnifique dans une tour au centre ville.*
   [...] qantah dirah nèhèdèrèt [...] bèmèrkaz ha'ir.
   _____ קָנְתָה דִירָה נֶהְדֶרֶת _____ בְּמֶרְכַּז הָעִיר.

❺ *Ce sont de grands papoteurs : qu'est-ce qu'ils se disent l'un à l'autre (un vers-deuxième) toute la soirée ?*
   Hèm [...] gdolim. Mah hèm omrim [...] [...] kol ha'èrèv ?
   הֵם _____ גְדוֹלִים. מַה הֵם אוֹמְרִים ___ ____ כֹּל הָעֶרֶב?

Tour de Babel

Le traducteur de la Bible, André Chouraqui, commente l'épisode de Genèse XI : "Les thèmes qui réapparaissent ici prolongent le récit de la chute d'Adam et de l'échec de l'humanité antédiluvienne. Le chapitre 10 avait proclamé l'unité du genre humain. Le chapitre 11 explique pourquoi cette unité a été brisée. Le serpent avait promis que les hommes, après avoir pris goût au fruit de la connaissance

/ 58 שִׁעוּר חֲמִישִׁים וּשְׁמוֹנָה

Corrigé de l'exercice 2

❶ Bè<u>v</u>èit hasè<u>f</u>èr – <u>s</u>afot   בְּבֵית הַסֵּפֶר - שָׂפוֹת ❶

❷ Bamikh<u>t</u>av – ko<u>t</u>è<u>v</u> – d<u>v</u>arim a<u>h</u>adim – lè<u>h</u>outz laarètz

בַּמִכְתָּב - כּוֹתֵב - דְּבָרִים אֲחָדִים - לְחוּץ לָאָרֶץ ❷

❸ Kaashèr yihèyèh – ni<u>v</u>nèh lanou –   כַּאֲשֶׁר יִהְיֶה - נִבְנֶה לָנוּ - ❸

❹ A<u>h</u>oti – bèmigdal –   אֲחוֹתִי - בְּמִגְדָּל - ❹

❺ – pat<u>p</u>ètanim – è<u>h</u>ad lashèni –   פַּטְפְּטָנִים - אֶחָד לַשֵּׁנִי - ❺

*du bien et du mal, seraient comme des **Èlohim** (dieux). Ici ce sont les hommes eux-mêmes qui décident d'escalader le ciel, séjour des **Èlohim**, en bâtissant une tour. Dans les deux cas (manger le fruit défendu et construire la tour) l'orgueil suscite la violence ainsi faite à la loi du Seigneur, Adonaï, et provoque la chute."*
Cf. André Chouraqui, L'Univers de la Bible, Tome I, p.86.

Deuxième vague : 9e leçon

Cinquante-neuvième leçon
(Shi'our ḥamishim vèṯèsha')

Migdal Baṿèl : ḥèlèq shèni
La tour de Babel : deuxième partie

1 **Èlohim [1] raah èṯ ha'ir vèèṯ hamigdal. Hou amar :**
Dieu vit la ville et la tour. Il dit :

2 – **"Hèm 'am èḥad vèsafah [2] aḥaṯ lèkhoulam [3].**
Ils [forment] un [seul] peuple *(eux peuple un)* avec *(et)* une [seule] langue *(lèvre une)* pour tous.

3 **Hèm yèkholim la'asoṯ mah shèhèm rotzim."**
Ils peuvent faire ce qu'ils veulent *(quoi que-ils veulent)*.

4 **Èlohim balal èṯ sfaṯam.**
Dieu embrouilla leur langue *(lèvre-d'eux)*.

5 **Hèm lo hèṿinou èḥad èṯ hashèni [4].**
L'un ne comprit plus l'autre *(ils ne comprirent un* **[èṯ]** *le-deuxième)*.

Notes

1 **Èlohim** אֱלֹהִים *Dieu*. Ce nom, de forme plurielle, s'emploie comme un singulier : s'il est sujet, le verbe sera au singulier. Vous notez sous le א une voyelle à cinq points [ֱ] Le **shva na'** [ְ] ne suffisant pas parce qu'il est une voyelle courte, on l'allonge au moyen du **sègol** [ֶ].

2 **safah** שָׂפָה *lèvre, langue* (parlée) a la particularité de posséder deux pluriels : **sfaṯayim** שְׂפָתַיִם les *deux lèvres* (duel) qui forment la bouche ; **safoṯ** שָׂפוֹת *lèvres* au sens des langues parlées (phrase 9). La forme **sfaṯam** שְׂפָתָם de la phrase 4 s'explique par l'adjonction du possessif 3e personne masculin pluriel.

3 **lèkhoulam** לְכוּלָם *pour tous*. Nous connaissons déjà כֹּל *tout, toute, tous, toutes* ou bien *chacun, chacune*. On peut lui ajouter une ter-

313 • shlosh mèoṯ shlosh 'èsrèh

שִׁעוּר חֲמִישִׁים וְתִשְׁעַ

מִגְדָל בָּבֶל: חֵלֶק שֵׁנִי

1 אֱלֹהִים רָאָה אֶת הָעִיר וְאֶת הַמִּגְדָל. הוּא אָמַר:
2 – "הֵם עַם אֶחָד וְשָׂפָה אַחַת לְכוּלָם.
3 הֵם יְכוֹלִים לַעֲשׂוֹת מַה שֶׁהֵם רוֹצִים."
4 אֱלֹהִים בָּלַל אֶת שְׂפָתָם.
5 הֵם לֹא הֵבִינוּ אֶחָד אֶת הַשֵׁנִי.

שתי הנשים לא הבינו אחת את השניה.

minaison qui indique la personne, ici, **hèm** הֵם *eux* qui prend la forme כּוּלָם. Pour l'ensemble de ces formes voyez la prochaine leçon de révision. De même, à la phrase 8 où nous trouvons **lèkhol** לְכֹל *pour chaque*, le k כ initial de **kol** כֹּל s'est changé en **kh** כ à cause du **shva** [֒] qui le précède sous le ל.

4 **èhad èt hashèni** אֶחָד אֶת הַשֵׁנִי *un [èt] le deuxième*. L'expression, utilisée ici au masculin, serait au féminin : **hèn lo hèvinou ahat èt hashniyah** הֵן לֹא הֵבִינוּ אַחַת אֶת הַשְׁנִיָה *l'une ne comprit plus l'autre*.

59 / Cinquante-neuvième leçon

6   **Vèlo yakhlou liv̲not èt hamigdal.**
    Et ils ne purent construire la tour.

7   **Haanashim [5] nafotzou bèkhol ha'olam.**
    La population *(les-gens)* se dispersa dans le monde entier *(dans-tout le-monde)*.

8   **Mèaz [6] lèkhol 'am s̲afah vèèrètz.**
    Depuis, [il y eut] pour chaque peuple une langue *(lèvre)* et un pays *(et-terre)*.

9   **Mèaz ana<u>h</u>nou lomdim s̲afot̲ vèAssimil 'os̲èh 'asaqim.**
    Depuis, nous étudions les langues et Assimil fait des affaires.

Notes

5 anashim אֲנָשִׁים *gens, hommes*. Attention, distinguez bien les deux pluriels suivants :

singulier			pluriel		
ish	אִישׁ	*homme*	anashim	אֲנָשִׁים	*hommes, gens*
ishah	אִשָּׁה	*femme*	nashim	נָשִׁים	*femmes*

Targil rishon – Targèm   תַרְגִיל רִאשׁוֹן – תַרְגֵם

❶ שְׁתֵּי הַנָשִׁים לֹא הֵבִינוּ אַחַת אֶת הַשְׁנִיָה.
Sht̲èy hanashim lo hèvinou a<u>h</u>at̲ èt hashniyah.

❷ בַּחֵלֶק הַשֵׁנִי שֶׁל הַמַסָע כּוּלָם הָלְכוּ לְבַקֵר בָּעִיר הָעַתִיקָה.
Ba<u>h</u>èlèq hashèni shèl hamasa' koulam halkhou lèvaqèr ba'ir ha'a<u>t</u>iqah.

❸ אִישׁ הַעֲסָקִים הִסְתוֹבֵב בְּהַרְבֵּה אֲרָצוֹת כְּדֵי לְחַפֵּשׂ מְכוֹנִיוֹת זוֹלוֹת.
Ish ha'asaqim histov̲èv̲ bèharbèh aratzot̲ kèdèy lè<u>h</u>apès mèkhoniyot zolot̲.

❹ מֵאָז מִגְדָל בָּבֶל בְּכֹל עִיר גְדוֹלָה, רוֹצִים לִבְנוֹת מִגְדָלִים.
Mèaz migdal Bav̲èl bèkhol 'ir gdolah, rotzim liv̲not migdalim.

❺ הֵם חֲבֵרִים טוֹבִים, הֵם מְבִינִים מְצוּיָן אֶחָד אֶת הַשֵׁנִי.
Hèm <u>h</u>av̲èrim tov̲im, hèm mèv̲inim mètzouyan è<u>h</u>ad èt hashèni.

שִׁעוּר חֲמִישִׁים וְתֵשַׁע

6 וְלֹא יָכְלוּ לִבְנוֹת אֶת הַמִגְדָל.
7 הָאֲנָשִׁים נָפוֹצוּ בְּכָל הָעוֹלָם.
8 מֵאָז לְכָל עַם שָׂפָה וְאֶרֶץ.
9 מֵאָז אֲנַחְנוּ לוֹמְדִים שָׂפוֹת וְאַסְמִיל עוֹשֶׂה עֲסָקִים.

Les deux pluriels se confondent encore plus facilement quand ils sont précédés de l'article : **haanashim** הָאֲנָשִׁים *les gens* ; **hanashim** הַנָשִׁים *les femmes*. Le paradoxe c'est que **nashim** porte la terminaison propre au masculin pluriel mais, si un adjectif l'accompagne, il se met au féminin : **nashim yafot** נָשִׁים יָפוֹת *de belles femmes*.

❻ **mèaz** מֵאָז *depuis*. Le mot hébreu et le mot français se construisent de la même façon : la préposition **m-** מֵ qui marque l'origine comme le français *de* et l'adverbe **az** אָז comme le français *puis*.

Corrigé de l'exercice 1

❶ Les deux femmes ne se sont pas comprises l'une l'autre. ❷ Dans la deuxième partie du voyage, tous sont allés visiter la vieille ville. ❸ L'homme d'affaires a tourné dans beaucoup de pays pour chercher des voitures bon marché. ❹ Depuis la tour de Babel, dans chaque grande ville, on veut construire des tours. ❺ Ils sont bons amis, ils se comprennent parfaitement l'un l'autre.

shlosh mèot shèsh 'esrèh

59 / Cinquante-neuvième leçon

Targil shèni – Hashlèm   תַּרְגִּיל שֵׁנִי – הַשְׁלֵם

❶ *Autrefois tous les peuples n'avaient qu'une seule langue.*
[...] lèkhol haanashim haytah raq [...] [...].

--- --- --- רַק הָיְתָה לְכָל הָאֲנָשִׁים לְכֹל ---

❷ *La tour de Babel est un exemple pour des gens qui ne se comprennent pas l'un l'autre.*
[...] [...] hou dougmah lè'anashim shèlo mèvinim [...] èt [...].

סֶת --- מְבִינִים שֶׁלֹּא לַאֲנָשִׁים דֻּגְמָה הוּא ----- -----

❸ *Dans la première partie de la leçon, vous lisez (dans les) des lettres d'imprimerie.*
[...] [...] shèl hashi'our atèm qorim [...] [...].

---- קוֹרְסִיּוֹת אוֹתָם הַשִּׁעוּר שֶׁל ------- ----

❹ *Dans la deuxième partie de la leçon, vous écrivez (f.) avec des lettres cursives.*
[...] [...] shèl hash'iour atèn [...] bèotiyot [...].

. --- בְּאוֹתִיּוֹת ------ אוֹתָן הַשִּׁעוּר שֶׁל ---- ----

❺ *Dieu a embrouillé la langue des hommes à Babel.*
[...][...] èt sfat [...] bèbavèl.

בְּבָבֶל. ------ שְׂפַת אֶת --- -----

Tour de Babel
Le pullulement des commentaires n'est pas moins merveilleux que le pullulement des langues. Après les propos théologiques d'André Chouraqui que nous avons vus à la leçon précédente, les propos politiques de Yèshayahou Leibowitz :

"Il me semble que cet arrêt divin [de confondre les langues] ne constitue pas une punition, mais au contraire, un grand acte réparateur au profit de l'espèce humaine... La signification essentielle de l'épisode ne réside pas du tout dans la tentative de construire cette tour mais dans ce qui nous est dit auparavant, à savoir que (Gen 11,1) toute la terre avait une même langue et des paroles semblables. Après l'échec de la construction de la tour, des langues différentes apparaissent... Il me semble que la racine du péché... ne se trouve pas dans la construction de la ville et de la tour, mais dans le projet, grâce à des moyens artificiels, de créer une situation où règnerait une même langue et des paroles semblables, situation de centralisation, ce que dans notre langage moderne nous appelons totali-

Corrigé de l'exercice 2

❶ Pa'am – safah ahat   ❶ פַּעַם – שָׂפָה אַחַת

❷ Migdal Bavèl – èhad – hashèni   ❷ מִגְדַּל בָּבֶל – אֶחָד – הַשֵּׁנִי

❸ Bahèlèq harishon – bèotiyot dfous

            ❸ בַּחֵלֶק הָרִאשׁוֹן – בְּאוֹתִיּוֹת דְּפוּס

❹ Bahèlèq hashèni – kot vot – ktav   ❹ בַּחֵלֶק הַשֵּׁנִי – כּוֹתְבוֹת – כְּתַב

❺ Èlohim balal – haanashim –   ❺ אֱלֹהִים בָּלַל – הָאֲנָשִׁים –

tarisme. Une seule langue et une seule parole !... un seul bloc, sans différenciation et par conséquent sans conflit. On ne peut imaginer tyrannie plus terrible que celle-là…"
Cf. Yeshayahou Leibowitz, Brèves leçons bibliques, p. 30, 31.

Pluriel pour un Dieu unique ?
*Le pluriel du nom divin, **Élohim**, paraît énigmatique : "**Élohim** est le terme le plus employé dans l'Ancien Testament pour désigner Dieu… Ce terme au pluriel est employé le plus souvent comme un singulier… soit pour désigner un dieu déterminé, par exemple Kémosh, Astarté, soit pour mentionner la divinité ou le Dieu unique… Le pluriel s'explique comme un pluriel d'excellence désignant l'être qui concentre en lui tout le divin… Cet emploi du pluriel d'un mot concret pour signifier une notion abstraite… est courante en hébreu… On trouve le même usage en phénicien…"*
Cf. André Chouraqui, L'Univers de la Bible, Tome X, art. Élohim.

Deuxième vague : 10ᵉ leçon

Soixantième leçon
(Shi'our shishim)

Vèkhoulam bèyahad! (moda'ah [1] ba'iton)
Et tous ensemble ! (annonce dans le journal)

1 **Lèil shirah [2] bètzibour.**
   Nuit de chant en public.

2 **'im Sarah'lèh**
   Avec Sarahlèh

3 **bèshirèy [3] "Zoug méhashamayim" [4],**
   [et ses] (dans-)chansons de "Couple céleste" (couple [qui vient] des-cieux),

4 **mo'adon [5] "Tzavta", Tèl-Aviv,**
   club "Ensemble", Tel-Aviv,

5 **bèyom vav [6], èsrim vèshishah (26) bèapril bèèsrim vèshahlosh (23).**
   vendredi (dans-jour vav=6), 26 (vingt et-six dans-) avril, à 23 (dans vingt-et-trois) [heures].

Notes

1 moda'ah מוֹדָעָה *annonce* vient de la racine ע.ד.י. du verbe *savoir*.

2 lèil shirah לֵיל שִׁירָה *nuit de chanson*. À l'état absolu, *nuit* se dit laylah לַיְלָה. Ici nous avons l'état construit qu'on rencontre dans les expressions suivantes :
   lèil hasèdèr לֵיל הַסֵּדֶר *nuit du sèdèr* qui est le repas pascal ;
   lèil shabat לֵיל שַׁבָּת *nuit du shabbat* qui commence avec l'apparition des trois étoiles, le vendredi soir ;
   lèil mènouhah לֵיל מְנוּחָה *nuit de repos* ;
   lèil horèf לֵיל חוֹרֶף *nuit d'hiver* ;
   lèil qayitz לֵיל קַיִץ *nuit d'été*.

3 shirèy שִׁירֵי *chansons-de*, est au pluriel, l'état construit de shirim.

319 • shlosh mèot tsha' 'èsrèh

שִׁעוּר שִׁשִּׁים

וְכוּלָם בְּיַחַד! (מוֹדָעָה בָּעִתּוֹן)

1. לֵיל שִׁירָה בְּצִבּוּר
2. עִם שָׂרָה׳לֶה
3. בְּשִׁירֵי ״זוּג מֵהַשָּׁמַיִם״.
4. מוֹעֲדוֹן ״צַוְתָּא״, תֵּל אָבִיב.
5. בְּיוֹם ו׳, עֶשְׂרִים וְשִׁשָּׁה (26) בְּאַפְּרִיל, בְּעֶשְׂרִים וְשָׁלוֹשׁ (23).

4 **zoug mèhashamayim** זוּג מֵהַשָּׁמַיִם *couple qui vient du ciel*. C'est ainsi qu'on désigne un couple bien assorti. Selon la légende, la tâche la plus difficile dans le métier de Dieu est de former les couples. Il y consacre la plus grande partie de son temps. **"Zoug mèhashamayim"** désigne donc le genre de la chanson d'amour. Plus généralement, **zoug** est une paire : **zoug na'alayim** זוּג נַעֲלַיִם *une paire de chaussures*.

5 **mo'adon** מוֹעֲדוֹן *club*. La racine du mot est ד.ע.י., **ya'ad** יַעַד qui signifie un *but*. C'est l'idée qu'on trouve dans l' *"objet social"* d'une association. Par exemple, **mo'adon sport** מוֹעֲדוֹן סְפּוֹרְט *club sportif*, **mo'adon sifrouti** מוֹעֲדוֹן סִפְרוּתִי *club littéraire*, **mo'adon hayam hatikhon** מוֹעֲדוֹן הַיָּם הַתִּיכוֹן *club de la mer Méditerranée* (=*"club Med"*).

6 **yom vav** יוֹם ו׳ *vendredi*. Les jours n'ont pas de nom particulier mais un numéro d'ordre qu'on exprime sous la forme de l'adjectif ordinal : **yom shishi** יוֹם שִׁישִׁי *sixième jour = vendredi* (cf. leçon 28), ou sous la forme de l'adjectif numéral cardinal comme ici :

yom alèf	יוֹם א׳	dimanche
yom bèt	יוֹם ב׳	lundi
yom gimèl	יוֹם ג׳	mardi
yom dalèt	יוֹם ד׳	mercredi
yom hè	יוֹם ה׳	jeudi
yom vav	יוֹם ו׳	vendredi
shabat	שַׁבָּת	samedi.

60 / Soixantième leçon

6 Pratim vèhazmanat **kartisim : 03-524 73 73 (èfès, shalosh –** **h**amèsh, shtayim, arba' – shèva', shalosh – shèva', shalosh).
   Détails et réservation (commande) des billets au 03-524 73 73.

7 Pratim nosafim bèatar hamo'adon : Tzavta shtroudèl zahavnet nèqoudah il.
   Détails supplémentaires sur le (dans-)site du club : Tzavta@zahavnet.il.

8 Hanayah bèshèfa'.
   Facilités de stationnement (parking en-abondance).

9 Avtah**ah mèlèah.**
   Sécurité garantie (Protection complète).

▶ Targil rishon – Targèm   תַּרְגִּיל רִאשׁוֹן – תַּרְגֵּם

❶ כל יום שישי בבוקר אני הולכת עם חברה למועדון התיאטרון.
Kol yom shishi baboqèr ani holèkhèt 'im haverah lèmo'adon hateatron.

❷ הזמנת כרטיסים רק באתר המועדון.
Hazmanat kartisim raq bèatar hamo'adon.

❸ אחרי עשרים שנה הם זוג מאושמים. כל הכבוד להם!
Aharèy 'esrim shanah hèm zoug mèhashamayim. Kol hakavod lahèm !

❹ אנחנו קונים בקניון, כי יש שם חניה בשפע.
Anahnou qonim baqanyon, ki yèsh sham hanayah bèshèfa'.

❺ שלום. אני רוצה פרטים נוספים על מרכז העסקים החדש.
Shalom. Ani rotzah pratim nosafim 'al mèrkaz ha'asaqim hahadash.

321 • shlosh mèot 'èsrim vèahat

6 פְּרָטִים וְהַזְמָנַת כַּרְטִיסִים: 03-524 73 73 (אֶפֶס שָׁלוֹשׁ - חָמֵשׁ, שְׁתַּיִם, אַרְבַּע - שֶׁבַע, שָׁלוֹשׁ - שֶׁבַע, שָׁלוֹשׁ).

7 פרטים נוֹסָפִים בְּאֲתַר הַמּוֹעֲדוֹן: צוותא@זָהָבנֶט.יל.

8 חֲנָיָה בְּשֶׁפַע.

9 אַבְטָחָה מְלֵאָה.

אנחנו קונים בקניון, כי יש שם חניה בשפע.

Corrigé de l'exercice 1

❶ Chaque vendredi matin je(f.) vais avec une amie au club de théâtre. ❷ Réservation (commande) des tickets seulement sur le site du club. ❸ Vingt ans après, ils sont "couple céleste". Chapeau (tout l'honneur) pour eux ! ❹ Nous faisons nos courses (achetons) dans le centre commercial car le stationnement y est facile (en abondance). ❺ Bonjour. Je veux(f.) des détails supplémentaires sur le nouveau centre d'affaires.

Targil shèni – Hashlèm — תַּרְגִּיל שֵׁנִי – הַשְׁלֵם

❶ *Une fois par(dans) mois, les amis viennent pour chanter chez nous, à la maison.*
 [...] [...] hahavèrim baim [...] ètzlènou [...].

 ___ _____ הַחֲבֵרִים בָּאִים ____ אֶצְלֵנוּ ____.

❷ *Tous ensemble saluent le jeune couple avec [des] "Mazal tov".*
 [...] [...] mèvarkhim èt [...] hatza'ir bè[...] [...].

 ____ ____ מְבָרְכִים אֶת ____ הַצָּעִיר בְּ___ ___.

❸ *Je lis dans l'annonce [parue] dans le journal des détails sur un concert au club "Tzavta".*
 Ani qorèt [...] ba'iton [...] 'al qontzèrt [...] "Tzavta".

 אֲנִי קוֹרֵאת _____ בָּעִתּוֹן _____ עַל קוֹנְצֶרְט _____
 "צַוְתָּא."

❹ *Mardi à 19 h repas de "nuit du sèdèr" chez grand-père et grand-mère.*
 [...] [...] bè tsha' 'èsrèh arouhat [...] [...] ètzèl saba vèsavta.

 ____ _ בְּתֵשַׁע עֶשְׂרֵה אֲרוּחַת ___ ____ אֵצֶל סָבָא וְסָבְתָא.

❺ *Sécurité (protection) garantie au centre touristique "La Tour".*
 [...] mèlèah [...] hatayarout "[...]".

 _____ מְלֵאָה _____ הַתַּיָּרוּת "_____."

Soixante et unième leçon
(Shi'our shishim vèahat)

Shèm
Un nom

1 **Shir shèl Zèldah : "Lèkhol ish yèsh shèm**
 Poème de Zèldah : "Pour chaque homme il y a un nom

2 **shènatan lo Èlohim**
 que Dieu lui donna *(que-il-donna à-lui Dieu)*

Corrigé de l'exercice 2

❶ Pa'am bè<u>h</u>odèsh – lashir – babayit

❶ פַּעַם בְּחוֹדֶשׁ - לָשִׁיר - בַּבַּיִת

❷ Koulam bèya<u>h</u>ad – hazoug – mazal to<u>v</u>

❷ כּוּלָם בְּיַחַד - הַזּוּג - מַזָּל טוֹב

❸ – bamoda'ah – pratim – bèmo'adon –

❸ - בַּמוֹדָעָה - פְּרָטִים - בְּמוֹעֲדוֹן -

❹ Bèyom gimèl – lèil hasèdèr

❹ בְּיוֹם ג' - לֵיל הַסֶּדֶר -

❺ A<u>v</u>ta<u>h</u>ah – bèmèrkaz – hamigdal

❺ אַבְטָחָה - בְּמֶרְכָּז - הַמִּגְדָּל

Shirah bètzibour שִׁירָה בְּצִבּוּר *chant en public. Pratique commune à toutes les couches sociales et à tous les âges de la population israélienne, le "chant en public" est annoncé, comme un spectacle, par voie d'affiches, mais les acteurs et les spectateurs ne font qu'un. Un chef de chœur et un instrument – piano, accordéon, etc. – animent l'ensemble. Les paroles des chansons, choisies par thème, sont projetées sur un écran ou distribuées sous forme de brochure. Ce thème se rapporte soit à un lieu, à une date, à un public particulier, soit à une fête, une saison, un élément de la nature.* **Vèkhoulam bèyahad !** וְכוּלָם בְּיַחַד! *et tous ensemble ! Chacun entre dans la mélodie !*

Deuxième vague : 11ᵉ leçon

שִׁעוּר שִׁשִּׁים וְאַחַת

שֵׁם

1 שִׁיר שֶׁל זֶלְדָּה: ''לְכֹל אִישׁ יֵשׁ שֵׁם

2 שֶׁנָּתַן לוֹ אֱלֹהִים

61 / Soixante et unième leçon

3   **vènatnou lo aviv vèimo[1]."**
    et [que] lui donnèrent son papa et sa maman." *(papa-de-lui et-maman-de-lui)*

4 – **Yofi shèl shir ! Anahnou kvar bahodèsh hashvi'i,**
    Chouette *(beauté de)* chanson ! Nous sommes déjà au septième mois *(dans-mois le-septième)*,

5   **aval 'od lo matzanou shèm latinoq o latinoqèt shèlanou.**
    mais nous n'avons pas encore trouvé [de] nom pour [notre] petit garçon ou notre petite fille *(pour-le-bébé-garçon ou pour-le-bébé-fille de-nous)*.

6   **Anahnou rotzim shèm isrèèli [2], qatzar, ofnati [3], tanakhi, 'im tzlil na'im.**
    Nous voulons un nom israélien, court, à la mode *(moderne)*, biblique, avec une sonorité agréable.

7 – **Mah atèm omrim 'al hashèmot haèlèh :**
    Que dites-vous de *(sur)* ces noms *(les-noms les-ces)* :

8   **Hèn, Noy, Gal, Tal, Gili, Sharon [4], 'adi, Shani, Gali, Tali, Èden, Qèrèn, Ortal ?**
    Grâce, Beauté, Vague, Rosée, Joie, Sharon, Bijou, Ecarlate, Ma Vague, Ma Rosée, Délice, Rayon, Rosée de lumière *(lumière-de-rosée)* ?

9 – **Tov. Aval mah poh shèm shèl yèlèd oumah shèm shèl yaldah ?**
    Bon. Mais là quel *(quoi ici)* [est] le nom de garçon et quel *(et-quoi)* [est] le nom de fille ?

10 – **Zot haofnah hayom : oto shèm, oto jins !**
    C'est la mode aujourd'hui *(le-jour)* : même nom, même jeans ! □

Notes

1   aviv vèimo אָבִיו וְאִמּוֹ *son papa et sa maman*. Vous constatez que chacun de ces mots se termine par un **vav** ו. Mais le premier est dans son rôle de consonne **v** ו, l'autre dans celui de voyelle **o** וֹ ; dans chaque cas d'ailleurs il s'agit de la terminaison propre au possessif de la 3ᵉ personne masc. sing. *son, à lui*. La différence tient à

שִׁעוּר שִׁשִּׁים וְאַחַת / 61

3 וְנָתְנוּ לוֹ אָבִיו וְאִמּוֹ."

4 – יוֹפִי שֶׁל שִׁיר! אֲנַחְנוּ כְּבָר בַּחוֹדֶשׁ הַשְּׁבִיעִי.

5 אֲבָל עוֹד לֹא מָצָאנוּ שֵׁם לַתִּינוֹק אוֹ לַתִּינוֹקֶת שֶׁלָּנוּ.

6 אֲנַחְנוּ רוֹצִים שֵׁם יִשְׂרְאֵלִי, קָצָר, אוֹפְנָתִי, תַּנָּ"כִי, עִם צְלִיל נָעִים.

7 – מָה אַתֶּם אוֹמְרִים עַל הַשֵּׁמוֹת הָאֵלֶּה:

8 חֵן, נוֹי, גַּל, טַל, גִּילִי, שָׁרוֹן, עֲדִי, שָׁנִי, גָּלִי, טָלִי, עֹדֶן, קֶרֶן, אוֹרְטַל?

9 – טוֹב. אֲבָל מַה פֹּה שֵׁם שֶׁל יֶלֶד וּמַה שֵׁם שֶׁל יַלְדָּה?

10 – זֹאת הָאוֹפְנָה הַיּוֹם: אוֹתוֹ שֵׁם, אוֹתוֹ ג'ינְס!

---

la présence, entre ב et ו, du **yod** י qui modifie la prononciation du **o** ו en **v** ו. Dans **imo** אִמּוֹ *sa maman*, le **vav** ו est la même voyelle qu'on trouve dans **shèlo**. Nous rencontrons la consonne ו **v** dans des mots qui, tous, contiennent ce י intercalaire : a<u>h</u>iv אָחִיו *son frère* ; **piv** פִּיו *sa bouche* ; **'alav** עָלָיו *sur lui*.

2 i<u>s</u>rèèli יִשְׂרְאֵלִי *israélien* ; i<u>s</u>rèèlit יִשְׂרְאֵלִית *Israélienne*, i<u>s</u>rèèliyot יִשְׂרְאֵלִיּוֹת *israéliennes* ; i<u>s</u>rèèliyim יִשְׂרְאֵלִיִּים *israéliens*. Cette dernière forme porte deux **yod** puisque la terminaison masc. plur. ים **yim** s'ajoute à la racine i<u>s</u>rèèli. Il en est de même dans **Tanakhi** תַּנָּ"כִי *biblique*, **Tanakhit** תַּנָּ"כִית, **Tanakhiyot** תַּנָּ"כִיּוֹת, **Tanakhiyim** תַּנָּ"כִיִּים.

3 ofnati אוֹפְנָתִי *à la mode* vient de ofnah אוֹפְנָה *mode*. Pour rendre le mot plus facilement prononçable, le **hé** de ofnah est remplacé par un **tav** : ofnatit אוֹפְנָתִית, ofnatiyot ofnatiyim אוֹפְנָתִיִּים.

4 **Sharon** שָׁרוֹן *Sharon* est le nom propre qui désigne la verdoyante plaine côtière située au nord de Tel-Aviv. Il n'a pas de traduction directe comme les autres noms de cette série.

תַּרְגִּיל רִאשׁוֹן – תַּרְגֵּם
Targil rishon – Targèm

❶ הַגִּ'ינְס בָּאוֹפְנָה אֵצֶל הַצְּעִירִים בְּכֹל הָעוֹלָם.
Hajins baofnah ètzèl hatzè'irim bèkhol ha'olam.

❷ אָבִיו וְאִמּוֹ נָתְנוּ לַתִּינוֹק שֵׁם אָפְנָתִי קָצָר: דָּן.
Aviv vèimo natnou latinoq shèm ofnati qatzar : Dan.

❸ הַמּוֹרֶה קוֹרֵא כֹּל יוֹם שִׁיר תַּנַ"כִי לַתַּלְמִידִים.
Hamorèh qorèh kol yom shir tanakhi latalmidim.

❹ זֶה פֶּלֶפוֹן אָפְנָתִי וְיֵשׁ לוֹ גַּם צְלִיל נָעִים מְאֹד.
Zèh pèlèfon ofnati vèyèsh lo gam tzlil na'im mèod.

❺ מָה הֵם אוֹמְרִים עַל הָרָהִיטִים הָעַתִּיקִים הָאֵלֶּה?
Mah hèm omrim 'al harahitim ha'atiqim haèlèh ?

תַּרְגִּיל שֵׁנִי – הַשְׁלֵם
Targil shèni – Hashlèm

❶ *Nous ne disons pas aux enfants ce qu'ils doivent faire.*
A<u>n</u>a<u>h</u>nou [...] [...] layèladim mah hèm [...] [...].
אֲנַחְנוּ __ _____ _____ לַיְלָדִים מַה הֵם _____ _____.

❷ *Maintenant, c'est la grande (très)mode d'habiter dans une tour.*
[...] [...] mèod [...] bémigdal.
____ _____ אוֹפְנַה ____ בְּמִגְדָּל.

❸ *Zèldah a un beau poème sur les noms des gens.*
LèZèldah yèsh [...] yafèh 'al [...] shèl [...].
לְזֶלְדָּה יֵשׁ ___ יָפֶה עַל ____ שֶׁל _____.

❹ *Tu aimes ton (f.) nom ?*
At oh<u>è</u>vèt èt [...] [...] ?
אַתְּ אוֹהֶבֶת אֶת ___ ___?

❺ *Quel est le nom de famille de Yosi, le nouveau directeur ?*
Mah [...] [...] shèl Yosi, [...] ha<u>h</u>adash ?
מַה _____ _____ שֶׁל יוֹסִי, _____ הֶחָדָשׁ?

שִׁעוּר שִׁשִּׁים וְאַחַת / 61

Corrigé de l'exercice 1

❶ Le jean est à la mode chez les jeunes du monde entier. ❷ Son père et sa mère ont donné au bébé un nom moderne et court : Dan. ❸ Le maître lit chaque jour un poème biblique aux élèves. ❹ C'est un téléphone portable à la mode et il a aussi une sonnerie très agréable. ❺ Que disent-ils de ces meubles anciens ?

זה פלאפון אופנתי ויש לו גם צליל נעים מאוד.

Corrigé de l'exercice 2

❶ – lo omrim – tzrikhim la'a<u>s</u>ot — כֹּל אוֹמְרִים – צְרִיכִים לַעֲשׂוֹת – ❶

❷ 'akhshav ofna<u>t</u>i – lagour – — עַכְשָׁו אוֹפְנָתִי – לָגוּר – ❷

❸ – shir – shèmo<u>t</u> – anashim — שִׁיר – שֵׁמוֹת – אֲנָשִׁים ❸

❹ – hashèm shèlakh — הַשֵּׁם שֶׁלָּךְ – ❹

❺ – shèm hamishpa<u>h</u>ah – hamènahèl – — שֵׁם הַמִּשְׁפָּחָה – הַמְנַהֵל – ❺

Le nom. Demandez son nom à un Israélien ; quel que soit son âge, il vous répondra par son prénom. Il arrivera même qu'il vous en donne le diminutif. Le mot **shèm** *s'entend donc aussi comme prénom. Pour obtenir le nom de famille, posez la question :*

מַה שֵּׁם הַמִּשְׁפָּחָה שֶׁלְךָ / שֶׁלָךְ?

Mah shèm hamishpa<u>h</u>ah shèlkha / shèlakh ?

Bibliques mais pas trop ! Les familles religieuses s'honorent de donner à leurs enfants des noms bibliques : **Avraham**, אַבְרָהָם *;* **Rivqah**, רִבְקָה *;* **Moshèh**, מֹשֶׁה *;* **Miryam** מִרְיָם*, etc. Les autres, non moins attachées à la Bible, modernisent ces noms :* **Sarah** שָׂרָה *devient* **Sari** שָׂרִי *ou* **Sarit** שָׂרִית *;* **Miryam** מִרְיָם *devient* **Miry** מִירִי *;* **Yosèf** יוֹסֵף **Yosi** יוֹסִי *;* **Ya'aqov** יַעֲקֹב **Qobi** קוֹבִּי*.*

Les futurs parents israéliens se trouvent souvent devant un dilemme : quel prénom choisir pour leurs enfants ? Celui-ci doit à la fois être

Soixante-deuxième leçon
(Shi'our shishim oushtayim)

Pnay [1]
Temps libre

1 – **Mah atah 'osèh bishe'ot hapnay shèlkha ?**
   Que fais-tu dans tes heures de loisir *(dans-heures le-loisir de-toi)* ?

2 – **Bèmèshèkh hashavou'a èin li pnay.**
   Pendant la semaine *(dans-continuité la-semaine)*, je n'ai pas de temps libre.

3   **Yèsh li pnay raq bèyom shishi aharèy hatzohorayim [2] ouvèshabat.**
   Je [n']ai de temps libre que *(seulement)* le vendredi *(jour sixième)* après midi *(les-midis)* et *(-dans-)* le shabbat.

Notes

1 pnay פְּנַאי *temps libre*, vient de l'adjectif **panouy** פָּנוּי *vacant, inoccupé*. Le rapprochement d'idée avec le mot français *vacances* s'impose, qui vient du latin *vacuus*, *vide*. Prononcez "pnaille".

2 **tzohorayim** צָהֳרַיִם *midi* (pluriel en hébreu). Le *méridien* est **mitzhar** מִצְהָר construit sur la racine צ.ה.ר *briller* : le soleil est au zénith.

329 • shlosh mèot 'èsrim vatèsha'

moderne mais rappelant la tradition, porteur d'énergie mais doux à porter, hébraïque mais international... quelle responsabilité !

*La poétesse **Zèlda Mishkowski** (1914-1984), née dans une famille très religieuse, a travaillé toute sa vie avec des enfants handicapés. Sa célébrité – elle s'est fait connaître sous son seul prénom – est due à son style, précis, simple et direct.*

Deuxième vague : 12ᵉ leçon

שִׁעוּר שִׁשִׁים וּשְׁתַּיִם

פְּנַאי

1 -מַה אַתָּה עוֹשֶׂה בִּשְׁעוֹת הַפְּנַאי שֶׁלְּךָ?
2 -בְּמֶשֶׁךְ הַשָּׁבוּעַ אֵין לִי פְּנַאי.
3 יֵשׁ לִי פְּנַאי רַק בְּיוֹם שִׁישִׁי אַחֲרֵי הַצָּהֳרַיִם וּבְשַׁבָּת.

יש לו מקצוע מעיף והרבה שעות עבודה.

4   **Ani havèr bèmo'adon shahmat [3].**
    Je [suis] membre (ami) d'un (dans-)club d'échecs.

5   **Ani qorè èt kol 'itonèy [4] hashabat,**
    Je lis tous les journaux du shabbat,

6   **potèr tashbètzim [5] vètashhètzim [6] ba'itonim.**
    je fais (résous) les mots croisés et les mots fléchés des (dans-les-)journaux.

7 – **Atah dou-lèshoni o tlat-lèshoni [7] ? Bèèizo safah atah potèr tashbètzim ?**
    Tu es bilingue ou trilingue ? En quelle langue (lèvre) fais-tu (tu résous) les mots croisés ?

8 – **Ani hoshèv shèèfshar liftor tashbètzim raq bisfat èm [8].**
    Je pense qu'[il n'est] possible [de] faire (résoudre) des mots croisés que(seulement) dans sa langue maternelle (dans-lèvre-de mère).

9 – **Mah hamiqtzo'a shèlkha ?**
    Quelle [est ta] profession (de-toi) ?

10 – **Balshan[9].**
    Linguiste.

Notes

3   **shahmat** שַׁחְמָט *échec*. Ce mot se décompose en **shah**, c'est-à-dire en langue perse, *roi* (le shah de Perse) et en **mat** מָט, mot hébreu qui signifie chanceler, trébucher. Le roi est en péril !

4   **'itonèy** עִתּוֹנֵי *journaux-de* : état construit au pluriel. À l'état absolu, le pluriel de **'iton** עִתּוֹן est **'itonim** עִתּוֹנִים. Vous pouvez choisir entre : **'itonim shèl sport** עִתּוֹנִים שֶׁל ספורט *journaux de sport* et **'itonèy sport** עִתּוֹנֵי ספורט. De même : **sfarim shèl 'ivrit** סְפָרִים שֶׁל עִבְרִית *livres d'hébreu*, qui devient à l'état construit : **sifrèy 'ivrit** סִפְרֵי עִבְרִית. Dans les deux cas, le **mèm** final ם tombe, la voyelle **i** devient **è**.

5   **tashbètzim** תַשְׁבֵּצִים *mots croisés*. L'origine est dans la racine ש.ב.ץ qu'on voit dans **mishbètzèt** מִשְׁבֶּצֶת *case*.

4 אֲנִי חָבֵר בְּמוֹעֲדוֹן שַׁחְמָט.
5 אֲנִי קוֹרֵא אֶת כָּל עִתּוֹנֵי הַשַּׁבָּת.
6 פּוֹתֵר תַּשְׁבְּצִים וְתַשְׁחֲצִים בָּעִתּוֹנִים.
7 -אַתָּה דּוּ-לְשׁוֹנִי אוֹ תְּלַת-לְשׁוֹנִי? בְּאֵיזוֹ שָׂפָה אַתָּה פּוֹתֵר תַּשְׁבְּצִים?
8 -אֲנִי חוֹשֵׁב שֶׁאֶפְשָׁר לִפְתּוֹר תַּשְׁבְּצִים רַק בִּשְׂפַת אֵם.
9 -מַה הַמִּקְצוֹעַ שֶׁלְּךָ?
10 -בַּלְשָׁן.

6 **tashhètzim** תַּשְׁחֲצִים *mots fléchés*. Ce mot est une construction récente et amusante formée sur le précédent par l'insertion du mot **hètz** חֵץ *flèche*.

7 **tlat-** תְּלַת *tri-* ou *trois* ; **dou-** דּוּ *bi-* ou *deux*. Ces deux mots araméens s'emploient pour la formation de mots composés. Par exemple un tricycle est **tlat-ofan** תְּלַת-אוֹפָן *trois roues* ; un animal *amphibie* est **dou-hay** דּוּ-חַי ("deux vies") ; un *bimensuel* est **dou-shèvou'i** דּוּ-שְׁבוּעִי.

8 **èm** אֵם *mère* et **imo** אִמּוֹ *sa mère* – que nous avons rencontré à la leçon 61 – sont deux mots différents : **èm** אֵם *mère*, en général, et **ima** אִמָּא *maman* qui est ici pourvu de la terminaison propre au possessif de la 3ᵉ pers. masc. sing.

9 **balshan** בַּלְשָׁן *linguiste*. Les deux syllabes possèdent leur sens propre : **ba'al** est *celui qui domine* tandis que **shan** renvoie à la racine de **lashon** לָשׁוֹן *langue*. La même étymologie s'applique au mot moderne **balash** בַּלָּשׁ *détective*. Celui-ci serait-il un "maître de la langue" parce qu'il sait faire parler ? Ou bien le linguiste est-il le détective de la langue ? Le mot **ba'al** בַּעַל *mari* s'emploie également dans **ba'al miqtzo'a** בַּעַל מִקְצוֹעַ *celui qui domine une profession, l'ouvrier qualifié*, ou dans **ba'al bayit** בַּעַל בַּיִת *propriétaire* (d'une maison).

Targil rishon – Targèm   תַּרְגִּיל רִאשׁוֹן – תַּרְגֵּם

❶ הוּא קוֹרֵא אֶת עִתּוֹנֵי הַבּוֹקֶר בַּאֲרוּחַת הַצָּהֳרַיִם בַּקָּפֵטֶרְיָה שֶׁל הַמִּשְׂרָד.
Hou qorè èt 'itonèy haboqer baarouhat hatzohorayim baqafètèryah shèl hamisrad.

❷ יִשְׂרָאֵל כּוֹתֵב בַּמָּדוֹר הַחַשְׁמַל בָּעִתּוֹן בְּכָל יוֹם ו.
Israèl kotèv bimedor hashahmat ba'iton bèkhol yom vav.

❸ הִיא אוֹהֶבֶת מְאוֹד לִפְתּוֹר תַּשְׁבְּצִים, אֲבָל רַק בְּעִבְרִית.
Hi ohèvèt méod liftor tashbètzim, aval raq bè'ivrit.

❹ יֵשׁ לוֹ מִקְצוֹעַ מְעַיֵּף וְהַרְבֵּה שְׁעוֹת עֲבוֹדָה.
Yèsh lo miqtzo'a mè'ayèf vèharbèh shè'ot 'avodah.

❺ בְּמֶשֶׁךְ הַשָׁבוּעַ אֵין לִי פְּנַאי לְמִשְׂחָקִים כְּמוֹ תַּשְׁבֵּצִים.
Bèmèsèkh hashavou'a èin li pnay lèmishaqim kmo tashhètzim.

Targil shèni – Hashlèm   תַּרְגִּיל שֵׁנִי – הַשְׁלֵם

❶ *Vous êtes trilingue, mais quelle est votre langue maternelle ?*
A<u>t</u>ah [...]-[...], a<u>v</u>al mah [...] [...] shèlkha ?
אַתָּה ___ - ___ , אֲבָל מַה ___ ___ שֶׁלְּךָ?

❷ *Vous pensez que c'est possible de résoudre des problèmes de physique dans cette pagaille (désordre) ?*
Atèm <u>h</u>osh<u>v</u>im [...][...] bè'ayot bèfisiqah [...] [...] ?
אַתֶּם חוֹשְׁבִים ___ ___ בְּעָיוֹת בְּפִיסִיקָה ___ ___?

❸ *Le mardi à midi, il y a un théâtre de rue dans le centre ville.*
Bèyom [...][...] yèsh tèatron rè<u>h</u>ov [...] [...].
בְּיוֹם ___ ___ יֵשׁ תֵּאַטְרוֹן רְחוֹב ___ ___.

❹ *Le linguiste parle beaucoup de langues.*
[...] mèdabèr harbèh [...].
___ מְדַבֵּר הַרְבֵּה ___ .

❺ *Pendant l'année, il résout les problèmes de travail dans l'hôpital.*
[...][...] hou potèr èt bè'ayot ha'a<u>v</u>odah [...] [...].
___ ___ הוּא פּוֹתֵר אֶת בְּעָיוֹת הָעֲבוֹדָה ___ ___.

שִׁעוּר שִׁשִּׁים וּשְׁתַּיִם / 62

Corrigé de l'exercice 1

❶ Il lit les journaux du matin au repas de midi, à la cafétéria du bureau. ❷ Israël écrit la rubrique "échecs" du journal chaque vendredi. ❸ Elle aime beaucoup faire les mots croisés, mais seulement en hébreu. ❹ Il a une profession fatigante et beaucoup d'heures de travail. ❺ Tout au long de la semaine, je n'ai pas de temps libre pour des jeux, comme les mots flèches.

Corrigé de l'exercice 2

❶ – tlat-lèshoni – sfat haèm –   תְּלַת־לְשׁוֹנִי - שְׂפַת הָאֵם - ❶
❷ – shèèfshar liftor – babalagan hazèh
  שֶׁאֶפְשָׁר לִפְטוֹר - בַּבָּלָגָן הַזֶּה - ❷
❸ – gimèl batzohorayim – bèmèrkaz ha'ir
  ג' בַּצָּהֳרַיִם - בְּמֶרְכַּז הָעִיר - ❸
❹ Habalshan – safot   הַבַּלְשָׁן - שָׂפוֹת ❹
❺ Bèmèshèkh hashanah – bèvèit haholim
  בְּמֶשֶׁךְ הַשָּׁנָה - בְּבֵית הַחוֹלִים ❺

Araméen. *Au nord de l'actuelle Syrie, se trouvait le pays d'Aram. Vers le Xe s. avant l'ère chrétienne, il est occupé par une population qui ne cesse de progresser en direction de la Mésopotamie. La généalogie des peuples exposée au livre de la Genèse, XI, 28, nous présente les Araméens comme apparentés aux Hébreux. Ils parlent une langue sémitique proche de l'hébreu et du phénicien. Les plus anciens documents écrits en araméen datent du Xe s. av. J.-C. environ. Employée à des fins religieuses et politiques, cette langue devient déjà à cette date une langue littéraire. Son écriture est alphabétique tandis que l'écriture cunéiforme est syllabique : simplicité et adaptabilité qui expliquent sa diffusion. Bien qu'elle se parlât en plusieurs dialectes, les gens instruits utilisaient une version assez commune pour qu'elle apparaisse comme "langue internationale" de la politique et du commerce jusqu'à ce que, à la faveur des conquêtes d'Alexandre (mort en 323 av. J.-C.), le grec prenne le dessus. Néanmoins l'araméen subsista sous diverses formes, à Palmyre par exemple, à Pétra chez les Nabatéens et chez les Samaritains. Certains érudits parlent même d'un araméen galiléen et d'un autre judéen. Le Talmud de Babylone est presque complètement rédigé en araméen ; celui de Jérusalem, partiellement et dans un dialecte différent.*

Plusieurs communautés chrétiennes, dites chaldéennes, célèbrent leurs offices en araméen. C'est en cette langue que le Concile du Vatican a célébré sa messe d'inauguration (1962).

Deuxième vague : 13e leçon

Soixante-troisième leçon
(Shi'our shishim vèshalosh)

Hazarah – Révision חֲזָרָה

1 Commencement

"Au commencement", **Bèrèshit** בְּרֵאשִׁית est le titre du premier livre de la Bible. Vous y repérez la même racine que dans **rosh** רֹאשׁ *tête*. C'est pourquoi une traduction célèbre l'a rendu par *En tête*.

Cette racine se trouve encore dans **rishon** רִאשׁוֹן *premier*.
rosh רֹאשׁ entre dans des compositions nombreuses :

rosh hashanah	רֹאשׁ הַשָּׁנָה	"tête d'année". C'est le 1er jour de l'an hébreu, fêté en septembre ;
rosh hodèsh	רֹאשׁ חוֹדֶשׁ	"tête de mois", 1er jour du mois hébreu ;
rosh 'ir	רֹאשׁ עִיר	"tête de ville", *maire* ;
rosh mèmshalah	רֹאשׁ מֶמְשָׁלָה	"tête de gouvernement", *chef du gouvernement* ;
yoshèv rosh	יוֹשֵׁב רֹאשׁ	*président* : **yoshev** renvoie à l'idée de *siéger*.

L'étymologie latine du mot *président* rejoint celle du mot hébreu : **prae**, *devant* **sident**, *siéger*.

rosh qatan	רֹאשׁ קָטָן	*petite tête*, personne sans envergure ;
bèrosh ouvarishonah	בְּרֹאשׁ וּבָרִאשׁוֹנָה	*en tête* et *premièrement*, en priorité.

2 Possessif en famille !

L'adjectif possessif – ou son équivalent – s'obtient par l'adjonction d'une terminaison relative à la personne qui possède et non,

335 • shlosh mèot shloshim vèhamèsh

שִׁעוּר שִׁשִּׁים וְשָׁלוֹשׁ

comme en français, à l'objet possédé. Ainsi lorsqu'à une femme je parle de son frère, je lui dirai **a<u>h</u>ikh** אָחִיךְ *ton frère*, tandis qu'à un homme, je dirai **a<u>h</u>ikha** אָחִיךָ *ton frère* (cf. leçon 56).

Appliquons ce schéma au reste de la famille :

Possesseur masculin singulier		Possesseur féminin singulier		
a<u>h</u>ot אָחוֹת *sœur*				
a<u>h</u>oti	אֲחוֹתִי	a<u>h</u>oti	אֲחוֹתִי	*ma sœur*
a<u>h</u>otkha	אֲחוֹתְךָ	a<u>h</u>othèkh	אֲחוֹתֵךְ	*ta sœur*
a<u>h</u>oto	אֲחוֹתוֹ	a<u>h</u>otah	אֲחוֹתָהּ	*sa sœur*
a<u>h</u>otènou	אֲחוֹתֵנוּ	a<u>h</u>otènou	אֲחוֹתֵנוּ	*notre sœur*
a<u>h</u>otkhèm	אֲחוֹתְכֶם	a<u>h</u>otkhèn	אֲחוֹתְכֶן	*votre sœur*
a<u>h</u>otam	אֲחוֹתָם	a<u>h</u>otan	אֲחוֹתָן	*leur sœur*
av אָב *père* / **aba** אַבָּא *papa*				
avi	אָבִי	avi	אָבִי	*mon papa*
avikha	אָבִיךָ	avikh	אָבִיךְ	*ton papa*
aviv	אָבִיו	aviha	אָבִיהָ	*son papa*
avinou	אָבִינוּ	avinou	אָבִינוּ	*notre papa*
avikhèm	אֲבִיכֶם	avikhèn	אֲבִיכֶן	*votre papa*
avihèm	אֲבִיהֶם	avihèn	אֲבִיהֶן	*leur papa*
èm אֵם *mère* / **ima** אִמָּא *maman*				
imi	אִמִּי	imi	אִמִּי	*ma maman*
imkha	אִמְּךָ	imèkh	אִמֵּךְ	*ta maman*
imo	אִמּוֹ	imah	אִמָּהּ	*sa maman*
imènou	אִמֵּנוּ	imènou	אִמֵּנוּ	*notre maman*
imkhèm	אִמְּכֶם	imkhèn	אִמְּכֶן	*votre maman*
imam	אִמָּם	iman	אִמָּן	*leur maman*

shlosh mèot shloshim vashèsh • 336

3 Avoir

Pour exprimer : *j'ai, tu as, il/elle a,* etc. il suffit d'ajouter à **yèsh** יֵשׁ *il y a* la préposition **l-** לְ *à, pour,* affectée de la terminaison propre à chaque personne. Récapitulons :

yèsh li	יֵשׁ לִי	*j'ai* (m. / f.)
yèsh lèkha	יֵשׁ לְךָ	*tu as* (m.)
yèsh lakh	יֵשׁ לָךְ	*tu as* (f.)
yèsh lo	יֵשׁ לוֹ	*il a*
yèsh lah	יֵשׁ לָהּ	*elle a*
yèsh lanou	יֵשׁ לָנוּ	*nous avons*
yèsh lakhèm	יֵשׁ לָכֶם	*vous avez* (m.)
yèsh lakhèn	יֵשׁ לָכֶן	*vous avez* (f.)
yèsh lahèm	יֵשׁ לָהֶם	*ils ont*
yèsh lahèn	יֵשׁ לָהֶן	*elles ont*

Exemple : **yèsh lahèn shèm qatzar** יֵשׁ לָהֶן שֵׁם קָצָר *elles ont un nom court.*

4 Noms de métier

Nous avons rencontré dans la leçon précédente un *linguiste*, **balshan** בַּלְשָׁן. La terminaison d'un nom par **an** ן indique souvent un métier, une fonction ou un caractère. Elle s'ajoute à un autre nom, un adjectif ou un verbe :
mèsaḥèq מְשַׂחֵק *il joue* ; ajoutez **an** ן ָ à la racine : ש.ח.ק, vous obtenez le nom **shaḥqan** שַׂחְקָן *acteur* (théâtre, cinéma ou foot…)

pitpout פִּטְפּוּט *papotage* donne :
patpètan / patpètanit פַּטְפְּטָן / פַּטְפְּטָנִית *bavard / bavarde* ;

sèfèr סֵפֶר *livre* :
safran / safranit סַפְרָן / סַפְרָנִית *bibliothécaire* ;

sèdèr סֵדֶר *ordre* :
sadran / sadranit סַדְרָן / סַדְרָנִית *ordonnateur / ordonnatrice* (*ouvreuse* au cinéma) ;

yahalom יַהֲלוֹם *diamant* :
yahaloman / yahalomanit יַהֲלוֹמָן / יַהֲלוֹמָנִית *diamantaire* ;

hadash חָדָשׁ *nouveau* :
hadshan / **hadshanit** חַדְשָׁן / חַדְשָׁנִית *novateur / novatrice* ;

parvah פַּרְוָה *fourrure* :
parvan פַּרְוָן *fourreur* ;

5 Adjectifs dérivés d'un nom

ofnah, *mode* : אוֹפְנָה
ofnati / **ofnatit**, *à la mode, moderne* (m./f.)   אוֹפְנָתִי / אוֹפְנָתִית
ofnatiyim / **ofnatiyot**, *modernes* (m./f.)   אוֹפְנָתיִים / אוֹפְנָתיוֹת

bayit, *maison* : בַּיִת
bèiti / **bèitit**, *domestique* (m./f.)   בֵּיתִי / בֵּיתִית
bèitiyim / **bèitiyot**, *domestiques* (m./f.)   בֵּיתִיִּים / בֵּיתִיּוֹת

dat, *religion* : דָּת
dati / **datit**, *religieux / religieuse*   דָּתִי / דָּתִית
datiyim / **datiyot**, *religieux / religieuses*   דָּתִיִּים / דָּתִיּוֹת

horèf, *hiver* : חוֹרֶף
horpi / **horpit**, *hivernal / hivernale*   חוֹרְפִּי / חוֹרְפִּית
horpiyim / **horpiyot**, *hivernaux / hivernales*   חוֹרְפִּיִּים / חוֹרְפִּיּוֹת

kfar, *village* : כְּפָר
kafri / **kafrit**, *rural / rurale*   כַּפְרִי / כַּפְרִית
kafriyim / **kafriyot**, *ruraux / rurales*   כַּפְרִיִּים / כַּפְרִיּוֹת

hag, *fête* : חַג
hagigi / **hagigit**, *festif / festive*   חֲגִיגִי / חֲגִיגִית
hagigiyim / **hagigiyot**, *festifs / festives*   חֲגִיגִיִּים / חֲגִיגִיּוֹת

6 *Shva na'* (mobile) et *shva nah* (immobile)

Nous avons assez avancé dans l'étude de l'hébreu pour aborder une question plus subtile dont voici l'essentiel.
Le **shva** est ce signe [ְ].
• Il est dit **na'** נָע *mobile*, c'est-à-dire sonore ; nous le transcrivons par [**è**].
a) en tête d'un mot : **shèvou'on** שְׁבוּעוֹן *hebdomadaire* ; **mèdor** מְדוֹר *rubrique-de* ; **mèod** מְאוֹד *très* ;
b) quand il suit immédiatement un autre shva (forcément **nah**, c'est-à-dire *immobile*) : **bèinlèoumi** בֵּינלְאוּמִי *international* ; **nikhnèsah** נִכְנְסָה *elle est entrée*.

c) quand il se trouve sous la première de deux lettres identiques et successives : **hinèni** הִנְנִי *me voici*.
Sous une des quatre gutturales ע/ח/ה/א il devient ֲ ou ֱ . Voyez ces exemples : **anashim** אֲנָשִׁים *gens, hommes* ; **ah**a**vah** אַהֲבָה *amour* ; **h**a**tounah** חֲתוּנָה *mariage* ; **ya'**a**sou** יַעֲשׂוּ *ils / elles feront* ; **èlohim** אֱלֹהִים *Dieu*.

• Il est dit **na**h נַח *immobile*, c'est-à-dire muet (dans notre transcription, nous n'en donnons aucun équivalent) :
a) quand il se trouve sous la dernière lettre d'une syllabe comme dans **shoul**h**an** שׁוּלְחָן *table*.
b) quand il précède immédiatement un autre **shva** (forcément **na'**) : **ni**kh**nèsah** נִכְנְסָה *elle est entrée*.
c) à la fin d'un mot : **a**t אַתְּ *tu* (f.), **la**kh לָךְ *pour toi* (f.).
Nous avons décidé de ne pas écrire le **shva na**h pour faciliter la lecture comme cela se fait maintenant en Israël.

▶ Dialogue de révision

❶ - סָבִי לֹא הָיָה בַּלָּשׁוֹן, אֲבָל הוּא דִבֵּר חָמֵשׁ שָׂפוֹת.

❷ - סַבְתָּא שֶׁלִי הָיְתָה תְּלַת-לְשׁוֹנִית וּבַלְּשָׁנִית חוֹבֶבֶת.

❸ - אֲנִי דוּ-לְשׁוֹנִית וּשְׂפַת הָאֵם שֶׁלִי עִבְרִית.

❹ - הַיְלָדִים שֶׁלִי מְדַבְּרִים רַק עִבְרִית, אֲבָל הֵם לוֹמְדִים אַנְגְּלִית בְּבֵית הַסֵּפֶר.

❺ - פֹּה לֹא מִגְדָּל בָּבֶל, אֲבָל בָּאָרֶץ הַרְבֵּה אֲנָשִׁים מְדַבְּרִים הַרְבֵּה שָׂפוֹת.

❻ - לַבַּלְשָׁנִים יְכוֹלָה לִהְיוֹת פֹּה עֲבוֹדָה מְעַנְיֶנֶת.

❼ - אֲנִי אוֹהֶבֶת לִקְרוֹא תַּנַ״ךְ, שִׁירִים וְגַם לִפְתּוֹר תַּשְׁבְּצִים וְתַשְׁחֵצִים בָּעִתּוֹנִים.

❽ - לַיְלָדִים בָּאָרֶץ יֵשׁ שֵׁמוֹת תַּנַ״כִיִים, אוֹפְנָתִיִים וּקְצָרִים.

Traduction

❶ – Mon grand-père n'était pas linguiste mais il parlait cinq langues.
(grand-père-mon non était linguiste mais il parlait cinq lèvres.)

❷ – Ma grand-mère était trilingue et linguiste amatrice.
(grand-mère de-moi était tri-lingue et-linguiste amatrice)

❸ – Je suis bilingue et ma langue maternelle est l'hébreu.
(je bi-lingue et-lèvre-de la-mère de-moi hébreu)

❹ – Mes enfants parlent seulement hébreu mais ils étudient l'anglais à l'école.
(les-enfants de-moi parlent seulement hébreu mais ils étudient anglais dans-maison-de livre.)

❺ – Ici ce n'est pas la tour de Babel, mais dans le pays, beaucoup de gens parlent beaucoup de langues.
(ici non tour Babel, mais dans-pays beaucoup gens parlent beaucoup lèvres)

❻ – Pour les linguistes, il peut y avoir un travail intéressant.
(pour-linguistes peut être ici travail intéressante)

❼ – J'aime lire la Bible, des poèmes et aussi faire les mots croisés et les mots fléchés des journaux.
(j'aime lire Bible, poèmes et-aussi résoudre mots-croisés et-mots-fléchés dans-journaux)

❽ – Les enfants, dans le pays, ont des noms bibliques, à la mode et courts.
(pour enfants dans-pays, il-y-a noms bibliques, à-la-mode et-courts)

Deuxième vague : 14e leçon

Soixante-quatrième leçon
(Shi'our shishim vèarba')

Tzva'im ouvgadim baharouzim
Couleurs et vêtements en rimes

1 **Yérouqim** [1] **hamikhnasayim** [2].
Verts [sont] les pantalons.

2 **Khoulim** [3] **hamagafayim** [4].
Bleues *(bleus)* [sont] les bottes.

3 **Adoumah** [5] **ha'anivah**.
Rouge [est] la cravate.

4 **Aforah** [6] **hahoultzah**.
Grise [est] la chemise.

5 **Shhorot** [7] **hana'alayim**.
Noires [sont] les chaussures.

Notes

1 **yérouqim** יְרוּקִים *verts* : comme tous les adjectifs, les adjectifs de couleur s'accordent en genre et en nombre. Quand ils qualifient un nom qui est au duel, il se mettent au pluriel car le duel n'existe que pour les noms. Retrouvez en leçon de révision prochaine les principaux adjectifs de couleur sous leurs quatre formes (m. et f. singulier et m. et f. pluriel).
yaroq יָרוֹק *vert* a la même racine י.ר.ק. que **yèrèq** יֶרֶק *verdure*, *végétation*, *légume* et **Yarqon** יַרְקוֹן qui est la rivière de Tel-Aviv, toute bordée de verdure.

2 **mikhnasayim** מִכְנָסַיִם *pantalons*. La présence du duel a une raison évidente (une paire de jambes !), comme la racine כ.נ.ס qui signifie *entrer*. Pour l'avoir maintes fois rencontré, nous savons que le מ à l'initiale, signale un objet.

שִׁעוּר שִׁשִּׁים וְאַרְבַּע

צְבָעִים וּבְגָדִים בַּחֲרוּזִים

1. יְרוּקִים הַמִכְנָסַיִם.
2. כְּחוּלִים הַמַגָפַיִם.
3. אֲדוּמָה הָעֲנִיבָה.
4. אֲפוֹרָה הַחוּלְצָה.
5. שְׁחוֹרוֹת הַנַעֲלַיִם.

- **3** khoulim כְּחוּלִים *bleus* (m. sing.: **kahol** כָּחוֹל *bleu*). Même racine כ.ח.ל dans **kahal** כָּחַל *fard*, dont on trouve l'analogue arabe dans le **khôl** de la cosmétique moderne. Le prophète Ezéchiel (chapitre 23, verset 40) parle du fard comme d'un moyen de séduction.

- **4** magafayim מַגָפַיִם *bottes* (au duel). Racine ג.פ.ף qui évoque la fonction de *verrouiller*, *astreindre*, *contraindre*.

- **5** adoumah אֲדוּמָה *rouge* (f.). La racine א.ד.ם est lourde de significations puisqu'on la retrouve dans **adom** אָדוֹם *rouge* (m.), **dam** דָם *sang*, **adamah** אֲדָמָה *terre*, **Adam** אָדָם *Adam*, **Èdom** אֱדוֹם surnom d'Esaü qui a mangé le plat de lentilles rouges (les lentilles orientales, rouges comme du corail ! Voyez le livre de la Genèse chap. 25, vers. 29-34.), **Maadim** מַאְדִים *Mars*, la planète rouge.

- **6** aforah אֲפוֹרָה *grise* a pour racine א.פ.ר qui donne aussi **èfèr** אֵפֶר *cendre*.

- **7** shhorot שְׁחוֹרוֹת *sombres*, *noires*. **Shahar** שַׁחַר *aube* présente un amusant paradoxe : le mot hébreu est lié par sa racine ש.ח.ר à l'idée de *sombre* tandis que, le mot français *aube* par son origine latine, ***albus***, *blanc*, est lié à l'idée de *clair*.

64 / Soixante-quatrième leçon

6 **Lèvanot hagarbayim [8].**
Blanches [sont] les chaussettes.

7 **Vèèifoh hamè'ilim ?**
Et où [se trouvent] les manteaux ?

8 – **Mah zèh ? Bgadim lèPourim ?**
Qu'est-ce que c'est *(quoi ceci)* ? Des habits pour Pourim *(la fête des sorts)* ?

Note

8 garbayim גַּרְבַּיִים *chaussettes*, na'alayim נַעֲלַיִים *chaussures*, mikhnasayim, מִכְנָסַיִים *pantalons*, magafayim מַגָפַיִים *bottes* sont des duels, ce qui ne préjuge pas de leur genre puisqu'un mot au duel peut être du féminin ou du masculin. Pour connaître le genre, reportez-vous au lexique en fin d'ouvrage.

Targil rishon – Targèm   תַּרְגִיל רִאשׁוֹן – תַּרְגֵם

❶ הַבְּגָדִים הָאוֹפְנָתִיִים בְּיוֹתֵר הֵם גַּם הַיְקָרִים בְּיוֹתֵר.
Habgadim haofnatiyim bèyotèr hèm gam hayèqarim bèyotèr.

❷ הוּא צָעִיר אֲבָל הוּא לָבוּשׁ בִּבְגָדִים שְׁחוֹרִים.
Hou tza'ir aval hou lavoush bivgadim shhorim.

❸ קָנִיתִי לִי שִׂמְלַת עֶרֶב אֲדוּמָה אֲרוּכָּה לַמְסִיבָּה הָרִאשִׁית.
Qaniti li simlat 'èrèv adoumah aroukah lamèsibah harishmit.

❹ בַּחוֹרֶף הִיא אוֹהֶבֶת מַגָפַיִים שְׁחוֹרִים וּמְעִיל אָפוֹר.
Bahorèf hi ohèvèt magafayim shhorim oumè'il afor.

❺ מִכְנָסַיִים אֲדוּמִים, חוּלְצָה כְּחֻלָה, עֲנִיבָה יְרוּקָה: בְּגָדִים מַמָשׁ לְפּוּרִים!
Mikhnasayim adoumim, houltzah khoulah, 'anivah yérouqah : bgadim mamash lèPourim !

6 לְבָנוֹת הַגַּרְבַּיִם.
7 וְאֵיפֹה הַמְעִילִים?
8 – מַה זֶּה? בְּגָדִים לְפוּרִים?

Corrigé de l'exercice 1
❶ Les vêtements les plus à la mode sont aussi les plus chers.
❷ Il est jeune mais il est habillé de vêtements noirs. ❸ Je me suis acheté une robe du soir *(longue)* rouge, pour la réception officielle.
❹ En hiver, elle aime [porter] des bottes noires et un manteau gris.
❺ Pantalon rouge, chemise bleue, cravate verte : réellement, des habits pour Pourim !

Targil shèni – Hashlèm — תַּרְגִיל שֵׁנִי – הַשְׁלֵם

❶ *Lorsque j'étais petite fille, j'avais des chaussures rouges et des chaussettes blanches.*
Kaashèr [...] yaldah qtanah, [...] li [...] adoumot [...] lèvanot.

כְּשֶׁר _____ יַלְדָּה קְטָנָה, ___ לִי, _____ אֲדוּמוֹת _____
לְבָנוֹת.

❷ *Où est la chemise bleue et la cravate blanche ?*
Èifoh [...] [...] vèha[...] halèvanah ?

אֵיפֹה _____ _____ וְהַ_____ הַלְּבָנָה?

❸ *Dans cette fête, les enfants s'habillent de vêtements blancs ou bleus.*
[...] hazot hayéladim lèvoushim [...] [...] ou[...].

_____ הַזֹּאת הַיְלָדִים לְבוּשִׁים _____ _____ א_____.

❹ *Nous avons vu, au cinéma, "Le grand blond avec une chaussure noire".*
Rainou [...] èt "Hablondini hagadol 'im [...] [...]".

רָאִינוּ _____ אֶת "הַבְּלוֹנְדִינִי הַגָּדוֹל עִם _____ _____".

❺ *Grand-père écrit des chansons rimées pour l'anniversaire de chacun de ses petits enfants.*
[...] kotèv [...] [...] lèyom houlèdèt shèl kol èhad mi[...].

___ כּוֹתֵב _____ _____ לְיוֹם הֻלֶּדֶת שֶׁל כָּל אֶחָד מִ____.

Pourim : *"Le premier mois qui est le mois de Nissan, dans la douzième année du règne d'Assuérus, on consulta le Pour, c'est-à-dire le sort, devant Aman..." (Esth. chap.3, vers.7). "Pourim", mot d'origine babylonienne, se rapporte donc à un tirage au sort.*

Le roi perse Assuérus prépare un massacre général des Juifs exilés en Mésopotamie. Son ministre, Aman, instigateur du forfait, en a déterminé la date par un tirage au sort. L'épouse du roi, Esther, nièce du juste Mardochée, révélant qu'elle est juive, intercède auprès de son mari en faveur des siens. Elle en obtient la grâce à cause de sa beauté et de la sainteté de sa conduite. Les persécuteurs, Aman et ses dix fils, sont exécutés. Mardochée triomphe et prend la place de ce dernier.

שִׁעוּר שִׁשִּׁים וְאַרְבַּע

Corrigé de l'exercice 2

❶ – hayi<u>t</u>i – hayou – na'alayim – vè<u>g</u>arbayim –

❶ – הָיִיתִי - הָיוּ - נַעֲלַיִים - וְגַרְבַּיִים -

❷ – ha<u>h</u>oultzah ha<u>kh</u>oulah – 'ani<u>v</u>ah –

❷ – הָחוּלְצָה הַכְּחוּלָה - עֲנִיבָה -

❸ Bamèsibah – biv<u>g</u>adim lè<u>v</u>anim – <u>kh</u>oulim

❸ בַּמְסִיבָּה - בְּבְגָדִים לְבָנִים - כְּחוּלִים

❹ – baqolno'a – hana'al hash<u>h</u>orah

❹ – בַּקוֹלְנוֹעַ - הַנַּעַל הַשְּׁחוֹרָה

❺ Saba – shirim ba<u>h</u>arouzim – nè<u>kh</u>adav

❺ סָבָּא - שִׁירִים בַּחֲרוּזִים - נְכָדָיו

---

*La fête tombe fin février et, le plus souvent, en mars. À la synagogue, lecture est faite aux offices du matin et du soir du "rouleau d'Esther" (**mègila<u>t</u> Estèr** מְגִילַת אֶסְתֵּר). Chaque fois que le nom de Aman est prononcé, l'assistance, déguisée, chahute ce nom honni par cris, bruits de pieds, et crécelles tandis qu'à l'extérieur tapage et mascarades font, à Tel-Aviv surtout, un vrai carnaval. Les "oreilles de Aman" (**oznèy Haman** אוֹזְנֵי הָמָן), petits gâteaux triangulaires fourrés de dattes ou de graines de pavot, sont un des mets les plus caractéristiques de la fête.*

Deuxième vague : 15ᵉ leçon

Soixante-cinquième leçon
(Shi'our shishim vèhamèsh)

Haqirqas [1]
Le cirque

1 **Itzhaq haqatan ahav mèod litzhoq [2].**
Le petit Itzhaq aimait beaucoup (très) rire.

2 **Lakhèn hou ratzah lalèkhèt lisratim [3] matzhiqim oulèqirqasim.**
C'est pourquoi il voulait aller [voir des] (vers-)films amusants (faisant-rire) et [aller] au cirque.

3 **Bè'iqar, hitlahèv [4] mèhalèitzan babgadim hatziv'oniyim :**
Il s'enflammait spécialement pour (de-) le clown dans ses (les)vêtements multicolores :

4 **sharvoul èhad katom, sharvoul èhad kahol.**
une manche orange, une manche bleue.

5 **Panim [5] lèvanim vèaf adom.**
Visage(s) blanc(s) et nez rouge.

6 **Hou raah qirqasim shèbaou mèhoutz laarètz, mipnèy shè'od lo hayou qirqasim isrèèliyim.**
Il allait voir (voyait) des cirques qui venaient de l'étranger (de-hors-de vers-le-pays), parce qu'il n'y avait pas encore (parce que-encore non étaient) [de] cirque(s) israélien(s).

Notes

1 qirqas קרקס *cirque*. Voilà un mot qui a fait le tour du bassin méditerranéen puisqu'il touche à trois civilisations : grecque avec le mot **kirkos**, *cercle, anneau*, latine avec ***circus*** qui démarque le précédent et hébraïque avec **qirqas**.

2 itzhaq יִצְחָק *il rira* est aussi un prénom rendu en latin puis en français par "Isaac". (voir plus loin *note de civilisation*.) Découvrez la racine ק.ח.צ dans l'infinitif **litzhoq** לִצְחוֹק *rire*, le présent **tzohèq** צוֹחֵק *il rit*, le passé **tzahaq** צָחַק *il a ri*, le nom **tzhoq** צְחוֹק *le rire* et l'adjectif **matzhiq** מַצְחִיק *amusant*.

שִׁעוּר שִׁשִּׁים וְחָמֵשׁ

הַקִּרְקָס

1. יִצְחָק הַקָּטָן אָהַב מְאוֹד לִצְחוֹק.
2. לָכֵן הוּא רָצָה לָלֶכֶת לִסְרָטִים מַצְחִיקִים וְלְקִרְקָסִים.
3. בְּעִקָּר, הִתְלַהֵב מֵהַלֵּיצָן בַּבְּגָדִים הַצִּבְעוֹנִיִּים:
4. שַׁרְווּל אֶחָד כָּתוֹם, שַׁרְווּל אֶחָד כָּחוֹל.
5. פָּנִים לְבָנִים וְאַף אָדוֹם.
6. הוּא רָאָה קִרְקָסִים שֶׁבָּאוּ מֵחוּץ לָאָרֶץ, מִפְּנֵי שֶׁעוֹד לֹא הָיוּ קִרְקָסִים יִשְׂרְאֵלִיִּים.

3 sratim סְרָטִים *films*. Au sing. sèrèt סֶרֶט *film*. Le sens originel est *ruban, bande*.

4 hitlahèv mè ... הִתְלַהֵב מֵ... *il s'est enflammé pour...* Comme le mot lèhavah לְהָבָה *flamme*, ce verbe a pour racine ל.ה.ב. Notez la construction du complément "s'enflammer pour..." avec la préposition mè..... מֵ... *de...* On trouve cette même racine dans lahav לַהַב *lame* (d'un couteau). Votre imagination peut développer des rapprochements de sens entre lèhavah et lahav : c'est un des charmes de l'hébreu !

5 panim פָּנִים *visage*. Ce mot, toujours au pluriel, est, au choix, féminin ou masculin comme on le voit par l'adjectif qui le qualifie : panim lèvanot פָּנִים לְבָנוֹת ou panim lèvanim פָּנִים לְבָנִים *visage blanc*, peu importe qu'on parle d'un homme ou d'une femme. Ces particularités donnent lieu à des commentaires sur l'identité de la personne et la pluralité de ses expressions. Au singulier, **pan** פַּן signifie d'ailleurs *côté*. Le mot **panim** entre dans des locutions telles que qabalat panim קַבָּלַת פָּנִים *accueil* (littéralement "réception de visage"), hadrat panim הֲדְרַת פָּנִים *visage distingué* (littéralement "splendeur de visage").

shlosh mèot arba'im oushmonèh • 348

7 **Lamrot shèhayom Itzhaq kvar adam mèvougar, hou holèkh lèqirqasim, aval 'im yèladav [6] ounèkhadav [7].**
Bien qu'aujourd'hui Itzhaq [soit] *(déjà homme)* adulte, il va [encore] au cirque, mais avec ses enfants et ses petits-enfants. □

Notes

6 **yèladav** יְלָדָיו *ses enfants* (à lui). Nous aurions pu écrire aussi : **yèladim shèlo** יְלָדִים שֶׁלוֹ *enfants de lui*. Le **yod** י qui précède le **vav** ו final signale le pluriel tel qu'on le voit dans **yèladim** (mais on ne l'entend pas à l'oral). Le **mèm** מ tombe pour faire place à la terminaison **vav** ו qui indique le possessif 3ᵉ pers. du masc. sing., le possesseur, *lui*, étant au sing. (le possédé, *enfants*, est au pluriel).

7 **nèkhadav** נְכָדָיו *ses petits-enfants* (à lui) dont l'équivalent serait **nèkhadim shèlo**.

Targil rishon – Targèm   תַּרְגִּיל רִאשׁוֹן – תַּרְגֵּם

❶ יְלָדִים אוֹהֲבִים לֵיצָנִים בַּאֲוֵנִיִים, לָכֵן הֵם רוֹצִים לָלֶכֶת לְקִרְקָס.
Yèladim ohavim lèitzanim tziv'oniyim, lakhèn hèm rotzim lalèkhèt laqirqas.

❷ לַמְרוֹת גִּילוֹ, הוּא הַגֶּבֶר הֲיָפֶה בְּיוֹתֵר בְּמִשְׁפַּחְתּוֹ.
Lamrot gilo, hou hagèvèr hayafèh bèyotèr bèmishpahto.

❸ לַמְרוֹת שֶׁהֵם לֹא נִפְגְּשׁוּ הַרְבֵּה שָׁנִים, הֵם הִכִּירוּ אֶחָד אֶת הַשֵּׁנִי בַּכְּנֵס.
Lamrot shèhèm lo nifgèshou harbèh shanim, hèm hèkirou èhad èt hashèni bakènès.

❹ נָתִי הִתְלַהֵב בְּעִיקָּר מִמִשְׂחָקֵי הַכַּדּוּרֶגֶל הַבֵּינְלְאוּמִיִּים שֶׁהָיוּ בַּקַּיִץ.
Naty hitlahèv bè'iqar mèmishhaqèy hakadourègèl habèinlèoumiyim shèhayou baqayitz.

❺ הוּא סַבָּא נֶהְדָּר שֶׁנּוֹסֵעַ לָנוּפֶשׁ בַּחוּץ לָאָרֶץ עִם נְכָדָיו.
Hou saba nèhèdar shènosè'a lènofèsh bèhoutz laarètz 'im nèkhadav.

שִׁעוּר שִׁשִּׁים וְחָמֵשׁ / 65

7 לַמְרוֹת שֶׁהַיּוֹם יִצְחָק כְּבָר אָדָם מְבוּגָּר, הוּא הוֹלֵךְ לַקִּרְקָסִים, אֲבָל עִם יְלָדָיו וּנְכָדָיו.

הקרקס

Corrigé de l'exercice 1

❶ Les enfants aiment les clowns multicolores, c'est pourquoi ils veulent aller au cirque. ❷ Malgré son âge, il est l'homme le plus beau de sa famille. ❸ Bien qu'ils ne se soient pas rencontrés depuis de nombreuses années, ils se sont reconnus *(l'un l'autre)* dans le congrès. ❹ Naty s'est enthousiasmé spécialement pour les jeux internationaux de football qui ont eu lieu pendant l'été. ❺ Il est un grand-père magnifique qui voyage, pour les vacances, à l'étranger, avec ses petits-enfants.

Targil shèni – Hashlèm — תַּרְגִּיל שֵׁנִי – הַשְׁלֵם

❶ *Je pense qu'elle est malade parce que son visage est blanc et son nez est très rouge.*

Ani [...] shèhi [...] mipnèy shè[...] shèlah lèvanim vèha[...] shèlah [...] mèod.

אֲנִי ‗‗‗‗‗ שֶׁהִיא ‗‗‗‗ מִפְּנֵי שֶׁ‗‗‗‗‗ שֶׁלָּהּ לְבָנִים וְהָ‗‗ שֶׁלָּהּ ‗‗‗‗ מְאוֹד.

❷ *Bien qu'il ait seulement seize ans, il pense qu'il est déjà adulte.*

[...] shèhou raq bèn [...] [...], hou hoshèv shèhou kvar [...].

‗‗‗‗‗ שֶׁהוּא רַק בֶּן ‗‗ ‗‗‗‗‗, הוּא חוֹשֵׁב שֶׁהוּא כְּבָר ‗‗‗‗‗‗.

❸ *La chemise du clown a (pour-la-chemise du clown il-y-a) une manche courte et noire et une manche longue et verte.*

[...] shèl [...] yèsh [...] èhad [...] vèshahor vèsharvoul èhad arokh [...].

‗‗‗‗‗‗ שֶׁל ‗‗‗‗‗ יֵשׁ ‗‗‗‗‗ אֶחָד ‗‗‗ וְשָׁחוֹר וְשַׁרְווּל אֶחָד אָרוֹךְ ‗‗‗‗‗‗.

❹ *Quand il était petit garçon, il s'enflammait pour des films drôles.*

[...] hayah yèlèd qatan, [...] misratim [...].

‗‗‗‗ הָיָה יֶלֶד קָטָן, ‗‗‗‗‗ מִסְרָטִים ‗‗‗‗‗‗‗.

❺ *Vous ne pouvez pas chanter devant les amis, puisque vous n'avez pas encore étudié la nouvelle chanson.*

Atèm lo yèkholim [...] lifnèy hahavèrim [...] shè'od lo [...] èt [...] hahadash.

אַתֶּם לֹא יְכוֹלִים ‗‗‗‗ לִפְנֵי הַחֲבֵרִים ‗‗‗‗‗ שֶׁעוֹד לֹא ‗‗‗‗ אֶת ‗‗‗‗ הֶחָדָשׁ.

Corrigé de l'exercice 2

❶ – ḥoshèvèt – ḥolah – hapanim – af – adom –

❶ - חוֹשֶׁבֶת - חוֹלָה - הַפָּנִים - אַף - אָדוֹם -

❷ Lamrot – shèsh 'èsrèh – mèvougar

❷ לַמְרוֹת - שֵׁשׁ עֶשְׂרֵה - מְבוּגָּר

❸ Laḥoultzah – halèitzan – sharvoul – qatzar – vèyaroq

❸ לַחוּלְצָה - הַלֵּיצָן - שַׁרְווּל - קָצָר - וְיָרוֹק

❹ Kaashèr – hitlahèv – matzḥiqim

❹ כַּאֲשֶׁר - הִתְלַהֵב - מַצְחִיקִים

❺ – lashir – mipnèy – lèmadtèm – hashir –

❺ - לָשִׁיר - מִפְּנֵי - לְמַדְתֶּם - הַשִּׁיר -

Aux vieillards Abraham et Sara la promesse d'un fils paraît "incroyable". C'est pourquoi le nom du rejeton est ambivalent : il évoque le rire incrédule du futur père qui, à l'annonce de cette énormité, se dit en lui-même : "Quoi ! un centenaire engendrerait encore ! et à quatre-vingt-dix ans, Sara deviendrait mère !" (Gen 17,17) ; mais c'est aussi le rire du bonheur. La bénédiction promise par Dieu se réalise déjà en la personne de l'enfant : "Tu l'appelleras Isaac, j'établirai mon alliance avec lui, comme une alliance perpétuelle..." (Gen 17,18)
À son tour Sara n'en croit pas ses oreilles : "Sara rit en elle-même, se disant : Maintenant que je suis usée, je connaîtrais le plaisir ! Et mon mari qui est un vieillard !" (Gen 18,12). Aussi Dieu le lui reproche : "Est-il rien d'impossible au Seigneur ?... Sara protesta en disant : Je n'ai pas ri, car elle avait peur. Il répliqua : Si, tu as ri." (Gen 18,14-15). Cet enfant sera fort en conjugaison : il met le verbe rire à tous les temps !

Deuxième vague : 16ᵉ leçon

Soixante-sixième leçon
(Shi'our shishim vèshèsh)

Mishaq qlafim
[Le] jeu de cartes

1 — **Shotrim baou lèmaqom tzibouri shèhamis haq biqlafim asour ¹ bo.**
Des policiers arrivent *(sont-venus)* dans *(vers-)*un lieu public où le jeu *(que-le-jeu)* de *(avec-)*cartes [est] interdit *(en-lui)*.

2 **Hèm raou Yèhoudi, Polani vèRousi yoshvim ² sviv shoulhan vè'alav qlafim.**
Ils voient *(ont-vu)* un Juif, un Polonais et un Russe assis *(asseyant)* autour d'une table sur laquelle *(et-sur-lui)* [se trouvent] des cartes à jouer.

3 **Rosh hashotrim ratzah lèèsor otam.**
Le chef des *(tête les-)*policiers veut les emprisonner *(a-voulu emprisonner [èt-]eux)*.

4 **Hashloshah amrou :**
Les trois [hommes] disent *(ont-dit)* :

5 — **"Haqlafim hayou 'al hashoulhan, aval lo sihaqnou bahèm. Zèh moutar ³ !"**
"Les cartes étaient sur la table, mais nous n'avons pas joué avec elles *(avec-ils)*. C'est *(ceci)* permis !"

Notes

1 asour אָסוּר *interdit*. Le rapprochement avec **lèèsor** לֶאֱסוֹר *interdire, emprisonner* de la phrase 3 est intéressant. On voit bien que ces deux mots ont la même racine א.ס.ר, l'un étant au participe passé passif (au fém. : **asourah** אֲסוּרָה *interdite*), l'autre à l'infinitif, mais, du point de vue du sens, ils sont dans la relation de cause à effet : celui qui enfreint l'interdit risque la prison.

353 • shlosh mèot hamishim vèshalosh

שִׁעוּר שִׁשִּׁים וָשֵׁשׁ

מְשַׂחֵק קְלָפִים

1 – שׁוֹטְרִים בָּאוּ לְמָקוֹם צִבּוּרִי שֶׁהַמִּשְׂחָק בִּקְלָפִים אָסוּר בּוֹ.
2 הֵם רָאוּ יְהוּדִי, פּוֹלָנִי וְרוּסִי יוֹשְׁבִים סְבִיב שׁוּלְחָן וְעָלָיו קְלָפִים.
3 רֹאשׁ הַשּׁוֹטְרִים רָצָה לֶאֱסוֹר אוֹתָם.
4 הַשְּׁלוֹשָׁה אָמְרוּ:
5 – "הַקְּלָפִים הָיוּ עַל הַשּׁוּלְחָן, אֲבָל לֹא שִׂחַקְנוּ בָּהֶם. זֶה מוּתָר!"

בלתי אפשרי לקנות בגדים בלי כסף.

---

2 **yoshvim** יוֹשְׁבִים *assis*, littéralement "asseyant". Là où le français emploie un participe passé pour marquer l'état d'être assis, l'hébreu emploie un présent pour marquer l'acte de siéger.

3 **moutar** מוּתָר *permis* a la même racine י.ת.ר que **yotèr** יוֹתֵר *plus* : c'est l'idée d'*avantage*. Au pluriel, **motarot** מוֹתָרוֹת est le *superflu*.

shlosh mèot hamishim vèarba' • 354

66 / Soixante-sixième leçon

6 — **Hashotrim amrou :**
   Les policiers disent *(ont dit)* :

7 — **"Im tishav'ou shèlo sihaqtèm, nèshahrèr ètkhèm."**
   "Si vous jurez *(jurerez)* que vous n'avez pas joué, nous vous ([èt]-*vous*) libèrerons."

8 — **HaRousi nishba' vèhishtahrèr.**
   Le Russe jure *(a juré)* et est libéré.

9   **HaPolani nishba' vèhishtahrer.**
   Le Polonais jure et est libéré.

10 — **"Vèatah ?" amar hashotèr laYèhoudi.**
   "Et vous ?" dit *(a dit)* le policier au Juif.

11   **"Lamah lèhishava' ? Shnèihèm [4] lo sihaqou. Atah lo yodè'a shèbilti-èfshari [5] lèsahèq poqèr lèvad ?"**
   "Pourquoi jurer ? Eux deux n'ont pas joué. Vous ne savez pas qu'[il est] impossible [de] jouer au poker [tout] seul ?" □

תַּרְגִּיל רִאשׁוֹן – תַּרְגֵּם
Targil rishon – Targèm

❶ אָסוּר לְשַׂחֵק בִּקְלָפִים עַל כֶּסֶף.
Asour lèsahèq biqlafim 'al kèsèf.

❷ שְׁנֵיהֶם יוֹשְׁבִים סְבִיב הַשֻּׁלְחָן כְּדֵי לְשַׂחֵק שַׁחְמָט.
Shnèihèm yoshvim sviv hashoulhan kèdèy lèsahèq shahmat.

❸ הַשּׁוֹטְרִים בָּאוּ לֶאֱסֹר אֶת הָאִישׁ עַל יַד תַּחֲנַת הַדֶּלֶק.
Hashotrim baou lèèsor èt haish 'al yad tahanat hadèlèq.

❹ אָסוּר לִנְסֹעַ כַּאֲשֶׁר יֵשׁ אוֹר אָדֹם בָּרַמְזוֹר.
Asour linso'a kaashèr yèsh or adom baramzor.

❺ בִּלְתִּי אֶפְשָׁרִי לִקְנוֹת בְּגָדִים בְּלִי כֶּסֶף.
Bilti èfshari liqnot bgadim bli kèsèf.

6 - הַשּׁוֹטְרִים אָמְרוּ:
7 - "אִם תִּשָּׁבְעוּ שֶׁלֹּא שִׂחַקְתֶּם, נְשַׁחְרֵר אֶתְכֶם".
8 - הָרוּסִי נִשְׁבַּע וְהִשְׁתַּחְרֵר.
9 - הַפּוֹלָנִי נִשְׁבַּע וְהִשְׁתַּחְרֵר.
10 - "וְאַתָּה?" אָמַר הַשּׁוֹטֵר לַיְּהוּדִי.
11 - "לָמָּה לְהִשָּׁבַע? שְׁנֵיהֶם לֹא שִׂחֲקוּ. אַתָּה לֹא יוֹדֵעַ שֶׁבִּלְתִּי אֶפְשָׁרִי לְשַׂחֵק פּוֹקֶר לְבַד ?"

Notes

4. **shnèihèm** שְׁנֵיהֶם *eux deux*. Une fois de plus, nous rencontrons ce mécanisme des terminaisons qui désignent une personne grammaticale : **shnèinou** שְׁנֵינוּ *nous deux* ; **shnèikhèm** שְׁנֵיכֶם *vous deux* (m.), **shtèikhèn** שְׁתֵּיכֶן *vous deux* (f.).

5. **bilti-èfshari** בִּלְתִּי אֶפְשָׁרִי — *impossible*. Le préfixe **bilti** est négatif ; il modifie l'adjectif **èfshari** אֶפְשָׁרִי *possible* (au fém. : **bilti-èfsharit** בִּלְתִּי אֶפְשָׁרִית — *impossible*).

   Dans **i èfshar** אִי אֶפְשָׁר *impossible* (leçon 24) le préfixe **i** est négatif lui aussi. L'impossibilité n'est ici que relative : ce n'est pas possible aujourd'hui, ce le sera demain, tandis que dans **bilti-èfshari** בִּלְתִּי אֶפְשָׁרִי l'impossibilité est absolue.

Corrigé de l'exercice 1

❶ C'est interdit de jouer aux *(avec)* cartes pour *(sur)* de l'argent.
❷ Tous les deux sont assis autour de la table pour jouer [aux] échecs.
❸ Les policiers sont venus arrêter l'homme à côté de la station d'essence. ❹ Il est interdit de rouler lorsque le feu tricolore est au rouge. ❺ Il est impossible d'acheter des vêtements sans argent.

66 / Soixante-sixième leçon

Targil shèni – Hashlèm — תַּרְגִּיל שֵׁנִי – הַשְׁלֵם

❶ *Il s'est libéré des policiers et il est allé (en voiture) à la maison.*
Hou [...] [...] vènasa' [...].
הוּא _____ _____ וְנָסַע _____.

❷ *Je ne trouve pas mon portable, c'est pourquoi je parle d'un téléphone public.*
Ani lo [...] èt ha[...] shèli, [...] ani mèdabèr mitèlèfon [...].
אֲנִי לֹא ____ אֶת הַ_____ שֶׁלִּי, ___ אֲנִי מְדַבֵּר מִטֶּלֶפוֹן _____.

❸ *Après avoir été libéré de l'armée, David a voyagé pendant une année autour du monde.*
Aharèy shèDavid [...] mèhatzava hou nasa' shanah [...] [...].
אַחֲרֵי שֶׁדָּוִד _____ מֵהַצָּבָא הוּא נָסַע שָׁנָה _____ _____.

❹ *Bien que ce soit une chaise neuve et belle, je n'aime pas m'y asseoir (asseoir sur lui).*
[...] shèzèh [...] hadash vèyafèh, ani lo ohèvèt [...] [...].
_____ שֶׁזֶּה ___ חָדָשׁ וְיָפֶה, אֲנִי לֹא אוֹהֶבֶת ____ _____.

❺ *Abraham dit qu'il est religieux, c'est pourquoi il ne veut pas jurer.*
[...] omèr shèhou [...], [...] hou lo rotzèh [...].
_____ אוֹמֵר שֶׁהוּא ____, ___ הוּא לֹא רוֹצֶה _____.

Yèhoudi יְהוּדִי Juif. **Yèhoudah** יְהוּדָה Juda, *fils de* **Ya'aqov** יַעֲקֹב Jacob *et de* **Lèah** לֵאָה Léa. *Ce n'est pas le personnage qui aurait donné son nom à la région* **Yèhoudah** יְהוּדָה *Judée, mais la région à la tribu et à l'homme ; ce nom signifierait "terre ravinée". La région s'étendait du sud de Jérusalem au sud de* **Hèvron** חֶבְרוֹן *Hébron. Ses habitants sont les* **Yèhoudim** יְהוּדִים, *Judéens, Juifs.*

En 930 avant l'ère chrétienne, à la mort du roi Salomon, le royaume se divise : dix tribus forment, au nord, le royaume d'Israël, deux tribus – Juda et Benjamin – forment, au sud, le royaume de Juda, avec Jérusalem pour capitale. C'est une guerre quasi permanente entre eux jusqu'en 720 av. J.-C. : les Assyriens détruisent alors le royaume d'Israël et déportent une grande partie de ses habitants. En 586 av. J.-C., le royaume de Juda s'effondre à son tour sous les coups du babylonien

357 • shlosh mèot hamishim vashèva'

Corrigé de l'exercice 2

❶ — hish**t**a**h**rèr mèhashotrim — habay**t**ah

❶ - הִשְׁתַחְרֵר מֵהַשׁוֹטְרִים - הַבַּיְתָה

❷ — motzè — pèlèfon — lakhèn — tzibouri —

❷ - מוֹצֵא - פֶּלֶפוֹן - לָכֵן - צִבּוּרִי -

❸ Hisht**a**hrèr – s**v**i**v** ha'olam –

❸ - הִשְׁתַחְרֵר - סָבִיב הָעוֹלָם -

❹ Lamrot – kisè – lashè**v**è**t** 'alav

❹ לַמרוֹת - כִּסֵא - לָשֶׁבֶת עָלָיו

❺ A**v**raham — da**t**i — lakhèn — 'lèhisha**v**a

❺ אַבְרָהָם - דָּתִי - לָכֵן - לְהִשָּׁבַע

Nabuchodonosor. La déportation sur les rives du Tigre et de l'Euphrate durera jusqu'en 538 : le perse Cyrus libère le peuple de Juda qui, retourné sur sa terre, s'appellera désormais judéen, juif. Lisez le psaume 126, si émouvant : " Quand le Seigneur ramena les captifs de Sion, nous étions comme en rêve…" que César Franck a mis en musique ("Près du fleuve étranger, conduits par nos vainqueurs…"). Le nom de Juda est illustré aussi par Juda Maccabée qui, dans les années 160 avant l'ère chrétienne, a combattu les Séleucides (Syriens de culture grecque). Le Nouveau Testament connaît deux apôtres de ce nom, Judas l'Iscariote et Judas Thaddée, dont on n'est pas sûr qu'il soit l'homonyme de Jude, auteur de l'épître conservée sous ce nom dans le Nouveau Testament. Trois ou quatre autres Judas, dont l'identification est quelquefois incertaine, passent également dans ces textes.

Beaucoup de drames se sont cristallisés autour de ce nom : les hébraïsants – dont vous faites partie désormais – lisent dans **Yèhoudah** יְהוּדָה *les quatre lettres qui composent le tétragramme sacré :* יהוה *nom imprononçable de Dieu.*

Deuxième vague : 17ᵉ leçon

Soixante-septième leçon
(Shi'our shishim vèshèva')

Èikh lomdim Talmoud ?
Comment étudie-t-on le Talmud ?

1 – "Lo qashèh lilmod Talmoud ?"
   "[Ce n'est] pas difficile [d']étudier [le] Talmud ?"

2   shaal talmid hadash èt rav hayèshivah [1].
   demande *(interroge)* un nouvel élève [au] rabbin de l'école talmudique.

3 – Harav amar :
   Le rabbin *(a)* dit :

4 – Tzarikh liqro harbèh, lizkor, akh [2] bè'iqar lahashov.
   Il faut lire beaucoup, mémoriser mais principalement *(dans-essentiel)* penser.

5   Hinèh dougmah mètzouyènèt :
   Voici un exemple excellent :

6   Shnèy anashim 'alou 'al gag bayit lènaqot aroubah.
   Deux hommes montèrent sur [le] toit d'une maison [pour] nettoyer [une] cheminée.

7   Ehad mèhèm [3] yatza naqi vèhaahèr mèloukhlakh. Mi tzarikh lèhitrahètz ?
   Un *(Un de-eux)* sortit propre et l'autre sale. Qui doit se laver ?

8 – Hamèloukhlakh !
   Le sale !

Notes

1 rav hayèshivah רַב הַיְשִׁיבָה *le rabbin de l'école talmudique*. Si nous n'avions pas ici l'état construit, nous aurions : harav shèl hayèshiv-

שִׁעוּר שִׁשִּׁים וְשֶׁבַע

אֵיךְ לוֹמְדִים תַּלְמוּד?

1 – "לֹא קָשֶׁה לִלְמוֹד תַּלְמוּד?"
2 – שָׁאַל תַּלְמִיד חָדָשׁ אֶת רַב הַיְשִׁיבָה.
3 – הָרַב אָמַר.
4 – "צָרִיךְ לִקְרוֹא הַרְבֵּה, לִזְכּוֹר, אַךְ בְּעִקָּר לַחֲשׁוֹב".
5 – הִנֵּה דוּגְמָה מְצוּיֶנֶת:
6 שְׁנֵי אֲנָשִׁים עָלוּ עַל גַּג בַּיִת לְנַקּוֹת אֲרוּבָּה.
7 – אֶחָד מֵהֶם יָצָא נָקִי וְהָאַחֵר מְלוּכְלָךְ. מִי צָרִיךְ לְהִתְרַחֵץ?
8 – הַמְלוּכְלָךְ!

---

ah רַב שֶׁל הַיְשִׁיבָהּ. Comme il s'agit d'une **yèshivah** déterminée, l'article porte sur ce mot même. Notez que **yèshivah** a également le sens de *séance, réunion (de travail)*.

2 akh אַךְ mais est d'un niveau de langue plus soutenu que *aval*.

3 mèhèm מֵהֶם *d'eux*. L'analyse de ce mot saute aux yeux : **mè** מֵ indique la provenance, suivi de la terminaison de personne **hèm** הֶם *eux*.

67 / Soixante-septième leçon

9 – **A̲val hamèloukhlakh roèh shèh̲avèro [4] naqi [5] vèhoshè̲v shègam hou naqi.**
Mais le sale voit que son camarade *(que-ami-de-lui)* [est] propre et il pense qu'il [est] propre, lui aussi *(que-aussi lui propre)*.

10 – **Im kakh, hanaqi tzarikh lèhit̲rah̲ètz.**
S'[il en est] ainsi, le propre doit se laver.

11 – **Lamah lèhit̲rah̲ètz ? Hou naqi !**
Pourquoi se laver ? Il [est] propre !

12 – **Lèfi mah shèa̲tah omèr, hou roèh shèh̲avèro mèloukhlakh vèhoshè̲v shègam hou mèloukhlakh…**
D'après ce *(selon quoi)* que tu dis, il voit que son camarade est sale et il pense que lui aussi *(que-aussi lui)* [est] sale…

13 – **A̲val hou naqi !**
Mais il [est] propre !

14 – **Léfi mah shèa̲tah masbir li…**
D'après [ce] que tu m'expliques…

15 – **Shma', ish tza'ir : haim [6] èfshar shèshnèy anashim ikansou lèaroubah vèèh̲ad mèhèm yètzè naqi ?**
Ecoute, jeune homme : est-ce qu'[il est] possible que deux hommes entrent *(entreront)* dans une *(vers-)*cheminée et [que l'] un d'eux [en] sorte *(sortira)* propre ?

16 **HaTalmoud mèlamèd shèt̲almid h̲akham tzarikh lah̲shov bè'atzmo [7] !**
Le Talmud enseigne qu'un disciple *(que-élève)* intelligent doit penser par lui-même *(par-os-de-lui)* !

 Notes

4 **shèh̲avèro** שֶׁחֲבֵרוֹ *que son camarade*. Analysez encore et constatez comme c'est logique : **shè** שֶׁ *que* (conj. de subordination) **havèr** חָבֵר *camarade*, **o** וֹ *de lui*.

5 **naqi** נָקִי *propre*. La racine נ.ק.ה. indique l'action, *nettoyer* ou son effet, *propre*. Comme en français où *net* et *nettoyé* sont de mêmes sens et racine, en hébreu **naqi** s'emploie aussi pour le poids : **mishqal naqi** מִשְׁקָל נָקִי *poids net*.

שִׁעוּר שִׁשִּׁים וְשֶׁבַע / 67

9 – אֲבָל הַמְּלוּכְלָךְ רוֹאֶה שֶׁחֲבֵרוֹ נָקִי וְחוֹשֵׁב שֶׁגַּם הוּא נָקִי.

10 – אִם כָּךְ, הַנָּקִי צָרִיךְ לְהִתְרַחֵץ.

11 – לָמָּה לְהִתְרַחֵץ? הוּא נָקִי!

12 – לְפִי מַה שֶּׁאַתָּה אוֹמֵר הוּא רוֹאֶה שֶׁחֲבֵרוֹ מְלוּכְלָךְ וְחוֹשֵׁב שֶׁגַּם הוּא מְלוּכְלָךְ...

13 – אֲבָל הוּא נָקִי!

14 – לְפִי מַה שֶּׁאַתָּה מַסְבִּיר לִי...

15 – שְׁמַע, אִישׁ צָעִיר: הַאִם אֶפְשָׁר שֶׁשְּׁנֵי אֲנָשִׁים יִכָּנְסוּ לַאֲרֻבָּה וְאֶחָד מֵהֶם יֵצֵא נָקִי?

16 – הַתַּלְמוּד מְלַמֵּד שֶׁתַּלְמִיד חָכָם צָרִיךְ לַחְשֹׁב בְּעַצְמוֹ!

נתנאל הקטן רק בן ארבע, אבל הוא רוצה להתרחץ בעצמו.

---

6 haim ? הַאִם ? *est-ce que* ? Le הַ qui précède im אִם *si* est un hé interrogatif. Ainsi, cette lettre a trois emplois que nous avons déjà vus : article défini, particule locative (le lieu vers lequel on va) et particule interrogative.

7 bè'atzmo בְּעַצְמוֹ *par lui-même*. 'ètzèm עֶצֶם est *l'os* ; ce mot sert à désigner ce qu'il y a de subsistant ou de particulier.

shlosh mèot shishim oushtayim • 362

67 / Soixante-septième leçon

Targil rishon – Targèm
תַּרְגִּיל רִאשׁוֹן – תַּרְגֵּם

❶ נתנאל הקטן רק בן ארבע, אבל הוא רוצה להתרחץ בעצמו.
Nètanèl haqatan raq bèn arba', aval hou rotzèh lèhitrahètz bè'atzmo.

❷ אמרו על שלמה שהוא היה האיש החכם ביותר בתקופה העתיקה.
Amrou 'al Shlomoh* shèhou hayah haish hahakham bèyotèr batqoufah ha'atiqah.

❸ דויד יצא מהבית נקי וחזר מלוכלך כמו איש שהיה בערובה.
David yatza mèhabayit naqi vèhazar mèloukhlakh kmo ish shèhayah bèaroubah.

❹ הצלם מצלם את העיר מגג מלון "דן כרמל".
Hatzalam mètzalèm èt ha'ir migag malon "Dan Karmèl".

❺ בישיבה לומדים בעיקר תלמוד ותנ"כ.
Bayèshivah lomdim bè'iqar Talmoud vèTanakh.

* **Shlomoh** שלמה = Salomon

Targil shèni – Hashlèm
תַּרְגִּיל שֵׁנִי – הַשְׁלֵם

❶ *Maintenant vous savez que ce n'est pas difficile d'apprendre l'hébreu.*
[...] atèm kvar [...] shèlo [...] lilmod 'ivrit.
____ אַתֶּם כְּבָר _____ שֶׁלֹּא ___ לִלְמוֹד עִבְרִית.

❷ *Ce matin, j'étais dans une réunion de travail avec plusieurs (combien) personnes du bureau.*
Haboqèr hayiti [...] [...] 'im [...] [...] mèhamisrad.
בַּבֹּקֶר הָיִיתִי _____ ____ עִם _____ ___ מֵהַמִּשְׂרָד.

❸ *Sur internet, il lit principalement les nouvelles du pays et du monde.*
Bèinternet hou qorèh [...] èt hahadashot ba[...] ouva[...].
בְּאִינְטֶרְנֶט הוּא קוֹרֵא ____ אֶת הַחֲדָשׁוֹת בָּ___ וּבָ____.

❹ *Est-ce que tu peux te souvenir qui était ta première amie ?*
Haim atah [...] [...] mi [...] hahavèrah [...] shèlkha ?
הַאִם אַתָּה ____ ____ מִי _____ הַחֲבֵרָה _____ שֶׁלְּךָ?

❺ *D'après ce qu'elle a vu, il pense surtout (spécialement) à lui-même.*
[...] mah shèhi [...] hou hoshèv [...] 'al [...].
___ מַה שֶׁהִיא ____ הוּא חוֹשֵׁב ____ עַל ____.

363 • shlosh mèot shishim vèshalosh

שִׁעוּר שִׁשִּׁים וְשֶׁבַע / 67

Corrigé de l'exercice 1

❶ Le petit Nathanaël a seulement quatre ans, mais il veut se laver tout seul *(par lui-même)*. ❷ On disait *(ils disaient)* de Salomon qu'il était l'homme le plus sage de l'époque ancienne. ❸ David est sorti propre de la maison et il est revenu sale comme un homme qui aurait été dans une cheminée. ❹ Le photographe photographie la ville depuis le toit de l'hôtel "Dan Carmel". ❺ Dans l'école talmudique, on étudie principalement le Talmud et la Bible.

Corrigé de l'exercice 2

❶ 'akhshav – yod'im – qashèh –   ❶ עַכְשָׁו – יוֹדְעִים – קָשֶׁה –

❷ – biyshivat 'avodah – kamah anashim –

❷ – בִּישִׁיבַת עֲבוֹדָה – כַּמָּה אֲנָשִׁים –

❸ – bè'iqar – arètz – 'olam   ❸ – בְּעִקָּר – אֶרֶץ – עוֹלָם

❹ – yakhol lizkor – haytah – harishonah –

❹ – יָכוֹל לִזְכּוֹר – הָיְתָה – הָרִאשׁוֹנָה –

❺ Lèfi – raatah – bè'iqar – 'atzmo   ❺ לְפִי – רָאֲתָה – בְּעִקָּר – עַצְמוֹ

Yéshivah יְשִׁיבָה école talmudique, *a pour racine* י.שׁ.ב. *qui est celle du verbe s'asseoir. Comme en français, on trouve l'idée de "siège" social ou de "résidence" (du latin **sedere**, s'asseoir). Le mot, de même racine,* **yishouv** יִשׁוּב *population a pris, de fait, le sens particulier de communauté juive installée en* **èrètz** אֶרֶץ *pays. Une* **yèshivah** יְשִׁיבָה *est également une séance ou une réunion de travail. À la même racine appartiennent* **moshav** מוֹשָׁב *village,* **moshavah** מוֹשָׁבָה *bourg où sont installées des populations.*

Lizkor לִזְכּוֹר *se souvenir. La prière à la mémoire des morts est le* **yizkor** יִזְכּוֹר *dont il (le peuple ou Dieu) se souviendra. Sur les tombes, à côté du nom du défunt ou de la défunte, est écrite l'abréviation* ז"ל *(prononcée* **zal***) qui, développée, signifie :* **zikhrono** *(m.) /* **zikhronah** *(f.)* **livrakhah** זִכְרוֹנוֹ / זִכְרוֹנָהּ לִבְרָכָה *"souvenir de lui / souvenir d'elle en bénédiction", c'est-à-dire de mémoire bénie. Les pratiquants, quand ils évoquent un défunt, ajoutent ces mots après avoir prononcé son nom.*

Deuxième vague : 18ᵉ leçon

Soixante-huitième leçon
(Shi'our shishim oushmonèh)

Mis'adah mèmouzègèt
Restaurant climatisé

1 — **Tzohorayim tovim** [1] !
Bonjour *(midis bons)* !

2 **Èifoh atèm rotzim lashèvèt ? bamirpèsèt ? 'al yad hahalon moul hanof shèlanou ?**
Où voulez-vous [vous] asseoir ? au balcon ? à côté de la fenêtre, face à notre *(de-nous)* paysage ?

3 — **Lo hashouv èifoh. Ha'iqar shèyihèyèh mizoug avir** [2] !
Ça n'a pas d'importance *(non important où)*. Le principal [c'est] qu'il y ait *(que-sera)* [l']air conditionné *(mélange air)*.

4 — **ètzli yèsh mizoug bèkhol maqom.**
Chez moi, il y a l'air conditionné partout *(dans-tout lieu)*.

5 **Mah atèm hoshvim ? Bli mizoug avir, lo hayiti poh !**
[Qu'est-ce] que vous croyez *(pensez)* ? Sans air conditionné, je ne serais pas *(non j'ai-été)* ici !

6 — **Bèmèzèg avir kazèh** [3] **gam anahnou lo zazim bli mizoug.**
Sous un climat *(dans-mélange air)* comme celui-ci, nous non plus *(aussi nous)*, nous ne nous déplaçons pas sans air conditionné.

7 **Atah yakhol limzog** [4] **lanou mayim qarim vèlatèt** [5] **lanou èt hatafrit ?**
Peux-tu nous servir *(verser)* de l'eau froide *(eaux froids)* et nous donner le menu ?

Notes

[1] **tzohorayim tovim** צָהֳרַיִם טוֹבִים littéralement "midis bons", c'est-à-dire *bonjour*, formule employée parfois quand arrive midi. L'adjectif **tovim** טוֹבִים est au pluriel, comme le nom auquel il se rapporte (cf. leçon 62, note 2).

[2] **mizoug avir** מִזוּג אֲוִיר *conditionnement d'air*. Le langage courant abrège en **mizoug** seul. Le verbe **lèmazèg** לְמַזֵג *mélanger* donne l'adjectif **mèmouzag** מְמוּזָג / **mèmouzègèt** מְמוּזֶגֶת *mélangé / mélangée, climatisé / climatisée*. La racine מ.ז.ג renvoie également à l'idée de

שִׁעוּר שִׁשִּׁים וּשְׁמוֹנֶה

מִסְעָדָה מְמוּזֶגֶת

1 – צָהֳרַיִם טוֹבִים!
2 אֵיפֹה אַתֶּם רוֹצִים לָשֶׁבֶת? בַּמִּרְפֶּסֶת? עַל יַד הַחַלּוֹן מוּל הַנּוֹף שֶׁלָּנוּ?
3 – לֹא חָשׁוּב אֵיפֹה. הָעִקָּר שֶׁיִּהְיֶה מִזּוּג אֲוִיר!
4 – אֶצְלִי יֵשׁ מִזּוּג בְּכָל מָקוֹם.
5 מָה אַתֶּם חוֹשְׁבִים? בְּלִי מִזּוּג אֲוִיר לֹא הָיִיתִי פֹּה!
6 – בְּמֶזֶג אֲוִיר כָּזֶה גַּם אֲנַחְנוּ לֹא זָזִים בְּלִי מִזּוּג.
7 אַתָּה יָכוֹל לִמְזוֹג לָנוּ מַיִם קָרִים וְלָתֵת לָנוּ אֶת הַתַּפְרִיט?

amalgamer, tempérer, modérer. En Israël le phénomène du mélange des populations se désigne par **mizoug galouyot** מִזּוּג גָּלוּיוֹת *mélange des diasporas* (ou *dispersions*).

mèzèg מֶזֶג est le tempérament au sens psychologique, et **mèzèg avir** מֶזֶג אֲוִיר littéralement "mélange d'air", c'est-à-dire *climat* au sens météo (**avir** אֲוִיר *air* vient du grec *aër*). Le *climatiseur* est le **mazgan** (m.) מַזְגָן : il tempère le trop chaud ou le trop froid ; la terminaison ן ָ indique la fonction comme dans **balshan** בַּלְשָׁן *linguiste* ou **lèitzan** לֵיצָן *clown* que nous avons déjà vus.

3 **kazèh** כָּזֶה *comme ceci*. Le préfixe k- כ- indique la comparaison. De l'article défini **ha** הַ il ne reste plus que la voyelle [a]. On pourrait le remplacer par **kmo** כְּמוֹ *comme*.

4 **limzog** לִמְזוֹג *verser* (du liquide uniquement). Ici encore nous voyons la racine מ.ז.ג.

5 **latèt** לָתֵת *donner*. De sa racine נ.ת.ן ce verbe ne conserve plus à l'infinitif qu'une seule lettre : le ת. C'est exceptionnel. Il a presque tout donné ! Les deux autres lettres נ ן ont disparu. Au passé et au futur il les récupère entièrement ou en partie : **natan** נָתַן *il a donné*, **yitèn** יִתֵּן *il donnera*. Au présent la racine trilitère revient, entière : **notèn** נוֹתֵן *(il) donne*.

shlosh mèot shishim vashèsh

68 / Soixante-huitième leçon

8 – Ba**t**èm lèèkhol bamis'adah ? Hashavti shèbatèm lèta**q**èn èt hamazgan shèli,
   Vous êtes venus manger au restaurant ? J'ai pensé que vous étiez venus réparer mon climatiseur,

9 Davqa [6], hayom hou mèqoulqal !
   [car] justement, aujourd'hui il [est] en panne *(lui abîmé)* ! □

Note

6 davqa דַּוְקָא *précisément*. Nous connaissons déjà bèdiyouq בְּדִיּוּק *précisément* (leçon 52) qui, avec le précédent, a la racine commune ד.י.ק. Mais davqa דַּוְקָא porte une nuance d'opposition que ne possède pas l'autre, comme l'exemple suivant le montre : A**t**ah rotzèh shèèhèyèh ha'èrè**v** babayi**t** ? Ani davqa rotzèh lalèkhè**t** 'im _h_avèrim lèqolno'a.

Targil rishon – Targèm   תַּרְגִּיל רִאשׁוֹן – תַּרְגֵּם

❶ בַּחוֹם הֲקַיִץ יוֹתֵר טוֹב לִהְיוֹת בַּבַּיִת עַל יַד הַמַּזְגָן.
Bè_h_om haqayitz yotèr tov lihyeo**t** babayi**t** 'al yad hamazgan.

❷ מָה לִמְזוֹג לָכֶם? בִּירָה קָרָה? מִיץ? אוּלַי תֵּה קַר?
Mah limzog lakhèm ? birah qarah ? mitz ? oulay tèh qar ?

❸ יֵשׁ לִי הַרְבֵּה עֲבוֹדָה וְדַוְקָא הַיוֹם הַמַּחְשֵׁב שֶׁלִי מְקוּלְקָל.
Yèsh li harbèh 'avodah vèdavqa hayom hama_h_shèv shèli mèqoulqal.

***

Targil shèni – Hashlèm   תַּרְגִּיל שֵׁנִי – הַשְׁלֵם

❶ *Vous voulez boire ? Que vous servir (verser) ?*
A**t**èm [...] lishto**t** ? mah [...] lakhèm ?

אַתֶּם _____ לִשְׁתּוֹת? מַה _____ לָכֶם?

❷ *Chaque matin, je regarde les nouvelles de la (sur) météo à la télévision.*
Kol [...] ani roah èt ha_h_adasho**t** 'al [...] [...] batélé**v**izyah.

כֹּל _____ אֲנִי רוֹאֶה אֶת הַחֲדָשׁוֹת עַל ___ _____ בַּטֶלֶוִיזְיָה.

❸ *Avant le voyage pour les vacances, nous devions réparer [èt] la voiture.*
Lifnèy [...] lènofèsh, ana_h_nou tzrikhim [...] è**t** [...].

לִפְנֵי _____ לָנוּפֶשׁ, עָנַחְנוּ בְּרִיכִים לְתַקֵן אֶת _____.

❹ *Quel cadeau est-il possible de donner à qui a déjà tout ?*
Èizo [...] èfshar [...] lèmi shèyèsh kvar hakol ?

אֵיזוֹ _____ אֶפְשָׁר _____ לְמִי שֶׁיֵשׁ כְּבָר הַכֹּל?

שִׁעוּר שִׁשִּׁים וּשְׁמוֹנֶה

8 – בָּאתֶם לֶאֱכוֹל בַּמִּסְעָדָה? חָשַׁבְתִּי שֶׁבָּאתֶם לְתַקֵּן אֶת הַמַּזְגָּן שֶׁלִּי,

9   דַּוְקָא הַיּוֹם הוּא מְקוּלְקָל!

אַתָּה רוֹצֶה שֶׁאֶהְיֶה הָעֶרֶב בַּבַּיִת? אֲנִי דַּוְקָא רוֹצֶה לָלֶכֶת עִם חֲבֵרִים לְקוֹלְנוֹעַ.
Tu veux que je sois ce soir à la maison ? [mais] moi je veux justement (au contraire) aller avec des amis au cinéma.

***

❹ הַדִּירָה שֶׁלָּנוּ מְמוּזֶּגֶת וּנְעִימָה מְאֹד בַּקַּיִץ.
Hadirah shélanou mémouzègèt ounè'imah mèod baqayitz.

❺ הַתַּפְרִיט שֶׁל הַמִּסְעָדָה הַזֹּאת מַמָּשׁ מְצוּיָּן.
Hatafrit shèl hamis'adah hazot mamash mètzouyan.

Corrigé de l'exercice 1

❶ Dans la chaleur de l'été, c'est mieux d'être à la maison, à côté du climatiseur. ❷ Que vous servir *(verser)* ? une bière froide ? un jus [de fruit] ? peut-être du thé froid ? ❸ J'ai beaucoup de travail et, justement, aujourd'hui mon ordinateur est en panne. ❹ Notre appartement est climatisé et très agréable en été. ❺ Le menu de ce restaurant est réellement excellent.

***

❺ *Les enfants jouent dans le jardin public et se déplacent de jeu en jeu.*
Hayèladim mès'haqim ba[...] ha[...] vè[...] mimis'haq lèmis'haq.
יְלָדִים מְשַׂחֲקִים בַּ__ הַ_____ וְ____ מִמִּשְׂחָק לְמִשְׂחָק.

Corrigé de l'exercice 2

❶ – rotzim – limzog –   – רוֹצִים – לִמְזוֹג –
❷ – boqèr – mèzèg haavir –   – בּוֹקֵר – מֶזֶג הָאֲוִיר –
❸ – hanèsi'ah – lètaqèn – hamèkhonit   – הַנְּסִיעָה – לְתַקֵּן – הַמְּכוֹנִית
❹ – matanah – latèt –   – מַתָּנָה – לָתֵת –
❺ – gan – tzibouri – zazim –   – גַּן – צִיבּוּרִי – זָזִים –

shlosh mèot shishim oushmonèh

69 / Soixante-neuvième leçon

מסעדה ממוזגת

Soixante-neuvième leçon
(Shi'our shishim vètèsha')

Hèlèq haari [1]
La part du lion

1 **Izopos hayèvani katav 'al hatzèdèq.**
Ésope le Grec a écrit sur la justice.

2 **Aryèh, ḥamor vèshou'al yatzou latzayid [2]. Hèm amrou :**
Un lion, un âne et un renard partirent à la chasse. Ils dirent :

3 — **"Im natzoud ḥayah [3] nèḥalèq otah bèinèinou [4]".**
"Si nous chassons (chasserons) une bête, nous la([èt]-elle) partagerons entre nous."

Notes

[1] **ari** אֲרִי *lion*. Dans la phrase 2 nous rencontrons un nom légèrement différent : **aryèh** אַרְיֵה. Il n'y a pas de différence de sens entre l'un et l'autre, mais, en général, à l'état construit, c'est le plus court qu'on choisit : **ari hayam** אֲרִי הַיָּם *lion de mer*, *otarie* ; **lo'a haari** לֹעַ הָאֲרִי *gueule du lion* (nom de la fleur appelée en français *gueule de loup*). L'expression **haari shèbaḥavourah** הָאֲרִי שֶׁבַּחֲבוּרָה litt. "le lion qui [est] dans la compagnie", dont l'emploi n'est pas rare, désigne, à l'intérieur d'un groupe, le personnage dominant.

369 • shlosh mèot shishim vatèsha'

*Le climat d'Israël se caractérise par l'opposition entre une saison chaude et une autre plus froide, de durée à peu près égale. Le régime des pluies montre cependant combien sont importantes les variations locales : des collines de Galilée, jusqu'au sud du Néguev (400 km plus loin), la végétation passe des platanes ou des chênes – modestes en taille mais nombreux – aux grêles tamaris parsemés entre les rocs du désert. À **Tzfat** צְפַת Safed, 718 mm d'eau par an ; à **Eilat** אֵילַת, 25 mm !*

Du nord au sud, les Israéliens, l'été surtout, cherchent le confort du **mizoug avir**, *dans les habitations, les lieux publics, par exemple les centres commerciaux et les voitures qui, selon la réglementation, doivent en être équipées.*

Deuxième vague : 19ᵉ leçon

שִׁעוּר שִׁשִּׁים וְתֵשַׁע

חֵלֶק הָאֲרִי

1 אִיזוֹפּוֹס הַיְוָנִי כָּתַב עַל הַצֶּדֶק.
2 אַרְיֵה, חֲמוֹר, וְשׁוּעָל יָצְאוּ לַצַּיִד. הֵם אָמְרוּ:
3 – "אִם נָצוּד חַיָּה נְחַלֵּק אוֹתָהּ בֵּינֵינוּ."

2 tzayid צַיִד *chasse*. Si l'on se rapporte à la racine צ.י.ד, le rapprochement de ce nom avec le verbe **tziyèd** צִיֵּד *il a fait des provisions, il s'est approvisionné* nous fait remonter aux temps où l'homme vivait de la chasse et de la cueillette.

3 ḥayah חַיָּה *animal, bête*. Le mot est dérivé de **ḥay** חַי *vivant*, **Haḥayim** הַחַיִּים *la vie*. Notez ce masculin pluriel pour désigner un phénomène singulier. Lorsque vous porterez un toast en hébreu vous direz : **lèḥayim !** לְחַיִּים! *à la vie !* équivalent de *à votre santé !* Le pluriel de **ḥayah** חַיָּה *animal* est naturellement **ḥayot** חַיּוֹת.

4 **bè(i)nèinou** בֵּינֵינוּ *entre nous*. Une fois encore, nous avons là une préposition **bèin** בֵּין *entre, parmi*, accommodée à la 1ʳᵉ personne du pluriel, le **nou** tenant lieu de **anaḥnou**. On pourrait trouver, par exemple, **bènèikhèn** בֵּינֵיכֶן *parmi vous* (f.).

shlosh mèot shiv'im • 370

Soixante-neuvième leçon

4   A**h**arèy hatzayid amar haaryèh la**h**amor :
    Après la chasse, le lion dit à l'âne :

5 – "Atah tèhalèq èt ha**h**ayah bèin shloshtènou [5]".
    "Tu partageras la bête entre nous trois (trois-nous)."

6   Ha**h**amor **h**ilèq otah lishloshah **h**alaqim shavim [6].
    L'âne la([èt]-elle) partagea en (vers-)trois parts égales (égaux).

7   Haaryèh ka'as mèod vètaraf èt ha**h**amor. A**h**ar kakh, hou amar lashou'al :
    Le lion se fâcha fort *(très)* et dévora l'âne. Après cela, il dit au renard :

8 – "'akhshav atah tèhalèq èt ha**h**ayah".
    "Maintenant, tu partageras la bête".

9   Hashou'al laqa**h** lè'atzmo [7] **h**èlèq qatan mèod vènatan èt ha**h**èlèq hagadol laaryèh.
    Le renard prit pour lui-même *(pour-l'os-de-lui)* une part très petite et donna la grande part au lion.

10 – "Mi limèd [8] otkha èt ha**h**alouqah hatzodèqèt hazot ?
    "Qui t'a enseigné ([èt]-toi) ce juste partage *(la-partage la-juste la-cette)* ?

11 – Ha**h**amor !"
    L'âne !"

Notes

5   shloshtènou שְׁלוֹשְׁתֵּנוּ *nous trois*. Décomposons : shloshah (m.) שְׁלוֹשָׁה *trois* et [ana**h**]nou אֲנַחְנוּ *nous*. Le נוּ prend la place du h final de shloshah et le t ת rend la liaison possible. On pourrait trouver aussi : shloshtèkhèm שְׁלוֹשְׁתְּכֶם *vous trois* (m.) ou shloshtan שְׁלוֹשְׁתָן *elles trois*.

6   shavim שָׁוִים *égaux*. Shavèh שָׁוֶה *égal* ; shavah שָׁוָה *égale* ; shavo**t** שָׁווֹת *égales*. Le verbe valoir se forme sur la même racine. Ha**h**oultzah shavah shishim shqalim.

הַחוּלְצָה שָׁוָה שִׁשִּׁים שְׁקָלִים.

La chemise vaut trente shèqèls.

שִׁעוּר שִׁשִּׁים וָתֵשַׁע

4 אַחֲרֵי הַצַּיִד אָמַר הָאַרְיֵה לַחֲמוֹר:
5 – "אַתָּה תְּחַלֵּק אֶת הַחַיָּה בֵּין שְׁלוֹשְׁתֵּנוּ."
6 הַחֲמוֹר חִלֵּק אוֹתָהּ לִשְׁלוֹשָׁה חֲלָקִים שָׁוִים.
7 הָאַרְיֵה כָּעַס מְאֹד וְטָרַף אֶת הַחֲמוֹר. אַחַר כָּךְ הוּא אָמַר לַשּׁוּעָל:
8 – "עַכְשָׁו אַתָּה תְּחַלֵּק אֶת הַחַיָּה."
9 הַשּׁוּעָל לָקַח לְעַצְמוֹ חֵלֶק קָטָן מְאֹד וְנָתַן אֶת הַחֵלֶק הַגָּדוֹל לָאַרְיֵה.
10 – "מִי לִמֵּד אוֹתְךָ אֶת הַחֲלוּקָה הַצּוֹדֶקֶת הַזֹּאת?
11 – הַחֲמוֹר!"

7 **lè'atzmo** לְעַצְמוֹ *pour lui-même* (litt. "pour son os"). Nous avons déjà vu, leçon 67, note 7 : **'atzmo** עַצְמוֹ *lui-même* ; **bèatzmo** בְּעַצְמוֹ *par lui-même*.

8 **limèd** לִמֵּד *il a enseigné*. De cette forme distinguez et rapprochez **lamad** לָמַד *il a appris, il a étudié*. C'est en effet sur la même racine ל.מ.ד que se fondent les deux verbes qui désignent l'acte commun de l'enseignant et de l'enseigné.

כמה שוה מכונית בת חמש שנים?

Soixante-neuvième leçon

תַּרְגִּיל רִאשׁוֹן – תַּרְגֵּם
Targil rishon – Targèm

❶ שׂים אותם בירושלים, לכו לגן החיות התנ״כי.
Im atèm biYèroushalayim, lèkhou lègan hahayot hatanakhi.

❷ היא תחלק את העוגה לשמונה חלקים שווים.
Hi tèhalèq èt ha'ougah lishmonah halaqim shavim.

❸ כמה שווה מכונית בת חמש שנים?
Kamah shavah mèkhonit bat hamèsh shanim ?

***

תַּרְגִּיל שֵׁנִי – הַשְׁלֵם
Targil shèni – Hashlèm

❶ Il se fâcha car la distribution de l'argent n'était pas juste.
Hou [...] ki [...] shèl hakèsèf lo haytah [...].
הוא ___ כִּי ___ שֶׁל הַכֶּסֶף לֹא הָיְתָה _____ .

❷ Dans la nuit, le lion a dévoré de petits animaux.
Balaylah ha[...] [...] hayot [...].
בַּלַּיְלָה הָ____ ___ חַיּוֹת _____ .

❸ Que faire pour qu'il y ait plus de justice dans le monde ?
Mah [...] [...] shèyihèyèh yotèr [...] ba'olam ?
מַה _____ ___ שֶׁיִּהְיֶה יוֹתֵר ___ בָּעוֹלָם?

❹ Il a pris pour lui la part du lion dans les jeux.
Hou [...] [...] èt [...] [...] mèhamishaqim.
הוא ___ _____ אֶת ___ ____ מֵהַמִּשְׂחָקִים.

Le zoo biblique de Jérusalem. La Bible est la littérature d'un peuple de pasteurs et d'agriculteurs. C'est pourquoi elle contient un bestiaire qui renvoyait son lecteur à l'expérience quotidienne. Même les citadins – comme dans toutes les civilisations anciennes – n'étaient jamais éloignés des réalités de la nature. L'art mondial s'est saisi de ce bestiaire, plus particulièrement par l'intermédiaire de l'art chrétien, de l'Arche de Noé aux quatre "vivants" d'Ezéchiel et aux quatre évangélistes symbolisés par des animaux. La visite du zoo biblique de Jérusalem ne peut qu'affiner votre sens de la Bible : chaque animal y est présenté par quelques spécimens ; une pancarte propose leur nom biblique et la citation qui s'y rapporte. Le zoo, situé dans le

69 / שִׁעוּר שִׁשִּׁים וָתֵשַׁע

❹ בְּיִשְׂרָאֵל אֲנָשִׁים לֹא הוֹלְכִים לַצַּיִד.
Bèlsraèl anashim lo holkhim latzayid.

❺ אַחֲרֵי הַמְּסִיבָּה נֶחָלֵק אֶת הַמַּתָּנוֹת בֵּין שְׁלָשְׁתֵּנוּ.
Aharèy hamèsibah nèhalèq èt hamatanot bèin shloshtènou.

Corrigé de l'exercice 1

❶ Si vous êtes à Jérusalem, allez au zoo *(jardin des animaux)* biblique. ❷ Elle partagera le gâteau en huit parts égales. ❸ Combien vaut une voiture qui a cinq ans ? ❹ En Israël, les gens ne vont pas à la chasse. ❺ Après la réception, nous partagerons les cadeaux entre nous trois.

***

❺ *Qui a aujourd'hui un âne à la maison ?*
[…] yèsh hayom […] babayit ?

___ ____ יֵשׁ הַיּוֹם ____ בַּבַּיִת?

Corrigé de l'exercice 2

❶ – ka'as – hahalouqah – tzodèqèt   ❶ – כַּעַס – הַחֲלוּקָה – צוֹדֶקֶת

❷ – aryèh taraf – qtanot   ❷ – טָרַף אַרְיֵה – קְטַנּוֹת

❸ – la'asot kèdèy – tzèdèq –   ❸ – לַעֲשׂוֹת כְּדֵי – צֶדֶק –

❹ – laqah lè'atzmo – hèlèq haari –   ❹ – לָקַח לְעַצְמוֹ – חֵלֶק הָאֲרִי –

❺ Lèmi – hamor –   ❺ לְמִי – חֲמוֹר –

quartier **Malhah** מַלְחָה, *est ouvert même le samedi. Non loin du zoo, se trouve* **Èin ya'èl** עֵין יָעֵל *source de la gazelle, musée actif où vous pourrez vous initier aux métiers manuels anciens en fabriquant des objets de vos propres mains.*

L'usage de noms d'animaux comme prénoms est aujourd'hui assez fréquent. En voici quelques-uns : **Dvorah** דְּבוֹרָה *abeille ;* **Ofrah** עָפְרָה *jeune biche ;* **Rahèl** רָחֵל *brebis ;* **Tziporah** צִפּוֹרָה *oiselle ;* **Ya'èl** יָעֵל *gazelle ;* **Yonah** יוֹנָה *colombe ;* **Ari, Aryèh** אֲרִי, אַרְיֵה *lion ;* **Dov** דֹּב *ours ;* **Tzvi** צְבִי *cerf ;* **Zèèv** זְאֵב *loup.*

Deuxième vague : 20ᵉ leçon

Soixante-dixième leçon
(Shi'our shiv'im)

חֲזָרָה Hazarah – Révision

1 Vocabulaire

Continuons à remplir notre boîte à outils, collection de mots sans l'usage desquels il n'est pas possible d'articuler une pensée un peu élaborée.

pa'am *(f.)*	פַּעַם	*une fois*
pa'amayim *(duel)*	פַּעֲמַיִים	*deux fois*
shalosh pè'amim	שָׁלוֹשׁ פְּעָמִים	*trois fois*
af pa'am	אַף פַּעַם	*pas une fois, jamais* (la particule **af** אַף est une négation).

Exemples :
Pa'am bèshavou'a hèm lomdim 'ivrit bèoulpan.
פַּעַם בְּשָׁבוּעַ הֵם לוֹמְדִים עִבְרִית בְּאוּלְפָן.
Une fois par semaine ils apprennent l'hébreu dans un oulpan.

Pa'amayim bèshanah hèm nos'im lèfèstival qirqasim bèhoutz laarètz.
פַּעֲמַיִים בְּשָׁנָה הֵם נוֹסְעִים לְפֶסְטִיבָל קִרְקָסִים בַּחוּץ לָאָרֶץ.
Deux fois par an ils vont (voyagent) à un festival de cirque à l'étranger.

Hou af pa'am lo ratzah lagour bèmerkaz ha'ir.
הוּא אַף פַּעַם לֹא רָצָה לָגוּר בְּמֶרְכַּז הָעִיר.
Il n'a jamais voulu habiter en centre ville.

af אַף a d'autres emplois que nous verrons en leur temps.

Continuons notre liste de mots très utiles :

moul	מוּל	*en face*
'iqar	עִקָר	*essentiel, principal*
bè'iqar	בְּעִקָר	*essentiellement, au fond*

375 • shlosh mèot shiv'im vèhamèsh

שִׁעוּר שִׁבְעִים

ha'iqar	הָעִקָר	l'essentiel
lakhèn	לָכֵן	c'est pourquoi
lamrot	לַמְרוֹת	malgré
lamrot shè	לַמְרוֹת שֶׁ	bien que
mipnèy shè	מִפְּנֵי שֶׁ	parce que
'od	עוֹד	encore
'od lo	עוֹד לֹא	pas encore
akh	אַךְ	mais
èfshar	אֶפְשָׁר	possible
i èfshar	אִי אֶפְשָׁר	impossible
bilti èfshari	בִּלְתִי אֶפְשָׁרִי	impossible (sens absolu)
davqa	דַוְקָא	précisément, justement (opposition)
ki	כִּי	car, parce que

2 Pronom personnel renforcé

Élément résistant et intérieur du corps, l'*os*, **'ètzèm** représente, en hébreu, la personne en ce qu'elle a de plus individuel. Cet emploi correspond au pronom personnel renforcé du français.

bè'atzmi	בְּעַצְמִי	par moi-même
bè'atzmèkha	בְּעַצְמְךָ	par toi-même (m.)
bè'atzmèkh	בְּעַצְמֵךְ	par toi même (f.)
bè'atzmo	בְּעַצְמוֹ	par soi-même, par lui-même
bè'atzmah	בְּעַצְמָה	par soi même, par elle-même
bè'atzmènou	בְּעַצְמֵנוּ	par nous-mêmes
bè'atzmèkhèm	בְּעַצְמְכֶם	par vous-mêmes (m.)
bè'atzmèkhèn	בְּעַצְמְכֶן	par vous-mêmes (f.)
bè'atzmam	בְּעַצְמָם	par eux-mêmes
bè'atzman	בְּעַצְמָן	par elles-mêmes

shlosh mèot shiv'im vashèsh • 376

Exemple :
Hou 'yodè'a la'asot hakol bè'atzmo, gam lètaqèn èt hamèkhonit shèlo.

הוּא יוֹדֵעַ לַעֲשׂוֹת הַכֹּל בְּעַצְמוֹ, גַּם לְתַקֵּן אֶת הַמְכוֹנִית שֶׁלוֹ.

Il sait tout faire par lui-même, même (aussi) réparer sa voiture.

3 Le possessif au pluriel

Observez le mot au singulier, **nèkhèd** נֶכֶד *petit enfant* (au sens de la filiation). Son pluriel est **nèkhadim** נְכָדִים *petits enfants*. Pour former son possessif, nous aurons :

nèkhaday	נְכָדַי	*mes petits-enfants*
nèkhadèkha	נְכָדֶיךָ	*tes petits-enfants (à toi, le grand-père)*
nèkhadayikh	נְכָדַיִךְ	*tes petits-enfants (à toi, la grand-mère)*
nèkhadav	נְכָדָיו	*ses petits-enfants (à lui)*
nèkhadèha	נְכָדֶיהָ	*ses petits-enfants (à elle)*
nèkhadèinou	נְכָדֵינוּ	*nos petits-enfants*
nèkhdèikhèm	נְכְדֵיכֶם	*vos petits-enfants (à vous (m.))*
nèkhdèikhèn	נְכְדֵיכֶן	*vos petits-enfants (à vous (f.))*
nèkhdèihèm	נְכְדֵיהֶם	*leurs petits-enfants (à eux)*
nèkhdèihèn (f.)	נְכְדֵיהֶן	*leurs petits-enfants (à elles)*

Le point délicat est le changement de voyelles selon les personnes. Les règles de la phonologie vous embarrasseraient plutôt qu'elles ne vous serviraient. Souriez quand votre langue y manque et qu'on vous le fait remarquer, logez dans la mémoire de votre oreille la bonne formule qu'on vous servira.

Observez encore **yèlèd** יֶלֶד *garçon* dont le pluriel est **yèladim** יְלָדִים *garçons, enfants*.

yèladay	יְלָדַי	*mes enfants*
yèladèikha	יְלָדֶיךָ	*tes enfants (à toi, papa)*
yèladayikh	יְלָדַיִךְ	*tes enfants (à toi, maman)*
yèladav	יְלָדָיו	*ses enfants (à lui)*
yèladèiha	יְלָדֶיהָ	*ses enfants (à elle)*

yèladèinou	יְלָדֵינוּ	nos enfants
yaldèikhèm	יַלְדֵיכֶם	vos enfants (à vous (m.))
yaldèikhèn	יַלְדֵיכֶן	vos enfants (à vous (f.))
yaldèihèm	יַלְדֵיהֶם	leurs enfants (à eux)
yaldèihèn	יַלְדֵיהֶן	leurs enfants (à elles)

4 La forme pronominale

Réfléchie ou réciproque, la forme pronominale (**hitpaèl** הִתְפָּעֵל en hébreu) est vraiment économique puisqu'elle ne demande que d'ajouter deux lettres devant la racine : הת **hit**. Voyons l'infinitif. Vous vous souvenez que tout infinitif commence par un **lamèd** : faites-le suivre des lettres **hit** : **lè-hit-rahètz** לְהִתְרַחֵץ se laver ; **lè-hit-lahèv** לְהִתְלַהֵב s'enflammer. Peu importe ici qu'on ait affaire à un réfléchi ou à un réciproque.

Regardons le passé :

(ani) hitrahatzti	הִתְרַחַצְתִּי	je me suis lavé(e)
(atah) hitrahatzta	הִתְרַחַצְתָּ	tu t'es lavé
(at) hitrahatzt	הִתְרַחַצְתְּ	tu t'es lavée
(hou) hitrahètz	הִתְרַחֵץ	il s'est lavé
(hi) hitrahatzah	הִתְרַחֲצָה	elle s'est lavée
(anahnou) hitrahatznou	הִתְרַחַצְנוּ	nous nous sommes lavé(e)s
(atèm) hitrahatztèm	הִתְרַחַצְתֶּם	vous vous êtes lavés
(atèn) hitrahatztèn	הִתְרַחַצְתֶּן	vous vous êtes lavées
(hèm) hitrahatzou	הִתְרַחֲצוּ	ils se sont lavés
(hèn) hitrahatzou	הִתְרַחֲצוּ	elles se sont lavées

Vous constatez que les suffixes du passé n'ont pas changé par rapport à ce que vous avez déjà si bien assimilé.

5 Des adjectifs

Voici des adjectifs dont la caractéristique est la présence du מ devant la racine ; ils varient en genre et en nombre selon le modèle suivant :
La racine est : מ.ז.ג

mèmouzag	מְמוּזָג	climatisé
mèmouzèguèt	מְמוּזֶגֶת	climatisée
mèmouzagim	מְמוּזָגִים	climatisés
mèmouzagot	מְמוּזָגוֹת	climatisées

Soixante-dixième leçon

Hamisrad shèlanou mémouzag baqayitz oubahorèf.

הַמִשְׂרָד שֶׁלָנוּ מְמוּזָג בַּקַיִץ וּבַחוֹרֶף.

Notre bureau est climatisé en été et en hiver.

La racine est : צ.ח.ק. *(qui fait rire)*

matzhiq	מַצְחִיק	amusant
matzhiqah	מַצְחִיקָה	amusante
matzhiqim	מַצְחִיקִים	amusants
matzhiqot	מַצְחִיקוֹת	amusantes

Sur le même modèle, voici deux adjectifs que nous avons rencontrés : outre leur מ initial, ils présentent la particularité de posséder une racine à quatre lettres, assez rare en hébreu :
La racine est ל.כ.ל.ך. (Notez le redoublement des deux consonnes.)

mèloukhlakh	מְלוּכְלָךְ	sale
mèloukhlèkhèt	מְלוּכְלֶכֶת	sale
mèloukhlakhim	מְלוּכְלָכִים	sales
mèloukhlakhot	מְלוּכְלָכוֹת	sales

Hou hazar habaytah mèloukhlakh vèhalakh lèhitrahètz.

הוּא חָזַר הַבַּיְתָה מְלוּכְלָךְ וְהָלַךְ לְהִתְרַחֵץ.

Il est rentré à la maison [tout] sale et il est allé se laver.

La racine est ק.ל.ק.ל. (Ici encore, redoublement des deux consonnes.)

mèqoulqal	מְקוּלְקָל	abîmé
mèqoulqèlèt	מְקוּלְקֶלֶת	abîmée
mèqoulqalim	מְקוּלְקָלִים	abîmés
mèqoulqalot	מְקוּלְקָלוֹת	abîmées

Hamèkhonit mèqoulqèlèt, tzarikh lètaqèn otah.

הַמְכוֹנִית מְקוּלְקֶלֶת, צָרִיךְ לְתַקֵן אוֹתָה.

La voiture est en panne, il faut la réparer.

On dit de ces adjectifs à racine quadrilitère qu'ils sont **mèrouba'im** מְרוּבָּעִים *carrés*.

• **Les adjectifs de couleur**

Voici les principaux adjectifs de couleur sous leurs quatre formes :

| **yaroq** | יָרוֹק | vert | **yèrouqah** | יְרוּקָה | verte |

379 • shlosh mèot shiv'im vatèsha'

yèrouqim	יְרוּקִים	verts	yèrouqot	יְרוּקוֹת	vertes
ka**h**ol	כָּחוֹל	bleu	**kh**oulah	כְּחוּלָה	bleue
khoulim	כְּחוּלִים	bleus	**kh**oulot	כְּחוּלוֹת	bleues
adom	אָדוֹם	rouge	adoumah	אֲדוּמָה	rouge
adoumim	אֲדוּמִים	rouges	adoumot	אֲדוּמוֹת	rouges
afor	אָפוֹר	gris	aforah	אֲפוֹרָה	grise
aforim	אֲפוֹרִים	gris	aforot	אֲפוֹרוֹת	grises
sha**h**or	שָׁחוֹר	noir	shhorah	שְׁחוֹרָה	noire
shhorim	שְׁחוֹרִים	noirs	shhorot	שְׁחוֹרוֹת	noires
la**v**an	לָבָן	blanc	lè**v**anah	לְבָנָה	blanche
lè**v**anim	לְבָנִים	blancs	lè**v**anot	לְבָנוֹת	blanches

Dialogue de révision

① – בַּקַּיִץ עָבַדְתִּי הַרְבֵּה, מִפְּנֵי שֶׁאֲנִי יוֹדֵעַ לְתַקֵּן בְּעַצְמִי כָּל מַזְגָן.

② – אֲבָל הַמַּזְגָנִים בַּמְּכוֹנִיּוֹת הֵם חֵלֶק הָאֲרִי מֵהָעֲבוֹדָה שֶׁלִּי.

③ – בְּמֶזֶג הָאֲוִיר הַיִּשְׂרְאֵלִי, הָאֲנָשִׁים לֹא זָזִים בְּלִי מַזְגָן.

④ – בַּבַּיִת יֵשׁ לָהֶם מְזוּג אֲוִיר. מֵהַדִּירָה הֵם יוֹצְאִים לִמְכוֹנִית מְמוּזֶּגֶת וְנִכְנָסִים לְמִשְׂרָד מְמוּזָּג.

⑤ – מִשָּׁם הֵם הוֹלְכִים לֶאֱכוֹל בְּמִסְעָדָה מְמוּזֶּגֶת.

⑥ – אִם הַמַּזְגָן מְקוּלְקָל זֶה סוֹף הָעוֹלָם!

⑦ – אֲבָל אֲנִי אוֹהֵב אֶת הַקַּיִץ: סַנְדָּלִים בְּלִי גַּרְבַּיִים, בְּגָדִים צִבְעוֹנִיִּים,

⑧ – תַּפְרִיטִים שֶׁל קַיִץ בְּמִסְעָדוֹת עַל יָד הַיָּם,

⑨ – סְרָטִים מַצְחִיקִים אוֹ שִׁירָה בְּצִבּוּר בְּגַן צִבּוּרִי.

⑩ – נוּ, אָז הָעִקָּר שֶׁיִּהְיֶה גַּם לָכֶם קַיִץ נָעִים וּמְמוּזָּג!

Traduction

❶ –Cet été j'ai beaucoup travaillé parce que je sais réparer moi-même tout [type de] climatiseur...
(dans-l'été j'ai-travaillé beaucoup parce-que-je-sais réparer par-moi-même tout climatiseur)

❷ –... et les climatiseurs des voitures représentent la part du lion dans mon travail.
(mais les-climatiseurs dans-les-voitures eux part le-lion de-le-travail de-moi)

❸ –Sous le climat israélien, les gens ne se déplacent pas sans climatiseur.
(dans-mélange l'air l'israélien, les-gens non déplacent sans mélangeur)

❹ –À la maison, ils ont l'air conditionné. Ils passent de l'appartement à la voiture climatisée et ils entrent dans un bureau climatisé.
(dans-la-maison il-y-a pour-eux mélange air. de-l'appartement ils sortent vers-voiture climatisée et-entrent vers-bureau climatisé)

Soixante-et-onzième leçon
(Shi'our shiv'im vèahat)

Mitologyah vè'ivrit
Mythologie et hébreu

1 **Im atèm hoshvim shèlèkhol milah hadashah ba'ivrit ha'akhshavit [1] yèsh shorèsh [2] raq batanakh o batalmoud, atèm to'im !**
Si vous pensez que, dans l'hébreu actuel, chaque mot nouveau *(que-pour-chaque mot nouveau dans-l'-hébreu l'-actuel)* a sa racine *(il-y-a racines)* seulement dans la Bible ou le Talmud, vous avez tort.

2 **Lèharbèh milim yisrèèliyot yèsh shorashim bamitologyah hayèvanit o haromit. Zèh lo paradoqs !**
De nombreux mots israéliens ont leurs racines *(pour-nombreux mots israèliens il-y-a racines)* dans la mythologie grecque ou romaine. Ce n'est pas un paradoxe !

❺ – De là, ils vont manger dans un restaurant climatisé.
(de-là ils marchent manger dans-restaurant mélangé)

❻ – Si le climatiseur tombe en panne, c'est la fin du monde !
(si le-mélangeur abîmé ceci fin-le-monde !)

❼ – Mais j'aime l'été : sandales sans chaussettes, vêtements colorés,
(mais je aime **[èt]** *l'été : sandales sans chaussettes vêtements colorés)*

❽ – menus d'été dans les restaurants au bord de la mer,
(menus de été dans-restaurants sur côté la-mer)

❾ – films amusants ou chant en public dans un jardin public.
(films amusants ou chant avec-public dans-jardin public)

❿ – Eh bien/Alors, l'essentiel est que, pour vous aussi, ce soit un été agréable et climatisé !
(nou, alors l'-essentiel que-sera aussi pour-vous été agréable et-climatisé)

Deuxième vague : 21ᵉ leçon

שִׁעוּר שִׁבְעִים וְאַחַת

מִיתוֹלוֹגְיָה וְעִבְרִית

1 אִם אַתֶּם חוֹשְׁבִים שֶׁלְּכֹל מִלָּה חֲדָשָׁה בְּעִבְרִית הָעַכְשָׁוִית יֵשׁ שׁוֹרֶשׁ רַק בַּתנַ"ךְ אוֹ בַּתַּלְמוּד, אַתֶּם טוֹעִים!

2 לְהַרְבֵּה מִלִּים יִשְׂרְאֵלִיּוֹת יֵשׁ שָׁרָשִׁים בַּמִּיתוֹלוֹגְיָה הַיְּוָנִית אוֹ הָרוֹמִית. זֶה לֹא פָּרָדוֹקְס!

Notes

1 **'akhshavit** עַכְשָׁוִית *actuelle*. L'adjectif est de la même famille que l'adverbe **'akhshav** עַכְשָׁו *maintenant*, bien connu de vous.

2 **shorèsh** שֹׁרֶשׁ *racine*. Au pluriel **shorashim** שָׁרָשִׁים. Il s'agit en premier lieu de la racine d'une plante, puis de la racine d'un mot et de la racine carrée. **Lèhashrish** לְהַשְׁרִישׁ *enraciner* ; **lèsharèsh** לְשָׁרֵשׁ *déraciner*.

71 / Soixante-et-onzième leçon

3 **Mah da'a<u>t</u>khèm [3] 'al hamilah Mouzah ? Likh<u>v</u>odah [4] ana<u>h</u>nou shom'im mousiqah vèholkhim lèmouzèon.**
Quel [est] votre avis sur le mot Muse ? En son honneur *(pour-honneur-d'-elle)*, nous écoutons [de la] musique et allons au musée.

4 **Haim a<u>t</u>èm makirim è<u>t</u> hamèamèn hami<u>t</u>ologi shèl qvoutza<u>t</u> hakadoursal, aloufa<u>t</u> [5] Èropah ?**
Est-ce que vous connaissez l'entraîneur mythique *(mythologique)* de l'équipe de basket-ball, championne d'Europe ?

5 **Hou lo raq mèamèn to<u>v</u>, bèkoshèr [6] olimpi, hou gam yèfèhfèh [7] kmo Apolo.**
Il n'est pas seulement un bon entraîneur, dans une forme olympique, il est aussi très beau, comme Apollon.

6 **Hou mi<u>t</u>'anyèn bèhipnozah ouvèpsikhologyah, kèdèy lèyatzèr giborèy itztadyon.**
Il s'intéresse à *(dans)* l'hypnose et à la *(dans)* psychologie pour fabriquer des héros de stade.

7 **Yo<u>t</u>èr éqologi mèashèr [8] <u>t</u>roufo<u>t</u> !**
[C'est] plus écologique que [les] médicaments !

8 **Vèhakol bèshalvah olimpi<u>t</u> !**
Et le tout dans un calme *(tranquillité)* olympien !

Notes

3 da'a<u>t</u>khèm דַעְתְּכֶם *votre avis*. Dans dè'ah דֵעָה *avis, opinion* vous repérez la racine י.ד.ע. qui est celle du verbe *savoir*. Quant à la terminaison כֶם vous avez reconnu le possessif 2ᵉ personne du masculin pluriel.

4 likh<u>v</u>odah לִכְבוֹדָה *en son honneur*. De part et d'autre du mot ka<u>v</u>od כָּבוֹד *honneur*, se trouvent la préposition ל *vers*, ה est la terminaison du possessif 3ᵉ personne du féminin singulier ah הָ. Pour un homme nous aurions likh<u>v</u>odo לִכְבוֹדוֹ *en son honneur*.

383 • shlosh mèo<u>t</u> shmonim vèshalosh

שִׁעוּר שִׁבְעִים וְאַחַת

3 מַה דַּעְתְּכֶם עַל הַמִּלָּה מוּזָה? לִכְבוֹדָהּ אֲנַחְנוּ שׁוֹמְעִים מוּסִיקָה וְהוֹלְכִים לַמּוּזֵיאוֹן.

4 הַאִם אַתֶּם מַכִּירִים אֶת הַמְאַמֵּן הַמֶתוֹלוֹגִי שֶׁל קְבוּצַת הַכַּדּוּרְסַל, אַלּוּפַת אֵירוֹפָּה?

5 הוּא לֹא רַק מְאַמֵּן טוֹב, בְּכוֹשֶׁר אוֹלִימְפִּי, הוּא גַּם יְפֵהפֶה כְּמוֹ אַפּוֹלוֹ.

6 הוּא מִתְעַנְיֵן בְּהַפְנוֹזָה וּבְפְּסִיכוֹלוֹגְיָה, כְּדֵי לְיַצֵּר גִּבּוֹרֵי אִצְטַדְיוֹן.

7 יוֹתֵר אֶקוֹלוֹגִי מֵאֲשֶׁר תְּרוּפוֹת!

8 וְהַכֹּל בְּשַׁלְוָה אוֹלִימְפִּית!

---

5 **aloufat** אַלּוּפַת *championne de*. L'état absolu est **aloufah** אַלּוּפָה et **alouf** אַלּוּף au masculin. Ce mot est évidemment lié à **alèf** א la première lettre.

6 **koshèr** כּוֹשֶׁר *aptitude, forme*. Même racine dans כָּשֵׁר *cachère, apte* (à la consommation). La **kashrout** כַּשְׁרוּת est l'ensemble des lois juives relatives à l'alimentation. Notez que la transcription de ces deux derniers mots dans les dictionnaires de langue française est des plus variées, par exemple : *cachère, câchère, casher, cawcher, kascher, kasher*.

7 **yèfèhfèh** יְפֵהפֶה *très beau*, **yèfèhfiyah** יְפֵהפִיָּה *très belle*. Ce superlatif absolu de **yafèh** יָפֶה *beau* s'obtient par la répétition de la syllabe finale qui s'accorde en genre et en nombre : **nashim yèfèhfiyot** נָשִׁים יְפֵהפִיּוֹת *de très belles femmes*.

8 **mèashèr** מֵאֲשֶׁר *que*. Cette conjonction de subordination s'emploie dans la tournure comparative formée de **yotèr** + adjectif + **mèashèr** + deuxième terme de la comparaison.

shlosh mèot shmonim vèarba' • 384

71 / Soixante-et-onzième leçon

9 'od milim ? Pi**t** **h**ou è**t** hamilon [9], a**v**al al **t**a'izou lif**t**oa**h** è**t** **t**éva**t** [10] Pandorah !
Encore des mots ? Ouvrez le dictionnaire mais ne vous avisez pas *(ne vous-oserez)* [d']ouvrir la boîte de Pandore ! ☐

Notes

9 milon מִלוֹן *dictionnaire*. De milah מִלָה *mot*, avec la terminaison וֹן qui désigne souvent un objet : 'i**t**on עִתּוֹן *journal* ; **h**alon חַלוֹן *fenêtre*, etc.

10 **t**èvah תֵבָה *boîte, coffre*. **T**èva**t** doar תֵבַת דוֹאַר *boîte à lettres* ; **t**èva**t** tza'atzou'im תֵבַת צַעֲצוּעִים *coffre à jouets*. Ce mot d'usage si prosaïque aujourd'hui renvoie à des épisodes bibliques célèbres : l' "arche" de Noé (Genèse 6,14) et la "corbeille" où l'enfant Moïse est confié au Nil (Exode 2,3) sont désignées par ce mot.

תַרְגִיל רִאשׁוֹן – תַרְגֵם
Targil rishon – Targèm

❶ כַּאֲשֶׁר לָמַדְתִי בְּבֵית הַסֵפֶר, אָהַבְתִי לִקְרוֹא סְפָרִים עַל הַמִיתוֹלוֹגְיָה הַיְוָונִית.
Kaashèr lamadè**t**i bèvèi**t** hasèfèr, ahav**t**i liqro sfarim 'al hami**t**ologyah hayèvani**t**.

❷ אוֹפְנַת הַבְּגָדִים הָעַכְשָׁוִית יָפָה רַק לִצְעִירִים אוֹ לִצְעִירוֹת.
Ofna**t** habgadim ha'akhshavi**t** yafah raq litz'irim o litz'iro**t**.

❸ אַחֲרֵי שָׁבוּעַ בְּמֶרְכַּז הַסְפּוֹרט, אֲנִי מַמָשׁ בְּכוֹשֶׁר אוֹלִימְפִּי.
Aharèy shavou'a bèmèrkaz hasport, ani mamash bèkhoshèr olimpy.

❹ אֵיזוֹ קְבוּצָה אַלוּפַת הָעוֹלָם בְּכַדוּרֶגֶל?
Èizo qvoutzah aloufa**t** ha'olam bèkhadourégèl ?

❺ אִם אַתֶם יוֹדְעִים מַה הַשׁוֹרֶשׁ שֶׁל הַמִלָה, אַתֶם יְכוֹלִים לְחַפֵּשׂ אוֹתָה בַּמִלוֹן.
Im a**t**èm yod'im mah hashorèsh shèl hamilah, a**t**èm yèkholim lè**h**apès o**t**ah bamilon.

385 • shlosh mèo**t** shmonim vèhamèsh

שִׁעוּר שִׁבְעִים וְאַחַת

9 עוֹד מִלִּים? פִּתְחוּ אֶת הַמִּילוֹן, אֲבָל אַל תָּעִיזוּ לִפְתּוֹחַ אֶת תֵּבַת פַּנְדּוֹרָה!

אוֹפְנַת הַבְּגָדִים הָעַכְשָׁוִית יָפָה רַק לִצְעִירִים אוֹ לִצְעִירוֹת.

Corrigé de l'exercice 1

❶ Lorsque j'étudiais à l'école, j'aimais lire des livres sur la mythologie grecque. ❷ La mode actuelle des vêtements est belle seulement pour les jeunes gens ou les jeunes filles. ❸ Après une semaine au centre sportif, je suis vraiment dans une forme olympique. ❹ Quelle équipe est la championne du monde de football ? ❺ Si vous connaissez la racine du mot, vous pouvez le chercher dans le dictionnaire.

Targil shèni – Hashlèm — תַּרְגִיל שֵׁנִי – הַשְׁלֵם

À partir de cette leçon, écrivez les mots hébreux de cet exercice sans les voyelles. En fin de compte, c'est encore plus facile !

❶ *Shirly était la seule muse du photographe de (la) mode.*
   Shirly hayètah [...] hayèhidah shèl [...] haofnah.

   שירלי היתה _____ היחידה של ___ האופנה.

❷ *Le médecin lui donne des médicaments pour ses (les) problèmes de dos (de lui).*
   Ha[...] notèn lo [...] libè'ayot ha [...] shèlo.

   ה____ נותן לו _____ לבעיות ה__ שלו.

❸ *Après [des séances d']hypnose chez le psychologue, elle [affiche] (est dans) un calme olympien.*
   [...] [...] ètzèl hapsikholog hi bè[...] olimpit.

   ____ _____ אצל הפסיכולוג היא ב ____ אולימפית.

❹ *Lorsque nous étions enfants, nous avons étudié (sur) l'arche de Noé au cours (leçon) de Bible.*
   [...] hayinou yèladim lamadnou 'al [...] Noah bè[...] Tanakh.

   ____ היינו ילדים למדנו על ___ נוח ב____ תנ"ך.

❺ *N'allez pas (ne osez) briser les cœurs de papa et maman !*
   [...] [...] lishbor èt ha[...] shèl aba vèima.

   __ _____ לשבור את ה_____ של אבא ואמא.

Corrigé de l'exercice 2

❶ – hamouzah – tzalam –   ❶ - המוּזָה - צֶלֶם -

❷ – rofè – troufot – ga_v_ –   ❷ - רוֹפֵא - תְּרוּפוֹת - גַב -

❸ A_h_arèy hipnozah – shalvah –   ❸ - אַחֲרֵי הִיפְּנוֹזָה - שַׁלְוָה -

❹ Kaashèr – tè_v_at – sh'iour –   ❹ - כַּאֲשֶׁר - תֵּבַת - שִׁעוּר -

❺ Al ta'izou – lè_v_a_v_ot –   ❺ - אַל תָּעִיזוּ - לְבָבוֹת -

Quand il se met au travail, l'auteur du premier dictionnaire hébreu, **Elièzèr Ben Yèhoudah** אֱלִיעֶזֶר בֶּן יְהוּדָה *ne possède pas de mot pour désigner ce qu'il veut produire : de* **milah** מִלָּה *mot, il tire alors* **milon** מִלוֹן *dictionnaire.*

En cette fin du XIXᵉ siècle, l'hébreu n'est pas émancipé de ses origines bibliques et talmudiques. Arrivé à Paris en 1878 pour étudier la médecine, le jeune russe Perlman rencontre des immigrés juifs d'Europe orientale. Dans un café du boulevard Montmartre, il se risque, en leur compagnie, à parler hébreu. Les imaginations s'échauffent : si les Juifs s'installent en Palestine, il leur faudra une langue commune. Perlman hébraïse son nom en Ben Yèhoudah, et, pour la composition de son dictionnaire, il exploite 40 000 ouvrages, recense 20 000 mots, copie 500 000 citations. Puisqu'il faut "faire pratique", foin des mots composés : il remplace **bèit okhèl** בֵּית אוֹכֶל *maison de nourriture par* **mis'adah** מִסְעָדָה *restaurant,* **ish mil_h_amah** אִישׁ מִלְחָמָה *homme de guerre par* **_h_ayal** חַיָל *soldat, etc. Il n'agit pas cependant sans rigueur : avant tout il recourt aux racines hébraïques et araméennes, puis arabes et, en dernier ressort, aux langues européennes (***sabon*** סַבּוֹן *savon ;* **birah** בִּירָה *bière). Certaines de ses créations ont aujourd'hui cédé devant les mots européens : le peuple israélien, par exemple, a préféré* **dèmoqratiyah** דֶמוֹקְרָטִיָה *à* **amanah** אֲמָנָה *que Ben Yèhoudah avait tiré de* **èmoun** אֱמוּן *confiance.*

Moins de vingt ans après la conversation au café du boulevard Montmartre, un autre Juif originaire de l'Est, Théodore Herzl, écrivait à Paris L'état juif dans un hôtel de la rue Cambon et le publiait en 1896.

Deuxième vague : 22ᵉ leçon

Soixante-douzième leçon
(Shi'our shiv'im oushtayim)

Hèikhal [1] haséfèr biYroushalayim
Le Palais du livre à Jérusalem

1 — **Hèikhal hasèfèr hou [2] mivnèh lavan bètzourat mikhsèh shèl qanqan.**
Le Palais du livre [est une] *(lui)* construction blanche *(blanc)* en forme de couvercle de jarre.

2 **Hou mèsamèl èt haqanqan shèbo [3] nimtzéou hèlèq mèhamègilot hagnouzot [4] bimè'arot Qoumran.**
Il symbolise la jarre dans laquelle *(qui-dans-lui)* a été trouvée *(ont-été-trouvées)* une partie des rouleaux "préservés" dans les grottes de Qumran.

3 **Sviv hamivnèh hazèh, yèsh brèkhat mayim khoulah [5].**
Autour de cette construction *(celui-ci)*, il y a un bassin d'eau [au fond] bleu.

4 **'al yad hamivnèh halavan yèsh qir shahor.**
À côté de la construction blanche, il y a un mur noir.

Notes

1 **hèikhal** הֵיכָל *palais*, *sanctuaire*. Selon le contexte, il faudra choisir entre l'acception laïque ou l'acception sacrée du mot. Cette dernière est évidemment celle qui convient au Temple de Jérusalem, tandis que **hèikhal hasport** הֵיכָל הַסְפּוֹרְט *palais des sports*, **héikhal hatarbout** הֵיכָל הַתַּרְבּוּת *palais de la culture* se rapportent au sens profane du mot.

2 **hou** הוּא *il*. Cette tournure, qui n'est pas obligatoire, est assez fréquente. Dans une proposition sans verbe, le pronom personnel de la 3e personne peut servir de liaison entre le sujet et l'attribut du sujet. Ici le sujet **hèikhal hasèfèr** הֵיכָל הַסֵּפֶר *le palais du livre* étant du masculin singulier c'est le pronom **hou** הוּא *il* qui sert de liaison avec son attribut **mivnèh** מִבְנֶה *construction*.

389 • shlosh mèot shmonim vatèsha'

שִׁעוּר שִׁבְעִים וּשְׁתַּיִם

הֵיכַל הַסֵּפֶר בִּירוּשָׁלַיִם

1. הֵיכַל הַסֵּפֶר הוּא מִבְנֶה לָבָן בְּצוּרַת מִכְסֶה שֶׁל קַנְקַן.
2. הוּא מְסַמֵּל אֶת הַקַּנְקַן שֶׁבּוֹ נִמְצְאוּ חֵלֶק מֵהַמְּגִילוֹת הַגְּנוּזוֹת בִּמְעָרוֹת קוּמְרָאן.
3. סְבִיב הַמִּבְנֶה הַזֶּה, יֵשׁ בְּרֵכַת מַיִם כְּחוּלָה.
4. עַל יַד הַמִּבְנֶה הַלָּבָן יֵשׁ קִיר שָׁחוֹר.

---

3 **shèbo** שֶׁבּוֹ *dans lui* se compose de la préposition **b-** ב augmentée du suffixe personnel 3ᵉ personne masculin singulier **o** וֹ ; le tout rend la tournure française *dans lequel* et introduit par conséquent une subordonnée relative.

4 **gnouzot** גְנוּזוֹת a été traduit ici par *préservées*. Aucun mot français ne correspond exactement à celui-ci. Traduit par "enfouies", il indiquerait que les objets ont été mis en terre ; traduit par "cachées" il ne dirait rien sur leur caractère précieux. La racine est ג.נ.ז. sur laquelle se forment les mots **ganzakh** גַּנְזָךְ archives et **gnizah** גְּנִיזָה ; ce dernier mot est généralement employé tel quel, puisqu'il renvoie à une réalité sans équivalent dans les autres cultures (voir, à la fin de cette leçon, la note culturelle).

5 **brèkhat mayim khoulah** בְּרֵכַת מַיִם כְּחוּלָה *bassin d'eau bleu*. L'adjectif **khoulah**, s'accorde avec le nom **brèkhah** et non avec le nom **mayim**. S'il s'accordait avec ce dernier, nous lirions **khoulim** כְּחוּלִים *bleus*, car *l'eau*, en hébreu, est du masculin pluriel. Notre traduction, pour éviter l'embarras, précise "au fond bleu", étant désormais entendu que bleu se rapporte à *bassin* et non à *eau*.

72 / Soixante-douzième leçon

5 **Shnèyhèm mèsamlim èt milhèmèt [6] bnèy or bivnèy [7] hoshèkh,**
L'un et l'autre *(deux-eux)* symbolisent [la] guerre des "fils de lumière" contre les "fils de *(dans-fils-de)* tènèbres" *(obscurité)*,

6 **kmo hashèm shèl ahat mèhamègilot.**
comme [l'indique] le nom d'un des rouleaux.

7 **Yordim lahèikhal oumagi'im likhnisah shèmazkirah mè'arah aroukah.**
On descend *(ils-descendent)* vers le palais et on arrive *(ils-arrivent)* à une entrée qui rappelle une longue grotte.

8 **Yèsh bah [8] mikhtavim shèl Bar [9] Kokhva oute'oudot [10] shèl ishah bèshèm Bavta.**
Elle contient *(il-y-a dans-elle)* [des] lettres de Bar Kokhba et [des] documents d'une femme du *(dans)* nom [de] Bavta.

9 **Baoulam hamèrkazi nimtzaot hamègilot hagnouzot.**
Dans la salle central[e] se trouvent *(sont-trouvées)* les rouleaux "préservés".

10 **Hèn yèdou'ot gam bashèm mègilot yam hamèlah.**
Ils *(elles)* sont connus aussi sous *(dans)* le nom [de] rouleaux la mer Morte *(mer le-sel)*.

11 **Bèmèrkaz haoulam hazèh, nimtzèt gam mègilah aroukah mèod shèl kol sèfèr Yèsha'èyahou.**
Au centre de cette salle *(la-salle celui-ci)*, se trouve *(est-trouvée)* aussi [le] très long rouleau entier du livre *(rouleau longue très de tout livre)* d'Isaïe.

12 **Zèh ktav hayad haqadoum [11] bèyotèr shèl sèfèr tanakhi shalèm.**
Ce manuscrit *(écriture-de la-main)* [est] le plus ancien *(antique)* d'un livre biblique complet. ☐

Notes

6 milhèmèt מִלְחֶמֶת *guerre-de* est l'état construit de milhamah מִלְ-חָמָה. La racine de ce mot étant ל.ח.ם elle contient les mêmes lettres que celles de lèhèm לֶחֶם *pain*. Cette rencontre donne lieu à des réflexions sur la nourriture, qui serait le motif réel des conflits armés, l'aspect économique étant plus réel que l'aspect idéologique.

391 • shlosh mèot tish'im vèahat

שְׁנֵיהֶם מְסַמְּלִים אֶת מִלְחֶמֶת בְּנֵי אוֹר בִּבְנֵי חוֹשֶׁךְ, 5

כְּמוֹ הַשֵּׁם שֶׁל אַחַת מֵהַמְּגִילוֹת. 6

יוֹרְדִים לַהֵיכָל וּמַגִּיעִים לִכְנִיסָה שֶׁמַּזְכִּירָה מְעָרָה אֲרוּכָּה. 7

יֵשׁ בָּהּ מִכְתָּבִים שֶׁל בַּר כּוֹכְבָא וּתְעוּדוֹת שֶׁל אִשָּׁה בְּשֵׁם בַּבְתָּא. 8

בָּאוּלָם הַמֶּרְכָּזִי נִמְצָאוֹת הַמְּגִילוֹת הַגְּנוּזוֹת. 9

הֵן יְדוּעוֹת גַּם בַּשֵּׁם מְגִילוֹת יָם הַמֶּלַח. 10

בַּמֶּרְכָּז הָאוּלָם הַזֶּה, נִמְצֵאת גַּם מְגִילָה אֲרוּכָּה מְאֹד שֶׁל כָּל סֵפֶר יְשַׁעְיָהוּ. 11

זֶה כְּתַב הַיָּד הַקָּדוּם בְּיוֹתֵר שֶׁל סֵפֶר תַּנַ"כִי שָׁלֵם. 12

7 bi<u>v</u>nèy בִּבְנֵי dans *fils-de* se compose de la préposition b- בּ *dans* suivi de bnèy : le **bèit** בּ initial se transforme en **vèit** ב. Bnèy בְּנֵי *fils-de* est, comme vous le savez déjà l'état construit de **banim shèl** בָּנִים שֶׁל.

Notez la construction : mil<u>h</u>amah b- מִלְחָמָה בּ *guerre dans*, au sens de *guerre contre*.

8 bah בָּהּ *dans elle*. La note 3 ci-dessus nous donne la version masculine de cette forme : **bo** בּוֹ *dans lui*.

9 bar בַּר *fils*. équivalent araméen du mot hébreu **bèn**, nous l'avons déjà trouvé dans **bar mitzvah** בַּר מִצְוָה *fils de commandement*. Ici **bar Kokh<u>v</u>a** בַּר כּוֹכְבָא *fils d'étoile*.

10 tè'oudot תְּעוּדוֹת *documents, documentation, diplômes*. On trouve ici la même racine que dans **'èdout** עֵדוּת *témoignage*.

11 qadoum קָדוּם *ancien, antique* ; au féminin qdoumah קְדוּמָה. La racine ק.ד.ם. se trouve aussi dans **qèdèm** קֶדֶם *orient, est* ; ce qui est ancien est proche de l'origine. L'idée que l'antiquité et l'orient sont des notions connexes s'observe aussi en français où les mots *orient* et *origine* sont parents par l'étymologie : le latin **oriri** *se lever*.

Targil rishon – Targèm — תַּרְגִּיל רִאשׁוֹן – תַּרְגֵּם

❶ בלשנים מכל העולם התלהבו מהאטימולוגיות הגנובות.
Balshanim mikol ha'olam hitlahavou mèhamègilot hagnouzot.

❷ איפה המכסה של קנקן הקפה?
Èifoh hamikhsèh shèl qanqan haqafèh ?

❸ בהיכל הספורט יהיה בשבוע הבא משחק כדורגל בינלאומי.
Bèhèikhal hasport yiheyèh bashavou'a haba mishaq kadourègèl bèinlèoumi.

❹ קניתי שלוש כורסאות כחולות ושולחן זכוכית קטן.
Qaniti shalosh koursaot khoulot vèshoulhan zekhoukhit qatan.

❺ במשרד בית הספר נמצאות התעודות של התלמידים.
Bèmisrad bèit hasèfèr nimtzaot hatè'oudot shèl hatalmidim.

Targil shèni – Hashlèm — תַּרְגִּיל שֵׁנִי – הַשְׁלֵם

❶ Quelle surprise ! Nous nous sommes rencontrés à l'entrée du cinéma.
 [...] [...] ! Nifgashnou [...] laqolno'a.
 ---- -----! נפגשנו ------ לקולנוע.

❷ Nous nous connaissons ? Vous me rappelez Ruthi Kohen. Est-ce (celle-ci) vous ?
 Anahnou [...] ? At [...] [...] èt Routi Kohèn [...] [...] ?
 אנחנו ------? את ----- -- את רותי כהן --- --?

❸ Que symbolise le mur noir à-côté du palais blanc ?
 Mah [...] [...] hashahor 'al yad [...] halavan ?
 מה ---- ---- השחור על יד ----- הלבן?

❹ C'est une très belle jarre, mais qu'est-ce qu'il y a dedans (dans lui) ?
 [...] [...] yafèh mèod, aval mah yèsh [...] ?
 -- ---- יפה מאוד, אבל מה יש --?

❺ S'il n'y a pas de lumière (dans) la nuit, les Israéliens disent : "réellement, ce sont les ténèbres (obscurité) d'Égypte".
 Im èin [...] [...] haYisrèèlim omrim : "[...] [...] Mitzrayim".
 אם אין --- ----- הישראלים אומרים : "--- ---- מצרים".

שִׁעוּר שִׁבְעִים וּשְׁתַּיִם / 72

בהיכל הספורט יהיה בשבוע הבא משחק כדורגל בינלאומי.

Corrigé de l'exercice 1

❶ Des linguistes du monde entier se sont enflammés à propos des "rouleaux préservés". ❷ Où est le couvercle de la carafe à café ? ❸ Au Palais des sports, il y aura, la semaine prochaine, un match international de football. ❹ J'ai acheté trois fauteuils bleus et une petite table en verre. ❺ Dans un bureau de l'école, se trouvent les diplômes des élèves.

Corrigé de l'exercice 2

❶ Èizo hafta'ah - baknisah -   ❶ איזו הפתעה – בכניסה

❷ - makirim - mazkirah li - zot at

❷ – מכירים – מזכירה לי – זאת את

❸ - mèsamèl haqir - hahèikhal -   ❸ – מסמל הקיר – ההיכל

❹ Zèh qanqan - bo   ❹ זה קנקן – בו

❺ - or balaylah - mamash hoshèkh -

❺ – אור בלילה – ממש חושך –

shlosh mèot tish'im vèarba' • 394

Hèikhal hasèfèr הֵיכַל הַסֵפֶר palais (ou sanctuaire) du Livre. *Le Musée d'Israël, constitué de pavillons et de jardins, s'étend à l'ouest de la vieille ville de Jérusalem. Le palais du Livre, construit en 1965, domine l'ensemble ; il est l'œuvre de deux architectes juifs américains, Frédéric Kiesler et Armand Bartos. Il reproduit la forme du couvercle d'une des jarres dans lesquelles certains des manuscrits de la mer Morte ont été découverts en 1947. il abrite – pour notre émerveillement – la copie du rouleau complet du prophète Isaïe (VIIIe siècle av. J.-C.), écrit en hébreu au ier siècle avant notre ère : vingt-huit siècles de continuité ! à la couleur blanche du sanctuaire s'oppose la couleur noire du mur qui lui fait face pour rappeler la guerre des fils de lumière et des fils de ténèbres, expression empruntée à l'idéologie des Esséniens. Ces ascètes juifs contestaient par leur mode de vie et leur attente d'une prochaine intervention divine ce qu'ils estimaient être, chez les prêtres de Jérusalem, des compromissions avec les païens.*

Soixante-treizième leçon
(Shi'our shiv'im vèshalosh)

Kadourègèl
Football

1 **Zèh sipour 'al qvoutzat kadourègèl shekhounatit [1].**
C'est l'histoire d'une *(sur)* équipe de foot *(-de balle-pied)* de quartier.

2 **Mitahtit haligah hi [2] zinqah hashanah, kèmètèor, èl pisgat ligat hakadourègèl halèoumit.**
Du plus bas du classement *(du-fond de la ligue)*, elle a bondi cette *(l')* année, comme un météore, au *(vers)* sommet de la ligue nationale de football.

*La **gnizah** גְּנִיזָה du Caire. En 1896, on découvre dans la **gnizah** d'une synagogue du Vieux Caire des milliers de manuscrits hébreux, araméens et grecs plus ou moins fragmentés. Une **gnizah** est le réduit où l'on dépose les livres religieux hors d'usage pour leur éviter toute profanation. Cette découverte a donné aux spécialistes de l'histoire des textes bibliques les moyens de reconstituer les étapes de leur vocalisation (application des signes-voyelles sur les lettres hébraïques). Les plus anciens fragments découverts remontent au VIIe siècle de notre ère.*

Deuxième vague : 23e leçon

שִׁעוּר שִׁבעִים וְשָׁלוֹשׁ

כַּדוּרֶגֶל

1 זֶה סִפּוּר עַל קבוּצַת כַּדוּרֶגֶל שְׁכוּנָתִית.
2 מִתַּחְתִּית הַלִּיגָה הִיא זִנקָה הַשָּׁנָה, כִּמְטֵאוֹר, אֶל פִּסגַת לִיגַת הַכַּדוּרֶגֶל הַלְאוּמִית.

Notes

1 shèkhounatit שְׁכוּנָתִית *de quartier*. Il s'agit, en fait, d'un adjectif qualificatif, ici au féminin singulier, qui vient du nom **shèkhounah** שְׁכוּנָה *quartier*.

2 hi zinqah הִיא זִנקָה *elle a bondi*. Pourquoi exprimer ici le pronom sujet **hi** הִיא *elle*, alors qu'il n'est pas indispensable du point de vue grammatical ? – Pour renvoyer clairement à **qvoutzah** קבוּצָה *équipe* qui a été prononcé bien avant.

shlosh mèot tish'im vashèsh • 396

73 / Soixante-treizième leçon

3 **Bèmèshèkh hashanim hayou laqvoutzah 'aliyot ounèfilot, ibdou yadayim vèraglayim [3] vènikhnèsou 'im harosh baqir [4].**
Pendant *(au-cours)* des années l'équipe avait eu *(étaient pour-l'-équipe)* des hauts et des bas, ils avaient lâché pied *(ils-avaient-perdu mains et-pieds)* et ils sont allés *(sont-entrés avec la-tête)* [droit] dans le mur.

4 **Hashanah, hèm mènatzhim mishaq vè'od mishaq 'aqèv bètzad agoudal [5].**
Cette année *(L'année)*, ils gagnent match sur match *(jeu et-encore jeu)*, pas à pas *(talon à-côté orteil)*.

5 **Haasimon nafal [6] vèhèm bashpitz [7] shèl haligah.**
Le résultat est là *(Le-jeton est-tombé)* et ils [sont] en tête *(dans-la-pointe)* de la ligue.

6 **Lèsahqanèy hakadourègèl niftah halon hahizdamnouyot [8],**
Pour les joueurs de foot une chance s'est présentée *(s'-est-ouverte fenêtre-de les-occasions)*,

7 **kaashèr higi'a mèamèn tza'ir shèdorèsh mèhasahqanim mètzouyanout bahayim [9] ouvamigrash aval lèlo [10] qitzourèy dèrèkh.**
quand est arrivé un jeune entraîneur qui a exigé *(exige)* des joueurs [de l']excellence dans la vie *(dans-les-vies)* comme *(et)* sur le terrain, mais sans brûler les étapes *(sans raccourcis-de chemin)*.

Notes

3 ibdou yadayim vèraglayim אָבְדוּ יָדַיִים וְרַגְלַיִים *ils ont perdu mains et pieds*. Cette expression vient du Talmud : lo matza yadav vèraglav לֹא מָצָא יָדָיו וְרַגְלָיו *il n'a pas trouvé ses mains et ses pieds*.

4 nikhnèsou 'im harosh baqir נִכְנְסוּ עִם הָרֹאשׁ בַּקִּיר littéralement "ils étaient entrés avec la tête dans le mur". Ces mots désignent un échec ; on en trouve l'origine dans le proverbe : hètiah rosho bakotèl הֵטִיחַ רֹאשׁוֹ בַּכּוֹתֶל *il s'est cogné la tête dans le mur*. Kotèl כּוֹתֶל *mur* (vu à la leçon 44) est plus littéraire que qir קִיר.

שָׁעוּר שִׁבְעִים וְשָׁלוֹשׁ / 73

3 בְּמֶשֶׁךְ הַשָּׁנִים הָיוּ לַקְבוּצָה עֲלִיּוֹת וּנְפִילוֹת, אִבְּדוּ יָדַיִים וְרַגְלַיִים וְנִכְנְסוּ עִם הָרֹאשׁ בַּקִּיר.

4 הַשָּׁנָה, הֵם מְנַצְּחִים מִשְׂחָק וְעוֹד מִשְׂחָק עָקֵב בְּצַד אֲגוּדָל.

5 הָאֲסִימוֹן נָפַל וְהֵם בַּשְׁפִּיץ שֶׁל הַלִּיגָה.

6 לְשַׂחְקָנֵי הַכַּדּוּרֶגֶל נִפְתַּח חַלּוֹן הַהִזְדַּמְנֻיּוֹת,

7 כַּאֲשֶׁר הִגִּיעַ מְאַמֵּן צָעִיר שֶׁדּוֹרֵשׁ מֵהַשַּׂחְקָנִים מְצוּיָנוּת בַּחַיִּים וּבַמִּגְרָשׁ אֲבָל לְלֹא קִצּוּרֵי דֶּרֶךְ.

---

5 'aqèv bètzad agoudal עָקֵב בְּצַד אֲגוּדָל littéralement "talon à-côté d'orteil". Cette expression, née du Talmud, signifie avancer *pas à pas*.

6 haasimon nafal הָאֲסִימוֹן נָפַל *le jeton est tombé*. Bien que l'usage du jeton dans les cabines téléphoniques ait disparu, l'expression reste : le jeton étant tombé, la conversation peut s'établir, le résultat positif de l'opération est assuré. Le mot **asimon** est d'origine grecque.

7 shpitz שְׁפִּיץ *pointe* appartient à la langue familière. Ce mot est intéressant parce qu'il évoque la présence influente, à partir des années 1930, des Juifs allemands qui l'ont importé.

8 halon hahizdamnouyot חַלּוֹן הַהִזְדַּמְנֻיּוֹת littéralement "fenêtre des occasions". Cette métaphore empruntée au langage de l'astronautique désigne le moment favorable au lancement d'un engin spatial.

9 hayim חַיִּים *les vies = la vie*. Notez la singularité de ce mot : il n'a pas de singulier ! Si un adjectif s'y rapporte, il sera lui-même au pluriel.

10 lèlo לְלֹא *sans*. Entre ce mot et **bli** בְּלִי *sans* (vu leçon 57), ni différence grammaticale ni différence de sens.

shlosh mèot tish'im oushmonèh • 398

8. **Hou bè'ad ha'arakhah 'atzmit oumènahèl dou-siah bègovah ha'èinayim.**
   Il encourage l'estime de soi-même *(lui en-faveur-de la-considération personnelle)* et il dirige [le] dialogue d'égal à égal *(dans-hauteur-de les-yeux)*.

9. **Mèamèn shaqèt vèya'il shè'asah èt hamahapakh [11] hagadol.**
   Entraîneur calme et efficace qui a réalisé *(a-fait)* le grand bouleversement.

10. **Hèrim èt haqvoutzah mikloum vènatan lasahqanim bitahon 'atzmi.**
    Il a élevé l'équipe [à partir] de rien et il a donné aux joueurs confiance en eux *(soi-même)*.

11. **Vè'od davar hashouv : ish 'asaqim, 'ashir mèod, milyonèr, qanah èt haqvoutzah.**
    Et encore une chose importante : homme d'affaires, très riche, millionnaire, il a acheté l'équipe.

12. **Hou gèvèr tza'ir vènimratz. Pèh gadol vèègo 'od yotèr gadol.**
    C'est *(Lui)* un homme jeune et dynamique. Grande gueule *(bouche)* et ego encore plus grand.

13. **Hahatzlahah lo mèsahrèrèt oto. Règa' atah lèma'èlah vèrèga' atah lèmatah. Tzarikh la'avod, la'avod vèla'avod !**
    Le succès ne l'étourdit pas. Un instant tu [es] en *(vers)* haut et [l']instant [d'après] tu [es] en *(vers)* bas. Il faut travailler, travailler et travailler !

14. **Hamotiv shèlo : tzarikh mazal bahayim, aval asour lismokh 'al hamazal vèasour liheyot frayèr [12].**
    Son [leit]motiv : il faut de la chance dans la vie *(dans-les-vies)*, mais [il est] interdit de s'appuyer sur la chance et [il est] interdit [d']être "bonne poire".

Notes

11 mahapakh מַהְפָּךְ *bouleversement*. La racine ה.פ.ך se rapporte à l'idée de *retourner, sens dessus dessous*, exactement comme le

8 הוּא בְּעַד הַעֲרָכָה עַצְמִית וּמְנַהֵל דּוּ-שִׂיחַ בְּגוֹבַהּ הָעֵינַיִם.

9 מְאַמֵּן שָׁקֵט וְיָעִיל שֶׁעָשָׂה אֶת הַמַּהֲפָּךְ הַגָּדוֹל.

10 הֵרִים אֶת הַקְּבוּצָה מִכְּלוּם וְנָתַן לַשַּׂחְקָנִים בִּטָּחוֹן עַצְמִי.

11 וְעוֹד דָּבָר חָשׁוּב: אִישׁ עֲסָקִים, עָשִׁיר מְאֹד, מִילְיוֹנֶר, קָנָה אֶת הַקְּבוּצָה.

12 הוּא גֶּבֶר צָעִיר וְנִמְרָץ. פֶּה גָּדוֹל וְאֵגוֹ עוֹד יוֹתֵר גָּדוֹל.

13 הַהַצְלָחָה לֹא מְסַחְרֶרֶת אוֹתוֹ. רֶגַע אַתָּה לְמַעְלָה וְרֶגַע אַתָּה לְמַטָּה. צָרִיךְ לַעֲבוֹד, לַעֲבוֹד וְלַעֲבוֹד!

14 הַמּוֹטִיב שֶׁלּוֹ: צָרִיךְ מַזָּל בַּחַיִּים, אֲבָל אָסוּר לִסְמוֹךְ עַל הַמַּזָּל וְאָסוּר לִהְיוֹת פְרַאיֶר!

---

français *bouler* (faire rouler) et *verser*. Le rapprochement avec **ma-hapèkhah** מַהְפֵּכָה *révolution* s'impose, mais ce dernier est plus fort que le précédent. L'un et l'autre s'emploient souvent dans le contexte politique, par exemple pour le passage de la droite à la gauche (et inversement) et pour – ce qui est plus radical – la *Révolution française* **hamahapèkhah hatzarfatit**.

12 frayèr פְרַאיֶר "bonne poire". Ce mot qui désigne le *bon, faible* et *honnête* a pour féminin **frayèrit** פְרַאיֶרִית et pour pluriels **frayèrim** פְרַאיֶרִים et **frayèriyot** פְרַאיֶרִיוֹת. D'origine allemande – *freie*, libre – ce mot a atteint l'argot israélien par l'intermédiaire du yiddish parlé en Pologne où il désignait le jeune prétendant naïf, manipulable. Il est d'un usage fréquent même chez les petits enfants.

arba' mèot • 400

15 **Vè'akhshav koulanou bèyahad : "Lanou hanitzahon !** [13]
   Et maintenant, nous tous *(tous-nous)* ensemble : "À nous la victoire !

16 **Hagavi'a hou shèlanou !** [14] "
   La coupe [est] à nous *(lui de-nous)* !"

Notes

[13] **Lanou hanitzahon !** לָנוּ הַנִצָחוֹן! *À nous la victoire !* Ce cri est tiré de la traduction hébraïque de l'oratorio écrit en anglais par Haendel, *Judas Macchabee* **Yèhoudah hamakabi** יְהוּדָה הַמַכַּבִּי.

[14] **hagavi'a hou shèlanou !** הַגָבִיעַ הוּא שֶׁלָנוּ! *La coupe est à nous !* Le pronom **hou** הוּא *lui* reprend en écho le nom **gavi'a** *coupe*, masculin en hébreu pour marquer l'enthousiasme des vainqueurs.

Targil rishon – Targèm — תַרְגִיל רִאשׁוֹן – תַרְגֵם

❶ מִי הוּא הַמוֹרֶה הַטוֹב? זֶה שֶׁנוֹתֵן בִּיטָחוֹן עַצְמִי לַתַלְמִידִים.
Mi hou hamorèh hatov ? Zèh shènotèn bitahon 'atzmi latalmidim.

❷ לַטֵלֵפוֹנִים הָעַכְשָׁוִיִים אֵין חוּטִים וְאֵין אֲסִימוֹנִים.
Latèlèfonim ha'akhshaviyim èin houtim vèèin asimonim.

❸ מֵאָז שֶׁיֵשׁ לָהּ תְּעוּדָה מֵהַטֶכְנִיוֹן, נִיפְתַח לָהּ חַלוֹן הַהִזְדַמְנוּיוֹת.
Mèaz shèyèsh lah tè'oudah mèhatèkhniyon, niftah lah halon hahizdamnouyot.

❹ כֹּל הַכָבוֹד! בְּלִי מַהְפָּך, עָקֵב בְּצַד אֲגוּדָל, הִצְלַחְתֶם לְהַגִיעַ לְפִסְגַת הַלִיגָה.
Kol hakavod ! Bli mahapakh, 'aqèv bètzad agoudal, hitzlahtèm lèhagi'a lèfisgat haligah.

❺ הוּא מַאֲמִין נִמְרָץ וְאֶפְשָׁר לִסְמוֹךְ עָלָיו.
Hou mèamèn nimratz vèèfshar lismokh 'alav.

שִׁעוּר שִׁבְעִים וְשָׁלוֹשׁ / 73

15 וְעַכְשָׁו כֻּלָּנוּ בְּיַחַד: "לָנוּ הַנִּצָּחוֹן!
16 הַגָּבִיעַ הוּא שֶׁלָּנוּ!"

לטלפונים העכשוויים אין חוטים ואין אסימונים.

Corrigé de l'exercice 1

❶ Quel *(Qui)* est le bon professeur ? Celui qui donne confiance en eux aux élèves. ❷ Les téléphones actuels n'ont ni fils ni jetons. ❸ Depuis qu'elle a un diplôme du Technion, s'est ouverte à elle "une fenêtre de chances". ❹ Chapeau *(Tout l'honneur)* ! Sans bouleversement, pas à pas *(talon après orteil)*, vous avez réussi [et] vous êtes arrivé *(vous-avez-réussi-à arriver)* au sommet de la ligue. ❺ Il est un entraîneur énergique et on peut *(il est possible)* compter sur lui.

תַּרְגִיל שֵׁנִי – הַשְׁלֵם — Targil shèni – Hashlèm

❶ *La femme, très belle, lui fait tourner la tête.*
[...], hayèfèfiyah, [...] lo èt ha[...].

____ , הָאִישָׁה, _____ לוֹ אֶת הָ___ .

❷ *La directrice générale exige de l'excellence dans le travail mais parle avec les travailleurs les yeux dans les yeux.*
Hamankalit [...] [...] ba'avodah, aval mèdabèrèt 'im ha'ovdim [...] [...].

הַמַנְכָּלִית _____ _____ בָּעֲבוֹדָה, אֲבָל מְדַבֶּרֶת עִם הָעוֹבְדִים
_____ _____ .

❸ *Après la victoire dans le championnat d'Europe, nous avons marché avec la coupe dans les rues de la ville.*
Aharèy [...] baalifout Èropah, halakhnou 'im ha[...] birèhovot ha[...].

אַחֲרֵי _____ בְּאַלִיפוּיוֹת אֵירוֹפָּה, הָלַכְנוּ עִם הַ____ בִּרְחוֹבוֹת
הָ___ .

❹ *Il faut du courage [pour] voyager avec ce conducteur car il passe (voyage) toujours par des raccourcis (de chemin).*
[...] [...] linso'a 'im hanèhag hazèh, ki hou nosè'a bè[...] [...].

____ _____ לִנְסוֹעַ עִם הַנֶהָג הַזֶה, כִּי הוּא נוֹסֵעַ בְּ_____ ___ .

❺ *Il a une haute estime de lui-même et une grande bouche ; il n'est pas une "bonne poire".*
Yèsh lo [...] [...] gvohah oupèh gadol ; hou lo [...].

יֵשׁ לוֹ _____ _____ גְבוֹהָה וּפֶה גָדוֹל ; הוּא לֹא _____ .

שִׁעוּר שִׁבְעִים וְשָׁלוֹשׁ / 73

Corrigé de l'exercice 2

❶ Haishah – mèsa<u>h</u>rèrè<u>t</u> – rosh

❶ האישה - מסחררת - ראש

❷ – dorèshè<u>t</u> mè<u>t</u>zouyanou<u>t</u> – bègo<u>v</u>ah ha'èinayim

❷ -דורשת מצוינות - בגובה העיניים

❸ – hani<u>t</u>za<u>h</u>on – ga<u>v</u>i'a – 'ir

❸ -הניצחון - גביע - עיר

❹ – Tzarikh omè<u>t</u>z – qi<u>t</u>zourèy dèrèkh

❹ -צריך אומץ - קיצורי דרך

❺ – ha'arakhah 'a<u>t</u>zmi<u>t</u> – frayèr

❺ -הערכה עצמית - פראייר

Makhon Vingèit מָכוֹן וִינגֵ'יִיט Institut Wingate. *Non loin de la côte, à quelques kilomètres au sud de Netanya, l'institut Wingate étend ses espaces boisés, ses gymnases, ses piscines, ses courts de tennis, ses terrains de sport, ses laboratoires et ses bibliothèques en bordure de la grand-route qui relie Tel-Aviv à Haïfa. Les sportifs israéliens de haut niveau s'y entraînent en vue des compétitions internationales. L'Institut y prépare aussi des entraîneurs, des physiothérapeutes et des professeurs de sport pour les écoles ; il gère également des centres de recherche, en particulier, sur la psychologie du sport. Fondé en 1957, l'Institut a pris le nom d'un officier britannique, né et mort aux Indes en 1944, dans un accident d'avion. à l'occasion d'un séjour de trois ans "au pays", qui devait obtenir son indépendance quatre années plus tard, il a apporté aux sportifs de nouvelles méthodes d'entraînement faisant preuve d'un tel dévouement que son surnom* **Hayadid** הַיָדִיד *l'ami lui est resté.*

Deuxième vague : 24ᵉ leçon

Soixante-quatorzième leçon
(Shi'our shiv'im vèarba')

Ima yèqarah li...
Maman chérie *(chère à-moi)*...

1 – **Halo, ima ? Shalom ima ! Ani yèkholah lèhavi èlayikh [1] èt hayèladim ? Ani yotzèt ha'èrèv.**
Allô, maman ? Bonjour maman ! Je peux t'amener *(amener vers-toi)* les enfants ? Je sors ce *(le)* soir.

2 – **At shouv yotzèt ? 'im haver hadash ? 'od batlan [2] ?**
Tu sors de nouveau ? Avec un nouvel ami ? Encore un fainéant ?

3 – **Nakhon. Yèsh li haver hadash, aval hou lo batlan.**
[C'est] exact. J'ai un nouvel ami, mais [ce] *(lui)* n'[est] pas un fainéant.

4 – **Ani lo mèvinah lamah hitgarasht [3] miba'alèkh. Hou adam mètzouyan.**
Je ne comprends pas pourquoi tu as divorcé de ton mari. [C'est] *(lui)* un homme excellent.

5 – **Zèh hou shèratzah lèhitgarèsh. At yoda'at shèhou balyan [4] yadou'a.**
C'est lui qui a voulu divorcer. Tu sais que c'est *(que-lui)* un fameux joyeux luron *(joyeux-luron connu)*.

Notes

1. èlayikh אֵלַיִךְ *vers toi* (f.). La préposition èl אֶל *vers* prend ici la terminaison qui caractérise la 2ᵉ pers. du fém. sing. La prochaine leçon de révision donnera l'ensemble des terminaisons.

2. batlan בַּטְלָן *fainéant*. La racine est ב.ט.ל Nous avons rencontré la terminaison ןָ , qui indique une fonction, dans les noms **balshan** בַּלְשָׁן *linguiste* (leçon 62), **mazgan** מַזְגָן *climatiseur* (leçon 68) et, ci-dessous, **balyan** בַּלְיָן *joyeux luron*.

405 • arba' mèot vèhamèsh

שִׁעוּר שִׁבְעִים וְאַרְבַּע

אִמָּא יְקָרָה לִי...

1 – הַלוֹ, אִמָּא? שָׁלוֹם אִמָּא! אֲנִי יְכוֹלָה לְהָבִיא אֵלַיִךְ אֶת הַיְלָדִים? אֲנִי יוֹצֵאת הָעֶרֶב.

2 – אַתְּ שׁוּב יוֹצֵאת? עִם חָבֵר חָדָשׁ? עוֹד בַּטְלָן?

3 – נָכוֹן. יֵשׁ לִי חָבֵר חָדָשׁ, אֲבָל הוּא לֹא בַּטְלָן.

4 – אֲנִי לֹא מְבִינָה לָמָּה הִתְגָּרַשְׁתְּ מִבַּעֲלֵךְ. הוּא אָדָם מְצֻיָּן.

5 – זֶה הוּא שֶׁרָצָה לְהִתְגָּרֵשׁ. אַתְּ יוֹדַעַת שֶׁהוּא בַּלְיָן יָדוּעַ.

---

3 **hitgarasht** הִתְגָּרַשְׁתְּ *tu as divorcé* (f.). La présence du préfixe **hit** הִת signale l'idée de réciprocité (un pronominal en français) puisqu'on divorce l'un par rapport à l'autre. à la phrase 5, le même verbe est employé à l'infinitif, avec le préfixe **hit** הִת qui caractérise ce mode.

4 **balyan** בַּלְיָן *joyeux luron* (**balyanit** au féminin). Racine ב.ל.ה. Le verbe **lèvalot** לְבַלּוֹת signifie *user, s'user, se fâner* mais aussi – plus positivement – *passer du bon temps, s'amuser*. Rappelez-vous : à la leçon 39, **tèvalou banè'imim** תְּבַלּוּ בַּנְעִימִים *passez du bon temps !* Sur la même racine se construit **bilouy** בִּלּוּי *passe-temps, divertissement, distraction*.

74 / Soixante-quatorzième leçon

6 – **Vèat̠ lo balyanit̠ ? Yotzèt̠ 'im hashloumièl [5] hazèh !**
Et toi [tu n'es] pas une joyeuse luronne ? Tu sors avec ce maladroit !

7 – **Ima, èikh at mèdabèret̠ ! At afilou lo makirah ot̠o.**
Maman, comment tu parles ! Tu ne le connais même pas *(tu même ne connais èt̠-lui)*.

8 – **Gèv̠èr shèyotzè 'im groushah, ima liyèladim, hou lo-youtzlah̠ [6] vèt̠inoq mègoudal [7] shèmèh̠apès ima !**
Un homme qui sort avec une divorcée, mère de famille *(maman pour-enfants)*, c'est *(lui)* un raté *(non-réussi)* et un grand bébé *(et-bébé agrandi)* qui cherche une maman !

9 – **Ima, ani lo av̠i èt̠ hayèladim. Ani lo ètzè ha'èrèv̠ ! Lèhisht̠amè'a [8] !**
Maman, je n'amènerai pas les enfants. Je ne sortirai pas ce *(le)* soir ! À bientôt *(à-s'entendre)*.

10 – **H̠aki, al t̠ènat̠qi ! Mah yihyèh ? At af-pa'am [9] lo yotzèt̠ ! Im lo t̠ètzi, lo t̠ith̠at̠ni pa'am shniyah !**
Attends, ne coupe pas *(ne tu-couperas)* ! Qu'est-ce qui va se passer *(quoi sera)* ? Tu ne sors jamais *(tu jamais ne sors)* ! Si tu ne sors pas *(si ne tu-sortiras)*, tu ne te remarieras pas *(ne tu-te-marieras fois deuxième)* !

Notes

5 shloumièl שְׁלוּמִיאֵל *maladroit*. L'étymologie de ce mot est incertaine : on peut y voir la racine ש.מ.א.ל qui est celle de l'adverbe **smol** שְׂמֹאל *gauche*. L'adjectif masculin singulier est **smali** שְׂמָאלִי *à gauche*.

6 lo-youtzlah̠ לֹא יוּצְלַח *bon à rien*. La traduction littérale est "il n'est pas une réussite". Cette expression vient de Jérémie, 22, 30 : "qui ne réussit à rien". À la leçon 57, nous avons vu **hatzlah̠ah** הַצְלָחָה *réussite*. C'est l'idée de traverser de part en part, par exemple : **tzalah̠ èt̠ hakinèrèt̠** צָלַח אֶת הַכִּנֶּרֶת *il a traversé le Kinèrèt* (à la nage !). Des affiches, encourageant à la prudence, félicitent les conducteurs à la sortie des villes : **dèrèkh tzlèh̠ah** דֶּרֶךְ צְלֵחָה ! *route réussie !*

שָׁעוּר שִׁבְעִים וְאַרְבַּע

6 – וְאַתְּ לֹא בַּלְיָנִית? יוֹצֵאת עִם הַשְׁלוּמִיאֵל הַזֶּה!

7 – אִמָּא, אֵיךְ אַתְּ מְדַבֶּרֶת! אַתְּ אֲפִילוּ לֹא מַכִּירָה אוֹתוֹ.

8 – גֶּבֶר שֶׁיּוֹצֵא עִם גְּרוּשָׁה, אִמָּא לִילָדִים, הוּא לֹא יוּצְלַח וְתִינוֹק מְגוּדָל שֶׁמְּחַפֵּשׂ אִמָּא!

9 – אִמָּא אֲנִי לֹא אָבִיא אֶת הַיְלָדִים. אֲנִי לֹא אֵצֵא הָעֶרֶב! לְהִשְׁתַּמֵּעַ!

10 – חֲכִי, אַל תְּנַתְּקִי! מַה יִּהְיֶה? אַתְּ אַף – פַּעַם לֹא יוֹצֵאת! אִם לֹא תֵּצְאִי, לֹא תִּתְחַתְּנִי פַּעַם שְׁנִיָּה!

---

7 **mègoudal** מְגוּדָל *grandi*. Vous qui avez maintenant l'habitude de percevoir la racine des mots hébreux, vous avez sans doute remarqué, dans celui-ci, la racine ג.ד.ל qui est celle de **gadol** גָּדוֹל *grand*. Le préfixe מ marque le passif : *grandi par...* Il s'agit ici de quelqu'un qui a grandi en taille mais qui n'a pas mûri.

8 **lèhishtamè'a** לְהִשְׁתַּמֵּעַ litt. "à s'entendre" est l'équivalent de **lèhitraot** לְהִתְרָאוֹת "à se voir", mais il n'a pas d'équivalent en français. D'où notre traduction : à bientôt. Nous avons affaire à un pronominal du verbe **lishmo'a** לִשְׁמוֹעַ entendre qui porte donc le sens de la réciprocité.

9 **af-pa'am** פַּעַם – אַף *jamais* se compose d'un élément **af** אַף particule négative, et du nom **pa'am** פַּעַם *fois* de sorte qu'on peut le traduire par *pas une fois, jamais*. Une construction identique s'observe dans **af-èhad** אֶחָד – אַף *pas un, personne*. La racine de **pa'am** פ.ע.ם est celle du verbe **lif'om** לִפְעוֹם *battre*, au sens de *battement du coeur*, **pè'imah**.

Targil rishon – Targèm — תַּרְגִיל רִאשׁוֹן – תַּרְגֵּם

① אֵיזוֹ מַתָּנָה אֶפְשָׁר לְהָבִיא לְמִי שֶׁיֵּשׁ כְּבָר הַכֹּל?
Èizo matanah èfshar lèhavi lémi shèyèsh kvar hakol ?

② אָבִיא אֵלַיִךְ אֶת הַבָּנִים מָחָר אַחֲרֵי הַצָּהֳרַיִם.
Avi èlayikh èt habanim mahar aharèy hatzohorayim.

③ הוּא מַמָּשׁ תִּינוֹק מְגֻדָּל עִם מִשְׂחֲקֵי הַוִּידֵיאוֹ שֶׁלּוֹ.
Hou mamash tinoq mègoudal 'im mishaqèy havidéo shèlo.

④ הוּא שְׁלוּמִיאֵל יָדוּעַ: יֵשׁ לוֹ שְׁתֵּי יָדַיִים שְׂמָאלִיּוֹת.
Hou shloumièl yadou'a : yèsh lo shtèy yadayim smaliyot.

⑤ אַתְּ יוֹצֵאת עִם הַבַּלְיָן הַחֲתִיךְ הַזֶּה? תְּבַלִי בְּנֵעִימִים!
At yotzèt 'im habalyan hahatikh hazèh ? Tèvali banè'imim !

Targil shèni – Hashlèm — תַּרְגִיל שֵׁנִי – הַשְׁלֵם

① *Tu as déja trente-quatre ans. Quand te marieras-tu ?*
At kvar bat [...] [...] . Matay [...] ?
אַתְּ כְּבָר בַּת _____ _____ . מָתַי _____ ?

② *Ce n'est pas vrai que tout joyeux luron est aussi un fainéant.*
Zèh [...] [...] shèkol [...] hou gam [...].
לֹא __ __ שֶׁכָּל ____ הוּא גַם ____ .

③ *Ils ne savent pas comment résoudre les problèmes de travail de leur fils, le bon à rien.*
Hèm lo yod'im èikh [...] èt bè'ayot [...] shèl bnam [...] [...].
הֵם לֹא יוֹדְעִים אֵיךְ _____ אֶת בְּעָיוֹת _____ שֶׁל בְּנָם ___ _____ .

④ *Même si tu as divorcé de ton mari, tu ne couperas pas les enfants de leur père.*
[...] im hitgarasht miba'alèkh, [...] [...] èt hayèladim [...] shèlahèm.
_____ אִם הִתְגָּרַשְׁתְּ מִבַּעֲלֵךְ, __ _____ אֶת הַיְלָדִים ____ שֶׁלָּהֶם.

⑤ *Tu connais Routi, la belle joyeuse luronne ? Ce qu'ils écrivent sur elle dans les journaux ?*
At [...] èt Routi, [...] [...] ? Shèkot vim [...] [...] ?
אַתְּ _____ אֶת רוּתִי, _____ ____ ? שֶׁכּוֹתְבִים _____ ?

שִׁעוּר שִׁבְעִים וְאַרְבַּע / 74

Corrigé de l'exercice 1

❶ Quel cadeau est-il possible d'apporter à quelqu'un *(à-qui)* qui a déjà tout ? ❷ Je t'amènerai les garçons demain après-midi. ❸ Il est réellement un grand *(agrandi)* bébé, avec ses jeux vidéo. ❹ C'est un maladroit notoire *(connu)* : il a deux mains gauches. ❺ Tu sors avec ce beau joyeux luron ? Amuse-toi bien !

אביא אליך את הבנים מחר אחרי הצהרים.

Corrigé de l'exercice 2

❶ - shloshim vèarba' - tithatni — שלושים וארבע - תתחתני - ❶

❷ - lo nakhon - balyan - batlan — לא נכון - בליין - בטלן - ❷

❸ - liftor - ha'avodah - halo-youtzlah
לפטור - העבודה - הלא־יוצלח - ❸

❹ Afilou - al tènatqi - méaba - אפילו - אל תנתקי - מאבא - ❹

❺ - makirah - habalyanit hayafah - 'alèiha ba'itonim
מכירה - הבליינית היפה - עליה בעתונים - ❺

La célébration d'un mariage en Israël ne peut être que religieuse, quelle que soit la confession ; le mariage civil n'existe pas, mais l'état civil reconnaît tout mariage légal, célébré religieusement ou non à l'extérieur du pays. Le mariage religieux juif ne peut se célébrer qu'entre des Juifs. Le divorce est prononcé par le rabbinat mais ses conséquences familiales ou financières se règlent soit devant le tribunal rabbinique soit devant le tribunal civil. Chaque religion a ses

propres tribunaux qui statuent en matière familiale : la polygamie est cependant interdite même aux musulmans. Autour du mariage juif, voici quelques notions parmi les plus répandues :
• En Israël, le mariage religieux se célèbre rarement à la synagogue. C'est plutôt le rabbin qui se déplace.
*• **Miqvèh** מִקְוֶה bain rituel. La future mariée se rend au **miqvèh** la veille de la cérémonie. Puisqu'il s'agit d'un rite, ce passage au bain ne doit pas être perçu comme utilitaire, c'est pourquoi la future mariée se lave d'abord comme elle le fait à l'ordinaire. Le **miqvèh** est un bassin d'eau naturelle, source, rivière, pluie, mer. Indépendamment du mariage, il faut noter aussi que la cérémonie du **miqvèh** précède l'acte de conversion au judaïsme de l'homme ou de la femme.*
*• **Qidoushin** קִידוּשִׁין mariage, littéralement "sanctification". Ce mot, formé sur la racine ק.ד.שׁ signifie que le mariage, appartenant au sacré, implique les valeurs morales de la Torah et de la tradition.*

Soixante-quinzième leçon
(Shi'our shiv'im vèhamèsh)

Rèayon baradyo
Interview à la radio

1 **Hamèraayènèt**[1] **: "tzohorayim tovim ! Hayom yèsh lanou orahat mèyouhèdèt, hadougmanit**[2] **Yafit Noy.**
L'intervieweuse : "Bonjour *(Midis bons)* ! Aujourd'hui, nous avons une invitée spéciale, le mannequin*(f.)* Yafit Noy.

Notes
1 **mèraayènèt** מְרָאַיֶנֶת *intervieweuse*. Ce mot, comme son parallèle anglais, comporte la notion de *voir*, racine ר.א.ה, mais qui oserait traduire en français par… *voyeuse* !

- **Houpah** חוּפָּה dais nuptial. *Pendant la cérémonie religieuse, les futurs époux sont réunis sous un dais. Le mot a pour racine* ח.פ.ף *qui signifie couvrir. Le dais est constitué de quatre bâtons qui soutiennent un* **talit**, *châle de prière, déployé : frêle construction, disent les commentaires, que les époux devront consolider sans répit.*
- **Taba'at nisouim** טַבַּעַת נְשׂוּאִים *alliance. Le futur marié passe l'alliance au doigt de la femme en prononçant, en hébreu, les mots suivants :*
Harèy at mèqoudèshèt li bètaba'at zo kèdat Moshèh vèYisraèl
הֲרֵי אַתְּ מְקוּדֶּשֶׁת לִי בְּטַבַּעַת זוֹ כְּדַת מֹשֶׁה וְיִשְׂרָאֵל
Tu m'es consacrée par cette alliance, selon la loi de Moïse et d'Israël. Le rite n'impose pas le même geste à la jeune fille, mais il ne l'interdit pas.
- **Kètoubah** כְּתוּבָה *acte, contrat de mariage. Ce document, orné de toutes sortes d'enluminures, est remis à la jeune mariée à l'issue de la cérémonie. Ce mot est évidemment formé sur la racine* כ.ת.ב *qui est celle du verbe écrire.*

Deuxième vague : 25ᵉ leçon

שִׁעוּר שִׁבְעִים וְחָמֵשׁ

רְאָיוֹן בָּרַדְיוֹ

1 הַמְרַאֲיֶנֶת: "צׇהֳרַיִם טוֹבִים! הַיּוֹם יֵשׁ לָנוּ אוֹרַחַת מְיֻחֶדֶת: הַדּוּגְמָנִית יָפִית נוֹי.

2 **dougmanit** דּוּגְמָנִית *mannequin*, au féminin (au masculin : **dougman** דּוּגְמָן). La même racine ד.ג.ם se trouve dans **dougmah** דּוּגְמָה *exemple* et dans **dègèm** דֶּגֶם *modèle*.

arba' mèot shtèm 'èsrèh • 412

75 / Soixante-quinzième leçon

2 **Ana<u>h</u>nou baradyo, lakhèn ani omèrè<u>t</u> lakhèm : Yafi<u>t</u>, kishmah kèn hi [3] !**
Nous [sommes] à la radio, c'est pourquoi je vous [le] dis *(je dis à-vous)* : Yafi<u>t</u> *(belle)*, elle porte bien son nom ! *(comme-nom-d'-elle oui elle)*

3 **Yafi<u>t</u> vaani makiro<u>t</u> zo è<u>t</u> zo kèilou hayinou <u>h</u>avèro<u>t</u> lèo<u>t</u>o qrèm la<u>h</u>ou<u>t</u> miyamim yamimah [4].**
Yafit et moi, nous nous connaissons l'une l'autre comme si nous étions complices *(amies)* jusque dans *(par)* notre crème hydratante.

4 **Hi dougmani<u>t</u> tzamèrè<u>t</u>, yèfèhfiyah 'im qabalo<u>t</u> [5], figourah tèflonit [6].**
Elle [est] un mannequin [au] top *(sommet)*, certifiée très belle *(très-belle avec reçus)*, silhouette de téflon *(tèflonale)*.

5 **<u>T</u>odah lakh, Yafi<u>t</u>, shèmatza<u>t</u> zman la<u>v</u>o èlèinou bèin shnèy avironim.**
Merci à toi, Yafi<u>t</u>, d'avoir trouvé *(que-tu-as-trouvé)* [du] temps [pour] venir [à] nous entre deux avions.

6 **Mah hada<u>v</u>ar shèa<u>t</u> hakhi [7] ohè<u>v</u>è<u>t</u> ba'a<u>v</u>oda<u>t</u>èkh ?**
Qu'est-ce que tu aimes le plus *(Quoi la-chose que-toi le-plus aimes)* dans ton travail ?

7 – **Linso'a, léhakir anashim <u>h</u>adashim, lilmod safo<u>t</u>.**
Voyager, connaître du monde *(nouveaux gens)*, apprendre [des] langues.

Notes

3 kishmah kèn hi כְּשְׁמָהּ כֵּן הִיא *elle porte bien son nom*. Le jeu de mots porte sur **Yafi<u>t</u>** dont la racine est **yafah** יָפָה *belle*. Cette expression s'analyse comme suit : **ki** כְּ *comme*, **shèm** שֵׁם *nom* augmenté de la terminaison du possessif 3ᵉ pers. du fém. sing. **ah** ָהּ , **kèn** כֵּן *oui*, **hi** הִיא *elle* ; on sous-entend *est* ; ce qui donne littéralement : *oui elle (est) comme son nom*. Le patronyme de l'intéressée, **Noy** נוֹי signifie *beauté, ornement*.

2 אֲנַחְנוּ בָּרַדְיוֹ, לָכֵן אֲנִי אוֹמֶרֶת לָכֶם: יָפִית, כְּשֵׁמָהּ כֵּן הִיא!

3 יָפִית וַאֲנִי מַכִּירוֹת זוֹ אֶת זוֹ כְּאִלּוּ הָיִינוּ חֲבֵרוֹת לְאוֹתוֹ כֶּרֶם לַחוּת מִיָּמִים יָמִימָה.

4 הִיא דּוּגְמָנִית צַמֶּרֶת, יְפֵהפִיָּה עִם קַבָּלוֹת, פִיגוּרָה טֶפְלוֹנִית.

5 תּוֹדָה לָךְ, יָפִית, שֶׁמָּצָאת זְמַן לָבוֹא אֵלֵינוּ בֵּין שְׁנֵי אֲוִירוֹנִים.

6 מָה הַדָּבָר שֶׁאַתְּ הֲכִי אוֹהֶבֶת בַּעֲבוֹדָתֵךְ?

7 – לִנְסוֹעַ, לְהַכִּיר אֲנָשִׁים חֲדָשִׁים, לִלְמוֹד שָׂפוֹת.

סדר היום של רותי מתסכל את בעלה, כי היא מכורה לעבודה.

4 **miyamim yamimah** מִיָּמִים יָמִימָה *depuis toujours* : continuité entre un point de départ noté par le préfixe **mi** מִ du premier mot et un terme noté par le suffixe **ah** הָ du deuxième mot.

5 **qabalot** קַבָּלוֹת *reçus*, du verbe **lèqabèl** לְקַבֵּל *recevoir*. La beauté de la dame s'apprécie en fonction des canons de la mode, version visuelle et plastique des idées *reçues*.

6 **tèflonit** טֶפְלוֹנִית *de téflon*. Cette matière est associée à l'image de la sveltesse parce que son utilisation dans les ustensiles de cuisine dispense de l'emploi des matières grasses.

7 **hakhi** הֲכִי *le plus*, mot plutôt familier que la langue "surveillée" remplacerait par **bèyotèr**, que nous avons déjà vu (leçon 32).

75 / Soixante-quinzième leçon

8 – **Aval bè'ètzèm [8], mi at ? mah at ohèvèt ?**
Mais, dans le fond *(dans-os)*, qui [es]-tu ? qu'aimes-tu *(tu aimes)* ?

9 – **Mah ani ohèvèt ? Ani mètorèfèt [9] 'al shoqolad, mishtaga'at 'al okhèl sini,**
Qu'est-ce que j'aime ? Je [suis] dingue de *(sur)* chocolat, folle de *(sur)* nourriture chinoise,

10 **mèkhorah [10] lèjins, mèohèvèt [11] bèmousiqat pop, qshourah lahorim shèli, vè…**
accro *(vendue)* aux jeans, amoureuse de *(dans)* musique *(de-)* pop, attachée à mes parents, et…

11 – **Mah hadavar shèhakhi mètaskèl otakh ?**
Quelle [est] la chose la plus frustrante pour toi *(Qui-le-plus frustre èt-toi)* ?

12 – **Ani lo mèhoubèrèt [12] lèshoum [13] maqom, tasah mikan [14] lèsham oumisham lèkhan,**
Je ne [suis] rattachée à aucun lieu, je vole d'ici à là *(de-ici vers-là et-de-là vers-ici)*,

13 **ani rotzah liheyot mèqouba'at [15] bèmaqom èhad.**
je voudrais *(je veux)* être fixée à un [seul] endroit *(dans lieu un)*.

14 – **Ani mèvinah, at bodèdah batzamèrèt.**
Je comprends, tu [es] isolée *(solitaire)* au sommet.

15 – **Kèn, vèsham yèsh lif'amim sharhorèt."**
Oui, et là on a *(il-y-a)* quelquefois [le] vertige."

Notes

8 bè'ètzèm בְּעֶצֶם *au fond, en réalité, en fait* (de 'ètzèm עֶצֶם *os*, voir leçon 67, note 7 et 70 § 2). Yom ha'atzmaout יוֹם הָעַצְמָאוּת *jour de l'indépendance*. La grammaire hébraïque désigne le nom (au sens de substantif) par shèm 'ètzèm, littéralement *nom d'os*.

9 mètorèfèt מְטוֹרֶפֶת *dingue*. Au masculin : mètoraf מְטוֹרָף. Cet adjectif, employé par dérision et formé sur la racine ט.ר.ף du verbe litrof לִטְרוֹף *mélanger* (par exemple mélanger les cartes), évoque la confusion mentale.

שִׁעוּר שִׁבְעִים וְחָמֵשׁ / 75

8 – אֲבָל בְּעֶצֶם, מִי אַתְּ? מָה אַתְּ אוֹהֶבֶת?

9 – מָה אֲנִי אוֹהֶבֶת? אֲנִי מְטוֹרֶפֶת עַל שׁוֹקוֹלָד, מִשְׁתַּגַּעַת עַל אוֹכֶל סִינִי,

10 מְכוּרָה לְגִ'ינְס, מְאוֹהֶבֶת בְּמוּסִיקַת פּוֹפּ, קְשׁוּרָה לַהוֹרִים שֶׁלִּי, וְ...

11 – מַה הַדָּבָר שֶׁהֲכִי מְתַסְכֵּל אוֹתָךְ?

12 – אֲנִי לֹא מְחוּבֶּרֶת לְשׁוּם מָקוֹם, טָסָה מִכָּאן לְשָׁם וּמִשָּׁם לְכָאן,

13 אֲנִי רוֹצָה לִהְיוֹת מְקוּבַּעַת בְּמָקוֹם אֶחָד.

14 – אֲנִי מְבִינָה, אַתְּ בּוֹדְדָה בַּצַּמֶּרֶת.

15 – כֵּן, וְשָׁם יֵשׁ לִפְעָמִים סְחַרְחוֹרֶת."

---

10 mèkhourah מְכוּרָה *vendue* : participe passé au féminin singulier de **limkor** לִמְכּוֹר *vendre*. Le מ appartient à la racine.

11 mèohèvèt bè... מְאוֹהֶבֶת בְּ... *amoureuse de*. Notez la préposition avec laquelle se construit cet adjectif.

12 mèhoubèrèt מְחוּבֶּרֶת *rattachée*. La racine ח.ב.ר. est celle de havèr חָבֵר *ami*, et de mèhabèr מְחַבֵּר *auteur* et aussi *uni, lier*. Votre intelligence des mots peut se lancer : l'auteur est un "attacheur" de mots, d'idées, de pages et de lecteurs, il est un… relieur ! Le cahier est mahbèrèt מַחְבֶּרֶת et hovèrèt חוֹבֶרֶת est la *brochure* ou *fascicule*.

13 lèshoum לְשׁוּם *à aucun*. Shoum est un élément de négation, invariable : **shoum davar** שׁוּם דָּבָר *rien, aucune chose*, **shoum maqom** שׁוּם מָקוֹם *aucune place, pas de place*. Un autre élément de négation invariable, **af** אַף, s'emploie aussi, par exemple dans **af maqom** אַף מָקוֹם *nulle part*, ou **af èhad** אַף אֶחָד *pas un, personne*.

14 mikan מִכָּאן *d'ici, à partir d'ici*. **Kan** כָּאן a pour synonyme **poh** פֹּה ; le premier est d'origine talmudique, l'autre d'origine biblique.

15 mèqouba'at מְקוּבַּעַת *fixée* : adjectif au féminin singulier dérivé du verbe **liqboa** לִקְבּוֹעַ *fixer*. L'idée de fixation, stabilité, se retrouve par exemple dans **qvi'out ba'avodah** קְבִיעוּת בַּעֲבוֹדָה *fixation dans le travail*, c'est-à-dire *titularisation*.

75 / Soixante-quinzième leçon

תַּרְגִּיל רִאשׁוֹן – תַּרְגֵּם
Targil rishon – Targèm

❶ הוּא חוֹלֶה וְלִפְעָמִים יֵשׁ לוֹ סְחַרְחוֹרֶת.
Hou <u>h</u>olèh vèlif'amim yèsh lo s<u>h</u>ar<u>h</u>orèt.

❷ סֵדֶר הַיּוֹם שֶׁל רוּתִי מְתַסְכֵּל אֶת בַּעְלָהּ, כִּי הִיא מְכוּרָה לָעֲבוֹדָה.
Sèdèr hayom shèl Rou<u>t</u>i mè<u>t</u>askèl èt ba'alah, ki hi mèkhourah la'avodah.

❸ אַתְּ קְשׁוּרָה אֵלָיו אוֹ אַתְּ מְאוּהֶבֶת בּוֹ? זֶה לֹא אוֹתוֹ דָּבָר.
A<u>t</u> qshourah èlav o a<u>t</u> mèou<u>h</u>èvè<u>t</u> bo ? Zèh lo o<u>t</u>o davar.

❹ הִיא מְרַאֲיֶנֶת הַזַּמֶּרֶת שֶׁל תַּחֲנַת הָרָדְיוֹ.
Hi mèraayènè<u>t</u> hatzamèrè<u>t</u> shèl <u>t</u>a<u>h</u>ana<u>t</u> haradyo.

❺ מַה שְׁמָהּ שֶׁל הַיֶּפֵהפִיָּה שָׁם? זֹאת עִם הַפִּיגוּרָה הַטֶּלֶפוֹנִית!
Mah shmah shèl hayèfèhfiyah sham ? Zo<u>t</u> 'im hafigourah hatéflonit !

תַּרְגִּיל שֵׁנִי – הַשְׁלֵם
Targil shèni – Hashlèm

❶ *L'humidité, en été, à Tel-Aviv est très fatigante.*
Ha[...] ba[...] bè<u>T</u>èl-Aviv mè'ayèfè<u>t</u> [...].
ה---- ב--- בְּתֵל-אָבִיב מְעַיֶּפֶת מְאוֹד.

❷ *Qu'est-ce que c'est que toutes ces bêtises ? De quoi, au fond, parlent-ils dans cette interview ?*
Mah kol [...] haèlèh ? 'al mah [...] hèm mèdabrim [...] hazèh ?
מָה כֹּל ------ הָאֵלֶּה? עַל מָה ---- הֵם מְדַבְּרִים ------ הַזֶּה?

❸ *Une invitée est venue chez (vers-) nous pour [un] week-end mais elle y (chez nous) est déjà depuis deux semaines !*
Baah [...] ora<u>h</u>a<u>t</u> lèsof [...] aval hi [...] kvar shvou'ayim !
בָּאָה ------ אוֹרַחַת לְסוֹף ----- אֲבָל הִיא ----- כְּבָר שְׁבוּעַיִם!

❹ *Le photographe de mode photographie le mannequin(f.) sur la plage de Nètanya.*
[...] ha[...] mètzalèm èt ha[...] bè<u>h</u>of hayam bèNè<u>t</u>anyah.
--- ה----- מְצַלֵּם אֶת ה------ בְּחוֹף הַיָּם בִּנְתַנְיָה.

❺ *Yaèl est une grande joyeuse luronne, elle ne se fixe nulle part et, au fond, elle est très solitaire.*
Yaèl [...] gdolah, lo[...] bèaf maqom, oubè'è<u>t</u>zèm hi [...] mèod.
יָעֵל ------ גְּדוֹלָה, לֹא ------ בְּשׁוּם מָקוֹם, וּבְעֶצֶם הִיא ----- מְאוֹד.

Corrigé de l'exercice 1

❶ Il est malade et quelquefois il a le vertige. ❷ L'emploi du temps de Routi frustre son mari, car elle est accro au travail. ❸ Tu es attachée à lui ou tu en es amoureuse ? Ce n'est pas la même chose. ❹ Elle est l'intervieweuse vedette *(sommet)* de la station de radio. ❺ Quel est le nom de la très belle [femme] là-bas ? Celle qui a *(avec)* la silhouette de téflon ?

Corrigé de l'exercice 2

❶ – lahou**t** – qayitz – mèod   ❶ - לחות - קיץ - מאוד

❷ – hashtouyo**t** – bè'ètzèm – barèayon –

❷ - השתויות - בעצם - ברעיון -

❸ – èlèinou – shvou'a – ètzlènou –   ❸ - אלינו - שבוע - אצלנו -

❹ Tzalam – ofnah – dougmani**t**   ❹ צלם - אופנה - דוגמנית

❺ – balyani**t** – mèqouba'a**t** – bodèdah   ❺ - בלינית - מקובאת - בודדה

C'est souvent avec fièvre que les Israéliens lisent, regardent et écoutent la production de leurs divers médias. Les principaux quotidiens en hébreu sont **Haarètz** הָאָרֶץ *Le Pays,* **Ma'ariv** מַעֲרִיב *Soir,* **Yèdi'ot Aharonot** יְדִיעוֹת אַחֲרוֹנוֹת *Dernières Nouvelles ; en anglais,* **Jerusalem Post***.*

À côté des radios de statut privé, on trouve deux stations publiques : **Qol Israël** קוֹל יִשְׂרָאֵל *Voix d'Israël et* **Galèy Tzahal** גַּלֵּי צָהַ"ל *Ondes de Tzahal qui diffuse à l'ensemble de la population des programmes appréciés pour leur ouverture d'esprit.*

La télévision, quel que soit son statut, use des moyens de transmission les plus avancés, en particulier du câble, **kèvèl** כֶּבֶל*. Parmi les "canaux" spécialisés, on trouve* **'aroutz shèva'** עָרוּץ שֶׁבַע *Canal sept dont les programmes sont religieux ;* **'aroutz shmonèh** עָרוּץ שְׁמוֹנֶה *Canal huit qui offre beaucoup d'émissions en russe ;* **'aroutz hahistoryah** עָרוּץ הַהִיסְטוֹרְיָה *Canal de l'histoire. Il faut mentionner à part* **'aroutz hayèladim** עָרוּץ הַיְלָדִים *Canal des enfants, car la télévision éducative et scolaire est bien développée.*

Destinées à des populations soucieuses de leur particularité, beaucoup d'émissions à la radio comme à la télévision sont en langue étrangère : arabe, russe, amharique (éthiopien), français, anglais.

Notez l'usage du mot **'aroutz** עָרוּץ *canal là où le français emploie "chaîne".*

Deuxième vague : 26ᵉ leçon

Soixante-seizième leçon
(Shi'our shiv'im vèshèsh)

Salat yèraqot [1]
Salade de légumes

1 **Afilou im èinkhèm [2] tzimhonim, tèhanou [3] mèhasalat shèlanou.**
Même si vous n'[êtes] pas végétariens, vous aurez du plaisir [en mangeant] notre salade (de-salade de-nous).

2 **Hou ta'im, tziv'oni, vèha'iqar, qal [4] lèhakhanah.**
Elle (il) [est] délicieuse (délicieux), colorée, et, surtout (l'essentiel), facile à préparer (pour préparation).

3 **Im yèsh lakhèm qè'arah gdolah, qèrèsh hitoukh vèsakin, atèm mèourganim.**
Si vous avez (s'il-y-a pour-vous) un grand saladier, une planche à découper (coupure) et un couteau, vous [êtes] parés (organisés).

4 **Shloshah gzarim mèqoulafim oumègourarim,**
Trois carottes épluchées et râpées,

5 **'alèy hasah hatoukhim lirètzou'ot daqot,**
[des] feuilles [de] laitue coupées en (pour) lanières minces,

6 **mèlafèfonim, 'agvanyot oufilpèlim hatoukhim lèqoubiyot,**
[des] concombres, [des] tomates et [des] poivrons coupés en dés (pour-cubes),

Notes

1 **yèraqot** יְרָקוֹת *légumes* ; au singulier **yèrèq**. Notez la parenté avec l'adjectif **yaroq** יָרוֹק *vert*, ce qui est amusant quand on pense à la couleur des carottes !

2 **èinkhèm** אֵינְכֶם *vous n'êtes pas*. La particule négative **èin** אֵין s'applique ici à la 2ᵉ personne du masculin pluriel exprimée par la terminaison **khèm** כֶם. Vous trouverez l'ensemble des formes à la prochaine leçon de révision 77.

שִׁעוּר שִׁבְעִים וְשֵׁשׁ

סָלָט יְרָקוֹת

1. אֲפִילוּ אִם אֵינְכֶם צִמְחוֹנִים, תֵּהָנוּ מֵהַסָּלָט שֶׁלָּנוּ.
2. הוּא טָעִים, צִבְעוֹנִי, וְהָעִקָּר, קַל לְהָכָנָה.
3. אִם יֵשׁ לָכֶם קְעָרָה גְדוֹלָה, קֶרֶשׁ חִתּוּךְ וְסַכִּין, אַתֶּם מְאוּרְגָּנִים.
4. שְׁלוֹשָׁה גְזָרִים מְקוּלָּפִים וּמְגוּרָרִים,
5. עֲלֵי חַסָּה חֲתוּכִים לִרְצוּעוֹת דַּקּוֹת,
6. מְלָפְפוֹנִים, עַגְבָנִיּוֹת וּפִלְפְּלִים חֲתוּכִים לְקוּבִּיּוֹת,

הוא קנה קרש חיתוך וסכינים כדי לעשות סלטים.

---

3 tèhanou תֵּהָנוּ *vous aurez du plaisir*. Sur la racine ה.נ.ה se forment les noms **hanaah** הֲנָאָה *plaisir*, **nèhènatan** נֶהֱנְתָן *jouisseur, hédoniste*.

4 qal קַל traduit ici par *facile*, possède également le sens de *léger*.

7   **tznoniyot prousot, 'alèy batzal yaroq, mèlaféfonim ẖamoutzim** [5],
    [des] radis tranché(e)s [en rondelles], [des] feuilles [d']oignon vert, cornichons *(concombres aigres)*,

8   **avoqado bèqoubiyot, zèitim shẖorim viyèrouqim mègoul'anim** [6].
    [un] avocat en dés, [des] olives noires et vertes dénoyautées.

9   **Rotèv** [7] **: mitz limon, shèmèn** [8] **zayit, mèlaẖ, pilpèl.**
    Sauce : jus [de] citron, huile [d']olive *(olivier)*, sel, poivre.

10 **Hosifou yèraqot triyim** [9] **lèfi ta'amkhèm.**
    Ajoutez [des] légumes frais selon votre goût *(goût-de-vous)*.

11 **Lifnèy hahagashah, hosifou rèiẖan qatzouts o shamir qatzouts oufètrozilyah qtzoutzah.**
    Avant le service, ajoutez [du] basilic haché ou [de l']aneth haché et [du] persil haché(e).

12 **Lèhagish** [10] **èt hasalat 'al yad ẖoumous, thinah, gvinot.**
    Servir la salade *(m.)* avec *(à côté)* [du] houmous, [de la] thinah [et des] fromages.

13 **Bètèavon, labriout** [11].
    Bon *(Avec-)*appétit, à [votre] santé *(pour-la-santé)*.

Notes

5 **ẖamoutzim** חֲמוּצִים *aigres* ; au masculin singulier **ẖamoutz**. Les noms **ẖamètz** חָמֵץ *pâte levée* et **ẖomètz** חוֹמֶץ *vinaigre* ont la même étymologie, parenté confirmée par la chimie puisque des ferments agissent dans l'un et l'autre cas. Le **ẖamètz** a une importance particulière au moment de **Pèssaẖ** פֶּסַח : avant la fête, la maison doit en être soigneusement débarrassée, c'est la **bèdiqat ẖamètz** בְּדִיקַת חָמֵץ *recherche du ẖamètz.* Ce rite, avant-goût de la fête, s'accomplit souvent avec les enfants, comme un jeu dans la bonne humeur.

6 **mègoul'anim** מְגוּלְעָנִים *dénoyautés.* Le מ initial indique le passif. Formé sur le nom **gal'in** גַּלְעִין *noyau.*

שִׁעוּר שִׁבְעִים וְשֵׁשׁ

7 צְנוֹנִיּוֹת פְּרוּסוֹת, עֲלֵי בָּצָל יָרוֹק, מְלָפְפוֹנִים חֲמוּצִים,

8 אֲבוֹקָדוֹ בְּקוּבִּיּוֹת, זֵיתִים שְׁחוֹרִים וִירוּקִים מְגֻלְעָנִים.

9 רוֹטֶב: מִיץ לִימוֹן, שֶׁמֶן זַיִת, מֶלַח, פִּלְפֵּל.

10 הוֹסִיפוּ יְרָקוֹת טְרִיִּים לְפִי טַעֲמְכֶם.

11 לִפְנֵי הַהַגָּשָׁה, הוֹסִיפוּ רֵיחָן קָצוּץ אוֹ שָׁמִיר קָצוּץ וּפֶטְרוֹזִילְיָה קְצוּצָה.

12 לְהַגִּישׁ אֶת הַסָּלָט עַל יַד חוּמוּס, טְחִינָה, גְּבִינוֹת.

13 בְּתֵאָבוֹן, לַבְּרִיאוּת.

---

7 rotèv רוֹטֶב *sauce*. De la racine ר.ט.ב viennent les mots **lèhartiv** לְהַרְטִיב *mouiller* et **ratouv** רָטוּב *mouillé*.

8 shèmèn שֶׁמֶן *huile*. L'adjectif **shamèn** שָׁמֵן *gras, gros* (au sens de *adipeux*), **shmènah** שְׁמֵנָה *grasse*, le nom **shamènèt** שַׁמֶּנֶת *yaourt crémeux*, les verbes **lèshamèn** לְשַׁמֵּן *graisser* et **lèhashmin** לְהַשְׁמִין *grossir, engraisser* appartiennent à la même famille.

9 **triyim** טְרִיִּים *frais* (pl.) ; au singulier **tari** (m.) טָרִי et **triyah** (f.) טְרִיָּה. L'adjectif se rapporte à ce qui vient d'être cueilli ou produit et non à la température.

10 **lèhagish** לְהַגִּישׁ *servir les plats*. La racine נ.ג.שׁ signifie *approcher* ; elle se trouve aussi bien dans le verbe **lagèshèt** לָגֶשֶׁת *approcher* que dans l'adjectif **nagish** (m.) נָגִישׁ **nègishah** (f.) נְגִישָׁה *accessible* et dans le nom **magash** מַגָּשׁ *plateau pour servir*.

11 **labriout** לַבְּרִיאוּת *à [votre] santé*. La racine ב.ר.א est présente dans le premier verset de la Bible : **Bèrèshit bara Èlohim** בְּרֵאשִׁית בָּרָא אֱלֹהִים *au commencement Dieu créa* (Genèse 1,1). Optimisme fondamental : la création du monde et la bonne santé sont liées par le même mot ! **Briah** בְּרִיאָה *création* ; **briyah** בְּרִיָּה *créature* ; **briout** בְּרִיאוּת *santé*.

Soixante-seizième leçon

▶ Targil rishon – Targèm — תַּרְגִּיל רִאשׁוֹן – תַּרְגֵּם

❶ אֲנִי אוֹכֶלֶת אֲרוּחַת צָהֳרַיִם עִם חֲבֵרוֹת מֵהַמִּשְׂרָד בְּמִסְעָדָה צִמְחוֹנִית.
Ani okhèlèt arouhat tzohorayim 'im havèrot mèhamisrad bèmis'adah tzimhonit.

❷ הַאִם אַתֶּם כְּבָר מְאוּרְגָּנִים לַאֲלִיפוּיֹת הַשַּׁחְמָט הַבֵּינְלְאוּמִית?
Haim atèm kvar mèourganim laalifout hashahmat habèinlèoumit ?

❸ עוּגַת הַגֶּזֶר, טְעִימָה, קַלָּה לַהֲכָנָה וּמְצוּיֶנֶת עַל יַד תֵּה בְּלִימוֹן.
'ougat hagèzèr tè'imah, qalah lèhakhanah oumètzouyènèt 'al yad tèh bèlimon.

❹ לַגְּבִינָה לְבָנָה הוֹסִיפוּ מְלָפְפוֹן חָתוּךְ לְקוּבִּיוֹת וְשָׁמִיר קָצוּץ.
Ligvinah lèvanah hosifou mèlafèfon hatoukh lèqoubiyot vèshamir qatzoutz.

❺ הוּא קָנָה קֶרֶשׁ חִיתּוּךְ וְסַכִּינִים כְּדֵי לַעֲשׂוֹת סָלָטִים.
Hou qanah qèrèsh hitoukh vèsakinim kèdèy la'asot salatim.

***

Targil shèni – Hashlèm — תַּרְגִּיל שֵׁנִי – הַשְׁלֵם

❶ *Voici une sauce délicieuse et légère de tomates fraîches épluchées et coupées en dés.*
Hinèh [...] ta'im véqal mè[...] triyot [...] vèhatoukhot lè[...].
הנה ___ טעים וקל מ___ טריות ___ וחתוכות ל_____.

❷ *N'hésitez pas (vous oserez) à ajouter aux carottes râpées, jus d'orange frais, basilic haché, clémentines, sel, poivre.*
Ta'izou [...] ligzarim [...], mitz [...] tari, [...] qatzoutz, qlèmantinot, [...] pilpèl.
תעיזו _____ לגזרים _____ מיץ _____ טרי, ____ קצוץ, קלמנטינות, ___, פלפל.

❸ *Vous aurez du plaisir à manger des tranches d'oignon rouge [à] l'huile d'olive (et) vinaigre balsamique et persil.*
Atèm [...] lèèkhol [...] [...] adom, [...] zayit vè[...] balzami oupètrozilyah.
אתם ___ לאכול _____ ___ אדום, ___ זית ו____ בלסמי ופטרוזיליה.

/ 76 שִׁעוּר שִׁבְעִים וְשֵׁשׁ

Corrigé de l'exercice 1
❶ Je prends *(Je mange)* le repas de midi avec des collègues *(amies)* du bureau dans un restaurant végétarien. ❷ Est-ce que vous êtes déjà organisés pour le championnat international d'échecs ? ❸ Le gâteau de carottes est délicieux, facile à préparer *(pour la préparation)* et excellent avec *(à côté)* du thé au citron. ❹ Au fromage blanc, ajoutez du concombre coupé en dés et de l'aneth haché. ❺ Il a acheté [une] planche à découper *(planche coupure)* et [des] couteaux pour faire [des] salades.

***

❹ *Enfin tu es sorti de l'hôpital : l'essentiel [c'est] la santé !*
Sof-sof yatzat mi[...] [...] : ha'iqar [...] !

סוף סוף יצאת מ___ ה_____ : העקר _____!

❺ *Peut-être [puis-je] vous servir des cornichons et des radis avec (à côté de) la laitue ?*
Oulay [...] lakhèm mèlafèfonim [...] vè[...] 'al yad ha[...].

אולי _____ לכם מלפפונים _____ ו_____ על יד ה___?

Corrigé de l'exercice 2
❶ – rote_v_ – agvanyo_t_' – mèqoulafo_t_ – qoubiyot
❶ - רוטב - עגבניות - מקולפות - קוביות

❷ – lèhosif – mègourarim – tapouzim – rèihan – mèla_h_ –
❷ - להוסיף - מגוררים - תפוזים - ריחן - מלח -

❸ – _t_èhanou – prouso_t_ batzal – shèmèn – home_t_z –
❸ - תחנו - פרוסות בצל - שמן - חומץ -

❹ – bèi_t_ haholim – habrio_ut_
❹ - בית החולים - הבריאות

❺ – lèhagish – hamoutzim – tznoniyot – hasah
❺ - להגיש - חמוצים - צנוניות - חסה

Hahaqlaout haisrèèlit הַחַקְלָאוּת הַיִשְׂרְאֵלִית *l'agriculture israélienne. Le pays souffre de la faiblesse des ressources en eau et de la rareté des terres arables : seules 20 % des terres sont cultivables. En 1964, Israël achève à grand frais la construction de la* **movil hamayim haartzi** מוֹבִיל הַמַיִם הָאַרְצִי *conduite nationale d'eau, qui amène les ressources du nord (sources du Jourdain,* **Kinèrèt** כִּנֶּרֶת *lac de Tibériade) jusqu'au* **Nègèv** נֶגֶב. *Il faut aussi recourir à toutes sortes de techniques mises au point par les universités sous l'impulsion d'un organisme d'État,* **minhal hamèhqar hahaqlay** מִינְהַל הַמֶּחְקָר הַחַקְלָאִי *direction de la recherche agricole, pour économiser l'eau, dessaler l'eau de mer et cultiver hors sol. Une des caractéristiques d'Israël est le contraste formé, sur un espace restreint, par les divers pay-*

Soixante-dix-septième leçon
(Shi'our shiv'im vèshèva')

חֲזָרָה Hazarah – Révision

Vous voici à l'avant-dernière révision : quel parcours ! La prochaine vous conduira à la fin du livre mais pas, évidemment, à la fin de vos progrès en hébreu !

1 Comparatif

• **Égalité**

C'est la lettre-outil ou préposition **k-** כְּ *comme*, que vous placez devant le deuxième terme de la comparaison :
Hakham kiShlomoh.   חָכָם כִּשְׁלֹמֹה.
[Il est] intelligent comme Salomon.

Il est possible, mais c'est plus rare, que la comparaison soit réciproque. La lettre-outil se pose alors devant les deux termes de la comparaison : **kaav kabèn** כְּאָב כַּבֵּן *tel père tel fils* ("comme-le-père comme-le-fils").

sages : les lourdes, noires et riches terres de **èmèq Izrèèl** עֵמֶק יִזְרְעֶאל *vallée de Jezréel (et la ville centrale de* **Afoulah** עֲפוּלָה*), ou les collines verdoyantes de la Galilée,* **Galil** גָלִיל*, sont à moins de 300 km à vol d'oiseau du* **Makhtèsh Ramon** מַכְתֵּשׁ רָמוֹן *cratère Ramon (abrupte dépression de 8 km de large et de 35 km de long due à l'érosion), en plein* **Nègèv***. Il est difficile d'imaginer un site plus hostile à l'agriculture mais il serait facile de trouver dans les environs un établissement expérimental qui, à force d'études et mettant à profit l'ensoleillement, réussit à cultiver des fleurs, des fruits ou des légumes.*

Deuxième vague : 27ᵉ leçon

שִׁעוּר שִׁבְעִים וְשֶׁבַע

• Supériorité

On emploie l'adverbe **yotèr** יוֹתֵר plus et la lettre-outil **m-** מ de :
Naty yotèr yafèh miDavid.
נָתִי יוֹתֵר יָפֶה מִדָוִד.
Naty [est] plus beau que David.

Cette lettre-outil correspond ici au *que* français. On peut se dispenser de l'adverbe **yotèr** :
Hi tovah mimèni bèmatèmatiqah.
הִיא טוֹבָה מִמֶּנִי בְּמָתֶמָטִיקָה.
Elle est meilleure que moi en mathématiques ("elle bonne de-moi (= par-rapport-à-moi) en-mathématiques").

• Infériorité

On emploie l'adverbe **pahot** פָּחוֹת moins et la lettre-outil **m-** מ :
Habayit shèl hashkhènim pahot gadol mishèlanou.
הַבַּיִת שֶׁל הַשְׁכֵנִים פָּחוֹת גָדוֹל מִשֶּׁלָנוּ.
La maison des voisins [est] moins grande que la nôtre.

2 Superlatif

• Le superlatif relatif

Il s'exprime au moyen de l'adverbe **bèyot̲èr** בְּיוֹתֵר *en plus*, placé après l'adjectif :
Hou hatalmid hatov bèyot̲èr bèv̲eit̲ hasèfèr.

הוּא הַתַּלְמִיד הַטוֹב בְּיוֹתֵר בְּבֵית הַסֵפֶר.

Il est le meilleur élève de l'école ("il élève le-bon en-plus dans-maison-de le-livre").

On peut aussi se dispenser de **bèyot̲èr** בְּיוֹתֵר :
Hi hayafah mikoulan.   הִיא הַיָפָה מִכּוּלָן.
Elle est la plus jolie de toutes ("elle la-belle de-toutes").

Notez que dans cet exemple on a employé la lettre-outil **m-** מ parce que le deuxième terme est de même ordre que le premier : la relation était ici entre une jeune fille et un ensemble de jeunes filles. Tandis que si la relation vise deux termes d'ordre différent, on emploie la préposition **b-** בְּ :
Hi hah̲amoudah bakit̲ah.   הִיא הַחֲמוּדָה בַּכִּתָּה.
Elle est la plus mignonne de la classe ("elle la-mignonne dans-la-classe").

Une tournure plus familière est possible, avec l'adverbe **hakhi** הֲכִי *le plus*, à la place de **bèyot̲èr** בְּיוֹתֵר.

• Le superlatif absolu

Il recourt à l'adverbe **mèod** מְאֹד *très*, placé après ou avant l'adjectif :
Haish hazèh mad'an gadol mèod.

הָאִישׁ הַזֶה מַדְעָן גָדוֹל מְאֹד.

Cet homme est un très grand savant.

Pour certains adjectifs on peut user d'une formation particulière :
yafèh יָפֶה *beau* → **yèfèfèh** יְפֵהפֶה *très beau, le plus beau* ;
yafah יָפָה *belle* → **yèfèfiyah** יְפֵהפִיָה *très belle, la plus belle*.

3 Préposition modulée

Le caractère synthétique de l'hébreu se marque dans l'usage de ces prépositions auxquelles on peut affecter une terminaison de personne.

• **èl** אֶל *vers* :

èlay	אֵלַי	vers moi (m./f.)
èlèikha	אֵלֶיךָ	vers toi (m.)
èlayikh	אֵלַיִךְ	vers toi (f.)
èlav	אֵלָיו	vers lui
èlèiha	אֵלֶיהָ	vers elle
èlèinou	אֵלֵינוּ	vers nous (m./f.)
alèikhèm	אֲלֵיכֶם	vers vous (m.)
alèikhèn	אֲלֵיכֶן	vers vous (f.)
alèihèm	אֲלֵיהֶם	vers eux
alèihèn	אֲלֵיהֶן	vers elles

Distinguez bien cette préposition, qui indique un mouvement, et **ètzèl** אֵצֶל *chez* qui marque une situation fixe (voir leçon 42). Comparez :
Hou ba èlay lamisrad. הוּא בָּא אֵלַי לַמִשְׂרָד.
Il est venu vers moi au bureau (double mouvement : "au bureau" et "vers moi") ;
Hou gar ètzli kvar ḥodèsh. הוּא גָר אֶצְלִי כְּבָר חוֹדֶשׁ.
Il habite chez moi [depuis un] mois (situation fixe).

• **'al** עַל *sur*

'alay	עָלַי	sur moi (m./f.)
'alèikha	עָלֶיךָ	sur toi (m.)
'alayikh	עָלַיִךְ	sur toi (f.)
'alav	עָלָיו	sur lui
'alèiha	עָלֶיהָ	sur elle
'alèinou	עָלֵינוּ	sur nous (m./f.)
'alèikhèm	עֲלֵיכֶם	sur vous (m.)
'alèikhèn	עֲלֵיכֶן	sur vous (f.)

'alèihèm	עֲלֵיהֶם	sur eux
'alèihèn	עֲלֵיהֶן	sur elles

4 La négation èin

La particularité de cette négation est qu'étant en rapport avec le présent elle ne s'emploie pas avec le passé ni avec le futur. Elle peut servir à exprimer le verbe être à la forme négative au présent, ou avec un verbe de modalité (ex. : pouvoir). On peut lui ajouter les terminaisons personnelles ainsi :

èini*	אֵינִי	je ne... pas (m./f.)
èinkha	אֵינְךָ	tu ne... pas (m.)
èinèkh	אֵינֵךְ	tu ne... pas (f.)
èino	אֵינוֹ	il ne... pas
èinah**	אֵינָהּ	elle ne... pas
èinènou	אֵינֶנּוּ	nous ne... pas (m./f.)
èinkhèm	אֵינְכֶם	vous ne... pas (m.)
èinkhèn	אֵינְכֶן	vous ne... pas (f.)
èinam	אֵינָם	ils ne... pas
èinan	אֵינָן	elles ne... pas

* La forme **èinèni** אֵינֶנִּי s'emploie également.
** La forme **èinènah** אֵינֶנָּה s'emploie également.

Cette négation peut donc s'employer avec ou sans verbe :
Èinèni (èini) yèkholah lavo 'akhshav.

אֵינֶנִּי (אֵינִי) יְכוֹלָה לָבוֹא עַכְשָׁו.

Je ne peux pas venir maintenant.

Haboqèr hou èino ba'avodah. הַבֹּקֶר הוּא אֵינוֹ בַּעֲבוֹדָה.
Ce matin, il n'[est] pas au travail.

5 Nom modulé

Le caractère synthétique de l'hébreu est encore plus net dans la formation **likhvod** לִכְבוֹד *en l'honneur de*. Par exemple, **likhvodkha**

לִכְבוֹדְךָ *en ton honneur* (m. sing.) qui se décompose successivement comme ceci :

– la lettre-outil initiale **l-** ל qui indique le mouvement ;
– le mot **kavod** כָּבוֹד *poids, honneur, prestige* dont la racine est כ.ב.ד ;
– le suffixe personnel qui désigne le destinataire du mouvement (ici **kha-** ךָ).

Ainsi, le même mot contient quatre informations : le mouvement, la notion d'honneur, le genre du destinataire et son nombre, comme le montre le tableau suivant pour les autres personnes :

likhvodi	לִכְבוֹדִי	*en mon honneur* (m./f.)
likhvodkha	לִכְבוֹדְךָ	*en ton honneur* (m.)
likhvodèkh	לִכְבוֹדֵךְ	*en ton honneur* (f.)
likhvodo	לִכְבוֹדוֹ	*en son honneur* (m.)
likhvodah	לִכְבוֹדָהּ	*en son honneur* (f.)
likhvodènou	לִכְבוֹדֵנוּ	*en notre honneur* (m./f.)
likhvodkhèm	לִכְבוֹדְכֶם	*en votre honneur* (m.)
likhvodkhèn	לִכְבוֹדְכֶן	*en votre honneur* (f.)
likhvodam	לִכְבוֹדָם	*en leur honneur* (m.)
likhvodan	לִכְבוֹדָן	*en leur honneur* (f.)

L'expression s'emploie couramment pour rédiger les adresses postales sur les enveloppes. Le mot **likhvod**, occupant à lui seul toute la ligne, est suivi, sur la ligne inférieure, du nom du destinataire :

likhvod	לִכְבוֹד	*en- [l]'honneur [de]*
Haïm Kohèn	חַיִּים כֹּהֵן	*Haïm Cohen.*

6 Un adjectif dérivé

L'adjectif qualificatif **'akhshavi** עַכְשָׁוִי *actuel, à jour* est dérivé de l'adverbe **'akhshav** עַכְשָׁו *maintenant* :

'akhshavi	עַכְשָׁוִי	*actuel*
'akhshaviyim	עַכְשָׁוִיִּים	*actuels*
'akhshavit	עַכְשָׁוִית	*actuelle*
'akhshaviyot	עַכְשָׁוִיּוֹת	*actuelles*

7 Un hébraïsme

Nous avons lu à la leçon 72 : **Hou mèsamèl èt haqanqan shèbo nimtzéou <u>h</u>èlèq…** הוּא מְסַמֵּל אֶת הַקַּנְקַן שֶׁבּוֹ נִמְצְאוּ חֵלֶק… *Il symbolise la jarre dans laquelle* ("qui-dans-lui") *a été trouvée une partie…* Tournure propre à l'hébreu, mais facile à "démonter", elle vous servira a construire des phrases comportant une proposition principale et une subordonnée relative.

Shèbo שֶׁבּוֹ se compose du relatif invariable **shè** שֶׁ *que* et de la lettre outil **b-** בְּ *dans* augmentée du suffixe personnel. Dans cette phrase, ce suffixe est au masculin singulier car le mot **qanqan** קַנְקַן auquel il renvoie est lui-même du masculin singulier. Supposons la phrase suivante : **Hou mèsamèl èt hatèvah shèbah nimtzèou <u>h</u>èlèq…** הוּא מְסַמֵּל אֶת הַתֵּבָה שֶׁבָּה נִמְצְאוּ חֵלֶק… *Il symbolise la boîte dans laquelle* ("qui-dans-elle") *a été trouvée une partie…* Ce sera le suffixe personnel **-ah** הָ qui, renvoyant à **tèvah**, féminin singulier, s'ajoutera à la lettre-outil **b-**

La liste complète de ces formes est la suivante :

bi	בִּי	*dans moi*
bèkha	בְּךָ	*dans toi* (m.)
bakh	בָּךְ	*dans toi* (f.)
bo	בּוֹ	*dans lui*
bah	בָּהּ	*dans elle*
banou	בָּנוּ	*dans nous*
bakhèm	בָּכֶם	*dans vous* (m.)
bakhèn	בָּכֶן	*dans vous* (f.)
bahèm	בָּהֶם	*dans eux*
bahèn	בָּהֶן	*dans elles*

8 Expressions familières

Cette dernière série de leçons vous a proposé des expressions plus familières qu'académiques : placez-les dans la conversation, elles vous mettront sur la même longueur d'onde que votre interlocuteur. Les voici rassemblées :

שִׁעוּר שִׁבְעִים וְשֶׁבַע

koshèr olimpi forme olympique (leçon 71) ;	כּוֹשֶׁר אוֹלִימְפִּי
shalvah olimpit calme (sérénité) olympien(ne) (71) ;	שַׁלְוָה אוֹלִימְפִּית
lèabèd yadayim vèraglayim lâcher pied (73) ;	לְאַבֵּד יָדַיִים וְרַגְלַיִים
lèhikanès 'im harosh baqir aller droit ("entrer avec la tête") dans le mur (73) ;	לְהִכָּנֵס עִם הָרֹאשׁ בַּקִּיר
'aqèv bètzad agoudal pas à pas (73) ;	עָקֵב בְּצַד אֲגוּדָל
haasimon nafal le résultat est là (73) ;	הָאֲסִימוֹן נָפַל
lèlo qitzourèy dèrèkh sans brûler les étapes (73)	לְלֹא קִצּוּרֵי דֶּרֶךְ
bègovah haèinayim d'égal à égal (73) ;	בְּגוֹבַהּ הָעֵינַיִים
frayer bonne poire (73)	פְרַאיֶר
tinoq mègoudal grand bébé (74) ;	תִּינוֹק מְגוּדָּל
yèfèhfiyah 'im qabalot certifiée très belle (75).	יְפֵהפִיָּה עִם קַבָּלוֹת

▶ Dialogue de revision

❶ – הַשָּׁבוּעַ רָאִיתִי אֶת שָׂרִית. מֵאָז שֶׁהִיא הִתְגָּרְשָׁה הִיא לֹא מְאוֹהֶבֶת בְּאַף אֶחָד, אֲבָל הִיא לֹא בּוֹדְדָה.

❷ – יֵשׁ לָהּ הַרְבֵּה פְּנַאי, וְהִיא יוֹצֵאת לְבָלוֹת עִם הַמְאַמֵּן הַמִּיתוֹלוֹגִי שֶׁל הַשְּׁכוּנָה.

❸ – הִיא אֲפִילוּ הָלְכָה לִרְאוֹת מְשַׂחֲקִים בָּאִיצְטַדְיוֹן.

❹ – הִיא מִשְׁתַּגַּעַת עַל מוֹעֲדוֹן הַלַּיְלָה הַיָּדוּעַ בְּיָפוֹ.

5 – הִיא מַכִּירָה שָׁם הַרְבֵּה בַּלְיָנִים, בַּלְיָנִיּוֹת וְדוּגְמָנִיּוֹת.

6 – הִיא עָשְׂתָה דִּיאֶטָה וְהַיּוֹם הִיא יְפֵהפִיָּה עִם פִיגוּרָה טֶפְלוֹנִית, וּבְגָדִים אוֹפְנָתִיִּים.

7 – הִיא מְרַאֲיֶנֶת צָמֶרֶת בְּתַחֲנַת רַדְיוֹ. עִם הַפֶּה הַגָּדוֹל שֶׁלָּהּ זֶה בְּדִיּוּק בִּשְׁבִילָהּ.

8 – הָלַכְנוּ לְתַעֲרוּכָה שֶׁל הַמְגִילּוֹת הַגְּנוּזוֹת בַּמּוּזֵיאוֹן הָאַרְכֵיאוֹלוֹגִי.

9 – רָאִינוּ גַּם תְּעוּדוֹת עַתִּיקוֹת, סֵפֶר תַּנַ״ךְ קָדוּם וְקַנְקַנִּים מִמְּעָרוֹת קוּמְרָאן.

10 – מִשָּׁם הָלַכְנוּ לְמִסְעָדָה עַל חוֹף הַיָּם.

11 – יָשַׁבְנוּ בַּמִּרְפֶּסֶת, מַמָּשׁ שָׁלְוָה אוֹלִימְפִּית.

12 – זֹאת בָּחוּרָה מְיוּחֶדֶת. רַק דָּבָר אֶחָד מִתְסַכֵּל אוֹתִי: הִיא לֹא מְדַבֶּרֶת עִם אֲנָשִׁים בְּגוֹבַהּ הָעֵינַיִם.

13 – עַל כֹּל גֶּבֶר הִיא אוֹמֶרֶת שֶׁהוּא תִּינוֹק מְגוּדָּל וְלֹא יוּצְלַח. מַה יִּהְיֶה אִתָּהּ?

14 – אֶצְלֵנוּ הַכֹּל בְּסֵדֶר. לְהִשְׁתַּמֵּעַ וּלְהִתְרָאוֹת. בְּקָרוֹב.

15 – שֶׁלָּכֶם רוֹנִי.

שִׁעוּר שִׁבְעִים וְשֶׁבַע / 77

Traduction

❶ – Cette semaine, j'ai vu Sariṭ. Depuis qu'elle a divorcé, elle n'est amoureuse de personne mais elle n'est pas seule *(solitaire)*.
❷ – Elle a beaucoup de temps libre et elle sort pour s'amuser avec le "mythique entraîneur" du quartier.
❸ – Elle est même allée voir des matches au stade.
❹ – Elle raffole *(est-folle-de)* de la célèbre boîte de nuit *(club-de la-nuit)* de Jaffa.
❺ – Elle y connaît beaucoup de joyeux lurons et joyeuses luronnes et des mannequins.
❻ – Elle a suivi *(fait)* un régime et aujourd'hui elle est très belle, avec une silhouette de "téflon" et des vêtements à la mode.
❼ – Elle est l'intervieweuse vedette *(sommet)* dans une station de radio. Avec sa grande gueule, c'est exactement ce qu'il lui faut *(pour-elle)*.
❽ – Nous sommes allés à une exposition sur les "rouleaux préservés", au musée archéologique.
❾ – Nous avons vu aussi des documents anciens, un antique livre de la Bible et des jarres des grottes de Qumran.
❿ – De là, nous sommes allés au restaurant, au bord de la mer.
⓫ – Nous nous sommes installés *(assis)* à la terrasse : une vraie *(réellement)* tranquillité olympienne !
⓬ – C'est une jeune femme spéciale. Une seule chose me frustre : elle ne parle pas avec les gens d'égal à égal *(dans-hauteur-de les-yeux)*.
⓭ – De chaque homme, elle dit qu'il est un grand bébé *(bébé agrandi)*, un bon à rien. Qu'est-ce qui va lui arriver *(quoi sera avec-elle)* ?
⓮ – Chez nous, tout va bien. À bientôt, *(à s'entendre et)* au revoir. *(à bientôt)*.
⓯ – Votre *(de-vous)* Roni.

Deuxième vague : 28ᵉ leçon

Soixante-dix-huitème leçon
(Shi'our shiv'im oushmonèh)

Im lo yo'il, lo yaziq ! [1]
Si ce n'est pas utile, ce n'est pas nuisible !

1 – **Todah lèkha, todah lakh, 'al hahatmadah** [2].
   Merci à toi*(m.)*, merci à toi*(f.)* pour [ton] *(l')*assiduité.

2 **Zot sidrat hashi'ourim haaharonah.**
   C'est la dernière série de leçons *(celle-ci série-de les-leçons la-dernière)*.

3 **Qashèh lèkha(/lakh), lèhitrakèz ? Nimas** [3] **lèkha(/lakh) lashèvèt 'al hakisé vèlilmod ?**
   [C'est] difficile pour toi *(m.ff.)* [de] te concentrer ? Tu *(m./f.)* en as assez [d'] être assis/e *(s'asseoir)* sur une *(la)* chaise et-*(d')* apprendre ?

4 **Anahnou matzi'im lakhèm èt "shitat hahizouqim"** [4].
   Nous vous *(pour vous)* proposons la "méthode du renforcement".

Notes

1 **Im lo yo'il, lo yaziq !** אִם לֹא יוֹעִיל, לֹא יַזִיק! *Si ce n'est (sera) pas utile, ce n'est (sera) pas nuisible !* Remarquez les deux futurs après la conjonction **im** אִם *si*. Sur la racine י.ע.ל se construisent le verbe **lèho'il** לְהוֹעִיל *être utile* et le nom **yè'ilout** יְעִילוּת *efficacité*, mot dont la terminaison **out** וּת indique une signification abstraite. Sur la racine נ.ז.ק se construisent le présent **maziq** מַזִיק *il nuit, il fait du tort* et le nom **nèzèq** נֶזֶק *dégât, dommage*.

2 **hatmadah** הַתְמָדָה *assiduité*. Repérez dans ce mot la même racine que dans l'adverbe **tamid** תָמִיד *toujours*, que l'on trouve aussi dans le verbe **lèhatmid** לְהַתְמִיד *persévérer, perpétuer*. Notez la locution **ahat oulètamid** אַחַת וּלְתָמִיד *une fois pour toutes* (litt. "une et-pour-toujours"). Au Temple, un **nèr tamid** נֵר תָמִיד *lampe permanente ou*

שִׁעוּר שִׁבְעִים וּשְׁמוֹנֶה

אִם לֹא יוֹעִיל, לֹא יַזִּיק!

1 – תּוֹדָה לְךָ, תּוֹדָה לָךְ, עַל הַהַתְמָדָה.
2 זֹאת סִדְרַת הַשִּׁעוּרִים הָאַחֲרוֹנָה.
3 קָשֶׁה לְךָ(/לָךְ) לְהִתְרַכֵּז? נִמְאַס לְךָ(/לָךְ) לָשֶׁבֶת עַל הַכִּסֵּא וְלִלְמוֹד?
4 אֲנַחְנוּ מַצִּיעִים לָכֶם אֶת "שִׁיטַת הַחִזּוּקִים".

perpétuelle brûlait sans interruption sur le chandelier d'or ; cet usage s'est maintenu dans la lampe électrique allumée sans discontinuité au-dessus de l'armoire, "arche sainte", qui, à la synagogue, contient le rouleau de la Torah.

3 **nimas lèkha** נִמְאַס לְךָ *tu en as assez*. Cette expression s'emploie à toutes les personnes : **nimas li** נִמְאַס לִי *j'en ai assez* ; **nimas lo** נִמְאַס לוֹ *il en a assez*, etc. Si elle est suivie d'un verbe – qui indique ce dont on a assez – celui-ci est à l'infinitif ; exemple : **Nimas li lishmo'a oto shir baradyo**.

נִמְאַס לִי לִשְׁמוֹעַ אוֹתוֹ שִׁיר בָּרַדְיוֹ.

J'en ai assez d'entendre la même chanson à la radio. Elle peut être aussi suivie d'un nom, dans ce cas, ce dernier est précédé de la lettre-outil מ : **nimas li mèhaḥavèr shèlo**.

נִמְאַס לִי מֵהֶחָבֵר שֶׁלּוֹ *j'en ai assez de son ami.*

4 **shitaṭ haḥizouqim** שִׁיטַת הַחִזּוּקִים *la méthode du renforcement* qui consiste à insister sur le positif plutôt qu'à menacer et punir. Ce mot appartient, en français comme en hébreu, à la psychologie scientifique ; il est employé ici avec quelque humour.

Pour féliciter un orateur, les auditeurs – conformément à la coutume – lui lancent à la fin de son discours : **ḥazaq** ! חָזָק *(tu es) fort !*, mot formé, lui aussi, sur la racine ק.ז.ח.

arba' mèoṭ shloshim vashèsh • 436

5 — **Klomar [5], atah(/at) mavtiah/mavtihah lè'atzmèkha (/lè'atzmèkh) mashehou tov aharèy hamaamatz.**
C'est-à-dire [que] tu te promets *(m./f.)* à toi-même *(m./f.)* quelque chose [de] bon après l'effort.

6 **Lèmashal [6], im èlmad èt hashi'our hazèh mèhahathalah 'ad hasof, èlèkh ba'èrèv lèsèrèt.**
Par exemple, si j'apprends *(apprendrai)* cette leçon *(la-leçon la-cette)* du début à la fin, j'irai ce soir *(dans-le-soir)* au cinéma *(vers-film)*.

7 — **Hinèh 'od 'ètzah tovah, lèhit'amèl [7], lèfi hashitah hazot : magi'a lèkha(/lakh) [8] qafèh vè'ougat shoqolad aharèy hahit'amlout [7].**
Voici encore un bon *(bonne)* conseil, faire de la gymnastique, selon cette méthode *(la-celle)* : tu mérites [un] café et un gâteau au chocolat après la gymnastique.

8 — **Bèvaqashah la'amod [9] zaqouf, haraglayim bèfisouq qal, hayadayim hofshiyot lètzad hagouf,**
Prière de se tenir droit, les jambes légèrement écartées *(dans-écartement léger)*, les mains libres *(libérées)* le long du corps *(vers-côté le-corps)*,

Notes

5 klomar כְּלוֹמַר *c'est-à-dire* se décompose en k כ *comme* et *lomar* לוֹמַר *dire*, littéralement "comme-pour-dire".

6 lèmashal לְמָשָׁל *par exemple*. La Bible dans sa version grecque, appelée Bible des Septante, traduit **mashal** par *parabole* et c'est ce dernier mot qui est à l'origine du mot français "parole". C'est dire que **mashal** a des acceptions presque aussi variées que l'usage de la parole : *comparaison, proverbe, dicton, énigme, épigramme, fable*. Par exemple **Mishlèy Lafontèn** מִשְׁלֵי לַפוֹנְטֶן *Fables de La Fontaine* ; **Mishlèy (Shlomo)** מִשְׁלֵי (שְׁלֹמֹה) *Proverbes (de Salomon)*, un des livres rangés dans la partie **Ktouvim** כְּתוּבִים de la Bible.

שִׁעוּר שִׁבְעִים וּשְׁמוֹנָה / 78

5- כְּלוֹמַר, אַתָּה(/אַתְּ) מַבְטִיחַ/מַבְטִיחָה לְעַצְמְךָ (/לְעַצְמֵךְ) מַשֶּׁהוּ טוֹב אַחֲרֵי הַמַּאֲמָץ.

6 לְמָשָׁל, אִם אֶלְמַד אֶת הַשִּׁעוּר הַזֶּה מֵהַהַתְחָלָה עַד הַסּוֹף, אֵלֵךְ בָּעֶרֶב לְסֶרֶט.

7- הִנֵּה עוֹד עֵצָה טוֹבָה, לְהִתְעַמֵּל! לְפִי הַשִּׁיטָה הַזֹּאת מַגִּיעַ לְךָ(/לָךְ) קָפֶה וְעוּגַת שׁוֹקוֹלָד אַחֲרֵי הַהִתְעַמְּלוּת.

8 - בְּבַקָּשָׁה לַעֲמוֹד זָקוּף. הָרַגְלַיִים בְּפִסּוּק קַל, הַיָּדַיִים חוֹפְשִׁיּוֹת לְצַד הַגּוּף.

---

7 lèhit'amèl לְהִתְעַמֵּל *faire de la gymnastique*. Hit'amlout הִתְעַמְּלוּת *gymnastique*. Ces deux mots se rapportent par leur racine ע.מ.ל à 'amal עָמָל *labeur, travail pénible*.

8 magi'a lèkha/lakh (לְךָ/לָךְ) מַגִּיעַ *tu (m./f.) mérites*. Littéralement : "[cela]-arrive vers-toi" ; on pourrait aussi traduire par : *tu le vaux bien*. Pour comprendre comment construire cette expression (qui s'emploie dans le sens favorable et dans le sens défavorable), voici deux exemples : **ḥamoudi, yèsh lèkha tè'oudah tovah, magi'ot lèkha matanot** חֲמוּדִי, יֵשׁ לְךָ תְּעוּדָה טוֹבָה, מַגִּיעוֹת לְךָ מַתָּנוֹת *Chéri, tu as un bon diplôme, tu mérites des cadeaux* ; **hou ganav kèsèf mitayarim, magi'a lo 'onèsh** הוּא גָּנַב כֶּסֶף מְתַיָּרִים, מַגִּיעַ לוֹ עוֹנֶשׁ *Il a volé de l'argent à des touristes, il mérite une punition*.

9 la'amod לַעֲמוֹד *se tenir debout*. La racine étant ע.מ.ד on la trouve dans **'amidah** עֲמִידָה *position debout* qui possède une acception particulière puisque ce mot désigne la prière par excellence, récitée en silence, face à l'arche sainte, debout, pieds joints. On la trouve également dans **'amoud** עַמּוּד *colonne* pour un journal, un monument et... les vertèbres.

9	**habètèn moukhnèsèt pnimah [10], hayashvan [11] mèkhouvatz,**
	le ventre rentré *(vers l'intérieur)*, les fesses *(le-séant)* contractées,
10	**lèat, lèat, lètzayèr ma'galim 'im harosh,**
	lentement, lentement, dessine *(dessiner)* [des] ronds avec la tête,
11	**miyamin lismol oumismol lèyamin.**
	de droite à gauche et de gauche à droite.
12 –	**Targil shèni : larèdèt liyèshivah mizrahit, gav zaqouf,**
	Deuxième exercice : assieds-toi en tailleur *(descendre vers-position orientale)*, dos droit,
13	**lèhorid èt harosh lèat, pa'am lakatèf hayèmanit oufa'am lakatèf hasmalit.**
	fais descendre la tête lentement [une] fois vers l'épaule droite et [une] fois vers l'épaule gauche.
14	**Lahazor 'al hatargilim èsèr pè'amim,**
	Répéte *(Répéter sur)* les exercices dix fois,
15 –	**Kol hakavod ! Vèal tishkah(/tishkèhi) èt "hahizouq" hamouvtah !**
	Chapeau *(Tout l'-honneur)* ! Et n'oublie pas la récompense *(le renforcement)* que tu t'es promise.

Notes

10 **pnimah** פְּנִימָה *vers l'intérieur*. Au mot **pnim** פְּנִים *intérieur* est suffixé le הְ֫ de mouvement que nous avons déjà rencontré. La lettre-outil בְּ *dans*, peut lui être aussi préfixée : **bifnim** בִּפְנִים *à l'intérieur*.

11 **yashvan** יַשְׁבָן *séant, fesses*. La traduction par un mot hors d'usage dans le français actuel a l'avantage de rendre exactement l'hébreu : la racine י.ש.ב. est celle du verbe **lashèvet** לָשֶׁבֶת *s'asseoir* et des

9   הַבֶּטֶן מוּכְנֶסֶת פְּנִימָה, הַיַּשְׁבָן מְכֻוָּוץ,
10 לְאַט, לְאַט, לְצַיֵּר מַעְגָּלִים עִם הָרֹאשׁ,
11 מִיָּמִין לִשְׂמֹאל וּמִשְּׂמֹאל לְיָמִין.
12 – תַּרְגִּיל שֵׁנִי: לָרֶדֶת לִישִׁיבָה מִזְרָחִית, גַּב זָקוּף.
13 לְהוֹרִיד אֶת הָרֹאשׁ לְאַט, פַּעַם לַכָּתֵף הַיְּמָנִית וּפַעַם לַכָּתֵף הַשְּׂמָאלִית.
14 לַחֲזוֹר עַל הַתַּרְגִּילִים עֶשֶׂר פְּעָמִים.
15 – כָּל הַכָּבוֹד! וְאַל תִּשְׁכַּח (תִּשְׁכְּחִי) אֶת "הַחִיזּוּק" הַמּוּבְטָח.

שיטת ההתעמלות של מועדון הספורט מצוינת לנשים.

noms **yèshiyah** יְשִׁיבָה *école talmudique*, au sens littéral *établissement, position* et **yishouv** יְשׁוּב *installation*. Ce dernier mot, qui a le sens ordinaire de *placer dans un endroit déterminé*, a reçu un sens particulier dans l'histoire, la politique et la sociologie israéliennes puisqu'il désigne l'ensemble des Juifs qui, établis dans le pays, sont de près ou de loin à l'origine de l'Etat d'Israël. Pour les petits enfants, préférez le mot **tousiq** טוּסִיק à **yashvan** parce qu'il est connoté d'affection.

Targil rishon – Targèm — תַּרְגִיל רִאשׁוֹן – תַּרְגֵּם

❶ שִׁיטַת הַהִתְעַמְּלוּת שֶׁל מוֹעֲדוֹן הַסְּפּוֹרְט מְצוּיֶּנֶת לְנָשִׁים.
Shitat hahit'amlout shèl mo'adon hasport mètzouyènèt lènashim.

❷ נִמְאַס לָכֶם לְצַיֵּר נוֹפִים? אֲנַחְנוּ מַצִּיעִים לָכֶם לְצַיֵּר אֶחָד אֶת הַשֵּׁנִי.
Nimas lakhèm lètzayèr nofim ? Anahnou matzi'im lakhèm lètzayèr èhad èt hashèni.

❸ מְנַהֵל שֶׁדּוֹרֵשׁ מְצוּיָּנוּת צָרִיךְ לָתֵת חִיזּוּקִים לָעוֹבְדִים.
Mènahèl shèdorèsh mètzouyanout tzarikh latèt hizouqim la'ovdim.

❹ הִנֵּה תַּרְגִיל טוֹב לַכְּתֵפַיִים וְלַגַּב זָקוּף.
Hinèh targil tov laktèfayim oulègav zaqouf.

❺ מִי אוֹמֵר שֶׁכָּל הַהַתְחָלוֹת קָשׁוֹת?
Mi omèr shèkol hahathalot qashot ?

***

Targil shèni – Hashlèm — תַּרְגִיל שֵׁנִי – הַשְׁלֵם

❶ *[C'est] connu que le sucre nuit (nuira) à ta santé.*
[...] shèhasoukar [...] la[...] shèlkha.

____ שֶׁהַסּוּכָּר ____ לַ____ שֶׁלְּךָ.

❷ *Pour une fois, ça vaut le coup que tu réfléchisses au (Rentable pour-toi penser une-fois sur) conseil de papa.*
Kèday lèkha [...] pa'am 'al ha[...] shèl aba.

כְּדַאי לְךָ _____ פַּעַם עַל הַ____ שֶׁל אַבָּא.

❸ *Pour se concentrer et étudier, il écoute [de la] musique classique.*
Kèdèy [...] vè[...], hou shomè'a [...] qlasit.

כְּדֵי _____ וְ_____ , הוּא שׁוֹמֵעַ _____ קְלָסִית.

❹ *Lorsque nous sommes libres (f.) l'après-midi, nous allons faire [de] la gymnastique dans la salle de [remise en] forme.*
Kaashèr anahnou [...] aharèy ha[...] anahnou holkhot [...] bè[...] hakoshèr.

כַּאֲשֶׁר אֲנַחְנוּ _____ אַחֲרֵי הַ_____ אֲנַחְנוּ הוֹלְכוֹת _____ בַּ____ הַכֹּשֶׁר.

שִׁעוּר שִׁבְעִים וּשְׁמוֹנָה

Corrigé de l'exercice 1
❶ La méthode de gymnastique du club de sport est excellente pour les femmes. ❷ Vous en avez assez de dessiner [des] paysages ? Nous vous proposons de [vous] dessiner l'un l'autre. ❸ Un directeur qui réclame [de] l'excellence doit récompenser *(donner du renforcement aux)* les travailleurs. ❹ Voici un bon exercice pour les épaules et pour un dos droit. ❺ Qui dit que tous les commencements [sont] difficiles ?

***

❺ *À la télévision, il y a une série de films scientifiques sur l'archéologie israélienne.*
Batèlèvizyah yèsh [...] [...] 'al arkhèologyah [...].

בטלביזיה יש ____ ____ על ארכיאולוגיה _____.

Corrigé de l'exercice 2
❶ – Yadou'a – yaziq – briout – יָדוּעַ – יַזִּיק – בְּרִיאוּת –
❷ – lahashov – 'ètzah – לַחְשׁוֹב – עֵצָה –
❸ – lèhitrakèz – lilmod – mousiqah – לְהִתְרַכֵּז – לִלְמֹד – מוּסִיקָה –
❹ – hofshiyot – tzohorayim – lèhit'amèl – oulam – חוֹפְשִׁיּוֹת – צָהֳרַיִים – לְהִתְאַמֵּל – אוּלָם –
❺ – sidrat sratim – yisrèèlit – סִדְרַת סְרָטִים – יִשְׂרְאֵלִית –

arba' mèot arba'im oushtayim

Si vous avez des idées toutes faites sur le climat d'Israël, faites un tour sur le mont **Ḥèrmon** חֶרְמוֹן, *muni de vos* סקי *skis, et vous changerez d'avis. Certes, le point le plus élevé de la montagne nommée Liban est au-delà de la frontière, mais la partie israélienne culmine à 2 224 m au point dit* **Mitzpèh Hashlagim** מִצְפֵּה הַשְׁלָגִים *Observatoire des Neiges. Vous pourrez loger à* **Nèvèh Ati"b** נְוֵה אָטִי״ב *Oasis de Atib, modeste* **moshav** מוֹשָׁב *établissement situé au bas de la montagne et construit en 1971 par des jeunes israéliens passionnés de ski. Le contraste climatique est si net que vous verrez là des plantations d'arbres fruitiers et les premières cultures de champignons introduites dans le pays par ces mêmes jeunes. Vous monterez dans le* **rakèvel** רַכֶּבֶל *funiculaire pour rejoindre les champs de neige et, si le ciel est découvert, vous aurez une vue imprenable sur la Syrie et Israël.*

Soixante-dix-neuvième leçon
(Shi'our shiv'im vètèsha')

'ougat gvinah
Gâteau au fromage

1 — **Bèshalav zèh atèm oulay mètakhnènim nèsi'ah lèIsraèl, lèdabèr sham 'ivrit.**
[Arrivé] à ce niveau *(dans-échelon ce)*, vous programmez peut-être un voyage en Israël [pour] y *(là-bas)* parler hébreu.

2 **Bèharbèh mèqomot yatzi'ou lakhèm lishtot qafèh o tèh vèlèèkhol 'ougah.**
Dans beaucoup d'endroits on vous proposera *(proposeront à-vous)* de boire du café ou du thé et de manger un gâteau.

79 / שִׁעוּר שִׁבְעִים וְתֵשַׁע

*Vous avez maintenant un sens assez développé des racines sémitiques pour voir dans Liban les trois lettres ל.ב.ן qui donnent en hébreu **lavan** לָבָן blanc... comme neige ! Le **rakèvèl** רַכֶּבֶל est lui aussi digne de votre intérêt de linguiste : mot récent, imité du mot **rakèvèt** רַכֶּבֶת train, il contient le mot **kèvèl** כֶּבֶל câble, ce qui donne l'exact équivalent de notre latin funiculaire. Quant au nom propre de l'oasis (**Atib**), il est formé de l'initiale des noms de quatre amis morts tragiquement en ces lieux : א comme **Abraham** בִּנְיָמִין **Binyamin** ב ; יָאִיר **Yair** י ; טוּבִיָּה **Touvyah** ט ; אַבְרָהָם.*

Deuxième vague : 29ᵉ leçon

שִׁעוּר שִׁבְעִים וְתֵשַׁע

עוּגַת גְּבִינָה

1 – בְּשָׁלָב זֶה אַתֶּם אוּלַי מִתְכַּנְנִים נְסִיעָה לְיִשְׂרָאֵל לְדַבֵּר שָׁם עִבְרִית.

2 – בְּהַרְבֵּה מְקוֹמוֹת יַצִּיעוּ לָכֶם לִשְׁתּוֹת קָפֶה אוֹ תֵּה וְלֶאֱכוֹל עוּגָה.

בעוד עשר דקות יבואו האורחים, אתם צריכים לכבות את הטלביזיה.

arba' mèot arba'im vèarba' • 444

3 — **Lè'itim qrovot** [1] **timtzèou batafrit 'ougat gvinah, lif'amim** [2] **gvinah ouféirot.**
Souvent (Époques proches) vous trouverez au (dans-le) menu un gâteau au fromage et parfois au fromage et aux fruits.

4 — **Kèdèy lèhitamèn babayit, hinèh matkon bèsisi** [3]**.**
Pour [vous] (s')entraîner à la maison, voici une recette de base.

5 — **Lishtoaḥ batzèq parikh 'al tavnit afiyah** [4]**. Lèèfot ḥamèsh 'esrèh daqot bèmèah shmonim ma'alot** [5]**.**
Étaler une pâte brisée sur un moule qui va au four (sur moule cuisson-au-four). Cuire (cuire-au-four) quinze minutes à (dans) cent quatre-vingts degrés.

6 — **Bèintayim** [6] **lèhakhin èt ta'arovèt hagvinah.**
Entre-temps préparer [le] mélange de fromage.

7 — **Lèhaqtzif arba'ah ḥèlmonim** [7] **oumèah vèḥamishim gram soukar.**
Fouetter (Monter-en-écume) quatre jaunes d'œuf et cent cinquante (et-cent et-cinquante) grammes de sucre.

Notes

1. **lè'itim qrovot** לְעִתִּים קְרוֹבוֹת *souvent*, littéralement "vers-époques proches". **Lè'itim rèḥoqot** לְעִתִּים רְחוֹקוֹת *rarement*, littéralement "vers-époques lointaines". Ces deux expressions utilisent le mot **'èt** עֵת *époque*.

2. **lif'amim** לִפְעָמִים *parfois* se compose de ל *vers* et de **pè'amim** פְּעָמִים pluriel de **pa'am** פַּעַם *fois*.

3. **bèsisi** בְּסִיסִי *de base*. Cet adjectif, comme le nom **basis** בָּסִיס *base*, vient immédiatement de l'anglais et plus loin du latin qui l'a emprunté tel quel au grec.

4. **afiyah** אֲפִיָּה *cuisson au four*. De la racine א.פ.ה viennent aussi **ofèh** אוֹפֶה *boulanger, pâtissier* (au féminin **ofah** אוֹפָה), **maafiyah** מַאֲפִיָּה *boulangerie, pâtisserie* et **maafèh** מַאֲפֶה qui désigne tout produit cuit au four.

שִׁעוּר שִׁבְעִים וָתֵשַׁע

3 - לְעִתִּים קְרוֹבוֹת תִּמְצְאוּ בַּתַּפְרִיט עוּגַת גְּבִינָה, לִפְעָמִים גְּבִינָה וּפֵירוֹת.

4 - כְּדֵי לְהִתְאַמֵּן בַּבַּיִת, הִנֵּה מַתְכּוֹן בָּסִיסִי.

5 - לִשְׁטוֹחַ בָּצֵק פָּרִיךְ עַל תַּבְנִית אֲפִיָּה. לֶאֱפוֹת חָמֵשׁ עֶשְׂרֵה דַּקּוֹת בְּמֵאָה שְׁמוֹנִים מַעֲלוֹת.

6 - בֵּינְתַיִם לְהָכִין אֶת תַּעֲרוֹבֶת הַגְּבִינָה.

7 - לְהַקְצִיף אַרְבָּעָה חֶלְמוֹנִים וּמֵאָה וַחֲמִישִּׁים גְּרַם סוּכָּר.

---

5 **ma'alot** מַעֲלוֹת *degrés* ; au singulier : **ma'alah** מַעֲלָה. La racine est la même que pour **'aliyah** עֲלִיָּה *montée* ; elle donne aussi **ma'alit** מַעֲלִית *ascenseur* ; le premier de ces mots a deux emplois fréquents : "faire son 'alyah", c'est émigrer en Israël et, à la synagogue, l'*'alyah* est la montée sur l'estrade pour lire la Torah. Évidemment, vous avez reconnu la parenté de ces mots avec la préposition **'al** עַל *sur*.

6 **bèintayim** בֵּינְתַיִם *entre-temps*, littéralement *entre deux*. Notez la terminaison à la forme du duel.

7 **hèlmonim** חֶלְמוֹנִים *jaunes d'œuf* ; c'est aussi le nom d'une fleur jaune de la famille des narcisses, **hèlmonit** חֶלְמוֹנִית. À la phrase 11, vous trouverez le *blanc d'œuf* **hèlbon** חֶלְבּוֹן dont le nom vient de **halav** חָלָב *lait*.

79 / Soixante-dix-neuvième leçon

8 — **Lèhosif shèsh mè'ot gram gvinah lèvanah mèsounènèt, èsrim gram qrèm samikh,**
Ajouter six cents grammes de fromage blanc égoutté, vingt grammes de crème épaisse,

9   **saqit vanil, shèsh kapot [8] qèmah, mitz mèhatzi limon,**
[un] sachet de vanille, six cuillères [à soupe] de farine, [le] jus d'[un] demi-citron,

10 **shloshim gram hèmah o margarinah, hofèn tzimouqim [9], kaf liqèr matoq (im rotzim).**
trente grammes [de] beurre ou [de] margarine, [une] poignée [de] raisins secs, [une] cuillère [de] liqueur douce *(doux)* *(facultatif)* *(si on-veut)*.

11 — **Lè'arbèv hakol bè'adinout. Lèhaqtzif arba'ah hèlbonim lèqètzèf hazaq.**
Mélanger le tout avec délicatesse. Fouetter quatre blancs d'œuf en neige ferme *(vers-écume fort)*.

12 — **Lèhosif èt haqètzèf lagvinah. Lèhotzi èt habatzèq mèhatanour. Lishtoah 'alav èt hata'arovèt.**
Ajouter les œufs en neige *(l'écume)* au fromage. Sortir la pâte du four. Etaler dessus *(sur-lui)* le mélange.

13 — **Lèèfot sha'ah bèmèah shishim ma'alot. Kaashèr ha'ougah moukhanah, lèkhabot èt hatanour, aval lèhashir otah bifnim, shètitqarèr batanour.**
Cuire*(-au-four)* [une] heure à cent soixante degrés. Lorsque le gâteau [est] prêt *(prête)*, éteindre le four, mais le *(la)* laisser à l'intérieur, [pour] qu'il *(elle)* refroidisse *(dans le four)*.

14 — **Èfshar lèèkhol èt ha'ougah 'im qatzèfèt [10] vètoutim.**
On peut *(possible)* manger le gâteau avec de la crème chantilly *(montée-en-écume)* et des fraises.

שִׁעוּר שִׁבְעִים וְתֵשַׁע / 79

8 – לְהוֹסִיף שֵׁשׁ מֵאוֹת גְּרַם גְּבִינָה לְבָנָה מְסוּנֶּנֶת, עֶשְׂרִים גְּרַם קֶרֶם סָמִיךְ,

9 שָׁקֵית וָנִיל, שֵׁשׁ כַּפּוֹת קֶמַח, מִיץ מֵחֲצִי לִימוֹן,

10 שְׁלוֹשִׁים גְּרַם חֶמְאָה אוֹ מַרְגָּרִינָה, חוֹפֶן צִימוּקִים, כַּף לִיקֶר מָתוֹק (אִם רוֹצִים).

11 – לְעַרְבֵּב הַכֹּל בַּעֲדִינוּת. לְהַקְצִיף אַרְבָּעָה חֶלְבּוֹנִים לְקֶצֶף חָזָק.

12 – לְהוֹסִיף אֶת הַקֶּצֶף לַגְּבִינָה. לְהוֹצִיא אֶת הַבָּצֵק מֵהַתַּנּוּר. לִשְׁטוֹחַ עָלָיו אֶת הַתַּעֲרוֹבֶת.

13 – לֶאֱפוֹת שָׁעָה בְּמֵאָה שִׁשִּׁים מַעֲלוֹת. כַּאֲשֶׁר הָעוּגָה מוּכָנָה, לְכַבּוֹת אֶת הַתַּנּוּר, אֲבָל לְהַשְׁאִיר אוֹתָהּ בִּפְנִים, שֶׁתִּתְקָרֵר בַּתַּנּוּר.

14 – אֶפְשָׁר לֶאֱכֹל אֶת הָעוּגָה עִם קַצֶּפֶת וְתוּתִים.

Notes

8 kapot כַּפּוֹת *cuillères* est le pluriel de kaf כַּף (vu en leçon 55).

9 tzimouqim צִמּוּקִים *raisins secs*. La racine צ.מ.ק est celle du verbe lèhitztamèq לְהִצְטַמֵּק *se dessécher, se ratatiner*. Ce mot ne vise que les raisins secs, pas les autres fruits.

10 qatzèfèt קַצֶּפֶת *crème chantilly*, littéralement "ce-qui-a-été- monté-en-écume", du verbe lèhaqtzif לְהַקְצִיף vu à la phrase 7. Au sens moral, qètzèf קֶצֶף est la *colère*. Liqtzof לִקְצוֹף est *se mettre en fureur*. D'un phénomène qui ne dure pas on dira : kèqètzèf 'al pnèy hamayim כְּקֶצֶף עַל פְּנֵי הַמַּיִם *comme écume sur l'eau* "sur les faces-des-eaux".

תַּרְגִּיל רִאשׁוֹן – תַּרְגֵּם
Targil rishon – Targèm

❶ בְּאֵיזֶה שָׁלָב אַתֶּם נִמְצָאִים בַּסִּידּוּרִים לִמְסִיבַּת הַיּוֹבֵל?
Bèèizèh shalav atèm nimtzaim basidourim lèmèsibat hayovèl ?

❷ בְּעוֹד עֶשֶׂר דַּקּוֹת יָבוֹאוּ הָאוֹרְחִים, אַתֶּם צְרִיכִים לְכַבּוֹת אֶת הַטֶּלֶוִיזְיָה.
Bè'od 'èsèr daqot yavoou haorhim, atèm tzrikim lèkhabot èt hatèlèvizyah.

❸ לְפִי הַמַּתְכּוֹן שֶׁבַּסֵּפֶר, לַמּוּס שׁוֹקוֹלָד צָרִיךְ לְהַקְצִיף אַרְבָּעָה חֶלְבּוֹנִים וְאַרְבָּעָה חֶלְמוֹנִים.
Lèfi hamatkon shèbasèfèr, lèmous shoqolad tzarikh lèhaqtzif arba'ah hèlbonim vèarba'ah hèlmonim.

❹ בְּתַפְרִיט בֵּית הַקָּפֶה יֵשׁ עוּגַת תּוּתִים וְקַצֶּפֶת.
Bètafrit bèit haqafèh yèsh 'ougat toutim vèqatzèfèt.

❺ לִפְעָמִים נִמְאַס לִי לָלֶכֶת לָעֲבוֹדָה וְלִרְאוֹת אֶת אוֹתָם הָאֲנָשִׁים.
Lif'amim nimas li lalèkhèt la'avodah vèlirot èt otam haanashim.

***

תַּרְגִּיל שֵׁנִי – הַשְׁלֵם
Targil shèni – Hashlèm

❶ *Pendant (dans) la fête de Pâque, on ne mange pas de gâteaux [à base de] farine.*
Bè[...] hapèsah, lo [...] 'ougot mè[...].
בְּ___ הַפֶּסַח, לֹא _____ עוּגוֹת מ___.

❷ *Avant les jeux olympiques, l'équipe de basket-ball ira s'entraîner à l'Institut Vingate.*
Lifnèy ha[...] haolimpiyim [...] hakadoursal tisa'a [...] bèMakhon Vingèt.
לִפְנֵי הָ_____ הָאוֹלִימְפִּיִּים _____ הַכַּדּוּרְסַל תִּסַּע _____ בְּמָכוֹן וִינְגֵּיט.

❸ *Pour le dîner (repas-du-soir), je veux préparer une salade de tomates, [avec du] fromage "tzfatit", [du] basilic et des olives noires égouttées.*
Le[...] [...] ani rotzah [...] salat [...], gvinah tzfatit, rèihan vèzèitim [...] mèsounanim.
לְ___ _____ אֲנִי רוֹצָה ___ סָלָט _____, גְּבִינָה צְפַתִית, רֵיחָן, וְזֵיתִים _____ מְסוּנָּנִים.

שִׁעוּר שִׁבְעִים וְתִשְׁע

Corrigé de l'exercice 1

❶ À quel stade vous trouvez-vous dans l'organisation de la réception pour le *(du)* jubilé ? ❷ Dans dix minutes viendront les invités, vous devez éteindre la télévision. ❸ D'après la recette du *(dans-le)* livre, pour une mousse au chocolat, il faut fouetter quatre blancs et quatre jaunes d'œufs. ❹ Au menu du café, il y a un gâteau aux fraises avec [de la] chantilly. ❺ Parfois j'en ai assez d'aller au travail et de voir les mêmes gens.

***

❹ *Au petit déjeuner (repas-du matin), je mange (f.) du fromage blanc et une poignée de raisins secs.*
Ba[...] boqèr, ani okhèlèt [...] [...] vèhofèn [...].

ב_____ בוקר, אני אוכלת ____ _____ וחופן _____ .

❺ *(dans) Les soirées d'été, ils vont souvent à la plage voir l'écume à la surface de la mer.*
Bè'arvèy ha[...] hèm holkhim [...] [...] lèhof hayam lirot èt ha[...] 'al pnèy ha[...].

בערבי ה___ הם הולכים _____ _____ לחוף הים לראות את ה___ על פני ה___ .

Corrigé de l'exercice 2

❶ – ḥag – okhlim – qèmaḥ   ❶ – חג - אוכלים - קמח

❷ – misḥaqim – qvoutzat – lèhitamèn –   ❷ – משחקים - קבוצת - להתאמן -

❸ – arouḥat 'èrèv – lèhakhin – 'agvanyot – shḥorim –   ❸ – ארוחת ערב - להכין - עגבניות - שחורים -

❹ – arouḥat – gvinah lèvanah – tzimouqim   ❹ – ארוחת - גבינה לבנה - צימוקים

❺ – qayitz – lè'itim qrovot – qètzèf – yam   ❺ – קיץ - לעתים קרובות - קצף - ים

Beaucoup d'Israéliens sont amateurs de produits laitiers. Vous pourrez en goûter de plus particulièrement autochtones : les fromages blancs. Il en existe une large gamme en basses calories : à 3 ou à 5 ou à 9 % de matières grasses. Cette minutie dans le calcul vient de ce qu'une grande partie de la population se préoccupe de l'obésité. Bien qu'il porte un nom anglais, le **qotège** *'קוֹטֶ'ג cottage tient la vedette, suivi par le* **tzfatit** *צְפָתִית qui, lui, tire son nom de la ville de Tzfat צְפָת, site réputé de la Galilée. Ce fromage salé se présente en bloc dense et compact dans son petit lait. Le* **boulgarit** *בּוּלְגָרִית a la même nature, mais c'est dans de l'huile d'olive aromatisée qu'il baigne.*

80

Quatre-vingtième leçon
(Shi'our shmonim)

Pitgamim [1]
Proverbes

1 – **Al tistakèl baqanqan èla [2] bèmah shèyèsh bo.**
  Ne regarde *(regarderas)* pas *(dans)* la jarre mais ce qu'il y a dedans *(dans-quoi qu'-il-y-a dans-lui)*.

2 – **Al tiftah pèh lasatan [3]... hou lo rofè shinayim.**
  N'ouvre *(ouvriras)* pas la bouche au diable... il n'[est] pas dentiste *(médecin-des dents)*.

Notes

1 pitgamim פִּתְגָמִים *proverbes*. Ce mot, d'origine perse, se trouve au livre d'Esther 1,2, ce qui est bien logique puisque l'action se déroule en Perse. Il désigne une information ou une prescription, un commandement.

2 èla אֶלָּא a le même sens que **aval** אֲבָל *mais* ; il est cependant plus littéraire.

451 • arba' mèot hamishim vèahat

La tradition culinaire ashkénaze s'exprime dans les gâteaux au fromage blanc, sucrés simplement ou mêlés de fruits, de noix, et de graines de pavot.

*Qui penserait que le désert a ses vaches ? En plein Nègèv, à 40 km au nord d'Éilat, un **nèvèh midbar** נְוֵה מִדְבָּר oasis (littéralement "habitation de désert"), au nom approprié de **Yotvatah** יוֹטְבָתָה (son étymologie renvoie à "ce qui fait du bien") tient sa célébrité de ses produits laitiers.*

Deuxième vague : 30ᵉ leçon

שִׁעוּר שְׁמוֹנִים

פִּתְגָּמִים

1 – אַל תִּסְתַּכֵּל בַּקַּנְקַן אֶלָּא בְּמַה שֶּׁיֵּשׁ בּוֹ.

2 – אַל תִּפְתַּח פֶּה לַשָּׂטָן... הוּא לֹא רוֹפֵא שִׁינַיִים.

סוף סוף היה לי אומץ ללכת לרופא שיניים.

3 **satan** שָׂטָן *satan, diable*. Appliqué d'abord à un homme, ce mot signifie l'adversaire, l'accusateur devant un tribunal. La Bible des Septante l'a traduit par *diabolos*, c'est-à-dire *qui se met en travers, qui désunit, calomniateur*.

3 – **Èizèhou [4] hèhakham [5] ? – Halomèd [6] mikol adam.**
Qui *(Quel-il)* [est] le sage ? – Celui qui apprend de chacun *(de-chaque homme)*.

4 – **Lo midivshèkh vèlo mè'ouqtzèkh [7].**
Ni *(non)* de ton miel ni *(et-non)* de ton dard.

5 – **Èizèhou 'ashir ? – Hasamèah bèhèlqo.**
Qui [est] le riche ? – Celui qui est heureux de son sort *(de-part-de-lui)*.

6 – **Dvarim hayotzim min halèv, nikhnasim èl halèv.**
Les paroles qui sortent *(les-sortant)* du cœur vont au *(entrent vers le-)* cœur.

7 – **Èizèhou mèkhoubad [8] ? – Hamèkhabèd èt habriyot.**
Qui [est] le respecté ? – Celui qui respecte les êtres.

8 – **Mi shèlibo [9] tzar, lèshono rahav.**
Qui a le cœur *(qui que-cœur-de-lui)* étroit, a la langue *(langue-de-lui)* large.

9 – **Bishloshah dvarim adam nikar : bèkhoso, bèkhiso ouvèkha'aso.**
Dans trois choses on reconnaît un homme *(homme est-reconnu)* : *(dans-)*son verre, *(dans-)* sa poche et *(dans-)*sa colère.

10 – **Lifnèy 'ivèr al titèn mikhshol.**
Devant un aveugle, ne mets *(non tu-donneras)* pas [d']obstacle.

11 – **Lo mikol orèn yè'asèh torèn.**
De chaque pin, on ne fait *(fera)* pas un mât.

12 – **Im èin qèmah, èin Torah.**
Pas de *(si il-n'-y-a-pas)* farine, pas de Torah.

Notes

4 **èizèhou ?** אֵיזֶהוּ *quel [est] ?* Cette forme, littéraire, se dit au fém. : **èizohi ?** אֵיזוֹהִי. Ces mots se composent de : **èi** אֵי *où ?* **zèh** זֶה *ce*, **hou** הוּא *lui* ou **hi** הִיא *elle*. Forte redondance qui met en valeur le caractère déterminé de la question (comparez avec le français : *quel est-il celui-là ?*).

5 **héhakham** הֶחָכָם *le sage, l'intelligent.* L'article **ha** הַ est הֶ ici, vocalisé par ֶ car il est suivi d'un חָ.

שִׁעוּר שְׁמוֹנִים

3 – אֵיזֶהוּ הֶחָכָם? – הַלּוֹמֵד מִכָּל אָדָם.
4 – לֹא מִדְבַשֵׁךְ וְלֹא מֵעוּקְצֵךְ.
5 – אֵיזֶהוּ עָשִׁיר? – הַשָּׂמֵחַ בְּחֶלְקוֹ.
6 – דְּבָרִים הַיּוֹצְאִים מִן הַלֵּב, נִכְנָסִים אֶל הַלֵּב.
7 – אֵיזֶהוּ מְכוּבָּד? – הַמְכַבֵּד אֶת הַבְּרִיּוֹת.
8 – מִי שֶׁלִּבּוֹ צַר, לְשׁוֹנוֹ רָחָב.
9 – בִּשְׁלוֹשָׁה דְּבָרִים אָדָם נִכָּר: בְּכוֹסוֹ, בְּכִיסוֹ וּבְכַעֲסוֹ.
10 – לִפְנֵי עִוֵּר אַל תִּתֵּן מִכְשׁוֹל.
11 – לֹא מִכֹּל אוֹרֵחַ יַעֲשֶׂה תּוֹרֶן.
12 – אִם אֵין קֶמַח, אֵין תּוֹרָה.

6 halomèd הַלּוֹמֵד *celui qui étudie*. À la phrase 5 : hasamèah הַשָּׂמֵחַ *celui qui est heureux* ; à la phrase 6 : hayotzim הַיּוֹצְאִים *ceux qui sortent* ; à la phrase 7 : hamèkhabèd הַמְכַבֵּד *celui qui respecte*. Au fém. nous aurions halomèdèt הַלּוֹמֶדֶת, hasmèhah הַשְּׂמֵחָה, hayotzot הַיּוֹצְאוֹת, hamèkhabèdèt הַמְכַבֶּדֶת. Il s'agit là d'une construction que le français rend par *celui/celle qui*.

7 midivshèkh מִדְבַשֵׁךְ *de ton miel*. La préposition מ marque la distance puisqu'on repousse ici quelque chose : la terminaison ךְ marque le possessif fém. sing. puisqu'on s'adresse à dvorah דְבוֹרָה *une abeille*. Aujourd'hui le miel se dit dvash דְּבַשׁ. Mè'ouqtzèkh מֵעוּקְצֵךְ *de ton dard*. Vous pouvez analyser ce mot comme le précédent.

8 mèkhoubad מְכוּבָּד *respecté*. À cette forme du participe passé passif s'oppose la suivante qui est au présent actif : mèkhabèd מְכַבֵּד *respectant*. Notez la racine qui donne le mot kavod כָּבוֹד *honneur* (voir leçon 57, note 7).

9 shèlibo שֶׁלִּבּוֹ litt. *"que-le-cœur-de-lui"*, c'est-à-dire *dont le cœur*. La particule shè שֶׁ, que la grammaire française assimile à un *pronom relatif*, se rend, pour faire simple, par *que* ou *qui* mais, selon le contexte, on la traduit par *dont* et par *où*. Cette particule est ici suivie du nom lèv לֵב *cœur*, lui-même suivi du suffixe o וֹ pour désigner le possessif de la 3ᵉ personne du masculin singulier.

Quatre-vingtième leçon

תַּרְגִּיל רִאשׁוֹן – תַּרְגֵּם
Targil rishon – Targèm

❶ אִם אֵין קֶמַח, אֵין עוּגוֹת.
Im èin qèmah, èin 'ougot.

❷ תִּסְתַּכְּלִי לְאָן אַתְּ הוֹלֶכֶת, יֵשׁ מִכְשׁוֹל בַּמִּדְרָכוֹב.
Tistakli lèan at holèkhèt, yèsh mikhshol bamidrahov.

❸ לַמְרוֹת שֶׁהוּא עִיוֵּר, הוּא הִתְחַתֵּן וְהוּא שָׂמֵחַ בְּחֶלְקוֹ.
Lamrot shèhou 'ivèr, hou hithatèn vèhou saméah bèhèlqo.

❹ סוֹף סוֹף הָיָה לִי אֹמֶץ לָלֶכֶת לְרוֹפֵא שִׁנַּיִם.
Sof sof hayah li omèts lalèkhèt lèrofè shinayim.

❺ יֵשׁ לוֹ תָּמִיד הַרְבֵּה דְּבָרִים בַּכִּיסִים.
Yèsh lo tamid harbèh dvarim bakisim.

תַּרְגִּיל שֵׁנִי – הַשְׁלֵם
Targil shèni – Hashlèm

❶ *La nuit, je bois un verre de lait chaud avec du miel.*
Balaylah ani shotah [...] [...] ham 'im [...].
בַּלַּיְלָה אֲנִי שׁוֹתָה ___ ___ חָם עִם ___.

❷ *Il aime jouer devant le public, on voit (est-reconnu sur-lui) qu'il aura une belle carrière au théâtre.*
Hou ohèv [...] lifnèy [...], [...] 'alav shètihèyèh lo qarièrah [...] batèatron.
הוּא אוֹהֵב ____ לִפְנֵי ____, _____ עָלָיו שֶׁתִּהְיֶה לוֹ קָרִיֶּרָה ___ בַּתֵּאַטְרוֹן.

❸ *Les proverbes (eux) sont l'âme de la langue.*
Ha[...] hèm ha[...].shèl [...].
הַ_____ הֵם הַ____ שֶׁל ____.

❹ *De la plage, nous avons vu le mât du bateau au milieu (dans-cœur) de la mer.*
Mè[...] rainou èt ha[...] shèl [...] bèlèv ha[...].
מֵ____ רָאִינוּ אֶת הַ____ שֶׁל ____ בְּלֵב הַ__.

❺ *Il est un médecin respecté. Il a réussi parce qu'il respecte les malades.*
Hou [...] [...]. Hou hitzliah ki hou [...] èt haholim.
הוּא ____ _____, הוּא הִצְלִיחַ כִּי הוּא ____ אֶת הַחוֹלִים.

455 • arba' mèot hamishim vèhamèsh

Corrigé de l'exercice 1
❶ S'il n'y a pas de farine, il n'y a pas de gâteaux. ❷ Regarde *(f.)* où tu vas, il y a un obstacle dans la rue piétonne. ❸ Bien qu'il [soit] aveugle, il s'est marié et il est heureux de son sort *(part)*. ❹ Enfin j'ai eu le courage d'aller chez le dentiste. ❺ Il a toujours beaucoup de choses dans ses poches.

Corrigé de l'exercice 2
❶ – kos ḥalav – dvash   ❶ - כוס חלב - דבש

❷ – lèsaḥèq – tzibour – nikar – yafah –   ❷ - לשחק - צבור - ניכר - יפה -

❸ – pitgamim – nèshamah – haṣafah   ❸ - פתגמים - נשמה - הספה

❹ – haḥof – torèn – oniyah – yam   ❹ - החוף - תורן - אוניה - ים

❺ – rofè mèkhoubad – mèkhabèd –   ❺ - רופא מכובד מכבד -

Quelques-uns de ces douze proverbes relèvent particulièrement de la culture hébraïque ou israélienne. Un commentaire sera utile pour en préciser l'application :

N°2 **Al tiftaḥ pèh laṣatan** אַל תִּפְתַּח פֶּה לַשָּׂטָן. *On peut comprendre : "Ne prête pas ta bouche à Satan". "Satan" est l'adversaire. Ne parle pas de tel ou tel en mal : crainte – archaïque – que la parole produise ce qu'elle signifie. La Bible en grec (la Septante) a traduit ce mot hébreu par diable.*

N°3 **Èizèhou hèḥakham ?** אֵיזֶהוּ הֶחָכָם? *La Bible porte un enseignement sapientiel diffus mais aussi condensé dans plusieurs livres (Proverbes, Qohèlèt, etc.) : la sagesse n'est pas d'abord la spéculation intellectuelle, mais le fruit de la Torah méditée. Rien de moins arrogant que la sagesse.*

N°4 **Lo midivshèkh vèlo mè'ouqtzèkh** לֹא מִדְּבַשֵׁךְ וְלֹא מֵעוּקְצֵךְ *Façon assez rude de remettre à leur place les conseilleurs en bien ou en mal. L'abeille est vue dans son ambivalence. La Bible connaît, outre le miel d'abeilles, le miel de figues, le miel de dattes et le miel de caroubes.*

N°10 **Lifnèy 'iver al titèn mikhshol** לִפְנֵי עִוֵּר אַל תִּתֵּן מִכְשׁוֹל
Cet adage se trouve tel quel dans Lévitique 19,14.

N°11 **Lo mikol orèn yè'asèh torèn** לֹא מִכָּל אוֹרֶן יֵעָשֶׂה תּוֹרֶן

L'allusion au mât du bateau fait pressentir une origine étrangère au monde de la Bible. Les Hébreux ne sont pas, comme les Phéniciens, leurs contemporains, un peuple de marins. De fait l'adage est de יְהוּדָה הַלֵּוִי *Juda Halèvy, un des plus grands poètes juifs de l'Espagne médiévale (XIIe siècle).*

Quatre-vingt-unième leçon
(Shi'our shmonim vèa<u>h</u>at)

Haèntziqlopèdyah ha'ivri<u>t</u>
L'Encyclopédie hébraïque

1 – **Èntziqlopèdyah mèqir lèqir [1] ? Lo bish<u>v</u>il hador hatza'ir shèlanou !**
   [Une] encyclopédie d'un mur à l'autre *(de-mur vers-mur)* ? Ce n'est pas pour notre jeune génération.

2   **Mèhayom haÈntziqlopèdyah ha'i<u>v</u>rit bèinternèt.**
   Dès aujourd'hui l'encyclopédie hébraïque [est] sur internet.

3 – **Day lèhaqlid [2] èt hamilah o hamou<u>s</u>ag hamè<u>v</u>ouqash [3].**
   Il suffit *(assez)* de saisir *(taper)* le nom ou le concept recherché.

4   **A<u>h</u>arèy kamah shniyo<u>t</u> hamèyda' [4] mofi'a 'al hatzag vèim a<u>t</u>èm rotzim 'al hamadpèsè<u>t</u>.**
   Quelques secondes après, l'information apparaît à l'écran et, si vous voulez, à l'imprimante.

Notes

1   mèqir lèqir - מִקִּיר לְקִיר *de mur à mur* : pour exprimer que l'Encyclopédie couvre des étagères complètes en raison de son volume. Dans un autre contexte, on pourrait dire que les manifestants, dans les bâtiments de la **Knèsè<u>t</u>** כְּנֶסֶת, étaient si nombreux qu'ils les remplissaient **mèqir lèqir** מִקִּיר לְקִיר.

N°12 Im èin qèmah, èin Torah אִם אֵין קֶמַח, אֵין תּוֹרָה Chacun place et exploite les proverbes à sa guise. On peut lire celui-ci en sens inverse : **Im èin Torah, èin qèmah** אִם אֵין תּוֹרָה, אֵין קֶמַח

Deuxième vague : 31ᵉ leçon

שִׁעוּר שְׁמוֹנִים וְאַחַת

הָאֶנְצִיקְלוֹפֶּדְיָה הָעִבְרִית

1 – אֶנְצִיקְלוֹפֶּדְיָה מֵכִיר לְקִיר? לֹא בִּשְׁבִיל הַדּוֹר הַצָּעִיר שֶׁלָּנוּ!
2 – מֵהַיּוֹם הָאֶנְצִיקְלוֹפֶּדְיָה הָעִבְרִית בָּאִינְטֶרְנֶט.
3 – דַּי לְהַקְלִיד אֶת הַמִּלָּה אוֹ הַמּוּשָּׂג הַמְבוּקָּשׁ.
4 – אַחֲרֵי כַּמָּה שְׁנִיּוֹת הַמֵּידָע מוֹפִיעַ עַל הַצָּג וְאִם אַתֶּם רוֹצִים, עַל הַמַּדְפֶּסֶת.

---

2 **lèhaqlid** לְהַקְלִיד *taper, saisir.* Le rapprochement, par leur racine, de ce verbe et du nom **miqlèdèt** מִקְלֶדֶת *clavier* est évident. Mais le sens premier de ce verbe est *taper* : c'est celui qu'on emploie à propos des instruments à percussion, le piano en particulier.

3 **mèvouqash** מְבוּקָּשׁ *est demandé.* Au féminin nous aurions **mèvouqèshèt** מְבוּקֶּשֶׁת. Nous avons rencontré, à l'actif, **biqashti** בִּקַּשְׁתִּי *j'ai demandé.* La racine ב.ק.שׁ se repère dans **bèvaqashah** בְּבַקָּשָׁה *par demande, s'il vous (te) plaît.*

4 **mèyda'** מֵידָע *information.* La racine י.ד.ע est celle du verbe **lada'at** לָדַעַת *savoir.* Encore une fois, le passage du verbe au nom se marque par l'emploi du מ à l'initiale. Voyez également **mada'** מַדָּע *science* (même racine).

5 – **Atèm yèkholim lèhaqlit 'al hadisq haqashiah oulèhadpis bèkhamah 'otaqim shèatèm rotzim.**
Vous pouvez [l']enregistrer sur le disque dur et imprimer autant de copies que vous voulez.

6 – **Tzèvèt moumhim mè'adkèn [5] èt kol hanètounim bizman èmèt.**
[Une] équipe de spécialistes actualise toutes les données en temps réel *(en-temps-de vérité)*.

7 – **Bèkhol haqladah [6] tèqablou qishourim [7] nosafim, shèyashlimou èt hamèyda' shèlakhèm.**
À chaque saisie, vous aurez accès à *(recevrez)* des liens supplémentaires qui complèteront votre information.

8 – **Hayitaron [8] hagadol bèyotèr shèl haÈntziqlopèdyah bainternet, hou maagar hamèyda' haèin-sofi.**
Le plus grand avantage de l'Encyclopédie sur internet, [c'est qu'] elle est *(lui)* un réservoir inépuisable *(le-sans-fin)* d'informations.

9 – **Bènosaf, tèhanou mimatzagot [9] moulti-mèdyah, klomar, sirtèy vidèo, qivtzèy qol.**
En supplément, vous profiterez *(vous-jouirez)* de présentations multimédia, c'est-à-dire vidéo *(films-de vidéo)* et enregistrements sonores.

10 – **Mi amar shèÈntziqlopèdyah lo yèkholah lihèyot havayah [10] ?**
Qui a dit que l'Encyclopédie n'est pas *(ne peut être)* [une] merveille ?

Notes

5 mè'adkèn מְעַדְכֵּן *met à jour, actualise*. Ce verbe vient de **kan** כָּאן *ici* et de **'ad** עַד *jusque*. Au pronominal, nous dirions par exemple : **Ani rotzah lèhit'adkèn bahadashot haaharonot.**

אֲנִי רוֹצָה לְהִתְעַדְכֵּן בַּחֲדָשׁוֹת הָאַחֲרוֹנוֹת.

Je veux (f.) me mettre à jour des dernières nouvelles.

6 haqladah הַקְלָדָה *frappe* (au clavier). Même racine qu'à la note 2.

שִׁעוּר שְׁמוֹנִים וְאַחַת

5 - אַתֶּם יְכוֹלִים לְהַקְלִיט עַל הַדִּיסְק הַקָּשִׁיחַ וּלְהַדְפִּיס בְּכַמָּה עוֹתְקִים שֶׁאַתֶּם רוֹצִים.

6 - צֶוֶת מוּמְחִים מְעַדְכֵּן אֶת כָּל הַנְּתוּנִים בִּזְמַן אֱמֶת.

7 - בְּכָל הַקְלָדָה תְּקַבְּלוּ קִשּׁוּרִים נוֹסָפִים, שֶׁיַּשְׁלִימוּ אֶת הַמֵּידָע שֶׁלָּכֶם.

8 - הַיִּתְרוֹן הַגָּדוֹל בְּיוֹתֵר שֶׁל הָאֶנְצִיקְלוֹפֶּדְיָה בָּאִינְטֶרְנֶט, הוּא מַאֲגַר הַמֵּידָע הָאֵין-סוֹפִי.

9 - בְּנוֹסָף, תֶּהֱנוּ מִמַּצָּגוֹת מוּלְטִימֶדְיָה, כְּלוֹמַר, סִרְטֵי וִידֵאוֹ, קִבְצֵי קוֹל.

10 - מִי אָמַר שֶׁאֶנְצִיקְלוֹפֶּדְיָה לֹא יְכוֹלָה לִהְיוֹת חֲוָיָה?

---

7 qishourim קִשּׁוּרִים *connexions*. La racine ק.ש.ר. signifie *attacher*.

8 yltaron יִתְרוֹן *avantage*. Vous voyez évidemment la même racine י.ת.ר. que dans yotèr יוֹתֵר *plus*. La terminaison on וֹן indique un substantif comme dans qanyon קָנְיוֹן *centre commercial*, déjà vu dans les précédentes leçons.

9 matzagot מַצָּגוֹת *présentations*. Au singulier matzègèt מַצֶּגֶת a pour origine hatzagah הַצָּגָה *spectacle*. Tzag צָג est l'*écran* (de l'ordinateur et du téléphone, uniquement).

10 havayah חֲוָיָה *événement impressionnant*. La traduction par *merveille* a au moins le mérite d'évoquer l'idée d'étonnement devant ce que la vie nous offre de surprenant puisque d'une part le mot hébreu vient de hayah חָיָה *vivre*, havah חָוָה *vivre un événement* et que d'autre part le mot français a pour étymologie le latin *mirabilia* signifiant, ce qui est étonnant, étrange, admirable.

81 / Quatre-vingt-unième leçon

11 – Nou... timtzèou oti 'al yad hamiqlèdèt, moul hatzag 'im ha'akhbar bayad.

Eh bien... vous me trouverez à côté du clavier, face à l'écran, la souris à la main. ☐

Targil rishon – Targèm — תַּרְגִּיל רִאשׁוֹן – תַּרְגֵּם

❶ מֵידָע בִּזְמַן אֱמֶת עַל אֵרוּעֵי הַתְּיָירוּת בָּעִיר נִמְצָא בַּאֲתָר שֶׁלָּנוּ.
Mèyda' bizman èmèt 'al èrou'èy* hatayarout ba'ir nimtza baatar shèlanou.

❷ הִיא מְלַמֶּדֶת הִיסְטוֹרְיָה בְּבֵית סֵפֶר וְיֵשׁ לָהּ בַּבַּיִת סְפָרִים מִקִּיר לְקִיר.
Hi mèlamèdèt historyah bèvèit sèfèr vèyèsh lah babayit sfarim mèqir lèqir.

❸ בְּבֵית הַחוֹלִים יֵשׁ צֶוֶת רוֹפְאִים מוּמְחִים לִבְעָיוֹת עֵינַיִים.
Bèvèit haholim yèsh tzèvèt rofim moumhim livè'ayot 'èinayim.

❹ הַמִּקְלֶדֶת הַיִּשְׂרְאֵלִית דּוּ-לְשׁוֹנִית וְאֶפְשָׁר לְהַקְלִיד בְּעִבְרִית וּבְאַנְגְּלִית.
Hamiqlèdèt haisrèèlit dou-lèshonit vèèfshar lèhaqlid bè'ivrit ouvèanglit.

❺ לִכְבוֹד חַג הַפֶּסַח, הַתַּלְמִידִים רָאוּ מַצָּגוֹת מוּלְטִימֶדְיָה עַל יְצִיאַת מִצְרַיִם.
Likhvod hag haPèsah, hatalmidim raou matzagot moultimèdyah 'al yètziat Mitzrayim.

* **èrou'èy** = אֵרוּעֵי = événements-de (état construit)

***

Targil shèni – Hashlèm — תַּרְגִּיל שֵׁנִי – הַשְׁלֵם

❶ *Où est-il ? – Quelle question ! Entre l'écran d'ordinateur et l'écran du téléphone !.*
[...] hou ? – [...] shèèlah ! [...] ha[...] shèl hamahshèv vè[...] hatèlèfon !
____ הוּא? – ____ שְׁאֵלָה! ___ הַ__ שֶׁל הַמַּחְשֵׁב וְ___ הַטֶּלֶפוֹן!

❷ *Chaque jour le directeur met à jour les données sur le disque dur.*
Kol yom ha[...] mè'adkèn èt ha[...] badisq ha[...].
כָּל יוֹם הַ____ מְעַדְכֵּן אֶת הַ_____ בַּדִּיסְק הַ____.

461 • arba' mèot shishim vèahat

11 – נו... תִּמְצְאוּ אוֹתִי עַל יַד הַמִּקְלֶדֶת, מוּל הַצָּג, עִם הָעַכְבָּר בַּיָּד.

Corrigé de l'exercice 1

❶ Une information en temps réel sur les événements touristiques dans la ville est donnée *(se trouve)* sur notre site. ❷ Elle enseigne l'histoire à l'école et, à la maison, elle a des livres plein les étagères *(de mur à mur)*. ❸ Dans l'hôpital, il y a une équipe de médecins spécialistes des *(pour-)* problèmes d'yeux. ❹ Le clavier israélien est bilingue et il est possible de saisir [les caractères] en hébreu et en anglais. ❺ En l'honneur de la fête de Pâque, les élèves ont vu des présentations multimédia sur la "sortie d'Égypte".

***

❸ *Pour qui aime l'opéra, les enregistrements sonores [sont] (ils) une merveille musicale.*
  Lèmi shèohèv opèrah, [...] [...] hèm [...] musiqalit.
  לְמִי שֶׁאוֹהֵב אוֹפֵּרָה, ____ ____ הֵם ___ מוּסִיקָלִית.

❹ *Le plus grand avantage de l'ordinateur [est qu']il est possible de correspondre avec les gens du monde entier (de-tout le-monde).*
  [...] hagadol [...] shèl hamahshèv hou shèèfshar lèhitkatèv 'im [...] mikol [...].
  _____ הַגָּדוֹל _____ שֶׁל הַמַּחְשֵׁב הוּא שֶׁאֶפְשָׁר לְהִתְכַּתֵּב עִם _____ מִכֹּל _____.

❺ *Un bon médecin doit se mettre à jour tout le temps sur (dans) les dernières [nouveautés].*
  [...] tov tzarikh [...] kol hazman ba[...] haaharonim.
  ___ טוֹב צָרִיךְ _____ כֹּל הַזְּמַן בַּ_____ הָאַחֲרוֹנִים.

Corrigé de l'exercice 2

❶ Èifoh – Èizo – bèin – tzag – tzag –
  ❶ אֵיפֹה – אֵיזוֹ – בֵּין – צַג – צַג –
❷ – mènahèl – nètounim – qashiah
  ❷ – מְנַהֵל – נְתוּנִים – קָשִׁיחַ
❸ – qivtzèy qol – havayah –
  ❸ – קִבְצֵי קוֹל – חֲוָיָה –
❹ Hayitaron – bèyotèr – anashim – ha'olam
  ❹ הַיִּתְרוֹן – בְּיוֹתֵר – אֲנָשִׁים – הָעוֹלָם
❺ Rofè – lèhit'adkèn – hidoushim –
  ❺ רוֹפֵא – לְהִתְעַדְכֵּן – חִידּוּשִׁים –

Haèntziqlopèdyah ha'ivrit הָאֶנְצִיקְלוֹפֶּדְיָה הָעִבְרִית L'Encyclopédie hébraïque. *La présence devant ce nom de l'article défini* **ha** הָ *qui, dans ce cas, connote l'excellence, se justifie par une ambition de plus haute portée que l'ambition commerciale. L'ouvrage (32 volumes en hébreu) est L'Encyclopédie, comme celle de Diderot qu'on désigne, de nos jours encore, sans équivoque, par ce seul substantif. Elle surclasse celles qui l'ont précédée par son ampleur, ses qualités scientifiques – qu'elle doit au grand nombre de ses signataires prestigieux – mais surtout aux circonstances de sa naissance. En juillet 1949, peu après la proclamation d'indépendance, le professeur* **Brodètzqi** בְּרוֹדֶצְקִי, *président de l'Université hébraïque de Jérusalem, en présente le premier volume. Il s'engage à poursuivre l'œuvre avec les professeurs de son université. L'historien* **Ben Tzion Nètanyahou** בֶּן-צִיּוֹן נְתַנְיָהוּ *en assurera, de fait, la direction jusqu'en 1962.*

L'Encyclopédie hébraïque consacre nombre de ses articles aux réalités juives mais elle aborde aussi l'ensemble des savoirs humains. Au XIIe siècle était parue à Barcelone une encyclopédie en hébreu contenant des sujets de mathématique, géométrie, astronomie, optique

Quatre-vingt-deuxième leçon
(Shi'our shmonim oushtayim)

Bhirot [1]
Élections

1 – **Bè'od hatzi shanah yihèyou bhirot. Hayiti rotzèh [2] livhor.**
Dans six mois *(Dans-encore moitié-d'année)*, il y aura *(seront)* des élections. Je voudrais voter *(j'étais je-veux choisir)*.

Notes

1 bhirot בְּחִירוֹת *choix, élections.* Le singulier est bhirah בְּחִירָה *choix.* On comprend pourquoi bahour et bahourah בָּחוּר et בָּחוּרָה *jeune homme* et *jeune fille* (ou *jeune femme*) sont formés sur la

463 • arba' mèot shishim vèshalosh

בבית החולים יש צוות רופאים מומחים לבעיות עיניים.

et musique mais elle était traduite de l'arabe ; seules la préface et quelques premières pages nous sont parvenues. En 1274, **Yéhoudah Salomon Ibèn Matqa** יְהוּדָה סָלוֹמוֹן אִבֶּן מַתְקָא *a écrit en arabe une encyclopédie portant non seulement sur les sciences mais aussi sur la Bible et la Kabbale. Elle a été traduite sous le titre* **Midrash Hokhmah** מִדְרַשׁ חָכְמָה *Étude de sagesse. Quelques pages – manuscrites évidemment – ont été conservées jusqu'à nos jours.*

Deuxième vague : 32e leçon

שִׁעוּר שְׁמוֹנִים וּשְׁתַּיִם

בְּחִירוֹת

1 – בְּעוֹד חֲצִי שָׁנָה יִהְיוּ בְּחִירוֹת. הָיִיתִי רוֹצָה לִבְחוֹר.

même racine ב.ח.ר puisque ces mots désignent une étape de la vie qui est celle des choix (mariage, profession, etc.).

2 **hayiti rotzèh** הָיִיתִי רוֹצָה *je voudrais*. Cette tournure composée du verbe être au passé et d'un autre verbe au présent se rend par le conditionnel (présent ou passé). Voir la prochaine leçon de révision.

arba' mèot shishim vèarba' • 464

82 / Quatre-vingt-deuxième leçon

2   **Ani 'olèh ḥadash vèlo yodè'a mah la'asot.**
    Je suis un nouvel immigrant (*Je montant nouveau*) et [je] ne sais quoi faire.

3 – **Davar rishon, atah tzarikh lèvaqèsh èzraḥout isrèèlit.**
    Première chose (*Chose premier*), tu dois demander [la] nationalité israélienne.

4 – **Ani kvar èzraḥ isrèèli, yèsh li tè'oudat zèhout.**
    Je suis déjà citoyen israélien, j'ai [ma] carte (*document*) d'identité.

5 – **Yofi ! Lèkh lèmisrad hapnim, sham tèqabèl kartis boḥèr.**
    Chouette ! Va au ministère de l'intérieur, tu y (*là*) recevras [une] carte d'électeur.

6 – **'akhshav ani tzarikh lilmod èt shitat habḥirot, kèdèy lèhaḥlit lèèizo miflagah lèhatzbi'a [3].**
    Maintenant je dois étudier le processus électoral (*méthode-de les-élections*), afin de décider pour quel parti voter.

7 – **Èin bè'ayot ! Yèsh mivḥar [4] gadol shèl miflagot mikol hatzdadim : yamin, smol, mèrkaz…**
    Pas de problème ! Il y a [un] grand choix de partis de tous (*les*) côtés : droite, gauche, centre…

8 – **Nou, zèh qlasi !**
    (*Alors*) C'est classique !

9 – **Zèh lo hakol. Yèkholim limnot [5] 'od : miflègèt 'olim ḥadashim, dovrèy rousit, sfaradim [6],**
    Ce n'est pas tout. On peut citer (*Ils-peuvent compter*) encore le parti [des] nouveaux immigrants, [des] russophones (*des-parlant russe*), [des] séfarades,

Notes

3   lèhatzbi'a לְהַצְבִּיעַ *voter*. Ce verbe vient du mot **ètzba'** אֶצְבַּע *doigt* puisqu'on levait un doigt pour ou contre une proposition. C'est le même verbe qu'on utilise pour désigner le geste de montrer du doigt ou, en classe, pour désigner celui des élèves qui demande la parole.

2 – אֲנִי עוֹלֶה חָדָשׁ וְלֹא יוֹדֵעַ מַה לַעֲשׂוֹת.

3 – דָּבָר רִאשׁוֹן, אַתָּה צָרִיךְ לְבַקֵּשׁ אֶזְרָחוּת יִשְׂרְאֵלִית.

4 – אֲנִי כְּבָר אֶזְרָח יִשְׂרְאֵלִי, יֵשׁ לִי תְּעוּדַת זֶהוּת.

5 – יוֹפִי! לֵךְ לְמִשְׂרַד הַפְּנִים, שָׁם תְּקַבֵּל כַּרְטִיס בּוֹחֵר.

6 – עַכְשָׁו אֲנִי צָרִיךְ לִלְמוֹד אֶת שִׁיטַת הַבְּחִירוֹת, כְּדֵי לְהַחְלִיט לְאֵיזוֹ מִפְלָגָה לְהַצְבִּיעַ.

7 – אֵין בְּעָיוֹת! יֵשׁ מִבְחָר גָּדוֹל שֶׁל מִפְלָגוֹת מִכָּל הַצְּדָדִים: יָמִין, שְׂמֹאל, מֶרְכָּז...

8 – נוּ, זֶה קַלַּסִּי!

9 – זֶה לֹא הַכֹּל. יְכוֹלִים לִמְנוֹת עוֹד: מִפְלֶגֶת עוֹלִים חֲדָשִׁים, דּוֹבְרֵי רוּסִית, סְפָרַדִּים,

---

4 mivḥar מִבְחָר *choix*. Rappelez-vous ce que nous avons vu : pour former un substantif, il suffit souvent de placer un מ devant la racine du verbe, ici ב.ח.ר qu'on trouve dans le nom bḥirah בְּחִירָה vu plus haut.

5 limnot לִמְנוֹת *compter*. Sur la racine מ.נ.ה reposent nombre de mots : monèh מוֹנֶה *il compte* ou *compteur* (ces deux derniers mots ont une forme identique) ; manah מָנָה *part, ration* ; mènayah מְנָיָה *action* (en bourse) ; monit מוֹנִית *taxi* (car il porte un compteur).

6 sfaradim סְפָרַדִּים *Séfarades*. Ce terme désigne les Juifs de rite oriental ; en soi il ne comporte pas de précision sur l'origine nationale mais l'usage le restreint souvent au sens de Juif d'origine espagnole. Le prophète **Ovadyah** עוֹבַדְיָה est le seul, dans la Bible, à mentionner ce nom dont on ignore à quel pays il le rapporte. C'est le poète Abraham Ibn Ezra qui, au XIIe siècle, l'a identifié à l'Espagne. Dans le même verset, le prophète évoque **Tzarfat** צָרְפַת plus tard identifié à la France.

82 / Quatre-vingt-deuxième leçon

10   da̱tiyim, ẖiloniyim [7], va̱tiqim, miflago̱t 'aṟviyot, miflagah lèma'an [8] èikhou̱t hasvi̱vah...
     [des] religieux, [des] laïcs, [des] anciens, [les] partis arabes, [le] parti écologiste (pour qualité-de l'environnement), ...

11 – Kamah ?
     Combien ?

12 – 'al hashèèlah hazot èin li karèga' tshouvah.
     Sur cette question, je n'ai pas [de] réponse en cet instant (comme l'-instant).

13   Bèkhol ma'arèkhè̱t bẖiro̱t qamo̱t miflago̱t ẖadasho̱t vènè'èlamo̱t yèshano̱t.
     À chaque campagne électorale (des élections), [de] nouveaux partis apparaissent (se lèvent) et [des] anciens disparaissent.

14 – Kamah ni̱vẖarim [9] ?
     Combien d'élus ?

15   Mèah 'èsrim ẖa̱vrèy knèsè̱t [10] ni̱vẖarim bè̱vẖiro̱t yèshiro̱t lèarba' shanim.
     [Les] cent-vingt députés (collègues-de assemblée) [sont] élus au suffrage direct (dans-élections directes) pour quatre ans.

16   Ṯilmad è̱t hanosè̱, lo yihèyèh lèkha zman lèhishta'amèm ! Taṯzbi'a lèfi matzpounkha [11].
     Etudie (Tu-étudieras) le sujet, tu n'auras pas [le] temps (ne sera pour-toi temps) de t'ennuyer !
     Vote (Tu-voteras) selon ta conscience. ☐

Notes

7 ẖiloniyim חִילוֹנִיִּים *laïcs*. Ḥol חוֹל désigne ce qui est *profane*, hors du sacré. Yom ẖol יוֹם חוֹל *jour profane*, c'est-à-dire qui n'est ni shabbat ni fête.

8 lèma'an לְמַעַן est un autre mot pour traduire *pour* dans le sens de "dans l'intérêt de".

9 ni̱vẖarim נִבְחָרִים *élus est*, comme en français, également un nom : ni̱vẖar נִבְחָר *élu* ; ni̱vẖèrè̱t נִבְחֶרֶת *élue* ; ni̱vẖaro̱t נִבְחָרוֹת *élues*. À l'actif nous avons li̱vẖor לִבְחוֹר *choisir, élire, voter* dont la racine est ב.ח.ר ; au présent bo̱ẖèr בּוֹחֵר *il vote*, bo̱ẖèrè̱t בּוֹחֶרֶת *elle vote*.

10 דָתִיִים, חִילוֹנִיִּים, וָתִיקִים, מִפְלָגוֹת עַרְבִיּוֹת, מִפְלָגָה לְמַעַן אֵיכוּת הַסְּבִיבָה...

11 – כַּמָּה?

12 – עַל הַשְּׁאֵלָה הַזֹּאת אֵין לִי כַּרֶגַע תְּשׁוּבָה.

13 בְּכָל מַעֲרֶכֶת בְּחִירוֹת קָמוֹת מִפְלָגוֹת חֲדָשׁוֹת וְנֶעֱלָמוֹת יְשָׁנוֹת.

14 – כַּמָּה נִבְחָרִים?

15 – מֵאָה עֶשְׂרִים חַבְרֵי כְּנֶסֶת נִבְחָרִים בַּבְּחִירוֹת יְשִׁירוֹת לְאַרְבַּע שָׁנִים.

16 תִּלְמַד אֶת הַנּוֹשֵׂא, לֹא יִהְיֶה לְךָ זְמַן לְהִשְׁתַּעֲמֵם! תַּצְבִּיעַ לְפִי מַצְפּוּנְךָ.

בחירות

10 <u>h</u>avrèy knèsèt חַבְרֵי כְּנֶסֶת *députés*, littéralement "collègues de l'assemblée". L'état construit est employé ici à la place de <u>h</u>avrim shèl haknèsèt חֲבֵרִים שֶׁל הַכְּנֶסֶת.

11 matzpounkha מַצְפּוּנְךָ *ta conscience*. Vous reconnaissez là la terminaison du possessif 2ᵉ personne masculin singulier attachée au nom matzpoun מַצְפּוּן. Ce nom donne lieu, selon le génie de la langue, à des rapprochements évocateurs : la conscience est notre **matzpèn** מַצְפֵּן *boussole* car, par elle, nous repérons notre *nord,* **tzafon** צָפוֹן ; mais elle est un instrument *caché* au fond de nous, **tzafoun** צָפוּן (tzfounah צְפוּנָה *cachée*).

תַּרְגִּיל רִאשׁוֹן – תַּרְגֵּם
Targil rishon – Targèm

❶ הֶחְלַטְתֶּם בְּעַד אֵיזוֹ מִפְלָגָה לְהַצְבִּיעַ?

Hèhlatètèm bè'ad èizo miflagah lèhatzbi'a ?

❷ הִיא קִבְּלָה תְּעוּדַת זֶהוּת מִמִּשְׂרַד הַפְּנִים.

Hi qiblah tè'oudat zèhout mimisrad hapnim.

❸ בְּאֵיזוֹ שָׁעָה אַתֶּן קָמוֹת בַּבּוֹקֶר?

Bèèizo sha'ah atèn qamot baboqèr ?

❹ מַסְפִּיק עִם הַפִּטְפּוּטִים! בְּקִצּוּר, מָה אַתֶּם רוֹצִים?

Maspiq 'im hapitpoutim ! Bèqitzour, mah atèm rotzim ?

תַּרְגִּיל שֵׁנִי – הַשְׁלֵם
Targil shèni – Hashlèm

❶ *Il est un homme du grand monde, il a la nationalité israélienne, la nationalité française et la nationalité américaine.*
Hou ish [...] hagadol, yèsh lo [...] israèlit, èzrahout [...], vèèzrahout amériqanit.

הוּא אִישׁ _____ הַגָּדוֹל, יֵשׁ לוֹ _____ יִשְׂרְאֵלִית, אֶזְרָחוּת _____ וְאֶזְרָחוּת אָמֶרִיקָנִית.

❷ *Le shabbat et les fêtes sont importants même (aussi) pour les gens laïcs.*
Hashabat [...] [...] gam lèanashim [...].

הַשַּׁבָּת _____ _____ גַּם לַאֲנָשִׁים _____.

❸ *Dans l'élection, chacun doit voter selon sa conscience.*
[...] kol èhad tzarikh [...] lèfi [...].

_____ כָּל אֶחָד צָרִיךְ _____ לְפִי _____.

❹ *J'aurais été heureux d'arriver à temps à ton anniversaire.*
[...] [...] lèhagi'a ba [...] lèyom houladètèkh !

_____ ___ לְהַגִּיעַ בַּ___ לְיוֹם הוֹלַדְתֵּךְ.

❺ *Parmi les députés, il y a des russophones, des arabophones, mais tous parlent hébreu.*
Bèin [...] [...] yèsh [...] roussit, [...] 'aravit, aval koulam [...] ivrit.

בֵּין ____ ____ יֵשׁ _____ רוּסִית, _____ עֲרָבִית, אֲבָל כֻּלָּם _____ עִבְרִית.

שִׁעוּר שְׁמוֹנִים וּשְׁתַּיִם

❺ בָּעוֹלָם הַמַּעֲרָבִי אוֹפְנָתִי מְאוֹד לִהְיוֹת חָבֵר בְּמִפְלָגָה לְאֵיכוּת הַסְּבִיבָה.

Ba'olam hama'ara<u>v</u>i ofnati mèod lih<u>è</u>yot <u>h</u>a<u>v</u>èr bèmiflagah lèèikhout has<u>v</u>i<u>v</u>ah.

Corrigé de l'exercice 1

❶ Vous avez décidé pour *(en-faveur-de)* quel parti voter ? ❷ Elle a reçu une carte d'identité du ministère de l'intérieur. ❸ À quelle heure vous levez-vous le matin ? ❹ Assez de *(avec)* bavardages ! Bref *(par-raccourci)*, qu'est-ce que vous voulez ? ❺ Dans le monde occidental, c'est très à la mode d'être membre d' un parti écologique *(être compagnon dans-un-parti pour-qualité-de l'environnement)*.

Corrigé de l'exercice 2

❶ – ha'olam – èzra<u>h</u>out – tzarfatit –

❶ – הָעוֹלָם – אֶזְרָחוּת – צָרְפָתִית –

❷ – vèha<u>h</u>agim hashou<u>v</u>im – <u>h</u>iloniyim

❷ – וְהַחֲגִים חֲשׁוּבִים – חִילוֹנִיִּים

❸ Ba<u>bh</u>irot – lèhatzbi'a – matzpouno

❸ בִּבְחִירוֹת – לְהַצְבִּיעַ – מַצְפּוּנוֹ

❹ Hayiti samèa<u>h</u> – zman –

❹ הָיִיתִי שָׂמֵחַ – זְמַן –

❺ – <u>h</u>a<u>v</u>rèy haknèsèt – do<u>v</u>rèy – do<u>v</u>rèy – mèdabrim –

❺ – חַבְרֵי הַכְּנֶסֶת – דּוֹבְרֵי – דּוֹבְרֵי – מְדַבְּרִים –

La démocratie israélienne est de type occidental mais elle ne possède pas de constitution écrite. On invoque cependant trois textes fondamentaux : la Déclaration d'indépendance, la loi de base sur le parlement et la loi sur la citoyenneté israélienne.

Le président de l'État porte le titre de **nasi** נָשִׂיא *qui appartenait jadis au chef du* **sanhèdrin** סַנְהֶדְרִין *(le mot est d'origine grecque,* **synhédrion***, conseil), organe de gouvernement du peuple juif, apparu au retour de l'Exil. Élu pour cinq ans à la majorité simple par le parlement, le président ne peut exercer que deux mandats successifs.*

Il est choisi pour son prestige personnel et sa contribution à la cause publique. Sa fonction est représentative : signature des traités et des lois, réception des lettres de créance, ouverture de la session d'une nouvelle chambre des députés, etc.
Le parlement, **knèsèt** כְּנֶסֶת *tire son nom de* **haKnèsèt hagdolah** הַכְּנֶסֶת הַגְּדוֹלָה *la grande assemblée. Cette assemblée, surtout légis-*

Quatre-vingt-troisième leçon
(Shi'our shmonim vèshalosh)

Èrouah kafri [1]
Hébergement au village

1 – **Lèmi shèrotzèh lèshadrèg [2] èt ramat [3] houfshato [4] hinèh hatza'ah lèèrouah kafri, bli lifshot èt harègèl [5].**
Pour qui veut améliorer ses vacances *(Monter-d'échelon le niveau-du congé-de-lui)*, voici une proposition d'*(pour)* hébergement au village *(villageois)*, qui ne conduit pas à la faillite *(sans tendre la jambe)*.

Notes

1 **kafri** כַּפְרִי *villageois*. L'adjectif est dérivé du nom **kfar** כְּפָר *village* ; on le trouve aujourd'hui dans le nom d'agglomérations israéliennes qui, de villages, sont devenues de grosses villes, telle **Kfar Saba** כְּפַר סָבָא au nord de Tel-Aviv qui compte plusieurs dizaines de milliers d'habitants,

2 **lèshadrèg** לְשַׁדְרֵג *faire monter à l'échelon supérieur*. Ce mot, d'invention récente, est à la mode. Sur la racine ד.ר.ג. se forment les noms **dèrèg** דֶּרֶג *échelon*, **dargah** דַּרְגָּה *degré, niveau*, **madrègah** מַדְרֵגָה *marche* (d'un escalier).

lative, s'était formée à Jérusalem après l'Exil, au Vᵉ siècle av. J.-C., sous l'impulsion d'**Ezra** עֶזְרָא et de **Nèhèmiah** נְחֶמְיָה. Le nombre de cent vingt députés vient de cette tradition.

Le gouvernement, **mèmshalah** מֶמְשָׁלָה, est composé du Premier ministre, **rosh hamèmshalah** רֹאשׁ הַמֶּמְשָׁלָה et des ministres, **sarim** שָׂרִים.

Deuxième vague : 33ᵉ leçon

שִׁעוּר שְׁמוֹנִים וְשָׁלוֹשׁ

אֲרוּחַ כַּפְרִי

1 – לְמִי שֶׁרוֹצֶה לְשַׁדְרֵג אֶת רָמַת חוּפְשָׁתוֹ, הִנֵּה הַצָּעָה לַאֲרוּחַ כַּפְרִי, בְּלִי לִפְשׁוֹט אֶת הָרֶגֶל.

3 **ramah** רָמָה *hauteur, niveau*. Le sens de ce mot se situe sur une verticale : bas, moyen, élevé. Aussi s'emploie-t-il autant pour désigner la *pression atmosphèrique*, **ramah baromètrit** que le *niveau de vie*, **ramat ḥayim**. À l'état construit le ה est remplacé par ת ; **Ramat haGolan** רָמַת הַגּוֹלָן *le Plateau du Golan*.

4 **ḥoufshato** חוּפְשָׁתוֹ *son congé*. Le nom **ḥoufshah** חוּפְשָׁה est ici affecté d'une terminaison de la 3ᵉ personne masculin singulier. Observez ce qui s'est passé : le ה final est tombé, remplacé par un ת de liaison auquel s'accroche le ו qui marque le "possédant" masculin singulier. S'il s'était agit du congé pris par une femme, nous aurions eu **ḥoufshatah** חוּפְשָׁתָה.

5 **lifshot èt harèguèl** לִפְשׁוֹט אֶת הָרֶגֶל *faire faillite*. Littéralement : "tendre la jambe", c'est-à-dire risquer son équilibre. Le nom correspondant est **pshitat règèl** פְּשִׁיטַת רֶגֶל *faillite* où vous repérez la même racine que dans le verbe פ.ש.ט. Noter que ce verbe signifie aussi *déshabiller*, car il faut tendre ses membres pour ôter les vêtements.

arba' mèot shiv'im oushtayim • 472

83 / Quatre-vingt-troisième leçon

2   **Sokhnouyot hanèsi'ot matzi'ot 'isqot havilah [6] méfatot bètaarikhim mèsouyamim.**
    Des agences de voyage proposent des forfaits *(affaires-de paquet)* alléchants *(tentants)* à des dates déterminées.

3 – **Zèh hamaqom lèhitpanèq vèlitpos shalvah [7] moul nof 'otzèr nèshimah.**
    C'est l'endroit [idéal] pour se faire gâter et trouver *(attraper)* le calme face à un paysage à couper *(arrêtant)* le souffle.

4 – **Biqtot 'ètz yèfèhfiyot bèharey haGalil :**
    [De] très beaux chalets *(de bois)* dans [les] montagnes de Galilée :

5 – **habiqtah kolèlèt hadar mègourim, hadar-shèinah, ambatyah, shèroutim vègalèryah lèhadar yèladim.**
    le chalet comprend *(contient)* [une] salle [de] séjour, [une] chambre à coucher, [une] salle de bains *(baignoire)*, [des] toilettes et [une] mezzanine *(galerie)* pour la chambre d'enfants.

6 – **Mitbah mèouvzar : miqrogal, mèqarèr, tanour, kirayim, mèdiah-kèlim.**
    Cuisine équipée : micro-ondes, réfrigérateur, four, plaques de cuisson, lave-vaisselle.

7 – **Babiqtah mizoug avir baqayitz vèah bahorèf.**
    Dans le chalet : climatiseur pour *(en)* l'été et cheminée pour *(en)* l'hiver.

8 – **Midshaot [8] gdolot, mitqanim liyèladim, brèkhah, jaqouzi.**
    Vastes pelouses, installations pour [les] enfants, piscine, jacuzzi,

Notes

6 'isqat havilah עִסְקַת חֲבִילָה *achat groupé, forfait*. Littéralement "affaire de paquet" qui n'est que la traduction de l'américain ***package deal***. L'expression s'utilise dans d'autres domaines que le tourisme, par exemple pour l'achat d'une cuisine équipée de tout le matériel, principal et accessoire.

2 סוֹכְנֻיּוֹת הַנְּסִיעוֹת מַצִּיעוֹת עִסְקוֹת חֲבִילָה מֻפְתָּעוֹת בְּתַאֲרִיכִים מְסֻיָּמִים.
3 – זֶה הַמָּקוֹם לְהִתְפַּנֵּק וְלִתְפֹּס שַׁלְוָה מוּל נוֹף עוֹצֵר נְשִׁימָה.
4 – בִּקְתוֹת עֵץ יְפֵהפִיּוֹת בְּהָרֵי הַגָּלִיל:
5 הַבִּקְתָּה כּוֹלֶלֶת חֲדַר מְגוּרִים, חֲדַר שֵׁינָה, אַמְבַּטְיָה, שֵׁרוּתִים וְגָלֶרְיָה לַחֲדַר יְלָדִים.
6 – מִטְבָּח מְאוּבְזָר: מִיקְרוֹגַל, מְקָרֵר, תַּנּוּר, כִּירַיִים, מֵדִיחַ-כֵּלִים.
7 – בַּבִּקְתָּה מִזּוּג אֲוִיר בַּקַּיִץ וְאָח בַּחוֹרֶף.
8 – מִדְשָׁאוֹת גְּדוֹלוֹת, מְתֻקָּנִים לִיְלָדִים, בְּרֵכָה, זָ'קוּזִי.

בַּחוּפְשָׁה הַיְלָדִים אוֹהֲבִים לְהִתְפַּנֵּק אֵצֶל סָבָא וְסָבְתָא.

---

7 liṯpos shalvah לִתְפֹּס שַׁלְוָה *trouver le calme*, littéralement "attraper". Ne manquez pas cette expression familière et courante !

8 midshaoṯ מִדְשָׁאוֹת *pelouses*. Vous reconnaissez, dans le singulier midshaah מִדְשָׁאָה, le mot dèshèh דֶּשֶׁא qui signifie *herbe*, précédé du מ que nous avons tant de fois rencontré.

83 / Quatre-vingt-troisième leçon

9 – **Yèsh gam mis'adah, bèit qafèh, vèhanout kolbo [9] qtanah.**
Il y a aussi [un] restaurant, [un] café et [un] petit supermarché *(et-magasin tout-en lui).*

10 – **Bèmèrhaq shèl shloshah kilomètrim nimtzèt shmourat tèva' [10].**
À *(distance de)* trois kilomètres se trouve *(est trouvée)* une réserve naturelle *(préservation-de nature).*

11 **Tokhlou lètayèl bishvilim nohim vèla'alot lamitzpèh [11] o lamitzpor [12].**
Vous pourrez vous promener par *(dans)* des sentiers confortables et monter dans *(vers)* un observatoire ou dans *(vers)* "un poste de guet aux oiseaux".

12 – **Bashmourah pinat hay-bar [13] liyeladim vaafilou brèkhat dagim.**
Dans la réserve, [il y a] un espace d'animaux sauvages pour les enfants, *(coin vivant-sauvage pour-enfants)* et même un bassin à *(piscine-de)* poissons.

13 **Hasaqranim shèbèinèkhèm youkhlou lèhitnasot bimèlakhot-yad mitqoufat haTanakh.**
Les curieux parmi vous *(Les-curieux qui-dans-vous)* pourront s'exercer *(acquérir-de-l'expérience dans)* aux métiers manuels de l'époque biblique.

14 **Houfshah nè'imah vèdabrou 'ivrit !**
Bonnes vacances *(Congé agréable)* et parlez hébreu !

Notes

9 kolbo כָּלְבּוֹ *supermarché, magasin*, littéralement "tout en lui". Ce mot-valise appartient au domaine commercial. Conformément à son étymologie, il désigne un magasin où se vendent toutes sortes de produits.

10 shmourat tèva' שְׁמוּרַת טֶבַע *réserve naturelle*, littéralement "pré-servation-de nature". C'est la même racine ש.מ.ר qu'on trouve dans **shomèr shabat** שׁוֹמֵר שַׁבָּת *celui qui observe (garde) le shabbat*.

שִׁעוּר שְׁמוֹנִים וְשָׁלוֹשׁ

9 – יֵשׁ גַּם מִסְעָדָה, בֵּית קָפֶה וַחֲנוּת כֹּלְבּוֹ קְטַנָּה.

10 – בְּמֶרְחָק שֶׁל שְׁלוֹשָׁה קִילוֹמֶטְרִים נִמְצֵאת שְׁמוּרַת טֶבַע.

11 תּוּכְלוּ לְטַיֵּל בִּשְׁבִילִים נוֹחִים, וְלַעֲלוֹת לַמִּצְפֶּה אוֹ לַמִּצְפּוֹר.

12 – בַּשְּׁמוּרָה פִּנַּת חַי-בַּר לִילָדִים וַאֲפִילוּ בְּרֵכַת דָּגִים.

13 הַסַּקְרָנִים שֶׁבֵּינֵיכֶם יוּכְלוּ לְהִתְנַסּוֹת בִּמְלָאכוֹת-יָד מִתְּקוּפַת הַתַּנַ"ךְ.

14 חוּפְשָׁה נְעִימָה וְדַבְּרוּ עִבְרִית.

---

11 mitzpéh מִצְפֶּה *observatoire*. La racine ה.פ.צ a pour sens *guetter*, avec connotation de *regarder, attendre, espérer*. Le plus beau point de vue sur Jérusalem est **Har Hatzofim הַר הַצּוֹפִים Mont Scopus**, sous la forme gréco-latine. L'université hébraïque est ainsi installée à l'un des endroits les plus spectaculaires de la ville.

12 mitzpor מִצְפּוֹר *tour d'observation des oiseaux*. Ce mot-valise est de création récente. Composé sur le modèle de **mitzpèh** מִצְפֶּה, il introduit l'idée d'*oiseau* **tzipor** צִיפּוֹר. Mais ce dernier mot renvoie lui-même à *matin* **tzèpèr** צֶפֶר et **tzafrir** צַפְרִיר *zéphyr, vent du matin*.

13 ḥay-bar חַי-בַּר *animal sauvage*, littéralement "vivant-sauvage". En fait, ces deux mots désignent aussi un *petit zoo* en semi-liberté aménagé pour les enfants.

83 / Quatre-vingt-troisième leçon

▶ Targil rishon – Targèm — תַּרְגִיל רִאשׁוֹן – תַּרְגֵּם

❶ עסקת החבילה כוללת כרטיס טיסה, בקתה כפרית ומכונית.

'isqat hahavilah kolèlèt kartis tisah, biqtah kafrit oumèkhonit.

❷ בחופשה הילדים אוהבים להתפנק אצל סבא וסבתא.

Bahoufshah hayeladim ohavim lèhitpanèq ètzèl saba vèsavta.

❸ אני ממש לא יודעת מה הייתי עושה בלי מיקרוגל ומדיח-כלים.

Ani mamash lo yoda'at mah hayiti 'osah bli miqrogal oumèdiah-kèlim.

❹ מצוללת הזכוכית בים האדום רואים נוף ימי אוצר נשימה.

Mitzolèlèt hazkhoukhit bayam haadom roim nof yami 'otzèr nèshimah.

❺ לבעלי יש חדר עבודה מאובזר בכל החידושים העכשוויים.

Lèva'ali yèsh hadar 'avodah mèouvzar bèkhol hahidoushim ha'akhshaviyim.

***

Targil shèni – Hashlèm — תַּרְגִיל שֵׁנִי – הַשְׁלֵם

❶ *Les professeurs préparent un enseignement (un-savoir) intéressant pour améliorer le niveau des études.*
[...] mèkhinim [...] mè'anyèn kèdèy [...] èt [...] halimoudim.
_____ מכינים ____ מענין כדי _____ ___ את הלימודים.

❷ *Une baignoire pleine de mousse (écume), de la musique et un café, [de] quoi avez-vous (le-fils d'adam = l'homme) encore besoin pour trouver le calme ?*
[...] mèlèah [...], mousiqah vèqafè, mah 'od tzarikh habèn adam kèdèy [...] [...] ?
_____ מלאה ____, מוסיקה וקפה , מה עוד צריך הבן אדם כדי _____ ____?

❸ *À la fin de l'été, il y a [des] propositions alléchantes dans toutes les boutiques de vêtements.*
Bèsof haqayitz, yèsh [...] [...] bèkhol hanouyot ha[...].
בסוף הקיץ יש _____ _____ בכל חנויות ה_____.

477 • arba' mèot shiv'im vashèva'

שִׁעוּר שְׁמוֹנִים וְשָׁלוֹשׁ

Corrigé de l'exercice 1

❶ Le forfait comprend un billet d'avion *(de vol)*, un chalet *(villageois)* et une voiture. ❷ En vacances *(congés)*, les enfants aiment se faire gâter chez grand-père et grand-mère. ❸ Je ne sais vraiment pas ce que j'aurais fait sans micro-ondes ni *(et)* lave-vaisselle. ❹ Du sous-marin en verre de *(dans)* la mer Rouge, on voit un paysage marin à couper *(arrêter)* le souffle. ❺ Mon mari a un bureau *(chambre-de travail)* équipé de toutes les nouveautés actuelles.

***

❹ *Tous les deux ans, à une date déterminée, il y a un congrès international sur la médecine dans la Bible.*
Kol shnatayim bè[...] [...] yèsh [...] bèinlèoumi 'al ha[...] baTanakh.

כל שנתיים ב_____ _____ יש ___ בינלאומי על ה_____ בתנ"ך.

❺ *Ils vont (voyagent) chaque hiver au ski dans le même hôtel, car l'hébergement y (dans-lui) est excellent.*
Hèm nos'im kol [...] lèsqi lèoto [...] ki ha[...] bo[...].

הם נוסעים כל ____ לסקי לאותו ____, כי ה____ בו _____.

Corrigé de l'exercice 2

❶ – hamorim – mèida' – lèshadrèg – ramat –

– הָהוֹרִים – מֵידַע – לְשַׁדְרֵג – רָמַת –

❷ Ambatyah – qètzèf – litpos shalvah

אַמְבַּטְיָה – קֶצֶף – לִתְפֹּס שַׁלְוָה

❸ – hatza'ot mèfatot – bgadim

– הַצָּעוֹת מְפַתּוֹת – בְּגָדִים

❹ – taarikh mèsouyam – kènès – rèfouah –

– תַּאֲרִיךְ מְסוּיָם – כֶּנֶס – רְפוּאָה –

❺ – horèf – malon – èrouah – mètzouyan

– חֹרֶף – מָלוֹן – אֲוִירָה – מְצוּיָן

Galil גָלִיל Galilée
Mieux pourvue en précipitations que le reste du pays, la Galilée présente, un visage prospère au point que le Talmud l'appelle "corbeille à pain".
Le Mont Méron, **Har Mèron** הַר מֵרוֹן *domine, de ses 1208 mètres, le Lac de Tibériade qui, lui, s'étend à 200 mètres sous le niveau de la mer. À quelques kilomètres de là, la ville de* **Tzfat** צְפַת *Safèd, perchée à 830 mètres, s'offre toute vivante de ses traditions kabbalistes et de ses activités artistiques et artisanales.*
Le prophète Isaïe et, à sa suite, l'évangéliste Matthieu désignent la région comme "district des Nations", parce qu'elle fut habitée aussi par des "goyim" (non-juifs) de provenances diverses. On y rencontre aujourd'hui encore, outre les établissements juifs de toutes sortes, un

Quatre-vingt-quatrième leçon
(Shi'our shmonim vèarba')

חֲזָרָה Hazarah – Révision

C'est notre dernière leçon de révision. Quel chemin vous avez parcouru depuis la première leçon où vous appreniez quatre mots en deux phrases ! Pour conclure, voici de nouveaux détails de vocabulaire. Cette leçon ne donnera, quand il s'agira de verbes, que les formes les moins faciles, celles que vous auriez le plus de mal à déduire.

1 Vocabulaire

- Nous avons traduit **mèouvzar** מְאוּבְזָר par *équipé*. Ce mot porte une nuance positive : ce qui a un goût de fantaisie, de plaisir. D'origine araméenne, **avzar** אַבְזָר *accessoire* ou **avizar** (les deux sont corrects), a, chose rare, une racine à quatre lettres. On la dit **shorèsh mèrouba'** שׁוֹרֶשׁ מְרוּבָּע *racine carrée* (cette expression s'emploie aussi en mathématiques pour désigner la puissance 2). L'*accessoiriste* au théâtre ou au cinéma est un **avzèran** אַבְזְרָן ou une **avzèranit** אַבְזְרָנִית , avec la terminaison en ָן **an**, propre aux termes de fonction.

ensemble de communautés soucieuses de leur identité : Circassiens (Caucasiens), Maronites, Druzes, Arabes chrétiens ou musulmans.
Sur le rivage, la ville de **Tvèryah** טְבֶרְיָה *a pris son nom de l'empereur Tibère et donné le sien au lac. Non loin, le sultan Ayyubide Saladin mit en déroute l'armée des Croisés en 1187 aux* **Qarnèi Hittim** קַרְנֵי חִטִּים *Cornes de Hittim.*
La Galilée est présente dans le vocabulaire français courant : capharnaüm, **Kfar Nahum** כְּפַר נַחוּם *village de Nahum, était un village de pêcheurs au bord du lac. Pour le français d'aujourd'hui c'est un endroit encombré et en désordre par allusion à l'évangile qui y montre Jésus assailli par la foule hétéroclite des malades.*

Deuxième vague : 34ᵉ leçon

84

שִׁעוּר שְׁמוֹנִים וְאַרְבַּע

hanout lèavzarèy ofnah	חֲנוּת לְאַבְזְרֵי אוֹפְנָה
boutique d'accessoires de mode ;	
avizarim limèkhoniyot	אֲבִיזָרִים לִמְכוֹנִיּוֹת
accessoires pour automobiles.	

- Dans votre "cuisine verbale", ne mêlez pas les divers modes de cuisson :

lèadot	לֶאֱדוֹת	*cuire à la vapeur ;*
lèèfot	לֶאֱפוֹת	*cuire au four ;*
lèvashèl	לְבַשֵּׁל	*cuire ;*
lètagèn	לְטַגֵּן	*frire ;*
litzlot	לִצְלוֹת	*rôtir ;*
liqlot	לִקְלוֹת	*griller (*'**al haèsh** עַל הָאֵשׁ *sur le feu).*

2 Adverbes de temps

(Par ordre alphabétique de l'hébreu.)

ahar kakh	אַחַר כָּךְ	*après ça*
af pa'am	אַף פַּעַם	*même pas une seule fois, jamais*
ètmol	אֶתְמוֹל	*hier*
haboqèr	הַבּוֹקֶר	*ce matin*

hayom	הַיוֹם	*aujourd'hui*
ha'èrèv	הָעֶרֶב	*ce soir*
lè'itim qrovot	לְעִתִים קְרוֹבוֹת	*souvent*
lè'itim rèhoqot	לְעִתִים רְחוֹקוֹת	*rarement*
lè'olam	לְעוֹלָם	*à jamais* (pour l'avenir)
lif'amim	לִפְעָמִים	*parfois*
mahar	מָחָר	*demain*
mè'olam	מֵעוֹלָם	*jamais* (pour le passé)
matay ?	מָתַי?	*quand ?*
'ad matay ?	עַד מָתַי?	*jusqu'à quand ?*
'adayin	עֲדַיִן	*encore*
'akhshav	עַכְשָׁו	*maintenant*
pa'am	פַּעַם	*une fois, autrefois*
tamid	תָמִיד	*toujours*

3 Conjugaisons des quelques verbes

• **lèhaqlid** לְהַקְלִיד *saisir, taper à la machine, dactylographier*
Ce verbe a la même racine ק.ל.ד que **miqlèdèt** מִקְלֶדֶת *clavier*, **qaldan** קַלְדָן **qaldanit** קַלְדָנִית *dactylographe (m./f.)*, **haqladah** הַקְלָדָה *saisie, dactylographie*.
– Au présent, masculin et féminin :
(ani, atah, hou) maqlid מַקְלִיד (*je, tu il*) *saisis/-t* ;
(ani, at, hi) maqlidah מַקְלִידָה (*je, tu, elle*) *saisis/-t*
– Au passé :
(ani) hiqladèti הִקְלַדְתִי *j'ai saisi (m./f.)*
– Au futur :
(ani) aqlid אַקְלִיד *je saisirai (m./f.)*

• **lè'amod** לַעֲמוֹד *se tenir debout*
Pour signifier *être debout* ou *se tenir debout*, l'hébreu possède un verbe, contrairement au français qui se contente d'un adverbe :
La racine est ע.מ.ד

– Au présent, masculin et féminin :
ani, atah, hou 'omèd עוֹמֵד *je suis, tu es, il est debout* ; **ani, at, hi 'omèdèt** עוֹמֶדֶת *je suis tu es, elle est debout*
– Au passé :
(ani) 'amadèti עָמַדְתִי *j'étais debout (m./f.)*

481 • arba' mèot shmonim vèahat

84 / שִׁעוּר שְׁמוֹנִים וְאַרְבַּע

– Au futur :
(ani) è'èmod אֶעֱמוֹד *je serai debout* (m./f.)

• **lèhagi'a** לְהַגִּיעַ *arriver*
La racine est נ.ג.ע mais le נ tombe.
– Au présent, masculin et féminin :

(ani, atah, hou) magi'a	מַגִּיעַ	(je, tu, il) arrive
(ani, at, hi) magi'ah	מַגִּיעָה	(je, tu, elle) arrive(s)
(ana<u>h</u>nou, atèm, hèm) magi'im	מַגִּיעִים	(nous, vous, ils) arrivons/-ez/-ent
(ana<u>h</u>nou, atèn, hèn) magi'o<u>t</u>	מַגִּיעוֹת	(nous, vous, elles) arrivons/-ez/-ent

– Au passé, masculin et féminin :

(ani) higa'<u>t</u>i	הִגַּעְתִּי	j'arrivais, je suis arrivé/e
(atah) higa'<u>t</u>a/(at) higa'<u>t</u>	הִגַּעְתָּ, הִגַּעַתְּ	tu arrivais
(hou) higi'a/(hi) higi'ah	הִגִּיעַ, הִגִּיעָה	il/elle arrivait
(ana<u>h</u>nou) higa'nou	הִגַּעְנוּ	nous arrivions
(atèm) higa'<u>t</u>èm/(atèn) higa'<u>t</u>èn	הִגַּעְתֶּם, הִגַּעְתֶּן	vous arriviez
(hèm) higi'ou/(hèn) higi'ou	הִגִּיעוּ	ils/elles arrivaient

– Au futur, masculin et féminin

(ani) agi'a	אַגִּיעַ	j'arriverai
(atah) <u>t</u>agia'/(at) <u>t</u>agi'i	תַּגִּיעַ, תַּגִּיעִי	tu arriveras
(hou) yagi'a/(hi) <u>t</u>agi'a	יַגִּיעַ תַּגִּיעַ	il/elle arrivera
(ana<u>h</u>nou) nagi'a	נַגִּיעַ	nous arriverons
(atèm) <u>t</u>agi'ou/(atèn) tagi'ou	תַּגִּיעוּ	vous arriverez
(hèm) yagi'ou/(hèn) yagi'ou	יַגִּיעוּ	ils/elles arriveront

Le verbe **lèhagi'a** לְהַגִּיעַ a un emploi particulier pour rendre l'idée de *mériter*. Voici deux exemples pour comprendre cette tournure :
magi'a li ma<u>h</u>shèv <u>h</u>adash מַגִּיעַ לִי מַחְשֵׁב חָדָשׁ ; littéralement "arrive pour-moi ordinateur nouveau", c'est-à-dire *je mérite un nouvel ordinateur*. La chose méritée est ici sujet du verbe au masculin singulier et le destinataire est une 1ʳᵉ personne du singulier.
magi'o<u>t</u> lakhèn ma<u>t</u>ano<u>t</u> מַגִּיעוֹת לָכֶן מַתָּנוֹת ; littéralement : "arrivent pour-vous cadeaux", c'est-à-dire *vous méritez des cadeaux*. La chose méritée est ici sujet du verbe au féminin pluriel et les destinataires sont une 2ᵉ personne du féminin pluriel.

C'est évidemment avec la même structure qu'on rendra l'idée de *mériter* au passé et au futur, en recourant au verbe **léhag'ia** לְהַגִּיעַ.

• **lèhit'amèl** לְהִתְעַמֵּל *faire de la gymnastique*
Racine ע.מ.ל.
– Au présent, masculin et féminin :

(ani, atah, hou) mit'amèl	מִתְעַמֵּל
je, tu, il fais/fait de la gymnastique	
(ani, at, hi) mit'amèlèt	מִתְעַמֶּלֶת
je, tu, elle fais/fait de la gymnastique	
(anahnou, atèm, hèm) mit'amlim	מִתְעַמְּלִים
nous faisons, vous faites, ils font de la gymnastique	
(anahnou, atèn, hèn) mit'amlot	מִתְעַמְּלוֹת
nous faisons, vous faites, elles font de la gymnastique	

– Au passé, masculin et féminin :

(ani) hit'amalti	הִתְעַמַּלְתִּי
je faisais de la...	
(hou) hit'amèl/(hi) hit'amlah	הִתְעַמֵּל, הִתְעַמְּלָה
il/elle faisait de la...	
(hèm) hit'amlou/(hèn) hit'amlou	הִתְעַמְּלוּ
ils/elles faisaient de la...	

– Au futur :

(ani) èt'amèl	אֶתְעַמֵּל
je ferai de la...	
(atah) tit'amèl/(at) tit'amli	תִתְעַמֵּל, תִתְעַמְּלִי
tu feras de la...	

• **Likh'os** לִכְעוֹס *se mettre en colère*
Racine כ.ע.ס :
– Au présent, masculin et féminin :

(ani, atah, hou) ko'ès	כּוֹעֵס
je me, tu te, il se met(s) en colère	
(ani, at, hi) ko'èsèt	כּוֹעֶסֶת
je me, tu te, elle se met(s) en colère	
(anahnou, atèm, hèm) ko'asim	כּוֹעֲסִים
nous nous mettons, vous vous mettez, ils se mettent en colère	
(anahnou, atèn, hèn) ko'asot	כּוֹעֲסוֹת
nous nous mettons, vous vous mettez, elles se mettent en colère	

– Au passé, masculin et féminin :
(ani) ka'asti	כָּעַסְתִּי	*je m'étais mis en…*
(hou) ka'as	כָּעַס	*il s'était mis en…*
(hi) ka'asah	כָּעֲסָה	*elle s'était mise en…*

– Au futur :
(ani) èkh'as	אֶכְעַס	*je me mettrai en…*

• **Lifshot règel** לִפְשׁוֹט רֶגֶל *faire faillite*
– Au présent, masculin et féminin :

(ani, atah, hou) poshèt règel   פּוֹשֵׁט רֶגֶל
je, tu, il fais/ait faillite

(ani, at, hi) poshètèt règel   פּוֹשֶׁטֶת רֶגֶל
je, tu, elle fais/fait faillite

(anahnou, atèm, hèm) poshtim règel   פּוֹשְׁטִים רֶגֶל
nous faisons, vous faites, ils font…

(anahnou, atèn, hèn) poshtot règel   פּוֹשְׁטוֹת רֶגֶל
nous faisons, vous faites, elles font…

– Au passé :
(ani) pashatèti règel	פָּשַׁטְתִּי רֶגֶל	*je faisais faillite*
(atèm) pèshatètèm…	פְּשַׁטְתֶּם	*vous faisiez faillite* (m.)
(atèn) pèshatèten…	פְּשַׁטְתֶּן	*vous faisiez faillite* (f.)
(hèm) pashtou…	פָּשְׁטוּ	*ils faisaient faillite*
(hèn) pashtou…	פָּשְׁטוּ	*elles faisaient faillite*

– Au futur :
(ani) èfshot règel	אֶפְשׁוֹט רֶגֶל	*je ferai faillite*
(atèm) tifshètou…	תִּפְשְׁטוּ	*vous ferez faillite* (m.)
(atèn) tifshètou	תִּפְשְׁטוּ	*vous ferez faillite* (f.)
(hèm) yifshètou…	יִפְשְׁטוּ	*ils feront faillite*
(hèn) yifshètou	יִפְשְׁטוּ	*elles feront faillite*

4 La condition

La complexité de ce paragraphe ne doit pas vous étourdir : finalement, l'hébreu est assez simple si vous suivez sa logique.

• **La condition est réalisable dans l'avenir (potentiel) :**
Im hayèladim shèlanou yavoou, nakhin lahèm hafta'ah.
אִם הַיְלָדִים שֶׁלָּנוּ יָבוֹאוּ, נָכִין לָהֶם הַפְתָּעָה.
Si nos enfants venaient (viendront), *nous leur préparerions* (préparerons) *une surprise*.

Quatre-vingt-quatrième leçon

• **La condition a une grande probabilité de réalisation (éventuel) :**
Im ha̱vèrènou yavoou, nakhin lahem mèsibah.

אִם חֲבֵרֵינוּ יָבוֹאוּ, נָכִין לָהֶם מְסִיבָּה.

Si nos amis viennent (viendront), nous leur préparerons une réception.
Remarquez que l'hébreu ne distingue pas un "potentiel" d'un "éventuel" : la construction est identique dans chacune de ces deux phrases, il emploie le futur dans les quatre propositions *(principale et subordonnée)*.

• **La condition est contraire au fait présent (irréel du présent) :**
Im èhèyèh bo̱hèr, atzbi'a bè'ad ishti.

אִם אֶהֱיֶה בּוֹחֵר, אַצְבִּיעַ בְּעַד אִשְׁתִּי.

Si j'étais ("serai") électeur, je voterais ("voterai") pour ma femme.
Les verbes de chacune de ces deux propositions sont encore au futur.

• **La condition n'a pas été réalisée dans le passé (irréel du passé) :**
Ilou hayi̱ti bo̱hèrèt, hayiti matzbi'ah bèad ba'ali.

אִילוּ הָיִיתִי בּוֹחֶרֶת, הָיִיתִי מַצְבִּיעָה בְּעַד בַּעֲלִי.

Si j'avais été électrice ("étais élisante"), j'aurais voté ("étais votante") pour mon mari.
Les verbes **bo̱hèrèt** בּוֹחֶרֶת et **matzbi'ah** מַצְבִּיעָה sont au présent, précédé de *être* au passé.

• **La condition n'a pas été réalisée dans le passé et l'on en déclare un effet aujourd'hui.**
Ilou hayi̱ti bo̱hèr otah, hayiti samèah.

אִילוּ הָיִיתִי בּוֹחֵר אוֹתָהּ, הָיִיתִי שָׂמֵחַ.

Si je l'avais élue ("si j'avais-été élisant elle"), je m'[en] réjouirais ("j'étais réjouissant").
Les verbes **bo̱hèr** בּוֹחֵר et **samèah** שָׂמֵחַ sont au présent, précédés de *être* au passé.

N.B. : Quelle différence entre **im** אִם et **ilou** אִילוּ ? Le premier indique que la condition est probablement réalisable tandis que pour le second, elle ne l'est pas ou elle ne l'est plus.

Pour rendre en hébreu un conditionnel français qu'il soit au présent ou au passé, employez *être* au passé suivi du verbe au présent, comme l'indiquent les exemples que voici :
Hayi̱ti rotzèh liqnot bayit gadol, a̱val èin li kèsèf.

שִׁעוּר שמוֹנִים וְאַרְבַּע

הָיִיתִי רוֹצֶה לִקְנוֹת בַּיִת גָּדוֹל, אֲבָל אֵין לִי כֶּסֶף.
Je voudrais acheter une grande maison, mais je n'ai pas d'argent.

Hou lo yodè'a mah hou hayah 'osèh bli aba shèlo.
הוּא לֹא יוֹדֵעַ מָה הוּא הָיָה עוֹשֶׂה בְּלִי אַבָּא שֶׁלּוֹ.
Il ne sait pas ce qu'il aurait fait sans son père.

5 Expressions usuelles

Im lo yo'il, lo yaziq.	אִם לֹא יוֹעִיל, לֹא יַזִּיק
Si ça ne fait pas de bien, ça ne fait pas de mal. (leçon 78)	
Nimas li, lèkha/lakh ...	נִמְאַס לִי/לְךָ, לָךְ
J'en ai, tu en as (m./f.) assez... (78)	
magi'a li, lèkha/lakh...	מַגִּיעַ לִי/לְךָ, לָךְ
je mérite, tu mérites (m./f.)... (78)	
mèqir lèqir	מִקִּיר לְקִיר
d'un mur à l'autre (81)	
èin sofi	אֵין סוֹפִי
sans fin (81)	
Zot havayah!	זֹאת חֲוָיָה!
C'est une merveille ! (81)	
èkhout hasvivah	אֵכוּת הַסְּבִיבָה
qualité de l'environnement (82)	
lèshadrèg	לְשַׁדְרֵג
améliorer le niveau de... (83)	
lifshot èt harègèl	לִפְשׁוֹט אֶת הָרֶגֶל
faire falllite (83)	
'isqat havilah	עִסְקַת חֲבִילָה
forfait (de voyage, etc.) (83)	
litpos shalvah	לִתְפּוֹס שַׁלְוָה
trouver le calme (83)	
'otzèr neshimah	עוֹצֵר נְשִׁימָה
couper le souffle (83)	
mèouvzar, mèouvzèrèt	מְאוּבְזָר, מְאוּבְזֶרֶת
équipé/e (83)	

Dialogue de révision

❶ – זֹאת הַחֲזָרָה הָאַחֲרוֹנָה שֶׁלָּנוּ. תִּרְאֶה אֶת הַמִּלִים הַחֲדָשׁוֹת שֶׁלָּמַדְתָּ.

❷ – אַתָּה אוֹמֵר: עוֹד פַּעַם?

❸ – לָמָה לֹא? אִם לֹא יוֹעִיל, לֹא יַזִּיק.

❹ – בַּשָּׁלָב הַזֶּה אַתָּה עֲדַיִן לֹא בְּרָמָה שֶׁל הָאֶנְצִיקְלוֹפֶּדְיָה הָעִבְרִית.

❺ – אֲבָל אַתָּה יָכוֹל לְשַׁדְרֵג אֶת רָמַת הָעִבְרִית שֶׁלְּךָ.

❻ – הַתַּלְמוּד אוֹמֵר: אִם לָמַדְתָּ פַּעַם אַחַת, תִּלְמַד פַּעֲמַיִם.

❼ אִם לָמַדְתָּ פַּעֲמַיִם, תִּלְמַד שָׁלוֹשׁ פְּעָמִים.

❽ כִּי מִי הוּא הֶחָכָם? הַלּוֹמֵד מִכֹּל אָדָם.

❾ – אוּלַי תֵּלֵךְ לִרְאוֹת סֶרֶט קוֹלְנוֹעַ בְּעִבְרִית?

❿ – וְאַל תִּשְׁכַּח אֶת הַחִיזוּקִים אַחֲרֵי הַמַּאֲמָצִים.

85

Quatre-vingt-cinquième leçon
(Shi'our shmonim vèhamèsh)

Prèdah
Séparation

1 **Sababah [1] ! Zèh hashi'our haaharon !**
   Super ! C'[est] la *(le)* dernière leçon !

Note

1 sababah סַבַּאבָּה *merveilleux*. Originaire de l'argot irakien, ce mot s'emploie soit comme un adjectif invariable : **mèsibah sababah**

Traduction

❶ – Cette [leçon de] révision est la dernière *(de-nous)*. Tu verras les mots nouveaux que tu as appris.
❷ – Tu dis : "Encore [une] fois" ?
❸ – Pourquoi pas ? Si ça ne fait pas de bien, ça ne fait pas de mal.
❹ – À ce niveau, tu n'es pas encore à la hauteur de l'Encyclopédie hébraïque.
❺ Mais tu peux améliorer le niveau *(hauteur)* de ton hébreu.
❻ – Le Talmud dit : "Si tu as appris une fois, tu apprendras deux fois" ;
❼ Si tu as appris deux fois, tu apprendras trois fois.
❽ – Car qui est le sage ? Celui qui apprend de chaque homme.
❾ – Peut-être iras-tu voir un film *(voir film-de cinéma)* en hébreu ?
❿ – Et n'oublie pas les compensations *(renforcements)* après l'effort *(les efforts)*.

Deuxième vague : 35ᵉ leçon

שִׁעוּר שמוֹנִים וְחָמֵשׁ

פְּרֵדָה

1   סַבַּאבָּה! זֶה הַשִּׁעוּר הָאַחֲרוֹן!

מְסִיבָּה סַבַּאבָּה *une réception* (au sens de fête) *merveilleuse*, soit comme un adverbe : **mah shlomkha** ? מָה שְׁלוֹמְךָ? *comment vas-tu ?* – Sababah ! סַבַּאבָּה! – *Super !*

2 **Mitzad èhad anahnou smèhim, oumitzad shèny anahnou 'atzouvim.**
D'un côté nous [sommes] joyeux, et d'un autre *(de-côté deuxième)*, nous [sommes] tristes.

3 **Shmonim vèarba'ah shi'ourim, kim'at shloshah hodashim, shèanahnou bèyahad vèhitragalnou** [2] **zèh lazèh.**
Quatre-vingt quatre leçons, [il y a] presque trois mois, que nous [sommes] ensemble et nous nous sommes habitués l'un à l'autre *(celui-ci à-celui-ci)*.

4 **Kol yom bilinou yahad hatzi sha'ah lèfahot.**
Chaque jour nous avons passé ensemble [une] demi-heure au moins.

5 **Gam im hayou yamin shèlo nifgashnou, biglal 'avodah, limoudim, hit hayvouyot** [3] **mishpahtiyot o hèvratiyot, haqèshèr bèinènou tamid nishmar.**
Même s'il y a eu [des] jours où nous ne nous sommes pas rencontrés *(que-non sommes-rencontrés)* à cause [du] travail, [des] études, [d']obligations familiales ou sociales, le contact entre nous a toujours été conservé.

6 **Pitpatnou, qaranou, katavnou targilim 'al nèsi'ot, mis'adot, dirot, qniyot vaafilou siparnou bdihot, vèdibarnou bèsleng.**
Nous avons papoté, nous avons lu, nous avons écrit [des] exercices sur [les] voyages, [les] restaurants, [les] appartements, [les] achats (et) nous avons même raconté [des] blagues et nous avons parlé en argot.

7 **Hishtadalnou larèdèt lèshorshèy hasafah ha'ivrit, limeqorotèiha** [4] **ha'atiqim bèyotèr.**
Nous nous sommes efforcés [de] descendre aux racines de la langue hébraïque, à ses sources *(vers-source-d'elle)* les plus anciennes.

שָׁעוּר שְׁמוֹנִים וְחָמֵשׁ

2 מִצַּד אֶחָד אֲנַחְנוּ שְׂמֵחִים, וּמִצַּד שֵׁנִי אֲנַחְנוּ עֲצוּבִים.

3 שְׁמוֹנִים וְאַרְבָּעָה שְׁעוּרִים, כִּמְעַט שְׁלוֹשָׁה חֳדָשִׁים, שֶׁאֲנַחְנוּ בְּיַחַד וְהִתְרַגַּלְנוּ זֶה לָזֶה.

4 כֹּל יוֹם בִּילִינוּ יַחַד חֲצִי שָׁעָה לְפָחוֹת.

5 גַּם אִם הָיוּ יָמִים שֶׁלֹּא נִפְגַּשְׁנוּ, בִּגְלַל עֲבוֹדָה, לִמּוּדִים, הִתְחַיְּבֻיּוֹת מִשְׁפַּחְתִּיּוֹת אוֹ חֶבְרָתִיּוֹת, הַקֶּשֶׁר בֵּינֵינוּ תָּמִיד נִשְׁמַר.

6 פִּטְפַּטְנוּ, קָרָאנוּ, כָּתַבְנוּ תַּרְגִּילִים עַל נְסִיעוֹת, מִסְעָדוֹת, דִּירוֹת, קְנִיּוֹת וַאֲפִלּוּ סִפַּרְנוּ בְּדִיחוֹת, וְדִבַּרְנוּ בְּסְלֶנְג.

7 הִשְׁתַּדַּלְנוּ לָרֶדֶת לְשׁוֹרְשֵׁי הַשָּׂפָה הָעִבְרִית, לִמְקוֹרוֹתֶיהָ הָעַתִּיקִים בְּיוֹתֵר.

Notes

2 hitragalnou הִתְרַגַּלְנוּ *nous nous sommes habitués*. De lèhitragèl לְהִתְרַגֵּל *s'habituer*, dont la racine est ר.ג.ל qui forme aussi règèl רֶגֶל *pied, jambe*. C'est donc l'idée de marcher : 'olèh règèl עוֹלֶה רֶגֶל *pèlerin "allant à pied"* d'où hèrgèl הֶרְגֵּל *habitude*, targil תַּרְגִּיל *exercice*. Lèkol sh'iour yèsh shnèy targilim לְכֹל שָׁעוּר יֵשׁ שְׁנֵי תַּרְגִּילִים *chaque leçon a deux exercices.*

3 hit hayvouyot הִתְחַיְּבֻיּוֹת *obligations*. Il s'agit d'un nom, malgré son apparence de verbe pronominal. La racine est ח.י.ב avec l'idée de devoir, d'où hov חוֹב *dette*, hovah חוֹבָה *obligation*. Hou hayav kèsèf labanq הוּא חַיָּב כֶּסֶף לַבַּנְק *il doit de l'argent à la banque.*

4 méqorotèha מְקוֹרוֹתֶיהָ *ses sources*. Maqor מָקוֹר *source*, ici augmenté du suffixe ֶיהָ *à elle*. La compagnie israélienne des eaux s'appelle mèqorot מְקוֹרוֹת *sources*.

85 / Quatre-vingt-cinquième leçon

8   **Samahnou shèatah(/shèat) shoutaf(/shoutafah) shèlanou laharpatqah hamèratèqèt shèl limoud 'ivrit.**
    Nous avons été heureux de t'avoir eu pour partenaire *(que-toi(m./f.) partenaire(m./f.) de nous)* dans *(pour-)* l'aventure captivante [qu'est] l'étude de l'hébreu.

9   **Hayom anahnou bashi'our hasofi, aval sof hou tamid hathalah shèl mashèhou ahèr.**
    Aujourd'hui nous [sommes] à la leçon finale, mais [une] fin est *(lui)* toujours [un] commencement de quelque chose [d']autre.

10 **Bèsha'ah tovah oumoutzlahat higa'ta(/higa't) larèga' shètzarikh liqpotz lamayim vèlishot bè'atzmèkha (/bè'atzmèkh).**
    Tu es arrivé(e) au moment propice *(dans-heure bonne et réussie vers l'instant qu'-il-faut)*, à l'instant où il faut sauter à l'eau *(vers-l'-eau)* et nager tout seul *(par toi-même (m./f.))*.

11 **Ha'ètzah hatovah bèyotèr shèlanou : 'im qtzat houtzpah, lèdabèr 'ivrit afilou bishgiot.**
    Notre meilleur conseil *(Le-conseil le-bon en-plus de-nous)* : avec un peu d'audace, parler hébreu même avec des fautes.

12 **Hasèrah lèkha(/lakh) milah ? Pashout lishol : èikh omrim bè'ivrit... ?**
    Un mot te manque *(Il-manque pour toi(m./f.) mot)* ? Demande simplement *(simplement demander)* : "Comment dit-on *(ils-disent)* en hébreu...?"

13 **Kèdèy lètargèl èt ha'ivrit bèhayèy yom-yom èfshar latous lèIsraèl lèhoufshah.**
    Pour [s']exercer [en] hébreu dans la vie quotidienne *(dans-les-vies jour-jour)*, [il est] possible [de s'en]voler vers Israël pour les vacances.

14 **Aval gam mihoutz lilsraèl yèsh harbèh mèqomot lèlimoud 'ivrit, kègon oulpanim o mo'adonèy 'ivrit, vaafilou bèintèrnèt.**
    Mais il y a aussi, en dehors d'Israël, beaucoup d'endroits pour étudier *(pour-étude)* [l']hébreu, par exemple, [des] "oulpan" ou [des] clubs [d']hébreu, et même sur *(dans)* Internet.

שִׁעוּר שְׁמוֹנִים וְחָמֵשׁ

8 שָׂמַחְנוּ שֶׁאַתָּה(/שֶׁאַתְּ) שׁוּתָף(/שׁוּתָפָה) שֶׁלָּנוּ לַהַרְפַּתְקָה הַמְרַתֶּקֶת שֶׁל לִמּוּד עִבְרִית.

9 הַיּוֹם אֲנַחְנוּ בַּשִּׁעוּר הַסּוֹפִי, אֲבָל סוֹף הוּא תָּמִיד הַתְחָלָה שֶׁל מַשֶּׁהוּ אַחֵר.

10 בְּשָׁעָה טוֹבָה וּמוּצְלַחַת הִגַּעְתָּ(/הִגַּעַתְּ) לָרֶגַע שֶׁצָּרִיךְ לִקְפּוֹץ לַמַּיִם וְלִשְׂחוֹת בְּעַצְמְךָ(/בְּעַצְמֵךְ).

11 הָעֵצָה הַטּוֹבָה בְּיוֹתֵר שֶׁלָּנוּ: עִם קְצָת חוּצְפָּה, לְדַבֵּר עִבְרִית אֲפִילוּ בִּשְׁגִיאוֹת.

12 חֲסֵרָה לְךָ(/לָךְ) מִלָּה? פָּשׁוּט לִשְׁאוֹל: אֵיךְ אוֹמְרִים בְּעִבְרִית...?

13 כְּדֵי לְתַרְגֵּל אֶת הָעִבְרִית בְּחַיֵּי יוֹם-יוֹם אֶפְשָׁר לָטוּס לְיִשְׂרָאֵל לְחוּפְשָׁה.

14 אֲבָל גַּם מִחוּץ לְיִשְׂרָאֵל יֵשׁ הַרְבֵּה מְקוֹמוֹת לְלִמּוּד עִבְרִית, כְּגוֹן אוּלְפָּנִים אוֹ מוֹעֲדוֹנֵי עִבְרִית, וַאֲפִילוּ בָּאִינְטֶרְנֶט.

15 **Kèday [5] lihèyot manouy la'iton bè'ivrit qalah, "Sha'ar lamathil".**
Il est profitable d'être abonné au journal en hébreu facile (léger), "Sha'ar lamathil" (porte pour le-débutant).

16 **Yèsh gam sfarim isrèèliyim mè'oubadim [6] bè'ivrit qalah.**
Il y a aussi [des] livres israéliens adaptés (travaillés) en hébreu facile.

17 **Na'im lilmod 'ivrit mishirim isrèèliyim.**
[C'est] agréable [aussi] [d']apprendre l'hébreu [à partir] de chansons israéliennes.

18 **Bèrèga' haprèdah lo nagid shalom, nagid raq lèhitraot.**
Au moment de la séparation, ne disons pas shalom, disons seulement au revoir.

19 **Bèhatzlahah, biyedidout.**
Bon succès. Amicalement.

20 **Lèhitraot. Shifrah, Rogèh.**
Au revoir. Shifra, Roger.

□

Targil rishon – Targèm — תַּרְגִּיל רִאשׁוֹן – תַּרְגֵּם

❶ Hou mèdabèr 'ivrit tovah, aval hou lo mèvin èt haslèng ha'akhshavi.

❷ Ani lo ohèvèt prèdot bisdèh hatè'oufah.

❸ Hi hitraglah lilmod 'ivrit hatzi sha'ah bèkhol boqèr.

❹ Hèm lo raq havèrim, hèm gam shoutafim la'èsèq.

❺ Bamishpahah hazot haqsharim bèin aba, ima vèhayèladim mamash nèhèdarim.

15 כְּדַאי לִהְיוֹת מָנוּי לָעִתּוֹן בְּעִבְרִית קַלָּה, "שַׁעַר לַמַּתְחִיל".

16 יֵשׁ גַּם סְפָרִים יִשְׂרְאֵלִיִּים מְעוּבָּדִים, בְּעִבְרִית קַלָּה.

17 נָעִים לִלְמוֹד עִבְרִית מִשִּׁירִים יִשְׂרְאֵלִיִּים.

18 בְּרֶגַע הַפְּרֵדָה לֹא נַגִּיד שָׁלוֹם, נַגִּיד רַק לְהִתְרָאוֹת.

19 בְּהַצְלָחָה, בִּידִידוּת.

20 לְהִתְרָאוֹת. שִׂפְרָה, רוֹזָ'ה.

Notes

5 kèday כְּדַאי *il est profitable*. À distinguer de kèdèy כְּדֵי *pour*, que nous venons de voir à la phrase 13.

6 mè'oubadim מְעוּבָּדִים *travaillés*, forme passive, avec, pour racine, ע.ב.ד. Par exemple sadot mè'oubadim שָׂדוֹת מְעוּבָּדִים *champs cultivés*.

Corrigé de l'exercice 1

❶ Il parle un bon hébreu, mais il ne comprend pas l'argot actuel. ❷ Je n'aime pas [les] séparations à l'aéroport. ❸ Elle s'est habituée à étudier l'hébreu une demi-heure chaque matin. ❹ Ils ne sont pas seulement des amis, ils sont aussi partenaires dans l'affaire. ❺ Dans cette famille, les relations *(contacts)* entre père *(papa)*, mère *(maman)* et enfants sont réellement merveilleuses.

Quatre-vingt-cinquième leçon / 85

Targil shèni – Hashlèm — תַּרְגִיל שֵׁנִי – הַשְׁלֵם

❶ *Chaque été ils voyagent ensemble à l'étranger (hors du-pays) pour une nouvelle aventure captivante.*
   Kol [...] hèm nos'im [...]lèhoutz laarètz lè[...] [...] hadashah.
   כל ___ הם נוסעים ___ חוּל לחוּל ש_____ _____ חדשה.

❷ *Pour employer (exercer) les mots nouveaux qu'ils ont étudiés à l'oulpan, ils font, à la maison, des exercices écrits (ils-écrivent).*
   Kèdèy [...] èt [...] hahadashot shèhèm [...] baoulpan, hèm kotvim [...], babayit.
   כדי ____ אות _____ החדשות שהם ____ באולפן, הם כותבים _____, בבית.

❸ *Pour les débutants, il y a des livres et des journaux adaptés (travaillés) en hébreu facile.*
   [...] yèsh [...] vè'itonim [...] bè'ivrit [...].
   _____ יש _____ ואיתונים _____ בעברית ___.

❹ *Alors ? Que dis-tu de notre professeur (f.) ? – Super !*
   [...] ? Mah atah [...] 'al hamorah [...] ? [...] !
   __ ? מה אותה ____ על המורה ____ ? _____ !

❺ *À la fin de l'année, chaque élève a reçu une vidéo de chansons hébraïques comme cadeau d'adieu (séparation).*
   [...] [...] kol talmid qibèl vidèo shèl shirim [...] kèmatnat [...].
   ___ ____ כל תלמיד קיבל וידאו של שירים _____ כמתנת ____.

Enfin ! Mais est-ce la fin ? **Tam vèlo nishlam !** תַּם וְלֹא נִשְׁלָם! *C'est fini mais ce n'est pas complet ! Il faut continuer. En faisant quoi ? – Voici quelques conseils :*

Si vous habitez dans une ville dotée d'un centre communautaire, vous y trouverez des cours d'hébreu de tous niveaux. Dans une ville universitaire, c'est à l'université même que vous pourrez recourir. À défaut, formez vous-même un groupe d'étude, vous y créerez et recevrez la dynamique qui vous portera. Mais vous voulez étudier aussi chez vous ? - Les livres, cassettes, CD audio et DVD s'offrent nombreux. Cherchez sur le web : vous découvrirez des cours multimédia qui, associant votre œil, votre oreille et vos lèvres, vous conduiront de progrès en progrès, presque comme si vous étiez dans le pays.

Corrigé de l'exercice 2

❶ – qayitz – yahad – harpatqah mèratèqèt –

❶ – קיץ - יחד - הרפתקה מרתקת -

❷ – lètargèl – hamilim – lamdou – targilim –

❷ – לתרגל - המילים - למדו - תרגילים -

❸ Lèmathilim – sfarim – mè'oubadim – qalah

❸ למתחילים - ספרים - מאובדים - קלה

❹ Nou – omèr – shèlanou – sababah

❹ נו - אומר - שלנו - סבבה

❺ Bèsof hashanah – 'ivriyim – prèdah

❺ בסוף השנה - עבריים - פרדה

*Un journal vous sera vraiment utile. Depuis 2012, le **Sha'ar lamathil*** שַׁעַר לַמַתְחִיל *"Porte du débutant" ne paraît plus, en revanche vous pouvez vous procurer le "Jerusalem Post", autre journal de référence. Si vous projetez de vous installer en Israël, vous trouverez une autre possibilité de "vous mettre" à l'hébreu : le **mèrkaz qlltah*** מֶרְכַָז קְלִיטָה *centre d'intégration. Vous y résiderez cinq à six mois, en ville ou au kibboutz, étudiant l'hébreu si intensivement qu'à la sortie vous pourrez exercer votre métier dans le pays même. Il existe aussi des **oulpanim*** אוּלְפָּנִים *classes d'hébreu par métier ; il en est ainsi de la médecine qui exige l'emploi d'un lexique particulier. Quant aux jeunes, des **oulpanim*** אוּלְפָּנִים *leur sont réservés dans les écoles comme dans les universités.*

Deuxième vague : 36ᵉ leçon

N'oubliez pas de poursuivre votre étude de deuxième vague, de la 37ᵉ à la 85ᵉ leçon, chaque jour.

497 • arba' mèot tish'im vashèva'

Appendice grammatical

Sommaire

1 Généralités **499**
2 La racine trilitère **499**
3 L'article et le nom **500**
    3.1 L'article 500
    3.2 Le nom 500
    3.3 Le duel 502
    3.4 L'état construit 503
    3.5 Formation de certains noms 504
4 L'adjectif qualificatif **505**
    4.1 Le comparatif 505
    4.2 Le superlatif 506
5 L'adverbe **507**
6 Le pronom personnel **508**
    6.1 Le pronom personnel sujet 508
    6.2 Le pronom personnel complément 508
7 Le démonstratif et le présentatif **509**
8 L'adjectif possessif **510**
9 La préposition **512**
10 La négation **513**
11 L'interrogation **514**
12 Le verbe **515**
    12.1 Le passé 515
    12.2 Le présent 516
    12.3 Le futur 518
    12.4 L'impératif 520
13 Le verbe *être* **520**
14 Le verbe *avoir* et l'idée de possession ... **521**
    14.1 Le présent 521
    14.2 Le passé et le futur 522
15 La conjonction **522**
    15.1 Coordination 523
    15.2 Subordination 523
16 Le nombre **524**
    16.1 Cardinal 524
    16.2 Ordinal 526

1 Généralités

L'ordre des mots dans la phrase est en principe le même qu'en français : sujet, verbe, compléments. Certains mots occupent une place fixe ; nous les indiquerons plus loin.
La particule **èt** אֶת, intraduisible et invariable, précède, à l'écrit et à l'oral, le complément d'objet direct quand il est déterminé – par exemple par l'article défini – ou qu'il est un nom propre :
Hi okhèlèt èt ha'ougah הִיא אוֹכֶלֶת אֶת הָעוּגָה *Elle mange le gâteau.* **Hou ohèv èt Mikhal** הוּא אוֹהֵב אֶת מִיכַל *Il aime Mikhal.*
En revanche, on aura : **hi okhélèt 'ougah** הִיא אוֹכֶלֶת עוּגָה *elle mange un gâteau*, puisque le complément "un gâteau" n'est pas déterminé.

2 La racine trilitère

L'esprit de famille est célébré comme une valeur juive. Les mots hébreux eux-mêmes s'organisent en parentèle au moyen de leur racine qu'on appelle trilitère parce que, le plus souvent, elle se compose de trois lettres. On voit ici l'intérêt de l'écriture hébraïque qui, réduisant les signes aux consonnes, offre à la racine des mots une inscription clarifiée. Par exemple [**D**]-[**V** ou **B**]-[**R**], ד.ב.ר, est la racine commune à ces trois mots : **DaVaR** דָּבָר *chose*, **DiBèR** דִּבֵּר *il parlait* et **miDBaR** מִדְבָּר *désert* (vous pouvez broder sur le paradoxe qui consiste à parler dans le désert !). **'èsèr haDiBRot** עֲשֶׂר הַדִּבְּרוֹת *les dix paroles* sont les fameux "dix commandements". Repérer la racine est nécessaire à la conjugaison. C'est à la troisième personne du masculin singulier du passé qu'elle s'offre le plus clairement. Observez : **hou DiBèR** הוּא דִּבֵּר *il parlait* ; la racine se trouve également au présent : **hou mèDaBèR** הוּא מְדַבֵּר *il parle*, mais elle y est plus "enveloppée".
Certaines racines se développent comme des buissons ! Ainsi de la racine [**K** ou **Kh**]-[**T**]-[**V** ou **B**] : כ.ת.ב

KoTèV	כּוֹתֵב	*il écrit*
hitKaT Vout	הִתְכַּתְּבוּת	*correspondance*
KaTaVah	כַּתָבָה	*reportage*
KTaV	כְּתָב	*écriture*
KTouBah	כְּתוּבָּה	*contrat de mariage* (qui est écrit à la main)
KToVèt	כְּתוֹבֶת	*adresse* (sur une lettre)
miKHTaV	מִכְתָב	*lettre* (missive).

Autre exemple, plus lourd de philosophie, la racine [sh]-[l]-[m] :
ש.ל.מ

SHaLoM	שָׁלוֹם	*paix*
hiSHLiM	הִשְׁלִים	*il a fait la paix, il a complété*
miSHtaLèM	מִשְׁתַלֵם	*rentable*
mouSHLaM	מוּשְׁלָם	*parfait*
SHaLaM	שָׁלַם	*payeur* (pour les salaires)
ShaLèM	שָׁלֵם	*complet*
ShèLèM	שֶׁלֶם	*l'animal parfait* (offert en sacrifice dans la Bible)
ShiLèM	שִׁלֵם	*il payait*
taSHLouM	תַשְׁלוּם	*paiement*

3 L'article et le nom

3.1 L'article

Bonne nouvelle, il n'y a qu'un seul article défini, **ha** הַ, pour traduire *le, la, les*. Il s'attache au mot qu'il détermine : **habayit** הַבַּיִת *la maison*. Il n'y a pas d'article indéfini *un, une, des* : **otobous** אוֹטוֹבּוּס *un autobus*. Comme il n'y a pas non plus d'article partitif, vous ne direz pas : *elle mange du gâteau* ou *de la crème* mais *elle mange [un] morceau de gâteau*, **hi okhèlèt prousat 'ougah** הִיא אוֹכֶלֶת פְּרוּסַת עוּגָה ou *[une] cuillère [de] crème*, **kaf qrèm** כַּף קְרֶם. L'article se transforme quand il est au contact d'une préposition ; il ne manifeste plus sa présence que par la voyelle **a**. Comparez : **hamèrkaz** הַמֶּרְכָּז *le centre*, et **bamerkaz** בַּמֶּרְכָּז *dans le centre*. La préposition est **b** בּ *dans* et ce qui reste de l'article est **a**. Même formation avec la préposition **l** ל *vers* : **ha'ir** הָעִיר *la ville* et **la'ir** לָעִיר *vers la ville*.

3.2 Le nom

Comme on peut le présumer, le genre des noms est souvent différent du français à l'hébreu. En Israël, vous vous baignez dans *le mer*, **yam** יָם, sous *la soleil*, **shèmèsh** שֶׁמֶשׁ, puis vous rentrez à *le maison*, **bayit** בַּיִת, avant *le nuit*, **laylah** לַיְלָה.

L'hébreu possède deux genres, le *masculin*, **zakhar** זָכָר, le *féminin* נְקֵבָה **nèqèvah** et trois nombres, le *singulier*, **yahid** יָחִיד, le *pluriel*, **rabim** רַבִּים et, plus rare, le *duel*, **zougiyim** זוּגִיִים.

Le masculin n'est pas "marqué", c'est-à-dire qu'aucune caractéristique ne le désigne pour tel à la terminaison. Jugez-en : **yèlèd** יֶלֶד *garçon* ; **malon** מָלוֹן *hôtel* ; **balshan** בַּלְשָׁן *linguiste*. Son pluriel, sauf exception, se forme en **im** ים : **yèladim** יְלָדִים *garçons* ; **balshanim** בַּלְשָׁנִים *linguistes*.

Le féminin, au contraire, est "marqué". Les terminaisons les plus fréquentes sont les suivantes (le pluriel étant **ot** וֹת et **yot** יוֹת) :

ah / ot	ָה / וֹת	yaldah	יַלְדָּה	*fille*
		yèladot	יְלָדוֹת	*filles*
at / ot	ַת / וֹת	taba'at	טַבַּעַת	*bague*
		taba'ot	טַבָּעוֹת	*bagues*
èt / ot	ֶת / וֹת	ktovèt	כְּתוֹבֶת	*adresse*
		ktovot	כְּתוֹבוֹת	*adresses*
it / yot	ִית / יוֹת	balshanit	בַּלְשָׁנִית	*linguiste*
		balshaniyot	בַּלְשָׁנִיּוֹת	*linguistes*
yah / yot	ָיה / יוֹת	'aliyah	עֲלִיָּה	*montée*
		'aliyot	עֲלִיּוֹת	*montées*

La terminaison **out** וּת, toujours féminine, signale généralement un nom abstrait : **'atzmaout** עַצְמָאוּת *indépendance* ; **briout** בְּרִיאוּת *santé*.

Certains noms féminins cependant ne possèdent aucune de ces terminaisons caractéristiques : **èvèn** אֶבֶן *pierre* ; **'ir** עִיר *ville* ; **kaf** כַּף *cuillère*.

Quelques-uns ont, au singulier ou au pluriel, les apparences d'un genre mais ils appartiennent à l'autre. Ainsi :

layèlah (m.)	לַיְלָה	*nuit*	**lèylot**	לֵילוֹת	*nuits*
malon (m.)	מָלוֹן	*hôtel*	**mèlonot**	מְלוֹנוֹת	*hôtels*
pri (m.)	פְּרִי	*fruit*	**pèrot**	פֵּרוֹת	*fruits*
èvèn (f.)	אֶבֶן	*pierre*	**avanim**	אֲבָנִים	*pierres*
shanah (f.)	שָׁנָה	*année*	**shanim**	שָׁנִים	*années*

Notez que d'autres sont toujours au pluriel :

hayim (m.)	חַיִּים	*vie*
mayim (m.)	מַיִם	*eau*
nisouim (m.)	נִשּׂוּאִים	*mariage, noces*
panim (m. ou f.)	פָּנִים	*visage*
shamayim (m.)	שָׁמַיִם	*ciel, cieux*

Les adjectifs qui se rapportent à ces noms se mettent au pluriel : **ḥayim tovim** חַיִּים טוֹבִים *bonne vie* ; **mayim ḥamim** מַיִם חַמִים *eau chaude* ; **nisouim mèousharim** נִשׂוּאִים מְאוּשָׁרִים *mariage heureux*. Il en va de même des verbes : **mayim qarim nozlim** מַיִם קָרִים נוֹזְלִים *de l'eau froide coule*.

Tous les noms de pays, villes et langues sont du féminin, quelle que soit leur terminaison.

3.3 Le duel

Comme son nom l'indique, le duel désigne des réalités doubles, organes du corps, objet en deux parties, mesures doubles du temps et, évidemment, le numéral *deux*. La forme duelle est invariable, elle ne possède pas de féminin : **yim** ־ַיִם, avec, notez-le, deux **yod** יִ successifs. Elle n'est pas facultative, en ce sens qu'un nom affecté de la forme duelle ne possède pas un autre pluriel : **mikhnasayim** מִכְנָסַיִם *un pantalon*, **shnèy mikhnasayim** שְׁנֵי מִכְנָסַיִם *deux pantalons*. Elle ne s'applique qu'aux noms :
les adjectifs et les verbes, eux, prennent le genre qui convient et se mettent au pluriel :

Ḥodshayim 'ovrim mahèr   חוֹדְשַׁיִם עוֹבְרִים מַהֵר
Deux mois passent vite.
'èinayim gdolot   עֵינַיִם גְדוֹלוֹת
[de] *grands yeux*.

Voici quelques-uns des noms au duel parmi les plus courants :
- Organes :
'ayin (f.) עַיִן *œil*   **'èinayim** עֵינַיִם [*deux*] *yeux*
règèl (f.) רֶגֶל *pied, jambe*   **raglayim** רַגְלַיִם [*deux*] *jambes*
yad (f.) יָד *main*   **yadayim** יָדַיִם [*deux*] *mains*

- Objets :
mikhnasayim (m.) מִכְנָסַיִם *pantalon*
mishkafayim (m.) מִשְׁקָפַיִם *lunettes*
ofanayim (m.) אוֹפַנַּיִם *bicyclette*

- Mesures de temps :
sha'ah (f.) שָׁעָה *heure*   **shè'atayim** שְׁעָתַיִם *deux heures*
yom (m.) יוֹם *jour*   **yomayim** יוֹמַיִם *deux jours*
shavou'a (m.) שָׁבוּעַ *semaine*   **shvou'ayim** שְׁבוּעַיִם *deux semaines*

hodèsh (m.) חוֹדֶשׁ *mois*
shanah (f.) שָׁנָה *année*
pa'am (f.) פַּעַם *fois*

hodshayim חוֹדְשַׁיִים *deux mois*
shnatayim שְׁנָתַיִים *deux années*
pa'amayim פַּעֲמַיִים *deux fois*

Deux a une double forme :
– s'il est placé devant un nom : **shnèy** (m.) שְׁנֵי, **shtèy** (f.) שְׁתֵּי. Il est alors à "l'état construit" dont nous parlons au paragraphe suivant : **shnèy sfarim** שְׁנֵי סְפָרִים *deux livres*, **shtèy daqot** שְׁתֵּי דַקּוֹת *deux minutes* ; dans ce dernier cas, on pourrait aussi utiliser le duel que les noms féminins se terminant par **ah** ה ֳ forment à partir de leur pluriel : **daqah** דַּקָּה devient au pluriel **daqot** דַּקּוֹת qui devient au duel **daqotayim** דַּקּוֹתַיִים *deux minutes*.
– s'il n'est pas placé devant un nom : **shnayim** (m.) שְׁנַיִים, **shtayim** (f.) שְׁתַּיִים :

Kamah yèladim yèsh lèkha ? – Shnayim.

כַּמָּה יְלָדִים יֵשׁ לְךָ?-שְׁנַיִים.

Combien d'enfants avez-vous ? – Deux.
Deux cents se dit **matayim** מָאתַיִים (c'est le duel de **mèah** מֵאָה *cent*)

• **Deux, deux cents, deux mille :**
Les adjectifs numéraux cardinaux *deux, deux cents, deux mille* sont évidemment au duel.
Deux mille se dit **'alpayim** אַלְפַּיִים (c'est le duel de **èlèf** אֶלֶף *mille*). Pour la suite des numéraux cardinaux, voir le paragraphe qui leur est consacré.

3.4 L'état construit

on le nomme **smikhout** סְמִיכוּת en hébreu. Énigmatique expression, "état construit" désigne une réalité toute simple. On la comprend si on l'oppose à "état absolu", "absolu" signifiant "isolé". Un mot dans une phrase possède son sens en lui-même : c'est son état absolu ; ou bien il reçoit son sens de la "construction" où il est pris, c'est son "état construit".
L'*école* étant en hébreu "maison du livre", voici ce qui se passe : d'une part *maison* se dit **bayit** בַּיִת à l'état isolé ("absolu") ; d'autre part *livre* se dit **sèfer** סֵפֶר. Pour exprimer *une maison du livre*, c'est-à-dire *une école*, le premier mot de la "construction" prend une forme plus courte que dans son "état absolu". Le mot **bayit** בַּיִת devient **bèit** בֵּית du fait de son entrée dans la composition **bèit sèfer** בֵּית סֵפֶר *une école*.

Pour passer de *une école* **bèit sèfèr** בֵּית סֵפֶר à *l'école*, l'article défini s'intercale devant le deuxième mot : **bèit hasèfèr** בֵּית הַסֵפֶר.
On peut dire que l'état construit équivaut souvent en français à un complément du nom ou à un nom composé si bien qu'on en distingue deux espèces :

– les uns sont fixés par l'usage et se trouvent tels quels dans le dictionnaire ; c'est le cas de **bèit sèfèr** בֵּית סֵפֶר, de **gan yèladim** גַן יְלָדִים *jardin d'enfants* (**gan** גַן *jardin* est le même à l'état absolu et à l'état construit), ou de **arouhat boqèr** אֲרוּחַת בּוֹקֶר *petit déjeuner*, littéralement "déjeuner du matin" (à l'état absolu **arouhah** אֲרוּחָה *repas*).

– les autres, c'est vous qui les créez tout naturellement en parlant ; on les dit libres. Au dictionnaire vous les trouverez à la place de chacun de leurs composants, par exemple **qir avanim** קִיר אֲבָנִים *mur de pierres*, **baqbouq birah** בַּקְבּוּק בִּירָה *bouteille de bière*, **tahanat délèq** תַחֲנַת דֶלֶק *station d'essence*.

Vous avez pu remarquer dans certains des noms cités la transformation de la terminaison féminine **ah** הָ en terminaison **at** ת quand le mot au singulier passe de l'état absolu à l'état construit. Où placer l'article qui accompagne un nom à l'état construit ? La réponse est logique : puisque l'état construit consiste à "alléger" – en principe – le premier mot de la composition (**bayit** בַּיִת devient **bèit** בֵּית par exemple), on ne l'alourdira pas par l'article : c'est le deuxième mot qui portera ce dernier : **bèit mishpat** בֵּית מִשְׁפָּט *un tribunal* (littéralement "maison de jugement") deviendra **bèit hamishpat** בֵּית הַמִשְׁפָּט *le tribunal*.

La même question se pose à propos de l'adjectif : où le placer ? Même réponse : après le deuxième mot : **arouhat boqèr tovah** אֲרוּחַת בּוֹקֶר טוֹבָה *un bon petit déjeuner*.

3.5 Formation de certains noms

Un grand nombre de noms se forment au moyen de la lettre מ préfixée à la racine d'un verbe, comme le montrent les exemples suivants :

verbe	racine	nom avec préfixe
hashav חָשַׁב *il pensait*	ח.ש.ב.	**mahshèv** מַחְשֵׁב *ordinateur*
sihèq שִׂחֵק *il jouait*	ש.ח.ק.	**mishaq** מִשְׂחָק *jeu*
katav כָּתַב *il écrivait*	כ.ת.ב.	**mikhtav** מִכְתָב *lettre*
hibèr חִבֵּר *il liait*	ח.ב.ר.	**mahbèrèt** מַחְבֶּרֶת *cahier*

4 L'adjectif qualificatif

L'adjectif qualificatif se place après le nom dont il est l'épithète et avec lequel il s'accorde en genre et en nombre. Attention à ceci : *la belle maison* se dira **habayit_ hayafèh** הַבַּיִת הַיָפֶה littéralement "le maison le-beau" (בַּיִת étant du masculin) ; l'adjectif est précédé de l'article **ha** הַ autant que le nom lui-même. En revanche *une belle maison* sera **bayit yafèh** בַּיִת יָפֶה puisque l'hébreu ne possède pas d'article indéfini. Par ailleurs, le verbe *être* ne s'exprimant pas au présent, **habayit yafèh** הַבַּיִת יָפֶה se traduira par *la maison [est] belle*. Comme le nom, l'adjectif au masculin singulier n'est pas "marqué", il ne présente pas de terminaison particulière (au pluriel sa terminaison est **im** ים) tandis que sa terminaison la plus fréquente au féminin est **ah / ot, yot** יוֹת ,וֹת, / הָ . Comparez : **talmid tov** תַּלְמִיד טוֹב *un bon élève*, **talmidim tovim** תַּלְמִידִים טוֹבִים *de bons élèves*, **talmidah tovah** תַּלְמִידָה טוֹבָה *une bonne élève*, **talmidot tovot** תַּלְמִידוֹת טוֹבוֹת *de bonnes élèves*.

Si l'adjectif qualifie un nom qui est lui-même au duel, l'adjectif s'accorde en genre et se met au pluriel : **yadayim gdolot** יָדַיִים גְדוֹלוֹת *de grandes mains*, **mikhnasayim qtzarim** מִכְנָסַיִים קְצָרִים *des pantalons courts*.

S'il se rapporte à la fois à un nom masculin et à un nom féminin, il s'accorde au masculin et au pluriel : **hayèlèd vèhayaldah qtanim** הַיֶלֶד וְהַיַלְדָה קְטָנִים *le garçon et la fille [sont] petits*.

Pour l'adjectif qui qualifie un nom à l'état construit, voir le paragraphe *état construit*.

4.1 Le comparatif

• **Égalité** : le comparatif d'égalité se note au moyen du mot **kmo** כְּמוֹ *comme, autant que, aussi que* : **hi yafah kmo ima shèlah** הִיא יָפָה כְּמוֹ אִמָא שֶׁלָה *elle est aussi belle que sa mère* (littéralement : "elle belle comme mère de-elle"). Le mot **kmo** כְּמוֹ peut se raccourcir en **k** כְּ préfixé au terme comparé : **taba'at yèqarah kèdirah** טַבַּעַת יְקָרָה כְּדִירָה *une bague aussi chère qu'un appartement*.

• **Supériorité** : l'adverbe **yotèr** יוֹתֵר *plus* se place devant l'adjectif qui est lui même suivi de la préposition **mi** מִ *de* (traduite par *que*) pour introduire, s'il y a lieu, le deuxième terme de la comparaison :

Habègèd hazèh yotèr gadol mishèlkha.

הַבֶּגֶד הַזֶה יוֹתֵר גָדוֹל מִשֶׁלְּךָ

Ce vêtement [est] plus grand que le tien (m.).

Une forme plus développée mais moins courante s'emploie aussi :
yotèr mèashèr יוֹתֵר מֵאֲשֶׁר *plus que* :
Hatisah lèParis yotèr qtzarah mèashèr hatisah lèRio.

הַטִיסָה לְפָּרִיס יוֹתֵר קְצָרָה מֵאֲשֶׁר הַטִיסָה לְרִיוֹ

Le vol pour Paris [est] plus court que le vol pour Rio ;

Hashanah hi 'ovèdèt yotèr mèasher lifnèy shanah.

הַשָׁנָה הִיא עוֹבֶדֶת יוֹתֵר מֵאֲשֶׁר לִפְנֵי שָׁנָה

Cette année elle travaille plus que l'année dernière (littéralement : "que avant année"). Ce dernier exemple montre que le comparatif peut, comme en français, mettre "en balance" non seulement deux adjectifs mais deux propositions.

La préposition **mi** מִ devient quelquefois **mè** מֵ. C'est l'usage qui vous l'apprendra.

• **Infériorité :** l'adverbe **pahot** פָּחוֹת *moins* se substitue au précédent dans une construction identique :
Hasapah shèl savta pahot nohah mishèlkha.

הַסַפָּה שֶׁל סַבְתָא פָּחוֹת נוֹחָה מִשֶׁלְּךָ

Le canapé de grand-mère [est] moins confortable que le tien.
On trouve aussi **pahot mèasher** פָּחוֹת מֵאֲשֶׁר :
Hou 'ovèd pahot mèasher lifnèy shanah.

הוּא עוֹבֵד פָּחוֹת מֵאֲשֶׁר לִפְנֵי שָׁנָה

Il travaille moins que l'année dernière.

4.2 Le superlatif

• **Supériorité :** l'article **ha** הַ se place devant l'adjectif qui précède l'adverbe **bèyotèr** בְּיוֹתֵר *en plus* :
Zèh habègèd hagadol bèyotèr.

זֶה הַבֶּגֶד הַגָדוֹל בְּיוֹתֵר.

Ce vêtement [est] le plus grand.
Hasèfèr Hamè'anyèn bèyotèr shèqarati hashanah.

הַסֵפֶר הַמְעַנְיֵן בְּיוֹתֵר שֶׁקָרַאתִי הַשָׁנָה.

Le livre le plus intéressant que j'ai lu cette année.
(littéralement : "le-livre le-intéressant en-plus que-j'ai-lu l'année").
• **Infériorité :** La construction est voisine de la construction française : c'est l'adverbe **pahot** פָּחוֹת *moins* qui porte l'article **ha**

ה *le, la, les*, et l'adjectif s'accorde avec le nom ou pronom auquel il se rapporte :
Hou hapahot hakham bakitah. הוּא הַפָּחוֹת חָכָם בַּכִּתָּה.
Il [est] le moins intelligent de ("dans") *la classe.*

Hèn hapahot hakhamot bakitah. הֵן הַפָּחוֹת חֲכָמוֹת בַּכִּתָּה.
Elles [sont] les moins intelligentes de ("dans") *la classe.*

Zot hamèkhonit hapahot mèhirah bèsougah.
זֹאת הַמְכוֹנִית הַפָּחוֹת מְהִירָה בְּסוּגָהּ.
C'est la voiture la moins rapide de sa catégorie (littéralement : "cette voiture [est] la-moins rapide dans catégorie-d'elle").

5 L'adverbe

L'adverbe est invariable, comme en français. Il se présente souvent comme un mot spécialisé, non dérivé d'un autre mot, par exemple **'ètmol** אֶתְמוֹל *hier*. Mais il se forme aussi au moyen de préfixe ou de suffixe, comme on le voit dans les exemples qui suivent :
– **kamouvan** כַּמּוּבָן *évidemment* se compose de **k** כ *comme* et de **mouvan** מוּבָן *évident* ;
– **bèsèdèr** בְּסֵדֶר *d'accord* se compose de **b** ב *par, dans* et de **sèdèr** סֵדֶר *ordre* ;
– **mèhadash** מֵחָדָשׁ *de nouveau* se compose de **m** מ *de, à partir de*, et de **hadash** חָדָשׁ *nouveau*.
Le suffixe **ah** ָה indique la direction, le mouvement, nuance peu explicitée en français qui ne distingue pas la position "à gauche" et le mouvement "en allant à gauche". Il s'ajoute à un adjectif ou à un nom et même à un nom propre, comme un nom de ville :
– **smolah** שְׂמֹאלָה *[en allant] à gauche* se compose de **smol** שְׂמֹאל *gauche* et du suffixe **ah** ָה ;
– **yaminah** יָמִינָה *[en allant] à droite* (**yamin** יָמִין *droit*) ;
– **habaytah** הַבַּיְתָה *[en allant] à la maison* (**bayit** בַּיִת *maison*) ;
– **Yèroushalaymah** יְרוּשָׁלַיְמָה *[en allant] à Jérusalem*
(**Yèroushalayim** יְרוּשָׁלַיִם *Jérusalem*).
La place de l'adverbe en hébreu est assez flottante, comme en français. Il est généralement proche du nom sur lequel il porte.

En revanche l'adverbe **gam** גַם *aussi, également* doit précéder le mot auquel il se rapporte :
Hou 'ovèd vègam lomèd. הוּא עוֹבֵד וְגַם לוֹמֵד.
Il travaille et étudie aussi (et-aussi étudie).

6 Le pronom personnel

6.1 Le pronom personnel sujet

Si le verbe est conjugué au présent, le pronom personnel doit s'employer puisque cette forme verbale ne le contient pas : **ani kotèv** אֲנִי כּוֹתֵב *j'écris*, **atah kotèv** אַתָה כּוֹתֵב *tu écris*. En revanche au passé et au futur on peut s'en dispenser, puisque la forme verbale le contient : **gamarti** גָמַרְתִי *j'ai fini*, **gamarnou** גָמַרְנוּ *nous avons fini*. En fait, l'hébreu parlé place le pronom personnel même devant les formes du passé et du futur.

Le genre apparaît à toutes les personnes, sauf aux premières **ani** אֲנִי *je* et **ana<u>h</u>nou** אֲנַחְנוּ *nous* qui sont communes au masculin et au féminin. Si un groupe est composé de personnes ou de choses du masculin et du féminin, c'est le masculin grammatical qui l'emporte :
Haotobousim vèhamèkhoniyot nos'im lè…
הָאוֹטוֹבּוּסִים וְהַמְכוֹנִיוֹת נוֹסְעִים לְ…
Les autobus et les voitures partent à…

Le vous de politesse n'existe pas. Le tutoiement est général. La troisième personne est tellement solennelle, lorsqu'elle se substitue à la deuxième, qu'elle tend plutôt à l'humour ou à l'ironie.

6.2 Le pronom personnel complément

À gauche du tableau proposé ci-dessous, les pronoms personnels dans leur état simple ; à droite, liés à la préposition **l** לְ qui les précède pour exprimer *à moi, à toi*, etc.

ani	אֲנִי	*je, moi* (m./f.)	→	**li**	לִי	*à moi* (m./f.)	
atah	אַתָה	*tu, toi* (m.)	→	**lèkha**	לְךָ	*à toi* (m.)	
at	אַתְ	*tu, toi* (f.)	→	**lakh**	לָךְ	*à toi* (f.)	
hou	הוּא	*il, lui*	→	**lo**	לוֹ	*à lui*	
hi	הִיא	*elle*	→	**lah**	לָה	*à elle*	
ana<u>h</u>nou	אֲנַחְנוּ	*nous* (m./f.)	→	**lanou**	לָנוּ	*à nous* (m./f.)	
atèm	אַתֶם	*vous* (m.)	→	**lakhèm**	לָכֶם	*à vous* (m.)	
atèn	אַתֶן	*vous* (f.)	→	**lakhèn**	לָכֶן	*à vous* (f.)	
hèm	הֵם	*ils, eux*	→	**lahèm**	לָהֶם	*à eux*	
hèn	הֵן	*elles*	→	**lahèn**	לָהֶן	*à elles*	

Ce procédé d'agglutination est très productif. Il se rencontre souvent avec les prépositions, en particulier avec la préposition **shèl** שֶׁל *de*, au moyen de laquelle on obtient l'équivalent de l'adjectif possessif, *mon*, *ton*, *son*, etc. Reportez-vous au paragraphe **adjectif possessif**.
Puisque la particule **èt** אֶת doit précéder le complément d'objet direct, le pronom personnel qui occupe cette fonction, s'agglutinera avec elle moyennant quelques modifications vocaliques, comme le montre le tableau ci-après.

oti	אוֹתִי	*me, moi*	**otanou**	אוֹתָנוּ	*nous*
otkha	אוֹתְךָ	*te, toi*	**ètkhèm**	אֶתְכֶם	*vous*
otakh	אוֹתָךְ	*te, toi*	**ètkhèn**	אֶתְכֶן	*vous*
oto	אוֹתוֹ	*le, lui*	**otam**	אוֹתָם	*eux, les*
otah	אוֹתָהּ	*la, lui*	**otan**	אוֹתָן	*elles, les*

Ani ohèv otakh. אֲנִי אוֹהֵב אוֹתָךְ. *Je t'aime* (lui à elle).
Ani ohèvèt otkha. אֲנִי אוֹהֶבֶת אוֹתְךָ. *Je t'aime* (elle à lui).

La marque du pronom personnel se fixe également au nom, agglutination qui a pour effet de modifier également ce dernier. Exemple avec **sèfèr** סֵפֶר *livre* :
sifri סִפְרִי *mon livre,* **sifrèkha** סִפְרְךָ *ton livre.*

7 Le démonstratif et le présentatif

• L'adjectif démonstratif
Il se place, comme tous les adjectifs, après le nom qu'il détermine, et ce dernier est précédé, dans l'usage habituel, de l'article **ha** הַ :
hahèdèr hazèh הַחֶדֶר הַזֶּה *cette chambre* (littéralement "la-chambre le-ce").

• Le pronom démonstratif
Sa place ordinaire est celle du nom qu'il représente, par exemple, en parlant d'un *palmier-dattier* :
Zèh tamar gadol aval hahou' mèhagan gadol yotèr.
זֶה תָמָר גָּדוֹל אֲבָל הַהוּא מֵהַגַּן גָּדוֹל יוֹתֵר.
Ce dattier est grand mais celui du jardin est plus grand, (littéralement "ce dattier [est] grand, mais le-lui de-le-jardin grand plus").

On voit par ce dernier exemple que le pronom personnel – ici **hou** הוּא *lui* – peut avoir aussi le sens du pronom démonstratif si on lui ajoute **ha** הַ. L'ensemble de ces formes se résume ainsi :

zèh	זֶה	*ce, celui-ci*	**hahou**	הַהוּא	*ce, celui-là*
zot	זֹאת	*cette, celle-ci*	**hahi**	הַהִיא	*cette, celle-là*
èlèh	אֵלֶה	*ces, ceux-ci, celles-ci*	**hahèm**	הָהֵם	*ces, ceux-là*
			hahèn	הָהֵן	*ces, celles-là*

On retrouve alors la même distinction qu'en français, *celui-ci, celui-là*. Les formes, à gauche du tableau, désignent un objet proche, celles de droite désignent un objet plus lointain, que ce soit dans l'espace, dans le temps ou dans la phrase même :

At rotzah èt hahoultzah hazot ? Lo, ani rotzah èt hahi.

אַת רוֹצָה אֶת הַחוּלְצָה הַזֹאת? לֹא, אֲנִי רוֹצָה אֶת הָהִיא.

Tu veux cette chemise ? Non, je veux celle-là.

• Le présentatif **hinèh** הִנֵה *voici, voilà*

Parce qu'il "montre" lui aussi, le présentatif **hinèh** הִנֵה a sa place ici : **Hinèh hayèladim.** הִנֵה הַיְלָדִים *Voilà les enfants*. Ce mot peut recevoir la terminaison personnelle comme les prépositions :
hinènou הִנֵנוּ *nous voici*

Il peut porter une nuance de soudaineté :

Hayah shèqèt vèhinèh ra'ash gadol.

הָיָה שֶׁקֶט וְהִנֵה רַעַשׁ גָדוֹל.

C'était le silence et [il y eut soudain] ("voilà") un grand bruit.

8 L'adjectif possessif

L'hébreu note, au choix, l'idée de possession de deux façons, soit en suffixant une terminaison de personne à la préposition **shèl** שֶׁל *de*, soit en suffixant cette terminaison de personne au nom même de la réalité possédée. Dans ce dernier cas, contrairement au français qui ne précise pas si le possesseur est un homme ou une femme, l'hébreu dira soit **mèkhonito** מְכוֹנִיתוֹ s'il s'agit d'un homme (sa voiture à lui), soit **mèkhonitah** מְכוֹנִיתָה s'il s'agit d'une femme (sa voiture à elle). Pour *Ta voiture* l'hébreu dit, selon que le possesseur est homme ou femme, **hamèkhonit shèlkha** הַמְכוֹנִית שֶׁלְךָ ou **hamèkhonit shèlakh** הַמְכוֹנִית שֶׁלָךְ *la voiture de-toi* (masc. ou fém.). Les deux tableaux suivants montrent l'ensemble des formes à toutes les personnes.

– Avec la préposition **shèl** שֶׁל :

shèli	שֶׁלִּי	mon, ma, mes
shèlkha	שֶׁלְּךָ	ton, ta, tes (possesseur m.)
shèlakh	שֶׁלָּךְ	ton, ta, tes (possesseur f.)
shèlo	שֶׁלּוֹ	son, sa, ses (à lui)
shèlah	שֶׁלָּה	son, sa, ses (à elle)
shèlanou	שֶׁלָּנוּ	notre, nos
shèlakhèm	שֶׁלָּכֶם	votre, vos (possesseur m.)
shèlakhèn	שֶׁלָּכֶן	votre, vos (possesseur f.)
shèlahèm	שֶׁלָּהֶם	leur, leurs (à eux)
shèlahèn	שֶׁלָּהֶן	leur, leurs (à elles)

– Avec le nom de la chose possédée (exemple : **misrad** מִשְׂרָד bureau)

misradi	מִשְׂרָדִי	mon bureau
misradkha	מִשְׂרָדְךָ	ton bureau (possesseur m.)
misradèkh	מִשְׂרָדֵךְ	ton bureau (possesseur f.)
misrado	מִשְׂרָדוֹ	son bureau (à lui)
misradah	מִשְׂרָדָה	son bureau (à elle)
misradènou	מִשְׂרָדֵנוּ	notre bureau
misradkhèm	מִשְׂרַדְכֶם	votre bureau (possesseur m.)
misradkhèn	מִשְׂרַדְכֶן	votre bureau (possesseur f.)
misradam	מִשְׂרָדָם	leur bureau
misradan	מִשְׂרָדָן	leur bureau

L'exemple ici choisi n'offre pas de difficulté. Il est d'autres mots que la suffixation modifie, par exemple **sèfèr** סֵפֶר livre, **sfarim** סְפָרִים livres :

sifri	סִפְרִי	mon livre
sifrèkha	סִפְרְךָ	ton livre (possesseur m.)
sifrèkh	סִפְרֵךְ	ton livre (possesseur f.)
sifro	סִפְרוֹ	son livre (à lui)
sifrah	סִפְרָה	son livre (à elle)
sifrènou	סִפְרֵנוּ	notre livre
sifrèkhèm	סִפְרְכֶם	votre livre (possesseur m.)
sifrèkhèn	סִפְרְכֶן	votre livre (possesseur f.)
sifram	סִפְרָם	leur livre (à eux)
sifran	סִפְרָן	leur livre (à elles)

sfaray	סְפָרַי	mes livres
sfarèkha	סְפָרֶיךָ	tes livres (possesseur m.)
sfarayikh	סְפָרַיִךְ	tes livres (possesseur f.)
sfarav	סְפָרָיו	ses livres (à lui)
sfarèha	סְפָרֶיהָ	ses livres (à elle)
sfarèynou	סְפָרֵינוּ	nos livres
sifrèykhèm	סִפְרֵיכֶם	vos livres (possesseur m.)
sifrèykhèn	סִפְרֵיכֶן	vos livres (possesseur f.)
sifrèyhèm	סִפְרֵיהֶם	leurs livres (à eux)
sifrèyhèn	סִפְרֵיהֶן	leurs livres (à elles)

Cette façon de former le possessif, surtout au pluriel, est complexe ; elle met en œuvre des principes phonologiques qui échappent à la plupart des locuteurs. Tendez l'oreille, mémorisez et, à défaut, limitez-vous à l'emploi de **shèl** שֶׁל qui est plus facile.

9 La préposition

Voici les principales prépositions :

shèl	שֶׁל	de
bé	בְּ	dans, à, en
ba	בַּ	dans le/la/les
'im	עִם	avec (en compagnie de)
ètzèl	אֵצֶל	chez
'ad	עַד	jusqu'à
èl	אֶל	vers
'al	עַל	sur
mè'al	מֵעַל	au-dessus de
tahat	תַּחַת	sous
mitahat	מִתַּחַת	au-dessous de
bli	בְּלִי	sans
kèdèy	כְּדֵי	afin de
biglal	בִּגְלַל	à cause de
bishvil	בִּשְׁבִיל	pour
mèahorèy	מֵאֲחוֹרֵי	derrière
lifnèy	לִפְנֵי	avant

'al yad	עַל - יַד	à côté de
min, mè-, mi-	מִן, מֶ, מִ	de (provenance)
lè-, la-, …	לְ, לַ,…	vers
èt	אֶת	devant un COD
bèin	בֵּין	entre
aval	אֲבָל	mais

Les formes de la préposition sont aussi variées qu'en français ; la préposition se place comme en français aussi, devant le mot qu'elle gouverne. Ce qui est particulier à l'hébreu est la faculté d'adjoindre à la préposition une terminaison de personne telle que nous l'avons observée à propos de **shèl** שֶׁל *de*. En voici un autre exemple, d'usage fréquent, avec la préposition **'ètzèl** אֵצֶל *chez* :

ètzli	אֶצְלִי	chez moi
ètzlèkha	אֶצְלְךָ	chez toi (m.)
ètzlèkh	אֶצְלֵךְ	chez toi (f.)
ètzlo	אֶצְלוֹ	chez lui
ètzlah	אֶצְלָהּ	chez elle
ètzlènou	אֶצְלֵנוּ	chez nous
ètzlèkhèm	אֶצְלְכֶם	chez vous (m.)
ètzlèkhèn	אֶצְלְכֶן	chez vous (f.)
ètzlam	אֶצְלָם	chez eux
ètzlan	אֶצְלָן	chez elles

10 La négation

• La négation la plus usuelle, **lo** לֹא correspond au français *non* ou *ne… pas*. Elle se place devant ce qu'elle vise (verbe, nom, adjectif, etc.) :
Ani lo mèvin. אֲנִי לֹא מֵבִין.
Je ne comprends pas.
Zot lo hamizvadah shèli. זֹאת לֹא הַמִזְוָדָה שֶׁלִי.
Ce n'est pas ma valise.

• **al** אַל s'emploie avec le futur, c'est-à-dire pour la défense : **al tafri'a li** אַל תַפְרִיעַ לִי *Ne me gêne pas* ("non tu-gêneras à-moi") !

• **èin** אֵין *il n'y a pas* se comprend comme la négation de **yèsh** יֵשׁ *il y a*.

• Enfin trois autres éléments, **af** אַף, **kloum** כְּלוּם, **shoum** שׁוּם, à condition qu'ils soient employés avec **lo** לֹא ou **èin** אֵין exprimés ou sous-entendus correspondent à des usages plus particuliers :
- **af** אַף porte généralement sur des noms d'unités : **af pa'am** אַף פַּעַם *pas une fois*, **af èḥad** אַף אֶחָד *pas un/e, personne* (dans une phrase qui n'est pas négative **af** אַף signifie *même, aussi*).
- **kloum** כְּלוּם a le sens de *rien du tout* : **Lo shama'ti kloum.** לֹא שָׁמַעְתִּי כְּלוּם *Je n'ai rien entendu.*
- **shoum** שׁוּם porte sur un nom : **shoum davar** שׁוּם דָּבָר *aucune chose, rien.*

11 L'interrogation

À l'oral, c'est l'intonation qui marque l'interrogation et non pas, comme en français l'inversion du sujet. On emploie aussi, comme à l'écrit, des mots qu'on rapproche vaille que vaille des catégories du français comme suit :

• pronoms interrogatifs : **mi ?** מִי? *qui ?* invariable ;
  mah ? מַה? *quoi ? que ?* invariable.

Une préposition peut se préfixer à ces mots : **bamèh ?** בַּמֶּה? *avec quoi ?* **lèmi ?** לְמִי? *à qui ?*

Attention **mah** מַה s'emploie aussi comme adjectif interrogatif invariable : **Mah shmèkh ?** מַה שְׁמֵךְ? *Quel est ton* (f.) *nom ?*

• pronoms-adjectifs interrogatifs :
  èizèh ? אֵיזֶה?/ *lequel ? quel ?*
  èizo ? אֵיזוֹ? *laquelle ? quelle ?*
  èilou ? אֵילוּ? *lesquels ? lesquelles ? quels ? quelles ?*
  èlèh ? אֵלֶה? *lesquels ? lesquelles ? quels ? quelles ?*

• adverbes interrogatifs :
  èikh ? אֵיךְ? *comment ?*
  matay ? מָתַי? *quand ?*
  lamah ? לָמָה? *pourquoi ?*
  èifoh ? אֵיפֹה? *où ?*
  mèayin ? מֵאַיִן? *d'où ?*
  kamah ? כַּמָּה? *combien ?*

Il est une question dont l'expression est si particulière qu'elle vaut une mention explicite, celle de l'âge. Vous direz même à des "anciens" : **ba<u>t</u> kamah a<u>t</u>** ? ‏בַּת כַּמָה אַתְּ?‏ *Quel âge avez-vous ?* (littéralement "fille combien toi ?"), **bèn kamah a<u>t</u>ah ?** ‏בֶּן כַּמָה אַתָּה?‏ (littéralement "fils combien toi ?"). Ce qui donne respectivement au pluriel : **bnot kamah hèn ?** ‏בְּנוֹת כַּמָה הֵן?‏ *Quel âge ont-elles ?* et **bnèy kamah hèm ?** ‏בְּנֵי כַּמָה הֵם?‏ *Quel âge ont-ils ?*

La réponse reprendra le terme *fils / fille* : **ani ba<u>t</u> shi<u>v</u>'im oushmonèh** ‏אֲנִי בַּת שִׁבְעִים וּשְׁמוֹנֶה‏ *j'ai* (f.) *78 ans*, **ani bèn ès̱rim** ‏אֲנִי בֶּן עֶשְׂרִים‏ *j'ai* (m.) *vingt ans.*

12 Le verbe

Un dictionnaire hébreu présente les verbes sous la forme du passé à la 3ᵉ personne du masculin singulier. C'est sous cette forme en effet qu'apparaît le plus clairement leur racine, en général trilitère. Il serait impossible de les ranger en s'appuyant sur leur infinitif puisque sous ce mode ils commencent tous par la même lettre **l** ‏ל‏ : **lèdabèr** ‏לְדַבֵּר‏ *parler*, **lilmod** ‏לִלְמוֹד‏ *apprendre*, **likh<u>t</u>ov** ‏לִכְתּוֹב‏ *écrire*.

C'est ainsi que nous trouvons par exemple : **ka<u>t</u>a<u>v</u>** ‏כָּתַב‏, racine [k]-[t]-[v] ‏כ.ת.ב.‏, *il écrivait, il écrivit, il a écrit, il avait écrit, il eut écrit* ; **dibèr** ‏דִּבֵּר‏, racine [d]-[b]-[r] ‏ד.ב.ר.‏, *il parlait, il parla, il a parlé, il avait parlé, il eut parlé.*

Constatez que l'hébreu ne connaît qu'une seule forme de passé, contre cinq en français et que vous pouvez ici taire le pronom **hou** ‏הוּא‏ *il*, puisqu'il est contenu dans le verbe même. Observez : **dibarnou** ‏דִּבַּרְנוּ‏ *nous parlions* ; vous percevez sous la terminaison **nou** ‏נוּ‏ la coïncidence avec le pronom **ana<u>h</u>nou** ‏אֲנַחְנוּ‏ *nous*.

Dans les deux tableaux qui suivent vous pouvez vérifier que cette coïncidence se retrouve à toutes les personnes, sauf à la 3ᵉ personne du singulier et du pluriel.

12.1 Le passé

Le passé a pour modèle principal les deux schémas suivants (X représente une consonne) :

• Schéma XaXaX : **halakh** ‏הָלַךְ‏ *il allait, il est allé, il marchait, il a marché, etc.*

(ani) **halakh-<u>ti</u>**	הָלַכְתִּי	*je suis allé(e)*
(atah) **halakh-<u>ta</u>**	הָלַכְתָּ	*tu es allé*
(at) **halakh-<u>t</u>**	הָלַכְתְּ	*tu es allée*
(hou) **halakh**	הָלַךְ	*il est allé*
(hi) **halkh-ah**	הָלְכָה	*elle est allée*
(ana<u>h</u>nou) **halakh-nou**	הָלַכְנוּ	*nous sommes allé(e)s*
(at<u>è</u>m) **halakh-tèm**	הֲלַכְתֶּם	*vous êtes allés*
(at<u>è</u>n) **halakh-tèn**	הֲלַכְתֶּן	*vous êtes allées*
(hèm) **halkh-ou**	הָלְכוּ	*ils sont allés*
(hèn) **halkh-ou**	הָלְכוּ	*elles sont allées*

• Schéma XiXèX : **dibèr** דִּבֵּר *il parlait, il a parlé*,

(ani) **dibar-<u>ti</u>**	דִּבַּרְתִּי	*je parlais*
(atah) **dibar-<u>ta</u>**	דִּבַּרְתָּ	*tu parlais*
(at) **dibar-<u>t</u>**	דִּבַּרְתְּ	*tu parlais*
(hou) **dibèr**	דִּבֵּר	*il parlait*
(hi) **dibrah**	דִּבְּרָה	*elle parlait*
(ana<u>h</u>nou) **dibarnou**	דִּבַּרְנוּ	*nous parlions*
(at<u>è</u>m) **dibart<u>è</u>m**	דִּבַּרְתֶּם	*vous parliez*
(at<u>è</u>n) **dibart<u>è</u>n**	דִּבַּרְתֶּן	*vous parliez*
(hèm) **dibrou**	דִּבְּרוּ	*ils parlaient*
(hèn) **dibrou**	דִּבְּרוּ	*elles parlaient*

Le schéma XaXaX représente le groupe le plus nombreux. Si vous y ajoutez les verbes relevant du schéma XiXèX vous êtes paré pour un bon nombre de phrases.

12.2 Le présent

Le présent ne connaît que le masculin et le féminin, le singulier et le pluriel. Comme il ne contient pas en lui-même – contrairement au passé et au futur – de marque de personne, il faut expliciter le sujet : **ani qorè** אֲנִי קוֹרֵא *je lis*, **hayaldah kot<u>è</u>vèt** הַיַּלְדָּה כּוֹתֶבֶת *la fille écrit*.

• Schéma XaXaX : les voyelles caractéristiques du présent sont [**o**], [**è**] au singulier, et les terminaisons ordinaires au pluriel, [**im**] ים, [**ot**] וֹת :

pour le verbe **ka<u>ta</u>v** *écrire*

	Masculin	Féminin
Singulier	**kot<u>è</u>v** כּוֹתֵב	**kot<u>è</u>vèt** כּוֹתֶבֶת
Pluriel	**kot<u>vi</u>m** כּוֹתְבִים	**kot<u>vo</u>t** כּוֹתְבוֹת

pour le verbe **ahav** אָהַב *aimer*

	Masculin	Féminin
Singulier	**ohèv** אוֹהֵב	**ohèvèt** אוֹהֶבֶת
Pluriel	**ohavim** אוֹהֲבִים	**ohavot** אוֹהֲבוֹת

Si la dernière lettre de la racine est [h] ה, les terminaisons seront respectivement [èh] ֶה et [ah] ָה comme dans les trois verbes suivants : ש.ת.ה. (racine **sh-t-h**), *il boit*, ק.נ.ה. (**q-n-h**) *il achète*, ר.א.ה. (**r-^-h**) *il voit* ; le présent se présentera ainsi :

	Masculin	Féminin
Singulier	**shotèh** שׁוֹתֶה	**shotah** שׁוֹתָה
	qonèh קוֹנֶה	**qonah** קוֹנָה
	roèh רוֹאֶה	**roah** רוֹאָה
Pluriel	**shotim** שׁוֹתִים	**shotot** שׁוֹתוֹת
	qonim קוֹנִים	**qonot** קוֹנוֹת
	roim רוֹאִים	**root** רוֹאוֹת

• Schéma XiXèX : les voyelles caractéristiques du présent sont [a], [è] au singulier et, les terminaisons ordinaires au pluriel, [im] ים. [ot] וֹת ; une particularité cependant pour cette catégorie : **mè** מְ se place devant la racine comme, par exemple pour les verbes נ.ש.ק. *embrasser* (racine [n]-[sh]-[q]) et צ.ל.ם. *photographier* (racine [tz]-[l]-[m])

	Masculin	Féminin
Singulier	**mènashèq** מְנַשֵּׁק	**mènashèqèt** מְנַשֶּׁקֶת
	mètzalèm מְצַלֵּם	**mètzalèmèt** מְצַלֶּמֶת
Pluriel	**mènashqim** מְנַשְּׁקִים	**mènashqot** מְנַשְּׁקוֹת
	mètzalmim מְצַלְּמִים	**mètzalmot** מְצַלְּמוֹת

Un bon nombre de noms sont, à l'origine, des verbes au présent, phénomène qu'on observe aussi dans ces participes présents français : *étudiant*, *résistant*, *savant*, *commerçant*, etc. En voici des exemples :

shomèr שׁוֹמֵר *gardien*,   **shomèret** שׁוֹמֶרֶת *gardienne*
shomrim שׁוֹמְרִים *gardiens*,   **shomrot** שׁוֹמְרוֹת *gardiennes*
mè'ashèn מְעַשֵּׁן *fumeur*,   **mè'ashènèt** מְעַשֶּׁנֶת *fumeuse*
mè'ashnim מְעַשְּׁנִים *fumeurs*,   **mè'ashnot** מְעַשְּׁנוֹת *fumeuses*

La conversation recourt souvent à la 3ᵉ personne du masculin pluriel pour rendre la tournure impersonnelle du français "on" :
Omrim shèatah shotèh raq mayim.

אוֹמְרִים שֶׁאַתָּה שׁוֹתֶה רַק מַיִם.

On dit que tu [ne] bois que de l'eau.

Mèhakim lèotobous. מְחַכִּים לְאוֹטוֹבּוּס.
On attend l'autobus.

12.3 Le futur

Si la caractéristique du passé est le suffixe propre à chaque personne (**-ti** תִּי **-ta** תָּ **-t** תְּ, etc.), celle du futur est dans les *préfixes* que voici :

(je)	**alef**	א
(tu, m.)	**t-**	ת
(tu, f.)	**t-** (+ **i**)	ת...י
(il)	**y-**	י
(elle)	**t-**	ת
(nous)	**n-**	נ
(vous, m.)	**t-** (+ **ou**)	ת...וּ
(vous, f.)	**t-** (+ **ou**)	ת...וּ
(ils)	**y-** (+ **ou**)	י...וּ
(elles)	**y-** (+ **ou**)	י...וּ

Bien qu'il soit moins discriminant que dans la formation du passé, le rapprochement de chacun de ces préfixes avec le pronom personnel peut aider la mémoire. Comme pour le passé, l'usage des pronoms personnels est en soi inutile, puisque le préfixe et la terminaison suffisent à les identifier, mais la conversation y recourt fréquemment.

• Schéma XaXaX : **katav** כָּתַב *écrire*

(ani) **èkhtov**	אֶכְתּוֹב	*j'écrirai*
(atah) **tikhtov**	תִּכְתּוֹב	*tu écriras* (m.)
(at) **tikhtèvi**	תִּכְתְּבִי	*tu écriras* (f.)
(hou) **yikhtov**	יִכְתּוֹב	*il écrira*
(hi) **tikhtov**	תִּכְתּוֹב	*elle écrira*
(anahnou) **nikhtov**	נִכְתּוֹב	*nous écrirons*
(atèm) **tikhtèvou**	תִּכְתְּבוּ	*vous écrirez* (m.)
(atèn) **tikhtèvou**	תִּכְתְּבוּ	*vous écrirez* (f.)

(hèm) **yikhtèvou**	יִכְתְּבוּ	*ils écriront*
(hèn) **yikhtèvou**	יִכְתְּבוּ	*elles écriront*

gamar גָּמַר *finir*

(ani) **ègmor**	אֶגְמוֹר	*je finirai*
(a<u>t</u>ah) **tigmor**	תִּגְמוֹר	*tu finiras* (m.)
(a<u>t</u>) **tigmèri**	תִּגְמְרִי	*tu finiras* (f.)
(hou) **yigmor**	יִגְמוֹר	*il finira*
(hi) **tigmor**	תִּגְמוֹר	*elle finira*
(ana<u>h</u>nou) **nigmor**	נִגְמוֹר	*nous finirons*
(a<u>t</u>èm) **tigmèrou**	תִּגְמְרוּ	*vous finirez* (m.)
(a<u>t</u>èn) **tigmèrou**	תִּגְמְרוּ	*vous finirez* (f.)
(hèm) **yigmèrou**	יִגְמְרוּ	*ils finiront*
(hèn) **yigmèrou**	יִגְמְרוּ	*elles finiront*

• **Schéma XiXèX** : **tiyel** טִיֵּל *se promener*

(ani) **atayèl**	אֲטַיֵּל	*je me promènerai*
(a<u>t</u>ah) **tètayèl**	תְּטַיֵּל	*tu te promèneras* (m.)
(a<u>t</u>) **tètayli**	תְּטַיְלִי	*tu te promèneras* (f.)
(hou) **yètayèl**	יְטַיֵּל	*il se promènera*
(hi) **tètayèl**	תְּטַיֵּל	*elle se promènera*
(ana<u>h</u>nou) **nètayèl**	נְטַיֵּל	*nous nous promènerons*
(a<u>t</u>èm) **tètaylou**	תְּטַיְלוּ	*vous vous promènerez* (m.)
(a<u>t</u>èn) **tètaylou**	תְּטַיְלוּ	*vous vous promènerez* (f.)
(hèm) **yètaylou**	יְטַיְלוּ	*ils se promèneront*
(hèn) **yètaylou**	יְטַיְלוּ	*elles se promèneront*

biqèr בִּקֵּר *visiter*

(ani) **'avaqèr**	אֲבַקֵּר	*je visiterai*
(a<u>t</u>ah) **tèvaqèr**	תְּבַקֵּר	*tu visiteras* (m.)
(a<u>t</u>) **tèvaqri**	תְּבַקְרִי	*tu visiteras* (f.)
(hou) **yèvaqèr**	יְבַקֵּר	*il visitera*
(hi) **tèvaqèr**	תְּבַקֵּר	*elle visitera*
(ana<u>h</u>nou) **nèvaqèr**	נְבַקֵּר	*nous visiterons*
(a<u>t</u>èm) **tèvaqrou**	תְּבַקְרוּ	*vous visiterez* (m.)
(a<u>t</u>èn) **tèvaqrou**	תְּבַקְרוּ	*vous visiterez* (f.)
(hèm) **yèvaqrou**	יְבַקְרוּ	*ils visiteront*
(hèn) **yèvaqrou**	יְבַקְרוּ	*elles visiteront*

12.4 L'impératif

Sa parenté avec le futur est évidente aussi dans sa forme ; comparez :

• Schéma XaXaX : **ka<u>t</u>av** כָּתַב *écrire*

	à rapprocher du futur :
k<u>t</u>ov (m.) כְּתוֹב *écris*	**tikh<u>t</u>ov** (m.) תִּכְתּוֹב *tu écriras*
kit<u>v</u>i (f) כִּתְבִי *écris*	**tikh<u>t</u>èvi** (f.) תִּכְתְּבִי *tu écriras*
kit<u>v</u>ou (m./f.) כִּתבוּ *écrivez*	**tikh<u>t</u>èvou** (m./f.) תִּכְתְּבוּ *vous écrirez*

• Schéma XiXèX : **dibèr** דִּבֵּר *il parlait*

	à rapprocher du futur :
dabèr (m.) דַּבֵּר *parle*	**tèdabèr** (m.) תְּדַבֵּר *tu parleras*
dabri (f) דַּבְּרִי *parle*	**tèdabri** (f.) תְּדַבְּרִי *tu parleras*
dabrou (m./f.) דַּבְּרוּ *parlez*	**tèdabrou** (m./f.) תְּדַבְּרוּ *vous parlerez*

Pour exprimer la défense, il suffit de placer la négation **al** אַל devant le futur :
Al <u>t</u>étayèl poh ! אַל תְּטַיֵּל פֹּה! *Ne te promène (m.) pas ici !*
Al ta'asi èt zèh ! אַל תַּעֲשִׂי אֶת זֶה! *Ne fais (f.) pas ça !*
En hébreu comme en français, le futur peut prendre la nuance d'un impératif atténué. Mais l'impératif hébreu, lui, garde la portée d'un ordre, d'un commandement. Puisqu'il ne possède pas de 1re personne du pluriel, vous ne pourrez pas dire : *allons à la plage*, vous direz : **nèlèkh la<u>h</u>of** נֵלֵךְ לַחוֹף *nous irons à la plage*.

13 Le verbe être

Être לִהְיוֹת **lihèyot** n'est employé qu'au passé et au futur. Si vous voulez exprimer un état présent, il suffit de juxtaposer, par exemple, le sujet et son attribut : **at yafah** אַתְּ יָפָה *tu [es] belle.*
Atah ra'èv ? אַתָּה רָעֵב? *Tu as faim* (littéralement "toi affamé ?").
Hayom <u>h</u>am. הַיּוֹם חַם. *Aujourd'hui [il fait] chaud.*
Zèh yo<u>t</u>èr miday yaqar. זֶה יוֹתֵר מִדַּי יָקָר. *C'[est] trop cher.*
• **Le passé** (rappel : l'expression du pronom personnel n'est pas obligatoire) :

hayi<u>t</u>i	הָיִיתִי	j'étais
hayi<u>t</u>a	הָיִיתָ	tu étais (m.)
hayi<u>t</u>	הָיִית	tu étais (f.)
hayah	הָיָה	il était
hay<u>t</u>ah	הָיְתָה	elle était

hayinou	הָיִינוּ	nous étions
hayi<u>t</u>èm	הֱיִיתֶם	vous étiez (m.)
hayi<u>t</u>èn	הֱיִיתֶן	vous étiez (f.)
hayou	הָיוּ	ils étaient
hayou	הָיוּ	elles étaient

• **Le futur**

èhèyèh	אֶהְיֶה	je serai
<u>t</u>ihèyèh	תִּהְיֶה	tu seras (m.)
<u>t</u>ihèyi	תִּהְיִי	tu seras (f.)
yihèyèh	יִהְיֶה	il sera
<u>t</u>ihèyèh	תִּהְיֶה	elle sera
nihèyèh	נִהְיֶה	nous serons
<u>t</u>ihèyou	תִּהְיוּ	vous serez (m.)
<u>t</u>ihèyou	תִּהְיוּ	vous serez (f.)
yihèyou	יִהְיוּ	ils seront
yihèyou	יִהְיוּ	elles seront

• **L'impératif**

hèyèh	הֱיֵה	sois (m.)
hèyi	הֱיִי	sois (f.)
hèyou	הֱיוּ	soyez (m. / f.)

14 Le verbe avoir et l'idée de possession

Ni le verbe *avoir*, ni le verbe *posséder* n'existent en hébreu. Comment exprimer la possession qu'en français le verbe *avoir* nous rend si familière ?

14.1 Le présent

• La particule **yèsh** יֵשׁ se traduisant par *il y a*, il suffit de lui ajouter "pour moi", "pour toi" et vous recouvrez la notion de possession exprimée au présent : **Yèsh li bè'ayah** יֵשׁ לִי בְּעָיָה *J'ai un problème.* **Yèsh lèkha mèkhoni<u>t</u> ?** יֵשׁ לְךָ מְכוֹנִית? *Tu as une voiture ?* Vous retrouvez ici, "accrochés" à la préposition **l** לְ *pour*, les pronoms personnels tels que nous les avons vus au paragraphe qui leur est consacré.

Pour exprimer la possession rapportée à un nom, il faut user du même schéma : **l** לְ *pour* "accroché" au nom :

Yèsh lèba'ali misradim gdolim bèTèl Aviv.

יֵשׁ לְבַעֲלִי מִשְׂרָדִים גְדוֹלִים בְּתֵל אָבִיב.

Mon mari a de grands bureaux à Tel Aviv.

• À la forme négative, c'est-à-dire pour exprimer "qu'on n'a pas", il suffit de remplacer **yèsh** יֵשׁ par **'èin** אֵין *il n'y a pas*, mot invariable lui aussi :

Èin lakh maqom ? אֵין לָךְ מָקוֹם?
Tu n'as pas de place ?
Èin latalmidim sfarim. אֵין לַתַּלְמִידִים סְפָרִים.
Les élèves n'ont pas de livres.

14.2 Le passé et le futur

Le verbe **être** au passé et au futur ajouté à la préposition **l** ל placée devant le nom ou le pronom exprime l'idée de possession au passé ou au futur :

LèDan hayou na'alayim shhorot. לְדָן הָיוּ נָעֲלַיִם שְׁחוֹרוֹת.
Dan avait des chaussures noires.

Yihèyèh lakhèn gan yafèh baqayitz haba.

יִהְיֶה לָכֶן גַּן יָפֶה בַּקַּיִץ הַבָּא.

Vous aurez un beau jardin l'été prochain.
À la forme négative, la négation sera naturellement **lo** לֹא :
LèQèrèn lo hayah af yafèh. לְקֶרֶן לֹא הָיָה אַף יָפֶה.
Qèrèn n'avait pas un beau nez.

Mahar bahanout lo yihèyou harbèh bgadim.

מָחָר בַּחֲנוּת לֹא יִהְיוּ הַרְבֵּה בְּגָדִים.

Demain la boutique n'aura pas beaucoup de vêtements.

Tous ces exemples montrent que l'idée de possession ne s'exprime pas, comme en français, du point de vue du possesseur (*Pierre a un livre*) mais du point de vue de la chose possédée (*Un livre est à Pierre*).

15 La conjonction

Les nomenclatures grammaticales française et hébraïque ne coïncident pas complètement, mais les rapprochements, quand ils sont possibles, rendent plus facile le passage du connu à l'inconnu. C'est pourquoi nous distinguons ici les deux sortes de conjonctions.

15.1 Coordination

• *Et* : il faut faire la première place à *et*, notée [v] וֹ parce qu'elle est d'un usage très fréquent.

Cette conjonction peut relier deux mots :
Adam vèHavah אָדָם וְחַוָּה *Adam et Ève*.
ou deux propositions :
Hou mokhèr vèqonèh. הוּא מוֹכֵר וְקוֹנֶה. *Il vend et [il] achète*.

Elle s'attache à l'initiale du deuxième mot ou du premier mot de la proposition coordonnée, comme vous le constatez dans les exemples.

Ce [v] וֹ se vocalise différemment : **vè** וְ, **va** וַ, **vi** וִ, **ou** וּ en fonction de la lettre qui le suit : **Hèifah viYroushalayim** חֵיפָה וִירוּשָׁלַיִם *Haïfa et Jérusalem*, **Aharon ouMoshèh** אַהֲרוֹן וּמֹשֶׁה *Aaron et Moïse*. C'est l'usage qui vous enseignera ces finesses que certains jugent relever plutôt du purisme.

• *Ou* se rend par [o] אוֹ :
Atah ba o atah nishar ? אַתָּה בָּא אוֹ אַתָּה נִשְׁאָר?
Tu viens ou tu restes ?

Cette conjonction est un véritable mot ; on l'utilise isolée tandis que la précédente (וֹ **v** *et*) est dite "lettre-outil" puisqu'elle n'a pas d'autre existence qu'accrochée au terme coordonné.

• *Mais* a**v**al אֲבָל :
Ham aval ani lo shotèh. חַם אֲבָל אֲנִי לֹא שׁוֹתֶה.
Il fait chaud mais je ne bois pas.

15.2 Subordination

La subordination de deux propositions s'exprime par une grande variété de tours. Les plus usités sont la lettre-outil [**shè**] שֶׁ et le mot **ashèr** אֲשֶׁר. Invariables, ils correspondent assez bien au français *que* dans son double emploi de conjonction de subordination et de pronom relatif (*que, qui, lequel, laquelle, lesquels*, etc.).

Haishah shèhaytah bamalon. הָאִשָּׁה שֶׁהָיְתָה בַּמָּלוֹן.
La femme qui était à l'hôtel.

Hatzala<u>h</u>at shèlaqa<u>h</u>ti mèhashoul<u>h</u>an.

הַצַּלַחַת שֶׁלָּקַחְתִּי מֵהַשּׁוּלְחָן.

L'assiette que j'ai prise sur la table.

On pourrait dire aussi :
Hatzala<u>h</u>at ashèr laqa<u>h</u>ti.

הַצַּלַחַת אֲשֶׁר לָקַחְתִּי.

L'assiette que j'ai prise.
mais c'est plus littéraire.

Comme conjonction de subordination, **sh** שׁ peut introduire une proposition complétive, sujet ou complément d'objet direct de la principale :

Zèh nakhon shèhi nèsou'ah ?

זֶה נָכוֹן שֶׁהִיא נְשׂוּאָה?

C'est vrai qu'elle est mariée ?

'amrou li shèhabgadim sham zolim.

אָמרוּ לִי שֶׁהַבְּגָדִים שָׁם זוֹלִים.

On m'a dit que les vêtements, là-bas, sont bon marché.

La liste suivante donne quelques-unes des principales tournures qui introduisent des propositions subordonnées circonstancielles :

mipnèy shè-	מִפְּנֵי שֶׁ-	*parce que*
'ad shè-	עַד שֶׁ-	*jusqu'à ce que*
kshè-	כְּשֶׁ-	*lorsque*
bizman shè-	בִּזְמַן שֶׁ-	*pendant que*
lifnèy shè-	לִפְנֵי שֶׁ-	*avant que*
a<u>h</u>arèy shè-	אַחֲרֵי שֶׁ-	*après que*
bèofèn shè-	בְּאוֹפֶן שֶׁ-	*de manière que*
kèdèy shè-	כְּדֵי שֶׁ-	*afin que*
kmo shè-	כְּמוֹ שֶׁ-	*de même que*
lamaqom shè-	לַמָּקוֹם שֶׁ-	*vers l'endroit où*
mèhamaqom shè-	מֵהַמָּקוֹם שֶׁ-	*de l'endroit où*
bèmaqom shè-	בְּמָקוֹם שֶׁ-	*dans un endroit où*

16 Le nombre

16.1 Cardinal

Les nombres cardinaux s'accordent en genre jusqu'à 19. **Èfès** אֶפֶס *zéro* est masculin. Le nombre 1 est le seul à se placer après le nom auquel il se rapporte : **sèfèr èhad** סֵפֶר אֶחָד *un livre*, **shèèlah ahat** שְׁאֵלָה אַחַת *une question*. Le nombre 2 a évidemment la forme du duel, ainsi que **matayim** מָאתַיִם *200*, **alpayim** אַלְפַּיִם *2 000*. **Èsrim** עֶשְׂרִים *20* est le pluriel de *10*, **'èsèr** עֶשֶׂר.

Le nombre 2, isolé, se dit **shnayim** (m.) שְׁנַיִם ou **shtayim** (f.) שְׁתַּיִם mais il prend la forme de l'état construit quand il accompagne un nom : **shnèy sfarim** שְׁנֵי סְפָרִים *deux livres*, **shtèy shèèlot** שְׁתֵּי שְׁאֵלוֹת *deux questions*.

Attention ! quand il s'agit d'énoncer la liste des nombres, c'est la forme féminine qu'on emploie, comme vous pouvez l'observez sur la pagination de ce livre.

	Masculin		Féminin	
1	èhad	אֶחָד	ahat	אַחַת
2	shnayim	שְׁנַיִם	shtayim	שְׁתַּיִם
3	shloshah	שְׁלוֹשָׁה	shalosh	שָׁלוֹשׁ
4	arba'ah	אַרְבָּעָה	arba'	אַרְבַּע
5	hamishah	חֲמִשָּׁה	hamèsh	חָמֵשׁ
6	shishah	שִׁשָּׁה	shèsh	שֵׁשׁ
7	shiv'ah	שִׁבְעָה	shèva'	שֶׁבַע
8	shmonah	שְׁמוֹנָה	shmonèh	שְׁמוֹנֶה
9	tish'ah	תִּשְׁעָה	tèsha'	תֵּשַׁע
10	'asarah	עֲשָׂרָה	'èsèr	עֶשֶׂר
11	ahad 'asar	אַחַד עָשָׂר	ahat 'èsrèh	אַחַת עֶשְׂרֵה
12	shnèim 'asar	שְׁנֵים עָשָׂר	shtèim 'èsrèh	שְׁתֵּים עֶשְׂרֵה
13	shloshah 'asar	שְׁלוֹשָׁה עָשָׂר	shlosh 'èsrèh	שְׁלוֹשׁ עֶשְׂרֵה
14	arba'ah 'asar	אַרְבָּעָה עָשָׂר	arba' 'èsrèh	אַרְבַּע עֶשְׂרֵה
15	hamishah 'asar	חֲמִשָּׁה עָשָׂר	hamèsh 'èsrèh	חֲמֵשׁ עֶשְׂרֵה
16	shishah 'asar	שִׁשָּׁה עָשָׂר	shèsh 'èsrèh	שֵׁשׁ עֶשְׂרֵה
17	shiv'ah 'asar	שִׁבְעָה עָשָׂר	shva' 'èsrèh	שְׁבַע עֶשְׂרֵה
18	shmonah 'asar	שְׁמוֹנָה עָשָׂר	shmonèh 'èsrèh	שְׁמוֹנֶה עֶשְׂרֵה
19	tish'ah 'asar	תִּשְׁעָה עָשָׂר	tsha' 'èsrèh	תְּשַׁע עֶשְׂרֵה

Les noms de dizaines n'ont qu'une seule forme pour le masculin et le féminin :

20	'èsrim	עֶשְׂרִים	60	shishim	שִׁשִּׁים
30	shloshim	שְׁלוֹשִׁים	70	shiv'im	שִׁבְעִים
40	arba'im	אַרְבָּעִים	80	shmonim	שְׁמוֹנִים
50	hamishim	חֲמִשִּׁים	90	tish'im	תִּשְׁעִים

Mais à l'intérieur des dizaines, les unités s'accordent en genre :

21	'èsrim vèèhad (m.)	עֶשְׂרִים וְאֶחָד
	'èsrim vèahat (f.)	עֶשְׂרִים וְאַחַת
22	'èsrim oushnayim	עֶשְׂרִים וּשְׁנַיִם
	'èsrim oushtayim	עֶשְׂרִים וּשְׁתַּיִם
35	shloshim vahamishah	שְׁלוֹשִׁים וַחֲמִישָׁה
	shloshim vèhamèsh	שְׁלוֹשִׁים וְחָמֵשׁ
73	shiv'im oushloshah	שִׁבְעִים וּשְׁלוֹשָׁה
	shiv'im vèshalosh	שִׁבְעִים וְשָׁלוֹשׁ
100	mèah	מֵאָה
200	matayim	מָאתַיִם
300	shlosh mèot	שְׁלוֹשׁ מֵאוֹת
400	arba' mèot	אַרְבַּע מֵאוֹת
500	hamèsh mèot	חֲמֵשׁ מֵאוֹת
600	shèsh mèot	שֵׁשׁ מֵאוֹת
700	shva' mèot	שְׁבַע מֵאוֹת
800	shmonèh mèot	שְׁמוֹנֶה מֵאוֹת
900	tsha' mèot	תְּשַׁע מֵאוֹת
1 000	èlèf	אֶלֶף
2 000	alpayim	אַלְפַּיִים
3 000	shloshèt alafim	שְׁלוֹשֶׁת אֲלָפִים
4 000	arba'at alafim	אַרְבַּעַת אֲלָפִים
5 000	hamèshèt alafim	חֲמֵשֶׁת אֲלָפִים
6 000	shèshèt alafim	שֵׁשֶׁת אֲלָפִים
7 000	shiv'at alafim	שִׁבְעַת אֲלָפִים
8000	shmonat alafim	שְׁמוֹנַת אֲלָפִים
9000	tish'at alafim	תִּשְׁעַת אֲלָפִים
10 000	'asèrèt alafim	עֲשֶׂרֶת אֲלָפִים
11 000	ahad 'asar èlèf	אַחַד עָשָׂר אֶלֶף
12 000	shnèim 'asar èlèf	שְׁנֵים עָשָׂר אֶלֶף
20 000	'èsrim èlèf	עֶשְׂרִים אֶלֶף
100 000	mèah èlèf	מֵאָה אֶלֶף

16.2 Ordinal

L'adjectif ordinal se place, comme le qualificatif, après le mot auquel il se rapporte. Il varie en genre et en nombre.

1er / 1re	rishon / rishonah	רִאשׁוֹן רִאשׁוֹנָה
1ers / 1res	rishonim / rishonot	רִאשׁוֹנִים רִאשׁוֹנוֹת

2ᵉ	**shèni / shniyah**	שֵׁנִי שְׁנִיָה
3ᵉ	**shlishi / shlishit**	שְׁלִישִׁי שְׁלִישִׁית
4ᵉ	**rèvi'i / rèvi'it**	רְבִיעִי רְבִיעִית
5ᵉ	**hamishi / hamishit**	חֲמִישִׁי חֲמִישִׁית
6ᵉ	**shishi / shishit**	שִׁשִּׁי שִׁשִּׁית
7ᵉ	**shvi'i / shvi'it**	שְׁבִיעִי שְׁבִיעִית
8ᵉ	**shmini / shminit**	שְׁמִינִי שְׁמִינִית
9ᵉ	**tshi'i / tshi'it**	תְשִׁיעִי תְשִׁיעִית
10ᵉ	**'asiri / 'asirit**	עֲשִׂירִי עֲשִׂירִית

Puisque nous avons mentionné **rishon** רִאשׁוֹן *premier*, il est bien juste de nommer *dernier / dernière* :
aharon / aharonah אַחֲרוֹן / אַחֲרוֹנָה et au pluriel **aharonim / aharonot** אַחֲרוֹנִים / אַחֲרוֹנוֹת

Zot hapa'am harishonah vèhaaharonah.

זֹאת הַפַּעַם הָרִאשׁוֹנָה וְהָאַחֲרוֹנָה.

C'est la première et la dernière fois.

Index grammatical

Les nomenclatures grammaticales hébraïque et française ne coïncident pas exactement, mais afin de vous faciliter la tâche et pour que vous soyez en terrain connu, nous avons pris pour point de repère la nomenclature française.

L'abréviation "AG" désigne l'appendice grammatical. Le premier nombre indique le numéro de la leçon ; il est suivi de celui de la note.

Adjectif qualificatif	AG,4
– Accord	**14,5** ; 19,1 ; 72,5
– Avec l'article	**21,3**
– Avec un possessif	**21,3**
– Commençant par **mèm**	**70,4** ; 75,9 ; 75,10 ; 75,11 ; 75,12
– Comparatif	AG,4.1 ; 71,9 ; **77,1**
– Adj. de couleur	64,1
– Adj. dérivé	**63,5** ; **77,6**
– Épithète	9,1 ; 22,4
– Féminin	19,1 ; 55,1 ; 61,2
– Formation	**14,5** ; **21,3** ; 61,2
– Place	9,1
– Superlatif	AG,4.2 ; 32,6 ; **49,2** ; 71,7 ; 75,7 ; **77,2**
Adjectif numéral	30,4 ; 55,2 ; 58,7
– Adj. araméen	62,7
– Avec un pronom personnel	66,4 ; 69,5
– Avec l'état construit	46,1 ; 55,3
– Milliers	45,5 ; **49,3**
– Adj. suivi d'un singulier	50,2
Adverbe	AG,5
– Adv. de temps	59,6 ; 79,1 ; 79,2 ; 79,6 ; **84,2**
Âge	
– Interroger et répondre sur l'âge	26,4 ; **28,4**

Article   AG,3.1
- Avec l'état construit   18,1
- Avec une préposition   11,1
- ~ contracté   68,3
- ~ défini   19,3 ; 22,5
- ~ défini inutile   22,5
- Indéfini   9,5 ; 10,1 ; 55,2
- Partitif   4,2 ; 10,1
- ~ vocalisé en è   80,5

Aussi (**gam**)
- Construction   27,2

Avoir   AG,14
- *Il y a, j'ai*, etc.   22,3 ; **63,3**
- *Il n'y a pas*   6,3
- *J'ai, tu as*, etc.   **28,10**

Avoir besoin
- construction   25,3

Condition
- Éventuel, irréel, potentiel **84,10**
- Temps conditionnel   82,2

Conjonction
- Coordination   **28,7** ; AG,15.1
- **vè**   9,4 ; 36,3
- **akh** et a**val**   67,2 ; 80,2
- **ki**   **28,7**
- Subordination   AG,2 ; 27,3 ; **28,7** ; 71,9

Démonstratif   AG,7
- Adjectif ou pronom ?   17,1
- Avec un nom de personne   18,5
- Masculin et féminin   **21,1**
- ~ proche et lointain   51,4 ; **56,3**

Diminutif des noms propres	47,3
Duel	AG,3.3 ; 27,1 ; **28,3** ; 29,7 ; **35,4** ; **49,4** ; 58,3 ; 58,4 ; 64,3 ; 64,5 ; 64,9 ; 79,6
– Duel des adjectifs numéraux	AG,3.3
Èt (marque du COD déterminé)	AG,1
– Avec un COD déterminé :	17,2 ; 34,3
– Avec le pronom personnel	29,6 ; 32,3 ; 47,5
État absolu	19,7 ; 53,4 ; 71,5
État construit	10,3 ; **14,6** ; 15,4 ; 23,1 ; 24,3 ; 33,2 ; 40,2 ; 52,7 ; 53,3 ; 53,4 ; 53,5 ; 55,5 ; **56,6** ; 58,10 ; 60,2 ; 62,4 ; 67,1 ; 72,7 72,8 ; 82,11
– Avec ou sans l'article défini	18,1
– Choisir le mot le plus court	69,1
Gam (voir *Aussi*)	
Genre des noms	10,1 ; 30,5
Hè (de mouvement)	40,4 ; 51,3 ; **56,1** ; 75,4 ; 78,10
Hébraïsmes	38,3 ; 51,3 ; 59,4 ; 72,2 ; 73,14 ; 75,3 ; **77,7** ; 78,3 ; 78,8 ; 80,6 ; 80,9
– **Èlohim**	59,1
– **hayim**	69,3 ; 73,9
– **mayim**	27,7
– **panim**	58,10 ; 65,5

Interrogation	**42,3**
– Adjectifs-pronoms interrogatifs **mah, mi**	3,11 ; 18,3 ; **21,2** ; 40,2
– Adjectif interrogatif	80,4
– Adverbe interrogatif	15,1 ; 18,2 ; **21,2** ; **28,6** ; 67,6
K, ki, kmo	68,3 ; 75,3 ; **77,1**
Kèday	53,1 ; 85,5
Négation	8,2 ; **21,5** ; 24,4
– **af**	74,9 ; 75,13
– **èin**	6,3 ; **21,5** ; 76,2 ; **77,4**
– Défense et interdiction	13,2 ; 47,4 ; **49,1**
– **i-** et **bilti**	66,5
– **lo**	74,6
– **shoum**	75,13
Néologisme	9,2 ; 12,1 ; 13,2 ; 13,3 ; 13,4 ; 15,4 ; 23,2 ; 25,1 ; 26,1 ; 26,2 ; **28,9** ; 31,1 ; 45,2 ; 51,1 ; 51,5 ; 65,3 ; 73,8 ; 75,6 ; 79,3 ; 83,2 ; 83,6 ; 83,12 ; 85,1
Nom	AG,3.2 et 3.5 ; 75,8
– Accord avec le verbe	59,1
– Accord avec l'adjectif	65,5
– Avec affixes	**77,5**
– Genre	10,1 ; 10,4 ; 30,5 ; 40,1 ;
– Nom de personne	18,5
Nombres et chiffres	
– Cardinal	AG,16.1 ; **28,1** ; 30,4 ; 45,5
– Ordinal	AG,16.2
– Au-dessus de 1 000	**49,3**
Nou (interjection)	22,7
Patah ganouv	43,4

531 • hamèsh mèot shloshim vèahat

Pluriel
- Terminaison en **-ot** — 19,5 ; 59,2
- Terminaison en **-im** — 27,7 ; 59,2 ; 69,3

Possession — AG,8
- Avec un nom — 12,3 ; 16,2 ; 19,3 ; 32,5 ; 57,2 ; 51,10 ; 58,8 ; 61,1 ; 62,8 ; 65,6 ; 71,3 ; 71,4 ; **77,5** ; 80,7 ; 82,12 ; 83,4 ; 85,4
- Avec un nom au pluriel — **70,2**
- Avec un pronom — 22,5 ; 25,6 ; 30,2 ; **35,2** ; 57,2
- Adjectif possessif — AG,8 ; **56,4**
- Avec le vocabulaire de la famille — **63,2**
- Avec une lettre-outil — **56,7**

Préposition — AG,9 ; **42,4** ; **77,3**
- **'al** — 79,5
- **bè** — 6,2 ; 10,2 ; 11,1 ; 39,2 ; 72,3 ; 67,7 ; 75,11
- **bèin** — 69,4
- **biglal** — 27,5 ; **28,7**
- **bishvil** — 25,2 ; **28,11**
- **èl** — 80 ; AG,9
- **ètzèl** — **42,4**
- **lè** — 9,3 ; 16,1 ; 22,2 ; 34,1 ; 69,7 ; 81,1
- **lèma'an** — 82,8
- **mè** — 15,3 ; 52,5 ; **56,7** ; 67,3 ; 75,14 ; 80,7 ; 81,1
- **'al** — 33,3
- **mi** — 75,4 ; 75,14.
- **shèl** — AG,8 ; 25,6 ; 30,2
- Prép. suivie de l'article — 11,1

Pronom-adjectif indéfini — 27,4 ; 82,9 ; 83,9
Pronom personnel
- Avec un adj. numéral — 66,4

– Avec la négation **èin**	76,2
– Avec une préposition	25,2 ; 25,6 ; 27,5 ; 67,3 ; 69,4 ; 72,3 ; 72,8 ; 74,1
– Avec **è<u>t</u>**	29,6 ; 47,5.
– Hébraïsme	72,2 ; 73,14 ; 75,3 ; **77,7**
– Pr. pers. renforcé	70,1
– COD	AG,6.2 ; **35,3**
– Sujet	AG,6.1 ; **7,13** ; **14,3**

Racine

	AG,2
– trilitère	5,1 ; 41,1 ; 44,4
– quadrilitère	**49,9**
– ne portant pas de voyelle	9,2
– réduite à une lettre	68,5

Shè

– Conjonction de subordination ou pronom relatif	23,4 ; 67,4

Shva

– **na<u>h</u>** et **na'**	**14,2 ; 63,6**

Verbe

	AG,12
– Présent	**7,4** ; **14,4** ; **21,4** ; **28,8** ; 31,3
– Passé	29,4 ; 30,3 ; 31,2 ; 31,3 ; 32,2 ; 34,2 ; **35,1** ; 43,1 ; 44,2 ; 58,5
– Futur	36,2 ; 37,1 ; 38,2 ; 39,1 ; 39,3 ; 40,3 ; 41,2 ; 41,3 ; **42,1** ; 43,5 ; 54,3 ; **56,5** ; 78,1
– Conditionnel	82,2
– *Être*	AG,13
– Impératif	41,5 ; **42,2** ; 45,4 ; 51,2
– Infinitif	19,5 ; 22,1 ; 24,2 ; 45,3
– Infinitif suivi d'un verbe	**49,9**
– Infinitif impersonnel	45,3
– Participe	66,1 ; 75,10 ; 80,8

- Passif   66,1 ; 74,7 ; 76,5 ; 81,3 ;
                      82,10 ; 85,6
- Pronominal   34,4 ; 43,2 ; **49,7** ; 50,1 ;
                      52,6 ; 54,4 ; **70,3** ; 74,3 ;
                      74,8 ; 81,5 ; **84,6** ; 85,2

Bibliographie

• Langue hébraïque

INBAL (Ch.), *Zack de Poche*, nouveau dictionnaire, Zack et Cie, Jérusalem, 2005.

COHN (M.), *Dictionnaire Hébreu-Français, Français-Hébreu*, Larousse, Paris, 2003.

Dictionnaire pratique bilingue avec translittération, Prologue, Rosh Haàyin, 2003.

FELDHENDLER (M. P.), *Grammaire pratique de l'hébreu israélien*, Ellipses, Paris, 2003.

FELDHENDLER (M. P.), *Lire l'hébreu*, Ellipses, Paris, 2005.

LIBERMAN (O.), *Hébreu d'aujourd'hui, grammaire, vocabulaire*, Biblieurope, Paris, 2001.

DONNET-GUEZ (B.), *Grammaire de l'hébreu*, Vera Pax Éditions, Montpellier, 1994.

HADAS-LEBEL (M.), *L'Hébreu, 3000 ans d'histoire*, Albin Michel, Paris, 1999.

COHEN (J.), *L'Écriture hébraïque*, Cosmogone, Lyon, 1997.

OUAKNIN (M. A.), *Les Mystères de l'alphabet*, Assouline, Paris, 1997.

OUAKNIN (M. A.) et ROTENEMER (D.), *Le Livre des prénoms bibliques et hébraïques*, Albin Michel, Espaces libres, Paris, 1997.

Word Point, The interactive multilingual, CDR, Galtech soft ltd. 2004.

• Bible

La Bible traduite par le rabbinat français, Colbo, Paris, 2002.

Traduction œcuménique de la Bible, Ancien et Nouveau Testament, Éditions du Cerf, Paris, 1998.

L'Univers de la Bible, traduction d'André Chouraqui, Éditions Lidis, Paris.

BEBE (P.), *Isha, Dictionnaire des femmes et du judaïsme*, Calman-Lévy, Paris, 2001.

- **Littérature**

Parienté (M.), *Littérature d'Israël*, biographie et bibliographie d'auteurs israéliens traduits en français entre 1948 et 2002, Stavit, Montrouge, 2003.

Oz (A.), *Une histoire d'amour et de ténèbres*, Gallimard, Paris, 2002.

Malka (V.), *Maxi proverbes juifs*, Marabout, 2003.

Malka (V.), *Shalom Rabin*, Ramsay, 1998.

Rotnemer-Ouaknin (D.), *La Nouvelle Bible de l'humour juif*, Éditions du Rocher, 1999.

Lexiques

Nous vous présentons ici un lexique triple entrée :
- Transcription phonétique – Hébreu – Français,
- Français – Transcription – Hébreu,
- Hébreu – Transcription – Français.

Vous serez ainsi bien armé pour retrouver un mot quelle que soit la situation dans laquelle vous vous trouvez : que vous en connaissiez seulement la phonétique ou son écriture.

Transcription - Hébreu - Français

Voici le lexique des mots classés dans l'ordre de la transcription phonétique de l'hébreu. Ainsi si vous entendez un mot et que vous n'en connaissez pas l'écriture, il vous sera facile de le retrouver. Les noms communs et les adjectifs sont suivis de leur genre entre parenthèses et les verbes sont présentés selon la nomenclature hébraïque c'est-à-dire la 3e personne du masculin singulier du passé, suivie, entre crochets, de son infinitif (commençant forcément par **l-**).

Les mots commençant par **h** et **h**, **s**, **s** et **sh**, **t**, **t** et **tz** seront traités dans des entrées séparées car elles correspondent à des lettres différentes en hébreu. De même, les mots commençant par **'** (la lettre **'ayin** en hébreu) seront placés à la fin du lexique.

A

aba	אבא	19	papa
adom *(m.)*, adoumah *(f.)*	אדום, אדומה	27	rouge
af *(m.)*	אף	65	nez
afah [lèèfot]	אפה [לאפות]	79	il cuisait au four [cuire au four]
afilou	אפילו	41	même
afiyah *(f.)*	אפיה	79	cuisson au four
afor *(m.)*, aforah *(f.)*	אפור, אפורה	64	gris/e
agoudal *(m.)*	אגודל	73	orteil (pouce)
agrah *(f.)*	אגרה	53	taxe
ah	אח	19	frère
ah *(m.)*	אח	83	cheminée (âtre)

ahar-kakh	אחר-כך	69	après ceci
aharèy	אחרי	26	après
aharon (m.), aharonah (f.)	אחרון, אחרונה	45	dernier/-ière
ahat (f.)	אחת	23	une
ahav [lèèhov]	אהב [לאהוב]	31	il aimait [aimer]
ahavah (f.)	אהבה	27	amour
ahèr (m.), ahèrèt (f.)	אחר, אחרת	47	autre
ahot	אחות	19	sœur
akh	אך	67	mais
akhal [lèèkhol]	אכל [לאכול]	20	il mangeait [manger]
al	אל	47	ne... pas
alhouti (m.), alhoutit (f.)	אלחוטי, אלחוטית	13	sans fil
alouf (m.), aloufah (f.)	אלוף, אלופה	71	champion/ne
amar [lomar]	אמר [לומר]	30	il disait [dire]
ambatyah (f.)	אמבטיה	83	baignoire
anahnou (m./f.)	אנחנו	9	nous
ani (m./f.)	אני	5	je
arètz (f.)	ארץ	25	pays (terre)
ari (m.)	ארי	69	lion
arokh (m.), aroukah (f.)	ארוך, ארוכה	43	long/longue
aroubah (f.)	ארובה	67	cheminée
arouhah (f.)	ארוחה	24	repas
asar [lèèsor]	אסר [לאסור]	66	il interdisait [interdire, emprisonner]
asimon (m.)	אסימון	73	jeton
asour (m.), asourah (f.)	אסור, אסורה	66	interdit/e
atah (m.), at (f.)	אתה, את	4	tu (toi)
atar (m.)	אתר	60	site
atèm (m.), atèn (f.)	אתם, אתן	9, 10	vous
Atounah (f.)	אתונה	44	Athènes
av	אב	63	père
aval	אבל	10	mais
avir (m.)	אויר	68	air
avoqado (m.)	אבוקדו	51	avocat (fruit)
avtahah (f.)	אבטחה	60	protection
az	אז	15	alors

B

ba	ב	11	dans le
ba [lavo]	בא [לבוא]	15	il venait [venir]
ba'al	בעל	18	mari

bahar [livhor]	בחר [לבחור]	82	il choisissait [choisir]
balagan (m.)	בלגן	17	désordre
balagan (m.)	בלגן	27	pagaille
balaganist (m.), balaganistit (f.)	בלגניסט, בלגניסטית	17	désordonné/e
balal [livlol]	בלל [לבלול]	59	il embrouillait [embrouiller]
balshan (m.), balshanit (f.)	בלשן, בלשנית	62	linguiste
banah [livnot]	בנה [לבנות]	58	il construisait [construire]
bar	בר	16	fils
bar mitzvah (m.), bat mitzvah (f.)	בר מצוה, בת מצוה	16	bar-mitsvah, bat-mitsvah
bat	בת	9	fille
batouah (m.), bètouhah (f.)	בטוח, בטוחה	43	sûr/sûre, (certain/e)
batzèq (m.)	בצק	79	pâte
bayit (m.)	בית	19	maison
bdihah (f.)	בדיחה	44	blague (farce)
bè	ב	10	par
bè	ב	11	dans
bè'ad	בעד	82	pour
bè'ayah (f.)	בעיה	13	problème
bèdiyouq	בדיוק	52	précisément
bègèd (m.)	בגד	64	vêtement
bè'iqar	בעקר	67	principalement
bèin	בין	44	entre, parmi
bèinlèoumi (m.), bèinlèoumit (f.)	בינלאומי, בינלאומית	44	international/e
bèintayim	בינתיים	79	entre temps
bèit (m.)	בית	10	maison-de
bèit holim (m.)	בית חולים	51	hôpital
bèit-sèfèr (m.)	בית-ספר	37	école
bèn	בן	9	fils
bè'od	בעוד	27	dans (+ temps, période)
bèqarov	בקרוב	16, 23	bientôt (prochainement)
bèrèkh [lèvarèkh]	ברך [לברך]	57	il bénissait [bénir, féliciter]
bèsèder	בסדר	6	en ordre, d'accord
bèsisi (m.), bèsisit (f.)	בסיסי, בסיסית	79	de base

bètèavon	בתאבון	55	bon appétit !
bètèn (f.)	בטן	78	ventre
bèvaqashah	בבקשה	10	s'il te/vous plaît
bèyotèr	ביותר	32	le plus
bhirah (f.)	בחירה	82	choix
bhirot (f. pl.)	בחירות	82	élections
bifnim	בפנים	79	à l'intérieur
biglal	בגלל	27	à cause de
bilah [lèvalot]	בילה [לבלות]	39	il passait du bon temps [passer du bon temps]
bilti	בלתי	66	sans
biqèr [lèvaqèr]	בקר [לבקר]	51	il visitait [visiter]
biqèsh [lèvaqèsh]	בקש [לבקש]	52, 82	il demandait [demander]
biqtah (f.)	בקתה	83	chalet
birah (f.)	בירה	4	bière
bishvil	בשביל	25, 81	pour
bitahon (m.)	בטחון	53	sécurité
bitèl [lèvatel]	ביטל [לבטל]	52	il annulait [annuler]
bli	בלי	57	sans
bohèr (m.), bohèrèt (f.)	בוחר, בוחרת	82	électeur/-trice
boqèr (m.)	בוקר	1	matin
botz (m.)	בוץ	11	boue
brèkhah (f.)	ברכה	20	piscine
briah	בריאה	76	création
briout	בריאה	76	santé
brit (f.)	ברית	30	alliance
brit milah (f.)	ברית מילה	30	circoncision
briyah (f.)	בריה	76	créature

D

dag (m.)	דג	83	poisson
daq (m.), daqah (f.)	דק, דקה	76	mince (fin/e)
daqah (f.)	דקה	79	minute
darash [lidrosh]	דרש [לדרוש]	73	il exigeait [exiger]
dargah	דרגה	83	degré (niveau)
darkon (m.)	דרכון	26	passeport
darom	דרום	56	sud
dati (m.), datit (f.)	דתי, דתית	46	religieux/-se
davar (m.)	דבר	58, 73	parole, chose
davqa	דווקא	68	justement, précisément

day	די	81	assez, ça suffit
dè'ah (f.)	דעה	71	avis, opinion
dèlèq (m.)	דלק	50	essence
dèlèt (f.)	דלת	46	porte (nom)
dèrèg (m.)	דרג	83	échelon
dèrèkh (f.)	דרך	50	chemin
dfous (m.)	דפוס	57	imprimerie
dibèr [lèdabèr]	דבר [לדבר]	8	il parlait [parler]
dibour (m.)	דבור	8	parole
dibourit (f.)	דיבורית	13	téléphone mains libres (dans voiture)
diètah (f.)	דיאטה	16	régime (diète)
dirah (f.)	דירה	37	appartement
disq	דיסק	81	disque
doar (m.)	דואר	22, 29	poste, courrier
dor (m.)	דור	81	génération
dougmah (f.)	דוגמה	43	exemple
dougman, dougmanit	דוגמן, דוגמנית	75	mannequin
dou-lèshoni (m.)	דו-לשוני	62	bilingue
dou-siah (m.)	דו-שיח	73	dialogue
dovèr (m.), dovèrèt (f.)	דובר, דוברת	82	locuteur/-trice (celui qui parle)
dvash (m.)	דבש	80	miel
dvorah (f.)	דבורה	80	abeille

E

èfshar	אפשר	24	possible
èhad (m.)	אחד	58	un (adj. num.)
èifoh ?	איפה?	13	où ?
èikh ?	איך?	36	comment ?
èikhout (f.)	איכות	82	qualité
èilou	אילו	38	quels
èin	אין	6	il n'y a pas
èin-sof	אין-סוף	81	sans fin
èizo ? (f.)	איזו	82	quelle ?
èizèh ? (m.), èizo ? (f.)	איזה?, איזו?	32, 33	quel ?, quelle ?
èla	אלא	80	mais
èlèf	אלף	45	mille
èlèh (m./f.)	אלה	17	ces/ceux/celles
èlèqtroni (m.), èlèqtronit (f.)	אלקטרוני, אלקטרונית	22	électronique
Èlohim (m.)	אלהים	59	Dieu
èm	אם	62	mère
èmèt (f.)	אמת	52, 81	vérité

èqologi (m.), èqologit (f.)	אקולוגי, אקולוגית	71	écologique
èrouah (m.)	ארוח	83	hébergement
èsh (f.)	אש	20	feu
èt	את	17	particule devant COD
ètmol	אתמול	31	hier
ètzèl	אצל	77	chez
èzrah (m.), èzrahit (f.)	אזרח, אזרחית	82	citoyen/ne
èzrahout (f.)	אזרחות	82	nationalité

F

falafèl (m.)	פלאפל	27	falafel
fèstival	פסטיבל	27	festival
figourah	פיגורה	75	silhouette (figure)
filtèr	פילטר	11	filtre
fiziqah	פיזיקה	43	physique
frayèr (m.), frayèrit (f.)	פראייר, פראירית	73	«bonne poire» (expr.)

G

gadol (m.), gdolah (f.)	גדול, גדולה	19	grand/e
gag (m.)	גג	67	toit
gal (m.)	גל	61	vague (mer)
Galil	גליל	83	Galilée
gal'in	גלעין	76	noyau
gam	גם	13	aussi
gan (m.)	גן	37	jardin
gan Èden (m.)	גן עדן	46	paradis (jardin d'Eden)
ganouz (m.), gnouzah (f.)	גנוז, גנוזה	72	préservé/e
gan yèladim (m.)	גן ילדים	37	Jardin d'enfants
gar [lagour]	גר [לגור]	51	il habitait [habiter]
garbayim	גרב	64	chaussettes
gar'inim (m. pl.)	גרעינים	20	fruits à noyau (pistache, noisette, graine de tournesol ou citrouille)
garoush (m.), groushah (f.)	גרוש, גרושה	74	divorcé/e
gav (m.)	גב	78	dos
gavi'a (m.)	גביע	73	coupe (pour boire)
gèèh (m.), gèah (f.)	גאה, גאה	52	fier/fière
gèografyah	גיאוגרפיה	26	géographie
gèvèr	גבר	50	homme
gèzèr (f.)	גזר	76	carotte

gibor *(m.)*, giborah *(f.)*	גבור, גבורה	71	héros/héroïne
gil *(m.)*	גיל	30	âge
gil *(m.)*	גיל	61	joie
golmi *(m.)*, golmit *(f.)*	גולמי, גולמית	55	brut/te *(adj.)*
gouf *(m.)*	גוף	43	corps
go<u>v</u>ah *(f.)*	גובה	73	hauteur
g<u>v</u>èrèt	גברת	52	dame
gvinah *(f.)*	גבינה	10	fromage
gvir<u>t</u>i	גבירתי	51	madame
gèrè<u>v</u> *(f.)*	גרב	64	chaussette

H

ha	ה	9	le/la/les
ha'arakhah *(f.)*	הערכה	73	estime (de soi)
habay<u>t</u>ah	הביתה	40	à la maison/chez soi
hafoukh *(m.)*, hafoukhah	הפוך, הפוכה	11	renversé/e
haf<u>t</u>a'ah *(f.)*	הפתעה	34	surprise
haim ?	האם?	67	est-ce que ?
hakhanah *(f.)*	הכנה	54	préparatif
halakh [lalèkhè<u>t</u>]	הלך [ללכת]	18	il allait, il marchait [aller, marcher]
hamhaah *(f.)*	המחאה	32	chèque
handasah *(f.)*	הנדסה	40	ingénierie
haqladah *(f.)*	הקלדה	81	saisie *(nom)*
har *(m.)*	הר	83	montagne
harbèh	הרבה	27	beaucoup
harpa<u>t</u>qah *(f.)*	הרפתקה	85	aventure
ha<u>t</u>halah *(f.)*	התחלה	85	commencement
ha<u>t</u>madah *(f.)*	התמדה	78	assiduité
hatz'ah *(f.)*	הצעה	83	proposition
hatzla<u>h</u>ah *(f.)*	הצלחה	57	succès
hayah [lihèyo<u>t</u>]	היה [להיות]	35	il était [être]
hazmanah *(f.)*	הזמנה	24	invitation
hè'èdif [lèha'adif]	העדיף [להעדיף]	50	il préférait [préférer]
hèikhal *(m.)*	היכל	72	palais (sanctuaire)
hè'iz [lèha'iz]	העיז [להעיז]	71	il osait [oser]
hèkin [lèhakhin]	הכין [להכין]	54	il préparait [préparer]
hèm	הם	13	ils/eux
hèn	הן	13	elles
hèrim [lèharim]	הרים [להרים]	73	il soulevait [soulever] (élever)
hèsir [lèhasir]	הסיר [להסיר]	48	il ôtait [ôter]
hé<u>v</u>in [lèha<u>v</u>in]	הבין [להבין]	16	il comprenait [comprendre]

hèziq [lèhaziq]	[להזיק] הזיק	78	il était nuisible [être nuisible]
hi	היא	8	elle
hidpis [lèhadpis]	[להדפיס] הדפיס	81	il imprimait [imprimer]
higi'a [lèhagi'a]	[להגיע] הגיע	50	il arrivait [arriver]
higid [lèhagid]	[להגיד] הגיד	52	il disait [dire]
hihlit [lèhahlit]	[להחליט] החליט	82	il décidait [décider]
hikir [lèhakir]	[להכיר] היכיר	34	il connaissait [connaître]
hinèh	הנה	67	voici
hiqlid [lèhaqlid]	[להקליד] הקליד	81	il tapait, il saisissait [taper, saisir (clavier)]
hiqlit [lèhaqlit]	[להקליט] הקליט	81	il enregistrait [enregistrer]
hiqtzif [lèhaqtzif]	[להקציף] הקציף	79	il moussait [mousser] (fouetter)
hirgish [lèhargish]	[להרגיש] הירגיש	47	il sentait [sentir]
hisbir [lèhasbir]	[להסביר] הסביר	67	il expliquait [expliquer]
hishir [lèhashir]	[להשאיר] השאיר	79	il laissait [laisser]
hishmin [lèhashmin]	[להשמין] הישמין	52	il grossissait [grossir]
hishtadèl [lèhishtadèl]	[להשתדל] השתדל	85	il faisait des efforts [faire des efforts]
hishtagè'a [lèhishtagè'a]	[להישתגע] הישתגע	41	il devenait fou [devenir fou]
histakèl [lèhistakel]	[להסתכל] הסתכל	80	il regardait [regarder]
histori (m.), historit (f.)	הסטורי, הסטורית	34	historique
histovèv [lèhistovèv]	[להסתובב] הסתובב	50	il tournait [tourner]
hit'amèl [lèhit'amèl]	[להתעמל] התעמל	78	il faisait de la gymnastique [faire de la gymnastique]
hit'amlout (f.)	התעמלות	78	gymnastique
hit'anyèn [lèhit'anyèn]	[להתעניין] התעניין	71	il s'intéressait [s'intéresser]
hithayvout (f.)	התחיבות	85	obligation
hitkavètz [lèhitkavètz]	[להתכוץ] התכוץ	43	il se rétrécissait [se rétrécir]
hitkonèn [lèhitkonèn]	[להתכונן] התכונן	54	il se préparait [se préparer]
hitlahèv [lèhitlahèv]	[להתלהב] התלהב	65	il s'enthousiasmait [s'enthousiasmer]

hitnasah [lèhitnasot]	התנסה [להתנסות]	83	il faisait l'expérience [faire l'expérience] (s'exercer)
hitpalèl [lèhitpalèl]	התפלל [להתפלל]	46	il priait [prier]
hitpanèq [lèhitpanèq]	התפנק [להתפנק]	83	il se gâtait [se gâter]
hitqarèr [lèhitqarèr]	התקרר [להתקרר]	79	il refroidissait [refroidir]
hitragèl [lèhitragèl]	התרגל [להתרגל]	85	il s'habituait [s'habituer]
hitrahètz [lèhitrahètz]	התרחץ [להתרחץ]	67	il se lavait [se laver]
hitrahèv [lèhitrahèv]	התרחב [להתרחב]	43	il s'élargissait [s'élargir]
hitrakèz [lèhitrakèz]	התרכז [להתרכז]	78	il se concentrait [concentrer]
hitzbi'a [lèhatzbi'a]	הצביע [להצביע]	82	il votait [voter]
hitzi'a [lèhatzi'a]	הציע [להציע]	79, 83	il proposait [proposer]
hitzliah [lèhatzliah]	הצליח [להצליח]	57	il réussissait [réussir]
hivtiah [lèhavtiah]	הבטיח [להבטיח]	78	il promettait [promettre]
hizdamnout (f.)	הזדמנות	73	chance, occasion
hizkir [lèhazkir]	הזכיר [להזכיר]	67, 72	il rappelait, il souvenait [rappeler, souvenir]
hizmin [lèhazmin]	הזמין [להזמין]	32	il invitait [inviter]
hodi'a [lèhodi'a]	הודיע [להודיע]	53	il annonçait [annoncer]
hofi'a [lèhofi'a]	הופיע [להופיע]	81	il apparaissait [apparaître]
hosif [lèhosif]	הוסיף [להוסיף]	55	il ajoutait [ajouter]
hou	הוא	8	il, lui
houlèdèt (f.)	הולדת	32	naissance
houmous (m.)	חומוס	27	houmous

H

hadar-shèinah (f.)	חדר שינה	83	chambre à coucher
hadash (m.), hadashah (f.)	חדש, חדשה	6	nouveau/-elle
hadish (m.), hadishah (f.)	חדיש, חדישה	38	dernier/-ière (nouveauté)
hafirah (f.)	חפירה	44	fouille
hag (m.)	חג	36	fête
hagag [lèhagog]	חגג [לחגוג]	38	il fêtait [fêter]
hakham (m.), hakhamah (f.)	חכם, חכמה	67, 80	intelligent/e

Translittération	Hébreu	Page	Français
halon (m.)	חלון	68	fenêtre
halouqah (f.)	חלוקה	69	partage
ham	חם	36	beau-père
ham (m.), hamah (f.)	חם, חמה	27	chaud/e
hamam (m.)	חמם	45	hammam
hamim (m.), hamimah (f.)	חמים, חמימה	36	chaleureux/-se
hamot	חמות	36	belle-mère
hamoud (m.), hamoudah (f.)	חמוד, חמודה	45	mignon/ne
hanayah (f.)	חניה	60	stationnement
hanoukhah (f.)	חנוכה	38	inauguration
hanout (f.)	חנות	25	magasin (boutique)
harouz (m.)	חרוז	64	rime
hashav [lahashov]	חשב [לחשוב]	32	il pensait [penser]
hashouv (m.), hashouvah (f.)	חשוב, חשובה	68	important/e
hasèr (m.), hasèrah (f.)	חסר [חסרה]	85	il / elle manque ; absent/e
hatan (m.)	חתן	18	marié (nom)
hatikh (m.), hatikhah (f.)	חתיך, חתיכה	15	beau garçon/belle fille
hatikhah (f.)	חתיכה	15	morceau (pièce)
hatounah (f.)	חתונה	18	mariage (cérémonie)
haval	חבל	6	dommage (adv.)
havayah (f.)	חויה	81	merveille
havèr (m.), havèrah (f.)	חבר, חברה	20	ami/e (camarade)
havèr (m.), havèrah (f.)	חבר, חברה	49	collègue, petit/e ami/e
havilah (f.)	חבילה	40	paquet
hay-bar (m.)	חי-בר	83	réserve (d'animaux)
hayah (f.)	חיה	69	animal
hayim (m. pl.)	חיים	73	vie
hazaq (m.), hazaqah (f.)	חזק, חזקה	79	fort/e
hazar [lahazor]	[לחזור] חזר	47	revenir [il revenait]
hazar [lahazor]	[לחזור] חזר	78	répétait [il répétait]
hèdèr (m.)	חדר	17	chambre (salle)
hèlbon (m.)	חלבון	79	blanc d'œuf
hèlmon (m.)	חלמון	79	jaune d'œuf
hèlèq (m.)	חלק	69	part(ie)
hèmah (f.)	חמאה	79	beurre
hèn (m.)	חן	38	grâce
hètzi	חצי	53	demi (moitié)
hèvrèman (m.), hèvrèmanit (f.)	חברמן, חברמנית	29	boute-en-train
hidoush (m.)	חידוש	57	nouveauté
hilèq [lèhalèq]	חלק [לחלק]	69	il divisait [diviser, partager]

hiloni (m.), hilonit (f.)	חילוני, חילונית	82	laïc/laïque
hipès [lèhapès]	חיפש [לחפש]	50	il cherchait [chercher]
hithatèn [lèhithatèn]	התחתן [להתחתן]	34	il se mariait [se marier]
hizouq (m.)	חיזוק	78	renforcement
hodèsh (m.)	חודש	29	mois
hof (m.)	חוף	15	plage
hofèn (m.)	חופן	79	poignée
hofshi (m.), hofshit (f.)	חופשי, חופשית	78	libre
hol (m.)	חול	39	sable
holèh (m.), holah (f.)	חולה, חולה	51	malade
hom (m.)	חום	43	chaleur (fièvre)
horèf (m.)	חורף	41	hiver
hoshèkh (m.)	חושך	72	ténèbres
houfshah (f.)	חופשה	83	congé, vacances
houltzah (f.)	חולצה	64	chemise
houmous (m.)	חומוס	55	pois chiche
houmous (m.)	חומוס	27	houmous
hout (m.)	חוט	44	fil
houtz	חוץ	25	hors de...
houtz laarètz	חוץ לארץ	25	à/pour l'étranger
hovèv (m.), hovèvèt (f.)	חובב, חובבת	25	amateur/-trice

I

ibèd [lèabèd]	[לאבד] אבד	73	il perdait [perdre]
idish (f.)	אידיש	8	yiddish (langue)
i-èfshar	אי-אפשר	24	impossible
im	אם	41	si
ima	אמא	19	maman
imèn [lèamèn]	אמן [לאמן]	79	il entraînait [entraîner]
intèrnèt	אינטרנט	9	internet
ish	איש	67	homme
ishah	אשה	12	femme
isrèèli (m.), isrèèlit (f.)	ישראלי, ישראלית	44	israélien/ne
itztadyon (m.)	איצטדיון	71	stade

K

ka'as (m.)	כעס	80	colère
ka'as [likh'os]	כעס [לכעוס]	69	il se fâchait [se fâcher]
kaashèr	כאשר	29	lorsque
kadour	כדור	19	balle
kadourègèl (m.)	כדורגל	19	football

kadoursal (m.)	כדורסל	19	basket-ball
kadouryad (m.)	כדוריד	19	handball
kaf (f.)	כף	55	cuiller (grande ~)
kahol (m.), khoulah (f.)	כחול, כחולה	64	bleu/e
kakh, kakhah	כך, ככה	3	ainsi
kakhah kakhah	ככה ככה	3	comme-ci comme ça
kamah	כמה	23	combien (quelques)
kapit (f.)	כפית	55	cuiller (petite ~)
kartis (m.)	כרטיס	26	billet (ticket)
katav [likhtov]	כתב [לכתוב]	22	il écrivait [écrire]
katom (m.), ktoumah (f.)	כתום, כתומה	65	orange (couleur)
kavod (m.)	כבוד	57	honneur
kèday	כדאי	53	rentable
kèf (m.)	כיף	20	plaisir
kèn	כן	22	oui
kènès (m.)	כנס	44	congrès
kèsèf (m.)	כסף	32	argent
kfar (m.)	כפר	39	village
ki	כי	16	car, parce que
kibah [lèkhabot]	כיבה [לכבות]	45, 79	il éteignait [éteindre]
kirayim (m. pl.)	כיריים	83	plaques de cuisson
kis (m.)	כיס	80	poche
kisè (m.)	כסא	17	chaise
klomar	כלומר	78	c'est-à-dire
kloum (m.)	כלום	73	rien
kmo	כמו	18	comme
knèsèt (f.)	כנסת	48	assemblée nationale
knisah (f.)	כניסה	72	entrée (seuil)
kol	כל	27	tous, tout/e/s
kolbo (m.)	כלבו	83	magasin (supermarché)
kolèl (m.), kolèlèt (f.)	כולל, כוללת	83	inclus/e
kos (f.)	כוס	55	verre (à boire)
koshèr (m.)	כושר	71	forme (aptitude)
kotèl (m.)	כותל	44	mur
koulam (m.), koulan (f.)	כולם, כולן	59	tous, toutes
koursa (f.)	כורסה	38	fauteuil
ktovèt (f.)	כתובת	22	adresse (postale)
kvar	כבר	27	déjà

L

lahout	לחות	75	humidité
lakhèn	לכן	65	c'est pourquoi
lamad [lilmod]	למד [ללמוד]	5	il étudiait [étudier], il apprenait [apprendre]

hamèsh mèot arba'im oushmonèh • 548

lamah ?	למה?	12	pourquoi ?
lamrot shè...	למרות ש...	65	bien que...
laqah [laqahat]	לקח [לקחת]	41	il prenait [prendre]
lashon	לשון	80	langue
latinit (f.)	לטינית	5	latin (nom)
lavan (m.), lèvanah (f.)	לבן, לבנה	64	blanc/he
lavash [lilbosh]	לבש [ללבוש]	18	il s'habillait [s'habiller]
laylah (m.)	לילה	27	nuit
lè	ל	9, 18	vers (en direction)
lèan ?	לאן?	18	vers où ?
lèat	לאט	78	lentement
lèfi	לפי	53	selon
lèhèm (m.)	לחם	55	pain
lèhitraot	להתראות	6	au revoir
lèhishtamè'a	להשתמע	74	à bientôt !
lèhishtamè'a	להשתמע	74	s'entendre (au téléphone)
lè'itim qrovot	לעתים קרובות	79	souvent
lèitzan (m.), leitzanit (f.)	ליצן	65	clown
lèlo	ללא	73	sans
lèma'èlah	למעלה	73	là-haut
lèmashal	למשל	78	par exemple
lèmatah	למטה	73	en bas
lèom (m.)	לאום	44	nation
lèoumi (m.), lèoumit (f.)	לאומי, לאומית	73	national/e
lèv (m.)	לב	31	cœur
lèvad (m./f.)	לבד	66	seul/e
lif'amim	לפעמים	75	parfois
lifnèy	לפני	26	avant
ligah (f.)	ליגה	73	ligue
likhvod	לכבוד	34	en l'honneur de...
limon (m.)	לימון	55	citron
limoud (m.)	לימוד	85	étude (apprentissage)
liqèr	ליקר	79	liqueur
litèf [lèlatèf]	ליטף [ללטף]	47	il caressait [caresser]
lo	לא	8	non
lo-youtzlah	לא – יוצלח	74	bon à rien (nom), raté (nom)

M

ma'agal (m.)	מעגל	78	rond (nom)
ma'alah (f.)	מעלה	79	degré (vertu)
ma'arav (m.)	מערב	50	ouest
ma'oukh (m.), mè'oukhah (f.)	מעוך, מעוכה	55	écrasé/e

549 • hamèsh mèot arba'im vatèsha'

maagar *(m.)*	מאגר	81	réservoir
maamatz *(m.)*	מאמץ	57	effort
mador *(m.)*	מדור	52	rubrique
madpèsèt *(f.)*	מדפסת	81	imprimante
magaf *(m.)*	מגף	64	botte
mah ?	?מה	3	quoi/que ?
mahapakh *(m.)*	מהפך	73	bouleversement
mahapèkhah *(f.)*	מהפכה	53	révolution
ma<u>h</u>ar	מחר	33	demain
ma<u>h</u>shèv *(m.)*	מחשב	9	ordinateur
makhar [limkor]	[מכר [למכור	53	il vendait [vendre]
malakh *(m.)*	מלאך	46	ange
malè *(m.)*, mèlèah *(f.)*	מלא, מלאה	60	complète (plein/e)
malon *(m.)*	מלון	51	hôtel
mamash	ממש	36	réellement
manah [limnot]	[מנה [למנות	82	il comptait [compter]
manouy *(m.)*, mènouyah *(f.)*	מנוי, מנויה	52	abonné/e
maqom *(m.)*	מקום	66, 79	lieu (endroit)
maqor *(m. sing.)*, mèqoro<u>t</u> *(m. pl.)*	מקור, מקורות	85	source
masa' *(m.)*	מסע	26	expédition
maspiq	מספיק	39	assez
ma<u>t</u>anah *(f.)*	מתנה	32	cadeau
matay ?	?מתי	24	quand ?
ma<u>t</u>hil *(m.)*, ma<u>t</u>hilah *(f.)*	מתחיל, מתחילה	85	débutant/e
matkon *(m.)*	מתכון	79	recette (cuisine)
matoq *(m.)*, mètouqah *(f.)*	מתוק, מתוקה	79	doux/douce
matza [limtzo]	[מצא [למצוא	38, 44	il trouvait [trouver]
matza <u>h</u>èn *(m.)*	מצא חן	38	il trouvait grâce, il plaisait [plaire]
matzègè<u>t</u> *(f.)*	מצגת	81	présentation multimédia
matz<u>h</u>iq *(m.)*, matz<u>h</u>iqah *(f.)*	מצחיק, מצחיקה	65	amusant/e, drôle
matzlèmah *(f.)*	מצלמה	25	appareil photo
matzpoun *(m.)*	מצפון	82	conscience
mayim *(m. pl.)*	מים	27	eau/x
mazag [limzog]	[מזג [למזוג	68	il versait [verser]
mazal *(m.)*	מזל	16	chance
mazal to<u>v</u>	מזל טוב	30	félicitations !
mazgan *(m.)*	מזגן	68	climatiseur
mè	מ	8	de
mè'anyèn *(m.)*, mè'anyènè<u>t</u> *(f.)*	מעניין, מעניינת	44	intéressant/e
mè'arah *(f.)*	מערה	72	grotte

<u>h</u>amèsh mèo<u>t</u> <u>h</u>amishim • 550

mè'ayef (m.), mè'ayèfèt (f.)	מעיף, מעיפת	12	fatigant/e
mè'il (m.)	מעיל	41	manteau
mè'oubad (m.), mè'oubèdèt (f.)	מעובד, מעובדת	85	travaillé/e
mèamèn (m.), mèamènèt (f.)	מאמן, מאמנת	71	entraîneur/-euse
mèayin?	מאין?	15	d'où ?
mèdiah-kèlim (m.)	מדיח-כלים	83	lave-vaisselle
mèfatèh (m.), mèfatah (f.)	מפתה, מפתה	83	séduit/e
mègilah (f.)	מגילה	72	rouleau
mègourim (m. pl.)	מגורים	83	salle (habitation)
mèhir (m.)	מחיר	53	prix
mèkhinah (f.)	מכינה	54	préparation (école, leçon)
mèkhonit (f.)	מכונית	13	voiture
mèkhoubad (m.), mèkhoubèdèt (f.)	מכובד, מכובדת	80	respecté/e (honorable)
mèlah (m.)	מלח	55	sel
mèlakhah (f.)	מלאכה	83	métier manuel
mèloukhlakh (m.), mèloukhlèkhèt (f.)	מלוכלך, מלוכלכת	67	sale
mènahèl (m.), mènahèlèt (f.)	מנהל, מנהלת	53	directeur/-trice
ménatzéah [lènatzèah]	מנצח [לנצח]	73	il vainc [vaincre] (gagner)
mèod	מאד	23	très
mèouvzar (m.), mèouvzèrèt (f.)	מאובזר, מאובזרת	83	équipé/e
mèqarèr (m.)	מקרר	83	réfrigérateur
mèqoulqal (m.), mèqoulqèlèt (f.)	מקולקל, מקולקלת	68	abîmé/e (en panne)
mèrateq (m.), mèratèqèt	מרתק, מרתקת	85	captivant/e
mèrhaq (m.)	מרחק	83	distance
mèrkaz (m.)	מרכז	51	centre
mèrkaz ha'ir	מרכז העיר	58	centre ville
mèshèkh (m.)	משך	62	dans la continuité (pendant)
mèsibah (f.)	מסיבה	34	réception
mèsounan (m.), mèsounènèt (f.)	מסונן, מסוננת	79	égoutté/e
mèsouyam (m.), mèsouyèmèt (f.)	מסוים, מסוימת	83	déterminé/e (certain/e)
mèt [lamout]	מת [למות]	46	il mourait [mourir]
mètzouyan (m.), mètzouyènèt (f.)	מצוין, מצוינת	25	excellent/e
mètzouyanout (f.)	מצוינות	73	excellence

mèvougar (m.), mèvougèrèt (f.)	מבוגר, מבוגרת	65	adulte
mèvouqash (m.), mèvouqèshèt (f.)	מבוקש, מבוקשת	81	recherché/e
mèyda' (m.)	מידע	81	information
mèzèg (m.)	מזג	68	mélange (tempérament)
mèzèg avir (m.)	מזג אויר	68	climat (temps)
mèzouman	מזומן	32	comptant (paiement)
mi ?	מי?	18	qui ?
midbar (m.)	מדבר	50	désert
midrahov (m.)	מדרחוב	51	rue piétonne
midrakhah (f.)	מדרכה	51	trottoir
midshaah (f.)	מדשאה	83	pelouse
miflagah (f.)	מפלגה	82	parti (politique)
migdal (m.)	מגדל	58	tour (édifice)
migrash (m.)	מגרש	73	terrain
mikhnasayim (m. duel)	מכנסיים	64	pantalons
mikhsèh (m.)	מכסה	72	couvercle
mikhshol (m.)	מכשול	80	obstacle
mikhtav (m.)	מכתב	27	lettre (missive)
milah (f.)	מילה	30	circoncision
milah (f. sing.), milim (f. pl.)	מילה, מילים	85	mot/s
milhamah (f.)	מלחמה	72	guerre
milon (m.)	מילון	71	dictionnaire
mipnèy shè…	מפני ש…	27	parce que…
miqlèdèt	מקלדת	81	clavier
miqrogal (m.)	מיקרוגל	83	micro-ondes
miqtzo'a (m.)	מקצוע	62	profession
mirpèsèt (f.)	מרפסת	39	balcon (terrasse)
mis'adah (f.)	מסעדה	68	restaurant
mishaq (m.)	משחק	19	jeu
mishèhou (m.)	מישהו	33	quelqu'un
mishpahah (f.)	משפחה	19	famille
mishpat (m.)	משפט	40	jugement
mishqal (m.)	משקל	53	balance (mesure), poids
misrad (m.)	משרד	53	bureau (local)
mitah (f.)	מטה	17	lit
mitbah (m.)	מטבח	39	cuisine
mitologi (m.), mitologit (f.)	מיתולוגי, מיתולוגית	71	mythologique
mitologyah (f.)	מיתולוגיה	71	mythologie
mitqan (m.)	מתקן	83	installation
mitz (m.)	מיץ	11	jus

hamèsh mèot hamishim oushtayim • 552

mitzpor (m.)	מצפור	83	poste d'obs. des oiseaux
mitzpèh (m.)	מצפה	83	observatoire
Mitzrayim (f.)	מצרים	50	Égypte
mitzvah (f.)	מצוה	16	commandement
mivhar (m.)	מבחר	82	choix
mivnèh (m.)	מבנה	72	construction
mizoug (m.)	מזוג	68	mélange
mizoug avir (m.)	מזוג אויר	68	air conditionné (climatisation)
mizrah (m.)	מזרח	50	est (point cardinal)
mizvadah (f.)	מזודה	23	valise
mo'adon (m.)	מועדון	60	club
moda'ah (f.)	מודעה	60	annonce (écrite)
molad (m.)	מולד	41	naissance
morèh (m.), morah (f.)	מורה, מורה	43	professeur/e
moukhan (m.), moukhanah (f.)	מוכן, מוכנה	54	prêt/e
moul	מול	68	en face (adv.)
moumhèh (m.), moumhit (f.)	מומחה, מומחית	81	spécialiste
mousag (m.)	מושג	81	concept
moutar (m.), moutèrèt (f.)	מותר, מותרת	66	permis/e
moutzlah (m.), moutzlahat (f.)	מוצלח, מוצלחת	85	réussi/e
mouzah (f.)	מוזה	71	muse

N

na'al (f.)	נעל	64	chaussure
na'alayim (f. pl.)	נעליים	64	chaussures
nafotz [lafoutz]	נפוץ [לפוץ]	58	il dispersait [disperser]
nahag [linhog]	נהג [לנהוג]	46	il conduisait [conduire]
na'im (m.), nè'imah (f.)	נעים, נעימה	26	agréable
nakhon (m.), nèkonah (f.)	נכון, נכונה	43	vrai/e
napal [lipol]	נפל [לפול]	29	il tombait [tomber]
naqi (m.), nèqiyah (f.)	נקי נקייה	67	propre
nasa' [linso'a]	נסע [לנסוע]	33, 50	il voyageait [voyager] (en voiture)
natan [latèt]	נתן [לתת]	43, 61	il donnait [donner]
natoun (m.)	נתון	81	donnée (nom)
nayad (m.)	ניד	13	mobile, portable
nè'èlam [léhé'além]	נעלם [להעלם]	82	il disparaissait [disparaître]
nèhag (m.), nahègèt (f.)	נהג, נהגת	46	conducteur/trice

nèhèdar *(m.)*, nèhèdèrèt	נהדר, נהדרת	41	magnifique
nèhènèh [lèhanot]	נהנה [להנות]	76	il avait du plaisir [avoir du plaisir]
nèkhèd *(m.)*, nèkhdah *(f.)*	נכד, נכדה	30	petit-fils, petite-fille
nèqoudah *(f.)*	נקודה	22, 57	point
nès *(m.)*	נס	11	miracle
nèshamah *(f.)*	נשמה	46	âme
nèshimah *(f.)*	נשימה	83	souffle (respiration)
nèsi'ah *(f.)*	נסיעה	53	voyage
nifgash [lèhipagèsh]	נפגש [להפגש]	44, 85	il se rencontrait [se rencontrer]
nifrad [lèhiparèd]	נפרד [להפרד]	40	il séparait [disloquer, séparer]
nihèl [lènahèl]	ניהל [לנהל]	73	il dirigeait [diriger]
nikar *(m.)*, nikèrèt *(f.)*	נכר, נכרת	80	reconnu/e
nikhnas [lèhikanès]	נכנס [להכנס]	46	il entrait [entrer]
nikhshal [lèhikashèl]	נכשל [להכשל]	54	il échouait [échouer]
nimratz *(m.)*, nimrètzèt	נימרץ, נימרצת	73	dynamique
niqah [lènaqot]	ניקה [לנקות]	67	il nettoyait [nettoyer]
niqoud *(m.)*	ניקוד	57	voyelle
nisa *(m.)*, nisèt *(f.)*	נשא, נשאת	9	portable
nishba' [lèhishava']	נשבע [להשבע]	66	il jurait [jurer]
nishqal [lèhishaqèl]	נשקל [להשקל]	53	il se pesait [se peser]
nisouim *(m. pl.)*	נישואים	34	mariage (institution)
nitzahon *(m.)*	ניצחון	73	victoire
nivhar [lèhibahèr]	נבחר [להבחר]	82	il était élu [être élu]
noah *(m.)*, nohah *(f.)*	נוח, נוחה	83	confortable
nof *(m.)*	נוף	68	paysage
nofèsh *(m.)*	נופש	39	vacances
nolad [lèhivalèd]	נולד [להולד]	30	il naissait [naître]
nosaf *(m.)*, nosèfèt *(f.)*	נוסף, נוספת	60, 81	complémentaire
nosaf *(m.)*, nosèfèt *(f.)*	נוסף, נוספת	81	supplémentaire
nosè'a *(m.)*, nosa'at *(f.)*	נוסע, נוסעת	46	voyageur/-euse
nosè *(m.)*	נושא	82	sujet
nou	נו	22	alors
noudniq *(m.)*, noudniqit	נודניק, נודניקית	29	casse-pieds
noy *(m.)*	נוי	61	beauté

O

o	או	10	ou
ofnah *(f.)*	אופנה	61	mode
ofnati *(m.)*, ofnatit *(f.)*	אופנתי, אופנתית	61	à la mode

olimpy (m.), olimpit (f.)	אולימפי, אולימפית	71	olympien/-enne, olympique
omètz (m.)	אומץ	54	courage
oniyah (f.)	אוניה	34	bateau
or (m.)	אור	1	lumière
orèn (m.)	אורן	80	pin
ot (f.)	אות	57	lettre (de l'alphabet)
oto (m.), otah (f.)	אותו, אותה	30	le/la même
ou	ו	36	et
oulam (m.)	אולם	72	salle
oulay	אולי	22	peut-être
oulpan (m.)	אולפן	8	oulpan

P

pa'am (f.)	פעם	58	autrefois, fois
panah [lifnot]	פנה [לפנות]	51	il tournait [tourner]
panim (m. pl.)	פנים	65	visage (face)
parvah (f.)	פרוה	41	fourrure
pashat [lifshot]	פשט [לפשוט]	83	il ôtait, il tendait [ôter, tendre]
pashout (m.), pshoutah (f.)	פשוט, פשוטה	85	simple(ment)
patah [liftoah]	פתח [לפתוח]	71, 80	il ouvrait [ouvrir]
patar [liftor]	פתר [לפתור]	62	il résolvait [résoudre]
pèh (m.)	פה	73	bouche
pèlèfon (m.)	פלאפון	45	téléphone mobile
pèrèg (m.)	פרג	10	pavot
pètrozilyah (f.)	פטרוזיליה	55	persil
pilpèl (m.)	פלפל	55	poivre/poivron
pinah (f.)	פינה	83	coin
pisgah (f.)	פסגה	73	sommet
pitah (f.)	פיתה	55	pita (galette de pain)
pitgam (m.)	פתגם	80	proverbe
pitpout (m.)	פטפוט	13	papotage
pitpèt [lèfatpèt]	פטפט [לפטפט]	20	il papotait [papoter]
pnay (m.)	פנאי	62	loisir, temps libre
pnèy (m. pl.)	פני	58	face / surface de (état construit)
pnim (m.)	פנים	78	intérieur
poh	פה	17	ici
polanit (f.)	פולנית	8	polonais (langue)
Polanyah (f.)	פולניה	8	Pologne
prat (m.)	פרט	60	détail
prèdah (f.)	פרדה	85	séparation

Q

qabalah (f.)	קבלה	75	reçu (nom)
qadimah !	קדימה	51	en avant !
qadoum (m.), qdoumah (f.)	קדום, קדומה	72	ancien/ne (antique)
qafatz [liqfotz]	קפץ [לקפוץ]	85	il sautait [sauter]
qafèh (m.)	קפה	10	café
qafètèriah (f.)	קפטריה	11	cafétéria
qal (m.), qalah (f.)	קל, קלה	85	léger/-ère, facile
qanah [liqnot]	קנה [לקנות]	12	il achetait [acheter]
qanqan (m.)	קנקן	72, 80	jarre (carafe)
qanyon (m.)	קניון	12	centre commercial
qar (m.), qarah (f.)	קר, קרה	41	froid/e
qara [liqro]	קרא [לקרוא]	57	il lisait [lire]
qarah [liqrot]	קרה [לקרות]	29	[il] se produisait [arriver, se produire]
qaramèl (m.)	קרמל	51	caramel
qashor (m.), qshourah (f.)	קשור, קשורה	75	attaché/e
qashèh (m.), qashah (f.)	קשה, קשה	67	difficile (dur/e)
qashoua<u>h</u> (m.), qshou<u>h</u>ah (f.)	קשוח, קשוחה	81	dur/e (solide)
qatan (m.), qtanah (f.)	קטן, קטנה	19	petit/e
qatzar (m.), qtzarah (f.)	קצר, קצרה	43	court/e
qatzèfè<u>t</u> (f.)	קצפת	79	crème chantilly
qatzoutz (m.), qtzoutzah (f.)	קצוץ, קצוצה	55	haché/e
qayitz (m.)	קיץ	39	été
qè'arah (f.)	קערה	76	saladier
qèdèm (m.)	קדם	58, 72	orient
qèma<u>h</u> (m.)	קמח	79	farine
qèrèn (m.)	קרן	61	rayon
qèrèsh (m.)	קרש	76	planche
qèshèr (m. sing.), qsharim (m. pl.)	קשר, קשרים	85	contact/s
qètzèf (m.)	קצף	79	écume (mousse)
qibèl [lèqabèl]	קיבל [לקבל]	54, 82	il recevait [recevoir]
qiboutz (m.)	קיבוץ	34	kiboutz
qipèl [lèqapèl]	קיפל [לקפל]	48	il pliait [plier]
qir (m.)	קיר	72	mur
qirqas (m.)	קירקס	65	cirque
qishour (m.)	קישור	81	lien, connexion
qitzour (m.)	קיצור	73	raccourci (nom)
qi<u>v</u>tzèy qol	קבצי קול	81	enregistrement sonore
qlaf (m.)	קלף	66	carte (à jouer)
qlasi (m.), qlasi<u>t</u> (f.)	קלסי, קלסית	82	classique
qniyah (f.)	קנייה	12	achat (course)
qol	קול	81	voix (sons)
qolno'a (m.)	קולנוע	31	cinéma

qomèdyah (f.)	קומדיה	31	comédie
qor (m.)	קור	43	froid (nom)
qorè (m.), qorah (f.)	קורא, קוראה	57	lecteur/-trice
qoubiyah (f.)	קוביה	76	cube
qoupah (f.)	קופה	31	caisse
qovètz (m.)	קובץ	81	ensemble (nom)
qrèm	קרם	51	crème
qtzat	קצת	53	un peu
qvoutzah (f.)	קבוצה	71	équipe

R

raah [lirot]	ראה [לראות]	23	il voyait [voir]
rabah (f.)	רבה	24	beaucoup
rabènou	רבנו	50	notre maître
radyo	רדיו	75	radio (média)
rahav (m.), rèhavah (f.)	רחב, רחבה	80	large
rahit (m.)	רהיט	38	meuble
ramah (f.)	רמה	83	niveau
ramzor (m.)	רמזור	51	feu de circulation
raq	רק	8	seulement
ratouv	רטוב	76	mouillé/e
ratzah [lirtzot]	רצה [לרצות]	9	il voulait [vouloir]
rav (m.)	רב	46	rabbin
razah [lirzot]	רזה [לירזות]	53	il maigrissait [maigrir]
razèh (m.), razah (f.)	רזה, רזה	53	mince (maigre)
rèfouah (f.)	רפואה	40	médecine
règa' (m.)	רגע	73	instant
règèl (f.)	רגל	29, 85	jambe, pied
rèhov (m.)	רחוב	51	rue
rèihan	ריחן	76	basilic
rètzou'ah (f.)	רצועה	76	lanière
rishmi (m.), rishmit (f.)	רשמי, רשמית	48	officiel/le
rofè (m.), rofah (f.)	רופא, רופאה	51	médecin
rofè shinayim	רופא שיניים	80	dentiste
ron	רון	54	joie
rosh (m.)	ראש	24	tête
rotèv (m.)	רוטב	76	sauce
rousit (f.)	רוסית	8	russe (langue)
Rousyah (f.)	רוסיה	8	Russie

S

saba	סבא	30	grand-père
sababah	סבאבה	85	merveilleux (super)
safar [lispor]	ספר [לספור]	47	il comptait [compter]

sal	סל	19	panier
salat (m.)	סלט	27	salade
samakh [lismokh]	סמך [לסמוך]	73	il s'appuyait [s'appuyer]
samikh (m.), smikhah (f.)	סמיך, סמיכה	79	épais/se
sapah (f.)	ספה	38	canapé
saqran (m.), saqranit (f.)	סקרן, סקרנית	83	curieux/-se
sav<u>i</u>v	סביב	66	autour
sa<u>v</u>ta	סבתא	30	grand-mère
sèdèr (m.)	סדר	17	ordre
sèfèr (m.)	ספר	37	livre
sèrèt (m.)	סרט	65	film
sfaradi (m.), sfaradiyah (f.)	ספרדי, ספרדיה	82	espagnol/e (séfarade)
sibah (f.)	סיבה	34	raison
sidèr [lèsadèr]	סדר [לסדר]	17	il rangeait [ranger]
sidour (m.)	סדור	53	organisation
si<u>h</u>rèr [lèsa<u>h</u>rèr]	סחרר [לסחרר]	73	il étourdissait [étourdir]
simèl [lèsamèl]	סמל [לסמל]	72	il symbolisait [symboliser]
sipour (m.)	ספור	73	histoire (à raconter)
sleng	סלנג	85	argot
sli<u>h</u>ah (f.)	סליחה	23	pardon
sof (m.)	סוף	20	fin
Sof shavou'a	סוף שבוע	20	week-end
sof sof	סוף סוף	20	enfin
sokhnout (f.)	סוכנות	53	agence
soukar (m.)	סוכר	11	sucre
soukrazit (f.)	סוכרזית	11	sucrette
sportivi (m.), sportiv<u>i</u>t (f.)	ספורטיבי, ספורטיבית	19	sportif/-ve
s<u>v</u>ivah (f.)	סביבה	82	environnement (environ)

<u>S</u>

<u>s</u>adèh (m.)	שדה	23	champ
<u>s</u>afah (f.)	שפה	58	lèvre, langue
<u>s</u>a<u>h</u>ah [li<u>sh</u>ot]	שחה [לשחות]	15	il nageait [nager]
<u>s</u>a<u>h</u>qan (m.), <u>s</u>a<u>h</u>qanit (f.)	שחקן שחקנית	73	joueur/-euse
<u>s</u>akhar [liskor]	שכר [לשכור]	39	il louait (location) [louer]
<u>s</u>amèa<u>h</u> (m.), <u>s</u>mè<u>h</u>ah (f.)	שמח, שמחה	85	joyeux/-euse
<u>s</u>aqit (f.)	שקית	79	sachet
<u>s</u>atan (m.)	שטן	80	diable

sdèh tè'oufah *(m.)*	שדה תעופה	23	aéroport
siah *(m.)*	שיח	73	conversation
sihèq [lèsahèq]	שחק [לשחק]	19	il jouait [jouer]
simlah *(f.)*	שמלה	16	robe
smali, smalit	שמאלי	51	gauche *(adj.)*
smol *(m.)*	שמאל	51, 82	gauche
smol *(m.)*	שמאל	56	gauche *(adv.)*
smol *(m.)*	שמאל	82	gauche *(adv.)*
smolah	שמאלה	51	vers la gauche

SH

sha'ah *(f.)*	שעה	33	heure
shaal [lishol]	שאל [לשאול]	43	il interrogeait [interroger]
shatah [lishtoah]	שטח [לשטוח]	79	il étalait [étaler]
sha'ar *(m. sing.)*, shè'arim *(m. pl.)*	שער, שערים	85	portail/s
shabat *(f.)*	שבת	8	samedi, sabbat
shahmat *(m.)*	שחמט	62	échec (le jeu)
shahor *(m.)*, shhorah *(f.)*	שחור, שחורה	64	noir/e
shakhèn *(m.)*, shkhènah *(f.)*	שכן, שכנה	37	voisin/e
shalah [lishloah]	שלח [לשלוח]	54	il envoyait [envoyer]
shalèm *(m.)*, shlèmah *(f.)*	שלם, שלמה	72	complet/-ète (parfait/e)
shalom *(m.)*	שלום	2	paix, bonjour
shalvah *(f.)*	שלוה	71, 83	calme, sérénité
sham	שם	15	là-bas
shama' [lishmo'a]	שמע [לשמוע]	6	il écoutait [écouter]
shamayim *(m. pl.)*	שמים	58	cieux
shanah *(f.)*	שנה	30	année
shany *(m.)*	שני	61	écarlate
shaqèt *(m.)*, shqètah *(f.)*	שקט, שקטה	73	tranquille (calme)
shar [lashir]	שר [לשיר]	65	il chantait [chanter]
shatah [lishtot]	שתה [לשתות]	4	il buvait [boire]
shavar [lishbor]	שבר [לשבור]	31	il cassait [casser]
shavat [lishbot]	שבת [לשבות]	33	il faisait la grève [faire la grève]
shavèh *(m.)*, shavah *(f.)*	שוה, שוה	69	égal/e
shavou'a *(m.)*	שבוע	20	semaine
shèèlah *(f.)*	שאלה	45	question
shèfa' *(f.)*	שפע	60	abondance
shèkhounah	שכונה	73	quartier
shèl	של	8	de
shèm *(m.)*	שם	58	nom
shèn *(f.)*	שן	55	dent

shèqèl *(m.)*	שקל	45	shèqèl
shèroutim *(m. pl.)*	שרותים	83	toilettes
shèvouon *(m.)*	שבועון	52	hebdomadaire
shgiah *(f.)*	שגיאה	85	faute
shidrèg [lèshadrèg]	שדרג [לשדרג]	83	il montait en grade [monter en grade]
shihrèr [lèshahrèr]	שחרר [לשחרר]	66	il libérait [libérer]
shir *(m.)*	שיר	61	chanson
shirah *(f.)*	שירה	60, 61	chant, poème
shitah *(f.)*	שיטה	82	méthode
shkhounati *(m.)*, shkhounatit *(f.)*	שכונתי, שכונתית	73	relatif au quartier d'habitation
shlish *(m.)*	שליש	55	tiers
shmourah *(f.)*	שמורה	83	réserve (d'animaux)
shmourat tèva' *(f.)*	שמורת טבע	83	réserve naturelle
shniyah *(f.)*	שניה	81	seconde *(temps)*
shoqolad *(m.)*	שוקולד	10	chocolat
shorèsh *(m.)*	שורש	71	racine
shotèr *(m.)*, shotèrèt *(f.)*	שוטר, שוטרת	66	policier
shou'al *(m.)*	שועל	66	renard
shoulhan *(m.)*	שולחן	17	table
shoum *(m.)*	שום	55	ail
shoutaf *(m.)*, shoutafah *(f.)*	שותף, שותפה	85	partenaire
shouv	שוב	31	de nouveau *(adv.)*
shpitz *(m. fam.)*	שפיץ	73	pointe (en tête)
shtout *(m.)*	שטות	47	bêtise
shvil *(m.)*	שביל	83	sentier
shvitah *(f.)*	שביתה	33	grève

T

ta'ah [lit'ot]	טעה [לטעות]	50	il se trompait [se tromper, avoir tort]
ta'am	טעם	76	goût
taba'at *(f.)*	טבעת	45	bague
ta'im *(m.)*, tè'imah *(f.)*	טעים, טעימה	36	délicieux/-ieuse
tal *(m.)*	טל	61	rosée
taraf [litrof]	טרף [לטרוף]	69	il dévorait [dévorer]
tari *(m.)*, triyah *(f.)*	טרי, טריה	76	frais/fraîche
tas [latous]	טס [לטוס]	23	il volait (par avion) [voler (par avion)]
tèkhniyon *(m.)*	טכניון	40	Technion (école d'ingénieurs)
tèva' *(m.)*	טבע	83	nature
thinah *(f.)*	טחינה	27, 55	pâte de sésame (thinah)

tisah (f.)	טיסה	23	vol (avion)
tiyèl [lètayèl]	טייל [לטייל]	83	il se promenait [se promener]
tourqi (m.), tourqit (f.)	טורקי, טורקית	11	turc/turque
tov (m.), tovah (f.)	טוב, טובה	1	bon/bonne

T

taarikh (m.)	תאריך	83	date
ta'arovèt (f.)	תערובת	79	mélange
tafas [litpos]	תפס [לתפוס]	83	il attrapait [attraper]
tafrit (m.)	תפריט	68	menu
tahanah (f.)	תחנה	50	station (gare)
tahtit (f.)	תחתית	73	bas (fond)
talmid (m.), talmidah (f.)	תלמיד, תלמידה	46	élève (nom)
tamid	תמיד	36	toujours
tamrour (m.)	תמרור	51	signal(isation)
Tanakh (m.)	תנך	57	Bible
tanakhi (m.), tanakhit (f.)	תנכי, תנכית	57	biblique
tanour (m.)	תנור	79	four
tapouah	תפוח	11	pomme
tapouz (m.)	תפוז	11	orange (fruit)
tarmilay (m.), tarmilait (f.)	תרמילאי, תרמילאית	26	routard
tashbètz (m.)	תשבץ	62	mots croisés (jeu)
tashhètz (m.)	תשחץ	62	mots fléchés (jeu)
tayar (m.), tayèrèt (f.)	תייר, תיירת	39	touriste
tayarout (f.)	תירות	53	tourisme
tèavon (m.)	תאבון	55	appétit
tèh (m.)	תה	4	thé
tè'oudah (f.)	תעודה	72	diplôme, document
tè'oufah (f.)	תעופה	23	aviation
tèvah (f.)	תבה	71	boîte (coffre)
tfilah	תפילה	16	prière
Tikhon (m.)	תיכון	53	Méditerranée
tinoq (m.), tinoqèt (f.)	תינוק, תינוקת	61	bébé
tiqèn [lètaqèn]	תקן [לתקן]	68	il réparait [réparer]
tirgèl [lètargèl]	תירגל [לתרגל]	85	il exerçait [exercer]
tmounah (f.)	תמונה	23	photo (tableau)
todah (f.)	תודה	4	merci
torèn (m.)	תורן	80	mât
tout (m.)	תות	79	fraise
tqoufah (f.)	תקופה	44	époque
troufah (f.)	תרופה	71	médicament
tshouvah (f.)	תשובה	54	réponse

TZ

tzad (m.)	צד	85	côté
tzad [latzoud]	צד [לצוד]	69	il chassait [chasser]
tzag (m.)	צג	81	écran (ordinateur, téléphone)
tzahaq [litzhoq]	צחק [לצחוק]	51	il riait [rire]
tza'ir (m.), tzè'irah (f.)	צעיר, צעירה	30	jeune
tzalam (m.), tzalèmèt (f.)	צלם, צלמת	25	photographe
tzamèrèt	צמרת	75	sommet
tzar (m.), tzarah (f.)	צר, צרה	80	étroit/e
tzarikh (m.), tzrikhah (f.)	צריך, צריכה	25	[il, elle] a besoin de...
tzava (m.)	צבא	26	armée
tzavta (m.)	צוותא	60	ensemble (nom)
tzayid (m.)	ציד	69	chasse
tzèdèq (m.)	צדק	69	justice
tzèla' (f.)	צלע	47	côte (du corps)
tzèva' (m.)	צבע	64	couleur
tzèvèt (m.)	צות	81	équipe
tzibour (m.)	ציבור	60	public (nom)
tzibouri (m.), tzibourit (f.)	ציבורי, ציבורית	66	public/-que
tziloum (m.)	צלום	25	photographie
tziltzèl [lètzaltzèl]	צלצל [לצלצל]	45	il sonnait [sonner]
tzilèm [lètzalèm]	צלם [לצלם]	25	il photographiait [photographier]
tzimouq (m.)	צמוק	79	raisin sec
tziv'oni (m.), tziv'onit (f.)	צבעוני, צבעונית	65	multicolore (coloré)
tziyèr [lètzayèr]	ציר [לציר]	78	il dessinait, il peignait [dessiner, peindre]
tzlll (m.)	צליל	61	sonnerie, sonorité
tzodèq (m.), tzodèqèt (f.)	צודק, צודקת	69	juste, [il, elle] a raison
tzohorayim (m. pl.)	צהרים	62	midi (zénith)
tzolèlèt (f.)	צוללת	39	sous-marin
tzourah (f.)	צורה	72	forme (visuel)

V

vanil	וניל	79	vanille
vatiq (m.), vatiqah (f.)	ותיק, ותיקה	82	ancien/ne
vè...	ו	8	et
vidéo	וידאו	19	vidéo

Y

yad (f.)	יד	73	main

hamèsh mèot shishim oushtayim • 562

yada' [lada'at]	ידע [לדעת]	41	il savait [savoir]
yadou'a	ידוע	74	connu/su
yafèh (m.), yafah (f.)	יפה, יפה	16	beau/belle
yaḥad	יחד	60	ensemble (adv.)
yahalom (m.)	יהלום	45	diamant
yaḥas	יחס	36	relation
yaḥid (m.), yèḥidah (f.)	יחיד, יחידה	47	unique
ya'il (m.), yè'ilah (f.)	יעיל, יעילה	73	efficace
ya'il [lèho'il]	יעיל [להועיל]	78	il était utile, efficace [être utile, efficace]
yakhol (m.), yèkholah (f.)	יכול, יכולה	59	[il, elle] peut
yam (m.)	ים	15	mer
yamin	ימין	56	droite (adv.)
yamin	ימין	78	droite (nom)
yaminah	ימינה	51,78	vers la droite (adv.)
yaqar (m.), yèqarah (f.)	יקר, יקרה	38	cher/chère
yarad [larèdèt]	ירד [לרדת]	78, 85	il descendait [descendre]
Yardèn (m.)	ירדן	50	Jourdain
yarḥon (m.)	ירחון	52	mensuel (nom)
yaroq (m.), yèrouqah (f.)	ירוק, ירוקה	64	vert/e
yashan [lishon]	ישן [לישון]	46	il dormait [dormir]
yashan, yèshanah	ישן, ישנה	82	ancien/-ne (vieux/vieille)
yashav [lashèvèt]	ישב [לשבת]	38	il s'asseyait [s'asseoir]
yashir	ישיר	53	direct, tout droit (adv.)
yashir (m.), yèshirah (f.)	ישיר, ישירה	82	direct/e
yashvan (m.)	ישבן	78	fesse (derrière)
yatza [latzèt]	יצא [לצאת]	67	il sortait [sortir]
yatzar [lèyatzèr]	יצר [ליצר]	71	il créait [créer]
yèdidout (f.)	ידידות	85	amicalement
ye'ilout	יעילות	78	efficacité
yèlèd (m.), yaldah (f.)	ילד, ילדה	25	enfant
yèmani, yèmanit (adj.)	ימני, ימנית	56, 78	droit/e (adj.)
yèrèq (m.)	ירק	76	légume
Yèroushalayim	ירושלים	23	Jérusalem
yèsh	יש	10	il y a
yèshivah (f.)	ישיבה	67, 78	école talmudique, réunion de travail ; position assise
yètziah (f.)	יציאה	34	sortie
yèvani (m.), yèvanit (f.)	יוני, יונית	44	grec/grecque

yitaron (m.)	יתרון	81	avantage
yofi !	יופי!	38, 61	beauté, chouette !
yom (m.)	יוֹם	24	jour
yovèl (m.)	יובל	34	jubilé

Z

zahav (m.)	זהב	34	or (métal)
zakhar [lizkor]	זכר [לזכור]	67	il se souvenait [se souvenir]
zaqouf (m.), zèqoufah (f.)	זקוף, זקופה	78	droit/e (adj.)
zayit	זית	76	olive
zaz [lazouz]	זז [לזוז]	68	il bougeait [bouger]
zèh (m.)	זה	17	ce/celui
zèhout (f.)	זהות	82	identité
zèkhoukhit (f.)	זכוכית	39	verre (matière)
zinèq [lèzanèq]	זנק [לזנק]	73	il bondissait [bondir]
zman (m.)	זמן	81	temps
zol (m.), zolah (f.)	זול, זולה	38	bon marché
zot (f.)	זאת	17	cette/celle
zoug (m.)	זוג	60	couple

'

'ad	עד	26	jusqu'à
'adi (m.)	עדי	54, 61	bijou
'adinout	עדינות	79	délicatesse
'akhbar (m.)	עכבר	81	souris
'akhshav	עכשו	50	maintenant
'akhshavi (m.), 'akhshavit (f.)	עכשוי, עכשוית	71	actuel/le
'al	עַל	20	sur (prép.)
'alah [la'alot]	עלה [לעלות]	67	Il montait [monter]
'aliyah (f.)	עלייה	79	montée
'am (m.)	עם	59	peuple
'amad [la'amod]	עמד [לעמוד]	78	il était debout [tenir debout]
'anah [la'anot]	ענה [לענות]	43	il répondait [répondre]
'anivah (f.)	עניבה	48	cravate
'aqèv (m.)	עקב	73	talon
'aravi (m.), 'aravit (f.)	ערבי, ערבית	82	arabe (adj.)
'asah [la'asot]	עשה [לעשות]	37	il faisait [faire]
'ashir (m.), 'ashirah (f.)	עשיר, עשירה	45	riche
'atid (m.)	עתיד	57	avenir (futur)
'atiq (m.), 'atiqah (f.)	עתיק, עתיקה	38	antique
'atzar [la'atzor]	עצר [לעצור]	83	il arrêtait [arrêter]

'atzmo *(m.)*, 'atzmah *(f.)*	עצמו, עצמה	67, 70	lui-même, elle-même
'atzor ! *(m.)*	!עצור	51	stop ! (halte !)
'atzouv *(m.)*, 'atzouvah *(f.)*	עצוב, עצובה	85	triste
'avad [la'avod]	עבד [לעבוד]	24	il travaillait [travailler]
'avar [la'avor]	עבר [לעבור]	37	il passait [passer]
'avodah *(f.)*	עבודה	37	travail
'ayèf *(m.)*, 'ayèfah *(f.)*	עייף, עיפה	12	fatigué/e
'ayin *(f.)*	עין	38	œil
'azar [la'azor]	עזר [לעזר]	22	il aidait [aider]
'èdèn *(m.)*	עדן	61	délice
'èinayim *(plur.)*	עיניים	38, 73	yeux
'èrèv *(m.)*	ערב	10	soir
'èsèq *(m.)*	עסק	59	affaire (business)
'ètz *(m.)*	עץ	83	bois (matière)/arbre
'im	עם	18	avec, en compagnie de…
'iqar *(m.)*, 'iqarit *(f.)*	עיקר, עיקרית	65	principal/e (essentiel/le)
'ir *(f.)*	עיר	58	ville
'irbèv [lè'arbèv]	ערבב [לערבב]	79	il mélangeait [mélanger]
'isqah *(f.)*	עסקה	83	affaire (offre)
'iton *(m.)*	עתון	52	journal
'ivèr *(m.)*, ivèret *(f.)*	עיור, עיורת	80	aveugle
'ivrit *(f.)*	עברית	5	hébreu (langue)
'od	עוד	27, 32	encore
'od lo	עוד לא	32	pas encore
'olam	עולם	47	monde (univers)
'olèh hadash	עולה חדש	82	nouvel immigrant
'oqètz *(m.)*	עוקץ	80	dard
'otèq *(m.)*	עותק	81	copie
'ougah *(f.)*	עוגה	10	gâteau
'ozèr *(m.)*	עוזר	22	aide

Français - Transcription - hébreu

La traduction en hébreu des verbes se présente sous la forme que vous trouverez dans un dictionnaire, c'est-à-dire la 3ᵉ personne du masculin singulier du passé, mais nous vous donnons également l'infinitif entre crochets.

A

abeille	dvorah (f.)	דבורה	80
abîmé/e (en panne)	mèqoulqal (m.), mèqoulqèlèt (f.)	מקולקל, מקולקלת	68
abondance	shèfa' (f.)	שפע	60
abonné/e	manouy (m.), mènouyah (f.)	מנוי, מנויה	52
achat (course)	qniyah (f.)	קניה	12
acheter	qanah [liqnot]	קנה [לקנות]	12
actuel/le	'akhshavi (m.), 'akhshavit (f.)	עכשוי, עכשוית	71
adresse (postale)	ktovèt (f.)	כתובת	22
adulte	mèvougar (m.), mèvougèrèt (f.)	מבוגר, מבוגרת	65
aéroport	sdèh tè'oufah (m.)	שדה תעופה	23
affaire/s (business)	'èsèq (m.)	עסק	59
affaire (offre)	'isqah (f.)	עסקה	83
âge	gil (m.)	גיל	30
agence	sokhnout (f.)	סוכנות	53
agréable	na'im (m.), nè'imah (f.)	נעים, נעימה	26
aider	'azar [la'azor]	עזר [לעזור]	22
ail	shoum (m.)	שום	55
aimer	ahav [lèèhov]	אהב [לאהוב]	31
ainsi	kakhah	ככה	3
ainsi	kakh	כך	67
air	avir (m.)	אויר	68
air conditionné (climatisation)	mizoug avir (m.)	מזוג אויר	68
ajouter	hosif [lèhosif]	הוסיף [להוסיף]	55
aller, marcher	halakh [lalèkhèt]	הלך [ללכת]	18
alliance	brit (f.)	ברית	30
alors	az	אז	15
alors	nou	נו	22
amateur/-rice	hovèv (m.), hovèvèt (f.)	חובב, חובבת	25
âme	nèshamah (f.)	נשמה	46

ami/e (camarade)	havèr (m.), havèrah (f.)	חבר, חברה	20
amicalement	yèdidout (f.)	ידידות	85
amour	ahavah (f.)	אהבה	27
amusant/e, drôle	matzhiq (m.), matzhiqah (f.)	מצחיק, מצחיקה	65
ancien/ne	vatiq (m.), vatiqah (f.)	ותיק, ותיקה	82
ancien/ne (antique)	qadoum (m.), qdoumah (f.)	קדום, קדומה	72
ancien/ne (vieux/vieille)	yashan, yèshanah	ישן, ישנה	82
ange	malakh (m.)	מלאך	46
animal	hayah (f.)	חיה	69
année	shanah (f.)	שנה	30
annonce (écrite)	moda'ah (f.)	מודעה	60
annoncer	hodi'a [lèhodi'a]	הודיע [להודיע]	53
annuler	bitèl [lèvatel]	ביטל [לבטל]	52
antique	'atiq (m.), 'atiqah (f.)	עתיק, עתיקה	38
apparaître	hofi'a [lèhofi'a]	הופיע [להופיע]	81
appareil photo	matzlèmah (f.)	מצלמה	25
appartement	dirah (f.)	דירה	37
appétit	tèavon (m.)	תאבון	55
appréciation, estimation	ha'arakhah (f.)	הערכה	73
appuyer (s'~)	samakh [lismokh]	סמך [לסמוך]	73
après	aharèy	אחרי	26
après ceci	ahar-kakh	אחר-כך	69
arabe (adj.)	'aravi (m.), 'aravit (f.)	ערבי, ערבית	82
argent	kèsèf (m.)	כסף	32
argot	sleng	סלנג	85
armée	tzava (m.)	צבא	26
arrêter	'atzar [la'atzor]	עצר [לעצור]	83
arriver	higi'a [lèhagi'a]	הגיע [להגיע]	50, 72
asseoir	yashav [lashèvèt]	ישב [לשבת]	38
assemblée nationale	knèsèt (f.)	כנסת	48
assez, ça suffit	day	די	81
assez	maspiq	מספיק	39
assiduité	hatmadah (f.)	התמדה	78
Athènes	Atounah (f.)	אתונה	44
attaché/e	qashour (m.), qshourah (f.)	קשור, קשורה	75
attraper	tafas [litpos]	תפס [לתפוס]	83
au revoir	lèhitraot	להתראות	6
aussi	gam	גם	11
autour	saviv	סביב	66
autre	ahèr (m.), ahèrèt (f.)	אחר, אחרת	47
autrefois, fois	pa'am (f.)	פעם	58
avant	lifnèy	לפני	26
avantage	yitaron (m.)	יתרון	81

567 • hamèsh mèot shishim vashèva'

avec, en compagnie de...	'im	עם	18
avenir (futur)	'atid *(m.)*	עתיד	57
aventure	harpatqah *(f.)*	הרפתקה	85
aveugle	'ivèr *(m.)*, ivèret *(f.)*	עיוור, עיורת	80
aviation	tè'oufah *(f.)*	תעופה	23
avis, opinion	dè'ah *(f.)*	דעה	71
avocat (fruit)	avoqado *(m.)*	אבוקדו	51
avoir du plaisir	nèhènèh [lèhanot]	נהנה [להנות]	81

B

bague	taba'at *(f.)*	טבעת	45
baignoire	ambatyah *(f.)*	אמבטיה	83
balance (mesure)	mishqal *(m.)*	משקל	53
balcon (terrasse)	mirpèsèt *(f.)*	מרפסת	39
balle	kadour	כדור	19
bar mitzvah, bat mitzvah	bar-mitsvah *(m.)*, bat-mitsvah *(f.)*	בר מצוה, בת מצוה	16
bas, fond	tahtit *(f.)*	תחתית	73
base (de ~)	bèsisi *(m.)*, bèsisit *(f.)*	בסיסי, בסיסית	79
basilic	rèihan	ריחן	76
basket-ball	kadoursal *(m.)*	כדורסל	19
bateau	oniyah *(f.)*	אוניה	34
beau garçon/belle fille	hatikh *(m.)*, hatikhah *(f.)*	חתיך, חתיכה	15
beau-père	ham	חם	36
beau/belle	yafèh *(m.)*, yafah *(f.)*	יפה, יפה	16
beaucoup	rabah	רבה	24
beaucoup	harbèh	הרבה	27
beauté	yofi !	יופי!	38, 61
beauté	noy *(m.)*	נוי	61
bébé	tinoq *(m.)*, tinoqèt *(f.)*	תינוק, תינוקת	61
belle-mère	hamot	חמות	36
bénir, féliciter	bèrèkh [lèvarèkh]	ברך [לברך]	57
besoin de... ([il, elle] a ~)	tzarikh *(m.)*, tzrikhah *(f.)*	צריך, צריכה	25
bêtise	shtout *(m.)*	שטות	47
beurre	hèmah *(f.)*	חמאה	79
Bible	Tanakh *(m.)*	תנ"ך	57
biblique	tanakhi *(m.)*, tanakhit *(f.)*	תנכי, תנכית	57
bien que...	lamrot shè...	למרות ש...	65
bientôt ! (à ~)	lèhishtamè'a !	להשתמע!	74
bientôt	bèqarov	בקרוב	16, 23
bière	birah *(f.)*	בירה	4
bijou	'adi *(m.)*	עדי	61
bilingue	dou-lèshoni *(m.)*	דו-לשוני	62

hamèsh mèot shishim oushmonèh • 568

bijou	'adi (m.)	עדי	61
bilingue	dou-lèshoni (m.)	דו-לשוני	62
billet (ticket)	kartis (m.)	כרטיס	26
blague (farce)	bdihah (f.)	בדיחה	44
blanc d'œuf	hèlbon (m.)	חלבון	79
blanc/he	lavan (m.), lèvanah (f.)	לבן, לבנה	64
bleu/e	kahol (m.), khoulah (f.)	כחול, כחולה	64
boire	shatah [lishtot]	שתה [לשתות]	4
bois (matière) / arbre	'ètz (m.)	עץ	83
bon appétit !	bètèavon !	בתאבון!	55
bon à rien, raté	lo-youtzlah	לא יוצלח	74
bon marché	zol (m.), zolah (f.)	זול, זולה	38
bon/ne	tov (m.), tovah (f.)	טוב, טובה	1
bondir	zinèq [lèzanèq]	זנק [לזנק]	73
bonjour	shalom (m.)	שלום	2
« bonne poire » (expr.)	frayèr (m.), frayèrit (f.)	פראיר, פראירית	73
botte	magaf (m.)	מגף	64
bouche	pèh (m.)	פה	73, 80
boue	botz (m.)	בוץ	11
bouger	zaz [lazouz]	זז [לזוז]	68
bouleversement	mahapakh (m.)	מהפך	73
boute-en-train	hèvrèman (m.), hèvrèmanit (f.)	חברמן, חברמנית	29
boîte, coffre	tèvah (f.)	תבה	71
brut/e	golmi (m.), golmit (f.)	גולמי, גולמית	55
bureau (local)	misrad (m.)	משרד	53

C

c'est pourquoi...	lakhèn...	לכן...	65
c'est-à-dire	klomar	כלומר	78
cadeau	matanah (f.)	מתנה	32
café	qafèh (m.)	קפה	10
cafétéria	cafètèryah (f.)	קפטריה	11
caisse	qoupah (f.)	קופה	31
calme (sérénité)	shalvah (f.)	שלוה	83
canapé	sapah (f.)	ספה	38
captivant/e	mèrateq (m.), mèrateqèt (f.)	מרתק, מרתקת	85
caramel	qaramèl (m.)	קרמל	51
caresser	litèf [lèlatèf]	ליטף [ללטף]	47
carotte	gèzèr (f.)	גזר	76
carte (à jouer)	qlaf (m.)	קלף	66
casse-pieds	noudniq (m.), noudniqit	נודניק, נודניקית	29
casser	shavar [lishbor]	שבר [לשבור]	31

centre	mèrkaz (m.)	מרכז	51
centre commercial	qanyon (m.)	קניון	12
centre ville	mèrkaz ha'ir	מרכז העיר	58
ces/ceux/celles	èlèh (m./f.)	אלה	17
celle/cette	zot (f.)	זאת	17
chaise	kisè (m.)	כסא	17
chalet	biqtah (f.)	בקתה	83
chaleur (fièvre)	hom (m.)	חום	43
chaleureux/-se	hamim (m.), hamimah (f.)	חמים, חמימה	36
chambre (salle)	hèdèr (m.)	חדר	17
chambre à coucher	hadar-shèinah (f.)	חדר שינה	83
champ	sadèh (m.)	שדה	23
champion/ne	alouf (m.), aloufah (f.)	אלוף, אלופה	71
chance	mazal (m.)	מזל	16
chance, occasion	hizdamnout (f.)	הזדמנות	73
chanson	shir (m.)	שיר	61
chant (poème)	shirah (f.)	שירה	60
chanter	shar [lashir]	שר [לשיר]	65
chasse	tzayid (m.)	ציד	69
chasser	tzad [latzoud]	צד [לצוד]	69
chaud/e	ham (m.), hamah (f.)	חם, חמה	27
chaussette	gèrèv (f.)	גרב	64
chaussettes	garbayim	גרב	64
chaussure	na'al (f.)	נעל	64
chemin	dèrèkh (f.)	דרך	50
cheminée	aroubah (f.)	ארובה	67
cheminée (âtre)	ah (m.)	אח	83
chemise	houltzah (f.)	חולצה	64
chèque	hamhaah (f.)	המחאה	32
cher/chère	yaqar (m.), yèqarah (f.)	יקר, יקרה	38
chercher	hipes [lèhapès]	חיפש [לחפש]	50
chez soi	habaytah	הביתה	40
chez	ètzèl	אצל	77
chocolat	shoqolad (m.)	שוקולד	10
choisir	bahar [livhor]	בחר [לבחור]	82
choix	bhirah (f.)	בחירה	82
choix	mivhar (m.)	מבחר	82
chouette !	yofi !	!יופי	38, 61
cieux	shamayim (m. pl.)	שמים	58
cinéma	qolno'a (m.)	קולנוע	31
circoncision	brit milah (f.)	ברית מילה	30
circoncision	milah (f.)	מילה	30
cirque	qirqas (m.)	קירקס	65
citoyen/ne	èzrah (m.), èzrahit (f.)	אזרח, אזרחית	82

citron	limon *(m.)*	לימון	55
classe préparatoire	mèkhinah *(f.)*	מכינה	54
classique	qlasi *(m.)*, qlasit *(f.)*	קלסי, קלסית	82
clavier	miqlédét	מקלדת	81
climat (temps)	mèzèg avir *(m.)*	מזג אוויר	68
climatisation	mizoug avir *(m.)*	מזוג אוויר	68
climatiseur	mazgan *(m.)*	מזגן	68
clown	lèitzan *(m.)*, leitzanit *(f.)*	ליצן	65
club	mo'adon *(m.)*	מועדון	60
cœur	lèv *(m.)*	לב	31
coin	pinah *(f.)*	פינה	83
colère	ka'as *(m.)*	כעס	80
collègue, petit/e ami/e	havèr *(m.)*, havèrah *(f.)*	חבר, חברה	49
combien (quelques)	kamah ?	כמה?	23
comédie	qomèdyah *(f.)*	קומדיה	31
commandement	mitzvah *(f.)*	מצווה	16
comme	kmo	כמו	18
comme-ci comme ça	kakhah kakhah	ככה ככה	3
commencement	hathalah *(f.)*	התחלה	78, 85
comment ?	èikh ?	איך?	36
complet/-ète (parfait/e)	shalèm *(m.)*, shlèmah *(f.)*	שלם, שלמה	72
complet/-ète (plein/e)	malè *(m.)*, mèlèah *(f.)*	מלא, מלאה	60
complémentaire	nosaf *(m.)*, nosèfèt	נוסף, נוספת	60
compléter	hidpis [lèhadpis]	הדפיס [להדפיס]	81
comprendre	hévin [lèhavin]	הבין [להבין]	16
comptant (paiement)	mèzouman *(m.)*	מזומן	32
compter	safar [lispor]	ספר [לספור]	47
compter	manah [limnot]	מנה [למנות]	82
concentrer	hitrakèz [lèhitrakèz]	התרכז [להתרכז]	78
concept	mousag *(m.)*	מושג	81
conducteur/-trice	nèhag *(m.)*, nahègèt *(f.)*	נהג, נהגת	46
conduire	nahag [linhog]	נהג [לנהוג]	46
confortable	noah *(m.)*, nohah *(f.)*	נוח, נוחה	83
congé, vacances	houfshah *(f.)*	חופשה	83
congrès	kènès *(m.)*	כנס	44
connaître	hikir [lèhakir]	היכיר [להכיר]	34
connu/su	yadou'a	ידוע	74
conscience	matzpoun *(m.)*	מצפון	82
construction	miynèh *(m.)*	מבנה	72
construire	banah [livnot]	בנה [לבנות]	58
contact/s	qèshèr *(m. sing.)*, qsharim *(m. pl.)*	קשר, קשרים	85
continuité (dans la ~)	mèshèkh *(m.)*	משך	62
conversation	siah *(m.)*	שיח	73

copie	'oṯèq (m.)	עותק	81
corps	gouf (m.)	גוף	43, 78
côte (du corps)	tzèla' (f.)	צלע	47
côté	tzad (m.)	צד	85
couleur	tzèva' (m.)	צבע	64
coupe (pour boire)	gavi'a (m.)	גביע	73
couple	zoug (m.)	זוג	60
courage	omètz (m.)	אומץ	54
court/e	qatzar (m.), qtzarah (f.)	קצר, קצרה	43
couvercle	mikhsèh (m.)	מכסה	72
cravate	'anivah (f.)	עניבה	48
création	briah	בריאה	76
créature	briyah (f.)	בריה	76
créer (fabriquer)	yitzèr [lèyatzèr]	יצר [ליצר]	71
crème	qrèm	קרם	51
crème chantilly	qatzèfèt (f.)	קצפת	79
cube	qoubiyah	קוביה	76
cuiller (grande ~)	kaf (f.)	כף	55
cuiller (petite ~)	kapit (f.)	כפית	55
cuire au four	afah [lèèfot]	אפה [לאפות]	79
cuisine	mitbaḥ (m.)	מטבח	39
cuisson au four	afiyah (f.)	אפיה	79
curieux/-se	saqran (m.), saqranit (f.)	סקרן, סקרנית	83

D

d'où ?	mèayin ?	?מאין	15
dame	gvèrèt	גברת	52
dans	bè	ב	11
dans (+ temps, période)	bè'od	בעוד	27
dans le/la/les	ba	ב	11
dard	'oqètz (m.)	עוקץ	80
date	taarikh (m.)	תאריך	83
de	shèl	של	8
de, hors de	mè	מ	8
débutant/e	mat ḥil (m.), mat ḥilah (f.)	מתחיל, מתחילה	85
décider	hiḥlit [lèhaḥlit]	החליט [להחליט]	82
degré (niveau)	dargah (f.)	דרגה	83
degré (vertu)	ma'alah (f.)	מעלה	79
déjà	kvar	כבר	27
délice	'èdèn (m.)	עדן	61
délicatesse	'adinout (f.)	עדינות	79
délicieux/-se	ta'im (m.), tè'imah (f.)	טעים, טעימה	36
demain	maḥar	מחר	33
demander	biqèsh [lèvaqèsh]	בקש [לבקש]	52

demi (moitié)	hètzi	חֲצִי	53
dent	shèn (f.)	שֵׁן	55
dentiste	rofè shinayim	רוֹפֵא שִׁינַיִים	80
dernier/-ière (nouveauté)	hadish (m.), hadishah (f.)	חָדִישׁ, חֲדִישָׁה	38
dernier/-ière	aharon (m.), aharonah (f.)	אַחֲרוֹן, אַחֲרוֹנָה	45
descendre	yarad [larèdèt]	יָרַד [לָרֶדֶת]	78, 85
désert	midbar (m.)	מִדְבָּר	50
dessiner (peindre)	tziyèr [lètzayèr]	צִיֵּר [לְצַיֵּר]	78
désordonné/e	balaganist (m.), balaganistit (f.)	בָּלָגָנִיסְט, בָּלָגָנִיסְטִית	17
désordre	balagan (m.)	בָּלָגָן	17
détail	prat (m.)	פְּרָט	60
déterminé/e (certain/e)	mèsouyam (m.), mèsouyèmèt (f.)	מְסוּיָם, מְסוּיֶמֶת	83
devenir fou	hishtagè'a [lèhishtagè'a]	הִישְׁתַּגֵּעַ [לְהִישְׁתַּגֵּעַ]	41
dévorer	taraf [litrof]	טָרַף [לִטְרוֹף]	69
diable	satan (m.)	שָׂטָן	80
dialogue	dou-siah (m.)	דוּ-שִׂיחַ	73
diamant	yahalom (m.)	יַהֲלוֹם	45
dictionnaire	milon (m.)	מִילוֹן	71
Dieu	Èlohim (m.)	אֱלֹהִים	59
difficile (dur/e)	qashèh (m.), qashah	קָשֶׁה, קָשָׁה	67
diplôme, document	tè'oudah (f.)	תְּעוּדָה	72
dire	amar [lomar]	אָמַר [לוֹמַר]	30
dire	higid [lèhagid]	הִיגִּיד [לְהַגִּיד]	52
direct/e	yashir (m.), yèshirah (f.)	יָשִׁיר, יְשִׁירָה	82
direct, tout droit	yashir	יָשִׁיר	53
directeur/-trice	mènahèl (m.), mènahèlèt (f.)	מְנַהֵל, מְנַהֶלֶת	53
diriger	nihèl [lènahèl]	נִיהֵל [לְנַהֵל]	73
disparaître	nè'èlam [lèhè'alèm]	נֶעֱלַם [לְהֵעָלֵם]	82
disperser	nafotz [lafoutz]	נָפוֹץ [לָפוּץ]	59
disque	disq	דִיסְק	81
distance	mèrhaq (m.)	מֶרְחָק	83
diviser (partager)	hilèq [lèhalèq]	חִלֵּק [לְחַלֵּק]	69
divorcé/e	garoush (m.), groushah (f.)	גָּרוּשׁ, גְּרוּשָׁה	74
dommage (adv.)	haval	חֲבָל	6
donner	natan [latèt]	נָתַן [לָתֵת]	43
donnée (nom = information)	natoun (m.)	נָתוּן	81
dormir	yashan [lishon]	יָשַׁן [לִישׁוֹן]	46

dos	gav *(m.)*	גב	78
doux/douce	matoq *(m.)*, mètouqah *(f.)*	מתוק, מתוקה	79
droit *(adv.)*	Yamin	ימין	56
droite *(nom)*	Yamin	ימין	78
droit/e *(adj.)*	yèmani, yèmanit	ימני, ימנית	56, 78
droit/e	zaqouf *(m.)*, zèqoufah *(f.)*	זקוף, זקופה	78
droite (vers la ~) *(adv.)*	yaminah	ימינה	51, 78
dur/e (solide)	qashouah *(m.)*, qshouhah *(f.)*	קשוח, קשוחה	81
dynamique	nimratz *(m.)*, nimrètzèt	נימרץ, נימרצת	73

E

eau/x	mayim *(m. pl.)*	מים	27
écarlate	shany *(m.)*	שני	61
échec (le jeu)	shahmat *(m.)*	שחמט	62
échelon	dèrèg *(m.)*	דרג	83
échouer	nikhshal [lèhikashèl]	נכשל [להכשל]	54
école talmudique	yèshivah *(f.)*	ישיבה	67
école	bèit-sèfer *(m.)*	בית-ספר	37
écologique	èqologi *(m.)*, èqologit *(f.)*	אקולוגי, אקולוגית	71
écouter	shama' [lishmo'a]	שמע [לשמוע]	6
écran (ordinateur, téléphone)	tzag *(m.)*	צג	81
écrasé/e	ma'oukh *(m.)*, mè'oukhah *(f.)*	מעוך, מעוכה	55
écrire	katav [likhtov]	כתב [לכתוב]	22
écume (mousse)	qètzèf *(m.)*	קצף	79
efficace	ya'il *(m.)*, yè'ilah *(f.)*	יעיל, יעילה	73
efficacité	ye'ilout	יעילות	78
effort	maamatz *(m.)*	מאמץ	57
égal/e	shavèh *(m.)*, shavah *(f.)*	שווה, שווה	69
égoutté/e	mèsounan *(m.)*, mèsounènèt *(f.)*	מסונן, מסוננת	79
Égypte	Mitzrayim *(f.)*	מצרים	50
élargir	hitrahèv [lèhitrahèv]	התרחב [להתרחב]	43
électeur/-trice	bohèr *(m.)*, bohèrèt *(f.)*	בוחר, בוחרת	82
élections	bèhirot *(f.)*	בחירות	82
électronique	èlèqtroni *(m.)*, èlèqtronit *(f.)*	אלקטרוני, אלקטרונית	22
élève *(nom)*	talmid *(m.)*, talmidah *(f.)*	תלמיד, תלמידה	46
elle	hi	היא	8
elles	hèn	הן	13
embrouiller	balal [livlol]	בלל [לבלול]	59

en avant !	qadimah !	קדימה!	51
en bas	lèmatah	למטה	73
en face (adv.)	moul	מול	68
en l'honneur de...	likhvod	לכבוד	34
en ordre, d'accord	bèsèder	בסדר	6
en plus	bèyotèr	ביותר	32
encore	'od	עוד	32
enfant	yèlèd (m.), yaldah (f.)	ילד, ילדה	25
enfin	sof sof	סוף סוף	20
enregistrement sonore	qivtzèy qol	קבצי קול	81
enregistrer	hiqlit [lèhaqlit]	הקליט [להקליט]	81
ensemble (adv.)	yahad	יחד	60
ensemble (nom)	tzavta (m.)	צוותא	60
enthousiasmer	hitlahèv [lèhitlahèv]	התלהב [להתלהב]	65
entraîner	imèn [lèamèn]	אמן [לאמן]	79
entraîneur/-se	mèamèn (m.), mèamènèt (f.)	מאמן, מאמנת	71
entre temps	bèintayim	בינתיים	79
entre, parmi	bèin	בין	44
entrer	nikhnas [lèhikanès]	נכנס [להכנס]	46
entrée (seuil)	knisah (f.)	כניסה	72
environnement (environ)	svivah (f.)	סביבה	82
envoyer	shalah [lishloah]	שלח [לשלוח]	54
épais/se	samikh (m.), smikhah (f.)	סמיך, סמיכה	79
époque	tqoufah (f.)	תקופה	44
équipe	qvoutzah (f.)	קבוצה	71
équipe	tzèvèt (m.)	צוות	81
équipé/e	mèouvzar (m.), mèouvzèrèt (f.)	מאובזר, מאובזרת	83
espagnol/e (séfarade)	sfaradi (m.), sfaradiyah (f.)	ספרדי, ספרדיה	82
essence	dèlèq (m.)	דלק	50
est (point cardinal)	mizrah (m.)	מזרח	50
est-ce que ?	haim ?	האם?	67
estime (de soi)	ha'arakhah (f.)	הערכה	73
et	vè... / ou...	ו...	8
étaler	shatah [lishtoah]	שטח [לשטוח]	79
été	qayitz (m.)	קיץ	39
éteindre	kibah [lèkhabot]	כיבה [לכבות]	45, 79
étourdir	sihrèr [lèsahrèr]	סחרר [לסחרר]	73
étude (apprentissage)	limoud (m.)	לימוד	85
étudier	lamad [lilmod]	למד [ללמוד]	26
étranger (à l' ~)	houtz laarètz	חוץ לארץ	25
être	hayah [lihèyot]	היה [להיות]	30

être élu	nivhar [lèhibahèr]	נבחר [להבחר]	82
être nuisible	hèziq [lèhaziq]	הזיק [להזיק]	78
être utile, efficace	ya'il [lèho'il]	יעיל [להועיל]	78
étroit/e	tzar (m.), tzarah (f.)	צר, צרה	80
excellence	mètzouyanout (f.)	מצוינות	73
excellent/e	mètzouyan (m.), mètzouyènèt (f.)	מצוין, מצוינת	25
exemple	dougmah (f.)	דוגמה	43
exercer	tirgèl [lètargèl]	תירגל [לתרגל]	85
exiger	darash [lidrosh]	דרש [לדרוש]	73
expédition	masa' (m.)	מסע	26
expliquer	hisbir [lèhasbir]	הסביר [להסביר]	67

F

face / surface de, (état construit)	pnèy (m. pl.)	פני	58
fâcher (se ~)	ka'as [likh'os]	כעס [לכעוס]	69
faire	'asah [la'asot]	עשה [לעשות]	37
faire de la gymnastique	hit'amèl [lèhit'amèl]	התעמל [להתעמל]	78
faire des efforts	hishtadèl [lèhishtadèl]	השתדל [להשתדל]	85
faire des exercices	tirgèl [lètargèl]	תרגל [לתרגל]	85
faire la grève	shavat [lishbot]	שבת [לשבות]	33
faire l'expérience	hitnasah [lèhitnasot]	התנסה [להתנסות]	83
falafel	falafèl (m.)	פלאפל	27
famille	mishpahah (f.)	משפחה	19
farine	qèmah (m.)	קמח	79
fatigant/e	mè'ayèf (m.), mè'ayèfèt (f.)	מעיף, מעיפת	12
fatigué/e	'ayèf (m.), 'ayèfah (f.)	עיף, עיפה	12
faute	shgiah (f.)	שגיאה	85
fauteuil	koursah (f.)	כורסה	38
félicitations !	mazal tov !	מזל טוב!	16
femme	ishah	אשה	12
fenêtre	halon (m.)	חלון	68
fesse (derrière)	yashvan (m.)	ישבן	78
festival	fèstival (m.)	פסטיבל	27
fête	hag (m.)	חג	36
fêter	hagag [lèhagog]	חגג [לחגוג]	38
feu	èsh (f.)	אש	20
feu de circulation	ramzor (m.)	רמזור	51
fier/-ière	gèèh (m.), gèah (f.)	גאה, גאה	52

fil	ḥout (m.)	חוט	44
fille	bat	בת	9
film	sèrèt (m.)	סרט	65
fils	bar	בר	16
fils	bèn	בן	9
filtre	filtèr (m.)	פילטר	11
fin	sof (m.)	סוף	20
football	kadourègèl (m.)	כדורגל	19
forme (aptitude)	koshèr (m.)	כושר	71
forme (visuel)	tzourah (f.)	צורה	72
fort/e	ḥazaq (m.), ḥazaqah (f.)	חזק, חזקה	79
fouille	ḥafirah (f.)	חפירה	44
four	tanour (m.)	תנור	79
fourrure	parvah (f.)	פרוה	41
frais/fraîche	tari (m.), triyah (f.)	טרי, טריה	76
fraise	tout (m.)	תות	79
frère	aḥ	אח	19
froid (nom)	qor (m.)	קור	43
froid/e	qar (m.), qarah (f.)	קר, קרה	41
fromage	gvinah (f.)	גבינה	10
fruits à noyau (pistache, noisette, graines de tournesol ou citrouille)	garè'inim (m. pl.)	גרעינים	20

G

galette de pain	pitah (f.)	פיתה	55
Galilée	Galil	גליל	83
gâteau	'ougah (f.)	עוגה	10
gâter (se ~)	hitpanèq [lèhitpanèq]	התפנק [להתפנק]	83
gauche	smol (m.)	שמאל	82
gauche (adj.)	smali, smalit	שמאלי	51
gauche (adv.)	smol	שמאל	56
gauche (adv.)	smol (m.)	שמאל	82
gauche (vers la ~)	smolah	שמאלה	51
génération	dor (m.)	דור	81
géographie	gèografyah	גיאוגרפיה	26
goût	ta'am (m.)	טעם	76
grâce	ḥèn (m.)	חן	38
grand/e	gadol (m.), gdolah (f.)	גדול, גדולה	19
grand-mère	savta	סבתא	30
grand-père	saba	סבא	30
grec/grecque	yèvani (m.), yèvanit (f.)	יווני, יוונית	44
grève	shvitah (f.)	שביתה	33
gris/e	afor (m.), aforah (f.)	אפור, אפורה	64

grossir	hishmin [lèhashmin]	הישמין [להשמין]	52
grotte	mè'arah (f.)	מערה	72
guerre	milhamah (f.)	מלחמה	72
gymnastique	hit'amlout (f.)	התעמלות	78

H

habiller (s'~)	lavash [lilbosh]	לבש [ללבוש]	18
habiter	gar [lagour]	גר [לגור]	51
habituer (s'~)	hitragèl [lèhitragèl]	התרגל [להתרגל]	85
haché/e	qatzoutz (m.), qtzoutzah (f.)	קצוץ, קצוצה	55
hammam	hamam (m.)	חמם	45
handball	kadouryad (m.)	כדוריד	19
hauteur	govah (m.)	גובה	73
hebdomadaire	shèvouon (m.)	שבועון	52
hébergement	èrouah (m.)	ארוח	83
hébreu (langue)	'ivrit (f.)	עברית	5
héros/héroïne	gibor (m.), giborah (f.)	גבור, גבורה	71
heure	sha'ah (f.)	שעה	33
hier	ètmol	אתמול	31
histoire (à raconter)	sipour (m.)	ספור	73
historique	histori (m.), historit (f.)	הסטורי, הסטורית	34
hiver	horèf (m.)	חורף	41
homme	gèvèr	גבר	50
homme	ish	איש	67
honneur	kavod (m.)	כבוד	57
hôpital	bèit holim (m.)	בית חולים	51
hors de...	houtz	חוץ	25
hôtel	malon (m.)	מלון	51
houmous	houmous (m.)	חומוס	27
humidité	lahout (f.)	לחות	75

I

ici	poh	פה	17
identité	zèhout (f.)	זהות	82
il n'y a pas	èin	אין	6
il y a	yèsh	יש	10
il, lui	hou	הוא	8
ils/eux	hèm	הם	13
important/e	hashouv (m.), hashouvah (f.)	חשוב, חשובה	68
impossible	i-èfshar	אי-אפשר	24
imprimante	madpèsèt (f.)	מדפסת	81
imprimerie	dfous (m.)	דפוס	57
inauguration	hanoukah (f.)	חנוכה	38

hamèsh mèot shivi'm oushmonèh • 578

inclus, incluse	kolèl (m.), kolèlèt (f.)	כולל, כוללת	83
information	mèyda' (m.)	מידע	81
ingénierie	handasah (f.)	הנדסה	40
installation	mitqan (m.)	מתקן	83
instant	règa' (m.)	רגע	73
intelligent/e	hakham (m.), hakhamah (f.)	חכם, חכמה	67, 80
interdire, emprisonner	asar (m.), lèèsor	אסר, לאסור	66
interdit/e	asour (m.), asourah (f.)	אסור, אסורה	66
international/e	bèinlèoumi (m.), bèinlèoumit (f.)	בינלאומי, בינלאומית	44
internet	intèrnèt	אנטרנט	9
intéressant/e	mè'anyèn (m.), mè'anyènèt (f.)	מעניין, מעניינת	44
intéresser (s'~)	hit'anyèn [lèhit'anyèn]	התעניין [להתעניין]	71
intérieur (à l'~)	bifnim	בפנים	79
intérieur	pnim (m.)	פנים	78
interroger	shaal [lishol]	שאל [לשאול]	43
invitation	hazmanah (f.)	הזמנה	24
inviter	hizmin [lèhazmin]	הזמין [להזמין]	32
israélien/ne	isrèèli (m.), isrèèlit (f.)	ישראלי, ישראלית	44

J

jambe, pied	règèl (f.)	רגל	29
jardin	gan (m.)	גן	37
jardin d'enfants	gan yèladim (m.)	גן ילדים	37
jarre (carafe)	qanqan (m.)	קנקן	72, 80
jaune d'œuf	hèlmon (m.)	חלמון	79
je	ani (m./f.)	אני	5
Jérusalem	Yèroushalayim (f.)	ירושלים	23
jeu	mishaq (m.)	משחק	19
jeune	tza'ir (m.), tzè'irah (f.)	צעיר, צעירה	30
jeton	asimon (m.)	אסימון	73
joie	gil (m.)	גיל	61
joie	ron	רון	54
jouer	sihèq [lèsahèq]	שחק [לשחק]	19
joueur/-se	sahqan (m.), sahqanit (f.)	שחקן, שחקנית	73
Jourdain	Yardèn (m.)	ירדן	50
journal	'iton (m.)	עתון	52
jour	yom (m.)	יום	24
joyeux/-se	samèah (m.), smèhah (f.)	שמח, שמחה	85
jubilé	yovèl (m.)	יובל	34
jugement	mishpat (m.)	משפט	40
jurer	nishba' [lèhishava']	נשבע [להשבע]	66
jus	mitz (m.)	מיץ	11

579 • hamèsh mèot shivi'm vatèsha'

jusqu'à	'ad	עד	26
juste, [il, elle] a raison	tzodèq (m.), tzodèqèt (f.)	צודק, צודקת	69
justement, précisément	davqa	דוקא	68
justice	tzèdèq (m.)	צדק	69

K

Knesset (assemblée nationale)	knèsèt (f.)	כנסת	48

L

là-bas	sham	שם	15
là-haut	lèma'elah	למעלה	73
laïc/laïque	hiloni (m.), hilonit (f.)	חילוני, חילונית	82
laisser	hishir [lèhashir]	השאיר [להשאיר]	79
langue	lashon	לשון	80
lanière	rètzou'ah (f.)	רצועה	76
large	rahav (m.), rèhavah (f.)	רחב, רחבה	80
latin (nom)	latinit (f.)	לטינית	5
lave-vaisselle	mèdiah-kèlim (m.)	מדיח-כלים	83
laver (se ~)	hitrahètz [lèhitrahètz]	התרחץ [להתרחץ]	67
le/la même	oto (m.), otah (f.)	אותו, אותה	30
le/la/les	ha	ה	9
lecteur/-rice	qorè (m.), qorah (f.)	קורא, קוראה	57
léger/-ère, facile	qal (m.), qalah (f.)	קל, קלה	76
légume	yèrèq (m.)	ירק	76
lentement	lèat	לאט	78
lettre (de l'alphabet)	ot (f.)	אות	57
lettre (missive)	mikhtav (m.)	מכתב	27
lèvre, langue	safah (f.)	שפה	58
libérer	shihrèr [lèshahrèr]	שחרר [לשחרר]	66
libre	hofshi (m.), hofshit (f.)	חופשי, חופשית	78
lien, connexion	qishour (m.)	קישור	81
lieu (endroit)	maqom (m.)	מקום	66, 79
ligue	ligah (f.)	ליגה	73
linguiste	balshan (m.), balshanit (f.)	בלשן, בלשנית	62
lion	ari (m.)	ארי	69
liqueur	liqèr	ליקר	79
lire	qara [liqro]	קרא [לקרוא]	57
lit	mitah (f.)	מטה	17
livre	sèfèr (m.)	ספר	37
locuteur/-rice (celui qui parle)	dovèr, dovèrèt	דובר, דוברת	82
loisir, temps libre	pnay (m.)	פנאי	62

long/ue	arokh *(m.)*, aroukah *(f.)*	ארוך, ארוכה	43
lorsque	kaashèr	כאשר	29
louer (location)	sakhar [liskor]	שכר [לשכור]	39
lui-même, elle-même	'atzmo *(m.)*, 'atzmah *(f.)*	עצמו, עצמה	67
lumière	or *(m.)*	אור	1

M

madame	gvirti	גבירתי	51
magasin (boutique)	hanout *(f.)*	חנות	25
magasin (supermarché)	kolbo *(m.)*	כלבו	83
magnifique	nèhèdar *(m.)*, nèhèdèrèt	נהדר, נהדרת	41
maigrir	razah [lirzot]	רזה [לירזות]	53
main	yad *(f.)*	יד	73
maintenant	'akhshav	עכשיו	50
mais	aval	אבל	10
mais	akh	אך	67
mais	alé	אלא	80
maison	bayit *(m.)*	בית	19
maison (à la ~) / chez soi	habaytah	הביתה	40
maison-de	bèit *(m.)*	בית	10
malade	holèh *(m.)*, holah *(f.)*	חולה, חולה	51
maman	ima	אמא	19
manger	akhal [lèèkhol]	אכל [לאכול]	50
mannequin	dougman *(m.)*, dougmanit *(f.)*	דוגמן, דוגמנית	75
manquer (absent/e)	hasèr *(m.)*, hasèrah *(f.)*	חסר, חסרה	85
manteau	mè'il *(m.)*	מעיל	41
mari	ba'al	בעל	18
mariage (cérémonie)	hatounah *(f.)*	חתונה	18
mariage (institution)	nisouim *(m. pl.)*	נישואים	34
marier	hithatèn [lèhithatèn]	התחתן [להתחתן]	34
marié	hatan *(m.)*	חתן	18
mât	torèn *(m.)*	תורן	80
matin	boqèr *(m.)*	בוקר	1
médecin	rofè *(m.)*, rofah *(f.)*	רופא, רופאה	51
médecine	rèfouah *(f.)*	רפואה	40
médicament	troufah *(f.)*	תרופה	71
Méditerranée	Tikhon *(m.)*	תיכון	53
mélange	mizoug *(m.)*	מזוג	68
mélange	ta'arovèt *(f.)*	תערובת	79
mélange (tempérament)	mèzèg *(m.)*	מזג	68
mélanger	'irbèv [lè'arbèv]	עירבב [לערבב]	55, 79
même	afilou	אפילו	41
mensuel *(nom)*	yarhon *(m.)*	ירחון	52

menu	tafrit (m.)	תפריט	68
mer	yam (m.)	ים	15
merci	todah (f.)	תודה	4
mère	èm	אם	62
merveille	havayah (f.)	חוויה	81
merveilleux (super)	sababah	סבבה	85
méthode	shitah (f.)	שיטה	82
métier manuel	mèlakhah (f.)	מלאכה	83
meuble	rahit (m.)	רהיט	38
micro-ondes	miqrogal (m.)	מיקרוגל	83
midi (zénith)	tzohorayim (m. pl.)	צהרים	62
miel	dvash (m.)	דבש	80
mignon/ne	hamoud (m.), hamoudah (f.)	חמוד, חמודה	45
mille	èlèf	אלף	45
mince (fin/e)	daq (m.), daqah (f.)	דק, דקה	76
mince (maigre)	razèh (m.), razah (f.)	רזה, רזה	53
minute	daqah (f.)	דקה	79
miracle	nès (m.)	נס	11
mobile, portable	nayad (m.)	ניד	13
mode	ofnah (f.)	אופנה	61
mode (à la ~)	ofnati (m.), ofnatit (f.)	אופנתי, אופנתית	61
mois	hodèsh (m.)	חודש	29
monde (univers)	'olam (m.)	עולם	47
montagne	har (m.)	הר	83
montée	'aliyah (f.)	עלייה	79
monter	'alah [la'alot]	עלה [לעלות]	67
monter en grade	shidrèg [lèshadrèg]	שדרג [לשדרג]	83
morceau (pièce)	hatikhah (f.)	חתיכה	15
mot/s	milah (f. sing.), milim (f. pl.)	מלה, מלים	71
mots croisés (jeu)	tashbètz (m.)	תשבץ	62
mots fléchés (jeu)	tashhètz (m.)	תשחץ	62
mouillé/e	ratouv (m.), retouvah (f.)	רטוב, רטובה	76
mourir	mèt [lamout]	מת [למות]	46
mousser	hiqtzif [lèhaqtzif]	הקציף [להקציף]	79
multicolore (coloré/e)	tziv'oni (m.), tziv'onit (f.)	צבעוני, צבעונית	65
mur	kotèl (m.)	כותל	44
mur	qir (m.)	קיר	72
muse	mouzah (f.)	מוזה	71
mythologie	mitologyah (f.)	מיתולוגיה	71
mythologique	mitologi (m.), mitologit (f.)	מיתולוגי, מיתולוגית	71

N

nager	sahah [lishot]	שחה [לשחות]	15
naissance	houlèdèt (f.)	הולדת	32
naissance	molad (m.)	מולד	41
nation	lèom (m.)	לאום	44
national/e	lèoumi (m.), lèoumit (f.)	לאומי, לאומית	73
nationalité	èzrahout (f.)	אזרחות	82
nature	tèva' (m.)	טבע	83
naître	nolad [lèhivalèd]	נולד [להוולד]	30
nettoyer	niqah [lènaqot]	ניקה [לנקות]	67
nez	af (m.)	אף	65
niveau	ramah (f.)	רמה	83
noir/e	shahor (m.), shhorah (f.)	שחור, שחורה	64
nom	shèm (m.)	שם	58
non	lo	לא	8
non, ne pas	al	אל	47
nous	anahnou (m./f.)	אנחנו	9
nouveau (de ~)	shouv	שוב	31
nouveau/-elle	hadash (m.), hadashah (f.)	חדש, חדשה	6
nouveauté	hidoush (m.)	חידוש	57
nouvel immigrant	'olèh hadash	עולה חדש	82
noyau	gal'in	גלעין	76
nuit	laylah (m.)	לילה	27

O

obligation	hithayvout (f.)	התחייבות	85
observatoire	mitzpèh (m.)	מצפה	83
obstacle	mikhshol (m.)	מכשול	80
œil	'ayin (f.)	עין	38
officiel/le	rishmi (m.), rishmit (f.)	רשמי, רשמית	48
olive	zayit (m.)	זית	76
olympien/ne, olympique	olimpy (m.), olimpit (f.)	אולימפי, אולימפית	71
or (métal)	zahav (m.)	זהב	34
orange (couleur)	katom (m.), ktoumah (f.)	כתום, כתומה	65
orange (fruit)	tapouz (m.)	תפוז	11
ordinateur	mahshèv (m.)	מחשב	9
ordre	sèdèr (m.)	סדר	17
organisation	sidour (m.)	סדור	53
orient, époque ancienne	qèdèm (m.)	קדם	58
orteil (pouce)	agoudal (m.)	אגודל	73
oser	hè'iz [lèha'iz]	העיז [להעיז]	71
ôter	hèsir [lèhasir]	הסיר [להסיר]	48
ôter, tendre	pashat [lifshot]	פשט [לפשוט]	83

583 • hamèsh mèot shmonim vèshalosh

ou	o	או	10
où ?	èifoh ?	איפה?	13
ouest	ma'arav (m.)	מערב	50
oui	kèn	כן	22
oulpan	oulpan (m.)	אולפן	8
ouvrir	patah [liftoah]	פתח [לפתוח]	71, 80

P

pagaille	balagan (m.)	בלגן	27
pain	lèhèm (m.)	לחם	55
paix, bonjour	shalom (m.)	שלום	2
palais (sanctuaire)	hèikhal (m.)	היכל	72
panier	sal	סל	19
pantalons	mikhnasayim (m. duel)	מכנסיים	64
papa	aba	אבא	19
papotage	pitpout (m.)	פטפוט	13
papoter	pitpèt [lèfatpèt]	פטפט [לפטפט]	20
paquet	havilah (f.)	חבילה	40
par	bè	ב	10
par exemple	lèmashal	למשל	78
paradis (jardin d'Eden)	Gan Èden (m.)	גן עדן	46
parce que...	mipnèy shè...	מפני ש	27
parce que / car (conj.)	ki	כי	16
pardon	slihah (f.)	סליחה	23
parfois	lif'amim	לפעמים	79
parler	dibèr [lèdabèr]	דבר [לדבר]	8
parole, chose	davar (m.)	דבר	58
parole	dibour (m.)	דבור	8
partage	halouqah (f.)	חלוקה	69
partenaire	shoutaf (m.), shoutafah (f.)	שותף, שותפה	85
parti politique	miflagah (f.)	מפלגה	82
particule devant un COD	èt	את	17
part(ie)	hèlèq (m.)	חלק	69
pas encore	'od lo	עוד לא	32
passeport	darkon (m.)	דרכון	26
passer	'avar [la'avor]	עבר [לעבור]	37
passer du bon temps	bilah [lèvalot]	בילה [לבלות]	39
pâte de sésame	thinah (f.)	טחינה	27
pâte	batzèq (m.)	בצק	79
pavot	pèrèg (m.)	פרג	10
pays (terre)	arètz (f.)	ארץ	25
paysage	nof (m.)	נוף	68
pelouse	midshaah (f.)	מדשאה	83
penser	hashav [lahashov]	חשב [לחשוב]	32

hamèsh mèot shmonim vèarba' • 584

père	av	אב	61
perdre	ibèd [lèabèd]	אבד [לאבד]	73
permis/e	moutar (m.), moutèrèt (f.)	מותר, מותרת	66
persil	pètrozilyah (f.)	פטרוזיליה	55
peser (se ~)	nishqal [lèhishaqèl]	נשקל [להישקל]	53
petit/e	qatan (m.), qtanah (f.)	קטן, קטנה	19
petit-fils, petite-fille	nèkhèd (m.), nèkhdah (f.)	נכד, נכדה	30
peu (un ~)	qtzat	קצת	53
peuple	'am (m.)	עם	59
peut-être	oulay	אולי	22
physique	fisiqah	פיסיקה	43
photo (tableau)	tmounah (f.)	תמונה	23
photographe	tzalam (m.), tzalèmèt (f.)	צלם, צלמת	25
photographie	tziloum (m.)	צילום	25
photographier	tzilèm [lètzalèm]	צלם [לצלם]	25
pin	orèn (m.)	אורן	80
piscine	brèkhah (f.)	ברכה	20
plage	hof (m.)	חוף	15
plaire (trouver grâce)	matza [limtzo] hèn	מצא [למצוא] חן	38
plaisir	kèf (m.)	כיף	20
planche	qèrèsh (m.)	קרש	76
plaque de cuisson	kirayim (m. pl.)	כיריים	83
plier	qipèl [lèqapèl]	קיפל [לקפל]	48
poche	kis (m.)	כיס	80
poignée	hofèn (m.)	חופן	79
point	nèqoudah (f.)	נקודה	22
pois chiche, houmous	houmous (m.)	חומוס	55
poisson	dag (m.)	דג	83
poivre / poivron	pilpèl (m.)	פלפל	55
policier/-ère	shotèr (m.), shotèrèt (f.)	שוטר, שוטרת	66
Pologne	Polanyah (f.)	פולניה	8
polonais (langue)	polanit (f.)	פולנית	8
pomme	tapouah	תפוח	11
portable	nisa (m.), nisèt (f.)	נשא, נשאת	9
porte (nom)	dèlèt (f.)	דלת	46
porte (portail)	sha'ar (m. sing.), shè'arim (m. pl.)	שער, שערים	85
position assise	yèshivah (f.)	ישיבה	67
possible	èfshar	אפשר	24
poste d'obs. des oiseaux	mitzpor (m.)	מצפור	83
poste, courrier	doar (m.)	דואר	28
pour	bishvil	בשביל	25, 81
pour	bè'ad	בעד	73
pourquoi ?	lamah ?	למה?	12

585 • hamèsh mèot shmonim vèhamèsh

précisément	bèdiyouq	בדיוק	52
préférer	hè'èdif [lèha'adif]	העדיף [להעדיף]	50
prendre	laqa<u>h</u> [laqa<u>h</u>at]	לקח [לקחת]	41
préparatif	hakhanah (f.)	הכנה	54
préparer	hèkin [lèhakhin]	הכין [להכין]	54
préparer (se ~)	hi<u>t</u>konèn [lèhi<u>t</u>konèn]	התכונן [להתכונן]	79
présentation multimédia	matzègè<u>t</u> (f.)	מצגת	81
préservé/e	ganouz (m.), gnouzah (f.)	גנוז, גנוזה	72
prêt/e	moukhan (m.), moukhanah (f.)	מוכן, מוכנה	54
prier	hi<u>t</u>palèl [lèhi<u>t</u>palèl]	התפלל [להתפלל]	46
prière	<u>t</u>filah	תפילה	16
principal/e (essentiel/le)	'iqar (m.), 'iqari<u>t</u> (f.)	עיקר, עיקרית	65
principalement	bè'iqar	בעקר	67
prix	mè<u>h</u>ir (m.)	מחיר	53
problème	bè'ayah (f.)	בעיה	13
prochainement	bèqaro<u>v</u>	בקרוב	16, 23
professeur/e	morèh (m.), morah (f.)	מורה, מורה	41
profession	miq<u>t</u>zo'a (m.)	מקצוע	62
promener (se ~)	<u>t</u>iyèl [lè<u>t</u>ayèl]	טייל [לטייל]	83
proposer	hi<u>t</u>zi'a [lèha<u>t</u>zi'a]	הציע [להציע]	79, 83
proposition	ha<u>t</u>z'ah (f.)	הצעה	83
propre	naqi (m.), nèqiyah (f.)	נקי, נקייה	67
protection	a<u>v</u><u>t</u>a<u>h</u>ah (f.)	אבטחה	60
proverbe	pi<u>t</u>gam (m.)	פתגם	80
public (nom)	<u>t</u>zibour (m.)	ציבור	60
public/-que	<u>t</u>zibouri (m.), <u>t</u>zibouri<u>t</u> (f.)	ציבורי, ציבורית	66

Q

qualité	èikhou<u>t</u> (f.)	איכות	82
quand ?	ma<u>t</u>ay ?	מתי?	24
quartier	shèkhounah	שכונה	73
quel ? quelle ?	èizèh ? (m.), èizo ? (f.)	איזה? איזו?	32, 33
quelqu'un	mishèhou (m.)	מישהו	33
quels	èilou	אילו	38
question	shèèlah (f.)	שאלה	45
qui ?	mi ?	מי?	18
quoi/que ?	mah ?	מה?	3

R

rabbin	ra<u>v</u> (m.)	רב	46
raccourci (nom)	qi<u>t</u>zour (m.)	קצור	73
racine	shorèsh (m.)	שורש	71

<u>h</u>amèsh mèot shmonim vashèsh • 586

radio (média)	radyo (m.)	רדיו	75
raisin sec	tzimouq (m.)	צמוק	79
raison	sibah (f.)	סיבה	34
ranger	sidèr [lèsadèr]	סדר [לסדר]	17
rappeler (se ~)	hizkir (m.) [lèhazkir]	הזכיר [להזכיר]	72
rayon	qèrèn (m.)	קרן	61
réception	mèsibah (f.)	מסיבה	34
recette (cuisine)	matkon (m.)	מתכון	79
recevoir	qibèl [lèqabèl]	קיבל [לקבל]	54
recherché/e	mèvouqash (m.), mèvouqèshèt (f.)	מבוקש, מבוקשת	81
reconnu/e	nikar (m.), nikèrèt (f.)	ניכר, ניכרת	80
reçu (nom)	qabalah (f.)	קבלה	75
recueil	qovètz (m.)	קובץ	81
réellement	mamash	ממש	36
réfrigérateur	mèqarèr (m.)	מקרר	83
refroidir	hitqarèr [lèhitqarèr]	התקרר [להתקרר]	79
regarder	histakèl [lèhistakel]	הסתכל [להסתכל]	80
régime (diète)	diètah (f.)	דיאטה	16
relatif au quartier d'habitation	shkhounati (m.), shkhounatit (f.)	שכונתי, שכונתית	73
relation	yahas (m.)	יחס	36
religieux/-se	dati (m.), datit (f.)	דתי, דתית	46
renard	shou'al (m.)	שועל	69
rencontrer (se ~)	nifgash [lèhipagèsh]	נפגש [להפגש]	44, 85
renforcement	hizouq (m.)	חיזוק	78
rentable	kèday	כדאי	53
renversé/e	hafoukh (m.), hafoukhah	הפוך, הפוכה	11
réparer	tiqèn [lètaqèn]	תקן [לתקן]	68
repas	arouhah (f.)	ארוחה	24
répétait [il répétait]	hazar [lahazor]	חזר [לחזור]	78
répondre	'anah [la'anot]	ענה [לענות]	43
réponse	tshouvah (f.)	תשובה	54
réserve (d'animaux)	hay-bar (m.)	חי-בר	83
réserve gardée	shmourah (f.)	שמורה	83
réserve naturelle	shmourat tèva' (f.)	שמורת טבע	83
réservoir	maagar (m.)	מאגר	81
respecté/e (honorable)	mèkhoubad (m.), mèkhoubèdèt (f.)	מכובד, מכובדת	80
résoudre	patar [liftor]	פתר [לפתור]	62
respiration	nèshimah (f.)	נשימה	83
restaurant	mis'adah (f.)	מסעדה	68
rétrécir (se ~)	hitkavètz [lèhitkavètz]	התכווץ [להתכווץ]	43

Français	Translittération	Hébreu	Page
réunion de travail	yèshivah (f.)	ישיבה	67
réussi/e	moutzlah (m.), moutzlahat (f.)	מוצלח, מוצלחת	85
réussir	hitzliah [lèhatzliah]	הצליח [להצליח]	57
revenir [il revenait]	hazar [lahazor]	חזר [לחזור]	47
revenir, répéter	hazar [lahazor]	חזר [לחזור]	47, 78
révolution	mahapèkhah (f.)	מהפכה	53
riche	'ashir (m.), 'ashirah (f.)	עשיר, עשירה	45
rien	kloum (m.)	כלום	73
rime	harouz (m.)	חרוז	64
rire	tzahaq [litzhoq]	צחק [לצחוק]	51
robe	simlah (f.)	שמלה	16
rond (nom)	ma'agal (m.)	מעגל	78
rosée	tal (m.)	טל	61
rouge	adom (m.), adoumah (f.)	אדום, אדומה	27
rouleau	mègilah (f.)	מגילה	72
routard	tarmilay (m.), tarmilait (f.)	תרמילאי, תרמילאית	26
rubrique	mador (m.)	מדור	52
rue	rèhov (m.)	רחוב	51
rue piétonne	midrahov (m.)	מדרחוב	51
russe (langue)	rousit (f.)	רוסית	8
Russie	Rousyah (f.)	רוסיה	8

S

Français	Translittération	Hébreu	Page
sable	hol (m.)	חול	39
sachet	saqit (f.)	שקית	79
saisie (nom)	haqladah (f.)	הקלדה	81
salade	salat (m.)	סלט	27
saladier	qè'arah (f.)	קערה	76
sale	mèloukhlakh (m.), mèloukhlèkhèt (f.)	מלוכלך, מלוכלכת	67
salle	oulam (m.)	אולם	72
salle (habitation)	mègourim (m. pl.)	מגורים	83
samedi	shabat (f.)	שבת	8
sans	bilti	בלתי	66
sans	bli	בלי	57
sans	lèlo	ללא	73
sans fil	alhouti (m.), alhoutit (f.)	אלחוטי, אלחוטית	13
sans fin	èin sof	אין סוף	81
santé	briout	בריאות	76
sauce	rotèv (m.)	רוטב	76

hamèsh mèot shmonim oushmonèh • 588

sauter	qafatz [liqfotz]	קפץ [לקפוץ]	85
savoir	yada' [lada'at]	ידע [לדעת]	41
seconde (temps)	shniyah (f.)	שנייה	81
sécurité	bitahon (m.)	בטחון	53
séduit/e	mèfatèh (m.), mèfatah (f.)	מפתה, מפתה	83
sel	mèlah (m.)	מלח	55
selon	lèfi	לפי	53
semaine	shavou'a (m.)	שבוע	20
sentier	shvil (m.)	שביל	83
sentir	hirgish [lèhargish]	הירגיש [להרגיש]	47
séparer (disloquer)	nifrad [lèhiparèd]	נפרד [להפרד]	40
séparation	prèdah (f.)	פרדה	85
sérénité	shalvah (f.)	שלווה	71
seul/e	lèvad (m./f.)	לבד	66
seulement	raq	רק	8
shèqèl	shèqèl (m.)	שקל	45
silhouette (figure)	figourah (f.)	פיגורה	75
si	im	אם	41
signal(isation)	tamrour (m.)	תמרור	51
s'il te/vous plaît	bèvaqashah	בבקשה	10
simple(ment)	pashout (m.), pshoutah (f.)	פשוט, פשוטה	85
site	atar (m.)	אתר	60
soir	'èrèv (m.)	ערב	10
sommeil	shèinah (f.)	שינה	83
sommet	pisgah (f.)	פסגה	73
sommet	tzamèrèt	צמרת	75
sonner	tziltzèl [lètzaltzèl]	צלצל [לצלצל]	45
sonnerie, sonorité	tzlil (m.)	צליל	61
sortie	yètziah (f.)	יציאה	34
sortir	yatza [latzèt]	יצא [לצאת]	67
soulever (élever)	hèrim [lèharim]	הרים [להרים]	73
source, sources	maqor (m. sing.), mèqorot (m. pl.)	מקור, מקורות	85
souris	'akhbar (m.)	עכבר	81
sous-marin	tzolèlèt (f.)	צוללת	39
souvenir (se ~)	zakhar [lizkor]	זכר [לזכור]	67
souvent	lè'itim qrovot	לעתים קרובות	79
spécialiste	moumhèh (m.), moumhit (f.)	מומחה, מומחית	81
sportif/-ve	sportivi (m.), sportivit (f.)	ספורטיבי, ספורטיבית	19
stade	itztadyon (m.)	איצטדיון	71
station (gare)	tahanah (f.)	תחנה	50
stationnement	hanayah (f.)	חניה	60

589 • hamèsh mèot shmonim vatèsha'

stop ! (halte !)	'atzor ! *(m.)*	עצור!	51
succès	hatzlahah *(f.)*	הצלחה	57
sucre	soukar *(m.)*	סוכר	11
sucrette	soukrazit *(f.)*	סוכרזית	11
sud	darom	דרום	56
suite	hèmshèkh *(m.)*	המשך	72
sujet	nosè *(m.)*	נושא	83
supplémentaire	nosaf *(m.)*, nosèfèt *(f.)*	נוסף, נוספת	82
sur *(prép.)*	'al	על	20
sûr/e (certain/e)	batouah *(m.)*, bètouhah *(f.)*	בטוח, בטוחה	43
surprise	hafta'ah *(f.)*	הפתעה	34
symboliser	simèl [lèsamèl]	סמל [לסמל]	72
sœur	ahot	אחות	19

T

table	shoulhan *(m.)*	שולחן	17
talon	'aqèv *(m.)*	עקב	73
taper, saisir (clavier)	hiqlid [lèhaqlid]	הקליד [להקליד]	81
taxe	agrah *(f.)*	אגרה	53
Technion (école d'ingénieurs)	tèkhniyon *(m.)*	טכניון	40
téléphone mains libres (dans voiture)	dibourit *(f.)*	דיבורית	13
téléphone mobile	pèlèfon *(m.)*	פלאפון	45
temps	zman *(m.)*	זמן	81
tenir debout	'amad [la'amod]	עמד [לעמוד]	78
ténèbres	hoshèkh *(m.)*	חושך	72
terrain	migrash *(m.)*	מגרש	73
tête	rosh *(m.)*	ראש	24
thé	tèh *(m.)*	תה	4
tiers	shlish *(m.)*	שליש	55
toilettes	shèroutim *(m. pl.)*	שרותים	83
toit	gag *(m.)*	גג	67
tomber	nafal [lipol]	נפל [לפול]	29
toujours	tamid	תמיד	36
tour (édifice)	migdal *(m.)*	מגדל	58
tourisme	tayarout *(f.)*	תירות	53
touriste	tayar *(m.)*, tayèrèt *(f.)*	תייר, תיירת	39
tourner	histovèv [lèhistovèv]	היסתובב [להיסתובב]	50
tourner	panah [lifnot]	פנה [לפנות]	51
tous, toutes	koulam *(m.)*, koulan *(f.)*	כולם, כולן	59
tout, tous, toute, toutes	kol	כל	27
tranquille (calme)	shaqèt *(m.)*, shqètah *(f.)*	שקט, שקטה	73
travail	'avodah *(f.)*	עבודה	37

hamèsh mèot tish'im • 590

travailler	'avad [la'avod]	עבד [לעבוד]	24
travaillé/e	mè'oubad (m.), mè'oubèdèt (f.)	מעובד, מעובדת	85
très	mèod	מאד	23
triste	'atzouv (m.), atzouvah (f.)	עצוב, עצובה	85
tromper (se ~), avoir tort	ta'ah [lit'ot]	טעה [לטעות]	50
trottoir	midrakhah (f.)	מדרכה	51
trouver	matza [limtzo]	מצא [למצוא]	38
trouver grâce (plaire)	matza [limtzo] hèn	מצא [למצוא] חן	38
tu (toi)	at (f.)	את	4
tu (toi)	atah (m.)	אתה	4
turc/turque	tourqi (m.), tourqit (f.)	טורקי, טורקית	11

U

une	ahat (f.)	אחת	23
unique	yahid (m.), yèhidah (f.)	יחיד, יחידה	47

V

vacances	nofèsh (m.)	נופש	39
vague (mer)	gal (m.)	גל	61
vaincre (gagner)	nitzéah [lènatzèah]	נצח [לנצח]	73
valise	mizvadah (f.)	מזוודה	23
vanille	vanil	וניל	79
vendre	makhar [limkor]	מכר [למכור]	53
venir	ba [lavo]	בא [לבוא]	15
ventre	bètèn (f.)	בטן	78
vérité	èmèt (f.)	אמת	52, 81
verre (matière)	zèkhoukhit (f.)	זכוכית	39
verre (à boire)	kos (f.)	כוס	55
vers (en direction)	lè	ל	9
vers où ?	lèan ?	לאן?	18
verser	mazag [limzog]	מזג [למזוג]	68
vert/e	yaroq (m.), yèrouqah (f.)	ירוק, ירוקה	64
vêtement	bègèd (m.)	בגד	64
victoire	nitzahon (m.)	נצחון	73
vidéo	vidèo	וידאו	19
vie	hayim (m. pl.)	חיים	73
village	kfar (m.)	כפר	39
ville	'ir (f.)	עיר	58
visage (face)	panim (m. pl.)	פנים	65
visiter	biqèr [lèvaqèr]	ביקר [לבקר]	51
voici	hinèh	הנה	67
voir	raah [lirot]	ראה [לראות]	23
voisin/e	shakhèn (m.), shkhènah (f.)	שכן, שכנה	37

voiture	mèkhonit *(f.)*	מכונית	13
voix (sons)	qol *(m.)*	קול	81
vol (avion)	tisah *(f.)*	טיסה	23
voler (par avion)	tas [latous]	טס [לטוס]	23
voter	hitzbi'a [lèhatzbi'a]	הצביע [להצביע]	82
vouloir	ratzah [lirtzot]	רצה [לרצות]	9
vous	atèm *(m.)*	אתם	9
vous	atèn *(f.)*	אתן	10
voyager	nasa' [linso'a]	נסע [לנסוע]	33
voyageur/-se	nosè'a *(m.)*, nosa'at *(f.)*	נוסע, נוסעת	46
voyage	nèsi'ah *(f.)*	נסיעה	53
voyelle	niqoud *(m.)*	ניקוד	57
vrai/e	nakhon *(m.)*, nèkhonah *(f.)*	נכון, נכונה	43

W

week-end	Sof shavou'a	סוף שבוע	2

Y

yeux	'èinayim *(plur.)*	עיניים	38, 73
yiddish (langue)	idish *(f.)*	אידיש	8

Hébreu - Transcription - Français

Voici le lexique des mots hébreux classés selon l'ordre alphabétique hébreu. Nous vous donnons également leur transcription phonétique, car les voyelles ne sont pas présentes. À lire, évidemment, de droite à gauche.

א

Français	Page	Transcription	Hébreu
père	61	a<u>v</u>	אב
papa	19	aba	אבא
il perdait [perdre]	73	ibèd *(m.)* [lèabèd]	אבד [לאבד]
avocat (fruit)	51	avoqado *(m.)*	אבוקדו
protection	60	av<u>t</u>ahah *(f.)*	אבטחה
mais	10	a<u>v</u>al	אבל
orteil (pouce)	73	agoudal *(m.)*	אגודל
taxe	53	agrah *(f.)*	אגרה
rouge	27	adom *(m.)*, adoumah *(f.)*	אדום, אדומה
il aimait [aimer]	31	aha<u>v</u> *(m.)* [lèèho<u>v</u>]	אהב [לאהוב]
amour	27	aha<u>v</u>ah *(f.)*	אהבה
ou	10	o	או
air	68	avir *(m.)*	אויר
peut-être	22	oulay	אולי
olympien/ne, olympique	71	olimpy *(m.)*, olimpi<u>t</u> *(f.)*	אולימפי, אולימפית
salle	72	oulam *(m.)*	אולם
oulpan	8	oulpan *(m.)*	אולפן
courage	54	omètz *(m.)*	אומץ
bateau	34	oniyah *(f.)*	אוניה
mode	61	ofnah *(f.)*	אופנה
à la mode	61	ofna<u>t</u>i *(m.)*, ofna<u>t</u>i<u>t</u> *(f.)*	אופנתי, אופנתית
lumière	1	or *(m.)*	אור
pin	80	orèn *(m.)*	אורן
lettre (de l'alphabet)	57	o<u>t</u> *(f.)*	את
le/la même	30	o<u>t</u>o *(m.)*, o<u>t</u>ah *(f.)*	אותו, אותה
alors	15	az	אז
citoyen/ne	82	èzra<u>h</u> *(m.)*, èzra<u>h</u>i<u>t</u> *(f.)*	אזרח, אזרחית
nationalité	82	èzra<u>h</u>ou<u>t</u> *(f.)*	אזרחות
cheminée (âtre)	83	a<u>h</u> *(m.)*	אח
frère	19	a<u>h</u>	אח
un	58	è<u>h</u>ad *(m.)*	אחד
sœur	19	a<u>h</u>o<u>t</u>	אחות
après ceci	69	a<u>h</u>ar-kakh	אחר-כך

autre	47	ahèr (m.), ahèrèt (f.)		אחר, אחרת
dernier/-ière	45	aharon (m.), aharonah (f.)		אחרון, אחרונה
après	26	aharèy		אחרי
une	23	ahat (f.)		אחת
impossible	24	i-èfshar		אי-אפשר
yiddish (langue)	8	idish (f.)		אידיש
quel ?, quelle ?	32, 33	èizèh ? (m.), èizo ? (f.)		?איזה?, איזו
comment ?	36	èikh ?		?איך
qualité	82	èikhout (f.)		איכות
quels	38	èilou		אילו
il n'y a pas	6	èin		אין
sans fin	81	èin-sof		אין-סוף
où ?	13	èifoh ?		?איפה
stade	71	itztadyon (m.)		איצטדיון
homme	67	ish		איש
mais	67	akh		אך
il mangeait [manger]	20	akhal [lèèkhol]		אכל [לאכול]
non, ne... pas	47	al		אל
mais	80	éla		אלא
ces/ceux/celles	17	èlèh (m./f.)		אלה
champion/ne	71	alouf (m.), aloufah (f.)		אלוף, אלופה
sans fil	13	alhouti (m.), alhoutit (f.)		אלחוטי, אלחוטית
Dieu	59	Èlohim (m.)		אלהים
mille	45	èlèf		אלף
électronique	22	èlèqtroni (m.), èlèqtronit (f.)		אלקטרוני, אלקטרונית
mère	62	èm		אם
si	41	im		אם
maman	19	ima		אמא
baignoire	83	ambatyah (f.)		אמבטיה
il entraînait [entraîner]	79	imèn [lèamèn]		אמן [לאמן]
vérité	52, 81	èmèt (f.)		אמת
il disait [dire]	30	amar [lomar]		אמר [לומר]
internet	9	intèrnèt		אנטרנט
nous	9	anahnou (m./f.)		אנחנו
je	5	ani (m./f.)		אני
interdit/e	66	asour (m.), asourah (f.)		אסור, אסורה
jeton	73	asimon (m.)		אסימון
il interdisait [interdire, emprisonner]	66	asar [lèèsor]		אסר [לאסור]
chez	77	ètzèl		אצל
nez	65	af (m.)		אף

595 • hamèsh mèot tish'im vèhamèsh

il cuisait au four [cuire au four]	79	afah [lèèfot]	אפה [לאפות]
gris/e	64	afor (m.), aforah (f.)	אפור, אפורה
cuisson au four	79	afiyah (f.)	אפיה
même	41	afilou	אפילו
possible	24	èfshar	אפשר
écologique	71	èqologi (m.), èqologit (f.)	אקולוגי, אקולוגית
cheminée	67	aroubah (f.)	ארובה
hébergement	83	èrouah (m.)	ארוח
repas	24	arouhah (f.)	ארוחה
long/ue	43	arokh (m.), aroukah (f.)	ארוך, ארוכה
lion	69	ari (m.)	ארי
pays (terre)	25	arètz (f.)	ארץ
feu	20	èsh (f.)	אש
femme	12	ishah	אשה
tu (toi)	4	at (f.)	את
particule devant un COD	17	èt	את
tu (toi)	4	atah (m.)	אתה
Athènes	44	Atounah (f.)	אתונה
vous	9	atèm (m.)	אתם
hier	31	ètmol	אתמול
site	60	atar (m.)	אתר
vous	10	atèn (f.)	אתן
			ב
dans, par, au moyen de	10	bè	ב
dans le/la/les	11	ba	ב
il venait [venir]	15	ba [lavo]	בא [לבוא]
s'il te/vous plaît	10	bèvaqashah	בבקשה
vêtement	64	bègèd (m.)	בגד
à cause de	27	biglal	בגלל
précisément	52	bèdiyouq	בדיוק
blague (farce)	44	bdihah (f.)	בדיחה
électeur	82	bohèr (m.), bohèret (f.)	בוחר, בוחרת
boue	11	botz (m.)	בוץ
matin	1	boqèr (m.)	בוקר
choix	82	bhirah (f.)	בחירה
élections	82	bhirot (f. pl.)	בחירות
il choisissait [choisir]	82	bahar [liv hor]	בחר [לבחור]
sûr/e (certain/e)	43	batouah (m.), bètouhah (f.)	בטוח, בטוחה

sécurité	53	bitahon (m.)	בטחון
ventre	78	bèten (f.)	בטן
le plus	32	bèyotèr	ביותר
il annulait [annuler]	52	bitèl (m.) [lèvatel]	ביטל [לבטל]
il passait du bon temps [passer du bon temps]	39	bilah (m.) [lèvalot]	בילה [לבלות]
entre, parmi	44	bèin	בין
international/e	44	bèinlèoumi (m.), bèinlèoumit (f.)	בינלאומי, בינלאומית
entre temps	79	bèintayim	בינתיים
il visitait [visiter]	51	biqèr [lèvaqèr]	בקר [לבקר]
il demandait [demander]	52	biqèsh [lèvaqèsh]	ביקש [לבקש]
bière	4	birah (f.)	בירה
maison	19	bayit (m.)	בית
maison-de	10	bèit (m.)	בית
hôpital	51	bèit holim (m.)	בית חולים
école	37	bèit-sèfèr (m.)	בית-ספר
pagaille	27	balagan (m.)	בלגן
désordre	17	balagan (m.)	בלגן
désordonné/e	17	balaganist (m.), balaganistit (f.)	בלגניסט, בלגניסטית
sans	57	bli	בלי
il embrouillait [embrouiller]	59	balal [livlol]	בלל [לבלול]
linguiste	62	balshan (m.), balshanit (f.)	בלשן, בלשנית
sans	66	bilti	בלתי
fils	9	bèn	בן
il construisait [construire]	58	banah [livnot]	בנה [לבנות]
en ordre, d'accord	6	bèsèdèr	בסדר
de base	79	bèsisi (m.), bèsisit (f.)	בסיסי, בסיסית
pour	73	bè'ad	בעד
dans (+ temps, période)	27	bè'od	בעוד
problème	13	bè'ayah (f.)	בעיה
mari	18	ba'al	בעל
principalement	67	bè'iqar	בעקר
à l'intérieur	79	bifnim	בפנים
pâte	79	batzèq (m.)	בצק
bientôt (prochainement)	16, 23	bèqarov	בקרוב
chalet	83	biqtah (f.)	בקתה
fils	16	bar	בר
bar-mitsvah, bat-mitsvah	16	bar mitzvah (m.), bat mitzvah (f.)	בר מצוה, בת מצוה

Français	Page	Translittération	עברית
création	76	briah	בריאה
santé	76	briout	בריאות
créature	76	briyah (f.)	בריה
alliance	30	briṭ (f.)	ברית
circoncision	30	briṭ milah (f.)	ברית מילה
il bénissait [bénir, féliciter]	57	bèrèkh (m.) [lèvarèkh]	ברך [לברך]
piscine	20	brèkhah (f.)	ברכה
pour	25, 81	bishvil	בשביל
fille	9	baṭ	בת
bon appétit !	55	bèṭèavon	בתאבון

ג

Français	Page	Translittération	עברית
fier/-ière	52	gèèh (m.), gèah (f.)	גאה, גאה
dos	78	gav (m.)	גב
héros/héroïne	71	gibor (m.), giborah (f.)	גבור, גבורה
fromage	10	gvinah (f.)	גבינה
coupe (pour boire)	73	gavi'a (m.)	גביע
homme	50	gèvèr	גבר
dame	52	gvèrèṭ	גברת
madame	51	gvirti	גבירתי
toit	67	gag (m.)	גג
grand/e	19	gadol (m.), gdolah (f.)	גדול, גדולה
hauteur	73	govah (m.)	גובה
corps	43	gouf (m.)	גוף
géographie	26	gèografyah	גיאוגרפיה
carotte	76	gèzèr (m.)	גזר
âge	30	gil (m.)	גיל
joie	61	gil (m.)	גיל
vague (mer)	61	gal (m.)	גל
brut/e	55	golmi (m.), golmiṭ (f.)	גולמי, גולמית
Galilée	83	Galil	גליל
noyau	76	gal'in (m.)	גלעין
aussi	13	gam	גם
jardin	37	gan (m.)	גן
jardin d'enfants	37	gan yèladim (m.)	גן ילדים
paradis (jardin d'Eden)	46	gan Èden (m.)	גן עדן
préservé/e	72	ganouz (m.), gnouzah (f.)	גנוז, גנוזה
il habitait [habiter]	51	gar [lagour]	גר [לגור]
chaussettes	64	gèrèv (f.)	גרב
chaussettes	64	garbayim	גרב
divorcé/e	74	garoush (m.), groushah (f.)	גרוש, גרושה
fruits à noyau (pistache, noisette, graine de tournesol ou citrouille)	20	garè'inim (m. pl.)	גרעינים

ḥamèsh mèoṭ ṭish'im oushmonèh • 598

ד

parole	dibour (m.)	דבור
abeille	dvorah (f.)	דבורה
parole, chose	davar (m.)	דבר
il parlait [parler]	dibèr (m.) [lèdabèr]	דבר [לדבר]
miel	dvash (m.)	דבש
poisson	dag (m.)	דג
bilingue	dou-lèshoni (m.)	דו-לשוני
dialogue	dou-siah (m.)	דו-שיח
poste	doar (m.)	דואר
courrier	doar (m.)	דואר
locuteur/-rice (celui qui parle)	dovèr (m.), dovèret	דובר, דוברת
exemple	dougmah (f.)	דוגמה
mannequin	dougman (m.), dougmanit (f.)	דוגמן, דוגמנית
génération	dor (m.)	דור
assez, ça suffit	day	די
régime (diète)	diètah (f.)	דיאטה
mains libres (téléphone)	dibourit (f.)	דיבורית
disque	disq	דיסק
justement, précisément	davqa	דוקא
appartement	dirah (f.)	דירה
essence	dèlèq (m.)	דלק
porte	dèlèt (f.)	דלת
avis, opinion	dè'ah (f.)	דעה
imprimerie	dfous (m.)	דפוס
mince (fin/e)	daq (m.), daqah (f.)	דק, דקה
minute	daqah (f.)	דקה
échelon	dèrèg (m.)	דרג
sud	darom	דרום
degré	dargah (f.)	דרגה
chemin	dèrèkh (f.)	דרך
passeport	darkon (m.)	דרכון
il exigeait [exiger]	darash [lidrosh]	דרש [לדרוש]
religieux/-se	dati (m.), datit (f.)	דתי, דתית

ה

le/la/les	ha	ה
est-ce que ?	haim ?	האם?
il promettait [promettre]	hivtiah [lèhavtiah]	הבטיח [להבטיח]
il comprenait [comprendre]	hévin [lèhavin]	הבין [להבין]

à la maison (chez soi)	40	habaytah	הביתה
il arrivait [arriver]	50	higi'a [lèhagi'a]	הגיע [להגיע]
il imprimait [imprimer]	81	hidpis [lèhadpis]	הדפיס [להדפיס]
il, lui	8	hou	הוא
il annonçait [annoncer]	53	hodi'a [lèhodi'a]	הודיע [להודיע]
naissance	32	houlèdèt *(f.)*	הולדת
il ajoutait [ajouter]	55	hosif [lèhosif]	הוסיף [להוסיף]
il apparaissait [apparaître]	81	hofi'a [lèhofi'a]	הופיע [להופיע]
chance, occasion	73	hizdamnout *(f.)*	הזדמנות
il était nuisible [être nuisible]	78	hèziq [lèhaziq]	הזיק [להזיק]
il se rappelait, il se souvenait [se rappeler, se souvenir]	72	hizkir [lèhazkir]	הזכיר [להזכיר]
invitation	24	hazmanah *(f.)*	הזמנה
il décidait [décider]	82	hihlit [lèhahlit]	החליט [להחליט]
elle	8	hi	היא
il disait [dire]	52	higid [lèhagid]	היגיד [להגיד]
il était [être]	35	hayah [lihèyot]	היה [להיות]
il invitait [inviter]	32	hizmin [lèhazmin]	היזמין [להזמין]
il connaissait [connaître]	34	hikir [lèhakir]	היכיר [להכיר]
palais (sanctuaire)	72	hèikhal *(m.)*	היכל
il sentait [sentir]	47	hirgish [lèhargish]	הירגיש [להרגיש]
il grossissait [grossir]	52	hishmin [lèhashmin]	הישמין [להשמין]
il devenait fou [devenir fou]	41	hishtagè'a [lèhishtagè'a]	השתגע [להשתגע]
obligation	85	hithayyvout	התחיבות
il tournait [tourner]	50	histovèv [lèhistovèv]	הסתובב [להסתובב]
il se rétrécissait [se rétrécir]	43	hitkavètz [lèhitkavètz]	התכוץ [להתכוץ]
il priait [prier]	46	hitpalèl [lèhitpalèl]	התפלל [להתפלל]
il s'habituait [s'habituer]	85	hitragèl [lèhitragèl]	התרגל [להתרגל]
il s'élargissait [s'élargir]	43	hitrahèv [lèhitrahèv]	התרחב [להתרחב]
il préparait [préparer]	54	hèkin [lèhakhin]	הכין [להכין]
préparatif	54	hakhanah *(f.)*	הכנה
il allait, il marchait [aller, marcher]	18	halakh [lalèkhèt]	הלך [ללכת]
ils/eux	13	hèm	הם

shèsh mèot • 600

chèque	32	hamhaah (f.)	המחאה
elles	13	hèn	הן
ingénierie	40	handasah (f.)	הנדסה
voici	67	hinèh	הנה
il expliquait [expliquer]	67	hisbir [lèhasbir]	הסביר [להסביר]
historique	34	histori (m.), historit (f.)	הסטורי, הסטורית
il ôtait [ôter]	48	hèsir [lèhasir]	הסיר [להסיר]
il regardait [regarder]	80	histakèl [lèhistakel]	הסתכל [להסתכל]
il préférait [préférer]	50	hè'èdif [lèha'adif]	העדיף [להעדיף]
il osait [oser]	71	hè'iz [lèha'iz]	העיז [להעיז]
renversé/e	11	hafoukh (m.), hafoukhah	הפוך, הפוכה
surprise	34	hafta'ah (f.)	הפתעה
il votait [voter]	82	hitzbi'a [lèhatzbi'a]	הצביע [להצביע]
il proposait [proposer]	79, 83	hitzi'a [lèhatzi'a]	הציע [להציע]
succès	57	hatzlahah (f.)	הצלחה
il réussissait [réussir]	57	hitzliah [lèhatzliah]	הצליח [להצליח]
proposition	83	hatz'ah (f.)	הצעה
appréciation, estimation	73	ha'arakhah (f.)	הערכה
saisie (nom)	81	haqladah (f.)	הקלדה
il tapait, il saisissait [taper, saisir (clavier)]	81	hiqlid [lèhaqlid]	הקליד [להקליד]
il enregistrait [enregistrer]	81	hiqlit [lèhaqlit]	הקליט [להקליט]
il moussait [mousser]	79	hiqtzif [lèhaqtzif]	הקציף [להקציף]
montagne	83	har (m.)	הר
beaucoup	27	harbèh	הרבה
il soulevait [soulever] (élever)	73	hèrim [lèharim]	הרים [להרים]
aventure	85	harpatqah (f.)	הרפתקה
il laissait [laisser]	79	hishir [lèhashir]	השאיר [להשאיר]
il faisait des efforts [faire des efforts]	85	hishtadèl [lèhishtadèl]	השתדל [להשתדל]
obligation	85	hit hayyout (f.)	התחיבות
commencement	85	hat halah (f.)	התחלה
il se mariait [se marier]	34	hit hatèn (m.) [lèhit hatèn]	התחתן [להתחתן]
il se préparait [se préparer]	79	hitkonèn [lèhitkonèn]	התכונן [להתכונן]
il s'enthousiasmait [s'enthousiasmer]	65	hitlahèv [lèhitlahèv]	התלהב [להתלהב]

assiduité	78	hatmadah *(f.)*	התמדה
il faisait l'expérience [faire de l'expérience]	83	hitnasah [lèhitnasot]	[התנסה] להתנסות
il faisait de la gymnastique [faire de la gymnastique]	78	hit'amèl [lèhit'amèl]	[התעמל] להתעמל
gymnastique	78	hit'amlout *(f.)*	התעמלות
il se gâtait [se gâter]	83	hitpanèq [lèhitpanèq]	[התפנק] להתפנק
il s'intéressait [s'intéresser]	71	hit'anyèn [lèhit'anyèn]	[התעניין] להתעניין
il refroidissait [refroidir]	80	hitqarèr [lèhitqarèr]	[התקרר] להתקרר
il se lavait [se laver]	67	hitrahètz [lèhitrahètz]	[התרחץ] להתרחץ
il se concentrait [concentrer]	78	hitrakèz [lèhitrakèz]	[התרכז] להתרכז

ו

et	8	vè… / ou…	ו
vidéo	19	vidèo	וידאו
vanille	79	vanil *(m.)*	וניל
ancien	82	vatiq *(m.)*, vatiqah *(f.)*	ותיק, ותיקה

ז

cette/celle	17	zot *(f.)*	זאת
ce/celui	17	zèh *(m.)*	זה
or (métal)	34	zahav *(m.)*	זהב
identité	82	zèhout *(f.)*	זהות
couple	60	zoug *(m.)*	זוג
bon marché	38	zol *(m.)*, zolah *(f.)*	זול, זולה
il bougeait [bouger]	68	zaz [lazouz]	[זז] לזוז
olive	76	zayit	זית
verre (matière)	39	zèkhoukhit *(f.)*	זכוכית
il se souvenait [se souvenir]	67	zakhar [lizkor]	[זכר] לזכור
temps	81	zman *(m.)*	זמן
il bondissait [bondir]	73	zinèq [lèzanèq]	[זינק] לזנק
droit/e	78	zaqouf *(m.)*, zèqoufah *(f.)*	זקוף, זקופה

ח

paquet	40	havilah *(f.)*	חבילה
dommage *(adv.)*	6	haval	חבל
ami/e (camarade)	20	havèr *(m.)*, havèrah *(f.)*	חבר, חברה
collègue, petit/e ami/e	49	havèr *(m.)*, havèrah *(f.)*	חבר, חברה
boute-en-train	29	hèvrèman *(m.)*,	חברמן, חברמנית

		hèvrèmanit (f.)	
fête	36	hag (m.)	חג
il fêtait [fêter]	38	hagag [lèhagog]	חגג [לחגוג]
dernier, dernière (nouveauté)	38	hadish (m.), hadishah (f.)	חדיש, חדישה
chambre (salle)	17	hèdèr (m.)	חדר
nouveau/-elle	6	hadash (m.), hadashah (f.)	חדש, חדשה
amateur/-trice	25	hovèv (m.), hovèvèt (f.)	חובב, חובבת
mois	29	hodèsh (m.)	חודש
fil	44	hout (m.)	חוט
merveille	81	havayah (f.)	חוויה
sable	39	hol (m.)	חול
malade	51	holèh (m.), holah (f.)	חולה, חולה
chemise	64	houltzah (f.)	חולצה
chaleur (fièvre)	43	hom (m.)	חום
pois chiche	55	houmous (m.)	חומוס
houmous	27	houmous (m.)	חומוס
plage	15	hof (m.)	חוף
poignée	79	hofèn (m.)	חופן
congé, vacances	83	houfshah (f.)	חופשה
libre	78	hofshi (m.), hofshit (f.)	חופשי, חופשית
hors de...	25	houtz	חוץ
à l'étranger	25	houtz laarètz	חוץ לארץ
hiver	41	horèf (m.)	חורף
ténèbres	72	hoshèkh (m.)	חושך
fort/e	79	hazaq (m.), hazaqah (f.)	חזק, חזקה
revenir [il revenait]	47	hazar [lahazor]	חזר [לחזור]
répétait [il répétait]	78	hazar [lahazor]	חזר [לחזור]
réserve (d'animaux)	83	hay-bar (m.)	חי-בר
nouveauté	57	hidoush (m.)	חידוש
animal	69	hayah (f.)	חיה
renforcement	78	hizouq (m.)	חיזוק
vie	73	hayim (m./pl.)	חיים
laïc/laïque	82	hiloni (m.), hilonit (f.)	חילוני, חילונית
il cherchait [chercher]	50	hipès [lèhapès]	חיפש [לחפש]
intelligent/e	67	hakham (m.), hakhamah (f.)	חכם, חכמה
blanc d'œuf	79	hèlbon (m.)	חלבון
fenêtre	68	halon (m.)	חלון
partage	69	halouqah (f.)	חלוקה
jaune d'œuf	79	hèlmon (m.)	חלמון
part(ie)	69	hèlèq (m.)	חלק
il divisait	69	hilèq [lèhalèq]	חלק [לחלק]

Français	Page	Translittération	עברית
[diviser, partager]			
beau-père	36	ham	חם
chaud/e	27	ham (m.), hamah (f.)	חם, חמה
beurre	79	hèmah (f.)	חמאה
mignon/ne	45	hamoud (m.), hamoudah (f.)	חמוד, חמודה
belle-mère	36	hamot	חמות
chaleureux/-euse	36	hamim (m.), hamimah (f.)	חמים, חמימה
hammam	45	hamam (m.)	חמם
grâce	38	hèn (m.)	חן
inauguration	38	hanoukah (f.)	חנוכה
magasin (boutique)	25	hanout (f.)	חנות
stationnement	60	hanayah (f.)	חניה
il / elle manque, absent / absente	85	hasèr (m.), hasèrah (f.)	חסר [חסרה]
demi (moitié)	53	hètzi	חצי
fouille	44	hafirah (f.)	חפירה
rime	64	harouz (m.)	חרוז
il pensait [penser]	32	hashav [lahashov]	חשב [לחשוב]
important/e	68	hashouv (m.), hashouvah (f.)	חשוב, חשובה
mariage (cérémonie)	18	hatounah (f.)	חתונה
beau garçon/belle fille	15	hatikh (m.), hatikhah (f.)	חתיך, חתיכה
morceau (pièce)	15	hatikhah (f.)	חתיכה
marié	18	hatan (m.)	חתן

ט

Français	Page	Translittération	עברית
nature	83	tèva' (m.)	טבע
bague	45	taba'at (f.)	טבעת
bon/ne	1	tov (m.), tovah (f.)	טוב, טובה
turc/turque	11	tourqi (m.), tourqit (f.)	טורקי, טורקית
pâte de sésame	27	thinah (f.)	טחינה
il se promenait [se promener]	83	tiyèl [lètayèl]	טייל [לטייל]
vol (avion)	23	tisah (f.)	טיסה
école d'ingénieurs	40	tèkhniyon (m.)	טכניון
rosée	61	tal (m.)	טל
il volait (par avion) [voler (par avion)]	23	tas [latous]	טס [לטוס]
il se trompait [se tromper, avoir tort]	50	ta'ah [lit'ot]	טעה [לטעות]
délicieux/-se	36	ta'im (m.) té'imah (f.)	טעים, טעימה

shèsh mèot vèarba' • 604

goût	76	ta'am *(m.)*	טעם
frais/fraîche	76	tari *(m.)*, triyah *(f.)*	טרי, טריה
il dévorait [dévorer]	69	taraf [litrof]	טרף [לטרוף]

י

main	73	yad *(f.)*	יד
connu/su	74	yadou'a *(m.)*	ידוע
amitié	85	yèdidout *(f.)*	ידידות
il savait [savoir]	41	yada' [lada'at]	ידע [לדעת]
diamant	45	yahalom *(m.)*	יהלום
jubilé	34	yovèl *(m.)*	יובל
jour	24	yom *(m.)*	יום
grec/grecque	44	yèvani *(m.)*, yèvanit *(f.)*	יוני, יונית
beauté, chouette !	38, 61	yofi	יופי
ensemble *(adv.)*	60	yahad	יחד
unique	47	yahid *(m.)*, yèhidah	יחיד, יחידה
relation	36	yahas *(m.)*	יחס
[il, elle] peut	59	yakhol *(m.)*, yèkholah *(f.)*	יכול, יכולה
enfant	25	yèlèd *(m.)*, yaldah *(f.)*	ילד, ילדה
mer	15	yam *(m.)*	ים
droit/e *(adv.)*	51, 78	yaminah	ימינה
efficacité	78	ye'ilout *(f.)*	יעילות
il était utile, efficace [être utile, efficace]	78	ya'il [lèho'il]	יעיל [להועיל]
efficace	73	ya'il *(m.)*, yè'ilah *(f.)*	יעיל, יעילה
droit/e *(adj.)*	78, 56	yèmani, yèmanit	ימני, ימנית
beau/belle	16	yafèh *(m.)*, yafah *(f.)*	יפה, יפה
il sortait [sortir]	67	yatza [latzèt]	יצא [לצאת]
sortie	34	yètziah *(f.)*	יציאה
il créait [créer]	71	yatzar [lèyatzèr]	יצר [ליצר]
cher/chère	38	yaqar *(m.)*, yèqarah *(f.)*	יקר, יקרה
il descendait [descendre]	78, 85	yarad [larèdèt]	ירד [לרדת]
Jourdain	50	Yardèn *(m.)*	ירדן
vert/e	64	yaroq *(m.)*, yèrouqah *(f.)*	ירוק, ירוקה
mensuel (nom)	52	yarhon *(m.)*	ירחון
légume	76	yèrèq *(m.)*	ירק
Jérusalem	23	Yèroushalayim	ירושלים
il y a	10	yèsh	יש
il s'asseyait [s'asseoir]	38	yashav [lashèvèt]	ישב [לשבת]
fesse (derrière)	78	yashvan *(m.)*	ישבן
école talmudique, réunion de travail	67	yèshivah *(f.)*	ישיבה
position assise	78	yèshivah *(f.)*	ישיבה

direct/e	82	yashir *(m.)*, yèshirah *(f.)*	ישיר, ישירה
vieux/vieille	82	yashan, yèshanah	ישן, ישנה
il dormait [dormir]	46	yashan [lishon]	ישן [לישון]
israélien/ne	44	isrèèli *(m.)*, isrèèlit *(f.)*	ישראלי, ישראלית
avantage	81	yitaron *(m.)*	יתרון

כ

lorsque	29	kaashèr	כאשר
il se fâchait [se fâcher]	69	ka'as [likh'os]	כעס [לכעוס]
balle	19	kadour	כדור
football	19	kadourègèl *(m.)*	כדורגל
basket-ball	19	kadoursal *(m.)*	כדורסל
handball	19	kadouryad *(m.)*	כדוריד
grande cuiller	55	kaf *(f.)*	כף
bleu/e	64	kahol *(m.)*, khoulah *(f.)*	כחול, כחולה
ainsi	67	kakh	כך
comme-ci comme ça	3	kakhah kakhah	ככה-ככה
ainsi	3	kakhah	ככה
combien (quelques)	23	kamah	כמה
petite cuiller	55	kapit *(f.)*	כפית
billet (ticket)	26	kartis *(m.)*	כרטיס
il écrivait [écrire]	22	katav [likhtov]	כתב [לכתוב]
orange (couleur)	65	katom *(m.)*, ktoumah *(f.)*	כתום, כתומה
honneur	57	kavod *(m.)*	כבוד
rentable	53	kèday	כדאי
plaisir	20	kèf *(m.)*	כיף
oui	22	kèn	כן
congrès	44	kènès *(m.)*	כנס
argent	32	kèsèf *(m.)*	כסף
village	39	kfar *(m.)*	כפר
parce que / car *(conj.)*	16	ki	כי
il éteignait [éteindre]	45	kibah [lèkhabot]	כיבה [לכבות]
chaise	17	kisè *(m.)*	כסא
rien	73	kloum *(m.)*	כלום
comme	18	kmo	כמו
assemblée nationale	48	knèsèt *(f.)*	כנסת
entrée	72	knisah *(f.)*	כניסה
tous, tout/e/s	27	kol	כל
verre (à boire)	55	kos *(f.)*	כוס
forme (aptitude)	71	koshèr *(m.)*	כושר
mur	44	kotèl *(m.)*	כותל

ל

vers (en direction)	9	lè	ל
nation	44	lèom (m.)	לאום
national/e	73	lèoumi (m.), lèoumit (f.)	לאומי, לאומית
lentement	78	lèat	לאט
bon à rien, râté	74	lo-youtzlah	לא יוצלח
vers où ?	18	lèan ?	לאן?
cœur	31	lèv (m.)	לב
seul/e	66	lèvad (m./f.)	לבד
blanc/he	64	lavan (m.), lèvanah (f.)	לבן, לבנה
il s'habillait [s'habiller]	18	lavash [lilbosh]	לבש [ללבוש]
à bientôt !	74	lèhishtamè'a	להשתמע
au revoir	6	lèhitraot	להתראות
humidité	75	lahout (f.)	לחות
pain	55	lèhèm (m.)	לחם
latin (nom)	5	latinit (f.)	לטינית
non	8	lo	לא
ligue	73	ligah (f.)	ליגה
il caressait [caresser]	47	litèf [lèlatèf]	ליטף [ללטף]
nuit	27	laylah (m.)	לילה
étude (apprentissage)	85	limoud (m.)	לימוד
citron	55	limon(m.)	לימון
clown	65	lèitzan (m.), leitzanit (f.)	ליצן, ליצנית
liqueur	79	liqèr (m.)	ליקר
en l'honneur de...	34	likhvod	לכבוד
c'est pourquoi	65	lakhèn	לכן
sans	73	lèlo	ללא
il étudiait [étudier]	26	lamad [lilmod]	למד [ללמוד]
étude (apprentissage)	85	limoud (m.)	לימוד
pourquoi ?	12	lamah ?	למה?
en bas	73	lèmatah	למטה
là-haut	73	lèma'èlah	למעלה
bien que...	65	lamrot shè...	למרות ש...
par exemple	78	lèmashal	למשל
souvent	79	lè'itim qrovot	לעתים קרובות
selon	53	lèfi	לפי
avant	26	lifnèy	לפני
parfois	79	lif'amim	לפעמים
il prenait [prendre]	41	laqah [laqahat]	לקח [לקחת]
langue	80	lashon	לשון

מ

de, hors de	8	mè	מ
réservoir	81	maagar (m.)	מאגר
cent	51	mèah	מאה

travaillé/e	85	mè'oubad (m.), mè'oubèdèt (f.)	מעובד מעובדת
équipé/e	83	mèouvzar (m.), mèouvzèrèt (f.)	מאובזר, מאובזרת
très	23	mèod	מאד
d'où ?	15	mèayin ?	מאין?
entraîneur/-euse	71	mèamèn (m.), mèamènèt (f.)	מאמן, מאמנת
effort	57	maamatz (m.)	מאמץ
adulte	65	mèvougar (m.), mèvougèrèt (f.)	מבוגר מבוגרת
recherché/e	81	mèvouqash (m.), mèvouqèshèt (f.)	מבוקש, מבוקשת
choix	82	miv har (m.)	מבחר
construction	72	mivnèh (m.)	מבנה
tour (édifice)	58	migdal (m.)	מגדל
salle (habitation)	83	mègourim (m. pl.)	מגורים
rouleau	72	mègilah (f.)	מגילה
botte	64	magaf (m.)	מגף
terrain	73	migrash (m.)	מגרש
désert	50	midbar (m.)	מדבר
rubrique	52	mador (m.)	מדור
lave-vaisselle	83	mèdiah-kèlim (m.)	מדיח-כלים
imprimante	81	madpèsèt (f.)	מדפסת
rue piétonne	51	midrahov (m.)	מדרחוב
trottoir	51	midrakhah (f.)	מדרכה
pelouse	83	midshaah (f.)	מדשאה
quoi/que ?	3	mah ?	מה?
bouleversement	73	mahapakh (m.)	מהפך
révolution	53	mahapèkhah (f.)	מהפכה
annonce (écrite)	60	moda'ah (f.)	מודעה
muse	71	mouzah (f.)	מוזה
prêt/e	54	moukhan (m.), moukhanah (f.)	מוכן, מוכנה
en face (adv.)	68	moul	מול
naissance	41	molad (m.)	מולד
spécialiste	81	moumhèh (m.), moumhit (f.)	מומחה, מומחית
club	60	mo'adon (m.)	מועדון
réussi/e	85	moutzlah (m.), moutzlahat (f.)	מוצלח, מוצלחת
professeur/e	43	morèh (m.), morah (f.)	מורה, מורה
concept	81	mousag (m.)	מושג
permis/e	66	moutar (m.), moutèrèt (f.)	מותר, מותרת

shèsh mèot oushmonèh • 608

il versait [verser]	68	mazag [limzog]	מזג [למזוג]
climat (temps)	68	mèzèg avir (m.)	מזג אויר
mélange (tempérament)	68	mèzèg (m.)	מזג
climatiseur	68	mazgan (m.)	מזגן
climatisation	68	mizoug avir (m.)	מזוג אויר
mélange	68	mizoug (m.)	מזוג
valise	23	mizvadah (f.)	מזוודה
comptant (paiement)	32	mèzouman (m.)	מזומן
félicitations !	16	mazal tov	מזל טוב
chance	16	mazal (m.)	מזל
est (point cardinal)	50	mizrah (m.)	מזרח
prix	53	mèhir (m.)	מחיר
demain	33	mahar	מחר
ordinateur	9	mahshèv (m.)	מחשב
cuisine	39	mitbah (m.)	מטבח
lit	17	mitah (f.)	מטה
qui ?	18	mi ?	?מי
information	81	mèyda' (m.)	מידע
mot/s	85	milah (f. sing.), milim (f. pl.)	מילה, מילים
circoncision	30	milah (f.)	מילה
dictionnaire	71	milon (m.)	מילון
eau	27	mayim (m. pl.)	מים
jus	11	mitz (m.)	מיץ
micro-ondes	83	miqrogal (m.)	מיקרוגל
mythologique	71	mitologi (m.), mitologit (f.)	מיתולוגי, מיתולוגית
mythologie	71	mitologyah (f.)	מיתולוגיה
respecté/e (honorable)	80	mèkhoubad (m.), mèkhoubèdèt (f.)	מכובד, מכובדת
voiture	13	mèkhonit (f.)	מכונית
classe préparatoire	54	mèkhinah (f.)	מכינה
pantalons	64	mikhnasayim (m. duel)	מכנסיים
couvercle	72	mikhsèh (m.)	מכסה
il vendait [vendre]	53	makhar [limkor]	מכר [למכור]
obstacle	80	mikhshol (m.)	מכשול
lettre (missive)	27	mikhtav (m.)	מכתב
complet/-ète (plein/e)	60	malè (m.), mèlèah (f.)	מלא, מלאה
ange	46	malakh (m.)	מלאך
métier manuel	83	mèlakhah (f.)	מלאכה
sale	67	mèloukhlakh (m.), mèloukhlèkhèt (f.)	מלוכלך מלוכלכת
hôtel	51	malon (m.)	מלון
sel	55	mèlah (m.)	מלח

guerre	72	milhamah (f.)	מלחמה
réellement	36	mamash	ממש
il comptait [compter]	82	manah [limnot]	מנה [למנות]
directeur/-trice	53	mènahèl (m.), mènahèlèt (f.)	מנהל, מנהלת
abonné/e	52	manouy (m.), mènouyah (f.)	מנוי, מנויה
déterminé/e (certain/e)	83	mèsouyam (m.), mèsouyèmèt (f.)	מסוים, מסוימת
égoutté/e	79	mèsounan (m.), mèsounènèt (f.)	מסונן, מסוננת
réception	34	mèsibah (f.)	מסיבה
expédition	26	masa' (m.)	מסע
restaurant	68	mis'adah (f.)	מסעדה
assez	39	maspiq	מספיק
rond (nom)	78	ma'agal (m.)	מעגל
travaillé/e	85	mè'oubad (m.), mè'oubèdèt	מעובד, מעובדת
écrasé/e	55	ma'oukh (m.), mè'oukhah (f.)	מעוך, מעוכה
manteau	41	mè'il (m.)	מעיל
fatigant/e	12	mè'ayèf (m.), mè'ayèfèt (f.)	מעייף, מעייפת
degré, vertu	79	ma'alah (f.)	מעלה
intéressant/e	44	mè'anyèn (m.), mè'anyènèt (f.)	מעניין, מעניינת
ouest	50	ma'arav (m.)	מערב
grotte	72	mè'arah (f.)	מערה
parti politique	82	miflagah (f.)	מפלגה
parce que...	27	mipnèy shè...	מפני ש...
séduit/e	83	mèfatèh (m.), mèfatah (f.)	מפתה, מפתה
il trouvait grâce, il plaisait	38	matza hèn (m.)	מצא חן
il trouvait [trouver]	38	matza [limtzo]	מצא [למצוא]
présentation multimédia	81	matzègèt (f.)	מצגת
commandement	16	mitzvah (f.)	מצווה
excellent/e	25	mètzouyan (m.), mètzouyènèt (f.)	מצוין, מצוינת
excellence	73	mètzouyanout (f.)	מצוינות
amusant/e, drôle	65	matzhiq (m.), matzhiqah (f.)	מצחיק, מצחיקה
appareil photo	25	matzlèmah (f.)	מצלמה
observatoire	83	mitzpèh (m.)	מצפה

conscience	82	matzpoun (m.)	מצפון
poste d'obs. des oiseaux	83	mitzpor (m.)	מצפור
Égypte	50	Mitzrayim (f.)	מצרים
abîmé/e (en panne)	68	mèqoulqal (m.), mèqoulqèlèt (f.)	מקולקל, מקולקלת
lieu (endroit)	66, 79	maqom (m.)	מקום
source, sources	85	maqor (m. sing.), mèqorot (m. pl.)	מקור, מקורות
clavier	81	miqlèdèt (f.)	מקלדת
profession	62	miqtzo'a (m.)	מקצוע
réfrigérateur	83	mèqarèr (m.)	מקרר
distance	83	mèrhaq (m.)	מרחק
centre	51	mèrkaz (m.)	מרכז
captivant/e	85	mèratèq (m.), mèratèqèt	מרתק, מרתקת
centre ville	58	mèrkaz ha'ir	מרכז העיר
balcon (terrasse)	39	mirpèsèt (f.)	מרפסת
quelqu'un	33	mishèhou (m.)	מישהו
jeu	19	mis haq (m.)	משחק
continuation	62	mèshèkh (m.)	משך
famille	19	mishpahah (f.)	משפחה
jugement	40	mishpat (m.)	משפט
balance (mesure)	53	mishqal (m.)	משקל
bureau (le local)	53	misrad (m.)	משרד
il mourait [mourir]	46	mèt [lamout]	מת [למות]
doux/douce	79	matoq (m.), mètouqah (f.)	מתוק, מתוקה
débutant/e	85	mat hil (m.), mat hilah (f.)	מתחיל, מתחילה
quand ?	24	matay ?	?מתי
recette (cuisine)	79	matkon (m.)	מתכון
cadeau	32	matanah (f.)	מתנה
installation	83	mitqan (m.)	מתקן

נ

chaussure	64	na'al (f.)	נעל
il était élu [être élu]	82	niv har [lèhibahèr]	נבחר [להבחר]
il conduisait [conduire]	46	nahag [linhog]	נהג [לנהוג]
conducteur, conductrice	46	nèhag (m.), nahègèt (f.)	נהג, נהגת
magnifique	41	nèhèdar (m.), nèhèdèrèt	נהדר, נהדרת
il avait du plaisir [avoir du plaisir]	76, 81	nèhènèh [lèhanot]	נהנה [להנות]
alors	22	nou	נו
casse-pieds	29	noudniq (m.), noudniqit	נודניק, נודניקית
confortable	83	noah (m.), nohah (f.)	נוח, נוחה

beauté	61	noy (m.)	נוי
il naissait [naître]	30	nolad [lèhivalèd]	נולד [להיוולד]
voyageur/-se	46	nosè'a (m.), nosa'at (f.)	נוסע, נוסעת
complémentaire, supplémentaire	60, 81	nosaf (m.), nosèfèt (f.)	נוסף, נוספת
paysage	68	nof (m.)	נוף
vacances	39	nofèsh (m.)	נופש
sujet	82	nosè (m.)	נושא
mobile, portable	13	nayad (m.)	ניד
il dirigeait [diriger]	73	nihèl [lènahèl]	ניהל [לנהל]
dynamique	73	nimratz (m.), nimrètzèt	נימרץ נימרצת
il nettoyait [nettoyer]	67	niqah [lènaqot]	ניקה [לנקות]
voyelle	57	niqoud (m.)	ניקוד
mariage	34	nisouim (m. pl.)	נישואים
victoire	73	nitzahon (m.)	ניצחון
petit-fils, petite-fille	30	nèkhèd (m.), nèkhdah (f.)	נכד, נכדה
vrai/e	43	nakhon (m.), nèkhonah (f.)	נכון, נכונה
il entrait [entrer]	46	nikhnas [lèhikanès]	נכנס [להיכנס]
reconnu/e	80	nikar (m.), nikèrèt (f.)	נכר, נכרת
il échouait [échouer]	54	nikhshal [lèhikashèl]	נכשל [להיכשל]
miracle	11	nès (m.)	נס
voyage	53	nèsi'ah (f.)	נסיעה
il voyageait [voyager]	33	nasa' [linso'a]	נסע [לנסוע]
agréable	26	na'im (m.) nè'imah (f.)	נעים, נעימה
il a disparu [disparaître]	82	nè'èlam [lèhè'alèm]	נעלם [להעלם]
il rencontrait [(se) rencontrer]	44, 85	nifgash [lèhipagèsh]	נפגש [להפגש]
il dispersait [disperser]	58	nafotz [lafoutz]	נפוץ [לפוץ]
il vainc [vaincre]	73	nitzéah [lènatzèah]	נצח [לנצח]
il tombait [tomber]	29	nafal [lifol]	נפל [לפול]
il séparait [disloquer, séparer]	40	nifrad [lèhiparèd]	נפרד [להיפרד]
propre	67	naqi (m.), nèqiyah (f.)	נקי נקייה
point	22	nèqoudah (f.)	נקודה
portable	9	nisa (m.), nisèt (f.)	נשא, נשאת
il jurait [jurer]	66	nishba' [lèhishava']	נשבע [להשבע]
respiration	83	nèshimah (f.)	נשימה
âme	46	nèshamah (f.)	נשמה
il se pesait [se peser]	53	nishqal [lèhishaqèl]	נשקל [להשקל]
donnée (nom)	81	natoun (m.)	נתון
il donnait [donner]	43	natan [latèt]	נתן [לתת]

ס

grand-père	30	saba	סבא

merveilleux (super)	85	sababah	סבאבה
autour	66	saviv	סביב
environnement (environ)	82	svivah (f.)	סביבה
grand-mère	30	savta	סבתא
organisation	53	sidour (m.)	סדור
il rangeait [ranger]	17	sidèr [lèsadèr]	סדר [לסדר]
ordre	17	sèdèr (m.)	סדר
agence	53	sokhnout (f.)	סוכנות
sucre	11	soukar (m.)	סוכר
sucrette	11	soukrazit (f.)	סוכרזית
fin	20	sof (m.)	סוף
week-end	20	Sof shavou'a	סוף שבוע
enfin	20	sof sof	סוף סוף
il étourdissait [étourdire]	73	sihrèr [lèsahrèr]	סחרר [לסחרר]
raison	34	sibah (f.)	סיבה
panier	19	sal	סל
salade	27	salat (m.)	סלט
pardon	23	slihah (f.)	סליחה
argot	85	sleng	סלנג
il s'appuyait [s'appuyer]	73	samakh [lismokh]	סמך [לסמוך]
épais/se	79	samikh (m.), smikhah (f.)	סמיך, סמיכה
il symbolisait [symboliser]	72	simèl [lèsamèl]	סמל [לסמל]
canapé	38	sapah (f.)	ספה
histoire (à raconter)	73	sipour (m.)	ספור
sportif/-ve	19	sportivi (m.), sportivit (f.)	ספורטיבי ספורטיבית
il comptait [compter]	47	safar [lispor]	ספר [לספור]
livre	37	sèfèr (m.)	ספר
espagnol/e	82	sfaradi (m.), sfaradit (f.)	ספרדי, ספרדית
curieux/-se	83	saqran (m.), saqranit (f.)	סקרן, סקרנית
film	65	sèrèt (m.)	סרט

ע

actuel/le	71	'akhshavi (m.), 'akhshavit (f.)	עכשוי עכשוית
affaire	83	'isqah (f.)	עסקה
affaire	59	'èsèq (m.)	עסק
antique	38	'atiq (m.), 'atiqah (f.)	עתיק, עתיקה
arabe (adj.)	82	'aravi (m.), 'aravit (f.)	ערבי, ערבית
bois (matière) / arbre	83	'ètz (m.)	עץ
avec, en compagnie	18	'im	עם

de...			
avenir (futur)	57	'atid (m.)	עתיד
aveugle	80	'ivèr (m.), ivèret (f.)	עיור, עיורת
bijou	61	'adi (m.)	עדי
copie	81	'otèq (m.)	עותק
cravate	48	'aniyah (f.)	עניבה
dard	80	'oqètz (m.)	עוקץ
dix	30	'èsèr (f.), 'asarah (m.)	עשר, עשרה
délicatesse	79	'adinout (f.)	עדינות
délice	61	'èdèn (m.)	עדן
encore	32	'od	עוד
fatigué/e	12	'ayèf (m.), 'ayèfah (f.)	עיף, עיפה
gâteau	10	'ougah (f.)	עוגה
stop ! (halte !)	51	'atzor ! (m.)	!עצור
hébreu (langue)	5	'ivrit (f.)	עברית
il aidait [aider]	22	azar [la'azor]	[עזר [לעזור
il arrêtait [arrêter]	83	atzar [la'atzor]	[עצר [לעצור
il faisait [faire]	37	asah [la'asot]	[עשה [לעשות
il montait [monter]	67	alah [la'alot]	[עלה [לעלות
il mélangeait [mélanger]	55, 79	'irbèv [lè'arbèv]	[ערבב [לערבב
il passait [passer]	37	'avar [la'avor]	[עבר [לעבור
il répondait [répondre]	43	'anah [la'anot]	[ענה [לענות
il travaillait [travailler]	24	'avad [la'avod]	[עבד [לעבוד
il était debout [tenir debout]	78	'amad [la'amod]	[עמד [לעמוד
journal	52	'iton (m.)	עתון
jusqu'à	26	'ad	עד
lui-même, elle-même	67	'atzmo (m.), 'atzmah (f.)	עצמו, עצמה
maintenant	50	'akhshav	עכשו
monde (univers)	47	'olam (m.)	עולם
montée	79	'aliyah (f.)	עלייה
nouvel immigrant	82	'olèh hadash	עולה חדש
pas encore	32	'od lo	עוד לא
peuple	59	'am (m.)	עם
principal/e (essentiel/le)	70, 76	'iqar (m.), 'iqarit (f.)	עיקר, עיקרית
riche	45	'ashir (m.), 'ashirah (f.)	עשיר, עשירה
soir	10	'èrèv (m.)	ערב
souris	81	'akhbar (m.)	עכבר
sur (prép.)	20	'al	על
talon	73	'aqèv (m.)	עקב
travail	37	'avodah (f.)	עבודה
triste	85	'atzouv (m.)	עצוב

shèsh mèot arba' 'èsrèh • 614

ville	58	'ir (f.)	עיר
œil	38	'ayin (f.)	עין

פ

bouche	73	pèh (m.)	פה
ici	17	poh	פה
Pologne	8	Polanyah (f.)	פולניה
polonais (langue)	8	polanit (f.)	פולנית
papotage	13	pitpout (m.)	פטפוט
il papotait [papoter]	20	pitpèt [lèfatpèt]	פטפט [לפטפט]
persil	55	pètrozilyah (f.)	פטרוזיליה
silhouette (figure)	75	figourah (f.)	פיגורה
filtre	11	filtèr (m.)	פילטר
physique	43	fisiqah	פיסיקה
coin	83	pinah (f.)	פינה
galette de pain	55	pitah (f.)	פיתה
téléphone mobile	45	pèlèfon (m.)	פלאפון
falafèl	27	falafèl (m.)	פלאפל
poivre, poivron	55	pilpèl (m.)	פלפל
loisir, temps libre	62	pnay (m.)	פנאי
il tournait [tourner]	51	panah [lifnot]	פנה [לפנות]
face de… surface de…	78	pnèy (m. pl.)	פני
intérieur	78	pnim	פנים
visage (face)	65	panim (m. pl.)	פנים
sommet	73	pisgah (f.)	פסגה
festival	27	fèstival (m.)	פסטיבל
autrefois, fois	58	pa'am (f.)	פעם
« bonne poire » (expr.)	73	frayèr (m.), frayèrit (f.)	פראיר, פראירית
pavot	10	pèrèg (m.)	פרג
séparation	85	prèdah (f.)	פרדה
fourrure	41	parvah (f.)	פרוה
détail	60	prat (m.)	פרט
simple(ment)	85	pashout (m.), pshoutah (f.)	פשוט, פשוטה
il ôtait, il tendait [ôter, tendre]	83	pashat [lifshot]	פשט [לפשוט]
proverbe	80	pitgam (m.)	פתגם
il ouvrait [ouvrir]	71	patah [liftoah]	פתח [לפתוח]
il résolvait [résoudre]	62	patar [liftor]	פתר [לפתור]

צ

armée	26	tzava (m.)	צבא
couleur	64	tzèva' (m.)	צבע

multicolore (coloré/e)	65	tziv'oni (m.), tziv'onit (f.)	צבעוני, צבעונית
écran (ordinateur, téléphone)	81	tzag (m.)	צג
il chassait [chasser]	69	tzad [latzoud]	צד [לצוד]
côté	85	tzad (m.)	צד
justice	69	tzèdèq (m.)	צדק
midi (zénith)	62	tzohorayim (m. pl.)	צהרים
juste, [il, elle] a raison	69	tzodèq (m.), tzodèqèt (f.)	צודק, צודקת
sous-marin	39	tzolèlèt (f.)	צוללת
il sonnait [sonner]	45	tziltzèl [lètzaltzèl]	צלצל [לצלצל]
forme (visuel)	72	tzourah (f.)	צורה
équipe	81	tzèvèt (m.)	צות
ensemble (nom)	60	tzavta (m.)	צותא
il riait [rire]	51	tzahaq [litzhoq]	צחק [לצחוק]
public (nom)	60	tzibour (m.)	ציבור
public/-que	66	tzibouri (m.), tzibourit (f.)	ציבורי, ציבורית
chasse	69	tzayid (m.)	ציד
il dessinait, il peignait [dessiner, peindre]	78	tziyèr [lètzayèr]	צייר [לצייר]
photographie	25	tziloum (m.)	צלום
sonnerie, sonorité	61	tzlil (m.)	צליל
il photographiait [photographier]	25	tzilèm [lètzalèm]	צלם [לצלם]
photographe	25	tzalam (m.), tzalèmèt (f.)	צלם, צלמת
côte (du corps)	47	tzèla' (f.)	צלע
raisin sec	79	tzimouq (m.)	צמוק
jeune	30	tza'ir (m.), tzè'irah (f.)	צעיר, צעירה
étroit/e	80	tzar (m.), tzarah (f.)	צר, צרה
[il, elle] a besoin de...	25	tzarikh (m.), tzrikhah (f.)	צריך, צריכה
			ק
équipe	71	qvoutzah (f.)	קבוצה
il recevait [recevoir]	82	qibèl [lèqabèl]	קבל [לקבל]
kibboutz	34	qiboutz (m.)	קבוץ
reçu (nom)	75	qabalah (f.)	קבלה
enregistrement sonore	81	qivtzèy qol	קבצי קול
ancien/ne (antique)	72	qadoum (m.), qdoumah (f.)	קדום, קדומה
en avant !	51	qadimah !	קדימה!
orient, époque ancienne	58	qèdèm (m.)	קדם
cube	76	qoubiyah (f.)	קוביה
recueil	81	qovètz (m.)	קובץ
voix (sons)	81	qol	קול
cinéma	31	qolno'a (m.)	קולנוע

shèsh mèot shèsh 'èsrèh • 616

comédie	31	qomèdyah (f.)	קומדיה
caisse	31	qoupah (f.)	קופה
froid (nom)	43	qor (m.)	קור
lecteur/-rice	57	qorè (m.), qorah (f.)	קורא, קוראה
petit/e	19	qatan (m.), qtanah (f.)	קטן, קטנה
il recevait [recevoir]	54	qibèl [lèqabèl]	קבל [לקבל]
il pliait [plier]	48	qipèl [lèqapèl]	קיפל [לקפל]
été	39	qayitz (m.)	קיץ
cirque	65	qirqas (m.)	קירקס
mur	72	qir (m.)	קיר
léger/-ère, facile	85	qal (m.), qalah (f.)	קל, קלה
classique	82	qlasi (m.), qlasit (f.)	קלסי, קלסית
carte (à jouer)	66	qlaf (m.)	קלף
farine	79	qèmah (m.)	קמח
il achetait [acheter]	12	qanah [liqnot]	קנה [לקנות]
achat (course)	12	qniyah (f.)	קניה
centre commercial	12	qanyon (m.)	קניון
jarre (carafe)	72	qanqan (m.)	קנקן
saladier	76	qè'arah (f.)	קערה
café	10	qafèh (m.)	קפה
cafétéria	11	qafètèriah (f.)	קפטריה
il sautait [sauter]	85	qafatz [liqfotz]	קפץ [לקפוץ]
haché/e	55	qatzoutz (m.), qtzoutzah (f.)	קצוץ, קצוצה
raccourci (nom)	73	qitzour (m.)	קצור
écume (mousse)	79	qètzèf (m.)	קצף
crème chantilly	79	qatzèfèt (f.)	קצפת
court/e	43	qatzar (m.), qtzarah (f.)	קצר, קצרה
un peu	53	qtzat	קצת
froid/e	41	qar (m.), qarah (f.)	קר, קרה
il lisait [lire]	57	qara [liqro]	קרא [לקרוא]
arriver (se produire)	29	qarah [liqrot]	קרה [לקרות]
caramel	51	qaramèl (m.)	קרמל
rayon	61	qèrèn (m.)	קרן
crème	51	qrèm	קרם
planche	76	qèrèsh (m.)	קרש
difficile (dur/e)	67	qashèh (m.), qashah	קשה, קשה
dur/e (solide)	81	qashouah (m.), qshouhah (f.)	קשוח, קשוחה
lien, connexion	81	qishour (m.)	קישור
attaché/e	75	qshourah (f.)	קשורה
contact/s	85	qèshèr (m. sing.), qsharim (m. pl.)	קשר, קשרים

ר

il voyait [voir]	23	raah [lirot]	ראה [לראות]
il maigrissait [maigrir]	53	razah [lirzot]	רזה [לרזות]
il voulait [vouloir]	9	ratzah [lirtzot]	רצה [לרצות]
tête	24	rosh (m.)	ראש
rabbin	46	rav (m.)	רב
beaucoup	24	rabah (f.)	רבה
jambe, pied	83	règèl (f.)	רגל
pied	85	règèl (f.)	רגל
instant	73	règa' (m.)	רגע
radio (média)	75	radyo	רדיו
meuble	38	rahit (m.)	רהיט
sauce	76	rotèv (m.)	רוטב
joie	54	ron	רון
Russie	8	Rousyah (f.)	רוסיה
russe (langue)	8	rousit (f.)	רוסית
dentiste	80	rofè shinayim	רופא שיניים
médecin	51	rofè (m.), rofah (f.)	רופא, רופאה
mince (maigre)	53	razèh (m.), razah (f.)	רזה, רזה
large	80	rahav (m.), rèhavah (f.)	רחב, רחבה
rue	51	rèhov (m.)	רחוב
mouillé/e	76	ratouv (m.), rètouvah (f.)	רטוב, רטובה
basilic	76	rèihan (m.)	ריחן
niveau	83	ramah (f.)	רמה
feu de circulation	51	ramzor (m.)	רמזור
médecine	40	rèfouah (f.)	רפואה
lanière	76	rètzou'ah (f.)	רצועה
seulement	8	raq	רק
officiel/le	48	rishmi (m.), rishmit (f.)	רשמי, רשמית

ש

il interrogeait [interroger]	43	shaal [lishol]	שאל [לשאול]
question	45	shèèlah (f.)	שאלה
semaine	20	shavou'a (m.)	שבוע
hebdomadaire	52	shèvouon (m.)	שבועון
sentier	83	shvil (m.)	שביל
grève	33	shvitah (f.)	שביתה
il cassait [casser]	31	shavar [lishbor]	שבר [לשבור]
il faisait la grève [faire la grève]	33	shavat [lishbot]	שבת [לשבות]
samedi	8	shabat (f.)	שבת
faute	85	shgiah (f.)	שגיאה

aéroport	23	sdèh tè'oufah (m.)	שדה תעופה
champ	23	sadèh (m.)	שדה
il montait en grade [monter en grade]	83	shidrèg [lèshadrèg]	שדרג [לשדרג]
de nouveau (adv.)	31	shouv	שוב
égal/e	69	shavèh (m.), shavah (f.)	שוה, שוה
policier	66	shotèr (m.), shotèrèt (f.)	שוטר, שוטרת
table	17	shoulhan (m.)	שולחן
ail	55	shoum (m.)	שום
renard	69	shou'al (m.)	שועל
chocolat	10	shoqolad (m.)	שוקולד
racine	71	shorèsh (m.)	שורש
partenaire	85	shoutaf (m.), shoutafah (f.)	שותף, שותפה
il nageait [nager]	15	sahah [lis hot]	שחה [לשחות]
noir/e	64	shahor (m.), shhorah (f.)	שחור, שחורה
échec (le jeu)	62	shahmat (m.)	שחמט
il jouait [jouer]	19	sihèq [lèsahèq]	שחק [לשחק]
joueur/-euse	73	sahqan (m.), sahqanit (f.)	שחקן שחקנית
il libérait [libérer]	66	shihrèr [lèshahrèr]	שחרר [לשחרר]
bêtise	47	shtout (f.)	שטות
il étalait [étaler]	79	shatah [lishtoah]	שטח [לשטוח]
diable	80	satan (m.)	שטן
conversation	73	siah (m.)	שיח
méthode	82	shitah (f.)	שיטה
sommeil	83	shèinah (f.)	שינה
chanson	61	shir (m.)	שיר
chant (poème)	60	shirah (f.)	שירה
relatif au quartier d'habitation	73	shkhounati (m.), shkhounatit (f.)	שכונתי, שכונתית
voisin/e	37	shakhèn (m.), shkhènah (f.)	שכן, שכנה
il louait (location) [louer]	39	sakhar [liskor]	שכר [לשכור]
de	8	shèl	של
calme (sérénité)	71, 83	shalvah (f.)	שלוה
paix, bonjour	2	shalom (m.)	שלום
il envoyait [envoyer]	54	shalah [lishloah]	שלח [לשלוח]
tiers	55	shlish (m.)	שליש
complet/-ète (parfait/e)	72	shalèm (m.), shlèmah (f.)	שלם, שלמה
là-bas	15	sham	שם
gauche (adj.)	51	smali, smalit	שמאלי
gauche (adv.)	56	smol	שמאל

gauche (adv.)	82	smol (m.)	שמאל
nom	58	shèm (m.)	שם
gauche	51, 82	smol (m.)	שמאל
réserve (d'animaux)	83	shmourah (f.)	שמורה
réserve naturelle	83	shmourat tèva' (f.)	שמורת טבע
joyeux/-euse	85	saméah (m.), sméhah (f.)	שמח, שמחה
vers la gauche (adv.)	51	smolah	שמאלה
cieux	58	shamayim (m. pl.)	שמים
robe	16	simlah (f.)	שמלה
il écoutait [écouter]	6	shama' [lishmo'a]	שמע [לשמוע]
dent	55	shèn (f.)	שן
année	30	shanah (f.)	שנה
deuxième	24	shèni (m.) shniyah (f.)	שני, שניה
écarlate	61	shany (m.)	שני
seconde (temps)	81	shniyah (f.)	שניה
heure	33	sha'ah (f.)	שעה
porte (portail)	85	sha'ar (m. sing.), shè'arim (m. pl.)	שער, שערים
lèvre, langue	58	safah (f.)	שפה
pointe (en tête)	73	shpitz (m. fam.)	שפיץ
abondance	60	shèfa' (f.)	שפע
tranquille (calme)	73	shaqèt (m.), shqètah (f.)	שקט, שקטה
sachet	79	saqit (f.)	שקית
shèqèl	45	shèqèl (m.)	שקל
il chantait [chanter]	65	shar [lashir]	שר [לשיר]
toilettes	83	shèroutim (m. pl.)	שרותים
il buvait [boire]	4	shatah [lishtot]	שתה [לשתות]

ת

appétit	55	tèavon (m.)	תאבון
date	83	taarikh (m.)	תאריך
boîte, coffre	71	tèvah (f.)	תבה
thé	4	tèh (m.)	תה
merci	4	todah (f.)	תודה
mât	80	torèn (m.)	תורן
fraise	79	tout (m.)	תות
station (gare)	50	tahanah (f.)	תחנה
bas, fond	73	tah tit (f.)	תחתית
Méditerranée	53	Tikhon (m.)	תיכון
bébé	61	tinoq (m.), tinoqèt (f.)	תינוק, תינוקת
touriste	39	tayar (m.), tayèrèt (f.)	תייר, תיירת
il exerçait [exercer]	85	tirgèl [lètargèl]	תירגל [לתרגל]
tourisme	53	tayarout (f.)	תירות
élève	46	talmid (m.), talmidah (f.)	תלמיד, תלמידה

shèsh mèot 'èsrim • 620

bébé	61	tinoq *(m.)*, tinoqèt *(f.)*	תינוק, תינוקת
touriste	39	tayar *(m.)*, tayèrèt *(f.)*	תייר, תיירת
il exerçait [exercer]	85	tirgèl [lètargèl]	תירגל [לתרגל]
tourisme	53	tayarout *(f.)*	תירות
élève	46	talmid *(m.)*, talmidah *(f.)*	תלמיד, תלמידה
photo (tableau)	23	tmounah *(f.)*	תמונה
toujours	36	tamid	תמיד
signal(isation)	51	tamrour *(m.)*	תמרור
four	79	tanour *(m.)*	תנור
Bible	57	Tanakh *(m.)*	ת"נך
biblique	57	tanakhi *(m.)*, tanakhit *(f.)*	תנכי, תנכית
diplôme, document	72	tè'oudah *(f.)*	תעודה
aviation	23	tè'oufah *(f.)*	תעופה
mélange	79	ta'arovèt *(f.)*	תערובת
orange (fruit)	11	tapouz *(m.)*	תפוז
il attrapait [attraper]	83	tafas [litpos]	תפס [לתפוס]
menu	68	tafrit *(m.)*	תפריט
époque	44	tqoufah *(f.)*	תקופה
il réparait [réparer]	68	tiqèn [lètaqèn]	תקן [לתקן]
il exerçait [faire des exercices]	85	tirgèl [lètargèl]	תרגל [לתרגל]
médicament	71	troufah *(f.)*	תרופה
routard	26	tarmilay *(m.)*, tarmilait *(f.)*	תרמילאי, תרמילאית
mots croisés (jeu)	62	tashbètz *(m.)*	תשבץ
réponse	54	tshouvah *(f.)*	תשובה
mots fléchés (jeu)	62	tashhètz *(m.)*	תשחץ